以厚積薄發四字篆印一方

贈高等教育出版社

厚積薄發

李嵐清

二〇〇七年初秋

生也有涯
学無止境

任繼愈

教育部哲学社会科学研究后期资助项目

国际经济法治：全球变革与中国立场

Guoji Jingji Fazhi: Quanqiu Biange yu Zhongguo Lichang

◯ 何志鹏 著

高等教育出版社·北京

图书在版编目（CIP）数据

国际经济法治：全球变革与中国立场 / 何志鹏著.
-- 北京 ：高等教育出版社，2015.8
ISBN 978-7-04-042439-3

Ⅰ. ①国… Ⅱ. ①何… Ⅲ. ①国际经济法—研究
Ⅳ. ①D996

中国版本图书馆CIP数据核字(2015)第068112号

策划编辑 杨 莉　　责任编辑 杨 莉　　封面设计 张 志　　版式设计 童 丹
责任校对 胡美萍　　责任印制 张泽业

出版发行	高等教育出版社	咨询电话	400-810-0598
社　　址	北京市西城区德外大街 4 号	网　　址	http://www.hep.edu.cn
邮政编码	100120		http://www.hep.com.cn
印　　刷	北京天时彩色印刷有限公司	网上订购	http://www.landraco.com
开　　本	787 mm× 1092 mm　1/16		http://www.landraco.com.cn
印　　张	29		
字　　数	580 千字	版　　次	2015 年 8 月第 1 版
插　　页	2	印　　次	2015 年 8 月第 1 次印刷
购书热线	010-58581118	定　　价	88.00 元

本书如有缺页、倒页、脱页等质量问题，请到所购图书销售部门联系调换

物 料 号　42439-00

总　序

哲学社会科学是探索人类社会和精神世界奥秘、揭示其发展规律的科学，是我们认识世界、改造世界的有力武器。哲学社会科学的发展水平，体现着一个国家和民族的思维能力、精神状态和文明素质，其研究能力和科研成果是综合国力的重要组成部分。没有繁荣发展的哲学社会科学，就没有文化的影响力和凝聚力，就没有真正强大的国家。

党中央高度重视哲学社会科学事业。改革开放以来，特别是党的十六大以来，以胡锦涛同志为总书记的党中央就繁荣发展哲学社会科学做出了一系列重大决策，党的十七大报告明确提出："繁荣发展哲学社会科学，推进学科体系、学术观点、科研方法创新，鼓励哲学社会科学界为党和人民事业发挥思想库作用，推动我国哲学社会科学优秀成果和优秀人才走向世界"。党中央在新时期对繁荣发展哲学社会科学提出的新任务、新要求，为哲学社会科学的进一步繁荣发展指明了方向，开辟了广阔前景。在全面建设小康社会的关键时期，进一步繁荣发展哲学社会科学，大力提高哲学社会科学研究质量，努力构建以马克思主义为指导，具有中国特色、中国风格、中国气派的哲学社会科学，推动社会主义文化大发展大繁荣，具有十分重大的意义。

高等学校哲学社会科学人才密集，力量雄厚，学科齐全，是我国哲学社会科学事业的主力军。长期以来，广大高校哲学社会科学工作者献身科学，甘于寂寞，刻苦钻研，无私奉献，开拓创新，为推进马克思主义中国化，为服务党和政府的决策，为弘扬优秀传统文化、培育民族精神，为培养社会主义合格建设者和可靠接班人做出了重要贡献。本世纪头20年，是我国经济社会发展的重要战略机遇期，高校哲学社会科学面临着难得的发展机遇。我们要以高度的责任感和使命感、强烈的忧患意识和宽广的世界眼光，深入学习贯彻党的十七大精神，始终坚持马克思主义在哲学社会科学的指导地位，认清形势，明确任务，振奋精神，锐意创新，为全面建设小康社会、构建社会主义和谐社会发挥思想库作用，进一步推进高校哲学社会科学全面协调可持续发展。

哲学社会科学研究是一项光荣而神圣的社会事业，是一种繁重而复杂的创造性劳动。精品源于艰辛，质量在于创新。高质量的学术成果离不开严谨的科学态度，离不开辛勤的劳动，离不开创新。树立严谨而不保守，活跃而不轻浮，锐意创新而不哗众取宠，追求真理而不追名逐利的良好学风，是繁荣发展高校哲学社会科学的重要保障。建设具有中国特色的哲学社会科学，必须营造有利于学者潜心学问、勇于创新的学术氛围，必须树立良好的学风。为此，自 2006 年始，教育部实施了高校哲学社会科学研究后期资助项目计划，旨在鼓励高校教师潜心学术，厚积薄发，勇于理论创新，推出精品力作。原中央政治局常委、国务院副总理李岚清同志欣然为后期资助项目题字“厚积薄发”，并篆刻同名印章一枚，国家图书馆名誉馆长任继愈先生亦为此题字“生也有涯，学无止境”，此举充分体现了他们对繁荣发展高校哲学社会科学事业的高度重视、深切勉励和由衷期望。

展望未来，夺取全面建设小康社会新胜利、谱写人民美好生活新篇章的宏伟目标和崇高使命，呼唤着每一位高校哲学社会科学工作者的热情和智慧。让我们坚持以马克思主义为指导，深入贯彻落实科学发展观，求真务实，与时俱进，以优异成绩开创哲学社会科学繁荣发展的新局面。

教育部社会科学司

序[①]

有国际经济法治这回事吗？看到这本书的标题，也许有人会发出这样的疑问。的确，“国际经济法治”是一个让人觉得多少陌生的概念。在中国知网上检索，以“国际经济法治”为标题的文章只有两篇，一篇是该书的作者所作，另外一篇是该书的作者与孙璐合作。[②]在以往的研究中，“法治”一词表述的是国内社会的一种治理状态。有学者曾归纳出法治社会的六大标志，即社会生活的基本方面接受公正的法律的治理，宪法和法律高于任何个人、群体、政党的意志，国家的一切权力根源于法律并依法行使，公民在法律面前一律平等，凡是法律没有禁止的都是合法的或准许的，公民权利非经法定程序不得剥夺。[③]这里的“法治”与国际社会无关，因为“国际社会”甚至不能被看作是一个真正意义上的“社会”。然而，当国际社会越来越像是一个社会时，“法治”就可以从国内走向国际。赫德利·布尔（Hedley Bull）曾经指出，当一些国家意识到它们之间存在着某些共同利益和共同价值，并认为在其相互关系中应遵守一套共同的规则，参与共同机制的运作时，国际社会（Society of States 或 International Society）便形成了。[④]国际社会的“社会化”可以被理解为作为国际社会成员的各个国家在保持自己独立人格的前提下逐渐融为一个相互关联并紧密依赖

① 本篇序言的作者车丕照教授，系清华大学法学院教授，中国国际经济法学会、中国国际经济法研究会副会长，中国国际法学会常务理事。

② 分别是何志鹏所著《从国际经济新秩序到可持续发展——国际经济法治目标的升华》，《国际经济法学刊》，第 15 卷第 3 期（2008），及何志鹏与孙璐合著《以自由促进发展：国际经济法治的价值尺度》，《法治研究》，2011 年第 2 期。

③ 张文显：《法学基本范畴研究》，中国政法大学出版社 1993 年版，第 289 页。

④ Hedley Bull，*The Anarchical Society*，*A Study of Order in World Politics*（3rd ed.，Palgrave，2002），p.13.

的整体的过程。[①]第二次世界大战结束以来，这个过程沿着四个维度逐渐而明显地展开：社会成员之间的联系日渐紧密而频繁；社会成员们接受越来越多的行为规范；社会中开始产生比较复杂的组织结构以及社会成员分享着更多相对一致的价值取向。既然国际社会已开始“社会化”，那么，“国际法治”就是一个可以期待的状态。当然，由于国际社会还远没有国内社会发达，也就不能以“国内法治”的标准来衡量“国际法治”。何志鹏教授在多种场合中说过，当下的国际法治只是国际社会的“良法善治”。如果以这样的标准来衡量国际法治，那么，国际法治在某种程度上是实现了的，在总体上也是可以期待的。如此，作为国际法治组成部分的国际经济法治，即“国际经济良法和全球经济善治”，也就是一个在逻辑上可以成立的概念。

国际经济法治重要吗？当然。可以用三句话来概括：第一，国际经济的发展是国际社会的“社会化”和国际法治形成的主要推动力量；第二，主要在经济力量推动下所形成的国际社会和国际法治，当然会以经济因素为主要构成；第三，国际经济的可持续发展需要“国际经济良法”和“全球经济善治”。关于经济对法的决定性影响，马克思主义经典作家早就做过精辟论述，指出法律不过是统治阶级意志的体现，而这种意志又取决于占统治地位的生产关系和所有制关系。制度经济学家也曾经用设想的简单场景来揭示制度起源于经济生活的道理。在没有制度安排的情况下，面对一棵野生的苹果树，由于担心自己得不到熟苹果，人们就会抢先去摘苹果，摘到的当然都是青苹果。为了都能吃上熟苹果，人们可以做一个制度性安排，就熟苹果的分享达成一个契约。在契约的约束之下，人们就都可以吃上熟苹果了。[②]国际经济制度当然也根植于国际经济活动。如果没有商人们的跨国货物买卖，如何会有国际货物买卖合同的准据法制度，如何会有《联合国国际货物销售合同公约》，如何会有 WTO（国际贸易组织）规则。正是基于日益频繁的国际经济行为，各国间的联系才越来越多，各国共同遵守的规则才越来越多，相关的国际组织也逐渐发达，各国共同接受的价值也日益明显。然而，制度性安排当然并不都是合理的。回到苹果树的场景，我们要问：人们是如何约定熟苹果的分配的，是平均分配吗？如果是，是按家庭，还是按人口？如果不是，那什么因素决定了不平等的分配？还有，也是更重要的：如何保证契约的履行？这些仅仅是围绕着一棵苹果树的“良法善治”问题。想想看，全球经济的“良法善治”会是多么重要的问题。

该书作者的理论贡献是什么？该书是我所知的第一本论述国际经济法治的理论著

① 车丕照：《国际社会“社会化”进程中的国际秩序》，《国际经济法学刊》，第 16 卷第 3 期（2009）。

② 盛洪：《为什么制度重要》，郑州大学出版社 2004 年版，第 3 页。

作，系统地阐述了作者关于国际经济法治的基本观点。关于国际经济法治的内涵，作者提出国际经济法治包括国际经济良法和全球经济善治两个方面，要求规范价值，设定符合人本主义、可持续发展和谐共进的社会目标，也要求规范清晰明确、稳定权威；要求民主的立法，也要求善意的守法、严格的执法和便捷的司法。关于国际经济法治的价值，作者提出应以“可持续发展”作为国际经济法治的价值目标，并应主要着眼于公平性、持续性和共同性。关于现存的国际经济体制，作者在肯定了自由主义主导的国际经济体制成就的同时，也指出了这一体制的弊端，认为需要针对自由主义的局限改良国际经济体制。关于国际经济法治的实现路径，作者分析了国家层面的法治实现、国际组织层面的法治实现以及非政府组织、企业与个人层面的法治实现。作者提出的上述命题及其论证均具有明显的开拓性。

何志鹏教授近年来一直从事国际法治及相关问题的研究。当一些学者仍将“国际法治”看作是一件虚无缥缈的事情时，何志鹏却对“国际法治”满怀热情与信心，并不断推出新的研究成果。有时我会想，他一篇篇地推出关于国际法治的新作颇有些像雄鸡报晓，也许有人会“黎明即起，洒扫庭除”，也许有人会抱怨“半夜鸡叫”。不知读者在读了这本书后，对国际法治的感知会是长夜漫漫呢，还是天将破晓？

车丕照

目　　录

第三篇　国际经济法治诸领域

第四篇　未来展望与中国立场

导论

国际经济法治是国际法治在经济领域的具体体现，是为国际经济秩序所确立的良法与善治的发展目标，是国际经济法体系的价值尺度和完善方向。这一发展目标和价值体系所面对的是国际经济秩序的完善与更新，其目标在于给国际经济秩序提供观察的视角、评价的标准和改进的指引。

第二次世界大战以后的半个多世纪，人们见证了各国外贸依存度逐渐提高的进程，世界经济日益呈现出全球化的状态。这种相互依赖的经济格局在促进经济发展、拓展人民自由的同时也带来了诸多问题，贫富分化、环境恶化、风险加剧是其中最主要的方面。[①]20 世纪 80 年代以来，全球化浪潮汹涌而至，这可以被理解成为继大航海、19 世纪末的西方世界融合之后的第三轮全球化。[②] 这种全球化的趋势固然有其好处：促进了全球分工，推进了大型跨国企业进行全球战略定位，但不可否认的是，它也造成了全球性的经济困境：1998 年的亚洲金融危机使人们深度质疑开放经济对后发国家的意义；2007—2008 年美国次贷危机、2009 年后的欧洲主权债务危机引发的全球性经济衰退不仅促进了人们对金融创新与监管合作进行深入反思，而且在经济萧条时期各国所采取的保护主义

① Rosie Cooney and Andrew T.F. Lang，"Taking Uncertainty Seriously：Adaptive Governance and International Trade"，18 *European Journal of International Law* 523（2007）；Mónica García-Salmones，"Taking Uncertainty Seriously：Adaptive Governance and International Trade：A Reply to Rosie Cooney and Andrew Lang"，20 *European Journal of International Law* 167（2009）；Andrew Lang and Rosie Cooney，"Taking Uncertainty Seriously：Adaptive Governance and International Trade：A Rejoinder to Mónica García-Salmones"，20 *European Journal of International Law* 187（2009）.

② Jan Aart Scholte，*Globalization：A Critical Introduction*（2nd ed.，Palgrave Macmillan，2005），pp. 85~120.

措施更是引起了人们对马克思经济学说和凯恩斯主义的重新关注。[①] 在这些迷茫与困惑的背后，会产生这样一个制度性的追问：当今国际经济秩序的制度塑造可否被评价为适当？造成上述国际经济风险与灾难的事件是否可以说明国际经济制度存在着缺陷？如果相关的国际经济制度确实存在缺陷的话，那么需要如何改进才能避免国际经济发展过程中的恶性情势？

为回答上述的问题，达到分析当前国际经济体制的目标、贯彻批判现实主义[②]的研究路径，本书展开了以法治为指向、以自由与发展作为价值标准的规范研究。

第一篇作为基本概念与观念部分，对国际经济秩序进行了语义厘清，并对相关的研究进行了综述和评析。鉴于上述问题直接指向了国际经济规则的内容与运作，本书提出，国际社会应当确立怎样的经济秩序，作为国际经济秩序基础的法律规范应当设定何种目标、追求何种价值，作为国际经济关系主要参加者的国家以及国际组织应当站在何种立场，如何进行活动，这显然是回应经济全球化的挑战必须认真考虑的问题。第一篇第二章对国际经济法治的内涵、意义、判断标准、实现路径进行了总体分析。在后危机时代的实践压力与理论挑战背景之下，我们提出了在经济的领域建构和完善国际法治的主张。国际法治的观念来自西方，被包括联合国体系在内的国际组织所赞同和讨论。国际法治具有丰富的理论资源和广阔的实践前景，而且这一概念自 2014 年以来也进入了中国国家领导人的话语体系。[③] 因此有效的回答上述国际经济秩序的走向问题，就必须要在国际经济事务的领域内引入国际经济法治的制度理想。

第二篇考察国际经济法治的价值定位问题，在当前的国际经济秩序中，最值得关注的是两个方面：自由问题和发展问题，这两个问题是国际经济法治的价值核心，对这两个问题的分析有必要汲取国际关系学的理论予以进一步的认识和解读。第三章首先审视

---

① 王倩、何志鹏：《从国际金融危机反思国际金融秩序》，《北华大学学报（社会科学版）》，2009 年第 2 期。

② 关于批判现实主义作为国际法的研究方法的内涵与应用，参见何志鹏、高玥：《作为国际法方法的批判现实主义》，《法制与社会发展》，2014 年第 3 期。

③ 中国国家主席习近平在 2014 年 6 月 28 日和平共处五项原则发表 60 周年纪念大会上的讲话中四次提到了国际关系法治化的观点：

"和平共处五项原则……既代表了亚洲国家对国际关系的新期待，也体现了各国权利、义务、责任相统一的国际法治精神。"

"60 年来，历经国际风云变幻的考验，和平共处五项原则作为一个开放包容的国际法原则，集中体现了主权、正义、民主、法治的价值观。"

"我们应该共同推动国际关系法治化，推动各方在国际关系中遵守国际法和公认的国际关系基本原则，用统一适用的规则来明是非、促和平、谋发展。"

"我们应该共同维护国际法和国际秩序的权威性和严肃性，各国都应该依法行使权利，反对歪曲国际法，反对以"法治"之名行侵害他国正当权益、破坏和平稳定之实。"

（习近平：《弘扬和平共处五项原则　建设合作共赢美好世界》，《人民日报》，2014 年 6 月 29 日，第 2 版）

了自由经济体制这一价值的合理性，从哲学思想和经济影响两个角度分析了自由主义在经济领域的反映，并最终提出了坚持与补正自由经济体制的立场。在自由问题上，2008年以来的金融危机引起了很多国家采取“去全球化”的措施，给全球经济自由化带来了严峻的威胁与挑战。而对全球化的质疑也就导致了对自由主义理念的挑战。因此，自由主义所秉持的个人本位、自由至上、道德多元和普遍主义的思想话语需要重新审视。在当前全球经济困境中，对于自由主义既不能盲从，也不可一味拒斥，既要承认其积极意义，又要洞悉其局限性，通过汲取人类文明的优秀成果，结合中国与世界的现实，在跨文化交流和创新的基础上探索世界和谐发展的新范式。同时必须看到，经济全球化受自由主义思想所牵动，具有悠久的历史和长期的发展过程。迄今为止的国际经济自由化存在着发展理念上的误区，从而导致了发展不平等、与社会福利相割裂、不可持续和充满风险的结果。究其根源，是自由主义忽视整体、忽视结果平等与社会和谐、假想完全竞争的市场而造成的。由于国际经济自由化具有优势互补、提高整体效率的正面功能，所以明智的选择是在清楚认识自由主义局限的基础上坚持国际经济自由化，并在制度上进行补正。补正的途径包括构建市场竞争的透明度、实现环境成本的内部化、正视竞争主体的差别性、实行政府资源的再分配，从而达到更为公正和稳定的结果。

作为坚持和补正自由国际经济体制的手段，本书在第四章研讨了发展理念的正当性。在国际经济体制的语境下，发展绝大多数时候意指发展中国家的发展，也就是赋予发展中国家更大的发展能力、发展机遇、发展空间。在这一章中，通过对国际经济新秩序概念的回顾，结合可持续发展的观念，提出了从国际经济新秩序到可持续发展是国际经济体制价值取向升华的观点，并提出以可持续发展这一更具有亲和力的话语替代国际经济新秩序的建议，并以此重视国家主权、全球化、自由主义和贸易与人权问题。在发展问题上，“国际经济新秩序”这一概念作为发展中国家在20世纪60—70年代所提出的对于世界经济格局除旧布新主张的浓缩，具有显著而鲜明的进步意义。然而，由于在国际政治领域冷战格局的结束，世界主要力量对比发生了急剧变化，国际经济的均衡、公正发展主张也就未能成功。20世纪80年代全球化的主张出现以来，国际经济新秩序还有退出历史舞台的趋势。继之而起的可持续发展观念作为起源于环境领域、具备多重指标的世界状态主张，成为当前和以后相当长时间内国际经济法的价值目标之一。可持续发展的服务目标在很大程度上涵盖于国际经济法的体系之内，其所涉及的问题有很多可以认为与国际经济新秩序密切相关，二者在精神上具有一致性。因此从这个意义上讲，可持续发展有资格成为国际经济法的价值指向。在国际经济法领域欲求贯彻可持续发展的目标，须对自由主义及全球化保持批判现实主义的态度，对经济行为的环境效应保持警惕与关注。为了避免可持续发展的主张最终在国际关系中流于空想，国际社会特别需要吸取在构建国际经济新秩序过程中积累的经验，借鉴国际经济新秩序遭遇挫折的教训。[①]不仅在理论和战略上要形成更为明确的认识，而且在实践上也要充分利用国际关系中能够促进可持续发展的因素，摒除其中阻碍可持续发展的因素，力图在法律的各个层面和领域进行变革和创新，从而创建一个公正、和谐的国际经济体制。由此，自由与发展相互补充、相互结合，形成了第五章以后各章节进行制度检视和制度改进建议的基础。

站在这样的理论立场之上，需要以可持续发展的视角对国际经济法律规则、制度及其实施运作进行深入探讨。欲实现可持续发展，必须在货物与服务贸易、知识产权、投资领域保持坚定的态度、树立适当的规范、形成良性的机制。由此引出了对于国际经济各领域的秩序进行分析的各个部分，这些阐述具体体现在第三篇对于国际经济法治诸领域进行分析的各章之中。

在对国际货物贸易问题进行分析的第五章，其重点在于世界贸易组织（WTO）。WTO在其发展过程中，通过继承关税与贸易总协定（GATT）时代形成的高效率风格，并强化规范导向，逐渐发展成为国际经济法治中最为成熟的部分。然而，由于WTO的谈判机制存在的大国权力导向问题，致使其在规范设立、规范实施、争端解决领域中对于发展中国家的能力建设价值受到怀疑。这种政治力量决定市场导向的状况不仅不符合国际经济关系的伦理要求，也没有达到规则导向的目标。因此应当在现实主义对事实分析的基础上以建构主义的思路促动贸易制度变革，强化伦理的意蕴，确立规范的力量，从而使得国际经济体制朝向良性和持续发展，但其关键的突破点在于实现真正的“公平贸易”，公平贸易意味着在实力对比和历史发展的维度超越自由贸易的理论与政策，实现公平贸易需要国际经济法治的格局。如何在国际货物贸易领域内更好地以发展中国家的特殊地位寻求快速发展是发展中国家融入多边贸易体制的关键问题，这也是在多边贸易谈判中的焦点问题。以WTO为代表的多边贸易体制的基础是主权国家，主导力量是经济实力。然而，由于国家之间的相互依赖和观念的建构作用，国际机制有可能具备道义因素，从而在经济领域逐渐积累法治的因素。从发展中国家的视角审视国际货物贸易秩序的发展，尤其是在发展过程中对发展中国家的特殊关注，都体现了对发展中国家考虑方面的进步，但同时由于缺乏发达国家的积极行动，缺乏法律可执行性和有效的权利救济

---

① 参见何志鹏：《从国际经济新秩序到可持续发展是国际经济法治目标的升华》，《国际经济法学刊》，第15卷第3期（2008）。

手段，发展中国家从相关条款中的受益极为有限。在分析了目前发展中国家所面临的困境后，本书对解决这一问题提出了相关建议，但是这需要发展中国家的团结、智慧、努力、经验和勇气，并且也是艰难的过程。只有通过良好的谈判策略和发展中国家成员的团结，公平贸易才有可能部分实现。

在对国际服务贸易问题进行分析的第六章，本书认为，1994 年 WTO 的建立以及《服务贸易总协定》（GATS）的达成，使得跨越国界的服务贸易有了市场准入的机会，使开展国际服务贸易有章可循，对相关的服务贸易争端也有了相应的解决规则。然而，任何一个规则的公平性都是相对的，虽然 GATS 对发展中国家作了具体的规定，但由于受国际经济旧秩序的影响，发展中国家仍然处于不利的地位。在这样的环境下，发展中国家在产业结构、国际谈判的很多方面都需要进行大量的工作。

在对国际知识产权贸易体系进行分析的第七章，本书历史性地回顾了国际知识产权体制的演进过程，并通过药品专利、传统知识、滥用知识产权三个角度揭示现行知识产权体制中所存在的发展误区。进而通过权利冲突的理论框架解释国际知识产权体制仍然存在的问题，并提出了推进国际知识产权体制法治化的策略建议。

在对国际投资问题进行分析的第八章，本书从发展中国家的角度出发探讨了国际投资秩序中的发展问题。在国际投资秩序中起主要影响作用的是一些区域性的投资规范以及多边框架下的相关规定，但如此重要的制度，却没有一个全球性的具体规范来规制。造成这种局势的原因是多元的，但最重要的应该是南北利益无法平衡的结果。本文揭示了在国际投资秩序中还存在的一些问题以及发展中国家现有的成就，最后在双边、区域以及多边框架下提出了一系列的改进意见。

在对国际金融秩序进行分析的第九章，本书认为，布雷顿森林体系崩溃后，国际金融体系进入了无体系时期。国际金融协调和监管机制的缺失，巨额国际游资的无序流动以及美元本位国际货币制度的不可维持性等这些当前国际金融体系中存在的问题，使得国际社会周期性地出现金融危机。从理论层面上看，很多学者曾对加强金融监管的国际合作和协调提出过许多建设性意见。但针对不同类型的金融风暴，例如发生于新兴市场国家的货币危机和发源于经济强国的银行危机，他们还缺乏可操作性的建议。从实践层面上看，目前国际金融市场是由国际机构而非标准化的准则来规范的，以国际货币基金组织（IMF）、巴塞尔委员会为代表的国际机构只是各国监管当局的协调者，他们无力获得授权建立一个持久的国际金融治理体系。频繁爆发的国际金融危机也一再说明，现行的国际金融监管制度和法规的根本缺陷在于，它们与以金融全球化、证券化为特征的国际金融市场深刻的结构变化不一致。因此，在理论上需要在批判新自由主义的基础上运用建构主义思想提出更优的国际金融监管思想；在实践上需要设计和建立适合世界经济发展需要的国际金融新体制。

第四篇是对国际经济法治发展前景的预估和对中国立场的评价与建议。在对国际经济法治进行未来展望的第十章，作者认为，国际经济法治不仅仅是一个奋斗的目标，同时也是一个不断完善的过程，而在这个过程中，所有的参与者都是有机会贡献力量甚至指引方向的。就现状而言，国际经济体制尚未达到法治的标准，大国对于权力的追求侵蚀了国际经济体制法治化的基础，但其中并非没有希望。如果能够在国际谈判中坚持发展理念，倡导多边主义，采取渐进的策略，那么逐渐提升国际经济体制的法治水平还是很有希望的。在这条希望之路上，中国既有高度的利益需求，也有重要的责任。虽然从历史的发展进程中看，中国对于树立国际经济法治的立场并不鲜明，但是随着中国经济能力的提升，建构中国话语、表达中国立场已经是一个无法回避的任务。因此，中国有必要一方面建立遵从法治的良好形象，另一方面积极参与国际经济法的订立、修正和完善，并通过建立自由贸易试验区、推进一带一路战略的实施和主导建立亚洲基础设施投资银行（AIIB）等措施，提升双边、多边和单边的努力，促进国际经济体制的法治化，同时也在国际经济体制的改进道路上更有效地维护中国自身的利益。

在整个国际经济体系发展的进程中，从阻碍走向自由、从自由走向发展，是国际社会不断成长和成熟的表现，也是国家、国际组织、非政府组织应当为之努力的目标和价值取向。国际经济法治的完善就是要循着这样的路径，为全球的真正繁荣，为全世界人民的共同幸福而不断扩大共识、完善制度、提升实践。

第一篇

基本概念与观念

第一章　国际经济秩序的走向与思考维度

由2007—2008年金融风暴引发的贸易政策变化是国际经济领域中相当显著的现象。从国际经济秩序的总体基调上看，这次源于美国次贷危机至今仍在全球蔓延的金融风暴，必将是一个具有深远历史影响的事件。后危机时代的各种变化对于经济全球化构成了重要影响，自由主义作为一种理论思潮和实践趋势受到质疑和冲击。[①] 它不仅影响着各国国内政策的制定与修正，更影响着国际经济秩序体系、法律制度的反思与重建；它不仅提供了一次审视和检验既有学说和现行政策的机会，更提供了人类面对困境、修正错误、寻找出路、确立新的发展模式的机会。[②] 我们所处的时代是一个对国际经济关系的未来方向难于完全看清的时代，[③] 准确判断、正确对待后危机时代的国际贸易体制，并认真思考国际贸易体制应当如何发展，是一个极其值得关注和深入探讨的问题，同样也是一个非常具有理论价值和现实意义的问题。

国际经济秩序是国际经济领域由行为体的行为所构成的总体状态，它包含着行为的主体、行为的方式、行为的结构与体系行为的总体力量对比。关于国际经济秩序，

① 有的学者认为，全球化实际上并未真正存在，而仅仅是区域化。参见［英］阿兰·鲁格曼（Alan Rugman）:《全球化的终结：对全球化及其对商业影响的全新激进的分析》，常志霄、沈群红、熊义志译，生活·读书·新知三联书店2001年版，第7~18页。

② 谢地:《转变发展方式的经济学思考》，《新长征》，2010年第5期。

③ 参见徐崇利:《经济全球化与国际经济法的晚近发展》，《法商研究》，1996年第5期；焦津洪:《经济全球化及其对国际经济法的挑战》，《国际经济法论丛》，第3卷，法律出版社2000年版，第15~25页；余劲松:《经济全球化与国际经济法》，《法学家》，2003年第3期；沈四宝、盛建明:《经济全球化与国际经济法的新发展》，《中国法学》，2006年第3期。

已经有了很多的研讨。[①]本书关注于国家之间的，由国际经济条约、公约等所形成的规范体系及由此形成的主体间的关系。在全球化的背景下，一些西方学者提出了全球治理的观念[②]，一些国家、国际组织和学者提出了国际法治的主张，而中国则在21世纪之初就提出了建立和谐世界的思路。国际法治与和谐世界的关系，国际法治的内涵、外延及其可能，是值得深入探讨的问题。因此，在对于国际经济法治进行深入具体的分析与探讨之前，应先对国际经济秩序的基本问题与本项研究的基本方法与思路进行阐释。

一、国际经济秩序的内涵与外延

国际经济关系在国际秩序中有着极为重要的意义。一方面，国际经济秩序与军事安全、领土安全、政治外交等“高政治”侧面紧密联结，实质上构成了这些高政治领域秩序与变革的深层原因和策动源泉；另一方面，国际经济秩序对于环境、人权、文化等“低政治”领域事项的发展方向与态势有着很大程度的影响和决定作用。从这个意义上讲，国际经济秩序具有国际秩序中承上启下的轴心地位，并在很大程度上标志着国际组织的存续和国家间合作的深度和广度。

（一）国际经济秩序的内涵

国际经济秩序（international economic order）是国际秩序（international order）的一个方面。一般认为，国际秩序以一定世界格局为基础，形成国际行为的规范和相应的保障机制，并构成一个总体的运行态势。[③]国际秩序主要体现为国际政治秩序和国际经济秩序。

---

① 从国际政治经济学的角度分析国际经济秩序——在相互依赖的背景下分析国际经济秩序的研究，参见 Simon Bromley，Maureen Mackintosh，William Brown，and Marc Wuyts（eds.），*Making The International：Economic Interdependence and Political Order*（Pluto Press，The Open University，2004）；Robert Gilpin and Jean M. Gilpin，*Global Political Economy：Understanding the International Economic Order*（Princeton University Press，2001）；关于古典自由主义理论和思想史以及国际经济秩序的研究，参见 Razeen Sally，*Classical Liberalism and International Economic Order：Studies in Theory and Intellectual History*（Routledge，1998）；对于国际经济新秩序的分析和评价，参见 Herb Addo（ed.），*Transforming the World Economy：Nine Critical Essays on the New International Economic Order*（United Nations University press，1984），以及后文第四章的分析；关于社会主义与国际经济秩序的研究，参见 Elisabeth L. Tamedly，*Socialism and International Economic Order*（The Caxton Printers，1969）；对于国际主义与民族、国家共同体和经济体系与秩序的分析，参见 W. Röpke，G.E. Trinks，J. Taylor，and C. Käufer，*International Order and Economic Integration*（D. Reidel Publishing Company，1959）。

② Jan Aart Scholte，*Globalization：A Critical Introduction*（2nd ed.，Palgrave Macmillan，2005），pp. 185~223.

③ 对于国际经济秩序的讨论，参见门洪华：《大国崛起与国际秩序》，《国际政治研究》，2004年第3期；张乃根：《论国际法在国际秩序中的作用》，《北方法学》，2010年第3期；章前明：《从国际合法性视角看新兴大国群体崛起对国际秩序转型的影响》，《浙江大学学报（人文社会科学版）》，2013年第1期。

前者还可以细分为国际安全秩序、国际政治权力分配秩序等；后者主要关注在国际资源分配的过程中所形成的行为方式和关系样态。在一个社会化的体制之中，秩序的主要表现是行为的规范及规范的履行。国际经济秩序与国际政治秩序是不可分离的，正如马克思主义所揭示的经济基础与上层建筑的关系一样，国际经济秩序是国际政治秩序的决定性因素和发展变化的基础，国际政治秩序对于国际经济秩序具有巨大的反作用，特别体现在通过政治过程确立的法律规范对于经济结构的重要作用。

由于当前的国际经济关系已经高度社会化，而非在互不协商的情形下盲目的博弈，所以可以通过考察国际经济领域的法律规范和这些规范的实施情况来认知国际经济秩序。因此，当前的国际经济秩序是在世界范围内建立起来的国际经济关系以及各种国际经济体系与制度的总和，是使世界经济作为有内在联系和相互依存的整体进行有规律地发展与变化的运行机制。

必须看到，国际经济秩序和一国内部的经济秩序存在着很大的差异，一个国家的法律体系是一个典型的金字塔形状的体系。国内的法律体系是纵向的、集中的，具有一种金字塔的状态，在宪法秩序的约束下形成一个“共同屋顶”；法律直接体现着统治阶级的意志，同时依靠国家强制力来保障其实施，因而，一旦某一项法律开始实施，这一方面的秩序即已经确立。与之相反，国际秩序的基本状态就是“无政府体系”，国际法律规范也相应地体现出横向性、平位性、协定性，表现为条约和习惯的法律常常是各个国家的意志与利益相互妥协的产物，在范围上很难涵盖所有国家。而且由于没有一套统一的、凌驾于国家之上的立法、司法和法律监督机构，国际法往往是不成体系的。所以，国际秩序也是一种横向的、妥协的秩序，在很大程度上受各国的军事、政治、经济力量对比格局的影响，其具体的形成是由在不同领域、不同事项上具有不同利害关系的国家提出建议，并分别进行磋商，通过公约、条约、协定等硬法（hard law），宣言、行为准则等软法（soft law），一块一块地确立起来的。通过对比不难了解，国际秩序的具体表现错综复杂、难于划一，而且对于力量对比的变化非常敏感。

马克思主义法学理论认为，作为一种上层建筑，法由经济基础决定；反过来，法又对经济基础具有服务的作用，[①] 这一论断对于国内和国际都有解释力。换言之，法与经济具有互动性。同样马克思主义的基本原理认为，经济基础由生产力和生产关系两个方面组成。而经济秩序与生产、分配、交换、消费有着密切的联系，所以显然属于生产关系

① 张文显主编：《法理学》（第三版），高等教育出版社 2007 年版，第 355~358 页；张文显主编：《马克思主义法理学：理论、方法和前沿》，高等教育出版社 2003 年版，第 8~9 页。

的重要组成部分，即构成经济基础的重要因素。从这个意义上看，法律固然可以确立经济秩序，但归根结底，只有那些反映了现实生活中正当合理经济秩序的法律，才能够在社会中顺利实施，否则，一定会受到社会生活的抵制和经济规律的反弹。

对国际秩序的表现形式和效果进行评判，是我们分析国际秩序的主要目标。在相当长的时期内，评判国际秩序优劣的标准都应当是：这一秩序是否有利于世界的和平与发展，是否有利于实现民生幸福。这个标准既包括一个时期范围内国际秩序的形成因素，也包括该秩序的具体利益指向，更包括该秩序所能导致的资源配置状态。国际秩序的状态，从主要国家的数目上可以分为单极秩序、两极秩序和多极秩序；从国家之间关系的治理模式上，可以分为帝国秩序、霸权秩序、民主秩序、法治秩序，等等。从历史发展的纵向维度上看，国际秩序经历了一个从武力到外交、从外交到法治的进程。虽然其中有反复、有波动，但是国际秩序走向缓和和规范是一个总体趋势。国际经济秩序作为国际秩序的重要部分，当然也显示着这样的趋势和动向。

如果对国际经济秩序作一个简单的百年回顾，可以这样说，19 世纪末 20 世纪初的国际经济秩序是以西方为主导的帝国主义式的经济秩序，很多殖民地还没有独立，这些殖民地成为西方宗主国原料来源的主要地点和商品营销的重要市场。[①] 在当时所谓的国际经济秩序实际上就是西方国家之间的经济秩序，也就是西方国家之间彼此的竞争与合作。这种情况在第一次世界大战结束之后虽然有了一定的改变，但这种改变不是实质性的。也正是由于这一点，才有可能出现第一次世界大战之后 1929—1933 年之间的全球性经济危机以及关税壁垒高高筑起导致危机加剧甚至引起战争的状况。20 世纪中叶第二次世界大战结束以后，在经济领域实际上也形成了两大国家集团对立的状况。以美国为首的马歇尔计划不仅推动了西方国家的复兴，而且在世界上出现的国际复兴开发银行也首先着力于对于西方国家经济的促进。而以苏联为首的国家则试图通过构建经互会来形成一个经济集团，与西方国家的经济集团相抗衡，虽然这个尝试并不成功，但毕竟对于国际经济力量及格局的构建奠定了基础。冷战结束后的 20 世纪 90 年代实际上开启了国际经济秩序的重要转型期，其核心表现是发展中国家在冷战时期所诉求的国际经济新秩序呈现出一种逐渐被冲淡和消逝的局面，而西方发达国家所主张的新自由主义，具体表现为放松管制和私有化逐渐成为国内经济和国际经济的主旋律，并与这一时期出现和提升的全球化趋势相互映衬，试图成为主导国际经济秩序的核心理念。当然，由于国际经济发展

①［美］罗纳德·H. 奇尔科特主编：《批判的范式：帝国主义政治经济学》，施杨译，社会科学文献出版社 2001 年版，第 186~226 页。

的曲折性，特别是一次又一次国际经济危机或者困境的出现，使得西方大国所主张的自由主义不能够始终贯彻下去，而且当今的国际经济秩序并不是自由主义独步天下的格局，所以这也使得很多国家有机会反思西方倡导的自由主义观念和政策的正当性。

（二）国际经济秩序的外延

当代学术界一般把经济学划分为微观与宏观两大分支。微观经济学主要关注经济交往中决策者的行为，如从供给、需求、市场的角度考虑生产什么、如何生产、为谁生产等几个问题;宏观经济学则着眼于全面或总体的经济行为,其主要关注的方面为经济增长、商业周期、通货膨胀、失业、全球经济，等等。① 根据这样一个基本切分角度，经济秩序也可以分为宏观和微观两大部分。宏观经济秩序反映着一个时期、一定范围内经济主体所呈现的总的样态与模式；微观经济秩序则反映着一个时期、一定范围内经济主体的交易策略和选择。② 这种区分方法既适用于国内经济，也适用于国际经济。

基于这样一种考虑，国际经济秩序也分为国家间秩序（由调整国家之间经济关系的条约、公约等所形成的规范体系及由此形成的主体间关系）、跨国私人秩序（由调整平等商事主体间交易行为及商事组织关系的法律所形成的规范体系及由此形成的跨国商事关系）和以单国为视角的涉外经济秩序（由体现国家政府对国际经济交往调控关系的法律而构成的规范体系及由此形成的涉外关系）三大门类。③ 如果对这些不同视角、不同主题的问题进行混同思考，那么国际经济秩序的问题就会显得枝节繁多，难于梳理。所以，这里所称的国际经济秩序，主要讨论前面讨论的第一种秩序，也就是国家间秩序。

当代的国际经济活动主要体现为贸易和投资两大方面。其中，传统的货物贸易仍然具有重要的地位，传统上被称为“第三产业”的服务贸易在国际经济中的地位与日俱增，而在以信息和科技产品为代表的知识经济时代中，知识产权、知识产品的贸易也具有十分令人瞩目的意义。国际投资主要分为直接投资和间接投资，直接投资以投资者参与投资的管理为特征，间接投资则主要体现为投资者在证券市场的投资。前者一般被称为国际投资关系，后者一般被称为国际金融关系，这两者对于国际经济的发展发挥着举足轻重的作用。所以，在分析国际经济秩序的过程中，主要分析以 WTO 中 GATT 为代表的国

---

① Paul A. Samuelson and Willian D. Nordhaus，*Economics*（19th ed.，McGraw-Hill/Irwin，2009），pp. 65~222，405~422；N. Gregory Mankiw，*Principles of Economics*（6th ed.，Cengage Learning，2012），p.492；Paul Krugman and Robin Wells，*Macroeconomics*（3rd ed.，Worth Publishers，2012），pp.3~4.

② 从国内法律秩序的角度而论，民商法主要处理、调整微观经济秩序，经济法规则主要调整宏观经济秩序。

③ 车丕照：《国际经济交往的政府控制》，长春出版社 1996 年版，第 1~3 页。

际货物贸易秩序，以 WTO 的《服务贸易总协定》（GATS）为核心的国际服务贸易秩序，以 WTO 的《与贸易有关的知识产权协定》（TRIPS 协定）为代表的国际知识产权秩序，以双边投资协定为代表的国际投资秩序，以及以世界银行（World Bank，WB）[①]、国际货币基金组织（International Monetary Fund，IMF）、巴塞尔协议为代表的国际货币金融秩序。

二、当前学界对于国际经济秩序问题的认识

国际经济秩序的局势与发展方向问题是近期国际政治、国际经济、国际经济法学界关注的重要方面之一，其中最主要的议题包括国际经济体制的现状与未来、国际法治、各经济领域的秩序状况等。中外学者对国际经济秩序的总体格局、发展的成就和问题、国际经济体系的未来方向都进行了深入的研讨。[②]

（一）对国际经济秩序整体走向的思考

在国际经济体制的现状与未来的分析上，经济全球化作为一个总体的背景和讨论前提，现在已经成为一个几乎很少有人反对其存在的现象。由于国际货币基金组织、世界

① 世界银行（World Bank）这一称呼，比较准确地说，仅仅包括国际复兴开发银行（IBRD）和国际开发协会（IDA），作为国际金融机构，其目标为消除贫困、推动外商直接投资和国际贸易，以及为资本投资提供便利；现在的主要功能是向发展中国家资本项目提供贷款。国际复兴开发银行负责向中等收入国家政府和信誉良好的低收入国家政府提供贷款；国际开发协会向最贫困国家的政府提供无息贷款（也称信贷）和赠款。国际复兴开发银行共有 188 个成员（详见 http://web.worldbank.org/WBSITE/EXTERNAL/EXTABOUTUS/0，contentMDK：22427666~menuPK：8336899~pagePK：51123644~piPK：329829~theSitePK：29708，00.html），而国际开发协会则有 172 个成员。国际复兴开发银行的成员同时也是国际货币基金组织（IMF）的成员，同时也只有它们被准许加入世界银行旗下的其他组织。以世界银行为核心，形成了世界银行集团，包括世界银行、国际金融公司（IFC）、多边投资担保机构（MIGA）以及国际投资争端解决中心（ICSID）。国际金融公司是全球最大发展机构，专注于私营部门，通过投融资、动员国际金融市场资金以及为企业和政府提供咨询服务，帮助发展中国家实现可持续增长。成立于 1988 年的多边投资担保机构以促进发展中国家的外国直接投资、支持经济增长、减少贫困、改善人民生活为目标，主要职能是向投资者和贷款方提供政治风险担保；国际投资争端解决中心提供针对国际投资争端的调解和仲裁机制。

② 有关研究，参见曹广伟：《后金融危机时代国际经济秩序的延续与变革》，《社会主义研究》，2014 年第 1 期；曹广伟、何章银、杜清华：《经济危机与国际经济秩序的演变》，《世界经济与政治论坛》，2013 年第 4 期；何秀玲：《论当前国际经济秩序的失衡与重建》，《经济纵横》，2012 年第 6 期；李滨、陆健健：《论建立公平的国际经济秩序之正当性》，《世界经济与政治》，2011 年第 12 期；唐彦林：《20 国集团变革国际经济秩序探析》，《现代经济探讨》，2011 年第 10 期；陈凤英：《新兴经济体与 21 世纪国际经济秩序变迁》，《外交评论（外交学院学报）》，2011 年第 3 期；杨圣明：《国际经济秩序治理体制改革问题》，《财贸经济》，2011 年第 6 期；李途、蒋凯：《二十国集团在国际经济秩序变革中的角色分析》，《前沿》，2011 年第 7 期；姜键：《试论后金融危机时代国际经济秩序的重构》，《思想理论教育导刊》，2011 年第 3 期；朱兆敏：《论碳排放博弈与公正的国际经济秩序》，《江西社会科学》，2010 年第 4 期；朱哲、孙伟忠：《贸易条件对国际经济秩序的影响及我国应采取的对策》，《经济纵横》，2009 年第 5 期；孙世强：《经济人性正义化与构建和谐国际经济秩序》，《现代经济探讨》，2008 年第 10 期；徐康宁：《自然资源高价时代与国际经济秩序》，《世界经济与政治》，2008 年第 5 期；高柏：《国际经济秩序发生重大变化的可能》，《中国改革》，2005 年第 3 期；张学斌：《客观认识当今国际经济秩序》，《国际政治研究》，2002 年第 2 期；肖巍、钱箭星：《论经济全球化和国际经济秩序失衡》，《毛泽东邓小平理论研究》，2002 年第 2 期；朱崇实、贺绍奇：《经济全球化与国际反垄断法——在建立新的国际经济秩序中发展中国家面临的新挑战》，《厦门大学学报（哲学社会科学版）》，2001 年第 2 期。

银行等国际组织的推动，全球化在金融领域有着巨大的影响。[①]

国际关系理论的各个流派对于经济全球化的事实和影响有着不同的理解。霸权稳定论（hegemony stability）者认为，占据主导地位的霸权国家会推行经济自由化，提供经济自由化制度性和观念性的公共产品，这种自由化的趋势会随着霸权的衰落而停顿或逆转。这一理论受到了学者以历史事例为着眼点的否证。[②] 自由主义论者（liberalists）认为，经济自由化所导致的国家间相互依赖和相互接触引生的了解会减低冲突与战争的概率。这一观点同样受到了学者以历史事件为证据的否证。[③] 公共选择学派则试图证明，由于生产者在国家决策中占据更有利的影响地位，而这些利益集团倾向于经济贸易壁垒，所以保护主义会具有较长久的生命力。在全球化的背景下，西方学者奥兰·杨（Oran R. Young）、詹姆斯·罗西瑙（James Rosenau）、乌尔里希·贝克（Ulrich Beck）、戴维·赫尔德（David Held）、安东尼·麦克格鲁（Anthony McGrew）等提出了全球治理（global governance）的观念，引起了世界各国学界的广泛注意。但是，经济领域的全球治理现状如何、如何评价，将来发展的方向具体怎样，并没有一个清晰的图景。以联合国为代表的国际组织、一些国家和国家集团提出了国际法治（international rule of law）的理念，也引起了国际社会的深入讨论。国内外对于国际法治这一世界领域的前沿问题、基本理论问题和具有重大现实指导意义的实践问题已经有了一些著述，但是系统的研究还不多。一些学者通过个别机制的分析对国际法治做出了初步的阐释，但是总体的结构框架和理论逻辑还没有建立起来，相关理论与国际社会的实践也还没有进行充分的结合，与国内立法中的法治学说联系也显得不足。因而，对于这个问题尚有在理论上做进一步深入挖掘和体系化建构的必要。与之并列，中国在 21 世纪之初就提出了建设和谐世界的主张。虽然国内研讨和谐社会、和谐世界的著述已不少，但是同样缺乏系统性和深刻性，有待于结合国际社会的现实状况探索和谐世界的内涵以及可能性。国际法治与和谐世界的关

① Ngaire Woods, *The Globalizers: The IMF, the World Bank, and Their Borrowers* (Cornell University Press, 2008); Stephen Valdez, *An Introduction to Global Financial Markets* (5th ed., Palgrave Macmillan, 2006).

② 有关讨论，参见钟飞腾:《霸权稳定论与国际政治经济学研究》,《世界经济与政治》，2010 年第 4 期；李宝俊、李志永:《“和谐世界观”与“霸权稳定论”——一项比较分析》,《教学与研究》，2008 年第 6 期；刘志云:《“霸权稳定论”与当代国际经济法——一种国际政治经济学视角的诠释》,《太平洋学报》，2007 年第 1 期；周丕启:《霸权稳定论：批判与修正》,《太平洋学报》，2005 年第 1 期；孙晓玲:《“霸权稳定论”与中国新安全观：一种比较视角》,《世界经济与政治》，2004 年第 2 期；王义桅、唐小松:《从霸权稳定论到单极稳定论——冷战后新现实主义的回归》,《世界经济与政治》，2000 年第 9 期；樊勇明:《霸权稳定论的理论与政策》,《现代国际关系》，2000 年第 9 期；郭树永:《评“霸权稳定论”》,《欧洲》，1997 年第 6 期。

③ 有关讨论，参见王兰芳:《马克思恩格斯对早期贸易和平论的批判》,《东岳论丛》，2010 年第 6 期；郎平:《贸易是推动和平的力量吗？》,《世界经济与政治》，2005 年第 10 期；郎平:《贸易制度的和平效应分析——基于地区特惠安排与全球贸易体制的比较》,《世界经济与政治》，2009 年第 7 期；郎平:《贸易何以促成和平：以中美关系为例》,《世界经济与政治》，2006 年第 11 期；邝艳湘:《国际贸易和平效应的演化：理论与实证研究》,《数量经济技术经济研究》，2009 年第 5 期。

系，是国际社会未来前景的重要问题，在这方面虽然有一些论文面世，但是视角还比较窄，与国际社会实践的联系也不够密切。要实现真正的国际法治与和谐世界，需要在包括经济在内的国际关系的每一个领域进行研讨，并且在此基础上把握国际社会的现状，分析和评价现行的国际法体制，对未来的国际秩序进行预期。[①] 美国学者约翰·杰克逊研究了国际经济法和全球经济二者之间的关联，国际经济法律体系正在处理或将要面临的问题所呈现的特质，特别是这些特质对于国家经济主权所带来的影响。[②] 德国学者彼德斯曼则关注国际经济法的司法过程，包括法官的素质和资格，通过这样一些实体规范和程序规范来实现以人权为基础的国际经济宪政体系。[③] 彼德斯曼深入而细致地探讨了国际经济法中人权的地位问题，[④] 并指出：不论是国际贸易还是国际投资，这些行为本身都仅仅是行使经济自由、实现企业所有权的经济价值、提高个人福利和社会整体福利水平的手段。国际经济行为和政策本身也并不是目的，而只是通过自由同意和共同受益的交易方式来实现增加就业机会、提升个人自由、实质性提高收入、便利获取需要的资源以及享受人权的目标。[⑤] 彼德斯曼出版了很多著作，对国际经济争端解决的实体规范和程序规程进行了周密细致的分析，并以此为基础构建了国际经济秩序的法治化、宪政化的理想大厦。他的学术思想和理论观点主要可以理解为以下论断：虽然当前的国际社会仍是一个强权政治的社会，不过这既不意味着此种状态应当被界定为善，也不意味着此种状态及其局部不应当和不可能改变，应该在一系列法律规范与行为之中体现和贯彻人权的价值基础。其中包括在国内经济规范与国际贸易法中体现人权的需求，在法律的具体实施中考虑如何更加充分地维护人权，特别是在司法过程中提升人权的地位，从操作的层面上讲，需要从条约解释、法官的行为等几个方面推进。这一点彼德斯曼尤其重视，是他近些年研究的重点，他近期的一些研究报告和论文也多阐述这一问题。[⑥] 从规范移植的角度来看，

---

① 参见何志鹏：《西方国际经济法研究：重点、方法与立场》，《国际经济法学刊》，第 16 卷第 1 期（2009）。

② J. H. Jackson, "Global economics and international economic law", 1 *Journal of International Economic Law* 1 (1998); Jackson, "International economic law in times that are interesting", 3 *Journal of International Economic Law* 3 (2000); Jackson, "International Economic Law: Complexity and Puzzles", 10 *Journal of International Economic Law 3* (2007).

③ E.-U. Petersmann, "Human rights and international economic law in the 21st century. The need to clarify their interrelationships", 4 *Journal of International Economic Law* 3 (2001)，后文对此问题将进一步述及。

④ E.-U. Petersmann, "Human Rights, International Economic Law and Constitutional Justice", 19 *European Journal of International Law* 769 (2008).

⑤ E.-U. Petersmann, *Time for Integrating Human Rights Into The Law of Worldwide Organizations*, Jean Monnet Working Paper, 7/01 (2001), New York University School of Law.

⑥ 例如，Petersmann 在 2008 年发表的一篇论文就探讨了在公民间经济合作的多边司法治理问题，提出对法官的判别应经历从"本人与代理人理论"到"宪政正义"的转变。Petersmann, "Judging Judges: From 'Principal-Agent Theory' to 'Constitutional Justice' in Multilevel 'Judicial Governance' of Economic Cooperation among Citizens", 11 *Journal of International Economic Law* 827 (2008).

国际贸易法律体制完全可以从欧洲多元法治体系的成功经验中汲取营养，将实现宪政、践行国际法治的努力拓展到 WTO 乃至联合国的层面上。就当前而言，经济层面的国际法治是具有现实可行性的。[①] 当然，在这个方面彼德斯曼的观点也受到了一些学者的质疑和反驳。[②] 胡夫鲍尔就分析了在压力比较大的情况下国际经济法的宪政目标过于理想化的事实，[③] 与此同时，一些学者则就国际经济法中的主权问题进行了反思和辩论。[④] 而在金融体制改革、贸易体制改革、贸易与发展的关联、双边规制、区域规制与多边规制的关系、服务贸易、补贴、环境、竞争、投资等国际经济交往的各个方面，很多学者都从不同的视角观察和分析国际经济体制的未来走向。[⑤] 一些研究对第二次世界大战以来国际法的发展进行了审视，[⑥] 着重研讨了发展中国家，特别是中国对于国际经济法的发展所起到的积极推动作用，[⑦] 也有一些研究对中国的和平发展理念、和谐世界观念所产生的行为体与规范之间的互动进行了一些有益的分析，[⑧] 并认为这些观念不仅指引着中国的外交，[⑨] 也为国际关系、国际法注入了新的理念和理论源泉。[⑩] 还有一些研究探索全球化、全球治理这些

---

① C. Joerges and E.-U. Petersmann（eds.），*Constitutionalism，Multilevel Trade Governance and Social Regulation*（Hart Publishers，2006）.

② 参见 *European Journal of International Law* 第 13 卷（2002）中 Petersmann、Howse、Marceau、Alston 等学者进行的一次讨论。

③ G. C. Hufbauer，"International Economic Law in Times that are Stressful"，5 *Journal of International Economic Law* 3（2002）.

④ K. Raustiala，"Rethinking The Sovereignty Debate In International Economic Law"，6 *Journal of International Economic Law* 841（2003）; F. G. Jacobs，"The State of International Economic Law: Re-Thinking Sovereignty in Europe"，11 *Journal of International Economic Law* 5（2008）.

⑤ W. J. Davey and J. H. Jackson，*The Future of International Economic Law*（Oxford University Press，2008），Especially the articles by W. J. Davey，A. Green and M. Trebilcock，and W.-M. Choi.

⑥ 胡加祥：《世界反法西斯战争胜利与当代国际法》，《法学评论》，2005 年第 5 期。

⑦ 王铁崖：《第三世界与国际法》，《中国国际法年刊（1982）》，中国对外翻译出版公司 1982 年版；王铁崖：《中国与国际法——历史与当代》，《中国国际法年刊（1991）》，中国对外翻译出版公司 1991 年版。

⑧ 2006 年 2 月 11 日中国国际关系学会、中国国际法学会在外交学院召开以"和谐世界与中国外交"为题的学术研讨会，来自国内高校、研究机构、媒体等单位的十几位知名专家、学者进行了深入的探讨，阐述了各自独到而有见地的思想与观点。

⑨ 宋秀琚、麻陆东：《构建和谐国际制度：缘起、构想与中国战略定位》，《社会主义研究》，2013 年第 2 期；薛晨：《非传统安全问题与国际公共产品供给——兼论"中国责任论"与和谐世界理念的实践》，《世界经济与政治》，2009 年第 5 期；杨洁勉：《和谐世界理念与中国国际战略发展》，《国际问题研究》，2009 年第 5 期。

⑩ 潘抱存、徐聪敏：《中国"和平崛起"与当代国际法》，《法学杂志》，2004 年第 3 期；余敏友：《中国和平崛起与全球治理》，《法学家》，2004 年第 6 期；朱文奇：《国际法与中国发展——中国的和平发展需要国际法》，《法学家》，2004 年第 6 期；李双元、李赞：《构建国际和谐社会的法学新视野——全球化进程中的国际社会本位理念论析》，《法制与社会发展》，2005 年第 5 期；高岚君：《中国的和平发展与国际法的价值体系》，《法学评论》，2006 年第 3 期；龚瑜：《论国际法与和谐世界》，《现代法学》，2006 年第 6 期。曾令良教授的《论中国和平发展与国际法的交互影响和作用》（《中国法学》，2006 年第 4 期）详细分析了这一问题。

理念如何用于判断和评价国际法的方向，[①] 并且从规范建构社会秩序的角度来阐释国际法体制对于多边贸易体制的作用。[②]

（二）对国际经济秩序中发展问题的关注[③]

在国际经济秩序的语境下，发展问题一般是指发展中国家的发展，也就是考虑国际经济法如何形成一种发展中国家与发达国家协调、共同发展的格局。[④] 这一领域在国际法上形成了一个新的分支，这就是国际发展法。[⑤] 国际发展法涉及发展进程中国家及其他行为体的权利和义务。由于 20 世纪 70 年代和 80 年代发展进程中存在着观点的不一致，所以国际发展法在国际法的整体体系中已经显得不那么显著和重要。有观点认为，发展与经济增长密切相关，而和其他社会、文化、环境、政治等问题可以分开；另有观点则认为发展进程是和经济、社会、文化、环境、政治等层面紧密地交织在一起的。[⑥] 西方国际经济法学者的一系列研究都体现出对于发展问题的关注，这一方面的研究已经将发展问题视为国际经济法的重要伦理基点。[⑦] 比如，有的研究分析了在过去的半个世纪发展作为国际经济法渐进路径的成长历程，并确认了全球化对于国际经济法基础的影响，以及由此对于发展中国家的作用，从当代的政治与法律趋势来判断在后华盛顿共识阶段国际经济法与发展目标之间的相互关系。[⑧] 同时也有很多学者关注发展合作的问题，[⑨] 例如国家

① 李万强：《论全球化趋势下国际法的新发展》，《法学评论》，2006 年第 6 期；任际：《全球化与国际法律意识》，《法学研究》，2003 年第 1 期。叶美霞、曾培芳：《现行国际法的困惑与挑战探析》，知识产权出版社 2008 年版；温树斌：《国际法刍论》，知识产权出版社 2007 年版；陈小云：《当代国际法问题研究》，知识产权出版社 2007 年版。

② 周忠海：《论国际法在 WTO 体制中的作用》，《政法论坛》，2002 年第 4 期；李鸣：《国际公法对 WTO 的作用》，《中外法学》，2003 年第 2 期；Jiaxiang Hu（胡加祥），"The role of international law in the development of WTO law"，7 *Journal of International Economic Law* 143（2004）.

③ 参见何志鹏：《西方国际经济法研究：重点、方法与立场》，《国际经济法学刊》，第 16 卷第 1 期（2009）。

④ C. O' Neal Taylor，"Interrelationships：International Economic Law and Developing Countries"，27 *Boston College International & Comparative Law Review* 187（2004）；张海滨：《全球环境与发展问题对当代国际关系的挑战》，《世界经济与政治》，1993 年第 3 期。

⑤ Rumu Sarkar，*International Development Law：Rule of Law，Human Rights，and Global Finance*（Oxford University Press，2009）；Young-Shik Lee，Gray Horlick，Won-Mog Choi，and Tomer Broude（eds.），*Law and Development Perspective on International Trade Law*（Cambridge University Press，2013）。中国学者在这个方面的探究，参见黄志雄：《WTO 体制内的发展问题与国际发展法研究》，武汉大学出版社 2005 年版。

⑥ Daniel D. Bradlow，"Development Decision-Making and the Content of International Development Law"，27 *Boston College International & Comparative Law Review* 195（2004）.

⑦ Y.-S. Lee，*Reclaiming Development in the World Trading System*（Cambridge University Press，2006）.

⑧ Julio Faundez，"International Economic Law and Development Before and After Neo-Liberalism"，in Julio Faundez，Celine Tan（eds.），*International Law，Economic Globalization and Development*（Edward Elgar Publishing，2010）.

⑨ K. Arts，*Integrating Human Rights into Development Cooperation：The Case of the Lomée Convention*（Kluwer Law International，2000）.

或国家集团在发展合作领域的经验，[1] 对去除不平等的目标和解决方案在技术、贸易领域进行分析，[2] 或者基于对全球化、发展与法律之间关系的探究，认为要解决全球化、市场化、自由化过程中的发展困境，法律有可能做出有益的贡献。[3]

发展问题在 WTO 体系中的地位和作用也获得了很多研究者的关注，在这方面，联合国贸易和发展会议（UNCTAD）和国际货币基金组织都进行了不少研究。[4] 一些学者对于多边和区域贸易体制中的发展问题进行了探视，[5] 有的学者以肯尼亚为例，研讨非洲国家贸易与发展的机会问题，[6] 或者研究发展中国家的政府采购问题。[7] 但值得关注的是，陈安教授用英文出版的国际经济法专著，深厚而宏大地表达了中国在国际经济法方面的关切，同时也为中国国际经济法的发展提出了很多建议。[8] 有研究指出，坎昆会议的失败使得发达工业国家和国际经济体制寻求贸易与发展政策协调的信心受到了很大的打击。[9] 另有研究认为，发展中国家所期待的特别与差别待遇条款在 WTO 的西雅图和坎昆会议上遭到了失败，为了达到成功，WTO 的多哈回合就必须超越对于特别与差别待遇条款的改革。发展中国家有必要在发展与公平这两个相互伴生的目标指引下去关注 WTO 的贸易与发展政策，这些国家需要表明，发展中国家至关重要的经济政策目标是发展，而不是贸易自由化。而公平则构成了发展的基础，这种公平绝不是来自于发达国家的善心。因此为了达到发展的目标，还必须形成明晰、有效、可操作的具体条款，并对技术援助提供足够的资金，只有这样才能够创制出有约束力的、无条件的发展规范。[10] 很多学者都

① 刘丽云：《试析欧盟在国际发展合作领域的治理》，《教学与研究》，2009 年第 5 期。

② A.V. Deardorff，"Technology，Trade，and Increasing Inequality：Does the Cause Matter for the Cure？"，1 *Journal of International Economic Law* 353（1998）.

③ R.L. Kuttner，"Development，Globalization，and Law"，26 *Michigan Journal of International Law* 19（2004）.

④ United Nations Conference on Trade and Development，*Developing Countries in International Trade：Trade and Development Index*，UNCTAD/DITC/TAB/2007/2；Ehsan U. Choudhri and Dalia S. Hakura，*International Trade and Productivitiy Growth：Exploring the Sectoral Effects for Developing Countries*，IMF Working Paper，WP/00117，International Monetary Fund，2000.

⑤ J.S. Odell，*Negotiating Trade：Developing Countries in the WTO and NAFTA*（Cambridge University Press，2006）.

⑥ J. M. Migai Akech，"The African Growth and Opportunity Act：Implications for Kenya's Trade and Development"，33 *N.Y.U. J. INT'L L. & POL.* 651（2001）.

⑦ V. Mosoti，"Reforming the Laws on Public Procurement in the Developing World：The Example of Kenya"，54 *International and Comparative Law Quarterly* 621（2005）.

⑧ An Chen，*The Voice from China：An CHEN on International Economic Law*（Springer，2013）.

⑨ Eugenia McGill，"Poverty and Social Analysis of Trade Agreements：A More Coherent Approach？"，27 *Boston College International & Comparative Law Review* 371（2004）.

⑩ Frank J. Garcia，"Beyond Special and Differential Treatment"，27 *Boston College International & Comparative Law Review* 291（2004）.

高度关注 GATT/WTO 体制中发展中国家的地位，[①] 也有学者对 WTO 多哈回合和国际贸易的未来前景从发展中国家发展的视角进行了分析。[②] 在 WTO 的成员中，发展中国家占到了 75%，然而这些发展中国家成员却在整个多边贸易体制中处于被边缘化、被损害的地位。多边贸易体制的规则来自谈判，而这些谈判以往都是由发达国家成员主导的。当前，发展中国家成员越来越懂得谈判的重要意义，并且采取了联盟的方式来提高发展中国家的地位、增强发展中国家的谈判力度，但相关主张仍需要法律上的支持。[③] 一些研究则对争端解决中的发展问题进行了分析，[④] 有学者从参与成本、法律解释方面探究争端解决机制中发展中国家的地位困境和发展方向。[⑤] 有的学者从美国棉花补贴案出发，分析了 WTO《农产品协定》第十三条，即"和平条款"的问题。[⑥] 克莱西提出，在对 WTO 的相关协定进行解释的时候，应当考虑发展的目标。[⑦] 莫斯从 WTO 所处理的欧共体对发展中国家给予关税优惠条件（WT/DS246）一案的裁决结论入手，分析了 WTO 规范对于非洲国家经济增长的影响。[⑧] 在《数字鸿沟与国际经济法：新丝绸之路？》一书中，卡里亚万森将当前世界存在着数字鸿沟作为前提，分析了发达国家（集团）和发展中国家在国际投资体系中的具体规制措施，并认为，虽然 WTO 所提供的概率并不令发展中国家乐观，但发展中国家还是可以通过知识产权制度、税收机制、竞争政策来吸引外国投资者，从而提升经济发展。[⑨]

---

① P. Low, "Developing Countries in the Multilateral Trading System: The Insights of Robert E. Hudec", 37 *Journal of World Trade* 801 (2003).

② S.P. Subedi, "The Road from Doha: The Issues for the Development Round of the WTO and the Future of International Trade", 52 *International and Comparative Law Quarterly* 425 (2003); S.W. Chang, "WTO for Trade and Development Post-Doha", 10 *Journal of International Economic Law* 553 (2007).

③ S. E. Rolland, "Developing Country Coalitions at the WTO: In Search of Legal Support", 48 *Harvard International Law Journal* 483 (2007).

④ Marc L. Busch and Eric Reinhardt, "Developing Countries and General Agreement on Tariffs and Trade/World Trade Organization Dispute Settlement", 37 *Journal of World Trade* 719 (2003).

⑤ 姜作利：《评 WTO 争端解决程序中法律解释的适用法——发展中国家的视角》，《当代法学》，2014 年第 4 期；姜作利：《论 WTO 协议解释中注重目的解释法的合理性——主要以维护发展中国家的利益为视角》，《山东大学学报（哲学社会科学版）》，2012 年第 6 期；姜作利：《发展中国家参与 WTO 诉讼活动诉前费用过高的原因及对策分析——以鼓励发展中国家积极参与 WTO 诉讼为视角》，《世界贸易组织动态与研究》，2012 年第 1 期。

⑥ K. H. Cross, "King Cotton, Developing Countries and the 'Peace Clause': The WTO's US Cotton Subsidies Decision", 9 *Journal of International Economic Law* 149 (2006); Li Xiaoling, "Expired Peace Clause: Claims under WTO's Agreement on Subsidies and Countervailing Measures and Agreement on Agriculture", *Peking University Journal of Legal Studies*, 2012, No.1.

⑦ A.H. Qureshi, "Interpreting WTO Agreements for the Development Objective", 37 *Journal of World Trade* 847 (2003).

⑧ K. Moss, "The Consequences of the WTO Appellate Body Decision in EC—Tariff Preferences for the African Growth Opportunity Act and Sub-Saharan Africa", 38 *N.Y.U. J. Int'l L. & Pol.* 665 (2006).

⑨ R. Kariyawasam, *International Economic Law and the Digital Divide: A New Silk Road?* (Edward Elgar Publishing Limited, 2007).

在《支撑持续增长》一文中，拉德莱特回顾了在1960—2000年间发展中世界各国的发展进程，认为当时的经济增长情况并不仅限于经济学家们所谓的“东亚奇迹”，而是发展中国家总体上发展都很快。在国内层面，这些国家的宏观经济调控实施较为平稳，政府在教育和健康方面大量投资，增长模式是以私营经济带动为主，着眼于与世界经济相融合，并且有较为强健的治理机构；在国际层面，存在着很多官方进行的发展援助，也包括倡导和促进了国际贸易。通过对内部政策与体制、国际支撑因素的分析，拉德莱特总结，虽然不同国家在经济的持续增长方面会采取不同的具体措施，效果也一定会因具体条件而异，但占据主导地位的始终是国内经济政策，但国际社会的关注与支持也同样不可或缺。① 麦吉尔认为，世界银行将贸易自由化和削减贫困结合到了一起，试图通过贸易的主流化、能力建设、影响评价来达到政策一致的目标。发展中国家政府中的贸易部门或者其他机构，促进发展的组织、研究所、社会团体组织对于削减贫困、进行社会调查分析、提供有效的政策工具具有重要的作用。②

曾华群教授认为，作为传统国际投资法律渊源代表的双边投资条约（BITs），更多体现的是发达国家的利益和意愿。因此随着发展中国家越来越多的参与，国际投资条约应当体现均衡、可持续发展和融合。③ 韦勒认为，跨国投资者在投资保护协定所赋予的权利之外，还应当承担起责任。因此有必要在将来的双边投资协定中加入一种“反请求（counterclaim）”的机制。这种机制应当允许东道国内的私人在投资者的代理人或者雇员违反一系列国际法律规范的情况下向投资者提出请求，以避免由于投资的运作而侵害东道国国民的人权。④

在国际金融体制中的发展问题领域，汉德尔认为，多边开发银行进行贷款时，考虑的因素应当不限于经济层面，还应当包括全球发展的目标。作为贷款条件的行为规范基础既涵盖特定的条约与习惯，也应涵盖一般的国际法。根据这样的理论分析，可持续发展的观念为多边开发银行考量非经济因素提供了法律基础，同时也提供了关注环境与社会发展标准的法律维度。⑤ 有研究认为，联合国在2002年3月于墨西哥召开的货币会议

① S. Radelet, “Supporting Sustained Economic Development”, 26 *Michigan Journal of International Law* 1203 (2005).

② Eugenia McGill, “Poverty and Social Analysis of Trade Agreements: A More Coherent Approach?”, 27 *Boston College International & Comparative Law Review* 371 (2004).

③ Zeng Huaqun, “Balance, Sustainable Development, and Integration: Innovative Path for BIT Practice”, 17 *Journal of International Economic Law* 299~332 (2014).

④ Todd Weiler, “Balancing Human Rights and Investor Protection: A New Approach for a Different Legal Order”, 27 *Boston College International & Comparative Law Review* 429 (2004).

⑤ G. Handl, “The Legal Mandate of Multilateral Development Banks as Agents for Change toward Sustainable Development”, 92 *American Journal of International Law* 642 (1998).

体现出了一些让人鼓舞的新迹象。在这次会议上所有的利害关系方都积极参与，在发达国家和发展中国家之间进行了积极的互动。这次会议的成果文件与其他联合国文件不同的是，发展中国家变得更加现实、更加负责任、更加成熟，而发达国家由于见证了“9·11”事件的悲惨状况，更进一步认识到发展问题与安全问题的紧密联系，所以更愿意积极合作。①

（三）对国际经济秩序各分支的评价与构想②

在国际贸易秩序方面，有学者认为，从欧盟③、世界贸易组织和北美自由贸易区法律规范的发展来看，可以预见将来会出现一种“国际贸易普通法”。④更多学者讨论了多边贸易体制的状况，⑤对国际贸易法的规制方式、实施模式进行分析，⑥还有研究通过司法与政治的边界分析 WTO 机制背后的国际治理问题。⑦有的学者认为，当代全球化存在着民主赤字，需通过法律改革来完善、驯服全球化，⑧有研究对 WTO 的非民主化、不透明的发展倾向提出警告。⑨在 WTO 的治理结构中，非政府组织是一个关键的方面。⑩ 艾斯蒂早在 20 世纪末就对非政府组织与 WTO 的合作、竞争、排斥关系进

---

① Inaamul Haque and Ruxandra Burdescu, “Monterrey Consensus on Financing for Development: Response Sought from International Economic Law”, 27 *Boston College International & Comparative Law Review* 219 (2004).

② 参见何志鹏:《西方国际经济法研究：重点、方法与立场》,《国际经济法学刊》，第 16 卷第 1 期（2009）。

③ 需要说明的是，欧盟是世界上最具典型意义的超国家体制，在很多时候，人们都把它当成一个统一的经济体。参见徐晓明:《全球化压力下的国家主权》，华东师范大学出版社 2007 年版，第 59~60、63~73 页。

④ J. H. H. Weiler (ed.), *The EU, the WTO and the NAFTA: Towards a Common Law of International Trade*? (Oxford University Press, 2000).

⑤ 鲍威林通过 1947 年 GATT 以来多边贸易体制 60 余年的发展，认为 WTO 未能适应外界的新变化，这些新变化呼吁 21 世纪的新贸易政策。参见 J. Pauwelyn, “New Trade Politics for the 21st Century”, 11 *Journal of International Economic Law* 559 (2008)。

⑥ Janet Koven Levit, “The Dynamics of International Trade Finance Regulation: The Arrangement on Officially Supported Export Credits”, 45 *Harvard International Law Journal* 65 (2004); R. Philip, M. Iain and G. Carol, *The WTO and International Trade Regulation* (Cameron May, 1998); A. H. Qureshi, *The World Trade Organization, Implementing International Trade Norms* (Manchester University Press, 1996); 鲍威林通过 1947 年 GATT 以来多边贸易体制 60 余年的发展，认为 WTO 未能适应外界的新变化，这些新变化呼吁 21 世纪的新贸易政策，参见 J. Pauwelyn, “New Trade Politics for the 21st Century”, 11 *Journal of International Economic Law* 559 (2008)。

⑦ B. Tomer, *International Governance in the WTO: Judicial Boundaries and Political Capitulation* (Cameron May, 2004).

⑧ Alfred C. Aman, *The Democracy Deficit: Taming Globalization Through Law Reform* (New York University Press, 2004).

⑨ M.C.E.J. Bronckers, “Better rules for a new millennium: a warning against undemocratic developments in the WTO”, 2 *Journal of International Economic Law* 547 (1999).

⑩ 参见张贵洪主编:《国际关系研究导论》，浙江大学出版社 2003 年版，第 199~205 页。

行了研讨，[①] 而其他学者则对非政府组织在 WTO 争端解决或者政策确立过程中的参与[②]、对于国际贸易规则的影响[③] 展开了专门研讨。一些学者针对“改革世界贸易体制”的主题组织了一系列的学术研讨，并于 2005 年由彼德斯曼主持将这些学术研讨结集出版，名为《改革世界贸易体制：正当性、有效性与民主治理》。[④] 该书的作者们主要从世界政府理论、发展理念、互惠贸易法案、农产品等角度审视了 WTO 的多哈回合，通过比较欧盟、联合国的体制，对其政治合法性进行研究。[⑤] 2007 年，艾斯蒂、彼德斯曼等又进一步研讨了 WTO 改革的问题，主要落脚于文化、结构、善治、司法正义等角度。[⑥] 霍克曼认为，很多改革 WTO 的主张在现实中已经施行，还有一些在促动中。但也有一些主张没有考虑到 WTO 的动力因素，所以是不现实的。[⑦] 有的学者则从微观的个别的贸易制度出发，对国际贸易秩序中的组成部分进行评价和分析。例如，马修·施耐德认为，有必要对具有非互惠性质的普惠制政策进行细致分析，并进行必要的改革，只有这样才能在未来实施的时候真正达到其预期的促进发展的效果。[⑧]

在国际投资领域，柯尔提出，鉴于国际投资法律制度体系不成体系的现实，建议在该领域实行最惠国待遇，[⑨] 索根斯也提出了将保护投资的国际法发展为普通法的建议。[⑩] 奥弗代尔对中国与非洲国家之间签订的双边投资协定（BIT）进行了逐项的研究，认为此种协定与传统的西方模式双边投资协定有很大的不同，并对此类条约是否意味着南南合作的新进展、是否会对撒哈拉以南非洲国家的发展带来积极影响进行了

---

① D. C. Esty，“Non-governmental organizations at the World Trade Organization：cooperation，competition，or exclusion”，1 *Journal of International Economic Law* 123（1998）.

② Seema Sapra，“The WTO System of Trade Governance：The Stale NGO Debate and the Appropriate Role for Non-state Actors”，11 *Oregon Review of International Law* 71（2009）; J. L. Dunoff，“The Misguided Debate over NGO Participation at the WTO”，1 *Journal of International Economic Law* 433（1998）.

③ 鄂晓梅：《NGO 和 WTO：国际非政府组织对国际贸易规则的影响》，《武大国际法评论》，2010 年第 2 期。

④ E.-U. Petersmann（ed.），*Reforming the World Trading System：Legitimacy，Efficiency，and Democratic Governance*（Oxford University Press，2005）.

⑤ 有关讨论的具体情形，参见何志鹏：《全球化经济的法律调控》，清华大学出版社 2006 年版，第 354~356 页。

⑥ 参见 Journal of International Economic Law 第 10 卷（2007）上 Steger、Esty、Petersmann 的一组论文。

⑦ Bernard Hoekman，*Proposals for WTO Reform：A Synthesis and Assessment*，*Policy Research Working Paper 5525*，The World Bank Poverty Reduction and Economic Management Network，International Trade Department，2011.

⑧ Matthew G. Snyder，“GSP and Development：Increasing the Effectiveness of Nonreciprocal Preferences”，33 *Michigan Journal of International Law* 821~861（2012）.

⑨ Tony Cole，“The Boundaries of Most Favored Nation Treatment in International Investment Law”，32 *Michigan Journal of International Law* 612~662（2011）.

⑩ Frédéric G. Sourgens，“Law’s Laboratory：Developing International Law on Investment Protection as Common Law”，34 *Nw. J. Int’l L. & Bus.* 181（2014）.

检视。[①] 有人认为，大量的双边投资协定在20世纪90年代以后签订的事实意味着自由主义投资体系迅速扩张，[②] 对此，范德沃德提出了不同的意见。他认为，与其说这些双边投资协定更多体现出的是经济自由主义，不如说体现了经济民族主义。只有对这些协定的内容进行一些实质的修改，才能真正体现出自由主义。[③] 古纳瓦达那和阿瓦雷兹考察了双边投资协定的发展进程，[④] 基肖延认为双边投资协定中所确认的规范有助于形成习惯国际法，[⑤] 而麦克拉奇兰则认为由双边投资协定而引起的大量争议会促动人们思考一个重要的理论与实践问题，即双边投资协定所确立的实质保护标准与一般国际法是什么关系？他将这理解为一种共生的关系：国家在投资条约下的行为构成习惯国际法的“一般实践”，推进着作为一般国际法习惯的形成发展，而形成习惯的一般国际法则支撑着条约所设定的权利的内容。条约解释的结构程序对于何时、如何参照一般国际法有决定作用，而这一领域的实践支撑着更为广泛的现代现象，即产生一般法律原则。《国际法院规约》第38条所称“文明国家的一般法律原则”不仅可能由国内法的共同原则而产生，也可能由国际法自身的一般原则呈现。[⑥] 卡塞拉斯关注到了国际投资争端解决中心（ICSID）近年来投资争端激增的现实，并认为现有的双边投资协定的内容受到了广泛的质疑和挑战。[⑦] 拉迪建议在双边投资协定的争端解决条款适用最惠国待遇条款，认为这是一个将“特洛伊木马”本地化的过程，[⑧] 而哈顿和卢福林则认为国际投资条约仲裁已经成为国际行政法的一个方面。[⑨] 乔治·福斯特研讨了外国投资与土著居民的关系，认为在很多时候跨国公司的行动都对土著居民产生了负面影响，将来应采取措施，使得国际直接投

---

① Uche E. Ofodile, “Africa-China Bilateral Investment Treaties: A Critique”, 35 *Michigan Journal of International Law* 131~211（2013）.

② Dean Baker, Gerald Epstein, and Robert Pollin（eds.）, *Foreign Direct Investment, Globalization, and Neo-liberalism*（Cambridge University Press, 1998）, pp. 95~96.

③ Kenneth J. Vandevelde, “The Political Economy of a Bilateral Investment Treaty”, 92 *American Journal of International Law* 621（1998）.

④ A. de Z. Gunawardana and José E. Alvarez, “The Inception and Growth of Bilateral Investment Promotion and Protection Treaties”, 86 *Proceedings of the Annual Meeting of American Society of International Law* 544~555（1992）.

⑤ B. Kishoiyian, “The Utility of Bilateral Investment Treaties in the Formulation of Customary International Law”, 14 *Nw. J. Int'l. L. & Bus.* 327（1994）.

⑥ C. McLachlan, “Investment Treaties and General International Law”, 57 *International and Comparative Law Quarterly* 361（2008）.

⑦ Anna T. Katselas, “Do Investment Treaties Prescribe a Deferential Standard of Review”, 34 *Michigan Journal of International Law* 87~150（2012）.

⑧ Y. Radi, “The Application of the Most-Favoured-Nation Clause to the Dispute Settlement Provisions of Bilateral Investment Treaties: Domesticating the ‘Trojan Horse’”, 18 *European Journal of International Law* 757（2007）.

⑨ G. Van Harten and M. Loughlin, “Investment Treaty Arbitration as a Species of Global Administrative Law”, 17 *European Journal of International Law* 150（2006）.

资达到经济发展和保护土著居民权利之间的平衡。[①] 丹尼尔森认为在跨国规制和治理的过程中，公司由于互动传媒、网络合同等作用，具有非常广泛的影响力，已经成为国际经济治理中必须认真对待的因素。[②] 布鲁尔和扬对 WTO 在投资问题上的规范建构和争端解决进行了研讨；[③] 摩尔斯提基于双边投资协定分析了 WTO 形成多边投资框架的可能；[④] 穆齐林斯基考察了在公平与公正待遇标准之下的投资者行为问题；[⑤] 佩瑞研究了外国投资方面的有效法律体制问题；[⑥] 梅福拉什分析了关于多国企业集团涉及破产时的母国认定问题。[⑦]

在国际金融领域，由于相关问题具有高度的专业性、技术性，法律学者对这一领域的知识准备大多不足，所以很少涉及，[⑧] 他们一般仅限于对基本制度的比较分析。[⑨] 由于研究的年代已然久远，[⑩] 所以有些研究虽然对国际金融监管问题进行了研讨，但大多停

① George K. Foster, "Foreign Investment and Indigenous Peoples: Options for Promoting Equilibrium between Economic Development and Indigenous Rights", 33 *Michigan Journal of International Law* 627~691 (2012).

② D. Danielsen, "How Corporations Govern: Taking Corporate Power Seriously in Transnational Regulation and Governance", 45 *Harvard International Law Journal* 411 (2004).

③ T.L. Brewer and S. Young, "Investment issues at the WTO: the architecture of rules and the settlement of disputes", 1 *Journal of International Economic Law* 457 (1998).

④ Victor Mosoti, "Bilateral Investment Treaties and the Possibility of a Multilateral Framework on Investment at the WTO: Are Poor Economies Caught in Between", 26 *Nw. J. Int'l L. & Bus.* 95 (2005—2006).

⑤ P. Muchlinski, "'Caveat Investor'? The Relevance of the Conduct of the Investor under the Fair and Equitable Treatment Standard", 55 *International and Comparative Law Quarterly* 527 (2006).

⑥ A. Perry, "Effective Legal Systems and Foreign Direct Investment: In Search of the Evidence", 49 *International and Comparative Law Quarterly* 779 (2000).

⑦ I. Mevorach, "The 'Home Country' of a Multinational Enterprise Group Facing Insolvency", 57 *International and Comparative Law Quarterly* 427 (2008).

⑧ 例如，有些阐述国际经济交往法律的著述不涉及金融问题，Asron Xavier Fellmeth, *The Law of International Business Transactions* (2nd ed., West, 2011); 阐述国际经济交往的通论性教材不涉及金融交易，而只讨论货款支付 (trade financing), Ralph H. Folsom, Michael Wallace Gordon, John A. Spanogle Jr., Peter L. Fitzgerald and Michael Van Alstine, *International Business Transactions: A Problem-Oriented Coursebook* (11th ed., West, 2012); 只有全面阐述国际经济法的著作才会对此加以讨论，参见 Adreas F. Lowenfeld, *International Ecnomic Law* (2nd ed., Oxford University Press, 2008), chapters 18~23。

⑨ Sir Roy Goode and Louise Gullifer, *Goode on Legal Problems of Credit and Security* (4th ed., Sweet & Maxwell, 2008); Philip Wood, *The Law and Practice of International Finance* (Sweet & Maxwell, 2007); Andrew McKnight, *The Law of International Finance* (Oxford University Press, 2008); R. Buckley, *International Financial System: Policy and Regulation* (Kluwer Law International, 2008); Joseph J. Norton and Mads Andenas (eds.), *International Monetary and Financial Law upon Entering the New Millennium* (British Institute of International & Comparative Law, 2003).

⑩ Philip R. Wood, *Comparative Financial Law* (Sweet & Maxwell, 1995); John H. Friedland, *The Law and Structure of the International Financial System Regulation in the United States, EEC and Japan* (Greenwood Press, 1994); Rendell, *International Financial Law* (Prentice-Hall, 1983).

留于原则性分析的层面，而缺乏针对性。[①] 一些学者对新世纪的国际货币金融法[②]、全球治理与金融体系[③]、欧盟货币金融体系的发展[④]、IMF 与 WTO 的关系[⑤]、世界贸易法与银行监管的关系[⑥]、新兴国家的金融市场培育与金融规制[⑦]等问题展开了研究。拉斯特拉在《国际货币稳定的法律基础》一书中探讨了国际货币法的基本问题，包括货币主权的贡献与局限、货币稳定的制度支持（如中央银行和货币委员会的独立）、国家对货币金融活动的监管以及新兴经济的货币制度改革等方面，同时还分析了欧洲货币统一化的进程及其面临的问题，以及国际货币体系（尤其是 IMF）的发展进程与法律规范，并对以往的金融危机及其对策进行了反思。[⑧] 建立在德国与美国联邦主义的风格差异基础之上，马洛夫分析了德美两国的银行监管机制与结构。研究指出，德国各州对于支持三支柱体系的改革缺乏利益，而美国的不对称权力动力促进了巩固的趋势，因而美国的联邦主义不会维持三支柱的银行体系。[⑨] 从理论层面上看，在促进国际金融监管协调与合作方面，托宾（J. Tobin）提出的托宾税方案、麦金农（R. Mckinnon）的恢复固定汇率制方案、威廉姆森（J. Williamson）的汇率目标区方案都从不同侧面提出了国际间政策协调的构想；阿里西亚（Ariccia）和马奎兹（Marquez）提出的监管中的外部性模型为金融监管国际合作提供了理论依据；艾亨

---

① Martin Wolf, *Fixing Global Finance* (Yale University Press, 2009); Daniel K. Tarullo, *Banking on Basel: The Future of International Financial Regulation* (The Peterson Institute for International Economics, 2008); Rainer Grote, Thilo Marauhn, and Rainer Grote (eds.), *The Regulation of International Financial Markets* (Cambridge University Press, 2008); Kern Alexander, Rahul Dhumale, and John Eatwell, *Global Governance of Financial Systems: The International Regulation of Systemic Risk* (Oxford University Press, 2005); Joseph Jude Norton and Mads Andenas (eds.), *Emerging Financial Markets and the Role of International Financial Organizations* (Kluwer Law International, 1996); John H. Friedland, *Reforming the Law and Structure of the International Financial System* (Greenwood Press, 2004).

② J. Norton and M. Andenas (eds), *International Monetary and Financial Law upon Entering the New Millennium: A Tribute to Sir Joseph and Ruth Gold* (British Institute of International and Comparative Law, 2002); Mario Giovanoli, *International Monetary Law: Issues for the New Millennium* (Oxford University Press, 2000).

③ A. Kern, D. Rahul, and E. John, *Global Governance of Financial Systems. The International Regulation of Systemic Risk* (Oxford University Press, 2006); Paolo Savona (ed.), *The New Architecture of the International Monetary System* (Springer, 2000).

④ M. Ortino, "The Role and Functioning of Mutual Recognition in the European Market of Financial Services", 56 *International and Comparative Law Quarterly* 309 (2007); Mads Andenas et al. (eds.), *European Economic and Monetary Union: The Institutional Framework* (Kluwer Law International, 1997).

⑤ D.E. Siegel, "Legal Aspects of the IMF/WTO Relationship: The Fund's Articles of Agreement and the WTO Agreements", 96 *American Journal of International Law* 561 (2002).

⑥ L. E. Panourgias, *Banking Regulation and World Trade Law* (Hart Publishing, 2006).

⑦ J.J. Norton, *Financial Sector Law Reform in Emerging Economies* (Sir Joseph Gold Memorial Series Vol. 2, British Institute of International & Comparative Law, 2000).

⑧ Rosa Maria Lastra, *Legal Foundations of International Monetary Stability* (Oxford University Press, 2006).

⑨ K.N. Maalouf, "Impediments to Financial Development in the Banking Sector: A Comparison of the Impact of Federalism in the United States and Germany", 28 *Michigan Journal of International Law* 143 (2007).

格林（Barry Eichenggreeen）、巴格瓦蒂（Jagdish Bhagwati）、库珀（Richard Cooper）、斯蒂格利茨（Joseph E. Stiglize）及国内的一些学者也对加强金融监管的国际合作和协调提出过许多建设性的意见；有的学者还提出了对 IMF 体制的改革建议。①

就国际金融体系与发展中国家的关系而言，有的学者倡导在国际经济体系中为发展中国家提供资金，②有的学者系统地反思了国际货币金融体制在人权、全球正义、国际法治等方面的表现与影响，③更多学者提出了国际金融结构性改革的方向与具体建议。④就金融监管而言，学者的研究大概以金融危机为界。在金融危机出现之前，彼得森等学者认为，鉴于当时投资全球化的大趋势，相关国家应当努力拆除阻滞国际社会资本自由流动的障碍，尤其建议美国证券管理机构进一步放松管制，很多学者在当时都对这一主张表示了赞同。⑤同时也有学者提出反对意见，认为这种做法对美国投资者而言，意味着增加了风险。⑥就金融危机发生的局势来看，审慎监管的立场应更加适当一些。盲目的金融创新只会使金融衍生品远离实体经济，也就是泡沫化程度急剧扩大，显然是酿造风险的过程，唯一的悬念只是泡沫何时破裂，而绝非破裂与否。巴尔基于金融发展与增长的理论，针对微观金融与金融发展之间的关系展开了研究，并特别分析了微观金融的持续性、微观金融作为面临贫困治理的战略以及帮助发展银行业、推进地方改革的功能。⑦2007—2008 年金融危机出现后，专家云集，出谋划策。国际金融结构的改革、标准与法律规范、

① H. R. Torres, "Reforming the International Monetary Fund-Why its Legitimacy is at Stake", 10 *Journal of International Economic Law* 443 (2007); Timothy A. Canova, "The Disorders of Unrestricted Capital Mobility and the Limits of the Orthodox. Imagination: A Critique", 9 *Journal of Global Trade* 219 (2000); Michael S. Barr, "Microfinance and Financial Development", 26 *Michigan Journal of International Law* 271 (2004).

② Surya P. Subedi, "Financing for Development in International Economic Law: The Monterrey Consensus and Its Implementation", Society of International Economic Law, Inaugural Conference, Geneva, July 15~17, 2008.

③ Mac Darrow, *Between Light and Shadow: The World Bank, the International Monetary Fund and International Human Rights Law* (Hart, 2003).

④ F. J. Garcia, "Global Justice and the Bretton Woods Institutions", 10 *Journal of International Economic Law* 461 (2007); Kristen E. Boon, "Open for Business: International Financial Institutions, Post-Conflict Economic Reform, and the Rule of Law", 39 *N.Y.U. J. Int'L L. & Pol.* 513 (2007); *Rosa Maria Lastra*, *The Reform of the International Financial Architecture* (Kluwer Law International, 2000); John H. Friedland, *Reforming the Law and Structure of the International Financial System* (Greenwood Press, 2004); Daniel K. Tarullo, *Banking on Basel: The Future of International Financial Regulation* (The Peterson Institute for International Economics, 2008).

⑤ E. Tafara and R. Peterson, "A Blueprint for Cross-Border Access to U.S. Investors: A New International Framework", 48 *Harvard International Law Journal* 31 (2007); S.W. Jenah, "Commentary on *A Blueprint for Cross-Border Access to U.S. Investors: A New International Framework*", 48 *Harvard International Law Journal* 69 (2007); E.F. Greene, "Beyond Borders: Time to Tear Down the Barriers to Global Investing", 48 *Harvard International Law Journal* 85 (2007); H.E. Jackson, "A System of Selective Substitute Compliance", 48 *Harvard International Law Journal* 105 (2007).

⑥ G.W. Madison and S.P. Greene, "TIAA-CREF Response to *A Blueprint for Cross-Border Access to U.S. Investors: A New International Framework*", 48 *Harvard International Law Journal* 99 (2007).

⑦ M.S. Barr, "Microfinance and Financial Development", 26 *Michigan Journal of International Law* 271 (2004).

金融市场的一体化、欧盟金融监管的改革、巴塞尔委员会的作用、应对危机的立法措施、主权债务的履行、国家干预与世界货币体系的秩序化，等等，都在讨论之列。① 对于金融危机爆发所揭示出来的金融秩序和金融监管领域的问题，很多经济学者对其原因、实质、后果都进行了分析，② 还有学者尝试提出解决的方案。③

三、本书研究的主要理论资源与分析立场

（一）利用国际法与国际关系学的理论资源

本项研究对于国际经济秩序的分析，主要侧重于采用以下两个学科的理论资源：

1. 坚持以规范及其衍生的权利与义务为核心的国际法学范式

现行国际经济秩序的基础是国际经济法律规范，虽然这些规范并没有非常严格地被遵循和实施，但是正如国内的法律规范也没有完全得到遵循，但这些规范却足以形成衡量人们行为的尺度一样，国际经济法规范的构成是衡量国际经济关系中行为体的行为方式和行为后果的关键标尺。国际经济方面的法律规范提供了在国际行为体的相互交往和沟通的基础上形成的预期中的国际经济关系状态，总体上也就可以勾勒出国际经济秩序的形态，通过对规范所设定的权利义务的分析，就能够大体认识国际经济秩序的基本进步和问题。同时，对于这些规范在实施中的状况，可以对国际经济秩序取得更加微观和具体的认识，同时也就是更加准确的认识，因为此种行为比起行为规范更加准确地表现了国际经济参与者的行为，从而也就更加明确地体现了国际经济秩序。

2. 汲取国际关系学主流学派的理论，提升对于权力、制度和文化认同等因素的关注

国际经济关系是国际关系的一部分，因此，国际关系学中对国家之间的关系、非国家行为体作用的洞见对于认识国际经济秩序的现状、动因有着深刻的启示意义，特别是

---

① Mario Giovanoli and Diego Devos（eds.），*International Monetary and Financial Law: The Global Crisis*（Oxford University Press，2011）.

② P. Krugman，*The Return of Depression Economics and the Crisis of 2008*（W. W. Norton & Co.，2008）; George Soros，*The New Paradigm for Financial Markets: The Credit Crisis of 2008 and What it Means*（Public Affairs，2008）; George Cooper，*The Origin of Financial Crises: Central banks，credit bubbles and the efficient market fallacy*（Harriman House Publishing，2008）; John Bellamy Foster and Fred Magdoff，*The Great Financial Crisis: Causes and Consequences*（Monthly Review Press，2009）.

③ Mark Zandi，*Financial Shock: A 360 Degree Look at the Subprime Mortgage Implosion，and How to Avoid the Next Financial Crisis*（Financial Times/ Prentice Hall，2008）; R. Shiller，*The Subprime Solution: How Today's Global Financial Crisis Happened，and What to Do about It*（Princeton University Press，2008）; C. Read，*Global Financial Meltdown: How We Can Avoid the Next Economic Crisis*（Palgrave Macmillan，2008）; Alex Brummer，*The Crunch: The Scandal of Northern Rock and the Escalating Credit Crisis*（Random House Business Books，2008）.

其中国际政治经济学对国际经济体系中的格局形成与发展的研讨有助于推进对国际经济秩序的深入剖析。[1] 在本书所进行的研究中，对于国际经济秩序，特别是国际贸易秩序的探讨，批判性地利用了现实主义、自由主义国际关系理论对权力和制度的阐发，同时借鉴了建构主义对国家身份认同、国际关系伦理所取得的杰出成就。[2] 通过国际关系学的分析，有利于对国际经济秩序的研究透过国际经济关系法律规范的规则表象，把握更为深入的原因和问题，从而提出改进的方案。

（二）充分借鉴马克思主义政治经济学

政治经济学是研究国家对经济事务管理的学科。[3] 由于经济事务既有国内的部分也有国际的部分，所以政治经济学也包含国际政治经济学。[4] 国际政治经济学是认识国际经济秩序的关键工具，[5] 它主要从政治框架制度与经济利益分配的相互关系、对外政策的过程分析、国际经济关系的内涵探索三个方面来解读国际社会的政治经济现象。[6] 在国际政治经济学中，现实主义、自由主义、马克思主义被视为是主要的三大范式。而就当代的中国和世界而言，创生于 19 世纪中叶的马克思主义政治经济学则具有特别重要的指导意义。这是因为马克思主义政治经济学的重要特点是批判性，体现了不同于此前和此后的资产阶级立场的鲜明的无产阶级特色。在马克思主义政治经济学出现之时，资本主义经济的发展已经超越了具有革命性的阶段而占据了西方世界的主导地位，同时也显露了突出的问题和尖锐的矛盾。资产阶级逐利的行为积累了大量的财富，集中了大量的生产资料和劳动力，提升了生产效率，但也对工人进行了严酷的剥削，客观上造就了一个庞大的无产阶级，出现了规模巨大的工人运动。在这样的时代背景下，以辩证唯物主义认识论为基础的马克思主义政治经济学就特别关注社会公平的问题。马克思主义的政治经济学，如同其所处时代的学术主流一样，将经济问题放到政治的语境中分析，同样也更愿意将政策与法律问题置于经济的背景下探讨。由此展示特定社会制度中的社会生产关系

---

① 关于政治经济学基本问题的阐述，参见[英]约翰·内维尔·凯恩斯(John Nevill Keynes):《政治经济学的范围与方法》，党国英、刘惠译，华夏出版社 2001 年版，第 1~19 页。

② 莫凌侠:《基于博弈论视角的国际经济法发展问题研究》，《社会科学辑刊》，2006 年第 5 期。

③ 朱天飚:《比较政治经济学》，北京大学出版社 2006 年版，第 4 页。

④ 朱文莉:《国际政治经济学》，北京大学出版社 2009 年版，第 5~6 页；张建新:《激进国际政治经济学》，上海人民出版社 2011 年版，第 1~3 页；樊勇明:《西方国际政治经济学》，上海人民出版社 2006 年版，第 1~4 页。

⑤ Robert Gilpin，*Global Political Economy: Understanding the International Economic Order* (Princeton University Press，2001).

⑥ 樊勇明:《西方国际政治经济学》，上海人民出版社 2006 年版，第 2~3 页。

（经济利益关系）的特征，并在更长的社会发展历史长河中揭示经济事务的规律。马克思和恩格斯在《德意志意识形态》一书中，提出了生产关系的概念。生产关系是人类物质资料生产（也包括精神文明的生产）过程中所形成的社会关系，是人类社会中最基本的关系。狭义的生产关系仅仅包括直接生产中形成的生产资料所有制、生产中的人际关系和产品分配的关系；广义的生产关系则进一步包括在生产过程中形成生产、分配、交换、消费等关系，连接成为一个体系。物质利益（或称经济利益）是生产关系的核心和关键，没有对利益的追求，就没有人类的物质与精神生产过程，也就不存在人们在生产过程中的相互关系，更不会产生反映生产关系发展变化的客观经济规律。因此，利益追求、物质资料生产是马克思政治经济学研究的出发点。①

马克思和恩格斯所揭示的社会生产关系及其发展规律的关键之处在于，政治是经济的集中体现，经济基础决定上层建筑，上层建筑又反过来对经济基础具有强烈的反作用。经济对于政治具有决定作用，理想的社会模式是一种和谐的社会。②经济关系的拓展，从国内走向国际，就形成了国际经济关系，这种关系的总体状态即国际经济秩序。马克思主义关于政治与经济相互关系的基本原理同样可以略经修改而适用于国际关系之中，国际经济也是国际政治的基础，国际经济对于国际政治具有决定性的作用，但是政治并不是被动地接受经济的影响和作用，而是能动地反映经济并且反作用于经济，在某些情况下，这种反作用具有决定性的意义。③马克思认为，国际关系的行为体是阶级和民族，国际政治经济关系所追求的目标是阶级利益的最大化，国际体系的特征在于从冲突到和谐、从和谐再到冲突的循环式发展，主要通过阶级斗争的手段来达到目的。

作为一个具有强大生命力、不断发展和创新的经济学说体系，马克思主义政治经济学随着社会经济的演进、经济实践的发展而不断反思和前进。马克思主义经典作家早在《共产党宣言》撰写之前，就已经看到了经济在跨国的维度内发展的趋势，并体验到了经济秩序的巨大变化。根据马克思主义经典作家对经济发展的阐释，经济全球化的本质是生产要素配置和市场的国际化，具体表现为生产的全球化、贸易的全球化以及资本的全球化。在全球化阶段，生产领域的国际分工和协作不断加强，并由按部门实行专业化分工发展到按工艺和生产阶段实行专业化分工。与此同时，跨越国境的产业转移、现代高效率大批量生产、对他国产品需求的增加、新的更便捷的贸易方式和国际协调对贸易限制的减

① 谢地、宋冬林主编：《政治经济学》（第三版），高等教育出版社 2008 年版，第 1~9 页。
② 张建新：《激进国际政治经济学》，上海人民出版社 2011 年版，第 7 页。
③ 樊勇明：《西方国际政治经济学》，上海人民出版社 2006 年版，第 4~5 页。

少，都促进了贸易的全球化。更重要的是，在垄断阶段，资本输出使资本国际化开始出现，这一点在马克思的时代仅仅是个开端。今天，在新的科技革命的推动下，资本的跨国流动更加频繁，并逐渐形成了全球化的趋势。

如果不是过度解读马克思主义的伟大成就和重要价值，也不是基于意识形态的偏见故意贬低马克思主义的贡献，就不难同意很多西方学者对马克思（在很大程度上，也包括恩格斯）在学术史和思想史上重要地位的评价：他是伟大的社会学家、经济学家、哲学家，他的方法和观点对于今天的国际学术发展仍然有着杰出的贡献。充分结合马克思主义理论不仅是中国经济学创新发展的重要路径，[①] 而且也为解读、判断、预测国际经济关系的发展、国际经济秩序的状态提供了重要的理论工具。马克思主义政治经济学理论关于经济全球化的论断具有强大的生命力，作为一个开放发展的体系，马克思主义政治经济学的基本理论时至今日仍然有着重要的说明力和指引力。马克思主义政治经济学对于本论题的研究不仅在认识全球化、认识和评价国际经济秩序方面具有启示意义，而且其在辩证唯物主义和历史唯物主义基础上的科学抽象方法对于本书也是至关重要。从具体到抽象，从抽象再到具体，将逻辑分析与历史分析相统一，将现象描述与规范指引相结合，是本书始终遵循的路径，[②] 其不断发展的性质意味着能够更好地指导我们认识、分析、展望国际经济秩序的变迁。

（三）着眼于价值分析的规范路径

本书对国际经济法律规范所进行的探究，其重点不是描述性（descriptive）的阐释，而是规范性（normative）的分析。也就是说，不是一种对现有规则和实践的说明和叙述，而是对这些规范和实践的评价。在分析相关领域的经济秩序时，更注重价值层面的评价，并在此基础上试图提出一种指引。从这个意义上看，本书的研究是一种倾向于“自然法学”的包含价值导向的研究，而非实证法学派所进行的纯粹逻辑解析和事实列举，更不是实证法学派所称道的价值无涉的研究。从经济学研究的角度来看，本项研究主要不是进行数据分析，也不进行建模或者利用模型进行验证，而重在论证和分析何谓好的经济体制，

① 谢地：《论创新与发展中国理论经济学的路径》，《当代经济研究》，2006 年第 2 期。

② 谢地、宋冬林主编：《政治经济学》（第三版），高等教育出版社 2008 年版，第 9~12 页。

更强调“经济伦理学”的维度。[①]

从这个意义上讲，本书所采取的人本主义、文明共存、可持续发展等价值因素（见第二章的详细论述）可能会获得一些研究者的肯定和赞同，也可能会受到一些研究者的质疑、批评和反对。本书对国际经济法治所认可和倡导的恢复和坚持自由国际经济体制，通过政府与国际机构安排的介入来纠正市场失灵，促动发展中国家的发展能力和发展机会，特别是对于具体规范、实践的评价，以及对未来发展方向与步调的建议，是可以进一步深化和争论的。这种多元、开放的学术研究的可能，是未来理论成熟的必须路径，也是国际体系实践健康发展的重要方式。如果说，实证主义的经济研究贵在以精确的数据、妥当的方法、严密的逻辑阐释事实的话，那么规范路径的研究则强调以妥善的价值、恰当的伦理、周延的视角提供基本的思想与方向。本书主要在这一方面进行一些初步的尝试。

小结

对国际经济体系与秩序进行宏观的整体分析，难免存在诸多的风险，却又是不可或缺的。如果我们仅仅针对具体问题进行技术分析，则很有可能失去方向，进而事倍功半、甚至南辕北辙。因而，建立适当的价值体系，并以此分析当今国际经济格局的成就与问题，为发展和完善提出方向和战略性建议，是本项研究的重心所在。

---

① 经济伦理学是研究经济运行过程中的道德价值体系，研究经济制度、经济政策、经济决策、经济行为的伦理合理性，并研究经济活动中的组织和个人的伦理规范；其基本问题是经济价值与伦理价值、标准、要求的关系问题，基本任务是发现、找到伦理学与经济学两者的结合点、重叠点，由此找到解决两者冲突的基础和原则，着眼于寻求人们在社会经济活动中完善人生和协调各种利益关系的道德原则和规范。关于经济伦理学，参见［印度］阿马蒂亚·森：《伦理学与经济学》，王文玉、王宇译，商务印书馆 2006 年版；［美］理查德·T. 德·乔治：《经济伦理学（第 5 版）》，李布译，北京大学出版社 2002 年版；Edward J.Ottensmeyer and Gerald D.McCarthy，*Ethics in the Workplace*（McGraw-Hill，1996）；W. Michael Hoffman and Jennifer Mills Moore，*Business Ethics*（McGraw-Hill，1990）；O.C.Ferrell and John Fraedrich，*Business Ethics*（Houghton Mifflin Company，1991）.

第二章　国际经济法治的基本理念

一个现代性的良好秩序应当是建立在法治基础上的和谐秩序。国际经济法治是国际经济法[①]的动态发展和价值取向，是国际经济秩序的一种方向与构划。[②]因而，针对国际经济秩序的前进目标与国家立场所出现的困惑，国际经济法治这一概念同样具有较好的导向意义。在国际社会的经济贸易发展进程中，需要树立法治化的理想和价值标尺。国际经济法治包括国际贸易法治、国际投资法治、国际金融法治等，是国际法治中的的一部分。[③]

① 关于国际经济法的内涵与外延，参见王彦志：《论国际经济法的体系》，《长春市委党校学报》，2013 年第 3 期；刘志云：《方法论上的中国国际经济法研究：问题与前景》，《华东政法大学学报》，2013 年第 1 期；何志鹏：《国际经济法的基本理论》，社会科学文献出版社 2012 年版；王彦志：《国际经济法总论：公法原理与裁判方法》，华中科技大学出版社 2013 年版；徐忆斌：《国际经济法概念界定的学理分析及新诠释》，《西北师大学报（社会科学版）》，2013 年第 4 期。

② Rumu Sarkar, *International Development Law: Rule of Law, Human Rights, and Global Finance* (Oxford University Press, 2009); Christopher May, "The Rule of Law and International Political Economy: Starting a conversation", 28 *Zeitschrift fur Rechtssoziologie* 179 (2007); Fredrik Stenhammar, "United Nations Targeted Sanctions, the International Rule of Law and the European Court of Justice's Judgment in Kadi and al-Barakaat", 79 *Nordic Journal of International Law* 113 (2010); Jason Higbee and Frank A. Schmid, "Rule of law and economic growth", *International Economic Trends*, August 2004; John K.M. Ohnesorge, "On Rule of Law Rhetoric, Economic Development, and Northeast Asia", *Univ. of Wisconsin Legal Studies Research Paper*, No. 1026, July 2006。国内学者对于这一问题的讨论，除了笔者的一些论述之外，值得关注的包括：陈安：《中国加入 WTO 十年的法理断想：简论 WTO 的法治、立法、执法、守法与变法》，《现代法学》，2010 年第 6 期；陈安：《论 WTO 体制下的立法、执法、守法与变法》，《国际经济法学刊》，第 17 卷第 4 期（2010）；刘敬东：《全球经济治理的新模式及其法治化路径》，《法学研究》，2012 年第 4 期；朱淑娣、周诚：《国际经济行政法基本原则：平等保护与正当程序》，《北方法学》，2011 年第 5 期；赵骏、韩小安：《WTO 法治和中国法治的砥砺与互动》，《浙江大学学报（人文社会科学版）》，2011 年第 6 期；董纯钢：《论〈多边投资协定〉和统一多边投资规则的构建》，中国政法大学硕士论文（2003 年）；任职于商务部条法司的杨国华博士始终高度重视国际经济法治的发展，尤其是中国在国际经济法治中的地位与作用，参见人民网 http://legal.people.com.cn/n/2013/1029/c42510-23362852.html（2013 年 12 月 9 日访问）。

③ 对于国际法治必要性的探讨，参见何志鹏：《国际法治何以必要》，《当代法学》，2014 年第 2 期。

从这个意义上讲，国际法治的国际良法和全球善治的标准同样适用于国际经济法治的体系。① 进一步拓展，国际法治② 则是更广泛的全球治理的一部分，属于国际格局变革的一个新的模式。③ 因此，全球治理理论所主张的多元主体、多元事项、多元方式同样对于认识、分析、解决国际经济法治问题有所启迪。④ 国际经济法治包括国际经济良法和全球经济善治两个方面，要求规范价值，设定符合人本主义、可持续发展、和谐共进的社会目标，也要求规范清晰明确、稳定权威。国际经济立法的过程需要公开透明、民主高效、科学严谨，同时也要有诚实善意的守法、严格有效的执法、公正便捷的司法。只有这样的正当程序，才可能确定妥当的规范并完好地实施。国际法治落实的关键在于国家如何行为，不同主体、不同环节有不同的推进方式，但是最主要的主体是国家，最核心的方面是在规范的订立和遵守的阶段。未来国际经济法治的方向与步调，应当是方向明确、步调稳定、强调渐进。对国际经济法治的内涵与要求有正确的认识，可以使我们了解国际经济法治与现有国际经济事务的关联性；对国际经济法治实现路径的研讨，则有助于树立更为妥当的国际经济秩序的观念，认清制度完善与变革的方向和原则。

一、国际经济法治的内涵与意义

国际经济法治是国际法治的一部分，或者说是国际法治的一个方面，⑤ 是在国际经济领域构建法治的理想，是国际法治在经济事务上的体现，意味着在国际经济问题上贯彻法治的思想和原则，以法治的原则和手段处理国际经济关系。简言之，即法治的国际化、经济化，国际经济关系的法治化。⑥

---

① 关于国际经济法治的文献不多，可以参看 James Bacchus，“Groping Toward Grotius：The WTO and the International Rule of Law”，http：//www.worldtradelaw.net/articles/bacchusgrotius.pdf；Ernst-Ulrich Petersmann，“How to Promote the International Rule of Law? Contributions by the World Trade Organization Appellate Review System”，1 *Journal of International Economic Law* 25（1998）；Ernst-Ulrich Petersmann，*The GATT/WTO dispute settlement system：international law，international organizations，and dispute settlement*（Martinus Nijhoff Publishers，1997），p. 23；Ernst-Ulrich Petersmann，“International Rule of Law and Constitutional Justice in International Investment Law and Arbitration”，16 *Indiana Journal of Global Legal Studies* 513（2009）。

② 关于国际法治方面的文献，可参见何志鹏：《国际法治：和谐世界的必由之路》（《清华法学》，2009 年第 1 期）所援引的中英文著述。

③ Andrew Lang and Joanne Scott，“The Hidden World of WTO Governance”，20 *European Journal of International Law* 575（2009）.

④ 徐晓明：《全球化压力下的国家主权》，华东师范大学出版社 2007 年版，第 60~63 页。

⑤ *Declaration of the High-level Meeting of the General Assembly on the Rule of Law at the National and International Levels*，A/67/L.1. United Nations General Assembly，19 September 2012，paras. 3，8，9，and 11.

⑥ 何志鹏：《国际经济法治：内涵、标准与路径》，《国际经济法学刊》，第 19 卷第 4 期（2013）。

（一）国际经济法治的内涵

作为国际经济法治这一“种概念”的“属概念”，“国际法治”在西方的学术史中并没有很深的渊源。① 然而，国外学者对国际法治这个很有理论内涵的概念探讨的深入程度还不够，而仅仅是从修辞的角度频繁使用。② 在这方面，国内学界讨论已久，而且取得了一定的共识，这主要是因为国际法在法律体系中的地位始终比较尴尬。③ 而今，国际法的法律性质受到的质疑越来越少，国际法的法治化也进入了学者和国际关系的视野。20 世纪 90 年代末，一些学者对国际法的各个方面进行了深入的研究。21 世纪初，联合国开始研讨国家、国际两级法治的问题。④ 美国律师协会对国际法治问题十分关注，不仅专门召开大型国际会议予以研讨，⑤ 而且发布报告阐述立场。⑥ 这种学术和实践的相互促动使得国际关系的法治化向纵深发展，国际法治也因而进入国际学术的主流话语。⑦ 国际法治可以简单直观地归结为国际场合下的法律至上，进一步说，意味着国际社会在法治的原则下运行，国际社会的格局以法治的方式形成，即以法律规范为基础构建国际秩序，以法律规范为依据调整国际秩序，以法律规范为指针恢复国际秩序。⑧ 过去，法治常作为一国国内的治国方略而存在；如今，法治已经成为全球主流观念的重要内容。⑨

如果将国际经济法治的具体问题分解开来，可以分为不同方面的法治和不同环节的法治。前者是一种横向的划分，即将国际经济法治按照不同的领域分为国际贸易（进一

① 据笔者掌握的资料，最早提及国际法治这一术语的是威廉·毕晓普教授 1961 年的一篇文章：William W. Bishop，“The International Rule of Law”，59 *Michigan Journal of International Law* 553（1961），此后很长时间都没有人再讨论，仅有偶然的涉及：Eberhard P. Deutsch，*An International Rule of Law*（University Press of Virginia，1977）；但是 20 世纪末期以后，国际法治的讨论蔚然成风，在中国也越来越繁盛。Sir Arthur Watts，“The International Rule of Law”，36 *German Yearbook of International Law* 15~45（1993）；Rene Foque，“Global Governance and the Rule of Law”，in Karel Wellens（ed.），*International Law：Theory and Practice*，*Essays in Honour of Eric Suy*（Martinus Nijhoff Publishers，1998），pp. 25~44.

② 何志鹏：《国际法治：一个概念的界定》，《政法论坛》，2009 年第 4 期。

③［加拿大］罗杰·塞勒：《法律制度与法律渊源》，项焱译，武汉大学出版社 2010 年版，第 249~253 页。

④ 2005 年《世界首脑会议成果文件》将法治作为一项价值观和基本原则，呼吁在国家和国际两级全面实行法治。2006 年联大首次将“国家和国际两级法治”问题列入六委议题，此后联大每年都会讨论国际法治的问题。

⑤ David R. Andrews，“International Rule of Law Symposium：Introductory Essay”，25 *Berkeley Journal of International Law* 1（2007）.

⑥ Katharina Pistor，“Advancing the Rule of Law：Report on the International Rule of Law Symposium Convened by the American Bar Association，November 9~10，2005”，25 *Berkeley Journal of International Law* 7（2007）.

⑦ 何志鹏：《国际法治：一个概念的界定》，《政法论坛》，2009 年第 4 期。“国际法治”的相关论述还可见拙文《国际法治：良法善治还是强权政治》（《当代法学》，2008 年第 2 期），《国际法治：和谐世界的必由之路》（《清华法学》，2009 年第 1 期）。

⑧ Sir Arthur Watts，“The International Rule of Law”，36 *German Yearbook of International Law* 15~45（1993）；Rene Foque，“Global Governance and the Rule of Law”，in Karel Wellens（ed.），International Law：Theory and Practice，Essays in Honour of Eric Suy（Martinus Nijhoff Publishers，1998），pp. 25~44.

⑨ 朱景文主编：《法理学》，中国人民大学出版社 2008 年版，第 125 页。

步分为货物贸易、服务贸易、技术及知识产权贸易）法治、国际货币金融法治、国际投资法治；或者是从区域的维度上将国际经济法治分为全球经济法治和区域经济法治。后者是一种纵向的划分，即针对国际经济决策与交往的过程将国际经济法治划分为立法、执法、守法、司法环节的法治。一些西方学者已经认识到，支撑市场经济的法治体系应当包括以下几个环节：立法环节、执法环节、守法环节和司法环节。立法环节要求在规则的世界和塑造过程中实现法治；执法环节要求形成一个严格有效的法律监督机制；守法环节要求国际经济关系的各主体将规则转化为国家义务；司法环节则要求规则设定的权利和义务要有一个妥善的守护和恢复机制。①

（二）国际经济法治的实践背景

在全球范围内，跨国经济交往可以追溯到古代埃及、希腊、罗马、巴比伦时代，在中国可以追溯到先秦，都有相当悠久的历史。然而，直到 20 世纪，人们才意识到有必要确立一套国际经济的法律体系。这就意味着，在相当长的时间内，国际经济交往的规模不大，国家对于国际经济行为的调控力度也比较弱，这种调控未能引起社会的普遍重视。虽然亚当·斯密在《国富论》中就开始探讨自由贸易的重大意义，但国家之间通过协定来确立关税额度是直到 1860 年才在英法之间实现的。②20 世纪以后，调整国际经济交往的措施从关税演变到多种壁垒，国际经济交往从贸易拓展到大规模的投资以及全面的金融跨境流动。基于这一事实，并考虑第二次世界大战以后的国际政治格局，才出现了全球性、区域型的贸易和金融机构处理共同的经济问题。而 20 世纪 80 年代以后受到了国际社会广泛关注的全球化进程，由于是以经济为主导，更是对国际经济法律规则予以了更多的重视。正是基于这样的时代要求，知识界提出了在经济领域实现国际法治的主张。当前，国际经济秩序在追求稳定和存在动荡之间不断摇摆的情况下，进一步研讨国际经

---

① 何志鹏：《国际经济法治：内涵、标准与路径》，《国际经济法学刊》，第 19 卷第 4 期（2013）。

② 值得注意的是，作为半殖民地半封建的近代中国，1842 年开始出现“协定关税”。当年的中英《南京条约》第 10 款规定：英商“应纳进口出口货税、饷费，均宜秉公议定则例”（这一条文，在相应的英文本中是“中国皇帝同意建立一个公平和正规的进出口关税和其他饷费”，并不含有必须对方议允的意思）。此后，于 1844 年签订的中美《望厦条约》和中法《黄埔条约》中，进一步分别规定“中国日后欲将税例更变，须与合众国领事等官议允”和“应与佛兰西会同议允后，方可酌改”，把外国的“议允”提到突出的地位。由于最惠国条款的普遍推行，中国不取得每个国家的同意，就不能修改任何税则。1843 年继《南京条约》之后中英两国签订的《通商章程》，进出口货物的课税率大幅下降。1858 年中英《天津条约》及其《通商章程》使税率进一步降低。《天津条约》不但降低了进出口货物的税率，而且把协定税则扩大到内地子口税上。子口税率固定为进出口税率的一半，缴纳子口税后，即可免征其他内地税项，从而大大便利了外商对洋货的推销和对内地土货的掠取。这种关税属于帝国主义对中国的压榨，不属于本文讨论的范围。

济法治的内涵、判断准则和实现路径，显然具有深刻的理论意义和重大的实践价值。[①]

（三）国际经济法治的实践价值

法治是社会文明的标志，[②]是现代化话语中的重要方面，被广泛地认为是经济发展的重要保障。从国际关系的维度上看，法治承载了善治、经济发展、国际和平与稳定等观念。[③]从国际秩序与国内秩序关系的角度上看，法治意味着国际法所涉及的观念和制度能够有效地在国内实施，意味着秩序的持续性与普遍性。[④]法治代表了构建和平、繁荣社会的最佳希望，[⑤]缺乏法治是对经济贸易发展严重的危害，法治不仅能够促进经济发展，同时经济发展也能推进法治。也就是说，法治是促进经济发展的途径。[⑥]联合国 2005 年峰会决议上提出，国家与国际两级的善治和法治对于经济的发展、贫困与饥荒的消除具有重大意义。[⑦]世界银行在发展政策中对法治特别重视，并表达了通过法治建立稳定的经济环境、投资气候的信念。[⑧]因此，建立坚实、有效的法治体系对于推进自由市场经济、促动商业交往的透明度至关重要。[⑨]

从国际经济关系的角度看，如果国际社会能够设计一个更加公平、公正、合理的国际经济法律体系，并且创造出良好的机制，使得这些法律规则能够真正落实为各个经济行为体的权力、权利、义务和责任，那么国际经济秩序就可能被约束在一个良性发展且健康进步的轨道之上，而不至于如脱缰的野马，横冲直撞。但如果各个经济行为体能够更加主动地、有意识地塑造和维系一个宽严适度、刚柔相济的国际经济法律环境，则国际经济秩序就有可能更加公平、公正地存在，从而为全球人民生活水平的提高和充分就

① 何志鹏:《国际经济法治：内涵、标准与路径》,《国际经济法学刊》，第 19 卷第 4 期（2013）。

② Frank Upham，"Mythmaking in the Rule-of-Law Orthodoxy"，in Thomas Carothers（ed.），*Promoting the Rule of Law Abroad: In Search of Knowledge*（Carnegie Endowment for International Peace，2006），pp. 75，82~83.

③ Kristen E. Boon，"'Open For Business': International Financial Institutions，Post-Conflict Economic Reform，and the Rule of Law"，39 International Law and Politics 513（2007）.

④ Mattias Kumm，"International Law in National Courts: The International Rule of Law and the Limits of the Internationalist Model"，44 *Virginia Journal of International Law* 19（2003）.

⑤ UN General Assembly，Sixty-fifth General Assembly，Informal Thematic Debate，AM & PM Meetings，GA/11069，11 April 2011.

⑥ American Bar Association，"The Rule of Law and Economic Development"，White Paper of International Rule of Law Symposium: A Plan for Action，2006.

⑦ A/Res/60/1，para 11.

⑧ Tor Krever，"The Legal Turn in Late Development Theory: The Rule of Law and the World Bank's Development Model"，52 *Harvard International Law Journal* 287（2011）.

⑨ Stephan Haggard and Lydia Tiede，"The Rule of Law and Economic Growth: Where are We? "，39 *World Development* 673（2011）.

业作出贡献，并且能促进人与自然的协调和可持续发展。①

二、国际经济法治的判断标准

从判断标准上看，法治是一个可能存在着多种理解的概念。②从国际社会的角度看，法治的判断标准也可能存在着不同的主张。③而且学者认为，对不同因素的强调对于经济发展的意义并不相同。④在这里为了避免一些新自由主义者将国内法治的一些要求移植到经济发展问题上的做法，我们从国际的层面上提出了国际经济良法和全球经济善治这两个宏观、整体性的评价指标。⑤笔者认为，国际法治的两个基本要求是确立良好的规范，以及这些规范能够得到妥善的执行。从国际经济法治这一具体领域看，也就是要求形成基于良好价值的全球经济法律规范，同时促使这些规范能够得到妥当的实施。前者可以称为“国际经济良法”，后者则可称为“全球经济善治”。

（一）国际经济良法

国际经济法治的基础是法的存在，而这种法律应当是好的法律，⑥我们称之为国际经济良法。国际经济良法，意味着相关的国际经济法律规范既能够达到良好的经济与社会目标，以及促进自由、实现公正、建构秩序、提高效率，又能够与其他价值妥善平衡。作为一个制度体系，国际经济法中不仅存在着大量的具体规范和运作体制，还应当有总体的目标和理想。因此，在对国际经济法治进行探讨时，不仅应当进行微观的实证分析，也有必要进行宏观的价值判断。⑦本书认为，国际经济法律规则的良法标准应符合实体和

---

① 何志鹏：《国际经济法治：内涵、标准与路径》，《国际经济法学刊》，第 19 卷第 4 期（2013）。

② 参见何志鹏：《国际法治：一个概念的界定》，《政法论坛》，2009 年第 4 期。

③ 参见［英］汤姆·宾汉姆：《法治》，毛国权译，中国政法大学出版社 2012 年版；季卫东：《法治构图》，法律出版社 2012 年版；［美］布雷恩·Z. 塔玛纳哈：《论法治：历史政治和理论》，李桂林译，武汉大学出版社 2010 年版；［瑞士］丽狄娅·R. 巴斯妲·弗莱纳：《法治》，石玉英、武挪强、李金升等译，中国方正出版社 2009 年版；刘练军：《法治的谜面》，中国民主法制出版社 2014 年版。

④ Stephan Haggard，Andrew MacIntyre，and Lydia Tiede，“The Rule of Law and Economic Development”，11 *Annual Review of Political Science* 205~234（2008）; Austin Sarat and Kathryn Hendley，“The Rule of Law and Economic Development in a Global Era”, in Austin Sarat（ed.）, *The Blackwell Companion to Law and Society*（Blackwell, 2004）, pp. 605~623; Kenneth W. Dam，*The Law-growth Nexus: The Rule of Law and Economic Development*（Brookings Institution，2006）.

⑤ 何志鹏：《国际经济法治：内涵、标准与路径》，《国际经济法学刊》，第 19 卷第 4 期（2013）。

⑥ “法治应包含两重意义：已成立的法律获得普遍的服从，而大家所服从的法律又应该是本身制定得良好的法律。”［古希腊］亚里士多德：《政治学》，吴寿彭译，商务印书馆 1997 年版，第 199 页。

⑦ 很多学者是从国际经济法原则的角度分析国际经济法的价值取向。参见陈安主编：《国际经济法学新论》，高等教育出版社 2007 年版，第 60 页；车丕照：《国际经济法概要》，清华大学出版社 2003 年版，第 40 页。关于国际经济法价值的探索，参见何志鹏：《国际经济法的价值追寻与价值选择》，《河南省政法管理干部学院学报》，2004 年第 3 期；何志鹏：《全球化经济的法律调控》，清华大学出版社 2006 年版，第 349 页。

形式两个方面的标准。

1. 实体方面的标准

国际经济法治要求所有的国际经济法律规范在确定价值目标方面是妥当合理的。在规范实体的角度上看，国际经济法要达到良法的要求，至少应当在价值上确立以下三个具体方面的目标：

（1）人本主义。人本主义主张在人类社会中以人为本体，意味着关心人的价值和尊严，重视人的处境和感受，处理对于人类的生存与发展具有意义的问题，反对那些贬低人性、忽视人的存在与价值的观念、制度和实践。① 在各大文明的发展史上，都产生了人道主义的思想，比如中国古代儒家思想的“仁者爱人”、墨家思想的“兼爱非攻”，古印度佛教中的“慈悲为怀”，古埃及所注重的人与自然相和谐的精神，等等，无不闪耀着人本主义的光辉。② 但是，人本主义思想主要源于古代希腊，盛行于文艺复兴时期，它是针对宗教严重束缚人性自由的状况提出的，对于长期被神本主义统治的欧洲而言，这是一次重要的思想革命。文艺复兴时期，彼特拉克（Petrarch）高举人本主义的旗帜，并被后世的哲学家康德所传承。人本主义将人类思想与行为的目的放到了人自身。马克思在他所处的时代就已经指出，人的尊严、自由、发展和解放是最高的目标。③ 虽然现代环境伦理提出人之外的动物和无生命体也应当作为关怀的对象，甚至价值的主体，④ 但这些观点都不意味着人的主体资格、人在整个价值体系中的核心地位的丧失。动物解放、荒野伦理归根结底都是人类对于自身的命运、审美的关怀而赋予人类之外的各种存在的。⑤ 人类的一切思想、观念、制度、行为都应当是为人服务的，而不是人之外的生命体或者无生命体。在这个意义上，我们需要认识的是：经济行为的目标并不在于成本与收益的对比或者效益自身，其最终还是要为人所利用。密尔的观点仍然值得重申：社会功利是每个人自由的叠加，而绝非对立。⑥ 在欧洲，人本主义始终体现着“自由”思想，其核心是：人是目的，即人类行为的目的是为了人本身，人类生存和生活质量是社会发展最根

① 参见何志鹏、崔悦：《人本主义：国际贸易法治的价值导向》，《清华法治论衡》，第 20 辑，清华大学出版社 2014 年版。

② 何志鹏：《全球化与国际法的人本主义》，《吉林大学社会科学学报》，第 47 卷第 1 期（2007）。

③ 参见马克思《青年在选择职业时的考虑》、《第六届莱茵省议会的辩论（第一篇论文）》、《黑格尔法哲学批判导言》、《1844 年经济学哲学手稿》、《共产党宣言》等著作。

④ 参见［美］霍尔姆斯·罗尔斯顿：《哲学走向荒野》，刘耳、叶平译，吉林人民出版社 2000 年版，第 119~258 页；［美］霍尔姆斯·罗尔斯顿：《环境伦理学》，杨通进译，中国社会科学出版社 2000 年版，第 35~43 页；［美］戴斯·贾丁斯：《环境伦理学》，林官明、杨爱民译，北京大学出版社 2002 年版，第 145~261 页；王正平：《环境哲学：环境伦里的跨学科研究》，上海人民出版社 2004 年版，第 158~255 页。

⑤ 参见傅华：《生态伦理学探究》，华夏出版社 2002 年版，第 277~288、312~346 页。

⑥［英］约翰·密尔：《论自由》，许宝骙译，商务印书馆 1959 年版，第 11、66、71 页。

本的价值前提。这种哲学思想，被不同的人学习、理解并应用于不同的学科领域后，形成了文学、教育学、心理学、管理学、法学中的人本主义。所谓人本即人本身是人的根本，人具有人的资格、人的价值、人的意义和人的尊严。而人的价值和意义之所以应得到尊重和肯定，在于对其他人、对社会具有价值和意义，这也是以人为本的普遍意义。①

作为国际法治的价值指向，国际法的人本主义取向主要是指国际法的理念、价值、原则、规则、规章和制度越来越注重单个人和整个人类的法律地位，各种权利和利益的确立、维护和实现。②从这一初步的定义中，可以看出国际法人本化的两个基本特征。首先，人本化固然表明了现代国际法的一种状态，但更重要的是预示着国际法的一种动态进程或趋势：一方面，在国际法中已经出现大量有关确立人和人类的法律地位和各种权益的原则、规则、规章和制度；另一方面，一些新的人本化的价值观在应然国际法中悄然兴起和发展。其次，国际法的人本化从主体和对象来看，并不仅仅是指个人，而且还包括整个人类，其中个人不只是自然人，还包括法人。③本书所主张的“国际法的人本主义”就是在国际法的人本化发展趋势中表现出来的一种价值取向，这种价值取向与主张国家利益为中心的“国本主义”和主张以效率为中心、忽略社会公平与可持续发展的“物本主义（物文主义）”存在明显区别，国际法的人本主义的内涵表现为均衡与合作。从这个立场上看，国际法治的人本主义可以从以下几个层次进行理解：

首先，国际法的人本主义应当与“国本主义”相区分。要掌握国际法的人本主义，首先应当明确，国际法的秩序方向应当与“国本主义”相区别。从总体上说，传统的国际法是“国本主义”的，这意味着整个国际法体制以国家为起点，以国家的独立和彼此尊重为开展关系的尺度，国际社会以主权国家为交往的基本单位，国际法以主权平等和独立为基本原则，国际法规范的订立与执行建立在国家利益至上的基础之上。具体而言，表现在以下四个方面：第一，国家是国际法的基本主体；第二，国家利益是国际法服务的目标；第三，国家之间的关系是国际法调整的客体；第四，国家主权是国际法存在与发展的基石。由此可见，“国本主义”下的国际法几乎完全忽视了个人的存在，个人只是各个主权国家的国内法律规制的对象，个人在国际法上是没有主体地位和利益诉求的。第二次世界大战以后，人的地位在国际法的体系中上升，一系列的条约和法律行动奠定了人

① 张晓京:《论国际法的人本主义理念》,《湖北社会科学》，2006 年 11 期。

② 王秀梅:《国际法人本化趋向下海外中国公民保护的性质演进及进路选择》,《现代法学》，2010 年第 4 期；王秀梅、张超汉:《国际法人本化趋向下海外中国公民保护的性质演进及进路选择》,《时代法学》，2010 年第 2 期。

③ 曾令良:《现代国际法的人本化发展趋势》,《中国社会科学》，2007 年第 1 期。

作为国际法目标的基础。① 这与国际法的人本主义形成了鲜明对比，人本主义的国际法意味着国际法注重人的利益需求，为人的幸福而服务。② 全球化时代所面临的全球性问题使更多的行为体处于积极状态，③ 并需要寻求一种新的决策和解决问题的方式，这也就意味着“国本主义”向“人本主义”转向的必然性。同时，全球化时代的交通通信设施也使“国本主义”向“人本主义”转向具备了可能性。④ 人权是人作为人所必须享有的基本权利，保护人权无疑是人本主义的核心任务。“人权要求所有的政府和政府间组织审查威斯特伐利亚式的‘国家之间的国际法’这种权利导向结构被重新塑造的方式，从而将公民作为法律主体并且更加有效地保护和促进人权。”⑤ 这种对于人本主义地位的阐述不仅对于发展中国家具有启示意义，对于发达国家而言，也意味着超越国家的利益争夺而为了人的幸福生活而共同合作的指向，从而有利于国际社会通过“平等互利”走向“和谐发展”。

其次，国际法的人本主义和“物本主义”相对称。要掌握国际法的人本主义，还应当了解，国际法的秩序方向应当与“物本主义”相区别。物本主义是资本主义初期具有的特点，强调物对人的统治，人与人的关系普遍地表现为物与物的关系。长期以来，国际社会中的各个主权国家奉行的是物本主义的发展模式，强调资源配置的效率，将物质财富的增加看作是经济发展的最终目的。实际上，这是一种只注重数字增长的不可持续的发展模式，在急剧增加社会财富的同时，也引起了巨大的社会问题，如收入分配不公引发的社会矛盾激化，经济资源的掠夺性使用导致资源日益枯竭、自然环境的恶化等。而人本主义的发展模式，即将人的全面发展作为终极目的，人的生命质量的不断优化是经济发展的衡量标准，维系人与自然、人类社会的和谐共存与可持续的关系是经济发展的准绳。⑥ 显而易见，人本主义的发展模式与物本主义是相对立的，后者以效率为中心，忽略人作为经济发展主体的地位和作用，其结果必然导致人类社会矛盾的激化和人与自然关系的恶化等。而前者在强调社会物质财富增长的同时，更强调社会物质财富分配的公平性问题，更强调社会和谐问题，更强调人与自然的关系和谐。⑦

---

① Susan Tiefenbrun, *Decoding International Law: Semiotics and the Humanities* (Oxford University Press, 2010), pp. 133 ff.

② Martti Koskenniemi, *The Politics of International Law* (Hart Publishing, 2011), pp. 133 ff.

③ Antonio Cassese (ed.), *Realizing Utopia: The Future of International Law* (Oxford University Press, 2012), pp. 61~75.

④ 何志鹏:《全球化与国际法的人本主义转向》,《吉林大学社会科学学报》, 2007 年第 1 期。

⑤ Ernst-Ulrich Petersmann, "Human Rights, International Economic Law and 'Constitutional Justice'", 19 *European Journal of International Law* 771~772 (2008).

⑥ 陈惠雄:《经济与人本: 关于科学发展观的两个基础理论分析》,《浙江大学学报(人文社会科学版)》, 2005 年第 1 期。

⑦ 钟怀宇:《经济增长从“物本主义”向“人本主义”的转变及路径选择》,《经济问题》, 2007 年第 1 期。

再次，国际法的人本主义具有均衡发展的内涵。国际法的人本主义意味着对主权国家内部的各个利益群体的权利都要加以考虑，不可为了某一特定群体的利益而以牺牲其他群体的利益作为代价。这是因为各个利益群体的权利是平等的，没有优劣高低之分，人本主义的价值取向要求均衡各利益群体的利益，而不是对其利益进行选择性保护。在国际经济法层面，主权国家对外事务的宪政失灵现象强烈要求国际法的人本主义发挥其均衡、全面考虑各利益群体权利的功能来解决这一国际经济法的困境。[①] 在国家权力的分工与制衡体制中，外交政策权力一般地应该归属于政府行政权力范畴，但与国内事务不同的是，对内事务领域的政府权力必须受到严格的宪政约束，而很多人却认为国家在对外事务中可以基于国家利益和公共福利运用它的审慎和智慧而不受限制地行使权力，这显然是与事实不符的。但是，这种所谓的"国家利益"其实往往都是维护国内特定产业部门和特殊利益集团的利益，而非国民的总体财富和利益，而且受到损害的恰恰都是那些分散的、沉默的大多数（一般的生产者、贸易商、消费者、纳税人），这种"绝对的对外权力"往往成为政府官僚集团和产业利益集团之间寻租、设租和买租的游戏。[②] 国际法的人本主义的均衡利益要求恰恰就是与这种利益失衡现象针锋相对的，由此可见，国际法的人本主义的主张对保障国内的那些分散的、沉默的大多数的利益具有重要意义。

最后，国际法的人本主义具有互利合作的内涵。国际法的人本主义同样也强调主权国家之间的合作与沟通，从而形成促进共赢、能够被各国共同遵守的国际经济法律秩序，并且借助国际组织的力量来促进国际经济法律规则的遵守与执行，最终实现一种全球法治的理想状态。国际社会的实际做法往往与此相背离，有些国家通过各种关税和非关税壁垒以及其他保护主义政策严重背离自由、民主、人权和法治的宪政秩序。[③] 其后果就是，这种对外事务权力不受制约地行使经常会导致以邻为壑的丛林法则的盛行。此种情形下，确立国际法的人本主义的价值取向和相应制度安排可能是改变一国敌视别国、阻碍双边或多边自由贸易做法的有效途径。

基于这样的理解，不难推断，人本主义是国际经济发展的基本追求，这就要求国际经济规范的设计必须以人的独立与权利为基础，以人的自由、幸福、全面发展为出发点、

---

① 王秀梅：《国际法人本化趋向下海外中国公民保护的性质演进及进路选择》，《现代法学》，2010 年第 4 期；王秀梅、张超汉：《国际法人本化趋向下海外中国公民保护的性质演进及进路选择》，《时代法学》，2010 年第 2 期。

② 王彦志：《国际经济法的宪政进路》，《当代法学》，2004 年第 4 期。

③［印度］卡瓦基特 • 辛格：《不纯洁的全球化》，吴敏、刘寅龙译，中央编译出版社 2005 年版，第 93~125 页。

立足点、最终目标和归依。[①] 这种人本主义的发展观落实在国际经济法治上，就意味着国际经济法律规则的设定要充分考虑人的诉求，并实现人的利益。促进自由经济交往的目标既不是为了单纯的经济统计数字，也不是为了某种超乎个人体验的群体利益，而必须是能够落实到人的幸福之上的。作为国际经济良法的实体价值之一，人本主义提醒国际经济法的各层主体关注以下几个主题：首先，避免以片面的“物本主义”冲击人本主义。在历史上，有相当长的时期，人们受物质主义的熏陶，更注重物质的生产、财富的积累，而疏于考虑这些物质是否真正给人带来了幸福。[②] 因此，这种“现代性”的观念必须被更具有人文关怀的后现代思维所取代。在国际经济交往中，也存在着过于重视外贸顺差、外汇储备、经济增长百分比等代表着物质财富的数字，却没有真正转变为民生改进的状况。国际经济法要达到良法的标准，必须将物质与人的生活水平直接联系起来，而不宜片面追求指标和数字。其次，避免以武断的“国本主义”替代人本主义。虽然主权是国际交往的基石理念，但是启蒙时代的社会契约理论提醒我们，主权的目标是实现人们的权利和幸福，集体利益必须建立在个人利益的基础之上，剥夺和压榨个人幸福所构建的集体进步可能会形成暂时的繁荣，却可能会给社会的稳定釜底抽薪。[③] 因此，国际经济规范不能仅仅考虑抽象的国家利益，而必须更切实际地考虑国内的具体人群的利益。正是从这个意义上讲，国际经济法的正义应当以人权的方式来实现，[④] 国际经济法治必须追求

① Ernst-Ulrich Petersmann, “How to Constitutionalize International Law and Foreign Policy for the Benefit of Civil Society? ”, 20 *Michigan Journal of International Law* 1 (1999).

② 2011 年，中国民众比较关注红十字会接受捐款的用途、关注作为文物保护单位的故宫博物院是否追求金钱而开设私人会所、私自拍卖文物，实际上就是对于物质主义思潮的反省，要求有些部门应当有更纯净的职业伦理，而不能追求财富。

③ 例如，苏联的集体农庄虽然在短期内促成了苏联经济发展，特别是重工业的迅速崛起，但其带来的社会负面影响也是非常巨大的。沈志华主编：《一个大国的崛起与崩溃：苏联历史专题研究（1917—1991）》，社会科学文献出版社 2009 年版，第 535~567 页。

④ 较早的讨论，参见 Elizabeth M. Iglesias, “Human Rights in International Economic Law: Locating Latinas/OS in the Linkage Debates”, 28 *The University of Miami Inter-American Law Review* 361 (1996); 彼德斯曼是主张以人权作为国际经济宪政基础的学者，他的诸多著作都展示了这一观点，并且与其他学者进行了很多论辩。在人权问题上彼德斯曼与其他学者的争论，参见 Ernst-Ulrich Petersmann, “Human Rights and International Economic Law”, 4 *Trade, Law and Development* 283 (2012); Ernst-Ulrich Petersmann, “Human Rights, International Economic Law and ‘Constitutional Justice’ ”, 19 *European Journal of International Law* 769 (2008); Robert Howse, “Human Rights, International Economic Law and Constitutional Justice: A Reply”, 19 *European Journal of International Law* 945 (2008); Ernst-Ulrich Petersmann, “Human Rights, International Economic Law and Constitutional Justice: A Rejoinder”, 19 *European Journal of International Law* 955 (2008); Philip Alston, “Resisting the Merger and Acquisition of Human Rights by Trade Law: A Reply to Petersmann”, 13 *European Journal of International Law* 815 (2002); Ernst-Ulrich Petersmann, “Taking Human Dignity, Poverty and Empowerment of Individuals More Seriously: Rejoinder to Alston”, 13 *European Journal of International Law* 845 (2002); E.-U. Petersmann, “Human rights and international economic law in the 21st century. The need to clarify their interrelationships”, 4 *Journal of International Economic Law* 3 (2001); C. McCrudden, “International economic law and the pursuit of human rights: A framework for discussion of the legality of ‘selective purchasing’ laws under the WTO Government procurement agreement”, 2 *Journal of International Economic Law* 3 (1999); John Gerard Ruggie, “Current Developments Business and Human Rights: The Evolving International Agenda”, 101 *American Journal of International Law* 819 (2007)。

人权。[①] 这种人权不仅限于政治权利和公民权，也包括经济、社会、文化权利，[②] 特别应当包括和平权、环境权、发展权这些集体人权。[③] 这种对人权的认可、保护应当体现在货物贸易、服务贸易、知识产权贸易、投资、金融等各个国际经济交往的领域，[④] 应当普及世界的各个地区，无论是比较发达的地区，还是欠发达的地区，甚至是存在着武装冲突的地区。[⑤] 再次，注重解决国内不同人群之间的利益冲突。传统现实主义国际关系理论愿意把国家看成是一个单一的行为体，[⑥] 但自由主义兴起之初，则揭示了一个国家内部也是分为不同利益的群体。[⑦] 也就是在这个意义上，一些西方学者提示我们要注意马克思主义关于阶级划分在国际关系上的意义。[⑧] 国际经济交往最明确地体现了这一点。一项国际经济法律规范的出现，对于某些行为体可能是有利的，而对于另一些行为体则可能不那么有利。[⑨] 某些国际经济行为，在一个群体看来具有很大的威胁，而对于另一个群体则意味着很大的利益。[⑩] 所以，在国际经济法中，必须同时考虑相互冲突的利益方的主张，将这些主张予以权衡，制定出相对公允的规范，而不能仅片面地考虑与政府关系密切的利益集团的利益，忽视往往处于社会弱者地位的、人群规模更大

① 中国学者有关贸易与人权问题的讨论，参见刘敬东:《国际贸易中的人权》,《法学研究》, 2009 年第 4 期; 马红果、李先波:《国际贸易中的人权问题》,《河北法学》, 2009 年第 5 期; 李良才:《贸易自由化与人权措施关系之实证法学考察》,《河北法学》, 2009 年第 9 期; 陈喜峰:《以基本权利为核心的贸易与人权一元论——评彼德斯曼对贸易与人权关系的理论建构》,《现代法学》, 2009 年第 2 期; 刘敬东:《人权保护还是贸易保护？——劳动权的视角》,《国际经济法学刊》, 2010 年第 17 卷第 2 期; 贺然:《论 WTO 体制下的人权保护》,《法学杂志》, 2010 年第 12 期。

② 以国际经济法实现各项人权，参见 Galit A. Sarfaty, "Why Culture Matters in International Institutions: The Marginality of Human Rights at The World Bank", 103 *American Journal of International Law* 647 (2009).

③ Isabella D. Bunn, "The Right to Development: Implications for International Economic Law", 15 *American University International Law Review* 1425 (2000).

④ See, e.g., Sharon E.Foster, "Prelude to Compatibility between Human Rights and Intellectual Property", 9 *Chicago Journal of International Law* 171 (2008).

⑤ See, e.g., Simon Chesterman, "Lawyers, Guns, and Money: The Governance of Business Activities in Conflict Zones", 11 *Chicago Journal of International Law* 321 (2010).

⑥ Hans J. Morgenthau, *Politics among Nations: The Struggle for Power and Peace*, 3rd ed., Alfred A. Knopf, 1961, pp.118~121; Kenneth Waltz, *Theory of International Politics*, Reading, Mass: Addison-Wesley, 1979, pp. 88~93. 有关评论，参见唐小松:《论现实主义的发展及其命运》,《世界经济与政治》, 2004 年第 7 期。

⑦ Robert Keohane and Joseph S. Nye, *Power and Interdependence: World Politics in Transition*, Boston: Little, Brown, 1977, pp. 25~26.

⑧ B.S. Chimni, "Prolegomena to a Class Approach to International Law", 21 *European Journal of International Law* 57 (2010).

⑨ 例如，关于海上货物运输的国际规范,《海牙规则》和《维斯比规则》对于承运人一方更有利，对于托运人和收货人就不利;《汉堡规则》试图矫正这种不利于货方的规范而设定新的体系;《鹿特丹规则》则意在保留各自规范的基础上创新，形成"公平合理"的权利义务配置。

⑩ 例如，倾销和补贴行为，对于进口国的相同产业显然意味着威胁，对于进口国的消费者则是福音。

的另一方的利益诉求。①

（2）可持续发展。按照世界环境与发展委员会的报告——《我们共同的未来》中的定义，可持续发展是“既满足当代人的需要，又不对后代人满足其需要的能力构成危害的发展”。作为一种全面的发展观，可持续发展与经济、社会、文化权利以及公民权利和政治权利紧密相关。可持续发展意味着在不同的人类群体之间，以及人与其他生命体、非生命体之间，能够确立一套合理的体制，使人类能够更长久、更充分有效地利用资源，保护环境。可持续发展作为国际经济法的价值导向，主要功能在于指引国际经济法的发展，使其具有更长远的历史眼光，更慎重地考虑人类的未来，建立一种人与人、人与自然之间更加公平、合理的新秩序体系。从只有一个地球、行星托管的理念出发，去确立国际经济制度的基本方向。第一，不同产业的公平协调发展。在相当长的时间内，与原材料相关的产业由于其具有较大的可替代性，价格一直比较低；而资金、技术密集型产业，由于可替代性低，所以价格较高。这种国际定价体系具有很大的缺陷，其内核是不合理的。因此，国际经济法应当逐渐改革国际定价机制，推动不同产业的均衡协调发展。第二，贫富国家、人群的公平协调发展。发展中国家的落后，最不发达国家的贫困，虽然不排除有些西方学者所声称的政府腐败、生产方式不合理、工作怠惰的原因，但主要还是国际制度的结果。很多贫富差距与殖民主义直接相关，国际定价机制、国际经济制度所允许甚至鼓励的隐性剥夺是问题的关键。② 有学者指出，在投资领域，国际化与私有化带来的是投资机制保护私人的倾向日益明显，东道国则经常处于不利地位。③ 这种状况要求国际经济法有意识地构建更为公正的规范，更为合理的资源配置，从而促进贫困国家和人群发展能力的提升。普遍优惠关税制度和过渡期安排是这方面的尝试。第三，人类活动与生态环境的协调发展。④ 可持续发展这一术语的核心在于保护环境、维持生态、实现代际公平。国际经济法应当进一步考量人类生存环境的承受能力，通过规则的尺度，维护

① 就西方式民主的经验而言，与政府关系密切的一方往往是某一产业的行业协会。这一产业会直接或间接地支持政府的选举活动，由于资金相对雄厚，诉求相对统一，更容易对政府形成影响；而另外一些存在不同、甚至相反利益诉求的一方则往往是作为消费者或者普通居民的人群。这一人群在社会中相对分散，缺乏集中统一性，行为方式也不一致，所以对政府压力很小，政府决策很容易忽视这一方。环境影响、产品安全的法律发展就展示了这一轨迹。

② 很多西方学者将国际经济发展问题与开放经济、国际收支平衡和资金与技术援助结合起来，认为这就是问题的全部。参见［美］迈克尔·P. 托达罗：《经济发展》，黄卫平、彭刚等译，中国经济出版社 1999 年版，第 415~558 页；但 20 世纪 50 年代出现的“普雷维什－辛格命题（Prebisch-Singer Thesis）”却揭示了商品贸易条件对于发展中国家的影响。［美］迈克尔·P. 托达罗、斯蒂芬·C. 史密斯：《发展经济学（第 9 版）》，余向华、陈雪娟译，机械工业出版社 2009 年版，第 380~381 页。

③ Charles N. Brower and Lee A. Steven, “Who Then Should Judge? : Developing the International Rule of Law under NAFTA Chapter 11”, 2 *Chicago Journal of International Law* 193 (2001).

④ Steve Charnovitz, “Trade and the Environment: The Environment vs. Trade Rules: Defogging the Debate”, 23 *Environmental Law* 475 (1992).

人与环境的平衡，促进全球范围内的环境保护，避免生态破坏，倡导低碳的生产和生活模式，避免奢侈、炫耀的生活，从而使人类在物种的意义上更长久地延续。国际经济法不仅可以通过环境标准、环境标志等专门的规范达到这一目标，而且可以在跨国经济行为调控的很多领域潜移默化地促进生态环境的改善。①

（3）和谐共进。就是指在不同的文化背景的国家、地区之间形成一个良好的经济合作、共同进步的体制，通过合作实现正和博弈、互利共赢，而非相互敌视、相互倾轧、相互对立，或者恶性竞争。《联合国宪章》确立了国家无分大小强弱均各平等的理念。国际经济法治也应通过规制各国的经济规制措施，促进国家之间的经济合作，发展各国、各地区的经济、社会、文化，从而实现世界的共同繁荣和稳定。② 国际经济交往应当实现全球各国的共同发展、共同进步，应当让人民获得自由、走向平等、追求幸福，但现实中的国际经济交往、全球经济流转都没有真正实现这一点。由于全球性竞争法律规范的缺乏，③ 以富国为引领的国际经济活动以及推进的国际经济法律规范，在塑造全球化的同时，也扩大了贫富国家的差距。全球化成了欧洲化和美国化，欧美发达市场经济国家在这一潮流中由于实力和规则而受益，发展中国家却在共同富裕和繁荣的承诺中见证着自己走向边缘化。贫富差距越来越大，贫穷国家的发展能力亟待增强。在这种情况下，国际经济良法的标准必须着眼于寻求文明的对话和利益的协调，缩小贫富差距，减少贫困与饥荒，通过制度设计实现经济发展的全球分享机制。④ 国际经济所促进的和谐，既是不同经济体相互补充、取长补短、实现共同效益的最大化，也是经济交往的不同部门、经济交往与其他领域的事务之间的协调，从而实现协调的发展。国际经济法所推动的共进，是各国家、地区在经济发展中共同受益，通过经济交往实现经济、社会全面进步。通过国际经济法律规范的运作，避免财富的单向流动，避免马太效应，⑤ 避免贫富分化而导致

---

① 对于国际经济法与可持续发展的联结，参见 Friedl Weiss，Erik M.G. Denters and Paul J.I.M. de Waart（eds.），*International Economic Law with a Human Face*（Brill，1998）.

② John David Donaldson，"'Television without Frontiers'：The Continuing Tension between Liberal Free Trade and European Cultural Integrity"，20 *Fordham International Law Journal* 90（1996）.

③ Kevin C. Kennedy，"'Foreign Direct Investment and Competition Policy at the World Trade Organization'"，33 *The George Washington International Law Review* 585（2001）；Ernst-Ulrich Petersmann，"Is Reconciliation Possible?：Legal，Economic and Political Objectives of National and International Competition Policies：Constitutional Functions of WTO 'Linking Principles' for Trade and Competition"，34 *New England Law Review* 145（1999）；Friedl Weiss，"From World Trade Law to World Competition Law"，23 *Fordham International Law Journal* S250（1999）.

④ Joel P. Trachtman，"The Theory of the Firm and the Theory of the International Economic Organization：Toward Comparative Institutional Analysis"，17 *Northwestern Journal of International Law & Business* 470（1997）.

⑤ 马太效应（Matthew Effect），指强者愈强、弱者愈弱的现象，广泛应用于社会心理学、教育、金融以及科学等众多领域。其名字来自圣经《新约·马太福音》："凡有的，还要加给他叫他多余；没有的，连他所有的也要夺过来。""马太效应"与"平衡之道"相悖，与张弓效应属相对应范畴，二者具有相辅相成的内在机制；同时与"二八定则"有相类似之处，是十分重要的自然法则。

的恐怖主义事件及其他对国际和平与安全构成威胁的情况。因此，实现国际经济法治不仅要借鉴前人的经验，更要尊重不同地域的文化多样性，通过一种统观全局的全球化伦理①避免大国的傲慢与偏见，构建起一个全球共同迈向进步的时代。这也就要求确立国际经济组织机构方面的良好规范，保证国际经济法律体系中违反协定法律程序的有效性。在这方面，包括WTO、经济合作与发展组织（OECD）②、IMF、EU在内的国际组织已经做出了初步的尝试。

国际经济良法的几个实体要求是相互补充、相互促进、相互作用的，可以共同构成一个有机的整体。这是因为可持续发展必然是以人为基础的持续，以人的幸福为目标的发展；和谐共进也必然是以人的全面健康发展为指向的和谐，以人的幸福为追求的共进。如果在国际社会中没有国家之间、地区之间、行业部门之间、不同社会群体之间的和谐共进，那么可持续发展就只是一个华而不实的口号。在现实中，意图抛弃世界上其他国家和人民而仅仅实现某一个国家自身的繁荣富裕、持续发展是根本不可能的。

2. 形式方面的标准

法治虽然要实现一个实体正义的目标，但没有形式上的要求，实体的正义也难于实现。法治在法律的形式层面要求法律符合形式正当性，或形式正义，也就是富勒所强调的法律的德行。在国际经济法方面的具体要求是国际经济规范语义清晰、内容明确、体系完整，能够解决国际法规则的冲突，而且规范设定的目标具备实现的可行性，存在着可行的实现手段。具体地说，这些法律规范应当能够体现如下国际法律价值：

（1）现实可行。国际经济法不仅要求其设定的目标要符合建设良好的国际秩序的要求，而且其确定的实现方法也应该是具有现实性和可操作性的。公平、公正、合理的目标只有靠现实可行的手段才能够达到，否则只能是一纸空谈，是无法充饥的画饼。所以，

①［美］彼得·辛格:《一个世界：全球化伦理》，应奇、杨立峰译，东方出版社2005年版，第87~93页。

② 经济合作与发展组织（英语：Organization for Economic Cooperation and Development，OECD；法语：Organisation de coopération et de développement économiques，OCDE，简称经合组织），是市场经济国家组成的政府间国际组织，前身为1947年由美国和加拿大发起、1948年成立的欧洲经济合作组织（OEEC），1961年改为现在的名称，总部设在巴黎米埃特堡（Château de la Muette）。其宗旨为：帮助各成员国家的政府实现可持续性经济增长和就业，成员国生活水准上升，同时保持金融稳定，从而为世界经济发展做出贡献。创始成员有奥地利、比利时、加拿大、丹麦、法国、德国、希腊、冰岛、爱尔兰、意大利、卢森堡、荷兰、挪威、葡萄牙、西班牙、瑞典、瑞士、土耳其、英国、美国；后加入的成员有日本（1964）、芬兰（1969）、澳大利亚（1971）、新西兰（1973）、墨西哥（1994）、捷克（1995）、匈牙利（1996）、韩国（1996）、波兰（1996）、斯洛伐克（2000）、智利（2010）、斯洛文尼亚（2010）、爱沙尼亚（2010）、以色列（2010）。组织候选成员有哥伦比亚、拉脱维亚、俄罗斯（2007年5月，决定开放与俄罗斯的加入谈判，同年11月确定谈判路线图；但由于2014年3月克里米亚事件的出现，经合组织暂停与俄罗斯的加入谈判。经合组织的观察员包括中国香港、新加坡、“中华台北”和欧盟；巴西、印度、印度尼西亚、中华人民共和国和南非是其强化合作伙伴。在国际经济体制中，OECD主要代表发达工业国家的声音。其网址为 http://www.oecd.org/；中文官方网站 http://www.oecdchina.org/。

国际经济法配置权利义务的方式、设定的程序规则都应当具有现实的合理性，可以直接落实到国际经济关系之中来，而不应仅仅设计口号和理想，因为只有植根于现实又略优于现实的制度设计和规范体系才能推进现实的发展和前进。

（2）法律规范的品性还要求条文简洁、含义明确、规范清晰，法律应当明确而不含混，可以通过规范自身的文义分析来直接理解规范确定者意图保护、允许、限制、禁止的利益与行为。很多国际经济法律规范往往由于来自各国的反复谈判，内容烦琐复杂，一项规范存在着诸多的特殊情形和例外。此时，就更需要在文本层面表达明确、避免误解，不同作准文本的条约尽量含义一致，从而减少规范含义理解上的分歧和争执，减少条约解释上的负担。

（3）体系完整。如果想真正地实现国际经济的法治化，规范必须具有体系性，也就是不同领域、不同层次、不同地域的规范应当彼此协调，避免和化解国际法不成体系的问题，而不应各自为政、互不相顾，甚至彼此矛盾。当前的国际法存在着不成体系的情况，[①]国际经济法的规范也存在着与其他领域规范之间的冲突，甚至自身内部也存在着冲突，[②]此时就更应考虑新设规范与既有体制之间的协调，并通过条约解释的方式将有关规范的内涵协调统一。例如，在 WTO 体系之中，各个协定内部的规范确立就存在着一个考虑内部和外部体系关系的问题。[③]

（4）稳定渐进。国际经济法律规范应当具有稳定性和可预见性，而非朝令夕改。尤其是很多时候这些国际经济法律规范涉及几个国家的行为，更不能够朝令夕改。这实际上也是要求国际经济法律规范在订立之前就应当进行反复周密的斟酌分析，以避免规范订立之后长期不能生效或是短期内就改变。同时，订立这些规则还必须考虑社会的发展

---

① Martti Koskenniemi and Päivi Leino, "Fragmentation of International Law? Postmodern Anxieties", 15 *Leiden Journal of International LawLeiden Journal of International Law* 553 (2002); Gerhard Hafner, "Pros and Cons Ensuing from Fragmentation of International Law", *5 Michigan Journal of International Law* 849 (2003); Anne Van Aaken, "Fragmentation of International Law: The Case of International Investment Protection", *Finnish Yearbook of International Law*, 2008.

② D.M. McRae, "The WTO in international law: tradition continued or new frontier? ", 3 *Journal of International Economic Law* 27 (2000); Joost Pauwelyn, "The Role of Public International Law in the WTO: How Far Can We Go? " 95 *American Journal of International Law* 535 (2001); Joost Pauwelyn, *Conflict of Norms in Public International Law: How WTO Law Relates to other Rules of International Law* (Cambridge University Press, 2003); Jeffrey L. Dunoff, "Constitutional Conceits: The WTO's 'Constitution' and the Discipline of International Law", 17 *The European Journal of International Law* 647 (2006); John H. Jackson, "International Law Status of WTO Dispute Settlement Reports: Obligation to Comply or Option to 'Buy Out' ?", 98 *American Journal of International Law* 109~125 (2004).

③ Geraldo Vidigal, "From Bilateral to Multilateral Law-making: Legislation, Practice, Evolution and the Future of *inter se* Agreements in the WTO", 24 *European Journal of International Law* 1027~1053 (2013).

需求，设计可以改进的程序，从而使这些订立的国际经济法律规范有与时俱进的可能。

只有符合实体和形式这两方面的价值要求，才有可能在此基础上建构妥当的国际经济秩序。

（二）国际经济良法在当前的具体指向

上文从实质和形式上对国际经济法治具体要求的认识来自于对国际法治这一概念的基本认识。国际法治所追求的良法标准，即人本主义、文明间共存、可持续发展几项目标，对于当前国际经济体制所面临的核心与紧迫问题而言，具体表现为自由和发展两个维度。

1. 自由

自由即从事国际经济交往的自由，基础是贸易可以带来个人利益提升的古典经济自由理论。个人利益的提升反过来又可能促进国家整体利益的提升，也能促进文明的交流和理解。在国际经济交往最为传统、最具有代表性的国际贸易领域，长期存在着重商主义（贸易保护主义）和自由贸易主义两派的纷争，这种纷争也同样广泛地存在于国际经济交往的各个领域。重商主义鼓励最大限度的出口、最小限度的进口，而自由贸易主义则站在绝对优势、比较优势或者禀赋差异的理论基础之上主张尽量减少任何形式的贸易壁垒，形成比较全面的自由贸易秩序，并认为在没有扭曲的竞争中，所有的参与国都会从中得利。①实际上，从亚当·斯密和大卫·李嘉图阐述了自由主义的国际贸易原理以来，学界的主流思想一直就是尽量减少阻碍、减少政府管制，最大可能地进行自由国际贸易。但是重商主义的思想仍然不能祛除，以后的贸易保护主义思想也各具影响。因而，几乎所有国家都非常重视进出口顺差或者逆差的问题、国家外汇储备的问题。②正因为重商主义的实际存在，很多国家和国际组织才一直为了推动国际经济自由化而不断努力。例如，GATT/WTO 在一次又一次的多边贸易谈判（回合）中，通过降低关税壁垒，推行国民待遇和最惠国待遇、削减非关税壁垒而试图缔造一个自由的国际贸易环境。③

2. 发展

在坚持和尊重自由市场的前提下，很多理论家，特别是来自发展中国家的政府机构

---

①［美］多米尼克·萨尔瓦多:《国际经济学》（第八版），朱宝宪、吴洪、俞露译，清华大学出版社 2004 年版，第 37~40 页；余劲松、吴志攀主编:《国际经济法》（第二版），北京大学出版社、高等教育出版社 2005 年版，第 173~184 页。

② Simon Lester，Bryan Mercurio，et al，*World Trade Law: Text，Materials and Commentary*（Hart Publishing，2008），pp. 20~43.

③ Gaëtan Verhoosel，*National Treatment and WTO Dispute Settlement: Adjudicating the Boundaries of Regulatory Autonomy*（Hart Publishing，2002）.

和学者还提出了对于发展目标的追求。自由贸易是对于完全竞争的国际市场的向往和信仰。根据理论家的分析，这种完全竞争的国际市场如果真的实现的话，会导致全球经济因素的最佳配置，也就是在全球的范围内寻求最佳的生产原料、劳动力以及管理因素，并最大限度地创造市场。但是，自由贸易并不是真的能够达到美好而公平的效果。

在不考虑发达国家与发展中国家贫富差异历史原因的前提下，自由贸易可能会导致残酷的竞争和垄断。自由贸易的结果是充分地发挥参与者的优势（绝对优势或比较优势），使得占据优势者胜出，占据劣势者在激烈而残酷的市场竞争中被淘汰出局。① 换句话说，也就是在经济领域推行达尔文主义，适者生存，不适者被淘汰。这种生存竞争在生物界虽然已经司空见惯，但是在人类社会中毕竟还是显得过于残酷，甚至难以接受。即使是那些强烈主张放松管制、推崇市场自生秩序的学者（如芝加哥学派的经济学家们）也并没有正视那些由于竞争失败而导致的不良后果，如失业、生活水平的下降和整个地区的落后甚至被弃置荒废，② 而是缺乏实证调查的设想出由于完全竞争而充分就业的状态。这种认为自由贸易就是公平贸易的观点③ 是很难经得住推理的。

基于这样的认识，人们在国际经济的自由价值之外，提出了公平的主张，既认为应当允许发展中国家的企业通过将其产品以体面的价格出售给发达国家和其他发展中国家而使自己走出贫困，也认为应当有权利保护其产业，使之逐渐壮大，直到能与更发达国家的产业竞争。自 20 世纪 60 年代以来，发展中国家一直试图在世界经济中摆脱被动的、单纯遵从规则、在利益上流失较大而收获较少的局面，主张建立新的规则，通过发达国家对发展中国家单方面的优惠措施，使发展中国家逐渐增强贸易能力，增加外汇储备，并拓展到提升整体经济实力，从而扭转国际经济中贫国愈贫、富国愈富的马太效应，破除由于以往的殖民体系而形成的不公平、不合理的国际经济体制，实现国际经济新秩序。这一进程首先体现在联合国大会的一系列决议中，进而体现在关税与贸易总协定和欧洲经济共同体的一系列规范与实践之中。20 世纪 80 年代以后，经济全球化的浪潮随着国际政治秩序两极格局的瓦解、自由主义思潮几乎一统天下而席卷整个世界，具有一定对立性质的“国际经济新秩序”主张的显著意义有所降低。但是，发展中国家摆脱经济发

---

① 一些经济学家假定竞争者的力量彼此接近，而由于分工不同，各自在某些方面具有别人无法替代的特长，在这种情况下的自由竞争会使所有的参与者获得利益。但在现实生活中这种平等的参与者的情况是不可能的。所以完全竞争也仅仅是一种假设。

② 在全球化的领域，有一种 20：80 的设想，即世界上只有 20% 的人工作，另外 80% 的人处于无业的状态。参见汉斯－彼得·马丁、哈拉尔特·舒曼：《全球化陷阱——对民主和福利的进攻》，张世鹏等译，中央编译出版社 2001 年版，第 1~6 页。

③ 参见［瑞典］约翰·诺尔贝格：《为全球化申辩》，姚中秋、陈海威译，社会科学文献出版社 2008 年版，第 85~114 页。

展程度和经济体制上落后局面的期望始终没有放弃。

在20世纪80年代以后兴起的、作为后现代思潮一部分的可持续发展理念也同样体现出了这样的愿望。这是因为发展维度意味着在国际经济贸易自由的基础上，实现国际经济贸易活动的公平化。特别考虑不同发展区域的现实差异和历史关系，确立一个以协调的、公平的发展为目标的国际经济制度体系，不仅有助于在全球范围内让更多的人受益于国际经济交往，而且也更有益于不同国家、不同文明之间的妥当共存，同时也有益于实现可持续发展的域际公平的目标。而公平的发展，也表达着国际社会在经济增长方面合作互助的意愿，表达着国家之间以合作的方式解决共同的生态环境问题的意愿，最终显然也有利于实现域际公平，这也就是经济领域、全球层面的可持续发展。

既然国际经济法治的主要指标、国际经济法律体系进程的价值维度包括自由和发展两个方面，那么作为规范性分析，本书对国际经济制度的评判，也就自觉地坚持自由、发展这样两个维度，作为观察、评价现有国际经济体制的法治价值标尺，并提出建议。

（三）全球经济善治

纸面上的法律和实际经济交往中适用的法律必然存在着距离。国际经济法治不仅应当是有法之治，更应当是遵法之治、尚法之治。所以，确立妥善的治理方式对国际经济法治的实现具有非常重要的意义。[①]此时就需要一个动态的指标来引领和评价国际经济法律规范的运行进程，这个指标体系就是全球经济善治。全球经济善治的具体要求为：国际经济规范在立法环节应当充分地体现民主、科学和高效的标准；相关的规范在被确立之后就能够被各成员很好地遵行；这些规范具有配套的、能够顺利运作的监督执行机制；对于违背规范的成员，具有权威、高效、公正的责任追究程序和稳妥的责任落实机制。在治理的模式上，国际经济法治作为全球治理的一部分，不应当只有国家一类主体的行动。[②]国际组织应当大量地参与，非政府组织也有很大的活动空间。[③]对于国际经济善治的具体要求，可以从过程模块和操作要求两个角度来进行认识。

1. 全球经济善治在国际经济法运行过程中的要求

当我们把国际经济法的操作按照发展的步骤进行认识，就可以将其划分为立法、守法、执法、司法等模块。每一模块都应当体现出法治的状态。

① 何志鹏：《国际经济法治：内涵、标准与路径》，《国际经济法学刊》，第19卷第4期（2013）。

② 参见刘敬东：《全球经济治理新模式的法治化路径》，《法学研究》，2012年第4期。

③ 参见王彦志：《非政府组织与国际经济法论纲》，《国际经济法论丛》，第7卷（2003）。

（1）国际经济立法应当注重民主性和科学性。国际经济立法即国际经济法律规范的订立过程。国际经济法治必须具备规范方面的基础，也就是完善的立法。立法的结果是善治的基石，立法的过程则是善治的起点。如果没有合法正当的法律规范订立过程，立法的内容就很难令人信服，善治的其他环节就更加难以实现。所以必须要严肃认真谨慎的对待国际经济立法，使得良法能真正地得以孕育和产生，从而使善治的基础得以奠定。正如国内公共物品的保护需要一个公民支持的宪政、法律、行政、司法规范和程序一样，国际公共物品的多元治理保护也需要多层的宪政框架，不仅包括立法，也包括行政和司法手段对各国人民所支持的宪政权利、法治原则的支持，并将此作为国际经济法法律目标的重中之重。这不仅是一个外交政策层面的问题，更是一个保护各国以及各国人民共同合理自身利益的多层宪政的一部分。①

妥当的国际经济立法首先要求民主立法，也就是保证在利益选择和公正性上的正当。民主立法是国际民主的一部分，国际关系要实现良性的运作，就要求各层次的行为体均有机会表达自身观点，对于决策结果具有表决权。这是当代世界实现合法化治理的主要方式，是避免决策风险和危机的有效途径。②国际经济法的很多领域都强调公众参与原则，在立法环节上也强调广泛的参与。这种参与既包括在立法进程中使所有的国家（或者在某些情况下，单独关税区等国际经济行为体）有机会表达自己的意见，并对立法的结果具有属于自己的决定权，③也包括立法公开，法律规范草案的内容向利害关系方开放，使相关企业、利益团体、非政府组织、公民个人有机会了解情况，并通过有效的渠道表达意见和质疑。只有在立法中让所有的利益方充分表达自己的观点，才能保证法律的公正，也才能保证这些法律在日后的实践中被遵守。否则，很可能由于理想化而难于实施，或者由于利益偏袒而广受诟病。

妥当的国际经济立法同时还要求科学立法。现代的国际经济事务有很多高度技术化的方面，此时，政府官员作为国际立法者往往会缺乏足够的专业知识，在这种情况下，

---

① Ernst-Ulrich Petersmann, "International Economic Law, 'Public Reason', and Multilevel Governance of Interdependent Public Goods", 14 *Journal of International Economic Law* 23 (2011).

② 哈贝马斯以交往行动理论为基础诠释的“话语民主”（协商民主、商谈民主）理论，全方位地构建了当代国际政治民主的新模式，对于国际经济法治也有建设性的价值。

③ 其中最主要的是发展中国家应有充分的国际经济立法参与机会。徐崇利指出，国际经济立法的一体化在相当程度上是发达国家利益驱动的结果，因而，发展中国家应力争对该一体化进程实行适当的控制。徐崇利：《经济一体化与当代国际经济法的发展》，《法律科学》，2002 年第 5 期。也有学者谈到，以往西方发达国家在国际经济立法方面占绝对主导地位；当前，形势变化，主导态势也发生着内在的变异，由绝对性主导向相对性主导变异、由硬性主导向软性主导变异、由单一性主导向多边协调性主导变异、由重视国际经济立法的制定权和决策权向重视国际经济法律规范操作过程中的解释权和实施权变异。胡充寒：《国际经济立法的发展趋势》，《佛山科学技术学院学报（社会科学版）》，2000 年第 1 期。

可以委托专家充分利用其专业知识，根据设定的社会目标和价值标准来起草法律。在国内立法中，委托专家立法的情况已经非常普遍，而在国际立法中，委托专家当前还主要限于商事交易领域。将来，在国际经济调控的很多领域，例如税收、倾销、补贴幅度的计算与反倾销税、反补贴税的比例、贸易利益之外的社会利益考量等方面都可以委托专家草拟规范。

在民主立法和专家起草之间，应当有效的沟通，有一种比较可取的方式是先以民主的方式针对法律的基本方向、方针进行讨论形成意见后再委托专家起草，在专家起草的草案基本定型之后再进行民主谈判。这样，专家起草的时候就有了基本的尺度和依据。专家起草之后，技术问题基本理清的草案文本又可以通过政治商谈的方式来确保其公允有效。

（2）国际经济法的遵守应当达到普遍而善意的程度。全球经济善治要求各行为体普遍遵行规范，在规范内作为。订立了妥当的法律仅仅是法治的第一步，即形成了纸面上的法。但纸面上的规则与实际上的状况经常存在差异，而法治不仅仅是法律规则（rules of law），更要求基于法律的治理（the rule of law）。[①] 要想将纸面上的蓝图转变为现实中的大厦，需要坚实的努力。[②] 国际经济良法制定出来，使国家之间有可能依照理想的模式而配置权利和义务，设计流程。这些权利、义务和流程能否付诸实践，不仅要在理论上探究相关的规范是否具有直接的约束力，[③] 还要看国际经济行为体是否认真对待这些规则。认真对待规则的表现就是真诚地、切实地履行规范。半个世纪的实践表明，如果国际经济法律规范得到妥当的遵守，则法治秩序就容易实现，整个经济运行态势也就比较平稳和健康；反之，如果国际经济法律规范没有很好地遵守，则法治秩序就根本无从谈起，相应领域的经济发展也容易受到阻滞。国际经济法是以国际条约为框架、联结各国的涉外经济管理调控规范而形成的规范总体，其主要的支柱和核心规范是国际法。[④] 而

① Ernst-Ulrich Petersmann, "How to Promote the International Rule of Law? Contributions by the World Trade Organization Appellate Review System", 1 *Journal of International Economic Law* 25 (1998).

② “邦国虽有良法，要是人民不能全都遵循，仍然不能实现法治”，“法律之所以能见成效，全靠人民的服从”。[古希腊] 亚里士多德:《政治学》，吴寿彭译，商务印书馆 1997 年版，第 206~211、70~73 页。

③ Hélène Ruiz Fabri, "Is There a Case-Legally and Politically-for Direct Effect of WTO Obligations?", 25 *European Journal of International Law* 151~173 (2014).

④ 在国际经济法上，存在着不同的理论。包括国际公法路径、多层经济法路径、全球行政法路径、冲突法路径、多层宪政路径等。Joel P. Trachtman, "The International Economic Law Revolution", 17 *University of Pennsylvania Journal of International Economic Law* 33 (1996); Ernst-Ulrich Petersmann, "International Economic Law, 'Public Reason', and Multilevel Governance of Interdependent Public Goods", 14 *Journal of International Economic Law* 23 (2011). 关于笔者对于国际经济法概念与体系的观点及其分析，参见何志鹏 :《国际经济法的概念反思与体系重构》，《国际经济法学刊》，第 13 卷第 4 期。

国际法具有约定法、平位法、弱法的特征，① 迄今为止，国际法的运行基础仍然是一个古老的原则——约定必须遵守，国际法主体履行国际法的义务主要还是靠自觉。国际经济法所确立的国际经济权利和义务主要是规定给国家的，同时也包括规定给国际组织、企业和公民个人（以下统称私人）的。那些规定给国际组织和私人的义务，因为由国家采取相应的措施，所以往往容易落实，而国家的权利和义务，以及需要有国家行动而实现的国际组织的、私人的权利，就必须取决于国家的遵守态度及行动才能实现。② 国家以国际人格者的身份参与国际协定的制定过程，并以其自身的自由意志决定遵行相应的规范。纵然我们可以用“信誉等于合作机会”这样的共识去解释国家遵行国际法的行为，③ 但不可否认的是，从根本上说，国家始终存在着弃国际法于不顾而自行其是的可能。因此，保证国家能够遵守国际经济条约是国际经济法治的第一要务。而这主要依赖于两个条件：国家自身对于遵行法律必要性的认知以及制度为国家的遵守行为铺就了顺畅的轨道。前者需要观念的塑造和理论的牵引，使国家从行为模式的心理角度对国际法形成认同，也就是形成一种以遵守法律为荣的法律传统、法律文化。对法律的崇尚和程序公正是世界秩序的核心与基础，这一点在第二次世界大战以后的国际社会基本达成了共识。当然，以“反恐战争”为口号的国际行动实际上提升了国家的任意性，而对基本人权、国际民主、法律制度都构成了不同程度的损害。这也展示了“民主国家”有时可能以安全为理由，采用强势的政治话语压制法律之治的风险。④ 反恐战争的范式实际上对传统的国际秩序提出了警示：如果没有良好的法律秩序，则善因可能出现恶果，以恶制恶很可能出现的是双重的恶，而不是善。在国际经济问题上，国家不应当以片面的、强势的利益以及安全为理由采取措施，而应当更多考虑遵循民主协商的原则。这也就过渡到了第二个条件，从制度自身建设的角度让国家在成本收益的层面认识到遵守法律的积极评价和正向反馈，也就需要制度增强可操作性，真正实现赋予遵守规范者以利益，违背规范者以惩罚。

（3）国际经济法的执法过程应当严格而有效。在将规范转化为现实的环节，不仅需

---

① 参见何志鹏：《在政治与伦理之间：本体维度的国际法》，《浙江大学学报（人文社会科学版）》，2012 年第 5 期。

② Alan O. Sykes, “Public versus Private Enforcement of International Economic Law: Standing and Remedy”, 34 *The Journal of Legal Studies* 631 (2005).

③ Beth A. Simmons “International law and state behavior: commitment and compliance in international monetary affairs”, 94 *American Political Science Review* 819 (2000); Andrew T. Guzman, “International Law: A Compliance Based Theory”, *UC Berkeley Public Law Research Paper* No. 47 (2001); George W. Downs and Michael A. Jones, “Reputation, Compliance, and International Law”, 31 *Journal of Legal Studies* S95 (2002); Andrew T. Guzman, “Reputation and International Law”, 34 *Georgia Journal of International and Comparative Law* 379 (2006).

④ Relative discussions, see Salzburg Seminar, Session 443: An International Rule of Law: Balancing Security, Democracy, and Human Rights in an Age of Terrorism, Salzburg, Austria, September 1~6, 2007.

要权利、义务的承担者主动自觉地遵守法律，同样也需要有健全、有效的监督机制来执行这些规范，使这些规范转化为实践。如果没有行之有效的执行机制，完全依靠权利和义务主体自身的努力，除非是一个道德完善的社会共同体，否则一定会出现一些主体遵守、另一些主体不遵守的状况，而不遵守规则的实践会有示范效应，最终将导致规范基本被废弃。无论是根据现实主义理论，还是根据国际政治的现实，在相当长时间之内，国际社会显然都无法成为一个道德完善的社会共同体。同理，如果在自觉遵守之外仅仅设置了司法机制的话，则司法压力过大，而且由于司法是一种事后救济的、相对被动的机制，所以还是无法扭转规范遵行状况恶化的局面。而执行机制的建立，则可以从主动和预防的角度，成本更低、涉及范围更广地确立起一套良好的法律秩序。所以，要避免国家采取机会主义的方式去对待国际经济法律规范，而应当通过国际法律执行行为保持法律的稳定性和权威性。执法机制是制度层面的公共物品中具有重要意义的部分。正如彼德斯曼教授所言，在国际层面上，公共物品的保护不力主要是因为相关的理论、规范、机构存在着不足，所以需要通过多元治理中克服集体行动问题的手段而实现相互依赖的公共物品的妥善保护。① 国际经济法是一个多层次的法律规范的集合体，既有国际法的部分，也有国内法的部分。就国内法的部分而言，执行和监督的机制从来就不虞匮乏。国家有强大的力量和充分的资源使得相关的法律得以执行，一系列的政府机关足以保证对商品、服务、投资、金融等国际经济活动进行管理和调控，这一环节的主要问题不在于缺乏监管，而在于监管方式是否合适，监管内容是否恰当，监管事项是否正确，监管的尺度是否合理。但到了国际法的部分，情况就有着很大的差异了。国际法作为弱法，在相当长的时期内，在大多数方面都没有形成适当的执行机制，更不必说严格的责任机制了。如果没有外在的压力，而完全靠国家自觉遵守，其效果就是国家在进行利弊权衡之后，在其认为适当的时候就会选择不遵守。为了真正建立公正、合理、健康、有序的国际经济格局，实现国际经济事务的法治化，就必须形成一系列有效的法律执行与监督机制。不仅有明确的监督主体，而且有明晰的监督职权；不仅确立明确的监督内容，而且列明作为被监督者的国家的程序义务及违背义务的责任。WTO 的贸易政策审议机制是国际经济法律监督的一个初步尝试。在投资、金融等国际经济交往领域，还应当建立起这样的国家报告、政策审议机制，由此初步保证国际经济法律的有效实施。

（4）国际经济法的司法程序应当公正而便捷。国际经济司法就是将相关的国际经济

① Ernst-Ulrich Petersmann, "International Economic Law, 'Public Reason', and Multilevel Governance of Interdependent Public Goods", 14 *Journal of International Economic Law* 23 (2011).

法律争端提交给有管辖权的司法或者准司法机构，由其按照法律规定的程序对争端的实体内容做出合法性裁断，做出是非曲直的结论，并对存在违法、过失的一方依法予以惩戒的过程。① 司法是社会公正的最后屏障，国际经济司法是国际经济秩序公正实现和存续的保障。在具备了国际经济的立法、执法机制，形成了基本守法的状态以后，还需要拥有一套便捷、公正、权威的司法程序，这样法治才算健全。司法以一种相对被动的姿态，以一种事后补救的方式，为由于违法而扭曲的社会秩序提供矫正，并在这一过程中，进一步明确法律规范的内涵及其适用方式、法律规范之间的关系，特别是主体的行为模式。通过司法裁断，使更多的国际经济行为体了解相关的法律，知悉相应行为的后果，与其自身态度与措施的司法评价。从这个意义上讲，司法不仅对一个案件自身具有意义，而且对于类似的行为，都具有普遍的指引力。② 司法作为法律正义的最后一道屏障，对确保法律秩序的稳定发挥着不可或缺的作用。当前，在国际经济司法领域已经迈出了可喜的步伐，即使不考虑各国国内的涉外经济管理调控诉讼（大多以行政诉讼为形式），也不考虑一些国际商事仲裁机构所处理的国际经济争端，③ 单从 WTO 的争端解决机制④、ICSID 的投资仲裁、欧洲法院处理的共同市场领域的纠纷，就已经为国际经济法治的司法层面积累了相当丰富的财产。国际经济法著名学者彼德斯曼在从人权的角度理解国际经济法的同时，也非常强调从司法的角度认识国际法治。他认为，WTO 的上诉机制提供了一个国际法治的范本。⑤ 在总结这些司法机制经验教训的基础上，构建起更为便捷、有效、彼此照应的国际经济司法体制，是国际经济法治最终坚实地存在和运转的重要保障。

---

① James P. Durling & Simon N. Lester, "Original Meanings and the Film Dispute: The Drafting History, Textual Evolution, and Application of the Non-Violation Nullification or Impairment Remedy", 32 *George Washington Journal of International Law and Economics* 211 (1999).

② 无论是根据《国际法院规约》，还是根据 WTO 的《争端解决谅解》，这些争端解决机构的裁决都不具有先例的作用。但事实上，这些裁判机构的判例法不仅引起了学者的广泛重视，而且对于裁判机构自身以及有关的成员都有很大的指引价值。

③ 20 世纪 80 年代，根据联合国国际贸易法委员会的仲裁规则，处理了美国与伊朗之间由于革命而引致的纠纷。参见 Stewart Abercrombie Baker and Mark David Davis, *The UNCITRAL Arbitration Rules in Practice* (Kluwer Law International, 1992), pp. 1~3.

④ 朱榄叶教授认为，WTO 的争端解决机制不仅在解决具体的争端，也在制造着判例法。Zhu Lanye, "The Effects of the WTO Dispute Settlement Panel and Appellate Body Reports: Is the Dispute Settlement Body Resolving Specific Disputes Only or Making Precedent at the Same Time? " 17 *Temple International & Comparative Law Journal* 221 (2003). 舒勒曼等则进一步认为，WTO 的争端解决机制存在着宪政性的挑战，特别是对于国家安全而言具有影响。Hannes L. Schloemann and Stefan Ohlhoff, "'Constitutionalization' and Dispute Settlement in the WTO: National Security as an Issue of Competence", 93 *American Journal of International Law* 424 (1999).

⑤ Ernst-Ulrich Petersmann, "How to Promote the International Rule of Law? Contributions by the World Trade Organization Appellate Review System", 1 *J. Int'l Econ. L.* 25 (1998).

2. 国际经济法治在操作层面的重要原则

当从整体上对国际经济法的运行进行观察时，还会发现有一些贯穿性的要求。特别是以下两条重要的法治操作原则，对于国际经济领域具有关键的意义：

（1）确立规则导向（Rule-Oriented，或称规则本位），放弃权力导向（power-oriented，或称为实力主导、强权本位，称为实力本位更能体现出经济领域的客观情况）。法治强调的是法律之治，也就是尊重规则、崇尚规则，按照规则来进行活动。① 在国际经济贸易活动中，尤其应当确立明晰的标准和尺度。② 例如，针对进口商品的保护措施，无论是基于环境保护理由、公共健康理由，还是劳工保护理由，都应当明确保护的程度；③ 确认可以比较的类似产品（like product）应当建立功能标准或者组成成分的标准，注重商品之间的可比性，而不宜过于宽泛。同样，将产品质量的评价标准从产品自身延伸到生产程序与方法（PPMs）的时候，也应当有一个适当的限度，而不适于无限扩大。④ 总体来说，就是要建立明确的规则尺度予以甄别，不应当将上述的社会标准作为单纯的贸易保护的借口。在这方面，WTO 所确立的国民待遇、普遍最惠国待遇可以作为较为公正的标准的经验。在投资领域，对投资者的保护、东道国义务的承担，特别是争端解决过程的选择，也应当形成一个各方均可接受的明确标准，而不宜仅仅考虑或偏重考虑一方利益。对于金融的国际监管就更是如此，不仅要考虑静态的资质标准，还应当考虑具体的金融产品的安全标准、⑤ 交易过程的监控标准，由此来保证金融风险处于可控的商业范围之内，而不至于酿成大规模的社会动荡。更不应因为金融体系的存在，使金融企业自身及其高管成为高盈利的部门和人员，而金融投资者则处于被盘剥的境地，甚至其利益时刻处于风雨飘摇之中。由上述的例证可知，国际经济法治首先意味着具备一系列的国际经济交往规则，并且在实践中真正遵守这些规则。

（2）推崇正当程序，减少特别的政治安排。法治要求用正当的程序来维护当事方的正当权利，并由此辨明是非，区分对错，定分止争。法治与采取以暴易暴或者特别政治

① G. Richard Shell, "Trade Legalism and International Relations Theory: An Analysis of the World Trade Organization", 44 *Duke Law Journal* 829 (1995).

② Brett Williams, "The Influence and Lack of Influence of Principles in the Negotiation for China's Accession to the World Trade Organization", 33 *George Washington International Law Review* 791 (2001).

③ Catherine Button, *The Power to Protect: Trade, Health and Uncertainty in the WTO* (Hart Publishing, 2004).

④ Steve Charnovitz, "The Law of 'Environmental PPMs' in the WTO: Debunking the Myth of Illegality", 27 *The Yale Journal of International Law* 59 (2002).

⑤ 因为资质标准本身只是问题的一个小方面，实践证明，无论资质多么过硬的企业，在经营不善的时候也有可能倒闭；无论资金多么雄厚的金融商家，没有妥善地设计金融产品就有可能危害广大市民的利益。

安排的方式解决问题是相对立的。在国际经济领域，法治尤其意味着：

第一，多边主义。也就是国家之间应当通过共同协商的方式来解决问题，而不应当单边自行确立规范。2013 年 12 月，WTO 巴厘岛的部长会议之所以在一定程度上重建了人们对多边贸易体制的信心，就在于它一直着眼于在更广泛的参与基础上讨论和解决问题，提出对策。相反，美国的 301 条款及其一系列的变形，在计算倾销幅度时候的“归零法”，有关国家在金融风暴后采取的单边贸易保护主义措施，实际上都不符合多边主义的法治程序要求。只有国家之间通过共同决策的形式确立的规则才更能被各国所接受和遵行。

第二，民主决策。法治以民主为基础，所以法治社会中一定要充分考虑民主的决策方式。依此推理，对于国际经济事务采取民主决策的方式自然是国际经济法治的题中应有之义。无论是贸易，还是投资、金融，都应当吸收大小、贫富程度不同的国家一起谈判、协商，而不能采取少数国家以富人俱乐部的方式确立共同规则或者采取某种措施。[①] 只有各国共同参加，都有发言权和表意机会的民主决策模式才能保证程序和实体的公正性。

第三，公开透明。当代政治的透明度要求越来越高，国内的法治环境以透明度为基本尺度。国际政治也一样，在步入现代化的进程中，秘密外交逐渐减少，[②] 透明决策日益增多。国际经济领域的磋商谈判必须从这个角度考量，不管是双边的贸易或者投资保护协定，还是多边的贸易规范、知识产权标准、投资要求、金融纪律的确立，都应对所有享有利益或者具有关切的国家、企业和公民公开，并努力使这些协定真正反映相关方面的诉求，而不是私下签订协定，待到生效时才公之于众。因为秘密确立的规范，无论当初的设想多么完美，因为考虑的不周，甚至程序自身的不合理，都有可能造成制度设计的不合理。[③] 所以，国际经济规范的制定和实施都必须处于阳光之下，因为只有通过透明公开的程序设计才能保证其真正达到公正合理。

需要说明的是，良法和善治这两个指标犹如鸟之两翼，缺一不可。有些西方学者和中国学者指出，法治应当仅仅局限于严格遵守法律或者法律的正当程序，这种观点只有限制在严格的条件下才是正确的。无论是在法律价值还不统一的国际法，还是在法律观念和信仰还没有树立的发展中国家，这种主张都缺乏世间指引价值。在国际经济秩序领

---

① 例如，以往 WTO 谈判中经常采用的“绿屋会议”模式就在一定程度上违背了多边民主的要求，这也是 WTO 的一些规则没有充分反映发展中国家要求的原因之一。

② 在第一次世界大战结束时，美国总统伍德罗·威尔逊提出了著名的“十四点”，特别要求以后的国际交往中禁止秘密外交。虽然当时威尔逊主义并没有实现，但日后的国际关系确实更加公开透明了。

③ OECD 在 20 世纪末的时候拟议的《多边投资协定》（MAI）就采取了秘密商谈的方式，被公开时，很多组织和国家都认为其内容不合理而予以反对，这就证明了秘密确立国际经济制度的严重问题和偏差。

域尤其要提倡良法，因为很多规则在内容上都是存在着伦理缺陷的，这恰恰是我们需要改进的领域。如果仅仅强调善治，就可能失去了最重要的方面。①

三、国际经济法治的实现路径

从宏观视角上看，实现国际法治需要从观念的指引和行为的塑造两个层次进行努力。观念层次主要是国家利益观念的重新确立，② 行为领域主要是确立、完善相关的制度使得法治目标得以实现。③ 为了在这两个领域完成任务，不同的行为体、参与者由于其在国际关系中所处地位的差异、所面临境况的不同，会采取不同的行为方式。实现国际经济法治也必须采取这样的模式，也就是说，各国际经济关系参与者、行为体在为了实现法治所进行的努力上，选择的方向和采取的形式有所不同。④

（一）国家层面的法治实现

国际经济法治的实现，必须以国家的态度、观念、行为作为基础和保证。国家作为国际经贸条约的缔结者、参加者、履行者，跨国经济规范的制定者与执行者，一些重大的国际经济贸易活动的当事者，对于整个国际经济法治的格局具有承先启后的功能，承担着建构国际经济法治核心和枢纽的职责。否则，无论何种规则构想、制度设计，都只能是空中楼阁而无法实现。国家是国际经济活动的核心主体，是国际经济活动最主要的规制者和协调者。正如它是整个国际关系的核心行为体，是国际法的基本主体一样，国际经济法治从宏观的目标建构，到中观的制度设计，再到微观的制度运行，没有国家的参与都是不可想象的，国家有能力在多个维度上促进国际经济法治由理想变为现实。

1. 识别国家利益与共同利益的关系

国家推进国际经济法治的实现，首先是观念层面的。没有明确、清晰的观念，国家的行为就有可能前后矛盾，国家的立场就可能模糊。由于国家是国际规则的主要制定者，所以国家的立场和方向不清晰就无法为国际社会缔造妥当的规则。因此，为了实现国际经济法治，国家首先应当确立正确的利益观念。具体地说，就是一种共同利益、共同发

① Ernst-Ulrich Petersmann，"How to Promote the International Rule of Law? Contributions by the World Trade Organization Appellate Review System"，1 *J. Int'l Econ. L.* 25（1998）.

② 何志鹏：《国家观念的重塑与国际法治的可能》，《吉林大学社会科学学报》，2009 年第 4 期。

③ 何志鹏：《"良法"与"善治"何以同样重要——国际法治标准的审思》，《浙江大学学报》，2014 年第 3 期。

④ 何志鹏：《国际经济法治：内涵、标准与路径》，《国际经济法学刊》，第 19 卷第 4 期（2013）。

展与进步的观念。这种观念要求国家在界定自身利益的时候，不仅要考虑本国境内生产者的利益，还要考虑消费者的利益；要考虑如何与他国合作、形成共赢，而不应损害其他有关经济合作伙伴的正当收益和合理预期；在实现自身利益的时候，不仅要看到局部的效果，还要看到全局的整体效果；在维护自身利益的时候，不仅要评估近期的效益，还要分析远期的效益；有了这样一种观念，国家就不会采取保护主义措施片面维护自身产业而忽视消费者的利益和他国生产者、销售者的利益；有了这样一种观念，国家就会更谨慎地筹划环境措施，而不至于鼓励企业通过贸易和投资的方式将危害环境的产业转移到其他国家，以邻为壑。只有形成了正确良好的利益观念，才有可能更积极有效地参与全球和区域规则的制定，并遵守这些规则。

2. 识别国家主权与国际规制的关系

国家主权作为一个具有长期理论传统，至今仍作为各国外交理念基础的概念，并不像某些法学家所批评的，无助于保护个人免遭专制之害，其理论已经破产，[①] 因此本身是无用的，甚至是有害的，应当予以驱除。[②] 如果不是拘泥于来自中世纪的绝对主权观念，不把主权僵化、神化，那么主权不仅在当代社会不可或缺，而且必然在以后相当长的时间内存续和发展。这是因为主权意味着国家的国际人格，意味着国家对其整个领土和人民事项的统领权和代表权。没有这样一种统领和代表，国际合作和国际民主都流于空谈；没有这样一种统领和代表，领土内部的事务可能由于集体行动的逻辑而混乱不堪，人民的生命财产安全可能难于保证，经济繁荣、社会稳定也都不可能实现。即使在全球化的世界，主权仍然有可能为领土内的人民提供保护。例如，政府所制订的环境保护标准、食品安全标准能够有效地防止境外的环境不友好、有害于健康的商品进口；国家采取的金融监管措施也能够更有效地降低金融风险、避免金融危机；国家采取的投资项目审查、技术进出口审批也能够防患于未然地保证国家与国民的军事、经济、国防安全。[③] 所以，国际经济法治的建成与国际法治的其他部分一样，必须建立在充分尊重和包容主权理念

---

①［法］狄骥：《公法的变迁》，郑戈译，中国法制出版社 2010 年版，第 8~35 页。

② Louis Henkin, "Human Rights and State 'Sovereignty' (Sibley Lecture, March 1994)", 25 *Ga. J. Int'L & Comp. L.* 31 (1996); Louis Henkin, "That 'S' Word: Sovereignty, and Globalization, and Human Rights, Et Cetera (Lecture)", 68 *Fordham L. Rev.* 1 (1999); John H. Jackson, "Sovereignty-Modern: A New Approach To An Outdated Concept", 97 *American Journal of International Law* 782 (2003); Karen E. Bravo, "CARICOM, the Myth of Sovereignty, and Aspirational Economic Integration", 31 *N.C. J. INT'L L. & COM. REG.* 145 (2005); John R.Worth, "Globalization and the Myth of Absolute National Sovereignty: Reconsidering the "Un-signing" of the Rome Statute and the Legacy of Senator Bricker", 79 *Indiana Law Journal* 245 (2004).

③ 自由贸易与环境保护的关系，参见［英］阿兰·鲁格曼（Alan Rugman）：《全球化的终结：对全球化及其对商业影响的全新激进的分析》，常志霄、沈群红、熊义志译，生活·读书·新知三联书店 2001 年版，第 55~63 页。

及其运作的基础之上，绝不能抛弃或者忽视这一原则。而为了使国际制度可能实现其预期的目标，又不能将主权视为一种政府闭关锁国的壁垒，而必须强调主权国家之间的充分协商、理解与合作。实际上，国家在对外交往的过程中，主权必然会受到牵制，例如对于负债国债务减免的机制对于这些国家的自决权是有影响的。[①] 因此，正像主权虚无论是一种谬误一样，将主权完全绝对，变成妨害国际交往的阻碍就走到了另一个错误的极端。主权作为国家参与国际交往的资格，本身就意味着与其他国家、国际组织进行谈判，建立合作机制；在经济领域就包含着将一部分原来本属于自身的权能予以交换，以形成更顺畅的国际经济贸易交往环境；也包含着在共同协议的基础上，将一部分调控职能共同转让给一个国际组织，由这一组织更加有效地采取调控或者限制调控的措施，由此构建一个交易成本更低、总体效率更高、更有利于人民生活水平提高的市场机制。主权国家通过协商确立共同的关税标准，通过协商确定共同的待遇原则，通过合作形成海关分类标准、原产地规则和海关估价准则；同样也有必要通过协商确立金融资质的共同标准，形成监控金融创新、约束金融投机的合作机制。由此言之，主权本身并不是国际经济法治的一道壁垒，而是一套建设合作、保护机制的制度和观念基础，更是形成国际法治的必要前提以及国际经济法治的合法性条件。国家应当在独立、平等的基础上，更加充分地使用主权，在国际交往的各个维度更务实、更谨慎地处理主权的功能，使得国际经济交往更加安全、稳定，促进经济的繁荣与社会的进步。

3. 独立自主地参与国际经济法律活动

国家只有全面、积极地投入到国际经济法治的设计与运作之中，国际法治才能逐渐转化为真实的世界图景。这里强调国家独立自主，是指国家应当以自身的利益界定和制度预期为基础进行活动，不盲目地追随其他国家，不轻率地加入某些联盟，但也并不反对有相同或相似诉求的国家形成集群，易于与其他国家进行力量抗衡，具有更优势的谈判地位。这种集群化的谈判模式不仅不是对自立自主的侵蚀，而且是弱小国家实现独立自主的重要方式。[②] 为了实现国际法治的目标，国家必须做到以下几点：

（1）独立自主地参与国际经济立法活动。国际经济立法是国际经济法治的基石，只有国家全面、积极地参与国际经济立法，国际经济法才能从整体上更加具体、明确、全面、均衡地反映各个参与者的利益，才能更行之有效和更加有力地维护这些利益，更妥善地

① Noel G. Villaroman，"The Loss of Sovereignty：How International Debt Relief Mechanisms Undermine Economic Self-Determination"，*Journal of Politics and Law*，Vol. 2，No. 4（2009）.

② 例如，七十七国集团就为发展中国家在国际社会争取合法权益、吸引更多力量对发展中国家状态的关注做出了突出的贡献。

设计国际经济权利和义务的关系，更周延地确立国际经济秩序的体系。

（2）自主审慎地进行国际经济监管。审慎监管一词多用于金融领域，但由于现代国际经济流转的广泛影响，经济活动所导致的生态环境、人民健康、经济稳定乃至文化系统风险广泛存在，所以不仅金融交易需要审慎监管，贸易、投资也需要国家及时、透明地予以管理，以防在劳工、消费者保护、环境方面造成不利的、灾难性的影响，[①]但同时也要防止垄断对经济带来的挫伤。[②]国家监管权力是国家经济主权的重要方面，是国际经济平稳健康运行的重要保障。

（3）积极主动地与他国进行经济监管的协调。国家的跨国经济管理行为是存在矛盾和冲突的。[③]国家在进行跨国经济活动的管理与调控行为时，必须与其他国家进行协调，以确定彼此权力的边界，并形成更为妥当的管理模式。无论是双边合作（例如双边税收协定、双边投资保护协定）还是多边合作（例如欧盟、北美自由贸易区、WTO），都是通过国家实现管理职能协调的方式来促进法治的重要渠道。

如果国家能够从以上三个方面促进国际经济法治的实现，然后再通过以下所阐释的国际组织、非政府组织、企业和个人的共同努力，那么国际经济法治的构想就有可能真正转化为国际经济秩序的现实。

（二）国际组织层面的法治实现

1. 以论坛的形式，在观念层面理顺国家利益的界定

早在70多年前，英国国际关系学者卡尔在其著作《20年危机》中曾指出，所谓国际利益的协调，不仅在客观上是不可能的，而且在主观上也是具有欺骗性的。那么，70年后的今天，这种结论是否仍然正确？如何认识和塑造国家利益？首先应当认识到的是，卡尔当时所面对的世界和今天已经有很大的差异。当时的世界是一个分裂的世界，不仅存在着东西方的分裂，而且实际上后来成为南北矛盾的殖民地与宗主国之间的矛盾也非常突出。更值得注意的是，资本主义国家之间也存在着多重非常尖锐的冲突。这种冲突在今天的世界上虽然并没有完全消除，但是由于人们认识的发展、制度的完善，至少减弱了很多。而今天的世界由于科技昌明所带来的全球性交往，以及由于人类经济科技发

① Werner Scholtz, "Custodial Sovereignty: Reconciling Sovereignty and Global Environmental Challenges amongst the Vestiges of Colonialism", 55 *Netherlands International Law Review* 323 (2008).

② Ernst-Ulrich Petersmann, "International Competition Rules for Governments and for Private Business: A 'Trade Law Approach' for Linking Trade and Competition Rules in The WTO", 72 *Chi.-Kent. L. Rev.* 545.

③ 车丕照：《政府控制所引致的国际经济冲突及其解决》，《中国社会科学》，1998年第4期。

展所带来的全球性问题，如气候变化、公共健康，在当时还远未出现。从这个侧面看，如果我们回顾历史，就不难看出，格劳秀斯（Hugo Grotius，1583—1645）在他所处的时代，可以认为海洋是无穷无尽的，人类可以任意利用却不会让海洋有所减损。但是，今天的人类远不能如此乐观，人类捕鱼、深海探矿和排污的能力大大加强，稍不控制就可能导致极大的、不可逆的灾难。从这个角度讲，卡尔对人类共同利益不可能的悲观态度在新的时代背景下已经发生了很大的变化。其次，卡尔当时指出的利益和谐幻影实际上指的是一种虚假的利益和谐，即一些大国延续帝国式的思维，以其自身的利益取代其他国家的利益，并将之宣传为公共利益（这就很像当时日本宣传的“大东亚共荣圈”，本质上是日本掠夺海外资源的借口，但他们却宣称为共同繁荣）。这种“利益和谐”缺乏人民自决和国际民主的正当性基础，当然不能实现。而在今天的国际体制框架之下，如果通过国际组织邀集各国共同研讨，构建一个共同的利益指向，还是具有现实性和合理性的。但是，这种利益观念不能由某一个国家来单独引领，无论这一国家在实力上如何强大，在道德上如何高尚，这种霸权式的界定都肯定难以公允。只有由全球性的国际组织采取民主的模式，研讨和确立此种利益标准，这种共同利益才具有可能性。在国家利益的界定和全球利益的协调方面，国际组织有必要邀请专家进行研讨，并在研讨的基础上，召集世界各国进行有效率、有效果的讨论，就基本问题达成共识，并通过宣言、决议等软法文件予以公示。[①] 在正式的、政治层面的宣示之外，还应当组织编写具有理论深度和逻辑论证色彩的报告，对国家利益的正确界定、全球共同利益的定性与实现可能予以阐述。在这些文件基础上，逐渐形成关于全球化世界共同利益理解方面的基本共识，以此作为国际立法、执法和司法的观念基础。

2. 作为国家商谈的平台，促进国际经济法律的订立

要使国际经济立法满足良法标准，做到民主和科学的立法，就必须由国际组织提供一个各国交流和对话的平台，并通过国际组织构建前期法律框架和谈判的日程。如果有某个国家或者国家集团邀集有关国家参与研讨、制定国际立法，并非没有先例，[②] 但是这种立法需要客观上的机遇，而不能强求某国政府提供此种机会。现代国际立法协商步骤的复杂性、过程的长期性也使得一个国家负担此种公共物品过于繁重，所以国际组织应

① C. M. Chinkin, “The Challenge of Soft Law: Development and Change in International Law”, 38 *International and Comparative Law Quarterly* 850 (1989); Kenneth W. Abbott and Duncan Snidal, “Hard and Soft Law in International Governance”, 54 *International Organization* 421 (2000); H. Hillgenberg, “A fresh look at soft law”, 10 *European Journal of International Law* 499 (1999).

② 1864 年瑞士邀请各国在日内瓦讨论战地人员的保护立法；1899 年、1907 年荷兰政府邀请各国在海牙讨论武器使用的国际立法。

当通过自身的功能设计，发起国际经济立法的动议，请有关国家参与初步讨论，并定下立法基调，再组织专家进行草拟；在草案经过几轮研讨、基本定型之后，再邀集国家进行正式磋商谈判，直至开放签字。这种为国际经济法治的大厦进行奠基的工作只有国际组织才能全面地承担和更好地胜任。半个世纪以来，国际贸易领域的国际组织在这方面已经做出了示范，当前，国际金融机构在金融战略、规范起草方面所起的作用越来越大。① 未来，在贸易、投资、金融等领域，国际组织还应当更协调和平稳地推进立法活动。

3. 作为国际经济法律的执行体制或载体，促进国际经济法的实施

国际经济法律制度的制定并不是以设计一个完美的乌托邦为目的，而是试图形成一个运转良好的国际经济秩序。这也就意味着，法律规则必须具有完备的实施机制，否则形同虚设。这种妥善的实施机制一方面需要各国的尊重与遵守，另一方面需要的是国际组织的监督和执行。

这是因为每一个国家都有自利的倾向，没有外力的监督，国家就很难诚信地遵守自身做出的承诺（也就是国家之间商定的国际法），国际秩序就很难维系。而他国的监督则由于该国自身也有利益追求，不仅不能保证监督的全面和公正，而且容易引发争执。② 此时，国际组织从外在于国家、同时又相对公正中立的立场，对国家遵守国际经济规范的政策与措施进行监督，就有了更具威信的效果。因此，国际组织设定并执行良好的法律监督体制是国际经济法治承上启下的环节，没有这一环节国际经济秩序就无从谈起。就实践而言，WTO 的贸易政策审议机制以及欧盟理事会、委员会的监督机制已经初步积累了国际经济法律监督的经验，但是这种经验在投资、金融方面还有待提高，这也就导致了人们对投资体制的质疑和对金融监管的不信任。因此，在全球和区域的层次逐步建立健全国际经济规范的监督与实施机制，是国际经济法治实现的重心。

4. 作为国际经济法的司法机制，提升国际经济法的执行力

国际经济法治的实现以公正的司法作为最后的保障，而公正司法不是仅仅一个国家的努力所能实现的，也不是仅仅靠国家就能实现的，而必须有一个国家之外的国际组织承担此项职能。只有国际组织才能跨越国境获取司法资源，设计并实现能够被普遍接受的管辖权，对国家之间、国家和企业之间的争议事实进行审查，并按照法律予以判定，

① Kristen E. Boon, "'Open For Business': International Financial Institutions, Post-Conflict Economic Reform, and the Rule of Law", 39 *International Law and Politics* 513 (2007).

② 经济领域虽然还没有非常明显的例证，但是人权领域的实践却非常清楚地说明了这一点。美国以人权卫士自居，对各国的人权制度进行批评，甚至提议制裁，最终不仅没有真正提升人权水平，反而激化了国际矛盾。

要求有关当事方承担起相应的法律责任。虽然临时仲裁在某种程度上也能完成国际争端解决的任务，但是，国际组织的长期性、稳定性为争端解决提供的可预期性是无可比拟的。这也就在更广阔的视角上促进了国际经济规范指引和预测功能的实现。当前，无论是欧共体—欧盟的司法机制运作，还是 WTO 争端解决机制的发展以及 ICSID 的实践，都引起了较多的关注和讨论。欧洲法院确立的欧共体法优先适用和直接适用原则为国际司法的完善做出了很大的贡献；WTO 的争端解决机制所具备的强制管辖权和强制约束力两大特征为多边经济机制提供了新的模式；①ICSID 通过国际体制处理国家与企业之间的纠纷也开拓了新的典范。因此，国际组织有必要在上述实践的基础上总结经验，形成更为完备的国际司法体系。

5. 与其他国际组织协调，促进国际经济事务在全球治理中的准确定位②

国际经济法治的目标是以人为本的社会全面协调、持续发展，这就要求将经济交往的目标与社会发展其他领域的目标妥善协调，也需要将经济交往的各种形式、各种价值妥善地协调起来。实现这一协调功能，虽然其他行为体也能做出一些努力，但是真正具有整合能力的非国际组织莫属。因此要求国际组织在国际经济交往的内容方面处理好区域贸易协定与多边贸易体系之间的关系③，也要注意处理好国际经济组织与第三国的关系，还要处理好国际贸易体制与国际投资体制、国际金融体制三者之间的关系。而在经济交往的外围，国际组织还要审慎对待不同价值的平衡，处理好国际经济组织法律规范与一般国际法的关系，特别是一般国际法在国际经济组织法中的接受问题；处理好贸易与环境、贸易与公共健康、贸易与发展、投资与人权、金融与发展等议题上的争论，设计和完善国际经济关系的实体法律规范，包括公平贸易、生态标签、国际贸易中的食品安全要求等问题，并与承担其他职能的国际组织密切合作，设计出解决方案。④

① "Groping Toward Grotius: The WTO and the International Rule of Law", Address by James Bacchus, Chairman of the Appellate Body of World Trade Organization, at Harvard Law School, October 1, 2002; Jack J. Chen, "Going Bananas: How the WTO Can Heal the Split in the Global Banana Trade Dispute", 63 *Fordham Law Review* 1283 (1995); Aisha L. Joseph, "The Banana Split: Has the Stalemate Been Broken in the WTO Banana Dispute? The Global Trade Community's 'A-Peel' For Justice", 24 *Fordham International Law Journal* 744 (2000).

② 参见刘敬东:《全球经济治理新模式的法治化路径》,《法学研究》，2012 年第 4 期。

③ 传统上国际经济交往以贸易为主，所以很多时候人们一般习惯性地在探讨贸易时泛指经济交往，例如外贸依存度、区域贸易体制与多边贸易体制。

④ 李春林:《贸易自由化与人权保护关系论争: 评析与反思》,《当代世界社会主义问题》，2014 年第 2 期。

（三）非政府组织、企业与个人层面的法治实现

国际法治要求公司真正地承担起社会责任，作为社会的一分子对社会做出多方面的贡献，而不仅仅在经济方面自我利益的提升。① 个人具有很大的在全球范围内促进法治的机会，在这一领域还远未实现。② 当前，非政府组织和个人在推进国际经济法治方面可以在以下几个领域做出贡献：

1. 法治观念的指引与传播

非政府组织因为具有非政府的存在和运作方式，所以经常被视为社会的良知；学术界的研究者、新闻媒体也经常具有相对独立、客观的立场，再加上他们往往具有专业性，在某些领域掌握更多的信息和知识，所以可以对国际经济法治的总体思想导向进行指引，也可以对国际经济法治的具体领域进行观念的阐释和宣讲，从而使国际经济法治的方向更加准确，目标更加清晰，路径也相应地更为明朗。以往，联合国经常邀请一些非政府组织就国际局势发展的一些方面进行咨商、提供意见，甚至邀请一些知名人士进行研究、发表演讲。“可持续发展”“保护的责任”的理念和联合国改革的方略都是这些人士组成的委员会或小组提出来的。这些做法对于国际经济法治有着明显的启示意义，非政府组织和一些知名人士可以关注国际经济事务，讨论和分析国际经济格局，呼吁国际社会的关注。在当代，国际经济法的人权导向、民主导向、宪政导向都是在一系列大师级学者的倡导下被广泛接受的。③

2. 对于规范的草拟和建议

很多非政府组织都聚集了一大批高层次、多国别的法律和技术专家，他们拥有非常丰富的经验，可以承担国际经济法律问题的深入研讨和起草工作。特别是当代世界，强调多重主体、多种方式的全球治理，非政府组织有更多的参与机会、更活跃的表现贡献于国际法治体系之中。④ 国际海事委员会（Comité Maritime International，CMI）作为促进

---

① American Bar Association，“Rule of Law and Corporate Social Responsibility/Citizenship”，White Paper of International Rule of Law Symposium：A Plan for Action，2007.

② Steve Charnovitz，“Participation of Nongovernmental Parties in the World Trade Organization”，17 *University of Pennsylvania Journal of International Economic Law* 331（1996）.

③ Ernst-Ulrich Petersmann，“Constitutionalism and International Adjudication：How to Constitutionalize the U.N. Dispute Settlement System？”，31 *New York University Journal of International Law and Politics* 753（1999）；Ernst-Ulrich Petersmann，“How To Reform The United Nations：Lessons From The International Economic Law Revolution”，2 *UCLA. Journal of International Law and Foreign Affairs* 185（1997）；Ernst-Ulrich Petersmann，“Constitutionalism and International Organizations”，17 *New York University Journal of International Law and Politics* 398（1999）；Ernst-Ulrich Petersmann，“On the Constitution of John H. Jackson”，20 *Michigan Journal of International Law* 149（1999）.

④ Steve Charnovitz，“Two Centuries of Participation：NGOs and International Governance”，18 *Michigan Journal of International Law* 183（1997）.

海商法统一的非政府间国际组织，[①] 与联合国贸发会议（UNCTAD）、国际贸易法委员会（UNCITRAL）、国际海事组织（IMO）合作，草拟了一系列国际海事法律规范，这些规范为从海上货物运输、海上旅客运输到海难救助、共同海损的一系列海上活动提供了可资依据的、具有高度技术性的规范。[②] 与此同时，全球治理在注重硬约束之外还非常注重软约束，国际法治既有硬法的功能，也有软法的作用。国际经济法治在很多时候也需要软法来提供指引和评价，非政府组织可以发布一些软法性的文件，以示范法和行为通则的方式供政府和有关经济行为的参与者参考采用。在这方面，国际商会（ICC）作为各国商事组织的联合体[③] 做出了有益的尝试，在从商事交易到政府规制、从实体规范到争端解决规范的多个领域，设立了软法规范。[④] 在未来的发展进程中，非政府组织可以更多地受国际组织和国家的委托，或者以自身的名义，参与到国际经济法律规则的草拟活动之中。

3. 对规范与行为的评价

非政府组织大多管理方式灵活、行动迅速，由于现代通信特别是因特网，信息传播广泛而有效，学术界人士和其他社会思想者往往也大量地了解和影响着社会。[⑤] 因而，他们可以对国际经济法治的各个环节进行监督，并做出评价。在立法环节，这些群体可以对国家立场、法律规范的合理性、法律规范的价值取向、立法技术等问题进行分析，并提供建议。[⑥] 有关国际组织和国家应当充分利用这一行为方式促进国际经济立法的民主化和科学化，而非恐惧这些群体的知悉，封闭相关的信息渠道。在守法、执法和司法的环节，这些群体同样可以对具体的事件提供咨询意见，[⑦] 在技术上、经济与社会伦理上对有关行为做出评价。[⑧] 在这方面，绿色和平组织为了环境保护和生态平衡做出了很多工

①《1981 年国际海事委员会章程》第一条。

② CMI 草拟并被国际社会接纳、生效的国际海事公约包括《约克·安特卫普规则》、《海上避碰规则》、《船舶碰撞中民事管辖权方面若干规定的国际公约》、《维斯比规则》、《电子提单规则》、《海运单规则》。该组织还积极参与了 2008 年通过的《鹿特丹规则》的研究和草拟工作，参见 http://www.comitemaritime.org/Home/0,271,1132,00.html。

③ *Constitution of the International Chamber of Commerce*，art. 1.

④ 国际商会制定的文件包括《托收统一规则》、《跟单信用证统一惯例》、《国际贸易术语解释通则》、《国际商会调解与仲裁规则》等。参见 http://www.iccwbo.org/display7/doctype6/index.html。

⑤ 非政府组织在全球治理中的作用，参见［英］阿兰·鲁格曼（Alan Rugman）:《全球化的终结：对全球化及其对商业影响的全新激进的分析》，常志霄、沈群红、熊义志译，生活·读书·新知三联书店 2001 年版，第 43~54 页。

⑥ Steve Charnovitz,"Opening the WTO to Nongovernmental Interests",24 *Fordham International Law Journal* 173(2000).

⑦ 例如在国际诉讼中出现的"法庭之友"。有关讨论，参见赵海峰、高立忠:《论国际司法程序中的法庭之友制度》，《比较法研究》，2007 年第 3 期。关于国际经济领域的法庭之友的使用，参见陈立虎:《法庭之友陈述在 WTO 争端解决机制中的可接受性》，《法学家》，2004 年第 3 期；梁丹妮:《NAFTA 投资争端仲裁中的"法庭之友"问题研究》，《仲裁与法律》，2005 年第 6 期。

⑧ Steve Charnovitz，"The Moral Exception in Trade Policy"，38 *Virginia Journal of International Law* 689（1997）.

作，[①] 虽然有些行动悲剧性地失败了，但是其维护生物多样性、保护物种的立场却清晰地表达了出来，让世界关注。很多学者、新闻媒体对国际经济的组织和运作进行评论，也有利于保证和监督国际经济法治在健康的轨道上运行。

小结

作为世界经济秩序崇高而美好的理想，国际经济法治在现实的国际经济格局和国际法律秩序状况下，显然不可能一蹴而就，而必须跨越重重阻碍，在各个方面、各个层次都要付出艰巨的努力。虽然在一些领域，国际经济体制确实取得了一些令人瞩目的成就，但是就整个国际经济法治的蓝图而言，这些成就还远不足以让人满意。[②] 但无论国际经济法治的道路如何漫长，不论其实现存在着如何重大的挑战，国际社会都必须坚定不移、矢志不渝地脱离强权政治，走向法治。因为只有这一条路能够将世界带离人类自我毁灭的风险，实现世界经济的协调、稳定、健康、可持续发展，其他选择都无法成功。因此，所有国际经济行为体的理性选择、国际经济秩序持续发展的希望就在于以集腋成裘、循序渐进、逐步改良的方式向国际经济法治的目标迈进。

① 十余年来，绿色和平组织一直为阻止日本捕鲸而努力。虽然国际捕鲸委员会早已禁止商业捕鲸，但日本一直以“科学研究”为名持续进行捕鲸活动；绿色和平组织称，日本假借“科学研究”之名捕鲸，其实是为了满足国内的鲸肉消费市场，完全是伪装的商业捕鲸。绿色和平组织通过船舶跟踪、阻止加油等方式使日本捕鲸无法成功，并希望以此引起国际社会的关注，早日终结捕杀鲸鱼的行为。与此同时，绿色和平组织还在其他领域进行工作。最值得关注的是，1985 年 7 月，彩虹勇士号前往南太平洋穆鲁罗瓦岛抗议法国拟在该区域进行的核试验，7 月 10 日船停靠在新西兰奥克兰港内时，遭到法国特工安放的炸弹袭击而沉没。最近，绿色和平组织为减少江河排污进行了多种活动。参见 http：//www.greenpeace.org/international/en/about/victories/。

② 何志鹏：《国际经济法治：内涵、标准与路径》，《国际经济法学刊》，第 19 卷第 4 期（2013）。

第二篇

国际经济法治的价值定位

第三章　国际经济法治的自由指向

如前所述，国际经济法治包括良法与善治两个部分。从实体标准上看，国际经济良法包括人本主义、可持续发展、和谐共进三个方面的内容，而这也是国际经济法治的整体要求。国际经济法治存在着诸多的理论与实践问题，[①] 而价值问题显然是一个不能回避的方面。[②] 就当前而言，利用后危机时代这个可以进行战略性反思和全局性设计的特殊契机，认真地考量国际经济体制的地位，深刻地分析国际经济全球化的价值与问题，全面地评价国际经济体制在现代国际经济秩序中的功能，整体性地审视作为全球化主导意识形态的作用，冷静地观察其在未来国际经济体系中的走向，客观公允地探究自由作为国际经济法治价值目标的地位，对于更清醒地认知国际经济关系的格局现状、研判经济全球化发展的趋势，对于更明确地观察国际经济关系的力量消长与发展方向，对于更精准地评价国家等国际经济关系有关行为体在国际经济法律规范与运作中的立场和举措、更稳妥地把握国际经济法律规范制定和运行中的行为方式，对于有效地预测国际经济关系的发展进程和未来取向，对于提出有益的建议以使人类走出危机，并选择理智的模式避免重蹈覆辙，具有突出的重要意义。[③] 这就需要我们冷静地反思、周密地审视自由主义，

① 张乃根：《当代国际经济关系论》，《国际经济法论丛》，第 4 卷，法律出版社 2001 年版，第 139~184 页；周忠海等：《国际法学述评》，法律出版社 2001 年版，第十六章；周忠海：《国际经济关系中的法律问题》，中国政法大学出版社 1994 年版。

② 何志鹏：《国际经济法的价值追寻与价值选择》，《河南政法管理干部学院学报》，2004 年第 3 期。

③ Ha-Joon Chang, "The 2008 World Financial Crisis and the Future of World Development", in Craig Calhoun and Georgi M. Derluguian (eds.), *Aftermath: A New Global Economic Order?* (New York University Press, 2011), pp. 39~63.

这不仅仅是一个理论的评估问题，更重要的是要为当代世界的和谐发展提供新的范式。[①]

一、去全球化的举措及其影响

（一）西方世界兴起的保护主义浪潮

在2007年开始于美国逐渐蔓延于世界的金融风暴和经济危机的消极影响刚刚出现的时候，很多国家都出现了贸易保护主义的躁动，[②]纷纷采取去杠杆化、限制自由贸易的保护主义措施，[③]其方式主要包括大幅度提高关税、大规模实施贸易救济措施，甚至在个别领域直接限制进口。金融危机爆发之后的一段时间内，很多国家纷纷采取限制经济因素自由流动的保护主义措施。这些保护主义措施和双边化、区域化的经济治理模式，应当被理解为是一种非常情况下的应激反应，这些措施在短时期内、局部范围内，作为一种应急措施对于发起国来说可能是有利的，这是可以理解的，然而从长远和整体的角度观察则是有害的。回顾历史不难看出，经济萧条是世界经济发展经常遇到的问题，对制度也有很多影响，保护主义则是国家经常采取的应对经济萧条的措施。[④]例如，1929年，肇始于美国的全球性经济危机导致了很多国家采取保护主义的政策，致使世界经济整体衰退，并在一定程度上促动了第二次世界大战的爆发，此种情况直到20世纪40年代末才逐渐恢复。21世纪初，由美国次贷危机所引发的经济萧条受到了世界各国的广泛关注，[⑤]世界性的金融、经济警钟再度敲响，保护主义的再度抬头让人们担心世界会重新回到20世纪30年代的关税大战，担心自由市场和全球化会面临危机。美国的次贷危机，不仅触发了全球的金融风暴，引发了世界范围的经济动荡，[⑥]而且导致了很多国家的社会问题，

---

① 对这一问题的分析，参见贾根良：《新李斯特主义：替代新自由主义全球化的新学说》，《学习与探索》，2012年第3期；刘伟、蔡志洲、苏剑：《贸易保护主义抬头的原因、后果及我国的应对措施》，《金融研究》，2009年第6期；朱民：《研究“危机后的世界经济金融格局”的五个问题》，《国际经济评论》，2009年第4期；张燕生：《金融危机下的国际经济前景》，《经济与管理研究》，2009年第7期。

② 参见郑玲丽：《金融危机下遏制贸易保护主义的法律对策》，《国际商务研究》，2009年第3期。

③ 在当今全球贸易主张公平、公正的环境下，各国的贸易保护主义更加隐蔽。美国反垄断法在经济危机下更多主张保护本国企业的利益，似乎变成了一部保护本国经济、限制竞争的法律。参见王丽军、周世俭：《金融危机与贸易保护主义》，《国际贸易》，2010年第6期。刘超、王欣：《金融危机与反垄断法的贸易保护主义“面纱”》，《南京财经大学学报》，2011年第5期；刘伟丽：《国际金融危机后的新贸易保护主义及其对中国的影响》，《深圳大学学报（人文社会科学版）》，2010年第5期；吴桂华：《后金融危机时期新国际贸易保护主义研究》，《江西社会科学》，2010年第6期。

④ 关于保护主义与人民福利的探讨，参见萨尔瓦托在20世纪90年代编写的一本文集 Dominick Salvatore（ed.），*Protectionism and World Welfare*（Cambridge University Press，1993）.

⑤ 次贷危机源于2007年，2008年由于金融链条的牵动，产生了多米诺骨牌效应，进入全球视野；2009年的世界经济论坛（瑞士达沃斯）、G20伦敦峰会和博鳌亚洲论坛都重点讨论了全球经济危机和应对措施的问题。

⑥ Detlev F. Vagts，“The Financial Meltdown and Its International Implications”，103 *American Journal of International Law* 684（2009）.

甚至政治变乱。[①] 美国境内的占领华尔街事件、希腊的债务危机、利比亚的变局、叙利亚的内乱，都与此相关。[②] 当然，金融危机最核心的影响领域还是在经济贸易方面。贸易、投资与金融虽然由不同的体系所规制，但是世界经济的某一领域对其他领域发展的敏感程度却日益提高，一个领域的动荡足以导致另一领域的动荡。这种格局是国际经济利益的考量背景和各国关注的利益核心。

根据全球贸易预警组织（Global Trade Alert，GTA）的统计，2008 年 11 月至 2010 年 11 月，全球新增 692 项贸易限制措施，2009 年开始，更是每季度新增 100 余项，与金融危机影响加剧之前的每季度 50 项形成鲜明对比。[③]2009 年，世界商品总出口量下降 12%，商品总生产量下降 2.5%，全球 GDP 下降 1.5%，其中美国进口量就下降了 16%。[④] 尽管 WTO 等机构报告认为贸易缩减的主要原因是需求的减少，而非贸易限制的影响，但许多包括欧盟在内的经济体还是认为保护主义起着主要作用。[⑤] 保护主义的风潮不仅盛行于货物贸易的领域，而且还在向资本、服务和人员的国际流动领域扩散。不仅体现在一般的贸易政策之中，而且体现在贸易救济手段之中。[⑥] 这样一来，21 世纪之初的国际贸易图景上就出现了一个令人瞩目的现象：曾经在 20 世纪末弥漫于世界的自由主义浪潮由于经济衰退的影响不仅没有更加盛行，反而退缩为保护主义盛行的状态；不仅多边贸易体制的贸易谈判长期没有实质进展，而且国家的单边保护措施日益增加。[⑦] WTO 多哈回合的很多预期进程和宏伟目标都没有实现，而仅在一些小问题上取得了进展。现在看来，很多多哈回合的设计都显得不切实际。由于成员之间在很多问题上立场差异过大，一些国家选择开始走双边化和区域化的道路，以替代多边贸易体制。[⑧] 所以当前虽然危机已经

---

① Rosa M. Lastra and Geoffrey Wood，“The Crisis of 2007–09：Nature，Causes，and Reactions”，13 *Journal of International Economic Law* 531（2010）.

② 由于金融危机导致全球经济增速放缓，失业大量增加，国家无法解决，导致阿拉伯地区变乱。Hassan Y. Aly and Mark C. Strazicich，“Global Financial Crisis and Africa：Is the Impact Permanent or Transitory？ Time Series Evidence from North Africa”，101：3 *American Economic Review：Papers & Proceedings* 577（2011）.

③ Centre for Economic Policy Research，*Tensions contained...for now：the 8th GTA repor*（London：CEPR，2010），pp.37–38.

④ World Trade Organization，*International Trade Statistics 2011*，p. 19.

⑤ EU Commission Trade Policy Committee，*Report on potentially trade restrictive measures identified in the context of the economic crisis*，May 2010–September 2010，p. 3.

⑥ Wentong Zheng，“Reforming Trade Remedies”，34 *Michigan Journal of International Law* 151~207（2012）.

⑦ 例如美国、德国、俄罗斯、阿根廷等国分别推出了鼓励购买本地商品的措施，参见 Director–General of the WTO，*Overview of Developments in the International Trading Environment*，WT/TPR/OV/12；杨励、韩倩倩：《经济全球化与危机背景下的贸易保护主义——历史脉络、根源与前瞻》，《国际经贸探索》，2011 年第 2 期。

⑧ Joan E. Spero and Jeffrey A. Hart，*The Politics of International Economic Relations*（7th ed.，Wadsworth，2010），pp. 113~115；很多国家积极参与双边或者区域的贸易协定，也是对全球自由贸易的阻碍。Won–Mog Choi，“Defragmenting Fragmented Rules of Origin of RTAs：A Building Block to Global Free Trade”，13 *Journal of International Economic Law* 111（2010）。另参见刘彬：《RTAs 涌现背景下国际贸易法治秩序的重构》，厦门大学出版社 2012 年版。

有所缓解，但各国的贸易保护主义措施却仍然在继续，没有明显回落，[①]保护主义仍然是当今贸易的核心问题之一。

（二）“去全球化”的界定及其性质

源于发达国家的种种保护主义的举措和现象都可以用去全球化（de-globalization）[②]这一概念来涵盖。作为一种历史发展潮流，去全球化与全球化相对，简单地说就是开全球化的倒车，是一个国家对以往全球整合的逆向推动，也就是世界上各个单元（主要是民族国家）之间消除相互依赖和相互结合的过程。这一进程有若干种名称，最常见的是“经济民族主义（economic nationalism）”[③]或“经济爱国主义（economic patriotism），”[④]即民族国家将其工作职位和资本留在本国，而非进口商品、向外投资。它涵盖着经济贸易、社会、技术、文化、政治等多个层面，但主要体现在经济领域。去全球化的手段包括四个方面：商品与服务的本国化、劳务与人员流动的高度限制、国际直接投资（foreign direct investment，FDI）规模的紧缩、国际资金流动管制的加强。[⑤]

从性质上看，去全球化可以被归结为对于全球经济“去杠杆化”的最后阶段。面对金融繁荣创新时期产生的大量衍生结构性金融产品，国家采取措施进行整顿和控制，属于“金融产品的去杠杆化”，是去杠杆化的初始阶段；进而，投资银行、商业银行的信贷成本大幅度上升，借贷条件变得非常苛刻，即呈现为“金融机构的去杠杆化”，是去杠杆化的第二阶段；此后，对冲基金、风险投资者等长期依赖金融机构获得部分短期资金来源的各类机构投资者成了无源之水、无根之木，不得不出售其所持资产来维持足够的现金水平，退出市场、改弦更张，形成“投资者的去杠杆化”，是去杠杆化的第三阶段；继之，消费者增加储蓄、减少消费，进入去杠杆化的第四阶段，即“消费者的去杠杆化”；最后，如果世界上的一些经济大国采取贸易保护主义的措施，就有可能造成连锁反应，很多国

① “目前世界经济贸易虽处在复苏中，但各国政府并未大规模地放松或停止实施贸易限制措施。”陆燕：《当前世界贸易形势和贸易保护主义的发展与应对》，《国际贸易》，2010 年第 4 期。

② 这一概念的最初创造者被归为菲律宾经济学家沃尔顿·贝娄（Walden Bello），其著作《去全球化：新世界经济的理念》使用了这一词汇。Walden Bello，*Deglobalization: Ideas for a New World Economy*（revised ed.，Zed Books，2002，2004）.

③ 参见［美］罗伯特·吉尔平：《国际关系政治经济学》，杨宇光等译，上海人民出版社 2006 年版，第 29~32 页；庞中英：《当代经济民族主义论析——关于民族主义的一项国际政治经济学研究》，《国际政治研究》，1997 年第 3 期；李永刚：《全球化进程中的经济民族主义》，《马克思主义与现实》，1999 年第 2 期；石文玉：《经济民族主义对国际关系的影响》，《理论界》，2003 年第 2 期；齐前进：《经济民族主义逆流涌动》，《瞭望》，2006 年第 15 期；梅新育：《辨析经济民族主义》，《21 世纪经济报道》，2008 年 9 月 8 日第 2 版。

④ 不同的观点，参见岳翔宇：《经济爱国主义与经济民族主义的分析与比较》，《经济研究导刊》，2008 年第 12 期。

⑤ 何志鹏：《从自由走向发展：后危机时代的国际贸易治理》，《厦门大学学报（哲学社会科学版）》，2012 年第 6 期。

家会纷纷效仿，或者以反措施的手段采取相似的措施，最终形成全球性的贸易大战。各国政府“自扫门前雪”，达到“全球经济的去杠杆化”，即去全球化。去全球化是在全球经济危机的大背景下，各国动用财政资源刺激经济并相互博弈的必然结果。

去全球化这一概念的提法虽然出现较晚，貌似一个新生事物，但是相关的实践却并非首次出现。早在 20 世纪 30 年代，以美国为首的资本主义国家就卷入了去全球化的浪潮，各国争相提高关税壁垒、相互倾销，并放弃金本位制，货币竞相贬值。① 只是由于当时并没有“全球化”的概念，因此也就没用“去全球化”的概念来定义这些行为，但并不能否认这些现象的“去全球化”本质。在 1950—2008 年的全球化进程之后，去全球化又呈现抬头的趋势。去全球化的程度很难度量，但仍然可以通过平均关税、非关税措施、劳务的边境限制、对外国直接投资的控制等进行判断和分析。去全球化的理由是避免因国家之间相互依赖而导致的经济整体衰退，以往虽曾为发展中国家的学者所主张，② 但一般由经济实力较强的发达国家付诸具有影响的实践。俄罗斯和印度提高关税、美国减少进口等事实，都说明去全球化已经成为一股正在兴起、不容忽视的重要浪潮。

（三）去全球化措施的国际关系理论解释

国际关系理论谱系中的现实主义可以解释这些采取去全球化措施的国家行为。现实主义认为，在一个总体上无政府（或称为没有最高权力机构）的社会之中，每一个单一的、理性的国家都追求自己的相对收益最大化，以此保障自己的安全和存续。因而，国家之间会为了权力而斗争。③ 在经济出现危机之后，各国都感觉到其自身的存续与安全面临着极大的风险和威胁，因此设法寻求自保。在寻求自保的过程中，由于其处在一个整体的大环境下，因而各国的目标并非绝对收益，而是相对收益。也就是说，他们并不考虑在贸易中能否得到好处、能否遭到损失，而是考虑与其他国家相比能否得到更多的好处、遭受更小的损失。为此，最值得选择的最有效的方法不仅是“各家自扫门前雪”，而且是损人利己、以邻为壑。因而，这些国家开始采取保护主义的措施，力争在贸易关系的博弈中得到比其他国家更多的利益，让其他国家去承受损失。通过这种方式，国家的获利或许没有“互利互惠”来得多，但国家会获得更多的安全感。重商主义和保护主义都是

① 王绳祖主编：《国际关系史（第五卷）》，世界知识出版社 1995 年版，第 21~25 页。

② Walden Bello，*Deglobalization: Ideas for a New World Economy*（Zed Books，2004）.

③［美］卡伦・明斯特：《国际关系精要》，潘忠岐译，上海人民出版社 2007 年版，第 66~71 页；关于现实主义的概述，特别是结构现实主义，参见吴征宇：《肯尼思・华尔兹国际政治理论研究》，当代世界出版社 2003 年版，第 3~23 页。

现实主义国际关系思想在国际贸易领域的具体体现，其代表国家利益的实力、财富的重视促成了其政策的自我中心特征。[①] 由此可见，现实主义理论并不是一个让人充满希望和正能量的理论，它认为由于国家都各自追求相对利益的最大化以维护自己的安全和发展，那么这种自利的国家本质就会导致国家之间不会有长期、稳定、可靠的合作，而只可能为了共同的利益、打击共同的敌人而形成短暂的联盟。它看不到国际格局进步的迹象，充满了悲观情绪。但该理论并非一无是处，其最大的优点就在于"现实"。它是迄今为止绝大多数国家的政治决策者思考问题所遵循的基本思路，体现了国家在国际社会中的生存逻辑。后危机时代的国际贸易格局，尤其是大国单边的保护主义生动地表现了此种自利追求的现实性。如果大国在经济关系中利用不对等的相互依赖结构中的优势地位，利用小国的敏感性和脆弱性[②] 而采取保护主义措施，则属于经济领域中的强权政治。

（四）去全球化对国际经济体制的影响

与由金融危机而引发的去全球化的潮流相呼应的还有先前的反全球化运动，反全球化是对全球化浪潮的批评或者抗争。[③] 反全球化与去全球化相比有很多不同，差异主要体现在以下六个方面：

第一，就行为主体而言，去全球化一般是由经济实力较强的发达国家付诸具有影响的实践，因此其行动者都是那些国际社会的主导力量，主要是发达国家的政府，也包括大的企业集团、跨国公司等；[④] 而反全球化的倡导者和行动者是国际社会的非主导力量甚至那些在全球化的过程中受损害的边缘化团体，例如一些民间团体，如非政府组织、工会、学生团体等，偶尔有政府参与，也仅仅是小国政府。[⑤]

第二，就行为原因而言，去全球化行动所关注的是全球化带来的、突发性、大规模的反面影响，如全球性的经济危机；而反全球化关注的是全球化长期、慢性的副作用，如环境恶化、劳工标准降低、贫富差距加大等，而不是主要方面。

第三，就行为方式而言，去全球化则直接采取一系列对于全球化进程具有实质性影响的经济决策；而反全球化采取的多为影响不那么直接的研讨、批评、争辩、反抗等行动，

---

① Jacob Viner，*The Long View and the Short: Studies in Economic Theory and Policy*（Free Press，1958），p. 286.

② 关于复合相互依赖、敏感性和脆弱性，参见 Robert O. Keohane and Joseph S. Nye，*Power and Interdependence*（4th ed.，Longman，2011），pp. 9~17.

③［英］D. 赫尔德、［美］J. 罗西瑙等：《国将不国》，俞可平等译，江西人民出版社 2004 年版，第 123~125 页。

④ 参见张贵洪主编：《国际关系研究导论》，浙江大学出版社 2003 年版，第 206~215 页。

⑤［美］三好将夫：《全球经济中的抵制场》，载王逢振主编：《全球化症候》，天津社会科学院出版社 2001 年版，第 1~29 页。

最引人注目的是游行示威。

第四，就行为内容而言，去全球化主要表现为将以往倡导和实施的自由贸易机制改换为推进贸易保护机制，将以往的金融自由化机制改换为强化金融管制，通过采取一系列的保护主义措施，使国家的经济格局逐步退回到相对封闭的状态；而反全球化则主要是反对自由主义在全球范围的大范围盛行，同时也反对那些作为全球化副作用的社会状况，试图维护劳工、自然环境和贫弱的发展中国家等群体的权益。

第五，就行为目的和后果而言，去全球化可以被视为对全球化进程的阻碍和后退，在很大程度上具有非理性的意蕴；而反全球化则主要是对全球化的反思和质疑，如果不采取一些极端的手段，反而有助于促进人们对全球化进程进行理性的思考和深刻的认识。

第六，就行为的性质而言，去全球化是逆全球化的历史潮流而动的，是对以往激励全球化措施的改换，是对全球化直接、全面的倒退；反全球化则属于全球化时代的支流，与全球化的潮流在大方向上是相同的。所以，与反全球化相比，去全球化具有更为直接和强烈的影响。

由此言之，去全球化与反全球化的起点和途径都有差异，但是都对国际经济自由化的趋势构成了巨大的负面牵动。

二、当代国际经济体制的贡献与局限

去全球化意味着全球自由经济的倒退、自由市场的逆转，也就是国家对市场干预的增强。过去几年各国频繁而密集地采取的去全球化举措让人更为相信并重视一些学者做出的全球化已经过其巅峰的断言。[①] 这种经济上的变化必定会影响政治，[②] 由于国家干预经济通常采取的是集中决策的形式，所以使人们对民主政治持质疑态度，进而导致人们在法律上对私法自治和契约自由产生怀疑，在社会上对民间团体的参与性提出疑问。全球化是否有可能进一步推广和深化对于未来世界经济政治格局的发展具有非常重要的现

① Rawi Abdelal and Adam Segal, "Has Globalization passed its peak? " 86 *Foreign Affairs* 103 (2007); Rawi Abdelal and Adam Segal, "Yes, Globalization Passed Its Peak, Will It Ever Come Back? ", *Foreign Affairs*, March 17, 2009, available at http://www.foreignaffairs.com/articles/64856/rawi-abdelal-and-adam-segal/yes-globalization-passed-its-peak.

② 从经济格局到政治格局的转化不仅为马克思主义所赞同，也为很多西方学者所主张。参见［英］安德鲁·海伍德:《政治学》，张立鹏译，中国人民大学出版社 2006 年版，第 53~57 页。

实意义。对半个多世纪以来的国际经济的发展趋势进行理性的审视和思考，有助于明确地认识和清晰地预见国际经济体制的未来走向。①

（一）国际经济体制的全球化发展

贸易、投资和金融的相互影响形成了当今世界经济相互依赖的格局。②对于近半个多世纪的国际经济体制的发展趋势，“全球化”这个术语是被广泛接受的描述。学者对全球化的起点有多种观点，但由于历史发展的转折，当今我们看到的全球化起始于20世纪40年代后期，在20世纪80年代末由于冷战的结束而全面展开。在经济领域，全球化具体表现为解除贸易壁垒、建立货币体系以及大规模的跨国交易。广义上的布雷顿森林体系——以关税与贸易总协定—世界贸易组织、世界银行集团和国际货币基金组织为标志——是这一轮全球化的倡导者。通过降低关税壁垒、拆除非关税壁垒等法律手段实现货物贸易的自由化；通过形成全球性的知识产权法律体系实现知识产品贸易的自由化；通过服务贸易基本规范的设定朝向服务贸易的自由化努力；通过货币内涵上的布雷顿森林体系、牙买加体系的确立和改革，试图维持货币稳定，保障经济交往的环境；通过贷款条件和政策建议、咨询报告，促进整体经济政策的自由化。③半个多世纪以来，国际经济体制在自由化的路上不断前进，取得了令人瞩目的进展，自由主义也成为战后国际经济秩序的主流思想。④实证研究也表明，全球化不仅是推动经济增长的重要驱动力，⑤也有能力成为消除贫困的重要手段。⑥

（二）现行经济体制的贡献

总体评价，自由国际经济体制取得了令人瞩目的成功。从20世纪中叶发展至今的国际经济体制为改善人民生活、提升就业水平和丰富人民的资源作出了很多贡献。

---

① 参见何志鹏、王倩：《去全球化浪潮下自由主义之再省思》，《江海学刊》，2009年第5期。

② John Baylis, Steve Smith and Patricia Owens, *The Globalization of World Politics: An Introduction to International Relations* (5th ed., Oxford University Press, 2011), p. 445.

③ 刘志云：《国际经济法律自由化原理研究》，厦门大学出版社2005年版，第119~197页。

④ John Gerard Ruggie, "International Regimes, Transactions, and Change: Embedded Liberalism in the Postwar Economic Order", 36 *International Regimes* 379~415 (1982).

⑤ Jeffrey Frankel & David Romer, "Does Trade Cause Growth? " 89 *American Economic Review* 379 (1999); Jonathan Temple, "The new Growth Evidence", 37 *Journal of Economic Literature* 112 (1999); Sebastain Edwards, "Openness, Productivity and Growth: What Do We Really Know? ", 108 *Economic Journal* 383 (1998).

⑥ George Lodge and Craig Wilson, *A Corporate Solution to Global Poverty: How Multinationals Can Help the Poor and Invigorate Their Own Legitimacy* (Princeton University Press, 2006).

1. 全球自由市场导致的社会分工全球化仍然具有巨大的积极作用

自由市场能够发挥各自禀赋上的优势，从而实现整体的高效率和各主体的双赢。[①] 在国际经济关系上，与自由主义相对的是保护主义，而保护主义不仅不能解决自由主义在疏通国际市场方面带来的负面效应，而且也会丧失自由主义带来的正面效应。解决市场失灵或市场扭曲的途径是采取措施将之纠正，使之成为较为健康的自由市场，而不是采取保护的手段使之成为封闭市场。[②] 保护主义只是一种应激性措施，并不是解决问题的最佳手段。所以，“国内市场扭曲和福利的理论对自由贸易理论产生了革命性的影响，把自由贸易学说从历史上无数与国内市场扭曲有关的纷扰中成功地解救了出来。”而且，“经济理论和计量经济学的研究，降低了在存在各种各样外部垄断力量的情况下通过采取贸易保护手段能够提高福利水平的可信度。”[③] 简言之，自由贸易能够取得效益，而贸易保护则不可行。

2. 自由主义者对国家权力的忧虑将长期具有现实意义

根据布坎南、唐斯的制度公共选择理论，人们对国家和集体有了更深刻的认识。特别是奥尔森对集体行动逻辑的分析表明：环绕在国家头上的种种神话并不可信。国家既然是一种人类组织，就不可避免地具有人类的弱点：可能会犯错误，可能会为了自身的利益而非公共利益而采取决策，[④] 并且并非完全理性。因此，管制远远不是全能的，它可能在起点上就是偏颇的、非客观的。由科斯引入的交易成本理念使人们对制度经济学非常关注。根据这一理念可以推出：特定的产权结构可能未必实现最大化的国家财富，由于组织失灵（organization failure）的出现，甚至有可能导致经济衰退。[⑤] 上述的观点意味着：只有本质上是自由主义的国家才能促进经济增长。“贸易最迅速增长时期的出现并不是某种不可更改的技术逻辑的产物，而是妨碍贸易的政治壁垒被打破带来的恢复。运

① 杨小凯的“新兴古典经济学”为分工问题提供了更有说服力的解释。参见杨小凯：《经济学：新兴古典与新古典框架》，张定胜等译，社会科学文献出版社 2003 年版，第 37~41、119~123、211~226、321~327、357~407、429~447、452~466、469~485 页；杨小凯：《发展经济学：超边际与边际分析》，张定胜等译，社会科学文献出版社 2003 年版，第 390~396、399~408、430~432 页。另参见 Stephen Gill and David Law，*The Global Political Economy: Perspectives, Problems and Policies*（The John Hopkins Press，1988），p. 226.

② 根据巴格沃蒂 – 拉马斯瓦米分析（Bhagwati–Ramaswami analysis），只要同时运用纠正国内市场扭曲的国内政策，自由贸易政策仍然可以使最优的政策选择。J. Bhagwati and V. K. Ramaswami，“Domestic Distortions，Tariffs，and the Theory of Optimum Subsidy，” 71 *Journal of Political Economy* 44（1963）.

③［美］贾格迪什·巴格沃蒂：《今日自由贸易》，海闻译，中国人民大学出版社 2004 年版，第 26 页。

④［美］曼瑟尔·奥尔森：《集体行动的逻辑》，陈郁、郭宇峰、李崇新译，上海三联书店、上海人民出版社 1995 年版，第 17~19 页。

⑤ Douglass C. North and Robert Paul Thomas，*The Rise of the Western World: A New Economic History*（Cambridge University Press，1973）.

输和交通技术赐予这个世界的，政府不费吹灰之力就可将它们毁于一旦。”①

3. 全球化的发展促进了国际社会的进步

由国际经济体制所积极参与的全球化进程有很多正面的、积极的因素，至少表现为：

（1）由于经济全球化的发展，各个国家间相互依赖的程度不断提高，全球风险的存在使得各行为者积极重视和应对全球性经济危机的发生，通过合作的方式来解决问题的概率提高了。

（2）由于经济全球化将全球分布的资源有机整合，这就使各个行为者在应对风险时，能够更为有效地利用资源，解决问题的渠道拓宽了。

（3）由于经济全球化而形成的共享全球的科技进步成果，国家、国际组织、非政府组织可以利用信息技术进行网络合作，共同面对问题，提出解决方案。②

（4）经济全球化客观上导致了在全球的维度上实行政治自由主义，通过国家之间的民主协商、民主决策，吸收专家意见，促进非政府组织的参与，以公开透明的方式平衡利益，妥协主张，③形成风险的防范与应对机制，特别是全球突发事件的紧急预案。只有这样，才能以制度化的方式防患于未然，治患于初发。

（5）由于国际组织的积极参与，解决问题的效果逐渐改善。例如，WTO 承担了贸易争端解决、贸易信息传递、贸易规范传授等功能。④虽然现代的国际经济体制在这一点上还有很多不足，很多学者倡导的“全球治理”的概念更多地处于构想阶段而难于实施，国际体制的低效率、非民主、缺乏执行能力的现状是亟须改进的问题，但是这些问题都是可以改进的，而不是根本的弊病。⑤

（三）现行国际经济体制的局限

同所有事物一样，自由国际经济体制也具有两面性。自由国际经济体制引发的全球化带来了民族国家的合法性危机和国际体系的重构，⑥但也存在着一定的弊端。由于

---

①［美］保罗·克鲁格曼：《汇率的不稳定性》，张兆杰译，北京大学出版社、中国人民大学出版社 2000 年版，第 7 页。

② Kelly-Kate S. Pease, *International Organizations: Perspectives on Governance in the Twenty-First Century* (3rd ed., Pearson Prentice Hall, 2008), pp. 290.

③ Isabel Feichtner, “The Waiver Power of the WTO: Opening the WTO for Political Debate on the Reconciliation of Competing Interests”, 20 *European Journal of International Law* 615 (2009).

④ Andrew Lang and Joanne Scott, “The Hidden World of WTO Governance”, 20 *European Journal of International Law* 575 (2009).

⑤ 何志鹏、孙璐：《以自由促进发展：国际经济法治的价值尺度》，《法治研究》，2011 年第 2 期。

⑥ 对于民族国家面临的危机，参见［英］安东尼·D. 史密斯（Anthony D. Smith）：《全球化时代的民族与民族主义》，龚维斌、良警予译，中央编译出版社 2002 年版，第 108~119 页。

世界部分地区没有享受到全球化的好处，经济自由化的方案在一些国家失效，在各个行业领域都出现了问题；① 全球化期间出现了贫富差距增大，这就使人们归咎于国际经济秩序的缺陷。② 对现行的国际经济体制存在着批评、反对和逆动，其理由和表现各不相同。

1. 发展步调的不平衡

一方面现行国际经济秩序鼓励全球竞争，由于市场参与者的禀赋差异和能力不等，导致全球垄断、破产、失业与剥削，加剧了贫富分化等发展问题。在国际关系的维度上，世界贸易组织、国际货币基金组织、世界银行等主要国际经济组织都主要由发达国家掌控，在发达国家的主导下，形成了世界经济运转所需要的各种原则、制度和秩序。从确立规则者与规则的一般关系就不难推断出，这些国际经济运行的原则、制度和秩序显然会对发达国家更为有利。另一方面，西方发达国家拥有毋庸置疑的经济、技术和管理优势，此种地位发展中国家长期不能望其项背。自由市场的最大弊病就是自由在竞争中被吞噬，市场中的强者逐渐占据垄断地位。市场竞争的首要法则是适者生存，它虽然提高了效率、创造了财富，但也导致财富向少数大型跨国公司、发达国家及利益集团集中，从而导致贫富差距加大，形成“财富鸿沟”。在全球化经济的运转过程中，发达国家以其高水平的科学技术和管理能力、高度发展的社会生产力而获得庞大的受益，发展中国家则由于经济和技术相对落后而造成相对收益减少的后果。正如中国作家茅盾在其小说《子夜》中所揭示的那样，外国资本和产业的进入，对于弱小国家而言，很少或很难受益，甚至可能受到很大的损害和冲击，如许多民族企业亏损或倒闭等，此种“休克疗法”的效果恐怕很难以中长期利益而予以弥补。这样就造成了一个令人忧虑的后果：虽然在跨国的尺度上，经济全球化确实导致了全球物质财富的增加，但这种增长是不均衡、不对等的。这就不难解释，为什么经过数十年的全球化进程，最不发达国家的数量在增加；③ 虽然发达国家的数量也在增多，但发达国家与发展中国家的人均 GDP 数额差距却越来越大。各国像食物链构成的金字塔一样，贫穷国家处于食物链的底端，而富裕国家则位于食物链

① 基于印度经验的讨论，参见 Suparna Karmakar，Rajiv Kumar，and Bibek Debroy（eds.），*India's Liberalisation Experience: Hostage to the WTO?*（SAGE Publications，2007）.

② Andrew Hurrell，*On Global Order: Power，Values，and the Constitution of International Society*（Oxford University Press，2007），p. 204.

③ 最不发达国家以人均低收入、人文资源匮乏和经济脆弱作为指标。最初提出这个概念时，世界上有 24 个国家属于最不发达国家（联合国大会第 2768 号决议），2014 年增加到 49 个。2013 年最不发达国家的人均 GDP 为 812 美元，而发达国家的人均 GDP 则为 44 000 美元，是最不发达国家的 54 倍。最不发达国家的贫困人口数量在不断增加，给世界和平与稳定带来极大压力。

的顶端。这就逐渐形成了一种“中心—边缘”的国家格局，[①] 虽然有些西方学者试图证明全球化与收入差距拉大无关，[②] 但是市场提供的渠道使得财富产生流动、而竞争者之间实力的差距导致财富的不对等流动是不容否认的事实，这种事实引发的财富鸿沟、数字鸿沟无论如何都不能认为是一种公正的结果。[③] 全球化带来了重大的机遇，但现在其成本由所有人共同承担，而其利益分配是不平衡的。如果进一步考虑西方国家与第三世界持续数百年的殖民掠夺经历，分析其贫富差距和发展模式上的历史关系，[④] 完全竞争和自由市场就更缺乏依据。故而，西方国家推进自由主义政策是为了扩大其市场，而未考虑发展中国家的实际情况。在 2008 年金融危机出现后，发达国家一方面利用其既有的法律规范，限制发展中国家产品进口对本国产业予以保护，[⑤] 另一方面利用金融体系的特征，对发展中国家进行进一步的剥夺。[⑥] 而且，对于原有的赋予发展中国家的、促进其发展能力的特殊差别待遇也通过修改法律逐渐缩小。[⑦] 这些行为虽然在现实主义的理论框架和政策体制中都是可以理解的，但并不符合国际经济关系的道德指向。[⑧]

2. 发展方式与社会福利相割裂

经济发展的最终目的应该是提升所有人的福利。[⑨] 自由市场所注重的价值是自由竞争，自由竞争的基础是利益最大化，即以最低成本寻求最高的收益。所以，从单个的企

① 美国学者伊曼纽尔·沃勒斯坦以依附理论和不平等交换为基础，提出了“世界体系理论”。Immanuel Wallerstein，*The Modern World-System*（Academic Press，1974）；Wallerstein，*The Politics of the World-economy: The States，the Movements，and the Civilizations*（Cambridge University Press，1984）；Wallerstein，*The Capitalist World-economy*（Cambridge University Press，1989）；Wallerstein，*Geopolitics and Geoculture: Essays on the changing World-System*（Cambridge University press，1991）。这一理论获得了国际社会的广泛关注。

② Alan Winters，et al.，“Trade Liberalization and Poverty: The Evidence So Far”，42 *Journal of Economic Literature* 72（2004）；Jeffrey G. William，“Globalization and Inequality: Past and Present” 12 *World Bank Research Observer* 117（1997）；Peter Lindert and Jeffrey Williamson，“Does Globalization Make the World More Unequal？” *NBER Working Paper*（October，2001）.

③ 数字鸿沟（digital divide）是针对现实的“技术殖民主义”而提出的新概念，表达发达国家通过技术和网络进行的剥削。参见曹荣湘主编：《解读数字鸿沟》，上海三联书店 2003 年版。

④ Cf. D. K. Fieldhouse，*The West and the Third World*（Blackwell Publishing，1999），pp. 127~222.

⑤ 关于发达国家的贸易保护措施，参见赵向阁、赵惠娟：《金融危机下贸易保护主义产生的新背景、新形式及新特点》，《特区经济》，2010 年第 6 期；王中美：《危机干预与新特征保护主义》，《财贸研究》，2010 年第 6 期；盛斌、李德轩：《金融危机后的全球贸易保护主义与 WTO 规则的完善》，《国际经贸探索》，2010 年第 10 期；韩景华、任维：《后危机时代贸易保护主义新趋势及应对策略》，《国际经济合作》，2011 年第 2 期。

⑥ 有学者提出，金融危机爆发以来，发达国家利用资本强势，吸取发展中国家的储蓄，迫使发展中国家承担危机成本。同时，发达国家的竞争优势逐步向政治、文化层面扩展，进一步弱化了发展中国家的综合国力。刘玉芝：《试论金融危机以来发达国家与发展中国家关系的演变》，《当代世界与社会主义》，2012 年第 2 期。

⑦ 参见沈木珠：《WTO 体制下普惠制的变化与未来——以欧盟新普惠制方案为实证的分析》，《国际贸易问题》，2012 年第 4 期。

⑧ Henning Grosse Ruse-Khan，“A Real Partnership for Development？ Sustainable Development as Treaty Objective in European Economic Partnership Agreements and Beyond”，13 *Journal of International Economic Law* 139（2010）；Gillian Moon，“Trade and Equality: A Relationship to Discover”，12 *Journal of International Economic Law* 617（2009）.

⑨ Amartya Sen，*Development as Freedom*（Alfred A. Knopf，1999），chapters 2，4，and 5.

业来看，它会在能力所及的范围之内寻求成本最小化，也就包括劳动力成本最小化。在很多时候，这意味着劳资双方的尖锐对立，即高度的剥削。国家立法干预和劳方集体谈判的博弈使这种剥削会处于劳方能够接受的范围之内。由于经济跨国化发展，一些企业通过外国直接投资（foreign direct investment，FDI）将其总部或生产车间迁移，甚至将大部分经济行为转移到新的地点，如果这个地点的劳工权益的法律管制程度比较低，劳动力成本比较低，劳动力富余程度比较高（这经常是转移的重要理由），就会使原来所在地的工人失业，新所在地的被雇用者被严重剥削，进而导致劳工标准的下降。在国际社会恶性竞争之中，甚至可能出现各地纷纷降低劳工待遇来换取竞争成本下降、向底线看齐（race to the bottom）的现象。特别是劳动密集型产业的迁移，通常伴有大幅度的失业和剥削程度的大幅度提升。这会造成劳工待遇普遍恶化、社会福利整体下降。

3. 发展的环境代价

经济自由主义对财富增长的片面追求，引发了环境问题，这使得经济发展具有不可持续性。按比较优势理论，自然环境与资源的禀赋可以视为一种比较优势。当国家对于资源维持和环境保护没有比较明确的制度时，企业便会为了追求自身的经济利益而自然地寻求大量使用公共资源来进行其经济活动（对于公共产品采取搭便车的方式），从而使其成本由公众承担，收益由自身获得，即成本的外部化（公地悲剧）。全球经济自由化意味着分工链条加长，企业在全球的范围内寻求最佳的落脚点，也就是成本最低、环境最优的区域。因而，在全球经济自由化的场景中，这种情况经常表现为以直接投资或者货物贸易的方式实现污染的跨国转移，将在母国不能生产的高污染产业转移到环境标准较低的东道国去，将在原所在国需要较高成本处置的垃圾以买卖的名义出口到环境管制不力的国家去，既消耗了他国资源也污染了他国环境。例如，据相关资料显示，美国就将 60% 以上的污染企业建立在海外。这种情况实际上就是由发展中国家承受发达国家污染的危害，而由发达国家单方面享受利益。这与工业革命时期发达国家大规模使用资源、破坏环境，而造成的负面效果由全世界共同消化一样有失公平。①

4. 发展充满自然与社会风险

经济自由主义思想在全球延伸不可避免地引致自由市场制度的全球性普及，分工全球化、国家之间的相互依赖程度日益加深。② 资本、技术、人员、信息、商品等在全球范

① 参见三好将夫：《全球经济中的抵制场》，王晓群译，载于王逢振主编：《全球化症候》，天津社会科学院出版社 2001 年版，第 15 页。

② Robert O. Keohane and Joseph S. Nye，*Power and Interdependence*（3rd ed.，Longman，2000），p. 19.

围内流动，这既带来了全球性的福利，也带来了全球性的风险。此种风险由原来前全球化时代的潜在、偶发、局部的影响演变成全球时代的显在、常发、全球的影响。这一点不仅在经济领域尤为突出，在经济领域之外的环境问题、大规模杀伤性武器等问题上体现得也同样明显，2001 年的“9 · 11”事件、2003 年的严重畸形呼吸综合征（又称非典型肺炎，SARS）事件都很好地说明了这一论断。

在经济领域，由于分工越来越细，分工的链条越来越长，链条中任何一个环节出现故障都可能会引发全局的危险。在全球化的过程中，无论是生产链条、销售链条，还是投融资链条，都存在极为复杂的全球分布，一旦某一环节断裂，就可能形成多米诺骨牌效应，产生全球性的灾难影响。所以，经济的风险加大。与此同时，由于全球经济结构复杂，环节众多，导致政府规制无从下手，管理困难，效果不明显。因而经常会有逃避管制的情况产生，逃税和洗钱的问题也不容忽视。更为严重的是，当市场被扭曲，对市场的监控不足，逆向选择与道德风险的累积，则往往会引发经济危机和社会动荡。例如，在自由思想指导下俄罗斯休克疗法引起的动荡，中国在 1988 年价格闯关时引发的恶性通胀及之后的动乱，1997 年的东亚金融危机，非洲等国在西方国家要求政治民主和私有化后导致的腐败及政局动荡，美国因过分依赖市场自律导致对金融创新监管不足而引发的至今仍在全球蔓延的金融危机。这些使得世界进入了“全球风险社会”。① 在此种情况下，绝大多数国家在进行决策时都不能够完全独立的只考虑自身情况，而必须考虑其他相关国家的反应和给世界其他部分带来的影响。由于国家在处理问题时单边措施的效果下降，很多新的风险和问题仅仅依靠国家自身的力量无从解决，而全球共同处理问题的机制又不健全，所以导致遇到危机时效率低下、处置失灵。如果没有全球性的应对机制来处置这种全球风险，国际社会就会处于焦虑的状态之中。

（四）现代经济体制发展道路的困境

现代经济体制的思想基础是一般被称为“新自由主义”的一套理论，是当代西方经济理论中主张自由放任的经济思潮，冷战后甚至成为以美国为首的西方发达国家向发展中国家实施经济侵略的战略工具。世界贸易组织、世界银行和国际货币基金组织等主要国际经济组织在西方国家的思想引导和政策支持之下，也向发展中国家推行新自由主义政策。新自由主义对发展中国家的影响主要体现在“华盛顿共识（Washington

---

① Ulrich Beck, *World Risk Society* (Polity Press, 2000); Antony Giddens, *Runaway World: How Globalization Reshaping Our Lives* (Routledge, 2000).

Consensus)”上。[①]“华盛顿共识”是指20世纪80年代以来位于华盛顿的三大机构——国际货币基金组织、世界银行和美国政府，根据20世纪80年代拉美国家减少政府干预，促进贸易和金融自由化的经验而提出来并形成的一系列政策主张。这种模式自20世纪80年代中期开始，先后在玻利维亚、波兰、保加利亚、墨西哥、巴西、阿根廷等国家推广。“华盛顿共识”要求发展中国家实行一系列的经济政策改革：在国内经济中实行私有化，取消一切价格管制，让市场自由定价，实现经济自由化，并放松金融管制，实现利率市场化，实行紧缩财政政策，减少预算赤字，防止通货膨胀；在对外经济交往中，要求发展中国家实行金融和贸易自由化政策，放松或取消对外汇、外贸的管制，实行投资自由化，给外国投资者以更多的优惠。具体而言，发达国家及其控制的国际组织向发展中国家推行的新自由主义政策，概括起来表现在以下几个方面：

1. 对国有企业实行私有化

私有化在整个20世纪80年代飞速进行，到20世纪90年代初，80多个发展中国家已经对6 800家国有企业实行了私有化。发展中国家通过直接出售、公开上市等方式对国有企业实施了私有化。其中大多数都是从事公共服务（水、电、通信）的国家垄断性企业。私有化削弱了国家作为生产资料直接拥有者和生产过程直接参与者的作用，使得私人经济在经济活动中的作用不断加强。但是私有化的负面作用是十分明显的，私有化不仅造成腐败盛行，削价出售的国有资产的回扣率往往高达10%，而且因为发展中国家的证券交易市场极不健全，所以很多公共事业经过私有化之后，这些企业的股份很容易被国际大财团购进，从而导致国家经济命脉由国内外大资本家所控制，国有资产大量流失，改革的利益最终进入少数金融买办资产阶级和外国投资者之手。在那段时期，很多自然垄断行业如铁路、电力等由于私有化而价格飞涨。在有些情况下，收购企业的行为并不以生产为目标，而是作为一种投机的手段，在投机没有成功的时候企业就倒闭了。在私有化进程中出现的这些负面情况导致发展中国家国民经济衰退，财政枯竭，无力支付公共福利。

2. 实行价格自由化、经济市场化

在私有化政策的影响下，很多传统的政府补贴的部门都被私有化了，如住房、食物、水、电、公共交通等部门，甚至健康医疗和教育等基本福利部门。而这些作为基本保障的部门被私有化之后即进入市场竞争状态，价格完全放开。随之而来的是价格不但没有因竞争而下降，反而因为这些部门的自然垄断性质，使其被私有化之后价格大幅上升，

①［印度］卡瓦基特·辛格：《不纯洁的全球化》，吴敏、刘寅龙译，中央编译出版社2005年版，第132~140页。

从而导致人民的生活水平急剧下降，基本生活得不到保障又引发社会动乱。

3. 紧缩的财政政策和高利率、固定汇率的金融政策

新自由主义者为了保证外资投资不至于损失，严格要求发展中国家保持币值的稳定，因此往往要求发展中国家储备大量外汇，这些大量外汇大多存于美国的银行或投资美国国债，利率很低。相对的能为发展中国家带来长期收益的国内教育和基础设施建设、产业投资却得不到资金。这样国家在公共建设和教育等方面的长线投资就很难实施，这对于发展中国家的长期发展非常不利。在金融动荡时期，国际货币基金组织往往要求发展中国家仍然保持币值稳定，于是不得不保持高利率和汇率稳定，这样往往耗尽该国的外汇储备，并且欠下大量外债。这些外债最后还是得由这些穷国的国民支付，而发达国家的投资和银行却随时抽逃，这种安排实际上是为发达国家的资本利益服务的。此外，为了克服金融动荡，国际货币基金组织还要求发展中国家保持零赤字，这就必须削减公共投资和公共福利，从而减少了内需，造成市场疲软，工厂倒闭，进一步恶化了金融环境。①

4. 贸易自由化

发达国家要求发展中国家实现贸易自由化，全面、全方位开放市场。而发达国家自己往往却并不“以身作则”，对自己的弱势产业和部门如农业、钢铁等实行保护。以农业为例，发达国家对农民的补贴每年超过 3 000 亿美元，其中美国和欧盟提供的补贴最多。欧盟坚持对其甜菜糖生产给予补贴，导致非洲的产糖国陷入困境。对甜菜糖生产给予补贴是欧盟耗资甚巨的农业福利计划的一部分，该计划消耗了它的一半预算。而当发达国家的大资本全面进入发展中国家后，由于迅速采用高新技术，往往短时间内冲垮发展中国家的民族产业，而传统工厂的工人并没有能够从低生产率的工作转移到高生产率的工作，而是陷入长时间的失业状态。因此，自由贸易不但没有消除贫困，增加就业，反而加剧了贫困和失业率。

5. 放松对外资的限制，实现资本市场自由化

国际经济机构要求发展中国家开放资本账户，让资本自由进出，从而使外资的投资领域进一步扩大。但由于这些国家缺乏完善的监管机制，政府无法对于金融机构和金融部门进行有效的监管和调控，所以巨额游资冲击国家的金融市场以及国际资本的无序流动，导致这些发展中国家面临着非常大的金融风险。在出现问题的时候，国家的外汇储备往往很快被劫掠一空，不仅对国家的经济发展构成严重的打击，而且造成

① 李其庆：《全球化背景下的新自由主义》，《马克思主义与现实》，2003 年第 5 期。

持续的金融动荡。20 世纪 90 年代的墨西哥金融危机、巴西的货币危机、东南亚金融危机等都与此有关。

三、自由国际经济体制的思想根源

去全球化潮流不仅给国际经济交往带来负面影响，而且使人们对推进世界经济一体化的理论产生质疑，由此，自由主义再度陷入到困境之中。这是由于作为当代自由主义在经济领域的具体体现，全球经济自由化是当今最受关注的现代问题。所以，如果对去全球化没有很好的控制和把握，就很有可能导致对自由主义体系的全盘困惑。因而，有必要重新明确认识和谨慎审视自由主义的问题。同样，作为全球化主导意识形态的新自由主义也受到了严峻的挑战和严肃的拷问。与此同时，作为现代国际经济法律体制理论基础和服务目标的自由主义[①]的理念也受到了明显的冲击。[②]有人认为,新自由主义是“失灵的药方”并不能应对目前不断发展变化的国际经济新局势，唯有保护主义、国家干预思想才是正确的选择。历史曾证明全球化并非是一个不可逆转的过程，而这过程的后果往往是灾难性的。[③]当代中国的主流话语对自由主义，特别是新自由主义持否定的态度。自由主义作为现代性主要思想的基础会有怎样的命运？本书将对推动经济跨国开放发展的自由主义思想进行冷静的剖析和深入的研究。

（一）自由主义是经济全球化的思想动力

全球经济自由化的理论就国际经济交往而言，从最初亚当·斯密的绝对优势国际贸易理论、大卫·李嘉图的相对优势国际贸易理论[④]，到赫克歇尔 – 俄林（Heckscher-Ohiln）的要素禀赋论（factor endowment theory，又称要素比例学说，factor proportions theory），突破了单纯从技术差异的角度解释国际贸易的原因、结构和结果的局限，而主要是通过对

---

① 自由主义是一个十分复杂的思想体系，人们经常在不同的意义上使用这一概念，其中有很多相矛盾、相冲突的方面。在这里，自由主义指的是其较为古典的内涵，也就是亚当·斯密、大卫·李嘉图直至哈耶克一脉所坚持的个人决定自主化、市场自由化、秩序形成自发化、国家干预最小化的观念。这种观念有时被称为新自由主义，实际上是古典自由主义的复归。

②［德］乌尔里希·贝克:《什么是全球化？全球主义的曲解——应对全球化》，常和芳译，华东师范大学出版社 2008 年版，第 24 页。Joseph E. Stiglitz，“The End of Neo-liberalism？” *Project Syndicate*，July 2008，http://www.project-syndicate.org/commentary/stiglitz101。

③ Raghuram Rajan and Luigi Zingales，“The Great Reversal: The Political of Financial Development in the 20th Century”，69 *Journal of Financial Economics* 5（2003）.

④ 参见［美］保罗·萨缪尔森、威廉·诺德豪斯:《经济学》（第 19 版），萧琛主译，商务印书馆 2013 年版，第 313~317 页。

相互依存的价格体系的分析，从比较接近现实的要素禀赋的丰缺来说明国际贸易的原因、结构和结果，并解释国际贸易的产生和进出口类型。此种理论认为，在国际贸易中，一国的比较优势产品是其应出口的产品，决定于其要素的丰裕度。一国应当主要生产和出口能够密集使用该国相对丰裕的生产要素的产品，进口那些能够密集使用其相对稀缺而昂贵的生产要素的产品。[①] 作为现代国际经济学的基本理论之一，[②] 大卫·李嘉图的比较优势理论是“看起来与常识不符但实际上真实的学说”。自由主义在深层次上推进了经济分工与合作在地域上的拓展与延伸，在客观上推动了全球化的发展。有人认为，全球化是由自由主义者鼓吹的，[③] 是由美国等西方发达国家策划和煽动的，实际上这种说法并不客观。一方面，自由的思想古今中外都存在，只是有些并不用主义的方式来界定。“自由”的概念，中国古已有之。一开始可能没有出现“自由”这个词语，但如《庄子》的“逍遥”、《老子》的“无忧”、《孟子》的“乐”“浩然之气”……都具有“自由”的概念。到了汉魏六朝，中经隋唐五代宋元，直至明清，“自由”一词和它的概念已普遍被使用。不论六经的疏注，史乘的编年纪传，也不论汉赋唐诗，宋词元曲，还是明清小说笔记，都不乏关于自由的宏论和对不自由的叹息。例如，中国古代王阳明的心学体现了尊重个人选择的倾向；[④] 冯梦龙在“二拍”中的评论显示了对排除政府干预、追求自由市场的向往。[⑤] 现在的自由主义只是对人思想中较为普遍地存在的自由意识的体系化、概念化、理论化。而今，自由市场、政治民主、法治政府的思路受到了全世界的广泛承认、尊重和认可。另一方面，拓展视野的思想也可以追溯到远古，跨地域的交往同样古已有之，只不过采取的形式不同而已，如丝绸之路就是在古代跨地域的贸易交往中发展起来的。全球化是这种拓展视野的一个环节，如果人类有足够的时间和资源，将来有可能将“全球化”发展为“星系化”。

更不用说，自由主义与全球化二者相辅相成、相互促进、相互影响，共同反映了人类行为方式的一些深层次的共同点，所以它能够在 20 世纪 70 年代以后进行全球扩

---

① 参见［美］保罗·克鲁格曼、毛瑞斯·奥伯斯法尔德：《国际经济学：理论与政策（第 6 版）》，海闻、潘圆圆、张卫华、于扬杰等译，中国人民大学出版社 2006 年版，第 69~77 页。

② Paul Krugman and Maurice Obstfeld, *International Economics: Theory and Policy* (8th ed., Addison-Wesley, 2007), pp.1~3, 27~31.

③ “经济全球化并不是必然发生的一系列过程，而是有国家干预市民社会持怀疑态度的新自由主义理论家和政治家主动推进的。”［英］基思·福克斯：《政治社会学》，陈崎、耿喜梅、肖咏梅译，华夏出版社 2008 年版，第 56 页。

④ 王阳明的心学主张真理不假外求，而是要去掉人心中的遮蔽，保存本来的心，真理都只在本心中；提倡独立自主的思想意识，不盲从权威，人人都可以为圣人，讲究个人的对内自省和对外实践的统一，致良知。这一观念具有思想解放的意义。参见陈来：《王阳明哲学的精神》，北京大学出版社 2006 年版；杨国荣：《心学之思——王阳明哲学的阐释》，生活·读书·新知三联书店 1997 年版。

⑤ 有关评论，参见何志鹏：《国际经济法体系化的重要努力》（译本序），载［德］E.-U. 彼德斯曼：《国际经济法的宪法功能与宪法问题》，何志鹏等译，高等教育出版社 2004 年版，第 9~10 页。

散。[①] 具体而言，二者的连接点在于：人生而向往自由，几乎没有人愿意受到条条戒律的束缚，人盼望理解自己，理解世界，人盼望更多幸福的可能，所以愿意向更远的地域探索。在这个意义上说，自由主义的理论对人类的外向发展意识起到了推动作用。新自由主义[②]之所以能够成为全球化的主导“意识形态”，其理由包括以下几个方面：首先，全球化是自由市场的需求。全球化可以理解为经济、信息、生态、技术、跨文化冲突和公民社会各领域的日常行为的去除疆界性，没有全球化，自由市场的自由就必然是受到疆域限制的，因此，自由市场呼唤全球化。其次，全球化与自由主义的价值追求相统一。全球化符合自由主义关于人类共同理性、共同发展和普世真理的思维与预期。再次，自由市场追求利益最大化的目标、不断扩大的生产和商业活动，促使国家政府接受全球化。国家利益往往被实力强大的利益集团所界定、掌控、左右，[③] 所以为了扩大生产、获得利益最大化，这个利益集团会推动国家接受全球化。最后，全球化的经济为自由主义观念的进一步深入开展创造了条件。全球化的经济作为一种国际分工的经济样态，构成了一种经济基础，这个基础会影响上层建筑，进而在国际社会体现出对于民主政治、多元文化、法治政府、尊重和保护人权这些理念的赞同，也就是对全球化思想的赞同。所以，自由主义助推了全球化的发展，全球化反过来又促进了自由主义的全球散布，二者互为作用，共同成为世界的主流现象。当然，自由主义者被西方发达国家及代表其观念的国际组织鼓励、宣传全球化的情况确实存在，也可能加速全球化的传播，但是，必须说明的是，即使没有宣传，自由主义的观念符合历史发展方向也自有其前景。

（二）自由主义的发展流变

自由主义作为一种政治、经济、文化与社会生活观念，作为近代西方占据主导地位的思想，它既是一种学说，也是一种意识形态（虽然很多人反对这一观点），还是一种社会运动。[④] 只有对这一思想的发展脉络有明确的把握，才能认清其未来走向，理清其发展趋势。

---

① 参见秦治来：《国际政治学简明教程》，浙江人民出版社 2006 年版，第 138~150 页。

② 根据我国一些学者的研究，新自由主义主张自由化、私有化、市场化和全球“一体化”，其本质是适应国家垄断资本向国际垄断资本转变要求的理论思潮、思想体系和政策主张。作为资产阶级经济理论的新自由主义不同于将其范式化、政治化和国家意识形态化的“华盛顿共识”，应批判性地吸收、借鉴。中国社会科学院课题组：《新自由主义研究》，《经济学家》，2004 年第 2 期。

③ 国家利益的界定是一个复杂的问题，国际关系中的现实主义学派和自由主义学派有着不同的认识，前者注重权力和安全，后者注重相互依赖；而建构主义学派则从社会学的理论出发，认为国家利益的观念是国家所生存的社会建构起来的。参见[美]玛莎·费丽莫：《国际社会中的国家利益》，袁正清译，浙江人民出版社 2001 年版，第 1~40 页；阎学通：《国际政治与中国》，北京大学出版社 2005 年版，第 11~44 页。

④ 李强：《自由主义》，中国社会科学出版社 1998 年版，第 8 页。

关于自由的思想古今皆有。自由作为一种状态，意指“一些人对另一些人所施以的强制,在社会中被减至最小可能之限度”①。它并不是在哲学上与必然相对称的范畴。②人类自由的主张首先是对思想自由的追求，即摆脱权威的思想专制和禁锢，体现出理性的解放、宗教的宽容。这一潮流，西方始自古希腊罗马，中间或有被压抑的时期，但从未中断。③西方文艺复兴时代自由的观念开始发轫，④但自由主义的思想起于17世纪，自由主义的概念则起于19世纪之初。⑤对统治阶级的反抗，对天赋人权的主张，对经济自由的渴望，与工业革命和社会革命的潮流相激荡，形成18世纪的自由主义图景。⑥自由主义最初表现为政治生活中的自然权利理论。由于个人主义的兴起，自由主义者在洛克、托克维尔、约翰·密尔的主张下认同并主张人的自然权利。⑦继而，这一思想在经济领域发展壮大。亚当·斯密论证了自由市场的重要性，认为在这里，看不见的手可以主导一切，形成人们利益最大化的结果，并进而反对保护主义、推动国际自由贸易，这一学说引申为柯布登学派。在经历了一系列的怀疑与反思之后，到20世纪中期以后，古典自由主义再度复兴，促使古典自由主义复兴的两个代表性人物是哈耶克和罗尔斯。哈耶克较为全面地阐释了自由主义的哲学基础，对宪政、法治、民主、自由市场都具有重要的指导意义；⑧罗尔斯则从自然状态和无知之幕的角度论证正义，从方法论上回归了古典自由主义。计量经济学和制度经济学的出现与发展为自由主义提供了新的论证手段。因而，自由主义是一个不断发展进化、细致化、体系化和科学化的思想体系。在历时300多年的进程中，它从模糊走向清晰，从质的论断到量的分析，从发自于直觉的思想演化成较为完整的逻辑论证体系。

（三）自由主义的核心理念

虽然自由主义有其宽阔的谱系，但从根本上说，既然他们都标有“自由主义”这样

---

①[英]弗里德里希·冯·哈耶克:《自由秩序原理》，邓正来译，生活·读书·新知三联书店1997年版，第3页。

②关于哲学上自由的阐释，参见[德]F.W.J.谢林:《对人类自由的本质及其相关对象的哲学研究》，邓安庆译，商务印书馆2008年版;[俄]别尔嘉耶夫:《自由的哲学》，董友译，学林出版社1999年版。

③参见[英]J.B.伯里:《思想自由史》，宋桂煌译，吉林人民出版社1999年版。

④伦巴第和托斯卡纳等意大利城市与教权的对抗，巴托鲁斯以现实生活解释罗马法的方式，修辞学体现的自由意识和经院哲学摆脱枷锁的努力等。[英]昆廷·斯金纳:《近代政治思想的基础》，奚瑞森、亚方译，商务印书馆2002年版，第27~114页。

⑤李强:《自由主义》，中国社会科学出版社1998年版，第31~45页。

⑥[意]圭多·德·拉吉罗:《欧洲自由主义史》，杨军译，吉林人民出版社2001年版，第1~72页。

⑦“人类之所以有利有权可以个别地或者集体地对其中任何分子的行动自由进行干涉,唯一的目的只是自我防卫。”[英]约翰·密尔:《论自由》，许宝骙译，商务印书馆1959年版，第10页。

⑧国内学者对于哈耶克自由主义的研讨，参见周德伟:《周德伟论哈耶克》，北京大学出版社2005年版;何信全:《哈耶克自由理论研究》，北京大学出版社2004年版;高全喜:《法律秩序与自由正义》，北京大学出版社2006年版。

一个共同的名字，必有一些共同的核心理念。这些核心理念表现为以下四个方面：

1. 个人本位

总体看来，虽然自由主义的表象多种多样，但是其起点是同一种世界观，即作为一种普遍的假设，自由主义者构想了一种先于社会的人、先于道德的人、作为自由选择主体的人。在此基础上形成一套哲学观念，即认为每个人都追求自己的善，在道德上是多元的、有着自由选择的机会与可能。自由主义可以被认为是一种现代性的表征，与个人主义、平等主义（基于资格和参与的平等）、理性主义、人道主义、怀疑主义、普遍主义、社会向善主义等观念有着密切的关系。自由主义的基石是对个人的尊重和对私有财产、个人安全的保护，各种自由主义主张的共同特征是对个人自我发展的重视和肯定。自由取决于不同选择的理性评价，理性则必须容纳激励选择的各种理由。① 自由主义的核心观念是：个人是自己利益最出色、最准确的判断者，他们有信心用最大的努力和创造性去追求自己的利益。②

2. 自由至上

自由主义认为，人的理性不足，人认识不了一切，不能洞察世界，不能理清世界万物，不能洞悉社会规律，不能预知未来命运，反对国家介入个人的生活，设定个人的目标。自由主义崇尚不受政府制约的个人自由和民主，认为在这种境况下可以形成自发的秩序、平衡的秩序，所以对政府始终持警惕的态度。古典自由主义主张最低限度的政府管理（当然不是无政府），以保护生命安全、确立财产权、监督合同的执行，从而使个人在市场上自由支配自己的利益成为可能，但主要调节功能由市场来完成。正如哈耶克主张的，人的理性是有限的（或称理性不及），这表明如果试图根据自身的能力为达到某种理性的目标而构建社会制度，基本是不可行的。正是在这个意义上，自由主义者表现出以下三个倾向：

第一，反对极权主义。自由主义者反对政府对社会的全面改造和全面控制。极权主义被界定为全面恐吓与对外征服为目的，以意识形态与恐怖为特征。波普尔的《开放社会及其敌人》通过对柏拉图、黑格尔等思想家的批判反对极权主义；汉娜·阿伦特的《极权主义的起源》（1951）对极权主义的解读和批判为自由主义者认识极权主义提供了思想武器。③

①［印］阿马蒂亚·森：《理性与自由》，李风华译，中国人民大学出版社 2006 年版，第 5 页。
② 顾肃：《自由主义基本理念》（第 2 版），中央编译出版社 2005 年版，第 8~11 页。
③［美］汉娜·阿伦特：《极权主义的起源》，林骧华译，生活·读书·新知三联书店 2008 年版。

第二，倡导意识形态的终结。丹尼尔·贝尔（Daniel Bell）①、汉娜·阿伦特（Hannah Arendt）②、雷蒙·阿隆③、爱德华·席尔斯（Edward Schils）④等认为，自由主义是非意识形态化的，所以他们对其他的意识形态采取一种反对的态度，认为这会误导民众。

第三，批判乌托邦主义。认为政治上的救世主义不可取，人类梦想中的先定、自然、完美和谐的社会秩序不能通过设计而实现，反对国家全面宏观地设计社会结构和导向。

3. 道德多元

自由主义是多元道德观念的拥护者。自由主义者认为，每个人都没有资格界定他人心目中的幸福，因而，每个人都不能决定他人的生活道路。所以，它尊重多样的选择，认可不同的生活模式，并从道德多元演化为倡导文化多样性。从这个意义上讲，自由主义与帝国主义是矛盾的。⑤

4. 普遍主义

自由主义认可普遍的公正与统一的秩序。自由主义者认为其观点存在着时间上的普遍性和对象上的普适性。也就是说，他们认为自由主义具有跨越历史、跨越阶级与文化传统的正当性。⑥自由主义是一种认为可以普遍适用的观点，这一点看起来与多元道德相矛盾，但实际上其逻辑分析是贯通的。自由主义的普遍性是道德多元原则的普遍性，即认为世界上所有的时代、所有的地域、所有的人群都应当承认每个人有界定自己的幸福和追求自身认定的幸福的自由，而不应予以任意干涉。也就是世界应当是一个宽容的世界，

① 贝尔的著作《后工业社会的来临》（1973）（*The Coming of Post-Industrial Society*）针对 20 世纪 60 年代之后工业社会的变化，提出，现代工业社会正在进入一个新的发展阶段，即后工业阶段。其特征包括由产品生产转变为服务生产；职业改换为由专业、技术人员主导；理论知识占居核心地位；技术评估及智能技术在未来具有重要性；管理经历由人与自然转变为人与人的革命；产生新的匮乏，内容为信息、时间、资源；面临信息经济的挑战，信息属于公共物品，若信息被私有化，则占有者具无上权力，相反，未能占有者便会被推向边缘，即人们认识到的数字鸿沟。

② 汉娜·阿伦特（1906—1975），是原籍德国的犹太人，美国政治理论家，在学术界具有广泛而深远的影响。

③ 雷蒙·阿隆是法国哲学家、社会学家、报刊专栏作家。第二次世界大战期间曾任《自由法国》杂志主编。1955—1968 年任法国巴黎大学文理学院社会学教授，1970—1978 年任法兰西学院社会学教授。阿隆被认为是专家治国论思想体系的理论家之一。他用工业社会、工业社会诸类型、增长模式和增长阶段 4 个概念说明现代社会发展的几个连续阶段，认为现代社会必将超越不同社会制度的意识形态对立，走上以生产力（技术工艺和劳动组织）为中心的趋同道路。他主张用经济增长而不是用社会关系的性质作为描述当代社会特征的核心概念，并认为当代欧美社会是一种单一的工业文明的现实，苏联的社会主义和西方的资本主义只是同一社会发展类型即工业社会的两种形式。有关观点，参见［法］雷蒙·阿隆：《论自由》，姜志辉译，上海译文出版社 2014 年版；［法］雷蒙·阿隆：《和平与战争：国际关系理论》，朱孔彦译，中央编译出版社 2013 年版；［法］雷蒙·阿隆：《社会学主要思潮》，葛智强、胡秉诚、王沪宁译，上海译文出版社 2013 年版。

④ 爱德华·席尔斯是德国的著名社会学家。有关著述，可参见［德］爱德华·席尔斯：《市民社会的美德》，李强译，载《国家与市民社会：一种社会理论的研究路径》，中央编译出版社 1999 年版，第 32~50 页。

⑤［英］霍布豪斯：《自由主义》，朱曾汶译，商务印书馆 1996 年版，第 121 页。

⑥ 例如，哈耶克认为，一个良好的社会必须是一个实现自由主义制度、市场经济与法律之治的社会；Hayek，*Constitution of Liberty*（University of Chicago Press，1960）；沙皮罗认为，自由主义者坚信自由对于实现任何一个值得追求的目标都是不可或缺的。J. Salwyn Schapiro，*Liberalism: Its Meaning and History*（D. Van Nostrand Co.，1958）。

这种宽容是普适的，惟对于不宽容者不能宽容。[①]

（四）自由主义的广泛谱系

自由主义思想植根于自由理性主义、个人主义、社会契约论、功利主义和道德多元主义之上，[②]其外延关联着公民自由、财政自由、人身自由、社会自由、经济自由、家庭自由、地方自由、种族自由、民族自由、国际自由、政治自由与人民主权等一系列的表象，因此自由主义在不同领域的表现各不相同。[③]不仅如此，自由主义内部也存在着歧见。作为关于个人与社会、国家关系的理论，自由主义是一个比较复杂的体系。[④]从理论的体系上看，无论是从纵向对自由主义传统进行比较，还是从横向对自由主义的外延进行分析，都会发现存在着很多含混不明、模糊不清、甚至矛盾冲突之处，自由主义者之间经常会互相争论甚至互相攻击。[⑤]例如，以边沁、密尔为代表的功利主义者认为个人福利是一个可度量、计算、比较的，而罗尔斯则认为个人的自由底线不能让渡；罗尔斯在正义论中确立了自由原则和差别原则，试图为一种机会公平的制度而申辩，极端自由主义（libertarianism）者诺奇克则对此深表不满，认为这反映了国家干预的迹象，好的体制应当是最小国家的；[⑥]与此相反，德沃金则认为这种正义的理念对于平等的强调不足。学者们对于自由的理解，也是多样的。[⑦]有的学者在经济发展上主张自由放任主义（laissez faire），[⑧]有的学者则认为国家和政府仍然很必要，有的学者主张给予政治民主的城邦自由，有的学者拥护纯粹的个人自由，有的学者则提出了“内在自由”的观念，即在不能控制外部环境、不能获得外在自由的时候，求诸自身，在心理上“解脱”，这种自由观受到了伯林等自由主义者的反对。为了叙述简单，本书将自由主义的理论框架、基本主张简单梳理如下：

1. 自由主义的不同层次

根据李强的分析，自由主义有四个方面的内涵：第一，政治自由主义，意味着反对极权主义，反对君主专制，重视个人权利，争取宪政政府，是自由主义的最早形态，代表人物为

---

①［加拿大］威尔·金里卡：《自由主义、社群与文化》，应奇、葛水林译，上海译文出版社 2006 年版，第 12~16 页。

② 顾肃：《自由主义基本理念》（第 2 版），中央编译出版社 2005 年版，第 6~22 页。

③［英］霍布豪斯：《自由主义》，朱曾汶译，商务印书馆 1996 年版，第 8~23 页。

④ 对于自由主义理论谱系的分析，参见何志鹏、王倩：《去全球化浪潮下自由主义之再省思》，《江海学刊》，2009 年第 5 期。

⑤［美］伊曼努尔·华勒斯坦等：《自由主义的终结》，郝名玮、张凡译，社会科学文献出版社 2002 年版，第 136~139 页。

⑥ 诺奇克对罗尔斯的批判，参见［美］罗伯特·诺奇克：《无政府、国家和乌托邦》，姚大志译，中国社会科学出版社 2008 年版，第 218~278 页。

⑦［意］布鲁诺·莱奥尼等：《自由与法律》，秋风译，吉林人民出版社 2004 年版，第 31 页。

⑧［美］道格拉斯·格林沃尔德主编：《经济学百科全书》，李涛等译，中国社会科学出版社 1992 年版，第 171~172 页。

洛克、贡斯当、密尔；第二，经济自由主义，强调财产权利、个人以自己的方式满足自己的愿望、支配自己的财产与劳动，代表人物为亚当·斯密和孔迪亚克；[①]第三，社会自由主义，在社会生活中以社会契约为基础，尊重自由选择和人在竞争中的起点平等，代表人物为密尔、格林和罗尔斯；第四，哲学自由主义，强调个人的价值和权利，强调个人由于其先天禀赋或者潜能具有某些超越万物的价值，个人应当得到尊重，应当维护个人的基本权利。[②]

2. 新自由主义的主要观点

自由主义产生于17世纪的英国，经过200多年的发展，现在具有宽广的谱系和多种内涵。其中，经济领域的自由主义是其主要样态。20世纪20—30年代，西方经济理论之中出现了强调自由放任的学派，被称为“新自由主义”。20世纪70年代以来，新自由主义在美国芝加哥大学等一些高等院校掀起了一股学术热潮，此后一直在西方经济学中占居主导地位。20世纪80年代，新自由主义成为英国撒切尔政府和美国里根政府的经济政策。[③]20世纪90年代以来，在一些国际机构的推动下，新自由主义成为风靡全球的经济、政治和社会思潮。在经济全球化条件下，新自由主义取代凯恩斯主义，成为当代资本主义的主流意识形态。[④]新自由主义这一学术体系同样具有多元性，比如狭义的新自由主义主要是指以奥地利经济学家哈耶克和米塞斯为代表的新奥地利学派和伦敦学派，而广义的新自由主义还包括以波斯纳（Richard Posner）、斯蒂格勒（George Stigler）、科斯（Ronald Coase）等为代表的、信奉自由竞争和社会达尔文主义的芝加哥学派（Chicago School of Economics），以弗里德曼（Milton Friedman）为代表的货币学派（Motetarism），以穆斯、卢卡斯（Robery E. Lucas，Jr.）、萨金特（Thomas J. Sargent）、华莱士（Wallace）、巴罗（Robert J. Barro）为代表的理性预期学派（Rational Expectation School），以费尔德斯坦、拉弗、吉尔德、万尼斯基为代表的供给面学派（Supply-side Economics），以布坎南（James M. Buchanan）和塔洛克（Gordon Tullock）为代表的公共选择学派（Public-choice School），以希克斯和萨缪尔森（Paul Samuleson）为代表的新古典综合学派（Neoclassical Synthesis School），以艾哈德为代表的弗莱堡学派（Freiburg School）等不同的学说与流派。虽然学说流派众多，纷繁复杂，但是新自由主义思潮有其共同观点：[⑤]

---

① M. L'Abbe De Condillac，*Le Commerce Et Le Gouvernement*，*Consideres Relativement L'Un a L'Autre. Ouvrage Elementaire*（Chez Jombert & Cellot，1776）.

② 李强：《自由主义》，中国社会科学出版社1998年版，第16~18页。

③ 参见傅殷才：《评撒切尔主义的“自由经营”理论和政策》，《经济评论》，1991年第6期。

④ 参见傅殷才：《对凯恩斯主义的几点看法》，《江汉论坛》，1996年第5期。

⑤ 参见柯卉兵：《新自由主义社会福利理念及政策实践评析》，《南都学坛》，2006年第3期。

第一，倡导经济自由主义。新自由主义者支持个人财产权利和契约自由的观念，主张个人能够通过自身的努力去决定和实现自身的幸福。自由主义者坚信，无论是经济活动还是政治活动，都应当以自由选择为基本原则。因而，经济活动和政治活动效率高低的最高判断准则是此种自由选择程度的高低。个体选择的经济自由包括自由经营、自由交易、自由定价、生产要素的自由流动、对外贸易自由化和对外投资自由化，因而他们也就反对产业保护的政策，而认为应当采取积极的外向型出口导向战略。

第二，坚持市场的效果和效力。作为一种经济理论和政策体系，新自由主义提倡市场机制，期待和相信市场机制能够发挥调节资源的作用。新自由主义者相信，生产者与消费者所拥有的经济自由是其他自由的基础，以市场调节为基础的自由放任经济政策是实现经济繁荣的必由之路。主张竞争性的私人经济具有自我调节的功能，具有内在的稳定性。新自由主义以萨伊定律（Say's Law）[①] 为理论基础，认为通过市场供求作用的自动调节，一个市场体系能够达到充分就业、资源有效利用的目标，否认存在大规模的生产过剩危机和“非自愿失业”的现象。因此，新自由主义主张应当让市场机制主宰人类社会的经济活动甚至政治活动。

第三，反对国家政府对经济生活的干预。[②] 新自由主义学者主张采用规则的经济政策，反对政府人为干涉经济事务、采用主观臆定的经济政策；主张缩小政府经济活动的范围，认为政府的经济职能主要是提供公共物品；削减政府的社会福利开支和预算规模，减少政府债务和财政赤字；取消或放松政府对经济活动的管制，把企业从政府的束缚下解放出来，使之成为自由的经济主体。他们反对马克思主义和凯恩斯主义所采取的国家干预政策，认为国家的作用仅仅限于守夜人，政府的作用仅仅限于为市场机制的正常运行提供良好的环境。

第四，主张私有化。主张把国有企业（包括银行、公用事业）出售给私人投资者，把资源尽可能多地从公共部门（政府）转移到私营部门（民间），其理由是，私营部门使用资源的效率要高于公共部门。

第五，强调“制度至上论”。新自由主义的一个基本信念是，制度（或规则）是决定效率和经济增长的关键变量，一种好的制度可以增进秩序，增加活动结果的可预见性，

---

① 萨依定律，得名于法国经济学家让·巴蒂斯特·萨依（Jean-Baptisete Say），也叫萨依市场定律（Say's law of market），由英国经济学家詹姆斯·穆勒（James Mill）明确表述，从 19 世纪开始流行，认为“供给创造其自身的需求”，一般不会发生生产过剩的危机和就业不足。

② 曾艳玲主编：《英汉西方经济学词典》，机械工业出版社 2003 年版，第 555~556 页。

减少交易费用和机会主义行为。而他们所说的制度是由一系列自发形成的规则（如习惯、惯例、习俗）和法律界定的规则构成的规则体系。政府可以颁布规则和实施规则，但不能命令人们做什么；政府提供服务时只能动用供它支配的资源，但不能对公民施以强制，政府不能用公民的人身和财产达到自己的目的。①

从经济理论发展的维度看，从亚当·斯密到哈耶克，自由主义者论证的是自由市场可以做到效益的最大化，可以真正实现发展；而阿马迪亚·森则论证了，发展的目标是个人的自由。本杰明·M. 弗里德曼也指出，经济增长是形成政治与社会自由化的关键，一旦收入增长长期停滞，民主价值也会处于危险之中。② 这种不同角度的论证形成了一个自由主义的自洽：自由才能发展，发展是为了自由。

自由主义的人性观念体现在不同的领域之中，比如政治上的民主、经济上的自由市场、法律上的私法自治和契约自由、文化上的多元主义，等等。在经济上体现为尊重市场的力量、限制政府的规制；在政治上表现为强调尊重人权、以民主的方式解决问题；③ 在国际关系上则意味着，国家之间由于市场而形成的相互依赖使得国家之间不完全是一种追逐权力的斗争关系，而有可能进行合作。④

（五）对自由主义理论框架的综合认识

由于国际经济自由化思想植根于自由主义，而自由主义存在着多方面的理论局限，这些局限也一样反映在全球自由化的思想之中。自由国际经济体制的成就可以看作是自由主义的成就，自由国际经济体制的问题也就是自由主义思想的局限。当我们认识到自由主义理论框架的成就与局限的时候，就更能够妥善地认识和发展自由国际经济体制。

1. 对自由主义理论的批判观点

对自由主义的批判主要来自三个方面：保守主义（如梅斯特尔、施米特、列奥·施特劳斯）、马克思主义、社群主义（如麦金太尔、桑德尔、泰勒、沃尔泽）。由于标签式的说法可能并不总是准确的，⑤ 所以这里主要从观点的角度列举对自由主义的批判。

---

① 详见方福前：《新自由主义及其影响》，《中国思想政治工作年鉴》，2003 年，第 461~462 页。

②［美］本杰明·M. 弗里德曼：《经济增长的道德意义》，李天有译，中国人民大学出版社 2008 年版。

③［美］道格拉斯·格林沃尔德主编：《经济学百科全书》，李涛等译，中国社会科学出版社 1992 年版，第 169~170 页。

④ 参见秦亚青主编：《理性与国际合作：自由主义国际关系理论研究》，世界知识出版社 2008 年版，前言第 4~26 页，正文第 2~33 页。

⑤ 桑德尔认为，他本身并不完全属于人们所称的“社群主义者”，见《自由主义与正义的局限》，前言第 2 页；被贴着社群主义标签的人很多并不认为自己是社群主义者，［美］丹尼尔·贝尔：《社群主义及其批评者》，宋坤译，生活·读书·新知三联书店 2002 年版，第 6 页。

（1）自由主义忽视了自由的历史特殊性。有学者指出，自由主义的主要弱点是“其高度抽象的系统理论使其看不到历史方面和结构方面的制约，而这些制约使得新自由主义理论非常不适合实际实施”①。由于在现实生活中权利不能用一种不以任何特殊观念为前提条件的方式得以证明（权利不具普适性），社会基本结构的正义原则塑造着该社会公民所信奉的道德确信和宗教，所以个人的自由与权利总是依赖于在既定时间和既定共同体中体现着占据支配地位的那些价值。就此，批评者认为，根本不存在自由主义者所主张的先于普遍福利的个体权利，权利及其证明必须依赖于目的的道德性和重要性。②

（2）自由主义重视个人的自由与价值，而对共同体的价值或大多数的意志重视不足；相信普遍人权，却没有充分地考虑不同的文化传统。③ 这种情况导致了个人原子主义，并进而导致了盲目乐观的人类活动对自然环境的侵蚀、对资源的大规模使用，例如日益蔓延的荒漠化、动植物物种的灭绝、土地的侵蚀、海洋与河道的污染问题等这些都限制了人类的发展，导致了人类生存与发展的不可持续性。④

（3）自由主义对政府的预期容易造成社会混乱。自由主义者大多支持政府保护公民自由、政治自由、经济自由，而这一态势会损害社群精神、友谊、传统；同时，自由主义坚持国家的中立性，限制了政府行动的合法范围，使得符合正义的规范难以顺利地通过和实施。⑤

（4）自由主义注意起点的平等、参与竞争资格的平等，却没有对结果的公平予以充分的重视。自由主义没有留意参与者本身存在的禀赋差距，或者故意忽略这一点。⑥ “不平等既是不可避免的，也是值得期望的。通过国家干涉弥补不平等的企图将不可避免地导致对人类自由的侵蚀，阻止个人就如何支配他们的收入做出选择。”⑦ 萨米尔·阿明则把自由主义比喻成一种病毒，这种病毒导致了经济生活与政治生活的分裂，它导致世界落入了两极分化、永久纷争的深渊，以及美国化的方向。⑧ 布迪厄则把全球化中的新自由主

①［英］基思·福克斯:《政治社会学》，陈崎、耿喜梅、肖咏梅译，华夏出版社 2008 年版，第 60 页。
②［美］迈克尔·桑德尔:《自由主义与正义的局限》，万俊人等译，译林出版社 2001 年版。
③［美］迈克尔·沃尔泽:《正义诸领域：为多元主义与平等一辩》，褚松燕译，译林出版社 2002 年版，第 14 页。
④［美］理查德·布隆克:《质疑自由市场经济》，林季红译，江苏人民出版社 2001 年版，第 113~114、157~190 页。
⑤［美］丹尼尔·贝尔:《社群主义及其批评者》，宋坤译，生活·读书·新知三联书店 2002 年版，第 10 页。
⑥［美］罗纳德·德沃金:《原则问题》，张国清译，江苏人民出版社 2005 年版，第 255 页。
⑦［英］基思·福克斯:《政治社会学》，陈崎、耿喜梅、肖咏梅译，华夏出版社 2008 年版，第 59 页。
⑧［埃及］萨米尔·阿明:《自由主义病毒 欧洲中心论批判》，王麟进、谭荣根、李宝源译，社会科学文献出版社 2007 年版，第 3~4、19~27 页。

义堪称是一种正在实现的无限剥削之乌托邦。①

2. 对批评观点的评价

一些新自由主义者盲目自大，自以为找到了万能的救世良方，这是很不可取的。必须承认，自由主义存在其缺陷和局限性，所以不能完整客观地说明客观事实。因而，上述的批评、抗议都值得严肃对待、认真反思。②

（1）自由主义在理论解释和实践操作上存在着局限性。深入分析，我们会发现，这些问题与自由主义思想自身的局限性有关，其中包括在前提假设上不真实、不完备的认识，也包括在后果估计上的不足。从中国经验与世界实践的角度，可以认定：自由主义和其他学说的争论体现着在权利与义务、秩序与自由、放任与规制、经济效益与社会责任、市场竞争与社会公正之间的选择和平衡。在理论模式方面，自由主义有其前提假设、模型设计和目标设定上的选择性和局限性，具体表现在如下几个方面：

第一，自由主义在关注个体时不可避免地忽视整体。自由主义非常重视个人对于社会的优越性，至少是在考虑个人的情况时，基本不考虑社会的因素，不关注个人所居于其中的环境。忽略了人是社会中的人，人生存于环境之中，这就引发了两个方面的问题：对人类所赖以生存的自然环境的忽视导致了强势的人类中心主义，进而导致了对环境的大规模破坏和对自然资源的过度使用，破坏了人与自然的和谐发展；对人所生存的社会环境的忽视导致了以自我为中心，人与人之间的关系、人与社会之间的关系较为紧张。这一点尤其受到东方文化和社群主义者的攻讦。与此同时，自由主义对个体之间的权利冲突与选择冲突没有相对妥当的解决思路。

第二，自由主义对起点的平等和自由竞争的强调而很可能放弃结果的平等和社会和谐。市场自由竞争的前提是能力相近而又具有互补可能的竞争者，而这种竞争者在真实的市场中并不经常存在，竞争者彼此之间的禀赋差距可能是巨大的。而自由主义假设个人能力大体相等，这使得自由主义者片面考虑自由竞争的作用，而对自由竞争所依赖的前提和所产生的结果过于乐观。对于市场自由竞争导致的垄断和马太效应，及其引发的不平等，自由主义者并没有提出适宜的对策。历史发展证明，在资本主义上升时期，自由主义作为一种反对暴君专制、推动社会进步与发展的力量，它是改革的理论基础和思想源泉，具有积极作用；在资本主义成熟时期，当自由主义作为一种维护资本主义秩序

①［法］皮埃尔·布迪厄：《遏止野火》，河清译，广西师范大学出版社 2007 年版；河清：《全球化与国家意识的衰微》，中国人民大学出版社 2003 年版，第 132~138 页。

② 参见白云真、孙智慧：《新自由主义全球化对发展型国家的挑战》，《太平洋学报》，2012 年第 3 期。

的主导意识形态、为维护阶级利益而服务时，其弱点就很容易暴露出来，消极作用就更为明显。①

第三，自由主义假设存在一个完全竞争的市场，实际上这种美好的设想从来没有出现过。有的学者甚至认为，自由市场只是策略、规划和政治高压的产物。② 由于交易成本的存在，以及信息不对称的实际情况，假设中的完全竞争的市场很难真正实现，而仅仅是一种幻象。自由主义在经济上假设完全竞争的自由市场，这种假设具有很大的虚幻性，实际情况是，如果没有政府力量的干预，没有政府给市场竞争提供良好的环境，市场较为有序的竞争根本不可能实现，尽信市场则不如无市场。巴泽尔在分析产权时认为，权利是不绝对、不完全的，存在着很多中间状态，③ 这给我们认识自由主义提供了很多启示。具体分析,权利的边界不明晰、权利之间可能冲突。自由主义放任和尊重个人的选择，而每个人的选择都有可能与他人相重叠或相矛盾。每个人都有自由都有权去行使自己的权利，但这种权利的行驶不能损害他人行使权利的自由、不能阻碍他人行使自己的权利。所以在这种情况下，如果没有外在权力的积极干预，就很可能导致社会冲突和混乱无序。在资源稀缺、人口众多的情况下这一形态表现得尤为严重。如果没有清楚地认识到这一点，而是理想化地采取最小国家、最低限度政府的方式，是不明智的，也是无效率的，其实这种外在权力的干预也是保证个人内部权力能够顺利行使的手段。因而需要政府参与激励与规制，提供事前的界分、事中的评价和事后的反馈。政府规制着眼于解决垄断问题，可以使外部性内部化，试图解决信息不对称的问题，最终避免市场失灵。④ 当然，政府规制也是有成本的，规制也可能失灵，这样政府的规制就必须有其界限。⑤

对于上述问题，自由主义的理论自身缺乏应对的方法。而国际经济自由化是以自由主义为理论基础，其本质是市场的全球化、分工的全球化，即原材料市场、技术市场、劳动力市场、资本市场、无形资产市场、土地市场，等等，在全球化范围内寻求最有效、最有利的分布。这种分布的指导员则是效率原则，寻求整体效用的最大化，考核的是经济指标。这种偏好使得国际经济自由化不可避免地带有片面性和局限性。

① [英]约翰·伊特韦尔、[美]默里·米尔盖特、[美]彼得·纽曼主编:《新帕尔格雷夫经济学大辞典》,经济科学出版社 1996 年版，第三卷第 188~189 页。

② [英]约翰·格雷:《伪黎明:全球资本主义的幻象》,张敦敏译,中国社会科学出版社 2002 年版,第 19 页。斯蒂格利茨则指出“新自由主义”是个政治范畴，从未有经济学理论和实践的支持。参见 Joseph E. Stiglitz，“The End of Neo-liberalism？”，*Project Syndicate*，July 2008，http：//www.project-syndicate.org/commentary/stiglitz101。

③ [美]Y. 巴泽尔:《产权的经济分析》，费方域、段毅才译，上海三联书店、上海人民出版社 1997 年版，第 88~89 页。

④ 谢地主编:《政府规制经济学》，高等教育出版社 2003 年版，第 10~14 页。

⑤ 谢地主编:《政府规制经济学》，高等教育出版社 2003 年版，第 19~27 页。

（2）自由主义具有历史进步意义限定范围内的合理性。虽有上述的缺陷和消极后果，但自由主义仍然存在着一些合理的方面。具体表现为：自由主义的精神内核符合人类的社会处境和社会心理，体现了一部分真理，虽然不完全、不彻底，但确实存在着反映对人类社会发展规律正确认识的方面，代表着人类的整体智慧。所以，必须认真对待自由主义。[①]

从这个意义上说，并非所有的针对自由主义的批评都有积极意义，有一些批评是缺乏深入思考的。例如，针对全球自由主义引致的风险社会的空间扩张和时间紧缩这一点，人为的遏制全球化的发展并不是合适且明智的选择。因而，以全球风险的存在为理由而遏制或者放弃全球化无异于因噎废食。[②]

社会是由人有机交往而组成的社会，个人是社会中有机存在的个人。所以，问题的关键并不是哪一方占据主导地位和优势资格，而在于个人如何存在于群体之中以及群体如何存在于个人之间。[③]所以，无论是社群主义还是个人主义，都仅仅强调其中的一端，而没有完全揭示这一关系的全貌。但问题在于，由于人类等级区分的传统和国家、政府强大权力的事实，主张个人的自由选择，主张政府不过多地积极干预社会生活，无疑具有更鲜明的实践价值。自由主义对于政府、国家等群体保持防范，认为没有个体的幸福，群体不可能幸福。

自由主义认为，每个人都是自己利益的判断者，每个人在自己谋求幸福的过程中都会为社会创造价值（类似墨子所云的交相利、兼相爱）。这些论断在新制度经济学中仍然十分重要，具体体现为方法论上的自由主义和个人理性（当然是经过修正的，从完全的个人理性过渡到不完美的个人理性和有限理性），由市场中看不见的手（价值规律）来主导生产方式和交易模式，国家不过多干预。完全干预的经济，犹如完全放任的经济一样，是不可想象的、灾难性的。从国家发展模式的角度看，每个国家都应该有选择自己道路的自由。因为只有自身知道其问题所在，也才能制定出最适合自己的政策，所以没有统一的标准，不是简单的自由市场或是政府规制的选择，而是国家根据自身条件做出最优的决定。[④]

古典经济学已经指出，基于禀赋的分工会带来整体优化与效率最大化。[⑤]经济学的实证分析证明，经济越自由的国家或地区，其经济增长水平越高；经济自由程度越低的

① 何志鹏：《自由主义的贡献与局限》，《当代法学》，2004 年第 3 期。

② 何志鹏、孙璐：《以自由促进发展：国际经济法治的价值尺度》，《法治研究》，2011 年第 2 期。

③［美］查尔斯·霍顿·库利：《人类本性与社会秩序》（第 2 版），包凡一等译，华夏出版社 1999 年版，第 27~37 页。

④ Dani Rodrik，“Is There a New Washington Consensus？”，http：//www.project-syndicate.org/commentary/rodrik20.

⑤ Adam Smith，*An Inquiry into the Nature and Causes of the Wealth of Nations*（1776）（Everyman's Library edition，Random House，1964），p. 4；杨小凯、张永生：《新兴古典经济学与超边际分析》（修订版），社会科学文献出版社 2003 年版，第 63~68 页。

国家或地区，其经济增长水平越低。[①] 米塞斯提出，“世界上存在着匮乏和不幸并不构成反对（古典）自由主义的理由，（古典）自由主义要废除的，正是匮乏和不幸。”[②] 他认为他所提出的方法是实现这一目标唯一合适的方法。

更值得关注的问题是，如果拒绝国际经济自由化，贫富分化的状况也并不会得到好转。从理论上讲，新自由主义所主张的重视市场本身并没有问题。因为根据历史的经验可以判断，人类内部的贫富差距、强弱差异是一种客观的必然，并非任何制度所能轻易改变。自由主义强调市场，实际上是用市场机制来形成和彰显人与人之间的差别，而自由主义之外的理论、观念和制度实践则可能用身份的约束或者其他因素来标志人与人的差距。有人认为，自由主义意味着不平等，自由市场意味着剥削，全球化意味着边缘化，自由主义的全球化推进意味着剥削的全球分布。但是，地缘经济导致的差异性是难以避免的，如果不让他们参与全球经济，他们就有可能在贫病中消亡，反对全球化就会损害穷人的利益。正如联合国前秘书长安南所说“全球化的利益显而易见：更高速的经济增长，更高的生活水平、技术，管理技能创新与传播的增速、国家与个人面临的新经济机会。”[③] “在今天这个不平等的世界里，最大的失败者不是面临过多的全球化压力的人，而是那些被全球化抛弃的人。”[④] 人们应当选择的并不是接受或者反对全球化，而是如何引领和控制全球化，从而趋利避害。

自由主义的某些理论在很大程度上仍然包含了对人类社会的正确解释、正确说明、正确论断，在国际关系中具有其不容否定的生命力和发展前途。在全球事务的实践之中妥善地适用自由主义，能够在社会生活和国际关系中发挥更好的功能。因而，全球化仍然是世界发展的主要趋势，去全球化仅仅是面临危机的临时、局部行为，是一种应激反应而不具有全局、长远的指向意义。[⑤] 要客观地、辩证地看待自由主义，盲目地崇拜自由

① Willian W. Beach and Gareth Davis, “The Index of Economic Freedom and Economic Growth”, in Kim R. Holes, Bryan T. Johnson, and Melanie Kirkpatrick, *1997 Index of Economic Freedom* (Heritage Foundation, 1997) .

② Ludwig von Mises, *The Free and Prosperous Commonwealth: An Exposition of the Ideas of Classical Liberalism* (Van Nostrand, 1962) .

③ Kofi A. Annan, *We the Peoples: the Role of the United Nations in the 21st Century* (United Nations Department of Public Information, 2000), p. 9.

④ “But the main losers in today's very unequal world are not those who are too much exposed to globalization. They are those who have been left out.” Address by Mr. Kofi Annan, Secretary-General of the United Nations, United Nations Conference on Trade and Development, Tenth session, Bangkok, Thailand, 12~19 February 2000, TD/L.365, p. 2; Kofi Annan, “Laying the foundations of a fair and free world trade system”, in Gary P. Sampson (ed.), *The Role of the World Trade Organization in Global Governance* (United Nations University Press, 2001), p. 20.

⑤ 对于自由主义理论在后危机时代的评判，参见何志鹏、王倩：《去全球化浪潮下自由主义之再省思》，《江海学刊》，2009 年第 5 期。

主义固然偏颇，但断言自由主义的终结也为时过早。要认识到自由主义同世界上的任何事物一样都具备两面性，但是由于其符合历史的发展方向和潮流，所以自由主义的优点是主要方面，缺陷是其次要方面。可以预见，由于自由主义的理念仍具备现实的合理性，所以自由主义会在挑战和拷问面前变化和改良，强调其符合人类生活状况的方面，综合融汇，更新人类的理论思想与制度体系。

四、自由国际经济体制的坚持与补正

思想指引着制度的发展与创新。当前，应一分为二地分析自由主义，并在此基础上更多地考虑文化多样性，与各种思想进行对话，对自由主义进行扬弃和创新，探索世界和谐发展的新路径。①

（一）自由主义经受的挑战与抉择

来自于亚当·斯密和大卫·李嘉图全球经济自由化的观点②是现代国际贸易理论最重要的基石。这些理论的共同指向是：跨国的经济交往对参与者是有利的，国际分工意味着发挥各自的优势，达到自身利益的最大化。但这是针对一个国家所有产业的整体和一个整个经济体系而言的，如果从单个的处于某国之内的经济行业而言，则可能并非如此。所以才有重商主义与自由贸易主义之争，有经济爱国主义与经济全球主义理想的差异。世界各国在经济遭遇危机之后，首先的反应是关闭自由贸易的大门，进行产业保护，这种应激反应在一定程度上是可以理解的。在历史上，关于自由主义的理论，特别是自由市场的理论，遇到过多次的质疑。20世纪20年代末出现的大萧条、墨索里尼和希特勒的法西斯统治③、凯恩斯主义、第二次世界大战期间的经济控制、1945年英国工党胜利、20世纪60年代凯恩斯主义再度抬头、阿拉伯石油禁运、安东尼·吉登斯的“第三条道路”主张以及当前的金融危机都是人们对自由主义提出的深刻疑问。④

但是，20世纪20—40年代的“去全球化”（当时的称呼是“经济民族主义”）行动

① 何志鹏：《从自由走向发展：后危机时代的国际贸易治理》，《厦门大学学报（哲学社会科学版）》，2012年第6期。

② Adam Smith，*An Inquiry into the Nature and Causes of the Wealth of Nations*（Oxford University Press，1976），pp. 14~16.

③ 关于法西斯主义对于自由主义更早进行挑战的理论研究，参见J. Salwyn Schapiro，*Liberalism and the Challenge of Fascism: Social Forces in England and France 1815—1870*（Kessinger Publishing，2008）.

④ P. J. O'Rourke，"Adam Smith Gets the Last Laugh"，*Financial Times*，February 10，2009.

的悲惨后果使得自由主义理念再一次成为影响政府行动的主导思想；20世纪70年代的滞胀、20世纪80年代的大量失业，导致人们看到了国家规制的不足和政府失灵，自由主义由此复兴，潮流再次逆转。信息革命的发展通过大大降低交易成本，扩大了市场的边界，便利了人类的沟通，推动了自由主义思想的全球化，并随着“华盛顿共识”达到顶峰。哈耶克在《通往奴役之路》和《自由秩序原理》中坚持，市场经济乃是稳定和持久的民主制度的必要条件。对政府干预能力和智力的怀疑，以及在社会对国家、市场对计划与调节、个人权利与不可抗拒的权威和集体主义之间的选择，使得自由主义思想和方案在一次次的危机和一次次的质疑面前，一次次的崛起和一次次复归。这一曲折发展的历史证明，自由主义理论具备一定的生命力。

当前，大多数国家主要通过以下三种法律方法来保护贸易自由，从而实现人们通过参加国际贸易而增进福利的目标：[①] 第一，将各州的邦联组织形式转变为由宪法来保障整个联邦内贸易自由的联邦国家。这种情况是针对那些尚未在国家内部实现完全贸易自由的国家而言的，比如美国、瑞士和德国。第二，建立一个关税同盟或自由贸易区，其广泛的覆盖范围加强了国家间的互惠和政治支持，这样就可以克服来自于部分特殊利益群体的阻挠。第三，为达成长期贸易自由化协定进行谈判，例如，过去的七轮GATT多边贸易谈判已经逐渐使关税自由化，但是在取消非关税贸易壁垒方面却没有那么成功。以上三种不同的保护跨国贸易自由法律方法的共同特点是在一个更高的联邦或国际法律层次上限制成员国的贸易政策权力，但是联邦法院对这些规则的实施所采取的消极态度，导致这些规则并没有发挥更为有效的作用。

（二）在全球困境中对自由主义的批判与反思

中国古语云，过犹不及。根据世界各国在历史上形成的经验，认为自由主义是救世良方、万灵神药，显然极端错误。同样，因对自由主义的批判而全盘否定自由主义不仅操之过急，而且有弊无利。在自由市场竞争中，虽然有效率，但马太效应的存在使得收入和资源分配的不公，影响了进一步再生产（分配不公导致人们无消费能力，从而必然引发产品滞销和经济危机），那么引发的不仅仅是经济危机，还会有社会和政治危机。这种动荡会吞食掉前期增长带来的所有效率，这种增长方式不仅是不可取的、浪费资源的，而且从社会的幸福感上也是极其痛苦的。所以必须辩证地看待自由主义，在获得市场竞

① See Ernst-Ulrich Petersmann, "National Constitutions, Foreign Trade Policy and European Community Law", 5 *EJIL* 31 (1992).

争带来效率的同时，要注意寻求社会和分配公平。特别是对我们这样的人口大国来说，如果广大居民的收入不增长，那么经济增长是不可维持的，所以决不可单纯采取自由主义的路径。以金融发展理论的变迁为例，麦金农（R. I. Mckinnon）和肖（E. S. Shaw）等系统地提出了金融深化的理论，其基本结论是放开利率，鼓励银行竞争，实现金融自由化。但事实证明，单纯的自由化存在问题，完全自由化的方案不利于发展中国家的经济发展。因此，20世纪90年代，赫尔曼、默多克和斯蒂格利茨等经济学家提出了金融约束理论，[①]说明在信息不对称等前提约束下，政府的干预是必要的。该理论在金融抑制论和自由化理论间建立了桥梁，通过干预促进市场机制的完善，为自由化创造条件。

所以，正确的选择是博采众长、兼容并蓄，也就是对自由主义持扬弃的态度。在采取相应的举措时，应当注意渐变而非突变。渐变的成本比较小，社会消化起来比较容易，而突变容易引发灾难。具体而言，对自由主义的批判与反思至少包括以下三个方面：首先，重新审视自由主义的自我观，认清人与人之间、人与自然之间存在冲突的现实，对政府的作用予以更多的重视；其次，从具体时空的具体传统出发，根据社会生活的实际经验分析正确道路的选择；最后，直面平等与正义的问题，推行福利政策，促进资源再分配过程中的公正性，避免马太效应和数字鸿沟[②]。在一国经济内部，应当采取自由与规制相结合的方式。[③]在具体秩序构成运作上，有市场自由配置、自发形成；在宏观结构与路向把握上，由政府进行确立和指引，并在二者之间寻求平衡，避免“市场失灵”和“政府失灵”。如中国采取政府主导的市场经济就是既符合政治体制，也照顾到经济规律的模式。在国际经济体系上，未来的国际政治经济框架与体制不应该、也不可能完全抛弃自由主义的理念，而是应当通过相应的制度安排完善自由主义对市场进行假设的那些前提，监控自由市场的运作，避免其不可取的后果，同时补足自由竞争中不可避免的缺陷。[④]

---

① K.Murdock and J. Stiglitz, "The effect of financial repression in an economy with positive real rates", *Background paper for World Bank (1993)*, Policy Research Department, Washington D.C. 1993; K. Murdock and J. Stiglitz, *Addressing Moral Hazard in Banking: Deposit Rate Controls versus Capital Requirements* (Stanford University, 1994); T. F. Hellmann, K. Murdock and J. Stiglitz, "Liberalization, Moral Hazard in Banking and Prudential Regulation: Are Capital Requirements Enough?", 90 *American Economic Review* 147 (2001).

② 数字鸿沟意指信息时代由于技术差异导致的机会差异，参见曹荣湘选编：《解读数字鸿沟——技术殖民与社会分化》，上海三联书店2003年版。

③ 实际上，现实世界的任何一个国家政府都会干预经济。Paul A. Samuelson and Willian D. Nordhaus, *Economics* (19th ed., McGraw Hill, 2010, p. 34).

④［美］贾格迪什·巴格沃蒂：《今日自由贸易》，海闻译，中国人民大学出版社2004年版，第13页。

（三）汲取多元文化，创新发展机制

结合中国等有关国家改革发展的实践，不难看出：自由主义的思想中具有其合理的成分，在深刻认识其局限的前提下，以其他的思想与制度进行纠正与创新。但是，人类思想探索和制度尝试的脚步并不到此为止。历史经验同样昭示一条规律：每逢困厄之时，就可能（不是必然）有新的思维、理念、制度尝试出现，这种尝试很可能带领人们走向一片新的天地。这种新，并非横空出世，而是吸取了原有思想的某些精华，继承了原有传统的某些方面，加以有机的整合，凝练出新的纲领，探索出新的道路。

正如中国过去一个多世纪的历史所证明的，在发展的理念和路线上，实践是检验真理的唯一标准。20 世纪末期，俄罗斯休克疗法的巨大弊病，阿根廷在亚洲金融危机之后救治方法的失效，就已经充分证明，无论是以新自由主义为指导的“华盛顿共识”，还是以新凯恩斯主义为基础的“后华盛顿共识”都没有很好地解决转型国家的转型问题。这使人们对原有的发展思想范式进行了反思，试图寻求对“华盛顿共识”的超越。当今之际，这种全球金融风暴和经济危机的出现，也同样提供了反思自由主义、探索新道路的良好契机。中国转型理论与实践的成功越来越得到国际社会的认可，为国际社会提出了新的思路，即“北京共识”。①

而 2007—2008 年出现的起始于资本主义大国的金融危机使得人们以更深刻的质疑眼光看待自由主义及其全球化思潮，特别是反思发展观念、发展权的新认识。② 自由主义在其立论之初就存在着局限性，在实践中也存在着缺陷与消极后果。此时，在非西方的文化传统中寻求理论资源，转化出新的制度模式、发展道路，不仅是可能的，而且也具有很强的现实意义。特别值得关注的是，中国文化传统中的思维方式、概念体系与分析范式，可能为世界未来的新维度提供知识基础；③ 中国制度建设中独特的探索路径，可能为世界未来的新路向提供实践参照。④ 充分挖掘、科学归纳这些优秀的方面，不仅是中国知识界为世界发展做出的贡献，更有可能为人类进步带来一种超越式的理解和全新的洞见。在这一基础上探索出的社会思想与人类制度，可能会带领世界更从容地面对风险，更妥善地应对风险，开创更积极、更有希望的未来。

---

① 参见黄平、崔之元：《中国与全球化：华盛顿共识还是北京共识》，社会科学文献出版社 2005 年版；毛增余：《斯蒂格利茨与转轨经济学——从华盛顿共识到后华盛顿共识再到北京共识》，中国经济出版社 2005 年版。

② 参见汪习根、王康敏：《论金融危机下发展权面临的挑战与出路》，《法律科学（西北政法大学学报）》，2011 年第 3 期。

③ 赵汀阳：《将要来临的世界政治》，《领导者》，2008 年 12 月号。

④ 漆思：《中国共识：中华复兴的和谐发展道路》，中国社会科学出版社 2008 年版，第 106~107 页。

（四）在承认自由主义局限的基础上坚持全球市场

历史经验表明，完全抛弃经济自由主义和全球市场的发展是错误的，采取去全球化的措施借以自保，不仅会伤害他人，最终自己也无法受益。由于不同的理论和体制意味着在自由与规制之间、权利与权力之间、个人与社会之间、竞争自由与社会责任之间、市场竞争与国家干预之间进行选择，而在这些选项的组合中，自由主义的阐释总体上仍然具有令人信服的观点和较强的说服力。20 世纪 20 年代以后世界上出现过一次去全球化的潮流，① 由于理论界缺乏足够的反思精神，对于决策层提供的建议不够充分和全面，最后导致了对各国都不利的后果。1930 年大萧条时期，美国通过的《斯姆特 – 霍利关税法》使美国经济正式进入寒冬，全球贸易额迅速萎缩。②1933 年，世界经济会议的失败以及主要资本主义国家之间的关税战、货币战和倾销战使得经济状况日益恶化，③ 直到 20 世纪 40 年代末，全球化的趋势才重新启动。④ “1950 年以来，国际一体化的程度……大部分加深是从一个人为的低水平上的恢复；在一些重要的方面，现在世界经济一体化的程度甚至低于第一次世界大战前的水平。” ⑤

经济学家的理论研究已经证明：自由贸易是总体效率最高的选择。在当今国际经济学的学术谱系中，有诸多反对自由贸易、进行保护主义的理由。然而，这些理由在经济的层面上都是比较难于立足的。虽然一些学者认为自由贸易所依赖的“生产者剩余”由于国内市场失灵可能并不是成本与收益的正确衡量，但这仍然无法撼动人们公认的理论：自由贸易可以带来更高的效率，而且会形成规模经济，促进企业的学习与革新，而且避免了限制自由贸易的代价以及保护政策的成本。⑥ 也就是说，无论对于出口国而言，还是对于进口国而言，促进贸易的总收益都是大于总损失的。⑦ 自由贸易所带来的选择多样化、

---

① 王绳祖主编：《国际关系史》（第五卷），世界知识出版社 1995 年版，第 36~52 页。

② 斯姆特 – 霍利关税法（The Smoot-Hawley Tariff Act）将 2 000 多种的进口商品关税提升到历史最高水平，这实质上停止了美国进口。当时，美国国内有 1 028 名经济学家签署了一项请愿书抵制该法案，但遭到国会和胡佛总统的拒绝。这一法案筑起了世界史上最高的关税贸易壁垒，嗣后，许多国家对美国采取了报复性关税措施，挑起了世界关税大战。美国的进口额和出口额都因此骤降 50% 以上，全球贸易也因此急剧下滑。多数经济史学家得出结论：“斯姆特 – 霍利关税法”对 1929 至 1930 年大萧条的深化和持续负有很大责任。

③ 方连庆、王炳元、刘金质主编：《国际关系史》（现代卷），北京大学出版社 2001 年版，第 177~183 页。

④ 王绳祖主编：《国际关系史》（第七卷），世界知识出版社 1995 年版，第 31~51 页。

⑤［美］保罗·克鲁格曼：《汇率的不稳定性》，张兆杰译，北京大学出版社、中国人民大学出版社 2000 年版，第 6 页。

⑥ Paul Krugman and Maurice Obstfeld，*International Economics: Theory and Policy*（8th ed.，Addison-Wesley，2007），pp. 208-222；N. Gregory Mankiw，*Principles of Economics*（6th ed.，Cengage Learning，2010），pp. 54~56.

⑦ N. Gregory Mankiw，*Principles of Economics*（6th ed.，Cengage Learning，2010），pp. 10，49~50.

管理学习和竞争是保护主义所难于替代的。① 因而，在危机产生的慌乱平息以后，首先要考虑的是为了平复危机所带来的创伤，弥补危机造成的损失，必须恢复和推进自由贸易体制。②

实践的发展同样可以印证我们的结论：首先，近代以来，经济繁荣、民生幸福的区域都是对外贸易相对发达的区域，一个国家在对外贸易顺畅发展的时候，经济的总体趋势也会健康良好发展，而对外贸易的受阻则直接给国家经济发展带来了巨大的压力和挑战。各国的经济发展数据表明，一国的进出口贸易与 GDP 增长存在着长期正相关关系。其次，近百年来，各个国家出于理性的选择，都纷纷地自觉加入贸易自由的行列，同其他国家签订双边、区域、全球性的自由贸易协定来构建一个自由的世界市场，这也说明了自由贸易所带来的利益被各国所广泛认同和追求。

有人认为，2008 年以来，影响巨大而广泛的金融危机意味着自由主义和全球化的破产，意味着国际政治经济秩序走向了新的时期，需要新的范式来进行构划，需要新的维度来进行编织。③ 笔者认为，这种宣告，无论是出于什么样的理论和价值基点，都有失偏颇、不够客观，现在论断自由主义的终结或者指斥自由主义的贫困均有些夸张。自由主义虽然有可能受到阻碍和挫折，全球化的进程虽然遇到逆流和反对，但是，全球历史的宏观发展趋势不会变化，社会发展的总体走向不会变化。因而，当前的去全球化趋势并不是对自由贸易的背离和抛弃，也不是对自由主义思想的全部否定。自由主义存在着强大的生命力和远大的发展前途，远远不到宣告其终结的时候。更何况，这场金融危机为我们提供了一个冷静审视和认真对待自由主义的机会，让我们重新谨慎思考如何将自由主义更好地适用于国际经济关系中。

为此，在后危机时代，回归自由是国际经济治理的紧迫任务。后危机时代是一个自由贸易被遏制的时代，自由贸易的价值被忽视的时代，在这样的时代面临着很多现实和潜在问题。国际社会应着眼于构建和强化多边的自由贸易框架，而不能任由保护主义泛滥、双边和区域贸易安排占据主导地位。大国采取的贸易保护措施不应当也不可能是长期有效的，在这种短期的危机状态渡过以后，国际经济体制还应当呈现出一种开

① N. Gregory Mankiw, *Principles of Economics* (6th ed., Cengage Learning, 2010), pp. 57~60; Paul Krugman and Maurice Obstfeld, *International Economics: Theory and Policy* (8th ed., Addison-Wesley, 2007), pp. 217~222. [美] 多米尼克·萨尔瓦多：《国际经济学》(第 10 版)，杨冰译，清华大学出版社 2011 年版，第 142~162、173~190 页。

② 金融危机严重打击了新自由主义的进程，动摇了新自由主义的价值体系。但新自由主义将继续给资本带来利益，对抗经济危机的措施也依然有效。朱奎、王丽娟：《后危机时代：新自由主义的走向》，《马克思主义研究》，2012 年第 4 期。

③ 参见《金融时报》(*Financial Times*) 2008 年年底至 2009 年年初的一系列社评。

放的、自由的状态。保护主义措施在短时期、局部范围内是可能带来一些利益，以至于很多国家都乐于采用。但是，从长远和整体的向度观察，保护主义就肯定是有害的。因为这种经济民族主义的表现会使国家之间呈现更多的对立和斗争，各国若都损人利己或以邻为壑，则最后终将导致无人获利的结果。① 就像人在病情危急的时候可以用一些具有副作用的猛药一样，病情缓解之后，为了人的长期健康，必须着眼于身体的全面健康，而不能一直用对身体有害的猛药。因而，各国在金融危机时期保护主义的举措应当被视为在经济局势发生突变之后的一个应激反应。金融风暴引致巨大影响危机的状态是一种短暂的非常状态，有关经济体在其中的决策与行动类似于法律上的“紧急避险（Necessity）”② 措施，是指在危机情况下依本能和当时的情境而采取的应激手段，其本身未必是正当合理的，却是为了避免更大的灾难所不得不采取的。③ 尽管现实存在的国家决策、行为和选择肯定具有其合理性，可以理解甚至可以用理论予以解释和说明，但并不必然意味着这种选择就是最优选择，更不意味着此种选择值得期许甚至推广赞扬。其举措即使具有一些短期的正效应，能够解决一些眼前问题，也必定具有长期的负效应，必定会损害长远利益，因此必须予以限制。只有深刻地认识这一点，并把对于未来的评估建立在现实的基础上，才有可能认识现状，发展更为可取的国际机制。这也就意味着，当前国际贸易治理的首要任务是恢复自由开放的世界秩序。④

此时，特别是要着重建立和发展起跨国的竞争法律体系。⑤ 世界各国必须倡导重视

① 参见［美］罗伯特·吉尔平：《国际关系政治经济学》，杨宇光等译，上海人民出版社 2006 年版，第 29~32 页。

② Bryan A. Garner（ed.），*Black's Law Dictionary*（10th ed.，Thomson Reuters，2014），p. 1193；并参见《中华人民共和国刑法》第 21 条、《中华人民共和国侵权责任法》第 31 条。

③ Anne van Aaken and Jürgen Kurtz，“Prudence or Discrimination？ Emergency Measures，the Global Financial Crisis and International Economic Law”，12 *Journal of International Economic Law* 859（2009）.

④ 胡锦涛 2012 年 6 月 18 日在墨西哥洛斯卡沃斯举行的二十国集团（G20）领导人第七次峰会上所发表的题为《稳中求进 共促发展》的讲话中提出：“我们应该重视当前国际贸易增速回落对世界经济的负面影响，共同营造自由开放、公平公正的全球贸易环境，消除贸易障碍，增强贸易发展动力。我们应该坚定推进贸易自由化便利化，恪守历次峰会承诺，反对各种形式的保护主义，继续授权世界贸易组织、联合国贸发会议等国际机构加强对贸易和投资限制措施的监督。我们应该保持各种双边和地区自由贸易安排的开放性和包容性，使之成为全球贸易自由化的重要促进力量。我们应该维护并加强多边贸易体制，继续推进多哈回合谈判。”http：//www.gov.cn/ldhd/2012-06/19/content_2164658.htm，2012-06-23 访问。

⑤ Randal D. Heeb，Willian E. Kovacic，Robert C.Marshall，and Leslie M.Marx，“Cartels as Two-Stage Mechanisms：Implications for the Analysis of Dominant-Firm Conduct”，10 *Chicago Journal of International Law* 213（2009）；Daniel A.Crane，“Substance，Procedure，and Institution in the International Harmonization of Competition Policy.” 10 *Chicago Journal of International Law*（Summer 2009）；David S. Evans，“Why Different Jurisdictions Do Not（and Should Not）Adopt the Same Antitrust Rules”，10 *Chicago Journal of International Law* 161（2009）；Damien Geradin，“The Perils of Antitrust Proliferation：The Globalization of Antitrust and the Risks of Overregulation of Competitive Behavior”，10 *Chicago Journal of International Law* 189（2009）；Thomas K. Cheng，“Convergence and Its Discontents：A Reconsideration of the Merits of Convergence of Global Competition Law”，12 *Chicago Journal of International Law* 433（2012）.

和尊重多边贸易体系所确立的规则，在规则之内行事，保障国家之间合作的成果。从现实的安排上，应当进一步讨论强化以 WTO 为代表的多边贸易体系的法律制度，一方面在规则层面对国家的行为予以规范，另一方面在规则的事实环节加强监督。

（五）针对自由主义的局限对国际经济机制予以改良

自由主义的精髓是：为了适应新的需要，希望重建新的社会制度，同时反对会使个人自由受威胁的权力集中。但是这种重建不是通过激进的巨变而完成的，而是通过逐渐改变、渐渐改良的方式而逐步形成的。① 正是由于这一点，自由主义的理论与实践纲领在挫折中逐步改良。在现阶段，应当主要针对全球化过程中的失控与不良影响而采取补救措施。

1. 信息披露与市场竞争的透明度

一般而言，在货物、服务与知识产权贸易领域，市场运行出现的风险不会太大，即使出现问题影响也仅仅限于局部。但是金融市场由于运作迅速、数额巨大，而且广泛影响人们对于经济的整体预期，所以风险较大，也非常可能出现全球性的金融风险。② 历史表明，以往的经济危机都是以金融危机为牵引的，具体表现为由于投资泡沫而形成的表面市场繁荣（市场的虚假繁荣），在泡沫破裂之后的市场崩溃和经济紧缩。③1637 年荷兰的郁金香狂热、1719 年的密西西比泡沫、1720 年的南海泡沫是早期的例证，④1929 年的经济危机尤为明显。⑤ 金融危机的存在并不是由于经济全球化自身的弊病，因此，其应对的方式当然也不是去全球化。问题的核心在于经济活动处于全球化的状态，相应的规章制度却没有达到全球化的程度。用这种区块分割的模式来应对基本上没有国界阻碍的金融流动大潮，不仅滞后，而且几乎无计可施。⑥ 在这种情况下，要想应对这种全球性的金融流动大潮所带来的问题就必须建立健全并严格实行信息披露的制度，通过政府监督和强制的信息披露，促进市场的进一步公开和透明，保证虚拟经济与实体经济保持合理的

①《不列颠百科全书·国际中文版》，中国大百科全书出版社 2001 年版，第 10 卷第 61 页。

②［美］贾格迪什·巴格沃蒂：《捍卫全球化》，海闻、杨湘玉、于扬杰译，中国人民大学出版社 2008 年版，第 11 页。

③［美］金德尔伯格：《疯狂、惊恐和崩溃：金融危机史》（第 4 版），朱隽、叶翔译，中国金融出版社 2007 年版，第 4~8 章。

④［美］彼得·加伯：《泡沫的秘密：早期金融狂热的基本原理》，陈小兰译，华夏出版社 2003 年版。

⑤［美］约翰·肯尼斯·加尔布雷思：《1929 年大崩盘》，沈国华译，上海财经大学出版社 2006 年版，第 4~8 章。

⑥ 参见《第一财经日报》组编的《拯救全球金融》（中信出版社 2009 年版），该书的一些作者认为，“布雷顿森林体系”现已彻底终结，现在国际社会面临的紧迫问题就是缺乏监管的金融系统（第五章）。严重的经济衰退印证了金融监管的缺失，特别是滞后的国际货币基金组织。因此，有必要加强金融监管。

联系，给投资者在投资时更多正确的信息选择，不至于使投资走入投机的歧途。[①] 在全球化的情况下，更应当注重国际合作，建立完善详尽的跨国信息查询系统，通过监管形成一个良好的市场，确保资本投入的相对理性化。因而，当前主要考虑的问题就是如何制定出一套完善可行的国际货币金融体制。[②]

2. 通过经济评估，将环境成本内部化

环境是生产成本的一部分，天然资源与良好环境的稀缺性使这一问题越来越受到关注。迄今为止解决环境问题最根本最有效的出路、在环境与发展这对矛盾中寻求平衡的最佳位置，就是将生产与交易的环境影响内化到企业的成本之中，这样企业自然而然地会试图保护环境，减少污染。为了实现这一目标，就需要制度改良和制度创新。《气候变化框架公约京都议定书》中的排放份额交易制度就是这样一个尝试。通过此种交易，避免使无排放者承担排放的消极后果而无任何收益，并通过交易达到环境影响的优化和生产者的双赢。将保护环境的激励与经济行为直接联系起来，就能够有效避免将企业的环境成本外部化，避免耗费大家的资源赚自己钱的"公用地悲剧"的问题。换言之，还是通过纠正市场失灵、完善市场经济来提高自由竞争的外部影响。[③]

3. 对于竞争能力不同的竞争者，采取差别待遇

正因为自由主义逻辑框架中的假设是所有竞争者的起点是平等的，这一假设忽略了竞争者在市场中天赋秉性的差距，因此是不全面的，所以需要通过其他的制度对自由市场制度这一不足进行矫正。因而，一定程度的保护主义是不可避免的。在竞争者存在着客观差距的情况下，需要通过普惠制（generalized system of preference，GSP）[④] 等方法加强对发展中国家的扶持力度，以弥补竞争起点的不足，促进国际市场上国家间正义的实现，同时应当通过落实企业的社会责任等方式协调国际市场上微观主体的权利与义务，建立

---

①［法］费郎索瓦·沙奈等:《金融全球化》，齐建华、胡振良译，中央编译出版社 2000 年版，第 104~112 页。

② Leslie Elliott Armijo, "The Political Geography of World Financial Reform: Who Wants. What and Why? ", 7 *Global Governance* 379 (2001); Leslie Elliott Armijo (ed.), *Financial Globalization and Democracy in Emerging Markets* (Palgrave, 2001).

③［美］贾格迪什·巴格沃蒂:《今日自由贸易》，海闻译，中国人民大学出版社 2004 年版，第 13 页。

④ 关于普惠制的历史发展，参见本书第五章，四（二）。在普惠制中，给予发展中国家普惠制待遇的国家称给惠国，主要是发达国家。当前，世界上共有 39 个发达国家属于给惠国，包括欧洲联盟 27 个成员（英国、法国、德国、意大利、荷兰、卢森堡、比利时、爱尔兰、丹麦、希腊、西班牙、葡萄牙、奥地利、瑞典、芬兰、波兰、匈牙利、捷克、斯洛伐克、斯洛文尼亚、爱沙尼亚、拉脱维亚、立陶宛、塞浦路斯、马耳他、保加利亚和罗马尼亚）、瑞士、挪威、俄罗斯、白俄罗斯、乌克兰、哈萨克斯坦、日本、澳大利亚、新西兰、加拿大、土耳其、美国。接受普惠制待遇的国家（或地区）称受惠国，主要是发展中国家，特别是最不发达国家。包括七十七国集团成员国、罗马尼亚、保加利亚、以色列、中国、坦桑尼亚等。其中，罗马尼亚、保加利亚既是普惠制待遇的给惠国，也是受惠国。美国则是唯一一个不给予中国普惠制待遇的国家，尽管中国在加入 WTO 后具备了享受美国普惠制待遇的条件。

起公平的竞争环境，促进国际市场个人正义的实现。[①] 而为了实现这样的目标，必须进一步促进国际经济决策的民主程度，即以广泛参与的方式来酝酿决策、通过决策，而不应当实行集团化和霸权主义。在实现和完善全球自由主义的路径上，单边主义的开放措施和多边合作要优于双边主义和区域主义。[②]

4. 通过资源再分配，解决贫富差异过大的问题

实践证明，与自由竞争比较而言，平均主义不是良好的选择，它会使经济个体不愿积极地创造价值，对整个社会的发展和生产力的提高没有积极的激励作用。但自由竞争必须控制在一个适当的尺度之内，针对竞争导致的结果也需要由政府出面参与再分配。当然，片面强调分化是不妥的，人为的过分强化这种差异和分化更会导致贫富差异拉大，社会整体的失调。所以，解决之道并非完全抑制分化，而是分化后的补救。效率与公平在很多场合不可兼得，所以，期待一套制度同时满足效率和公平这对矛盾的需求，几乎是不可能实现的。因此，为了使制度达到公平的结果，必须分别设定机制：市场机制注重竞争公平，同时必须考虑在自由市场之外设置补正的机制，以达到自由竞争所能达到的效率之外的价值需求，特别是资源分配公平。[③] 从国内政策的角度看，通过税收而实施再分配的社会福利政策是对自由市场的补充和纠正；从国际政策的角度看，针对国家之间贫富差距拉大的情况，明智的做法是建立起纠正市场配置资源结果的方案，也就是确立资源再分配的机制。经济学家托宾提出的托宾税(Tobin Tax)方案就是其中的一种构想。[④] 虽然有一些国家采取单边的手段执行一些临时的发展援助计划，但稳定性的制度尚付诸阙如。授人以鱼不如授人以渔，比起国际多边的、长期的、常规的福利目标而言，还需要做出大量的努力。[⑤]

只有形成了市场培育机制、市场监控机制、市场矫正机制，国际经济体制才能在符合人类理想的河道内顺畅、健康的运行，为人类带来福利，而不至于使自由主义泛滥成灾，给人类带来大规模的伤害。

---

① 刘志云:《国际经济法律自由化原理研究》，厦门大学出版社 2005 年版，第 358~401 页。

②［美］贾格迪什·巴格沃蒂:《今日自由贸易》，海闻译，中国人民大学出版社 2004 年版，第 102~120 页。

③ 参见［美］迈克尔·爱德华兹:《积极的未来》，朱宁译，江西人民出版社 2006 年版，第 160~162、169~174 页。

④ 托宾税是指对现货外汇交易课征全球统一的交易税。这一税种是美国经济学家托宾在 1972 年的普林斯顿大学演讲中首次提出的，该税种的提出主要是为了缓解国际资金流动尤其是短期投机性资金流动规模急剧膨胀造成的汇率不稳定。托宾税在 20 世纪 70 年代提出，90 年代末被重新提起，现在很多学者仍然主张其合理性。

⑤ 其他建议，参见［德］汉斯 – 彼得·马丁、哈拉尔特·舒曼:《全球化陷阱：对民主和福利的进攻》，张世鹏等译，中央编译出版社 1998 年版，第 330~333 页。

（六）以法治标准规制自由、促进发展

就国际贸易秩序而言，无论是恢复自由，还是促进发展，最有效的治理手段都是法治。法治意味着行为体均处于规范之下，依循规范而行动。[①] 作为一个目标，法治是一个类似于物理学中“理想状态”的存在，是几乎无法达到的结果，但它能够指引社会变革的过程，带领着社会不断迈向良法善治。[②] 国际法治不仅要求设立一套良好的规范，更要求这些规范是通过正当的程序确立起来的，并且能够被妥善地遵守，被国际组织所有效地实施、严格地监督，在行为体违背了规范、侵犯了其他行为体的权利之时，也存在着有效的争端解决程序予以解决。[③] 在这个方面，国际关系的新自由主义理论可以为我们提供启示。自由主义主张：在无政府的世界格局之中，国家并非一定注意相对收益，而是可以珍视绝对收益；国家之间并非总是此消彼长甚至你死我活的对立、对抗关系，而可能是共同促进、共同发展、互利互补、互利互惠的关系。国家之间为了实现优势互补，就需要稳定的合作；为了促进此种合作，就应当建立制度，以保证合作的条件受到遵循，为国际合作提供良好的环境保障使其能够顺利进行。国际贸易恰恰是国际合作和建立制度的最好例证。各国出于利己的初衷而采取的保护措施不仅不会使自己更加得利，反而会使彼此都卷入贸易战的漩涡之中，从而使自己的利益也饱受损害。这正是现实主义国际关系理论的“安全困境”在贸易方面的具体反映，这一理论也为世界历史所反复证明。关税大战不仅造成各国经济受到更大的损失，而且可能导致社会不稳定，甚至引发全球战争。为了避免此种情况的发生，国家之间必须放弃“各自为政”的态度，投入到合作中去。制度化的合作是避免世界因为危机而陷于混乱的最主要、最有效的途径。20 世纪中叶以后，国际经济领域没有出现大的经济灾难，在很大程度上是建立了一系列合作制度的结果。国际制度作为公共物品为世界各国提供了一种较为稳定的预期，同时也约束了国家自利行为的限度。

法治是制度发展的尺度，也是制度建设的目标。20 世纪世界治理模式的进步就是不断迈向法治理想与目标的制度发展与制度建设进步，是推动或促进国际经济贸易治理法治化的进步。[④] 例如，作为多边贸易体制典范的 WTO 通过普遍最惠国待遇、关税许诺及

---

① 对于法治具体原则的论述，参见［英］约瑟夫·拉兹：《法律的权威：法律与道德论文集》，朱峰译，法律出版社 2005 年版，第 187~190 页。

② 对于这个问题的探究，可以参见那力、杨楠：《“国际法治”：一种手段而非一个目标》，《东北师大学报（哲学社会科学版）》，2012 年第 1 期。

③ 参见何志鹏、孙璐：《以自由促进发展：国际经济法治的价值尺度》，《法治研究》，2011 年第 2 期。

④ 对于法治具体原则的论述，参见［英］约瑟夫·拉兹：《法律的权威：法律与道德论文集》，朱峰译，法律出版社 2005 年版，第 187~190 页。

限制和禁止非关税壁垒来保障一个较为顺畅的自由贸易制度，并通过提供贸易政策审议机制来监督各成员的行为，通过争端解决机制来恢复被扭曲的国际自由贸易体制。①WTO的一系列规则，特别是其较为有效的运作，以及争端解决过程中所积累的一系列虽然在文本上并未被承认但在实践中被关注和履行的“判例法”为国际贸易法治奠定了良好的基础，为国际贸易合作铺就了良好的轨道。②可以说，人们把WTO看作是全球治理的一个典范，就是因为其初步实现了法治的标准。③正是由于有了一套明晰的原则和规则，一次次的金融风暴、经济危机才没有导致关税或贸易大战，更没有造成灾难性的后果。④然而与此相对的是，全球治理体制对金融的干预和规制十分欠缺。其结果就是市场自我管理、自我调节、自我监管，由此形成了国际金融市场极度不稳定的可能。2008年开始的次贷危机以及由此引发的全球银行灾难就是这种放任的结果。⑤

法治不能解决一切问题，但没有法治很多问题都得不到解决。特别是法治能够避免灾难性事件的发生。未来的国际贸易秩序，需要进一步完善规范，特别是要注重程序层面的改进和革新。当然，还必须注意到，在全球化的背景下，仅仅针对贸易问题单方面、单角度建构的法治是不会有很大效果的。因为贸易与金融、投资紧密地联系在一起，经济问题又与环境问题、人权问题、甚至军事安全问题在很多层面上复杂地相互交织。⑥因而，只有各个领域协同进化，全方位、多维度、多层次地构建法治，才有可能逐渐减少大国实施保护主义、遏制自由、阻碍发展的现象，才有可能减少国家之间的贸易纷争，形成和谐共进、共同发展的经济秩序，甚至通过金融监管的全球法治化来减少金融危机

① 参见［美］弗雷德里克·皮尔逊、西蒙·巴亚斯里安:《国际政治经济学：全球体系中的冲突与合作》，杨毅、钟飞腾、苗苗译，北京大学出版社2006年版，第616~619页。

② Ronald A. Brand, "GATT and the Evolution of United States Trade Law", 18 *Brook. J. Int'l L.* 101 (1992); Erich Vranes, "The WTO and Regulatory Freedom: WTO Disciplines on Market Access, Non-Discrimination and Domestic Regulation Relating to Trade in Goods and Services", 12 *Journal of International Economic Law* 953 (2009); David Collins, "Alternative Dispute Resolution for Stakeholders in International Investment Law", 15 *Journal of International Economic Law* 673 (2012); Andrew Lang, *World Trade Law after Neoliberalism* (Oxford University Press, 2011).

③ 中国商务部官员杨国华博士在2012年中国国际法年会发言（2012年5月26日，西安）中提出，由于建立了有效的决策和争端解决机制，WTO是模范国际法。刘衡认为，WTO是一种普遍性的专门治理。争端解决机制构成的“硬性约束”，与贸易政策审议机制构成的“软性诱导”有机组合在一起，共同促进WTO法律制度的适用和遵守，确保多边贸易体制的运转自如。刘衡:《国际法之治：从国际汉治到全球治理》，武汉大学2011年博士论文。笔者赞同此种论断。

④ Brendan Ruddy, "The Critical Success of the WTO: Trade Policies of the Current Economic Crisis", 13 *Journal of International Economic Law* 475 (2010).

⑤ John Baylis, Steve Smith and Patricia Owens, *The Globalization of World Politics: An Introduction to International Relations* (5th ed., Oxford University Press, 2011), p. 445.

⑥ Malcolm Evans (ed.), *International Law* (3rd ed., Oxford University Press, 2011), p. 748; Jack I. Garvey, "Trade Law and Quality of Life: Dispute Resolution Under the NAFTA Side Accords on Labor and the Environment", 89 *American Journal of International Law* 439 (1995).

发生的概率。①

国际贸易法治的彼岸远景目标以大国经济强权的现实为起点。在现存的国际格局中，很多法律还是存在于政治的夹缝之中，通过政治力量而寻求伦理的目标。所以，一蹴而就或者短时间完成的设想都是过于天真的。“建立一个有效率的、真正公平的游戏规则，还有许多事情要做，可谓任重道远。”② 但是，正所谓聊胜于无，有规则比没有规则要进步，规则在自身发展的过程中还有可能自我发展、完善、强化，形成日益明晰的法治状态。在现实的情况下，首先可能做的是以大国制衡大国，使既有的规则真正发挥作用，进而使小国团结起来，平衡大国，③ 形成一种宪政结构，④ 推进国际贸易的民主化发展，并建立新的有益的规范。由此逐渐将大国纳入到法治的格局之中，最终将遵循贸易法律演化成各国的信念，成为国际社会的文化，⑤ 只有这样才能实现真正的国际贸易法治。

小结

经过上文的分析可以看出，全球经济自由化尽管存在着弊端和局限，但其积极作用是不可小觑、毋庸置疑的，也是任何其他的路径、方案都无法替代的。所以，以 WTO 为代表的国际经济体制的明智选择不是抛弃自由市场，而是对之进行调整和改良，创造

① 关于国际金融法治化的探讨，参见 Christian Tietje and Matthias Lehmann，“The Role and Prospects of International Law in Financial Regulation and Supervision”，13 *Journal of International Economic Law* 663（2010）; Rolf H. Weber，“Multilayered Governance in International Financial Regulation and Supervision”，13 *Journal of International Economic Law* 683（2010）; Steve Charnovitz，“Addressing Government Failure Through International Financial Law”，13 *Journal of International Economic Law* 743（2010）; Hal S. Scott，“Reducing Systemic Risk Through the Reform of Capital Regulation”，13 *Journal of International Economic Law* 763（2010）; Christine Kaufmann and Rolf H. Weber，“The Role of Transparency in Financial Regulation”，13 *Journal of International Economic Law* 779（2010）; Donald C. Langevoort，“Global Securities Regulation after the Financial Crisis”，13 *Journal of International Economic Law* 799（2010）; Luis Garicano and Rosa M. Lastra，“Towards a New Architecture for Financial Stability: Seven Principles”，13 *Journal of International Economic Law* 597（2010）; Chris Brummer，“Why Soft Law Dominates International Finance—and not Trade”，13 *Journal of International Economic Law* 623（2010）; Joel P. Trachtman，“The International Law of Financial Crisis: Spillovers, Subsidiarity, Fragmentation and Cooperation”，13 *Journal of International Economic Law* 719（2010）.

②［美］迈克尔・P. 托达罗、斯蒂芬・C. 史密斯:《发展经济学》（第 9 版），余向华、陈雪娟译，机械工业出版社 2009 年版，第 376 页。

③［比］马克・范・胡克:《法律的沟通之维》，孙国东译，法律出版社 2008 年版，第 78~79 页。

④ D.Z. Cass，“The ‘constitutionalization’ of international trade law: judicial norm-generation as the engine of constitutional development in international trade”，12 *European Journal of International Law* 39.

⑤ 有学者提出，全球金融危机以来，新兴国家快速崛起，这个以发展中国家为主的群体，经济发展潜力巨大，与发达国家的经济差距不断缩小，面对金融和经济危机的冲击，其经济仍保持了较好的发展。新兴国家积极参与国际金融和经济秩序的变革，政治话语权不断提升，以更加平等的身份广泛参与国际事务，成为推动国际格局发展变革的重要力量。夏安凌、唐辉、刘恣:《新兴国家的崛起与国际格局的变化》，《教学与研究》，2012 年第 5 期。

出能够实现市场效率的环境；同时，通过其他方面的措施和制度对其负面影响进行消解，对其无法达到的社会价值予以补正，以弥补其局限和不足。

人类难免会受一些偏颇、片面、有局限性的思潮所导引（公允地说，所有的思潮都必定、必然是有局限性的），并在这种思潮的指导下走一些弯路、犯一些错误、造成一些损失。但是，人类的智慧之处就在于在受到挫折之后痛定思痛、冷静反省，并进而修正原来的思潮，找到正确的航向和路线。相反，如果不加深入思考就完全盲目地抛弃原来的道路，就可能丧失了智慧，误入歧途，造成灾难性的后果。

对自由主义的认识正是这样一个过程。虽然自由主义存在着弊端和不足，但是其理论假定和基本目标仍有其合理之处。在世界自由市场与国家保护主义之间，需要一种妥当的平衡；在自由经济和政府管制之间，同样需要一种混合。从实践上看，自由主义的预设从来就没有完全地实现过，其主张从来就没有彻底地实施过。从未来发展的路向上看，比较切实可行同时也比较可取的选择，并不是抛弃自由市场，而是补充和完善自由市场，使其能够更为充分地发挥作用，同时，采用市场之外的机制，纠正自由市场所可能带来的负面影响。①

本书认为，在"后危机时代"，国际社会应该进一步着眼于构建和强化多边的自由经济合作框架，而不能放任保护主义泛滥。当前，在全球金融危机的情势下，在经济大幅衰退的压力下，如果没有自由国际经济制度的积极作用，各国很可能难以明确认识和引导全球经济自由化，而任凭去全球化措施的适用、去全球化思维的蔓延，从而使国际社会重蹈 20 世纪 20—30 年代世界经济壁垒高筑、各国经济濒临崩溃的覆辙。② 从宏观的历史走向判断，由于去全球化潮流的冲击，国际经济自由化的思潮可能会在一段时间之内沉寂。但自由主义与全球化的困境只是暂时的，它不会消亡，不会退出历史的舞台，而且，从全球经济相互依赖的程度来判断，这种沉寂的时间也不会太久。它是以往全球化不够成熟的代价，是经济迅速全球化而制度跟进不足的结果。进而言之，自由主义仍然存在其合理之处，仍然是指导国际经济秩序的核心观念和基本思想。自由主义理论中所蕴涵的符合人类社会基本状况、基本规律的判断与结论必将继续闪耀其光芒、指引人类的未来前途。"处在这样的时代，自由主义正在汲取新的力量。它不可能解决一切问题。但是

①［美］贾格迪什・巴格沃蒂:《今日自由贸易》，海闻译，中国人民大学出版社 2004 年版，第 13 页。

② Brendan Ruddy, "The Critical Success of the WTO: Trade Policies of the Current Economic Crisis", 13 *Journal of International Economic Law* 475 (2010).

在为更多人争取更多生活机会的道路上，它仍将是动力和进步的源泉。”[①]

当然，对自由思想的肯定和支持不能绝对、不能夸大。自由这一理念，不仅在理论上需要边界，在实践中也必须在限制中对比地显现出来。必须明确地认识到国际经济自由化自身的局限与边界，以其他的思想进行补充，与其他的制度进行衔接。过多的自由不仅会破坏各国的国内基础，而使国际经济体系处于动荡之中。“尽管国际经济一体化是实现成功发展的要素之一，但负责协调全球经济的机构在运转上却相当失败。……为自由世界经济秩序辩护并不等于保卫国际货币基金组织、世界银行、世界贸易组织或者任何特定的机构。”[②]因而，需要通过兼容与混合、坚持与补正自由主义，发扬自由主义在促进全球经济发展和社会健康方面的积极作用，同时吸纳其他流派、文化中的思想与制度，对自由主义中存在的缺陷与问题进行处理。只有这样，才有可能得到更好的结果，使世界人民能够抵御风险，赢得未来。在中国实践视角下，站在中国立场上来审视，当前并不应全盘否定全球化的国际经济秩序，而是理性看待全球化，适当引导全球化，使之不至于带来灾难，也不是仅给一部分人带来好处，使另一部分人陷于水深火热之中，而是谋求为世界人民谋福利。因此，结合多元文化，特别是中国文化的精髓以及制度探索方面的成功经验，探寻世界新的和谐发展道路，正是一个非常值得重视的选择。

从基于强权的保护走向市场的自由，再从推进市场的自由走向坚持公平的发展，这是国际贸易格局走向公平公正合理秩序的必由之路。为此，必须勇敢、坦然面对自由主义自身的局限，承认它不是解决一切问题的灵丹妙药、万金油，也不能为社会发展提供一揽子的整体解决方案。自由主义的思想只有与其他的思想相互联结、相互配合、相互影响、相互制约，才能使人类对社会发展的认识更全面透彻；自由市场的制度只有与其他制度相配套、相衔接、相互作用，才有可能营造出和谐的秩序，才有能力更有效地应对全球风险。

---

①[英]约翰·伊特韦尔、[美]默里·米尔盖特、[美]彼得·纽曼主编:《新帕尔格雷夫经济学大辞典》,经济科学出版社 1996 年版，第三卷第 190 页。

②[英]马丁·沃尔夫:《全球化为什么可行》，余江译，中信出版社 2008 年版，第 XVI~XVII 页。

第四章　国际经济法治的发展维度

当今的国际社会，如果用法治的标准来判断，还不是一个法治社会。在诸多弊端之中以贫困、饥饿为代表的全球发展失衡已经构成全球普遍关注的重要问题，引起了联合国的关注。[①] 如前章所述，我们可以做这样的论断：从阻碍走向自由、从自由走向发展是国际经济贸易治理的总体趋势。国际经济治理的首要和紧迫任务是恢复全球自由开放的经济秩序和体系，以市场的力量和规律促进经济的复苏。但是，并不能因此就对自由主义片面崇尚，对全球治理主张盲目欣赏，而对自由主义的风险、全球治理的手段局限估量不足。在国际贸易恢复通畅自由的市场之后，就需要进一步将以往促进发展中国家能力建设的规范更进一步强化，促进世界的公平、持续发展。长远地看，贸易治理必须着眼于人的幸福与发展，以人本主义的精神指引贸易体制，维护公平和正义，以法治的架构实现全球的可持续发展。[②]

一、国际经济新秩序：未完成的奋斗

国际经济体制中的发展问题首先是以“国际经济新秩序（New International Economic

① 参见李少军主编：《当代全球问题》，浙江人民出版社 2006 年版，第 128~155 页。

② 参见何志鹏：《从国际经济新秩序到可持续发展是国际经济法治目标的升华》，《国际经济法学刊》，第 15 卷第 3 期（2008）。

Order，NIEO）”的理念出现在国际舞台上的。[①] 而国际经济新秩序的主张则是由发展中国家在殖民地上新独立国家的政治兴起、东西方两个超级大国进行冷战的国际政治背景下提出的。[②] 其目标是改革国际经济格局，其本质是对约翰·斯图亚特·密尔和亚当·斯

① 关于国际经济新秩序，国内外学者都已经有了不少论著。参见 Robert K.Olson，*U.S. Foreign Policy and the New International Economic Order: Negotiating Global Problems，1974—1981*（Bloomsbury，2013）；Razeen Sally，*Classical Liberalism and International Economic Order: Studies in Theory and Intellectual History*（Taylor & Francis，1998）；Milan Bulajic，*Principles of International Development Law: Progressive Development of the Principles of International Law Relating to the New International Economy*（Martinus Nijhoff，1993）；Amer Salih Araim，*Intergovernmental Commodity Organizations and the New International Economic Order*（Praeger，1991）；Detlev Christian Dicke（ed.），*Foreign Investment in the Present and a New International Economic Order*（Westview Press，1988）；Jerzy Makarczyk，*Principles of a New International Economic Order: A Study of International Law in the Making*（Springer，1988）；Herb Addo（ed.），*Transforming the World Economy: Nine Critical Essays on the New International Economic Order*（United Nations University Press，1984）；Pradip K. Ghosh（ed.），New International Economic Order: A Third World Perspective（Greenwood Pub lishing Group，1984）；Issam El-Zaim，*Changing Patterns in World Economy and the Transition to a New International Economic Order*（United Nations University Press，1982）；Harold Karan Jacobson，*The Emerging International Economic Order: Dynamic Processes，Constraints，and Opportunities*（SAGE Publications，1982）；Michael Stohl，*The Global Political Economy In The 1980s: The Impact of The New International Economic Order*（Schenkman Books Inc.，1982）；*Towards The New International Economic Order: Analytical Report on Developments in the Field of Foreign Government Document*（Unipub，1982）；Jorge A. Lozoya and Anindya K. Bhattacharya（eds.），*Asia and the New International Economic Order*，（Pergamon Press，1981）；*Conference on the New International Economic Order: The Challenge of the New International Economic Order*（City Univ. of New York，1979）；Mario Bettati，*Le Nouvel ordre économique international*（Presses Universitaires de France，1985）；René-Jean Dupuy（ed.），*Le Nouvel Ordre Économique International: Aspects Commerciaux，Technologiques et Culturels*（Kluwer Academic Publishers，1981）；Jorge Alberto Lozoya（ed.），*Social and Cultural Issues of the New International Economic Order*（Pergamon Press，1981）；Davidson Nicol（ed.），*Regionalism and the New International Economic Order*（Pergamon Press，1981）；Pieter Verloren Van Themaat，*The Changing Structure of International Economic Law: A Contribution Of Legal History*（Springer，1981）；Gamani Corea，*Need for Change: Towards the New International Economic Order*（Pergamon Press，1981）；*The New International Economic Order: A Selective Bibliography*（Stationery Office Books，1981）；Barbara Bruhl Day，*Thinking and Doing: Youth and a New International Economic Order*（UNESCO，1980）；Karl P. Sauvant，*Changing Priorities on the International Agenda: The New International Economic Order*（Pergamon Press，1980）；Nicolae Ceauşescu，*Cardinal Problems of Our Time: Eliminating Underdevelopment，Bridging Gaps between States*（Meridiane Publishing House，1980）；Gamani Corea，*Need for Change: Towards the New International Economic Order*（Pergamon Press，1980）；Kamal Hossain（ed.），*Legal Aspects of the New International Economic Order*（Pinter Publishers，1980；reprinted by Bloomsbury Academic，2013）；Deepak Lal，*A Liberal International Economic Order: The International Monetary System and Economic Development*（Princeton University Press，1980）；James B. McGinnis，*Bread and Justice: Toward a New International Economic Order*（Paulist Press，1979）；Mohammed Bedjaoui，*Towards a New International Economic Order*（Holmes & Meier Publishers Inc.，1979）；Jyoti Shankar Singh，*New International Economic Order: Towards a Fair Redistribution of the World's Resources*（Praeger，1977）；C. Fred Bergsten，*Towards a New International Economic Order: Selected Papers，1972-74*（Lexington Books，1975）；Jack N. Behrman，*Toward a new international economic order*（The Atlantic Institute for International Affairs，1974）；Susanne Soederberg，*The Politics of the New International Financial Architecture: Reimposing Neoliberal Domination in the Global South*（Zed Books，2004）；陈安：《国际经济法》，法律出版社 2007 年第二版，第 25~44 页；杨泽伟：《新国际经济秩序研究》，武汉大学出版社 1998 年版。鉴此，这里不拟对国际经济新秩序的历史背景、发展进程进行详细的描述。仅说明几个核心的问题。值得注意的是，国际经济新秩序与主张政府通过税收、立法、补贴等形式对于经济活动的规制的经济新秩序存在很大的差异。Alain Lipietz，*Towards a New Economic Order: Post-Fordism，Democracy and Ecology*（Polity Press，1992）。

② 参见何志鹏：《从国际经济新秩序到可持续发展是国际经济法治目标的升华》，《国际经济法学刊》，第 15 卷第 3 期（2008）。

密等学者倡导、并曾在资本主义国家盛行的自由贸易理论与实践的反思，具体表现为对由关税与贸易总协定、世界银行和国际货币基金组织所代表的战后国际经济秩序的质疑，在理论上构成了对哈耶克等学者的坚持和鼓动之下重新兴起的自由主义学说的挑战。

（一）国际经济新秩序的历史背景

提出国际经济新秩序的主张是基于欠发达国家政治地位和经济地位之间的反差。这些国家在政治上崛起，初步具有地位，在经济上却依然备受盘剥，难于自立。[①] 他们希求得到更加公正的对待，所以利用联合国的论坛要求对其经济状况予以更多的关注，采取的方式就是国际社会的规范重建。[②]

第二次世界大战后，由于整个世界格局重新划分，很多原来的帝国和殖民国家自身的力量弱化，致使很多亚非拉地区的殖民地得以摆脱殖民地的地位，获得了政治上的独立。随着联合国的建立和活动，它们政治上的独立得到了承认和加强，政治对话和谈判能力得以提升。[③] 虽然联合国并未实现真正意义上的国家平等，但是在大会中一国一票的表决制度、《联合国宪章》中对大小国家均各平等的强调，使得几乎没有国家公然反对主权平等的观念，因而原来在殖民体系之下备受压榨的新生国家的政治地位和政治参与能力显著提高，政治自决得以实现。

与此相对的是，这些新生国家在经济上并没有获得真正的独立，由殖民体系而衍生的国际经济旧秩序[④] 依然影响着世界经济的格局。正如很多学者所揭示的，战后建立的布雷顿森林体系是不合理的国际经济秩序，主要反映了发达国家的利益和要求。发展中国家在联合国体制中通过政治民主争取经济上的发展机会。这些新生国家在财富总量上明显偏小，产业布局上大多存在着明显的不合理因素，在经济决策上经常受制于经济强国和大的跨国企业，在对外贸易中经常处于劣势。[⑤] 所以它们在经济发展水平上仍然处于不

① 在历史上，国际经济新秩序是由第三世界国家（发展中国家）所主张的，发达国家处于被动地位。参见 Adeoye Akinsanya; Arthur Davies, "Third World Quest for a New International Economic Order: An Overview", 33 *The International and Comparative Law Quarterly* 208（1984）; Omari H. Kokole, "African and Arab States and the Call for a New International Economic Order", 13 *Issue: A Journal of Opinion* 14（1984）; William G. Demas, "The Caribbean and the New International Economic Order", 20 *Journal of Interamerican Studies and World Affairs* 229（1978）.

② 参见王正毅、张岩贵:《国际政治经济学——理论范式与现实经验研究》，商务印书馆 2003 年版，第 557~559 页。

③ 王绳祖主编:《国际关系史》（第七卷），世界知识出版社 1995 年版，第 237~281 页。

④ 第二次世界大战之后，国际经济领域的主导秩序是由布雷顿森林体系（具体组织包括国际复兴开发银行和国际货币基金组织）所奠定的国际货币金融秩序和由关税与贸易总协定奠定的国际贸易秩序，有的学者也将这些统称为"布雷顿森林体系"。Paul F. Diel（ed.）, *The Politics of Global Governance: International Organizations in an Interdependent World*（2nd ed., Lynne Rienner Publishers, 2001）, p. 259。

⑤ 王绳祖主编:《国际关系史》（第七卷），世界知识出版社 1995 年版，第 24~51 页。

利的状态，仍然无法健康地发展，经济上的自决远未实现。一些学者将这种情况视为帝国主义的延续，认为这构成了一种“结构性暴力”。①

面对这种政治地位与经济地位的差异，广大发展中国家决定采用政治的手段来追求经济上的发展。②虽然当时国际关系学说的主流是现实主义，即认为国家之间以权力界定的利益导致国家之间的冲突，③但是这些弱小国家还是试图通过被现实主义认为处于边缘地位的国际机制和伦理标准来扭转对其不利的局面。④这就导致了国际经济新秩序观念的提出。⑤很多研究都将国际经济新秩序与国际经济法的具体问题结合起来，分析了现行国际秩序中的缺陷，以及为了实现国际经济新秩序国际社会所需的措施。⑥从这个意义上看，国际经济新秩序与国际社会的组织化密切相关，对现代国际法，特别是国际经济法产生了很大的影响。⑦

（二）国际经济新秩序的基本内容

自1964年联合国大会的《天然资源永久主权决议》，至1974年由联合国大会通过的《建立国际经济新秩序宣言》和《建立国际经济新秩序行动纲领》以及《各国经济权利与义务宪章》等软法文件已为建立国际经济新秩序奠定了基础。⑧特别是1974年4月联合国大会第六届特别会议通过的《建立新的国际经济秩序宣言》（以下简称《宣言》）和《建

---

① Ige F. Dekker, “The New International Economic Order and the Legal Relevance of Structural Violence”, 12 *Revue Belge de Droit International* 466（1976）.

② Robin C. A. White, “A New International Economic Order”, 24 *The International and Comparative Law Quarterly* 542（1975）; C. Clyde Ferguson, Jr., “The Politics of the New International Economic Order”, 32 *Proceedings of the Academy of Political Science* 142（1977, No. 4, The Changing United Nations: Options for the United States,）.

③ 现实主义的代表人物，美国学者汉斯·摩根索（Hans J. Morgenthau, 1904~1980）及其代表著作《国家间政治：权力斗争与和平》（*Politics Among Nations: The Struggle for Power and Peace*）为现实主义的国际关系理论确立了基本的原则。

④ 从这个意义上讲，对国际经济新秩序的追求在国际关系理论上有一些建构主义的味道。

⑤ 参见方连庆、王炳元、刘金质主编：《国际关系史》（战后卷，下册），北京大学出版社2006年版，第655~657页。

⑥ 例如，严令常：《我国涉外经济立法与建立国际经济新秩序》，《苏州大学学报（哲学社会科学版）》，1987年第3期；杨泽伟、苏彩霞、陶桂华：《中国涉外经济立法与国际经济新秩序》，《法学评论》，1997年第2期；何志鹏：《国际经济法与国际经济新秩序》，《法制与社会发展》，1999年第1期；何志鹏：《知识产权与国际经济新秩序》，《法制与社会发展》，2003年第3期；何志鹏：《可持续发展与国际经济新秩序》，《法制与社会发展》，2001年第5期；朱炎生：《论发展权与建立国际经济新秩序》，《河北法学》，2005年第6期；李伯军：《WTO框架与推进国际经济新秩序》，《理论探索》，2006年第1期；杨松：《和谐世界与国际经济新秩序》，《中国社会科学院院报》，2007年第1期。

⑦ 杨泽伟：《新国际经济秩序研究——政治与法律分析》，武汉大学出版社1998年版。

⑧ 黄炳坤：《建立国际经济新秩序的斗争和前景——兼论其对国际法发展的影响》，《法学评论》，1981年第3期；周晓林：《国际经济新秩序与国际法》，《中国国际法年刊》（1983年），第70~92页；王维城：《争取建立国际经济新秩序的斗争对国际经济法的影响》，《吉林大学社会科学学报》，1985年第2期；姚梅镇：《国际投资法》，武汉大学出版社1987年版，第22~26页；曾华群：《国际经济法导论》，法律出版社1997年版，第10~22页；罗刚、褚俊英：《略论构建国际经济新秩序的原则及路径》，《云南大学学报（法学版）》，2006年第6期。

立新的国际经济秩序纲领》(以下简称《纲领》)提出了建立国际经济新秩序的基本原则和目标。国际经济新秩序“建立在所有国家的公正、主权平等、互相依靠、共同利益和合作的基础上，而不问他们的经济社会制度如何，这种秩序定将纠正不平等和现存的非正义并且使发达国家与发展中国家之间日益扩大的鸿沟有可能消除，并保证目前一代和将来世世代代在和平和正义中稳步地加速经济和社会发展。”[①] 此后，建立国际经济新秩序的内容又逐渐得到补充和完善。在具体要求上，国际经济新秩序主张改革原有的国际经济规范和做法。概括起来，其所涉及的主要领域有以下几方面：[②]

1. 强调经济主权

这方面主要体现为“天然资源永久主权”理念的形成，即各国对其管辖范围内的自然资源及其经济活动拥有永久的主权，可以采用包括国有化在内的适当措施对这些资源及其开发活动进行控制。在投资领域，各国应采取有利于发展国民经济的措施来管理、控制、限制和监督跨国公司[③]的活动，并强调国家有对外国投资进行征收的权利，反对动用外交保护侵害投资东道国的主权和利益。[④] 各国对其自然资源和其他资源受到的剥削、消耗和损害有权要求偿还和充分赔偿。

2. 改善在国际贸易关系中的地位和条件

鉴于国际垄断组织在国际商品市场上对商品价格拥有相当大的决定权，因而通过不等价交换剥削发展中国家的现实情况，广大发展中国家提出打破国际垄断，确保和稳定初级产品的出口价格。联合国第六届特别会议提出的商品综合方案就是发展中国家为维护经济权益，对发达国家和跨国公司压低原料价格所采取的一项具体措施。鉴于发达国

---

① United Nations General Assembly，Sixth Special session，Agenda item 7，Resolutions adopted by the General Assembly 3201 (S-VI)，*Declaration on the Establishment of a New International Economic Order*，A/RES/S-6/3201，1974，preamble. 中文本见联合国网站 http：//daccessdds.un.org/doc/RESOLUTION/GEN/NR0/071/90/IMG/NR007190.pdf？OpenElement，另有陈安教授译本，见陈安、刘智中编选：《国际经济法资料选编》，法律出版社 1991 年版，第 5 页。

② 关于国际经济新秩序的具体主张，参见 H. W. Singer，“The New International Economic Order：An Overview”，16 *The Journal of Modern African Studies* 539 (1978)；Craig N. Murphy，“What the Third World Wants：An Interpretation of the Development and Meaning of the New International Economic Order Ideology”，27 *International Studies Quarterly* 55 (1983)；Robert W. Cox，“Ideologies and the New International Economic Order：Reflections on Some Recent Literature”，33 *International Organization* 257 (1979)；《世界经济百科全书》，中国大百科全书出版社 1987 年版，第 256~257 页；王绳祖主编：《国际关系史 (第十卷)》，世界知识出版社 1995 年版，第 280~282 页。

③ 关于跨国公司在国际经济新秩序中的地位与作用，参见 Jack N. Behrman，“Transnational Corporations in the New International Economic Order”，12 *Journal of International Business Studies* 29 (Spring，1981：Tenth Anniversary Special Issue)。

④ 关于国际经济新秩序主张对于外交保护的态度，参见 Benoit Otis Brookens，“Diplomatic Protection of Foreign Economic Interests：The Changing Structure of International Law in the New International Economic Order”，20 *Journal of Inter-American Studies and World Affairs* 37 (1978)。

家对一些来自发展中国家的商品推行贸易保护主义，建立起不同形式的关税和非关税壁垒，发展中国家一方面主张发达国家去除保护主义措施，另一方面建议给予发展中国家不对等的关税减让优惠，即要求发达国家对来自发展中国家的进口制成品实行普遍优惠制，并增加进口数量。这些主张意味着发展中国家要求发达国家不仅为现实中的不平等竞争提供矫正措施，而且为以往的殖民时代恶果补课、赎罪，通过照顾发展中国家来达到实质的公平。

3. 在金融领域，增加向发展中国家的资金转移与改革国际货币金融制度

发展中国家因在历史上受到发达国家长期无情盘剥而导致今天的贫困、欠发达，没有足够的资金和技术发展本国经济和民族工业，发达国家理应本着对历史负责的态度对其转移资金和技术。但是，发达国家的援助不仅数量少，而且条件十分苛刻，官方援助比重日益下降，发展中国家不得不转向私人银行借款，这种债务结构的变化加重了发展中国家的债务负担。为此，发展中国家要求召开发达国家债权国与发展中国家债务国会议，以通盘解决减免或延缓发展中国家所欠债务的问题。同时，发展中国家强烈要求改革现行国际货币金融制度，主张通过无息或低息贷款的方式扶持发展中国家的工业企业，通过政策性的赠款让这些国家有机会利用外来资金成长壮大起来。

4. 要求改善技术转让条件，争取发达国家更多地向发展中国家转让技术

发展中国家的主要目标是建立一个新的、合理的、公平的技术转让体制，以消除发达国家向发展中国家转让技术的障碍，加速发展中国家取得和吸收先进技术的进程。

5. 保护海洋资源和争取海运权

主要包括以下三个方面：

（1）关于200海里领海权问题；

（2）关于海床矿藏权问题，将发展中国家尚无能力开发的海底资源主张为人类共同继承财产，避免发达国家为自身利益开发；

（3）关于分享海运权问题。发展中国家反对少数海运发达国家利用班轮公会操纵和垄断海运。

6. 加强发展中国家之间的合作，即南南合作①

《纲领》指出“发展中国家之间的集体自力更生和在这方面不断增长的合作将进一步

① 南南合作即发展中国家间的经济技术合作，其名称来源系由于大部分发展中国家分布在南半球或北半球的南部。南南合作被视为促进发展的国际多边合作不可或缺的重要组成部分、发展中国家自力更生、谋求进步的重要渠道，以及确保发展中国家有效融入和参与世界经济的有效手段。

加强它们在新的国际经济秩序中的作用”，并要求在区域和次区域一级促进建立或加强经济一体化，促进发展中国家在财政、信贷关系和货币领域中的密切合作。七十七国集团[①]在其通过的会议文件中把发展中国家间的经济合作当作建立国际经济新秩序的基本要素，要求实施发展中国家间全球贸易优惠制、设立国际贸易组织和多国销售企业，从而把南南合作推向了一个新的发展阶段。

7. 要求改革世界经济结构

20 世纪 70 年代末以后，发展中国家要求建立国际经济新秩序的要求已逐步深入到全面改革世界经济结构的各个领域。特别值得关注的是，七十七国集团提出了对世界生产、贸易、货币体系进行根本性结构改革的主张。发展中国家着重从以下四个方面推动世界经济结构的改革：

（1）在世界范围内调整工业结构，要求发达国家将劳动密集型工业转移到发展中国家；

（2）利用发达国家的先进技术和工艺，建立原料和燃料的“下游工业”；

（3）使发展中国家成为加工和制造各种中间产品的中心，从根本上改变单纯输出原料和初级产品的贸易格局；

（4）发展中国家组建多国公司，并逐渐打进国际市场。

（三）国际经济新秩序的推进过程

联合国大会所提供的一国一票、多数决即可通过决议的民主体制为倡导和推进国际经济新秩序提供了论坛基础，因而，国际经济新秩序的主张首先在联合国的框架下提出。[②]

---

① 七十七国集团（Group of 77，G77）是发展中国家在维护自己经济权益的斗争中逐渐形成和发展起来的。1963 年第 18 届联合国大会讨论召开贸易和发展会议时，73 个亚、非、拉国家和南斯拉夫、新西兰共同提出一个联合宣言，形成“七十五国集团”。后来肯尼亚、韩国、越南加入，新西兰宣布退出。1964 年 6 月 15 日在日内瓦召开的第一届联合国贸易和发展会议上，发达国家和发展中国家在一些重大问题上产生尖锐分歧。77 个发展中国家和地区联合起来，再次发表了《七十七国联合宣言》，要求建立新的、公正的国际经济秩序，并以此组成一个集团参加联合国贸易和发展会议的谈判，因而该集团被称为七十七国集团。虽然后来成员国逐渐增加，但集团名称仍保持不变。七十七国集团首次部长级会议于 1967 年在阿尔及利亚举行。此次会议通过了七十七国集团的宪章。该集团的宗旨是加强发展中国家在国际经济领域内的团结和合作，推进国际经济新秩序的建立，加速发展中国家的工业化进程。该集团是一个结构松散的国际组织，既不设立总部，也没有其他形式的常设机构，在作出决策的时候采取的是协商一致的原则。但在主要的国际组织机构和国际立法活动之中都经常有七十七国集团的身影。它在联合国、贸易和发展会议、工业发展组织中的活动尤为活跃。每届联大和贸发会议举行之前该集团通常举行部长级会议，协调立场，研究对策，部长级会议是该组织的最高权力机构。主要出版物有《七十七国集团通讯》等。2000 年 4 月，来自七十七国集团的 122 个成员国以及中国的高级代表团在古巴首都哈瓦那举行首届南方首脑峰会；2005 年 6 月，“七十七国集团＋中国”第二届南方首脑会议在卡塔尔首都多哈举行。七十七国集团对成员国数目总是处于不断地变化之中，当前（2014 年 8 月），七十七国集团有成员国 133 个。见 http：//www.g77.org/doc/members.html.

② 关于联合国在形成国际经济新秩序方面的作用，参见 Branislav Gosovic and John Gerard Ruggie，“On the Creation of a New International Economic Order：Issue Linkage and the Seventh Special Session of the UN General Assembly”，30 *International Organization* 309（1976）。

1964年10月，第二次不结盟国家和政府首脑会议[①]在开罗召开，通过了《和平和国际合作纲领》，建立国际经济新秩序的倡议出现在了国际事务的舞台之上。后来，七十七国集团于1967年10月召开的第一次部长级会议也确认了建立国际经济新秩序的必要性，并通过了《阿尔及尔宣言》号召发展中国家联合起来抵制发达国家的剥削。在此背景下，联合国大会第六届特别会议通过了《宣言》和《纲领》，《宣言》提出了建立新的国际经济秩序所应遵守的20条基本原则，《纲领》确立了建立新秩序的10项基本目标。1974年12月，联合国特别大会又通过了《各国经济权利义务宪章》。

在这种局面中，一系列的法律打上了国际经济新秩序的烙印。例如，联合国大会通过了一系列决议，确认国际经济新秩序的目标；[②]联合国贸发会议（UNCTAD）专门为提高发展中国家的地位而建立，并且在具体事项立法上不懈努力，[③]特别是《联合国海上货物运输公约》（汉堡规则）的起草、签署并生效；[④]在海洋法领域，《联合国海洋法公约》（UNCLOS，1982）将国际海底区域的法律地位确定为"人类共同遗产"也是这方面的表现。[⑤]

在南南合作方面，联合国系统一直对开展南南合作活动重视并给予支持和引导，联合国开发计划署在开展发展中国家间技术合作和经济合作中起主导作用。其宗旨在于推动人类活动所有领域内的知识和经验在发展中国家间的传播和共享，主要体现在基础设施建设、中小企业发展、健康教育等领域的互动。自从1978年通过《布宜诺斯艾利斯行动计划》以来，在联合国的支持、引导下，在各成员国的积极参与和推动下，南南合作蓬勃发展，并取得了很大的成果。

国际公平问题为学界所广泛关注，人们开始讨论在经济领域面对国际经济新秩序主

---

① 不结盟国家首脑会议是不结盟运动（Non-Aligned Movement，NAM）的一部分，不结盟运动是冷战时期的产物。1956年，埃及总统纳赛尔、印度总理尼赫鲁和南斯拉夫总统铁托在会谈中提出了不结盟的主张，以免在两大军事集团的对抗中受损。1961年，第一次不结盟国家首脑会议在埃及开罗召开，发表了《不结盟国家政府首脑会议宣言》，确立了不结盟国家的标准，提出了废除殖民主义，推进和平、中立、不结盟宗旨的主张。

② General Assembly Declaration on the Establishment of a New International Economic Order，68 *The American Journal of International Law* 798（1974）.

③ 例如，1964年在日内瓦召开的世界贸易与发展大会的主题是"走向发展的新贸易政策"；1964年联合国贸发会议的具体议题包括：（1）提升发展援助；（2）单边优惠体系，不发达国家的工业制成品予以低关税率；（3）稳定国际商品协定，提高并保持初级产品价格；（4）钉住提案，通过世界货币改革增强国际储备以援助不发达国家。联合国贸发会议对国际经济新秩序的促进作用，参见 Jamison M. Selby，"UNCITRAL Considers Work Program for New International Economic Order"，74 *The American Journal of International Law* 958（1980）；Gamani Corea，"UNCTAD and the New International Economic Order"，53 *International Affairs*（Royal Institute of International Affairs 1944—）177（1977）.

④ Lawrence Juda，"World Shipping，UNCTAD，and the New International Economic Order"，35 *International Organization* 493（1981）.

⑤ 关于在国际海底资源方面的争论与妥协，参见 Robert L. Friedheim and William J. Durch，"The International Seabed Resources Agency Negotiations and the New International Economic Order"，31 *International Organization* 343（1977 No. 2，Restructuring Ocean Regimes：Implications of the Third United Nations Conference on the Law of the Sea）。

张的策略设计。[①] 发展中国家的生存状态成为国际关系中的关键因素之一。由世界银行编写，1979年开始出版的《世界发展报告》每年一期，主要涉及与世界发展相关的广泛问题，认为讨论发展必须超出经济发展范围，应该包括重要的社会目标，如减少贫困、改善生活质量、增加获得教育和健康的机会。达到这些目的需要持续不断的努力，是一个开放性的过程，涉及政府、立法机构和金融机构等，依靠所有人的参与。[②]

（四）国际经济新秩序主张在理论上的争议

从规范性主张的性质上看，国际经济新秩序的一系列要求都具有反思甚至革命的特质。"新"对应着"旧"，主张着新秩序也就意味着以往的秩序是存在问题的、是需要推翻的。[③] 也就是要改变现行的国际经济秩序，废旧立新。国际经济新秩序的主张有着鲜明的伦理道德的内涵，它所主张的是一种人类的域内公平、超越当时的历史性公平。那些还留恋着重商主义的外贸政策，坚信国际社会是零和博弈、仅有财富转移而没有财富创造的理论家对这一主张充满怀疑和恐惧。

1. 国际经济新秩序主张的伦理前设

国际经济新秩序主张可以说包含着三个预先假定：首先，当前的国际经济贸易关系有失公平，亟须改变；其次，现在的发达国家过去的一些做法在伦理上有失正当，因此对发展中国家造成延续至今的恶果应当进行补救；再次，国家主权独立和平等原则的深化和国际政治秩序的改变，要求各国在国际事务上拥有同等发言权，如在联合国等国际组织的制度设计上由大国决定票变为各国平等票，从而由少数大国主导局面变为由多数小国主导局面。

2. 国际经济新秩序理论对自由贸易规范的质疑

从理论基础上，国际经济新秩序对自由贸易学说的"不加干涉的贸易会导致互利，

---

① 比如，有学者讨论了国际经济新秩序对于市场营销影响的评价与预测，参见 André van Dam，"Marketing in the New International Economic Order"，41 *Journal of Marketing* 19（1977）。这一趋势对日后人们看待全球化也产生了影响。反全球化和驯服全球化的主张在很大程度上缘于对于发展中国家的利益的关注。

② 例如，涉及的主题包括"创造更好的投资环境"（A Better Investment Environment for Everyone，2005）；"为穷人提供服务"（Making Services Work for Poor People，2004）；"急剧变化的世界中的可持续发展"（Sustainable Development in a Dynamic World，2003）；"为市场建立机构组织"（Building Institutions for Markets，2002）；"与贫困作斗争"（Attacking Poverty，2000/2001）；"进入21世纪"（Entering the 21st Century，1999/2000）；"知识与发展"（Knowledge and Information for Development，1998/99）；"变化世界中的国家"（The State in a Changing World，1997）。

③ 有的学者引用以前中国领导人的观点谈到，世界上发达国家与发展中国家之间的关系就如一国内部城市与农村的关系。中国革命的道路是农村包围城市，发展中国家也将会成为世界革命的地点。参见 Robert H. Johnson，"The New Populism and the Old: Demands for a New International Economic Order and American Agrarian Protest"，37 *International Organization* 41（1983）。

在公开、透明规则的基础上进行的竞争会导致共赢”的理论进行否证。新的观点认为，在实力不平等、工业化发展程度不同的国家之间进行的贸易活动，由于价格的剪刀差，往往会引致财富的单向流动；由于殖民时期的掠夺和殖民结构遗留下来的体制问题，绝大多数发展中国家的发展水平、经济结构、生产方式、决策机制都有很多问题，所以，即使是表面上公平的竞争，也会有不公平的结果。① 国际经济新秩序观念的倡导者、阿根廷著名经济学家劳尔·普雷维什（Raul Prebish）提出的“中心－外围论（Centre-periphery Doctrine）”主张外围国家要发展，就要从各个方面打破这种不合理的中心－外围结构，争取建立新的国际经济秩序。②1958 年，由经济学家哈伯勒（Gottfried Haberler）撰写的 GATT 报告，对贸易体制进行了批评，该报告认为 GATT 中的一系列例外都仅仅对发达国家有利。③

3. 国际经济新秩序中的“发展权”概念

从法律的角度，国际经济新秩序的问题在全球化的背景下可以而且应当被转化为国际发展权的问题，④ 因此，在法律学说上，国际经济新秩序的主张者推崇“发展权”这一概念，⑤ 对传统的人权进行拓展，以权利看待发展。⑥ 发展权作为人权的一部分，其实现意味着世界文明的发展与进步。⑦ 实现发展权是一个复杂的问题，既涉及不同的机构与层

① 参见陈安主编《国际经济法学新论》，高等教育出版社 2007 年版，第 10~11 页；《中国大百科全书・法学》（修订版），中国大百科全书出版社 2006 年版，第 188 页。

② Raul Prebish 自 20 世纪 40 年代开始撰写有关的著述，50 年代在联大二委（经济）审议，60 年代成为第三世界普遍接受的主张。

③ See *Trends in International Trade*（GATT，1958）.

④ 德全英：《自决权、主权及其发展权理论》，《新疆大学学报（哲学人文社会科学版）》，2005 年第 4 期；朱炎生：《发展观的变迁与发展权实现机制的转变》，《国际经济法论丛（第 7 卷）》，法律出版社 2003 年版；朱炎生：《论发展权与建立国际经济新秩序》，《河北法学》，2005 年第 11 期。

⑤ 有学者指出，在国际经济关系领域里兴起建立国际经济新秩序运动的同时，国际人权保护领域里兴起了确立和实现发展权的运动。与建立国际经济新秩序斗争相比，发展权实现运动更加深入、全面和彻底，它不仅仅要求从国际经济关系领域建立起实现共同发展目标的新秩序，而且它从维护人的尊严和基本自由出发要求将这种国际层面实现的斗争成果透过国内层面的各项努力有效地传递给每个个人，并充分发挥每个人参与发展进程的积极性、创造性。朱炎生：《论发展权与建立国际经济新秩序》，《河北法学》2005 年第 11 期。

⑥ 何志鹏：《以人权看待发展》，《法制与社会发展》，2009 年第 4 期；习耕耘：《论发展权的可持续性——以人权看待可持续发展》，《政治与法律》，2007 年第 4 期；Subrata Roy Chowdhury and Paul J.I.M. de Waart，“Significance of the right to development: an introductory view”，in Subrata Roy Chowdhury et al.（eds.），*The Right to Development in International Law*（Martinus Nijhoff Publishers，1992），pp. 7~11。

⑦ 占红沣：《发展权：全球性法治的价值目标》，《政治与法律》，2007 年第 4 期；桂晓伟：《发展权全球法治机制建构》，《政治与法律》，2007 年第 4 期。

面，也涉及不同的事项领域。[①] 承认各国的发展权十分重要。国际经济新秩序要求各国都有均等的机会来发展经济，通过构建更加均衡的国际经济关系和国际经济制度，来创造更有利于发展中国家经济发展的环境和机制。由于全球化所带来的“南北差距”的扩大，处理发展中国家和发达国家的经济关系，必须适用更有利于发展中国家发展的原则和规则，这也可以看作实现基本人权的一部分，[②] 这使得发展权成为一项被国际社会普遍接受的人权。

4. 质疑和反对国际经济新秩序主张的观点

在学理上，国际经济新秩序的主张也受到了很多质疑和反对。[③] 在反对者看来，国际经济新秩序是一系列盘算周到、雄心勃勃但是具体内容却未能十分清楚界定的目标。批评国际经济新秩序的论者提出，国际经济新秩序既不是国际的（不是国与国之间的安排，每一国家都参与其中，而仅仅是国家集团的行为），也不是经济的（即从效果上讲，经济应当是大多数参与者通过市场来关注贸易的理性与效率，而这一主张更倾向于中央计划体制，不够市场化），算不上新（它上承马克思关于帝国主义的观点、斯密的国富论），也不属于秩序（更类似丛林规范，期待大的野蛮者会悔过、奉献于小的受害者；发达国家忍让发展中国家不会导致秩序，更不会导致法治；法治的目的是约束每个人遵从法律，防止占据财产和广有势力的一方主导赢家通吃的竞争。当今的国际经济体制中虽有违法的情势，但应当严格遵守法律的规定，而不应当干脆放弃）。他们将天然资源的永久主权

① 对于发展权问题的讨论，参见朱炎生:《发展权的演变与实现途径——略论发展中国家争取发展的人权》，《厦门大学学报（哲学社会科学版）》，2001 年第 5 期；何志鹏、孙璐:《世界贸易体制中的发展权》，《当代法学》，2006 年第 3 期；何志鹏:《欧洲联盟体制内的发展权》，《当代法学》，2007 年第 1 期；袁红梅、于霜丽:《知识产权国际保护与发展权研究——以药品为研究样本》，《辽宁大学学报(哲学社会科学版）》，2007 年第 3 期。关于在多边贸易谈判中实现发展权的问题，参见左海聪:《发展中国家和中国在多哈回合的谈判目标和策略展望》，《国际经济法学刊》，2004 年第 10 期；朱榄叶:《坎昆会议之后 WTO 争端解决机制的发展及中国的对策》，《世界贸易组织动态与研究》，2004 年第 9 期；关于在 WTO 争端解决机制中实现发展权的问题，参见姜作利:《试论发展中国家成员在 WTO 争端解决机制中的法律实践》，《国际经济法论丛》，2003 年第 7 期；关于国际投资领域实现发展权的问题，参见詹晓宁著，徐惠婷译:《国际投资规则的制定: 晚近趋势及其对发展的影响》，《国际经济法学刊》，第 13 卷第 2 期（2006）。蔡从燕:《国际投资结构变迁与发展中国家双边投资条约实践的发展——双边投资条约实践的新思维》，陈安:《区分两类国家，实行差别互惠: 再论 ICSID 体制赋予中国的四大“安全阀”不宜贸然全面拆除》，陈辉萍:《美国投资者与东道国争端解决机制的晚近发展及其对发展中国家的启示》，徐崇利:《国际投资条约中的“岔路口条款”: 选择“当地救济”与“国际仲裁”权利之限度》，以上 4 篇文章均载于《国际经济法学刊》，第 14 卷第 3 期（2007）。近年来，更多学者从气候变化的维度考虑发展权问题，例如杨泽伟:《碳排放权: 一种新的发展权》，《浙江大学学报（人文社会科学版）》，2011 年第 3 期；曾文革、周钰颖:《论〈京都议定书〉第二期承诺对国家发展权的保障及其局限性》，《东南大学学报（哲学社会科学版）》，2013 年第 3 期；高小升:《里约 +20 峰会后的世界可持续发展问题析评》，《现代国际关系》，2012 年第 11 期；肖洋:《在碳时代中崛起: 新兴大国赶超的可持续动力探析》，《太平洋学报》，2012 年第 7 期。

② 罗艳华:《如何看待人权与发展的关系——后冷战时代南北方人权斗争的焦点之一》，《世界经济与政治》，1996 年第 8 期。

③ 学者对于国际经济新秩序的质疑，参见 Fred Hirsch，“Is there a New International Economic Order？”，30 *International Organization* 521（1976）。

解释成“我卖给你东西，我什么时候想调价就可以调，你无权反对，你应当将其作为丛林规则的一部分而加以欣赏”。①

国际法学者更多从这些主张和力图确立国际经济新秩序的国际规范所具备的法律性质的角度来探讨问题，因为这些规范大多采用联合国大会不具有约束力决议的方式订立，所以，他们认为这些并不构成新生的国际法，而仅仅是一种宣示。更加审慎的学者则认为，仅有这些宣言性质的文件是不够的，需要国家的实践才能印证新的习惯国际法的产生。②

经济学者对国际经济新秩序所建议的歧视性政策提出了反对，③他们认为，从经济的角度看，以改变经济政策而获取经济发展将收效甚微。当对现存的国际经济政策（垄断、政府干预）及发达国家有抱怨时，有效的方式应当是降低自身干预世界自由竞争的机制，国际经济新秩序的要求与科学的、经济的层次相距甚远。他们提出，国际经济新秩序里存在三个社会科学层次的问题：

（1）为什么公众讨论倾向于将价格作为财富与收入的导向？他们认为，实际问题比表面要难得多，经济学家分析整体问题，而常人仅仅考虑局部。最低工资立法反而导致贫困加剧，低技能、少年和老年工人、年轻黑人男子的高失业率就说明了这一问题。类似地，明显的初级产品的生产者贫困就应赋予高价格，并施与歧视性政策、关税保护，这是模仿而非分析。

（2）将补偿过去的罪过作为国际经济新秩序的理由，追究殖民主义、帝国主义体系过去的弊病，仅属于知识分子的浪漫主义倾诉和不切实际的良知乐于感觉罪过并表示悔悟。实际上，这是基督教哲学、西方传统、经济哲学的基本问题。他们认为，美国富裕是由于其得天独厚的条件。财富并不导致明显的个人生产贡献，因为现代生产与交换的经济，其中财产经营、积累是增长产出效率与一般生活水平的方法，财产是生产性贡献的结果，而非免除其生产贡献的原因。旧的财产观点认为享有财富是不做工作的资格，仍占据着公众与政治主流。④西方的财富以及西方发达、先进社会的高收入是经过数世纪

①［美］罗伯特·吉尔平：《国际关系政治经济学》，杨宇光等译，上海人民出版社2006年版，第244~246页。

② Rosalyn Higgins, *Problems and Process: International Law and How We Use It* (Oxford University Press, 1994), pp. 28~31.

③ 有关观点来自 Harry G. Johnson, *The New International Economic Order* (The Woodward Court Lecture at the University of Chicago), Selected Papers, No. 49, Graduate School of Business, University of Chicago, 1976.

④ 笔者认为，这样的观点在实际上并不真的存在。这一争论的主旨是掠夺财产而减少财富产出，避而谈其他重要的问题仅仅是在转移视线。

的努力、教育提升和积累而达到的，现在人类应当有平等的收入权。[①]

（3）政治权力的转换与国际经济新秩序的关系。国际经济新秩序是权力均衡和联合官僚主义的产物。一些成功的发达国家与大量的不发达国家之间的对垒，是少数向多数屈服。而在国内，非洲、中东产油国对稀缺、可耗竭资源所采取的垄断，相信垄断者会自愿将其利润分给工人是不现实的，穷人受损最多。[②]

（五）国际经济新秩序主张的影响

国际经济新秩序的主张，自20世纪60年代开始至20世纪90年代初全球化与新自由主义主张的全球性覆盖，在20多年的时间里取得了一些成效，但也存在很多缺憾。

从其成效来看，一些向发展中国家提供惠益的机制一直在有效运作，比如包括欧盟、美国、加拿大等国家和国家集团推行的普惠制（GSP）、世界银行对发展中国家的贷款[③]、欧盟与非加太地区的合作伙伴协定[④]、一系列初级产品的生产者联盟[⑤]，等等，这就使得世界经贸法律制度不再用表面上的公平来掩饰实质上的不公平，国际经济秩序也不再单方面地仅仅对发达国家有利。[⑥]

从其缺憾来看，国际经济新秩序的理念尚未发展为具有法律约束力的具体的国际法规范，因此在国际社会的影响颇为有限，效力尚嫌不足。例如，第一届联合国贸发会议的"商品一体化项目"无果而终，同时提出的发展援助除了许诺几乎一无所获，世界货币改革对发展中国家的好处也很小。

尽管有很多发展与进步，很多国家在这一主张下受益，[⑦]但是，在20世纪80年代中

① 笔者认为，这是典型的狡辩。这种观点类似于说：两户人家A和B，A凭强力侵入B，逼B为奴隶，劫夺其财产，以奴役者的身份剥削B的劳动力。日后，B奋起，借助自己的力量和社会力量独立，在公众场合要求A偿还损失；A说：不行，我现有的财富是我数个世代教育和积累的结果，哪有你这种贫穷小人的机会呢！——这是典型的强盗逻辑，不能归入真正的讨论范畴。

② 笔者认为，这个理由也过于勉强。主张是否具有合理性，与少数是否向多数屈服并无本质关系。有些国家垄断资源固然没有给这些国家的人民普及性地带来好处，但是谁能相信如果这些资源把持在外国人手里就会给人民带来广泛的好处呢？倒是有很多证据（比如美国资本对于拉美、中东各国的资源控制）证明了相反的情况。所以这些反对的观点大多经不起推敲。

③ 洛美协定对于国际经济新秩序的实现，Wolfgang Benedek，"The Lomé Convention and the International Law of Development：A Concretisation of the New International Economic Order？"，26 *Journal of African Law* 74（1982）.

④ 参见谢世清、李丽霖：《从世行贷款看国际金融组织促进中国的制度创新》，《国际贸易》，2014年第2期。

⑤ 关于生产者联盟在建设好国际经济新秩序中作用的讨论，参见L. B. Francis，"Producers' Associations in Relation to the New International Economic Order"，30 *The International and Comparative Law Quarterly* 745（1981）.

⑥ 王维城：《争取建立国际经济新秩序的斗争对国际经济法的影响》，《吉林大学社会科学学报》，1985年第2期。

⑦ See，e.g.，Jason L. Finkle and Barbara B. Crane，"The Politics of Bucharest：Population，Development，and the New International Economic Order"，1 *Population and Development Review* 87（1975）；拉丁美洲国家在工业化过程中取得的成绩和存在的问题，F. Parkinson，"Latin America，Her Newly Industrialising Countries and the New International Economic Order"，16 *Journal of Latin American Studies* 127（1984）；Markos Mamalakis，"The New International Economic Order：Centerpiece Venezuela"，20 *Journal of Inter-American Studies and World Affairs* 265（1978）.

期以后，国际经济新秩序的主张在全球化的浪潮中逐渐淡化，① 如沃伦斯坦所述的中心－边缘体系仍在持续和激化，② 国际经济新秩序的很多主张日益被忽视。更重要的是，20 世纪 90 年代以后，世界局势的迅速发展使得国际经济新秩序变成了“未完成的任务”。争取国际经济新秩序过程的成就与不足也体现出了现实主义国际关系理论仍然存在的解释力。③ 但是，未完成的任务并不等于不可能的任务。当前，发展中国家面临着全球化和现代化的双重挑战，在南北关系的不平衡、不平等加深的背景下，如何弥合不平等的问题，如何解决主权、安全、发展、环境等一系列问题，严峻地摆在全球面前。④ 一系列新问题的出现，让人们感觉到国际经济新秩序的主张仍应当维护，⑤ 但是需要更加合适的方式。⑥ 换言之，国际经济新秩序这个具有内在合理性的主张在世界变革的时代中彷徨，并寻找适当的出路。⑦

二、可持续发展：发展理念的新阶段

作为来自发展中国家的对于国际政治经济格局的一个设想，国际经济新秩序因其伦理上的正当性而在国际社会一度呼声甚高。但如前所述，对于国际经济新秩序的批评也一直存在，而最关键之处在于，国际经济新秩序的格局体系是由弱者提出、体现弱者利益取向的，而世界秩序由强者主导。所以在全球化的浪潮之中，国际经济新秩序的主张陷于困境。当前，国际经济新秩序的前景不容乐观，⑧ 国际经济新秩序的灵魂、精神实质

---

①［美］罗伯特·吉尔平:《国际关系政治经济学》，杨宇光等译，上海人民出版社 2006 年版，第 683~684 页;［美］罗伯特·吉尔平（Robert Gilpin）:《全球政治经济学：解读国际经济秩序》，杨宇光、杨炯译，上海人民出版社 2006 年版，第 277~279 页。

② 参见 Immanuel Wallerstein, *The Capitalist World-Economy*（Cambridge University Press, 1979）;［美］伊曼纽尔·沃伦斯坦:《现代世界体系》（第 1~3 卷），尤来寅、孙立田、吕丹等译，高等教育出版社 1998、2000 年版;［美］戴维·波普诺:《社会学（第 11 版）》，李强等译，中国人民大学出版社 2007 年版，第 683~684 页。

③ 根据现实主义国际关系理论，冷战时期的两大国家集团都会为争取权力而拉拢发展中国家，由此取得均势；冷战结束以后，国际世界基本上单极化，竞争和制衡的意义不复存在。对于大国来讲，对发展中国家的拉拢已经不再是增加权力的重要手段，所以这些国家的主张不再被显著重视。

④ 参见张贵洪主编:《国际关系研究导论》，浙江大学出版社 2003 年版，第 266~273 页。

⑤ 参见本文作者的几篇文章:《国际经济法与国际经济新秩序》,《法制与社会发展》，1999 年第 1 期;《可持续发展与国际经济新秩序》,《法制与社会发展》，2001 年第 5 期;《知识产权与国际经济新秩序》,《法制与社会发展》，2003 年第 3 期。

⑥ 发展中国家和发达国家在要求国际经济新秩序的时候，由于实力的差异，不可能将其与其真正达到。尽管在道义上是正确的，在主张上是有根据的，但是只能由发达国家的让步来获得。所以，在很大程度上国际经济新秩序并不是革命，而仅仅是妥协。参见 Harold K. Jacobson, Dusan Sidjanski, Jeffrey Rodamar, and Alice Hougassian-Rudovich, “Revolutionaries or Bargainers?: Negotiators for a New International Economic Order”, 35 *World Politics* 335（1983）。

⑦ 冯特君:《试论建立国际政治经济新秩序的现实性》,《外交学院学报》，2000 年第 4 期；刘山:《经济全球化挑战与推动建立国际新秩序》,《国际问题研究》，2000 年第 4 期。

⑧ 参看《国际经济法学刊》，第 15 卷第 2 期（2008）上刊载的一组文章：Branislav Gosovic 著，杨小强译:《国际经济新秩序法律问题专题研究二十一世纪初联合国将走向何方：改变抑或延续国际旧秩序》；徐崇利:《建立国际经济新秩序斗争的潮落与中国的立场》；Yong-Shik Lee 著，张泽忠译:《发展与世界贸易组织：关于〈发展促进协定〉和 WTO 贸易与发展理事会的建议》。

有可能与其他国际社会的理想目标结合在一起，为人类社会的未来前景而提供指向。[①] 当国际经济新秩序的呼声在国际社会的影响日趋减小的时候，国际关系领域悄然兴起了另外一个已经有了相当深厚基础、又有着巨大发展潜力的世界图景理念——可持续发展。[②]

（一）对"不可持续发展模式"的洞见

20 世纪 60 年代以后，一系列学者看到人类的生产、生活方式对环境产生负面影响，并进而负面反馈给人类，使得人类的生产、生活质量下降，甚至受到威胁。[③] 学者对现实世界中的环境资源问题、经济增长问题、社会公正问题进行审视，认为工业化以后的世界主导的生产、生活模式是一种"不可持续发展模式"，这种不可持续具体体现为以下几个方面：

1. 资源掠夺式的生产模式

在人类的生活场域，由于科学主义的盛行，人们开始迷信甚至崇拜自身的理性与能力，这在经济上引致了以开发、消耗能源为指标的生产体系。在工业革命影响下形成的现代化观念，鼓吹人的全知全能和价值至高，其所推崇的社会发展模式和人类生活方式逐渐获得全球性的认可和追求。人类所面对的世界被认为是可以随意设计和制造的对象，资源被认为是取之不尽、用之不竭的。在迷信科学、崇尚人的力量的思想，甚至"人定胜天"的口号和思想的指引下，大工业生产迅速推进，导致了资源耗竭、环境污染。生态危机、公害事件、能源枯竭给人类提出了警告。[④]

2. 保护与自由兼顾的国际经济贸易体制

在国际经济理论中，虽然已经从重商主义转向自由主义，但是国际经济实践中的重商主义传统仍未消除，自由主义并未得以真正贯彻。实际上形成了在保护主义与自由主义之间摇摆并求取均衡的国际贸易体系。而且，即使在自由主义的理论与实践中，也没

① 例如，与可持续发展、和谐世界的理念相融合，在域内公平和域际公平的维度改良国际经济秩序。

② 参见何志鹏:《从国际经济新秩序到可持续发展是国际经济法治目标的升华》,《国际经济法学刊》，第 15 卷第 3 期（2008）。

③ 在这方面，蕾切尔・卡逊的《寂静的春天》（中译本吕瑞兰、李长生译，科学出版社 1979 年版、吉林人民出版社 1997 年版、上海译文出版社 2007 年版）、丹尼斯・米都斯等著的《增长的极限——罗马俱乐部关于人类困境的报告》（中译本李宝恒译，吉林人民出版社 1997 年版；李涛、王智勇译，机械工业出版社 2006 年版）对增长本身提出质疑，这些著述使人们警醒、使人们注意经济增长和工业化的负面效应和一系列问题。

④ 英国哲人培根所说的"知识就是力量"、启蒙思想家洛克站在神学和世俗的角度对人的理解与分析、德国哲学家康德陈述的"人是目的"都是人类中心主义的，只是人类过度崇尚和迷信科学导致了对社会状态、环境与资源的轻视。笔者认为，从心理发生学的角度，人类是不能走出人类中心主义的。但是那种迷信人类力量、忽视自然的意义和价值的"强势人类中心主义"应当予以反对。

有考虑发达国家与发展中国家在历史上的掠夺关系、奴役关系和现实中的实力差别。① 这就意味着，全球化的经济发展很可能仅仅只对某些行为者有利，加剧财富的单向度流动，反过来危害全球的稳定、安全和持续。②

3. 以均势为主导的国际政治关系

在国际政治理论中，现实主义占据主导地位。"一战"后短暂的理想主义被"第二次世界大战"的惨剧消磨得风消雨散，既而出现的冷战也使得国际社会陷于势力均衡的框架之中。国家之间争夺权力的竞争与冲突被视为规律性的长期存在，国际社会的共同目标被东西之间的对抗而挤到边缘，国际合作被视为十分渺茫。③

4. 以冲突为内容的国际文化体系

在文化上看，东西方之间的二分法造成了意识形态上的巨大差异，由宗教信仰不同而形成的观念区分导致了文明的冲突，文化个性被过分强调，而共性则在很大程度上被忽视甚至放弃。④

（二）可持续发展观念的内涵与基本主张

可持续发展是指既能促进人与自然的和谐一致又能保证后代充分发展的永久潜力，既有利于社会、经济、生态等的全面发展又不损害国家主权的发展。⑤ 它要求人类的经济

①[美]多米尼克·萨尔瓦多（Dominick Salvatore）:《国际经济学》（第 9 版）杨冰译，清华大学出版社 2008 年版，第 325~330 页。

②[美]贾格迪什·巴格沃蒂（Jagdish Bhagwati）:《今日自由贸易》，海闻译，中国人民大学出版社 2004 年版，第 322~328 页。

③[美]小约瑟夫·奈:《理解国际冲突：理论与历史》，张小明译，上海人民出版社 2005 年版，第 1~2 章。

④[美]塞缪尔·亨廷顿:《文明的冲突与世界秩序的重建》（第 3 版），周琪、刘绯、张立平、王圆译，新华出版社 2002 年版，第 8~11 章；有关批评，参见[德]哈拉尔德·米勒:《文明的共存》，郦红、那滨译，新华出版社 2002 年版。

⑤ 可持续发展最核心的文献来源是布伦特兰委员会的报告《我们共同的未来》（Bruntland，G.（ed.），*Our common future: The World Commission on Environment and Development*（Oxford University Press，1987）中所界定的："Development that meets the needs of the present without compromising the ability of future generations to meet their own needs. It contains within it two key concepts: the concept of needs，in particular the essential needs of the world's poor，to which overriding priority should be given; and the idea of limitations imposed by the state of technology and social organization on the environment's ability to meet present and future needs." 20 世纪 80 年代中期以来，世界各国和有关国际组织对可持续发展作出了几十种不同的定义，概括起来主要有五种类型:（1）自然属性定义。国际生态联合会（INTECOL）和国际生物科学联合会（IUBS）在 1991 年 11 月联合举行的可持续发展专题讨论会上提出"可持续发展是寻求一种最佳的生态系统以支持生态的完整性，即不超越环境系统更新能力的发展，使人类的生存环境得以持续"。（2）社会属性定义。1991 年，由世界自然保护同盟（IUCN）、联合国环境规划署（UNEP）和世界野生生物基金会（WWF）共同发表的《保护地球——可持续生存战略》中给出的定义是："可持续发展是在生存不超出维持生态系统涵容能力之情况下，改善人类的生活品质"。这种定义主要强调人类的生产方式与生活方式要与地球承载能力保持平衡，可持续发展的最终落脚点是人类社会，即改善人类的生活质量，创造美好的生活环境。（3）科技属性定义。认为可持续发展就是要用更清洁、更有效的技术——尽量做到接近"零排放"或"密闭式"工艺方法保护环境减少资源消耗，着眼点是科技进步对实施可持续发展的重要作用。（4）经济属性定义。认为可持续发展是在"不降低环境质量和不破坏世界自然资源基础上的经济发展"。（5）伦理方面定义。认为可持续发展的核心是目前的决策不应当损害后代人维持和改善其生活标准的能力。有关可持续发展概念的分析，参见 http://sdgateway.net/introsd/definitions.htm。

活动不超越环境的承受能力，人类的整体生活要与自然环境保持和谐。可持续发展有着多方面的关注和要求。以环境为视角，为了保护环境，同时也是为了保证人类未来的生存和发展，它对人类的生活和发展模式进行了反思并试图加以改进。后来，人们在深思何种状况、战略、体制和行为能够导引人类可持续发展的时候，人们开始越来越明确地意识到，这不仅是一个环境领域的问题，不可持续的生产与生活方式植根于作为人们的生活方式、生产方式的经济理念、政治观念、文化信念之中。因而必须把人类的整体生活方式作为一个系统来考虑，从日常生活的消费观念与模式到生产程序、产品类型、营销策略、社会矛盾的处理、国家整体发展战略、法律体系、国际关系，任何一个环节和侧面出现了问题都可能会导致可持续发展链条的断裂，可持续发展的目标也就从整体上落空。所以将可持续发展的概念进行外溢，拓展到了人类生活的更多方面。① 可持续发展成为一个全球性的、全方位的社会发展概念。

可持续发展着眼于公平性（fairness）、持续性（sustainability）和共同性（common），以保护自然为基础，注重保护生命支持系统，保护生物多样性，保持地球生态的完整性，保证以持续的方式使用可再生资源，使人类的发展保持在地球承载能力之内，同时，以改善和提高人类的生活质量为目的，与社会进步相适应。可持续发展具体包括三个互相关联的方面：经济持续、社会持续和生态持续。②

1. 经济持续

经济增长是可持续发展问题提出的主导动因，所以也是关键方面。因为可持续发展的最终目标就是要不断满足人类的需求和愿望，所以保持经济的持续发展是可持续发展的核心内容。发展经济，改善人类的生活质量，是人类的目标，也是可持续发展需要达到的目标。可持续发展把消除贫困作为重要的目标和最优先考虑的问题，因为贫困削弱了他们以可持续的方式利用资源的能力。目前广大的发展中国家正经受来自贫困和生态恶化的双重压力，贫穷导致生态破坏的加剧，生态恶化又加剧了贫困。对于发展中国家来说，发展是第一位的，加速经济的发展，提高经济发展水平，是实现可持续发展的一个重要标志。没有经济的可持续发展，就不可能消除贫困，也就谈不上可持续发展。但是，在可持续发展的体系中，经济“增长”的观念被质疑，代之以“发展”的概念，即不是在数量上，而是在质量上鼓励经济增长，结束指数增长的观念，

① 由联合国开发计划署制作的人类发展报告（*Human Development Report*）和最不发达国家报告（*The Least Developed Countries Report*）、由世界银行制作的世界发展报告（*World Development Report*）各年的内容都是从经济增长、社会公平、科技创新、制度重构等角度看待发展问题的。

② 钱易、唐孝炎主编：《环境保护与可持续发展》，高等教育出版社 2000 年版，第 135~141 页。

转向有机增长，[1] 倡导清洁生产和文明消费。

2. 社会持续

可持续发展一直强调人是发展的中心，所以社会公正是人类持续不可或缺的方面。人们比喻：经济问题主要探讨的是如何把蛋糕做大，而社会公正则是探讨如何将蛋糕妥善分好。人类可以在艰难的物质条件下相互团结、奋斗生存，却很有可能在富足的物质条件下相互争斗、残杀毁灭(不患寡而患不均)。人类的大规模战争是在进入农业社会之后、生活资料有剩余开始的，这充分说明资源配置的公正性是何等重要。当前，一个社会共同体内部个体（个人、家庭）之间的公平、一个国家之内不同地区之间的公平、整个世界上不同国家之间的公平，都是需要解决的问题。如果不能妥善地解决社会公正的问题，很容易引发由于仇富心理而导致的恶性犯罪、由于区域差距而导致的社会迁徙和秩序混乱、由于国家间剥削而形成的经济难民和恐怖主义等。所以，可持续发展注重在社会上形成一种各阶层成员起码能够接受的分配体系，在社会和谐的基础上追寻更高的目标。

3. 生态持续

发展的内涵是对经济增长的反思，要求进行环境污染控制（后果控制），注重社会发展和环境保护，将环境视为发展自身的要素之一。可持续发展最核心的关注是人类如何与大自然和谐共处的问题。人们首先要了解自然和社会的变化规律，才能达到与大自然的和谐相处。同时，人们必须要有很高的道德水准，认识到自己对自然、对社会和对子孙后代所负有的责任。因此，提高全民族的可持续发展意识，认识人类的生产活动可能对人类自身环境造成的影响，提高人们对当今社会及后代的责任感，增强参与可持续发展的能力，也是实现可持续发展不可缺少的社会条件。要实现社会的可持续发展，必须要把人口控制在可持续的水平上。许多发展中国家，人口数已经超过当地资源的承载能力，造成了日益恶化的资源基础和不断下降的生活水准。人口急剧增长，对资源需求量的增加和对环境的冲击，已经成为全球性的问题。可持续发展涉及诸多方面的问题，但资源问题是其中心问题。可持续发展要保护人类生存和发展所必需的资源基础，因为许多非持续现象的产生都是由于资源的不合理利用引起资源生态系统的衰退而导致的。为此，在开发利用的同时必须要对资源加以保护，如对可更新资源利用时，要限制在其承载力的限度内，同时采用人工措施促进可更新资源的再生产，维持基本的生态过程和生命支持系统，保护生态系统的多样性以利于可持续利用；对不可更新资源的利用要提高其利用率，要积极开辟新的资源途径，

---

① 参见潘玉君、武友德、邹平、明庆忠等：《可持续发展原理》，中国社会科学出版社 2005 年版，第 13 页。

并尽可能用可更新的资源和其他相对丰富的资源来替代，以减少其消耗，要特别加强对太阳能、风能、潮汐能等清洁能源的开发利用以减少对化石燃料的消耗。可持续发展十分强调环境的可持续性，并把环境建设作为实现可持续发展的重要内容和衡量发展质量、发展水平的主要标准之一，因为现代经济、社会的发展越来越依赖环境系统的支撑，没有良好的环境作为保障，就不可能实现可持续发展。这也就是人们常说的域际公平。

从这几个方面可以看出，孤立追求经济持续必然导致经济崩溃；孤立追求生态持续不能遏制全球环境的衰退。生态持续是基础，经济持续是条件，社会持续是目的。人类共同追求的应该是自然—经济—社会复合系统的持续、稳定、健康发展，是人类整体生活方式的变化。[①] 应当说，可持续发展的思想并不是一个全新的构建，人类历史的很多文化中都有着对人与自然之间，环境、社会与经济之间需要和谐共处的认识。之所以说这一理念在 20 世纪 80 年代兴起有其新颖之处，是因为它更深刻地结合了市场全球化、工业现代化、社会信息化的特征。所以，人们在国际社会上提出了可持续发展的概念，追求一种既有利于现代人，又有利于后代人的生产、生活方式。在这一层面上，可持续发展的观念有着深刻的人文内涵和经济意义。

（三）可持续发展的实践进程

20 世纪 80 年代以来，可持续发展的观念进展迅速。参加 1992 年地球峰会的领导人在布伦特兰报告的基础上对最重要的领域——气候变化、荒漠化、森林砍伐——建立起了几个重要的国际公约和声明[②]，并且，起草了涉及领域非常广泛的、解决新时期环境与发展问题的行动战略与工作计划——21 世纪议程（Agenda 21）。[③] 进入 20 世纪 90 年代，各国政府、国际组织（如世界银行）、非政府组织乃至企业界纷纷在可持续发展观念的影响下制定了多种多样的部门性或区域性可持续发展规划，极大地拓展了国际社会对可持续发展理念的认识。但 1997 年进行的对地球峰会五周年之后可持续发展所取得结果的回顾表明，在可持续发展方面的进展并不尽如人意。[④]

---

① 参见裴广川主编：《环境伦理学》，高等教育出版社 2002 年版，第 318~324 页。

② 即《气候变化框架公约》、《生物多样性公约》、《跨界水道和国际湖泊保护和利用公约》、《关于森林问题的原则声明》，见王曦主编：《国际环境法资料选编》，民主与法制出版社 1999 年版，第 246~315、682~688 页。

③ 钱易、唐孝炎主编：《环境保护与可持续发展》，高等教育出版社 2000 年版，第 152~154 页。

④ “Five Years after Rio: Where Do We Stand? ”，the outcome of the Earth Summit+5 special session of the UN General Assembly，www.un.org/ecosocdev/geninfo/sustdev/5years.htm；关于可持续发展的实践进展，参看 http://www.iisd.org/；2002 年《约翰内斯堡宣言》对 1992 年以后的人类环境面临的威胁进行了精炼的阐述，参见 Johannesburg Declaration on Sustainable Development，paras. 8~9，11~15。

2000 年 9 月联合国大会通过的《千年宣言》要求各国采取措施使全人类，尤其是我们的子孙后代不至于生活在一个被人类活动造成不可挽回的破坏、资源已不足以满足他们需要的地球，重申支持联合国环境与发展会议商定的可持续发展原则，包括列于《二十一世纪议程》的各项原则，并在一切有关环境的实际运作中采取新的养护与管理的道德标准，竭尽全力确保《京都议定书》生效，保护我们的共同环境减少温室气体排放，加紧努力可持续地开发森林，推动全面执行关于《生物多样性公约》和《在发生严重干旱和/或荒漠化的国家特别是在非洲防治荒漠化公约》，制止不可持续地滥用水资源，确保公平获取用水和充分供水，加紧合作以减少自然灾害和人为灾害的次数及其影响，确保自由获取有关人类基因组序列的资料。①

2002 年，在南非约翰内斯堡召开的可持续发展问题世界首脑会议通过了《约翰内斯堡可持续发展宣言》《执行计划》和《约翰内斯堡可持续发展承诺》，对于消除贫困、水和卫生、可持续生产和消费、能源（包括可再生能源、获得能源、能源市场、能源效率）、化学品、自然资源管理（水、海洋和渔业、大气、生物多样性、森林）、共同责任、健康、小岛屿、发展中国家的可持续发展、非洲的可持续发展、执行手段、可持续发展的体制框架问题提出了建议，要求在国际、区域和国家级别采取新的措施加强可持续发展的体制安排。加强可持续发展委员会的作用，包括审查和评估《二十一世纪议程》的实施情况，以及促进实施工作、倡议和伙伴关系的协调一致。促进和推动把可持续发展的经济、社会和环境三方面均衡地纳入联合国区域机构的工作之中。立即采取步骤推进制定和阐述国家可持续发展战略，并最迟在 2005 年实施这些战略。

2012 年的“里约 +20”峰会一方面看到人类环境领域的危机，另一方面也再度倡导可持续发展。当前，可持续发展已经成为国际关系与国内政策的一个基本立足点，在哲学、经济、社会、法律上获得了广泛的认同。在一些学者看来，已经出现了“可持续发展法”这样的法律分支。②

---

① United Nations General Assembly，“United Nations Millennium Declaration，” Resolution 55/2，United Nations A/RES/55/2，18 September 2000，paras. 21~23.

② John R. Nolon and Patricia E. Salkin，*Climate Change and Sustainable Development Law in a Nutshell*（Foundation Press，2010）; John R. Nolon and Patricia E. Salkin，*Land Use and Sustainable Development Law: Cases and Materials*（8th ed West，2012）; Faculty of Law University of Ilorin，*Law and Sustainable Development in Africa*（Grosvenor House Publishing Limited，2012）; Marie-Claire Cordonier Segger and Ashfaq Khalfan，*Sustainable Development Law: Principles, Practices, and Prospects*（Oxford University Press，2005）; Adrian J. Bradbrook，Rosemary Lyster，Richard L. Ottinger，and Wang Xi（eds.），*The Law of Energy for Sustainable Development*（Cambridge University Press，2012）; Peter Orebech，Fred Bosselman，Jes Bjarup，David Callies，Martin Chanock，and Hanne Petersen，*The Role of Customary Law in Sustainable Development*（Reissue edition，Cambridge University Press，2010）.

三、国际经济法治价值取向的提升

从国际经济新秩序迈向可持续发展是国际经济法治价值体系的拓展与升华。国际经济新秩序和可持续发展的理念与主张均可以作为国际经济法规范与运作的指引，作为超越具体领域的整体指向、超越局部要求的整体目标、超越字面文本的精神追求、超越微观功能的宏观期待，它们都为国际经济法律的订立者、执行者提供一种高于规范的参照系统，为国际经济法律关系的参与者和裁判者提供一套明确的方案。[①]

（一）可持续发展与国际经济新秩序主张的共性

1. 国际经济新秩序和可持续发展在思想发展层面都具有一定的反思性

二者都不仅仅是对现状的总结归纳、被动接受，而是都在反思的基础上提出了一个应然的前景。前者针对的是以往不公平的国际经济关系，而可持续发展理念则针对不可持续的生产、生活方式。换言之，二者都没有停留在现实主义的基础上，而是有着批判的特征。

2. 国际经济新秩序和可持续发展作为社会目标都具有建设性

与后现代许多单纯解构式的理论不同，二者不仅仅对当前的规范、制度、秩序等进行背景解析、问题说明、弊端分析，还在此基础上努力进行建构，即推动新的更合理的体系的建立。国际经济新秩序试图通过推进南北、南南合作来提升发展中国家的经济实力和发展能力；可持续发展观念是人类认识的深化，是经济、社会、环境协调发展的社会发展理论，是应对现实问题的一种全新的思考，也是反思传统发展观、批判继承古代朴素的可持续发展理论的新成就。这一观念试图通过在各个层面上的政策、措施来达到人与人、人与社会、人与自然和谐相处，人类更长久地在地球上生存的目标。

3. 国际经济新秩序和可持续发展都具有目标的整体性

国际经济新秩序不能在一国的领域之内完成，也不能在几个国家之间完成，作为一个国际社会的整体目标，很难说“朱门酒肉臭、路有冻死骨”是一种公平美好的社会，所以当大部分国家都很繁荣，有几个国家处于贫困之中的时候，也不能认为就是一种理想的国际经济状态。国际经济新秩序的主张必须通过国际社会的充分理解、支持、合作才能够实现。与此类似，可持续发展也不是一个国家或一个地区的事情，而是全人类的

① 参见何志鹏:《从国际经济新秩序到可持续发展是国际经济法治目标的升华》,《国际经济法学刊》，第 15 卷第 3 期（2008）。

共同目标。在人类活动能力已经很强、人类活动的影响已经很大的前提下，局部的可持续发展是不可能的。地域之间、国家之间通过经济、环境、文化等纽带的相互联系，没有任何一个地区可以独善其身，任何一个国家或地区的水深火热状态都会产生全球性的影响。当前世界上的许多资源与环境问题已超越国界的限制，具有全球的性质，如全球变暖、酸雨的蔓延、臭氧层的破坏，等等。所以，国际经济新秩序和可持续发展都在国际舞台上提出，也必须在国际舞台上提出。

4. 国际经济新秩序和可持续发展都需要规范的支持与保障

当代的国际社会虽然仍然总体上是无政府社会，但并不等于无秩序、无规范、无伦理。越来越多的人认识到，不仅军事实力、经济发展水平可以作为在国际社会上进行活动的基础，文化、制度这些非物质性的力量也会对于国家具有重要意义。所以，无论是国际经济新秩序，还是可持续发展，这些主张在伦理上的正当性都会为劝导国际社会采取行动而提供基础。但是，当伦理上的要求和实际利益的要求相抵触的时候，很多行为者还是会注重实际利益。这就要求国际社会将“道德完善”的主张通过国际立法的方式使之具有强制性。虽然国际法的强制力远远不如国内法。但是显而易见的是，很少有国家愿意明确地表示违背国际法。因此，有必要将有关的主张规范化，才能够成为有效的参照系统。

（二）可持续发展对国际经济新秩序主张的发展

1. 可持续发展从“国家中心”进入到了“人本主义”

国际经济新秩序面对的关系主体是国家，在很大程度上是对国与国关系的描述，显示出一种“国家中心主义”的倾向。可持续发展则将其关注点集中于作为整个群体的人类，也就是说它所关心的除了国与国间关系的协调，还包括人与人之间、今人与后人之间、人与自然间关系的和谐。国家中心，有可能导致人（至少是一部分人）的幸福与利益被忽视；人本主义，则会对所有社会主体的福利进行审视和衡量。这种区别意味着国际经济新秩序仍然没有走出传统国际关系的关注与思路，而可持续发展则显示出了追求世界和谐的新主张。①

---

① 在国际经济法的领域重视人本主义，可以归结为一种实质的（区别于“形式的”）宪政主义进路，国际经济法学者彼德斯曼教授是这方面的倡导人物。C. Joerges/E.-U.Petersmann（eds），*Constitutionalism*，*Multilevel Trade Governance and Social Regulation*（Hart Publishing 2006）；Ernst-Ulrich Petersmann，“Constitutionalism and International Adjudication: How to Constitutionalize the U.N. Dispute Settlement System？”，31 *N.Y.U. J. INT'L L. & POL.* 753（1999）。国内学者的有关讨论，参见孙璐：《WTO 规则：国际经济领域的世界性宪法》，《法制与社会发展》，2002 年第 6 期；蔡从燕：《私人结构性参与多边贸易体制》，北京大学出版社 2007 年版，第 102~124 页。

2. 可持续发展更强调全球、全人类的整体共进

国际经济新秩序在很大程度上还是地球上的一部分国家对另一部分国家的要求，是一种对地球一部分主体有“除旧布新”意味的、革命性的主张；而可持续发展则不是采取一部分人向另一部分人的对抗或者对整体制度的革命性批判的态度，而仅仅是对发展道路和未来状态的一种描述，这会让国际社会的各行动者更容易接受。它要求对人类行为后果的深刻理解，并且寻找到创新的路径，以改革制度结构、影响人们的行为。它涉及在多个层面采取行动、改变政策与行为，从个人的选择到国际关系，都有所体现。所有对可持续发展的界定都要求我们将世界看成是一个联结着空间与时间的系统。也就是说，各个国家、各个大陆之间是相互联系、相互影响的，祖先的行为影响着我们，我们的政策也决定着未来世代的生活。国际经济新秩序虽然看到了国家之间相互依赖的事实，并且用这一前提要求发达国家重视发展中国家的状态，但是其目标仍然是发展中国家的局部发展。可持续发展则更进一步强调人类生活的整体性，有经济、环境上的相互依赖而使整个地球变成一个“村”，人类共享一个大气圈，一个生态体系。在全球家园（global neighborhood）这样一个相对狭小的区域内，要想实现人类更好的生活，就必须改变原有的对抗式思路和零和博弈的预想，而变为合作式思路，[①] 并在贸易、投资、金融等经济活动中充分体现出来。[②]

3. 可持续发展的内涵更为广阔

很显然，国际经济新秩序的主张仅限于经济方面。而可持续发展的主张则达到经济之外，它看到了经济活动的社会与环境影响，所以从更大的系统上去设计人类的生活图景。[③] 而且就经济本身而言，可持续发展也不仅仅关注发达国家与发展中国家之间的关系问题，而同时关注发达国家自身的生产方式及发展中国家自身的经济运行方式。由可持续发展理论进行分析，生活的质量是一个系统，身体健康、优美的环境、信仰与表达的自由、获得教育的机会、稳定的收入、物质生活的富足都是国际行为者在行为中需要考虑的问题。可持续发展的焦点是提升生存在地球上人口的生活质量，同时又不超量地使用天然资源。

---

①［美］彼得·辛格：《一个世界：全球化伦理》，应奇、杨立峰、顾肃译，东方出版社 2005 年版，第 15~108 页。

② 范少虹：《绿色金融法律制度：可持续发展视阈下的应然选择与实然构建》，《武汉大学学报（哲学社会科学版）》，2013 年第 2 期；那力：《“乌拉圭河纸浆厂案” 判决在环境法上的意义》，《法学》，2013 年第 3 期；陶立峰：《跨国公司在我国农业投资的法律规制》，《法学》，2013 年第 7 期。

③ 可持续发展的主张包括了环境资源的方方面面，同时也要求消除贫困、在经济与环境事务上进行充分的国际合作、鼓励公众参与，在政治上实现善治。参见 Antoinette Hildering，*International Law*，*Sustainable Development and Water Management*（Eburon Publishers，2005），pp. 1~18，33~67；Hans Christian Bugge and Christina Voigt，*Sustainable Development in International and National Law*（Europa Law Publishing，2008），pp. 7~30。

虽然在很多时候可持续发展被理解成为环境与资源的可持续发展，但是其内容远不止于此，它涵盖着人类内部实现公平的主张，也就是代内公平的因素。国家之间的平衡发展是在全球范围内实现可持续发展的必要前提。发达国家在发展过程中已经消耗了地球上大量的资源和能源，对全球变暖、气候变化、环境恶化的“贡献”最大，并且至今仍然在国际经济体制中占据有利地位，继续大量占有来自发展中国家的资源，继续大量排放污染物，造成一系列的环境问题。因此，发达国家应对全球环境问题承担主要责任，理应从技术和资金方面帮助发展中国家提高环境保护能力，即通过共同而有差别的责任原则[①]来分配不同国家主体在环境问题上的义务。与此同时，可持续发展肯定需要发展，只有发展才能摆脱贫困，提高生活水平。特别是对于发展中国家，生态环境恶化的根源是贫困。只有发展才能为解决生态危机提供必要的物质基础，才能最终打破贫困加剧和环境破坏的恶性循环。在这个意义上看，国际经济新秩序所诉求的实际上是全球可持续发展的一个方面，国际经济新秩序融入到了可持续发展的主张之中。[②]

4. 可持续发展的立意更为高远

可持续发展有着更为丰富的内涵和更为宏愿的追求，它强调的是整体的（全人类）长期的（可持续）发展，显示了一种全景式、着眼未来的视野。可持续发展的观点不仅超越了前发展阶段的自然拜物主义，低发展阶段的自然优势主义，而且也超越了高发展阶段的人文优势主义，讲求天人互补协同。它包括但不限于维护人权（从第一代人权到第三代人权），实现世界秩序的公平化、法治化，从生态伦理入手实现全球的和谐，这种和谐既涉及人类内部的和谐，也包括人与生物圈整体的和谐。相对而言，国际经济新秩序虽然也注重互利和共赢，[③]但是相应的制度还是更注重从对抗走向合作，而没有充分考虑共同发展、共同繁荣的可能。国际经济新秩序虽然也是宏观的，但总体上还是一种状态的描述，其视角主要着眼于历史和当时，而可持续发展则更注重对前景的建设，其视角还包括未来。从这个意义上看，可持续发展是国际经济新秩序的延伸与推进。

---

① Marie-Claire Cordonier Segger，Ashfaq Khalfan，Markus Gehring，and Michelle Toering，“Prospects for Principles of International Sustainable Development Law after the WSSD：Common but Differentiated Responsibilities，Precaution and Participation”，12 *Review of European Community & International Environmental Law* 54（2003）.

② 在以前的研究（何志鹏：《可持续发展与国际经济新秩序》，《法制与社会发展》，2001 年第 5 期）中，笔者曾经提出，可持续发展和国际经济新秩序二者可能有冲突，在冲突时应当更注重国际经济新秩序的观点。当时对可持续发展的理解还是停留在环境保护层面上，现在看来，这一观点是有局限的，不尽妥当。

③ 有学者认为，只有在国际经济新秩序中，才能够互利和共赢。Richard N. Cooper，“A New International Economic Order for Mutual Gain”，26 *Foreign Policy* 66（1977）.

四、可持续发展对国际经济关系中四个观念的澄清

作为人类智慧的结晶、人类实践理性的杰出体现，可持续发展观念是一种对人类社会生存和发展模式的理性设想和实践建构，应当通过形成规范而逐步迈入现实。① 可持续发展意味着社会变革、文化进步、生活愉悦、世界和谐。从国际关系的视野来看，可持续发展理念的提出为国际法提供了新的视野和发展空间，② 甚至对整个法学都产生了新的机遇。③ 可持续发展充分反映了当代国际社会发展一体化的要求、趋势和主题，体现了当代国际法的主要特色。国际可持续发展不应该也不可能仅仅停留在理论的层面上，而必须进行实践。④ 可持续发展的指标是多种多样的，在任何一个方面，如果不能严格遵循有关要求，通过国家间真诚的合作、切实履行国际义务来努力实现各项指标，可持续发展的可能性就会减小，人类的生存时间、生活质量就会受到威胁。因此，要想在国际经济关系领域实现可持续发展，有必要针对如下四个方面澄清认识：⑤

（一）妥善地认识和使用国家主权

理论上，国家主权应当是服务于国家疆域内以及与国家有国籍等身份联系的人民，引领这些人进行各项活动并代表这些人在国际社会处分权利和义务的权能。为了实现全球的可持续发展，国家主权既不应当被过分强调，也不应当被视为已经过时、应当抛弃。

① 参见何志鹏：《从国际经济新秩序到可持续发展是国际经济法治目标的升华》，《国际经济法学刊》，第 15 卷第 3 期（2008）。

② Duncan French，*International Law and Policy of Sustainable Development*（Juris Publishing，2005），chps. 3~6；Alan Boyle and David Freestone（eds.），*International Law and Sustainable Development: Past Achievements and Future Challenges*（Oxford University Press，1999），pp. 17~22；Winfried Lang（ed.），*Sustainable Development and International Law*（Martinus Nijhoff Publishers，1995），pp. 62~66；我国学者指出，可持续发展的概念将对现代国际法乃至人类文明的发展产生深刻而深远的影响，石磊：《可持续发展与现代国际法》，《武汉大学学报（社会科学版）》，2002 年第 4 期；有学者进一步认为，应当确立可持续发展的国际法基本原则地位，由此保障人类社会的和平生存与持续发展，胡德胜：《可持续发展是国际法的一项基本原则》，《郑州大学学报（哲学社会科学版）》，2001 年第 2 期。现在可持续发展已经成为一个广为接受的理念，2006 年 5 月欧洲大学研究所（European University Institute）召开了一次学术研讨会，专门讨论“国际可持续发展法”的问题。会上的各发言人意图确立这一法律学科的领域和特征，并试图划清其与类似学科（如环境法）之间的关系。Working Group on Environmental Law，Sustainable Development and International Law: The Way Forward，EUI Working papers（LAW），2007/28。

③ 参见何志鹏：《法的和谐价值：可持续发展时期的新要求》，载《安徽大学法律评论》，安徽大学出版社 2002 年版。

④ See，e.g.，Nico Schrijver and Friedl Weiss（eds.），*International Law and Sustainable Development: Principles and Practice*（Martinus Nijhoff Publishers，2004），Matiation Stefan，“Growing Teeth: International Law and Indigenous Sustainable Development–The Case of Negotiated Agreements”（September 3，2004）. Available at SSRN: http://ssrn.com/abstract=745784.

⑤ 关于可持续发展在国际经济法不同领域的具体要求，可参见何志鹏：《国际经济法与可持续发展》，《法商研究》，2004 年第 4 期；何志鹏：《全球化经济的法律调控》，清华大学出版社 2006 年版，第 379~400 页。

作为长期形成的地域、行政、文化、经济划分单位，国家在相当长的时间内所具有的重要意义不可能消除。在国际经济关系中，对国家主权的单纯强调和过度利用会导致保护主义抬头，造成国际争端的增加和经济效率的低下，甚至导致国家政府的失灵和经济发展的不可持续性。反过来，若采用主权虚无主义，完全放弃国家经济主权和政府经济治理，则会走向相反的极端。过于放任的市场，无论是国内市场还是国际市场都容易产生一系列的负面效应，包括缺乏调控、引导而导致的盲目投入，无序竞争所形成的大面积失业和最终可能形成的垄断局面等，这些都是不利于世界发展持续性的。所以，国家主权应当被放置在宏观调控和市场规制以及国际合作的适当位置。通过国际合作在信息上、决策上明确宏观调控与市场规制的总体方向和具体措施；通过国际合作而优化市场，形成一个公平的、有效率的竞争秩序；通过国际合作而确立调控规制的准则，维护一个健康、持续的全球商品、服务、资金市场。①

（二）审慎地面对经济全球化的浪潮

经济全球化是一个现实存在的状态和发展趋势，它不仅对生产者、消费者产生了很大的影响，甚至起到了塑造的作用，而且进一步导致了环境、法律等一系列问题的全球化。对于经济全球化，既不应当被动地认为这是不可阻挡的时代趋势，也不应当主观地认为这仅仅是思想建构的产物；既不要将其视为万能良药而甘之如饴，也不要将其视为洪水猛兽而避之不及。相反，要在承认其益处的同时，正视其弊端：前者如生产要素组合的优化、市场的拓宽、商品和服务容量的扩大、消费者的增多及其选择的增加等；后者如残酷竞争造成的人员大量失业、部分产业瘫痪以及全球行业垄断等。②因此，应当现实地认识经济全球化的现状以及产生的效果，积极能动地考虑如何牵引、驯服全球化，使之为人类更高的生活质量、更美好的生活图景、更长久的存续时间而推进。这就需要以可持续发展的各项指标作为评价因子，对全球化的各个领域进行充分评估，进而以国际协作的方式确立全球发展的进程，对生产者、销售者、服务提供者等市场主体提出要求、进行指引，通过经济手段和行政措施实现有效利用资源、妥善保护环境、有效地维持公平稳定市场秩序的目的。从全局的角度使全球化的方向和步调理性化、人性化，而不是异化成部分人手中的工具，蜕化成剥夺多数人幸福的机器。③全球化笼罩着一层美德的光环，仿佛一

① 参见陈安：《国际经济法学新论》，高等教育出版社 2007 年版，第 62~102 页；车丕照：《国际经济法概要》，清华大学出版社 2003 年版，第 41~43 页；徐泉：《国家经济主权论》，人民出版社 2006 年版，第 75~91 页。

② 参见唐任伍：《"扶强抑弱"的全球化规则研究》，北京师范大学出版社 2005 年版，第 76~114 页。

③ 参见［英］戴维·赫尔德等：《驯服全球化：管理的新领域》，童新耕译，上海译文出版社 2005 年版。

切与全球或有关的东西都是好的。① 但是，实质上，全球化的有关主张仅仅对一部分精英人士有好处。有的时候，全球化会给经济和政治体制对于善的、在伦理上值得推崇的东西带来威胁。全球化的结果经常是非民主化，即使是民主，也是被欺骗、被蒙蔽、被误导的民主。所以要认识清楚，并在必要的时候与之抗争。②

（三）批判地看待自由主义思想

作为全球化浪潮中的思想主流，自由主义具体由各种流派和学说构成，其中目前主要是新自由主义，其基本主张为：在全球化背景下追求全球经济秩序，在发展中国家促进自由主义经济模式，而在发达国家实施适当的国家干预等。由一系列的国际经济组织（IMF、IBRD 和 WTO 等）与国际政治组织安排形成国际政治经济制度，主张在政治上推行典型的民主体制，在经济上实行自由市场占主导的发展模式。③ 自由主义的观念基础无可厚非，我们并不能说崇尚竞争和自由市场、自生秩序（spontaneous order）是带有恶意的，但是这种观点的理论前提却是不牢固的。自由主义所假设的竞争者、市场、信息状态都与现实生活相距太远，基本上没有实现的可能，而且自由主义的观念被一些国家别有用心地过度肯定，作为向发展中国家输出的理想经济政治结构状态，这导致了严重的后果。比如，拉美诸国以新自由主义作为指导方针贯彻的经济政策付出了惨重的代价，却没有收获到什么成功的果实。④ 这就要求发展中国家清醒地认识到，任何一个理论都是有其缺陷的，迷信理论、向往理论倡导者所描绘的美好蓝图，而不考虑理论的背景、可行性，甚至推行这一理论的目的，就很可能使国家的经济、政治、社会处于混乱之中，进而可能对整个世界的发展进程和持续造成负面影响。⑤ 从逻辑和伦理分析，市场导致不公平，这是必然的，如果再加上先前历史中的烧杀抢掠，这种不公平就更为必然。当今，有些国家和地区必须严格控制增长，否则会受到过度增长的重压，而有些国家和地区则亟待发展，否则人民将无法摆脱贫困。⑥

① 比如，爱德华・S. 赫尔曼认为，全球化是一种意识形态，其目的是使之看来不可阻挡；其好处在于减少相关主张的阻力。见［美］爱德华・S. 赫尔曼：《全球化的威胁》，载《全球化与公民社会》，广西师范大学出版社 2003 年版，第 3 页。

② 参见庞中英：《另一种全球化：对“反全球化”现象的调查与思考》，《世界经济与政治》，2001 年第 2 期；刘金源、李义中、黄光耀：《全球化进程中的反全球化运动》，重庆出版社 2006 年版，导论第 2~11 页。

③ 参见李其庆：《全球化背景下的新自由主义》，载李其庆主编：《全球化与新自由主义》，广西师范大学出版社 2003 年版，前言第 9~12 页。

④ 参见李其庆主编的《全球化与新自由主义》在“新自由主义和第三世界的发展危机”题目下所收录的 15 篇文章，这些文章针对亚洲、非洲、拉美及俄罗斯所面临的问题，阐述了新自由主义在实践中的障碍。

⑤ 参见［美］丹尼・罗德里克：《新全球经济与发展中国家：让开放起作用》，王勇译，世界知识出版社 2004 年版，第 12~13 页。

⑥ 参见潘玉君、武友德、邹平、明庆忠等：《可持续发展原理》，中国社会科学出版社 2005 年版，第 13 页。

在全球化和自由主义的口号下，跨国公司及其支配的体制成为世界青睐的对象，然而，垄断的出现却导致总的生产率降低，在加速竞争的同时导致了公平的价值被抛弃。因此，十分必要谨慎地看待自由主义与全球化，[①]必须对新自由主义等理论高度警惕，为避免出现严重的动荡和难以弥补的问题，更多地面对现实、深入思考、广泛研讨，通过小规模试错，逐渐摸索正确的发展路径。

（四）充分地理解国际经济领域的人权问题

可持续发展是对人类中心主义的重建，即反对狭隘的、强势的、短视的人类中心主义，进入兼容的、弱视的、长远观念的人类中心主义。[②]也就是说，可持续发展不仅没有摒弃人本主义，而且对之进行了升华。可持续发展概念在国际法中的出现，实际上是要求我们更加深入地思考人权的内涵与实现的方略。其对我们的启示至少有以下几个方面：

第一，应当用全面的视野来看待人权。当前，国际社会基本形成的共识是，人权是一个包含广泛权利的体系。人权的主张是多方面的，既有对自由的要求，也有对福利的期待；既有对政府的阻却，要求其不作为，也有对政府的呼唤，要求其积极行动；既涉及政治、经济、文化、社会领域，也涉及环境、发展等事项。故而，不能把人权看成是一个单一的概念，而应当把它看成是一个概念群。人权的主体是多元的、与角色紧密相关的。虽然很多学者主张人权的普遍性，但是抽象的人权是不存在的。在经济领域，人权既包括商品和服务提供者的权利，也包括商品和服务接受者的权利；既包括个体的权利，也包括群体的权利。这样，在涉及人权问题的时候，就不能仅仅看到一面的权利而不看到另一面相关主体的权利。有的国际机构和学者想当然地认为人权是所有人的权利，相互联系、相互补充、不可分割、不可转让，这种想法是过于理想主义的。在现实中，人权必须落实为某个人或某些人的具体权利。其中西方国家比较强调作为第一代人权的政治权利与公民权利；信奉马克思主义思想的社会主义国家则强调作为第二代人权的经济、社会、文化权利，包括工作权、休息权、适当生活水准权，等等；广大第三世界国家则更倾向于呼唤属于第三代人权的集体人权，包括和平权、环境权和发展权。在国际关系中，特别是国际经济关系的体系内，应当充分重视这三类权利在不同事项中的作用，不宜片

① 关于新自由主义、新自由制度注意的局限性与对于国际经济法律的影响，参见刘志云：《国际经济法律自由化原理研究》，厦门大学出版社 2005 年版，第 78~113、198~211 页；刘志云：《现代国际关系理论视野下的国际法》，法律出版社 2006 年版，第 324~340 页。

② 参见潘玉君、武友德、邹平、明庆忠等：《可持续发展原理》，中国社会科学出版社 2005 年版，第 7~8 页。

面地重视其中的某些权利，而忽视或者贬低其他种类的权利。在发达国家与发展中国家之间的关系上，特别强调环境权和发展权，强调共同而有区别的责任，强调在相互依赖的背景下，人类的协调发展、共同未来。所以，人权这个概念本身并不是一个神圣的字眼，也不是一个像魔咒一样处处显灵的话语体系。只有全面认识了人权的主体、对象和冲突，才有可能对经济领域的人权问题有准确的评估。①

第二，应当用发展的观点看待人权。虽然有些西方人至今还用“自然权利”的角度来看待人权的根源和基础，但是，回顾历史、观察现实，我们都不难看出，人权实际上是斗争的产物，一个实践和地域范围内的人权是人类对于生存、发展、幸福的内在需求与社会可以提供的资源之间的契合。②因此，发达国家的人权标准、人权关注侧重点与发展中国家可能不同。中国长期主张生存权和发展权是最基本的人权，这和西方对表达自由、结社集会自由、罢工自由等方面人权的重视显然是不一样的。但是，正如中国没有批评西方的必要，西方批评中国也是缺乏理由的。由此看来，在经济发展的格局中，不应当也不可能用西方的人权制度体系来要求发展中国家，不能对人权提出同等的要求。不同主体、不同对象的人权要求会使彼此冲突。而在现实社会之中，资源永远是稀缺的，实现所有人的所有人权主张是一个不能实现的空想。权利的维护者只能就某些人的某些权利予以保护和尊重，对另外一些范畴、类别的权利只能搁置。在任何一个体制之中，都只能是更好地实现人权，却不可能完美地实现人权。从这个意义上讲，当我们将人权界定为“社会可供资源与人的内在需求之间的契合”的时候，即意味着很多时候需要在权利之间必须进行抉择和排序，而抉择和排序也就意味着抑制和放弃。③

第三，应当用合作的观点看待人权。正如我们说由于全球化符合相互依赖（Complex interdependence）的深刻性，可持续发展不可能在一国范围内单独实现一样，由于自然与制度风险越来越具有全球性的特点，人权也很难在一个国家的范围内长期地保持独善其身。此时，要想实现人权，不应当采取对立甚至敌对的方式，而应当采取合作的方式。如果我们跳开国际经济的领域，从更广泛的角度来观察这个问题，就可以说，西方国家对阿富汗、利比亚、伊拉克的对立性干涉，表面上是为了维护其人权，实质上却根本没

① Cf. Ernst-Ulrich Petersmann，“Human rights and International Economic Law in the 21st century”, 4 *Journal of International Economic Law* (2001); Ernst-Ulrich Petersmann，Robert Howse and Philip Alston，*Trade and Human Rights: An Exchange*，The Jean Monnet Working Papers，No.12/02 2002.

② 何志鹏:《人权的来源与基础探究》,《法制与社会发展》，2006 年第 3 期。

③ 现代很多国家在人权领域采取了“反向歧视”的做法，也就是对弱势群体以更优的条件分配资源。这一点符合罗尔斯在《正义论》中提出的正义主张，但是同时也就意味着在同等的条件下以往的强势群体被抑制了。

有提升人权水平，不仅当地人民毫无感激之意，而且前去干涉的人也陷入泥潭。在经济上也一样，与其出于人权的目的而进行经济封锁，出于人权的目的而进行关税惩罚，还不如采取更加积极合作的措施，真正提升目标国的人权水平。在发展援助和国际贸易中，发达国家首先倡导经济因素与人权因素的相互关联，[①] 这种做法曾遭到许多发展中国家质疑。[②] 若是全面的梳理人权观念的发展与流变，就会看出人权问题自始至终与经济问题都存在着不可分割的关联。而且从务实的角度来看，发展中国家若能妥善地处理人权与经济的关系，就会在国际经济体系中拥有更大的发言权和更好的发展机遇。

阐明人权的内涵之后，我们就不难发现，国际经济交往中不仅可以讲人权，而且应当讲人权。但是这里的人权不应当仅仅是西方大国眼中的那些个人权利，如本国生产者的经营权、甚至获得大规模利益的商业权利、外国生产者企业中劳工的权益，而还应当考虑发达国家消费者要求物美价廉的商品的权益、发展中国家生产者由于出口而获得资金进一步发展的权利，等等。在这种情况下，必须对不同权利主体的不同权利要求进行权衡，而绝不应当轻率地以劳工标准或产业损害为理由而采取贸易禁止或者处罚措施。[③] 而将人权作为经济制裁的理由或者经济援助的前提，其核心目的未必真的是提升人权，其行为本身就已经损害了人权。[④]

五、国际经济法在实现可持续发展方面的定位与功能

深入了解国际经济领域的规范与秩序的现状，切实分析国际经济领域的相互依赖、

---

① 美国是将人权与贸易结合起来的比较典型的国家，参见周琪：《美国人权外交政策》，上海人民出版社 2001 年版，第 70~73、290~296、367~368 页；欧盟在对外经济关系中也强调民主和人权的因素，这一点在《洛美协定》、《科托努协定》中体现得很明显。参见刘博：《欧盟对外贸易与发展政策中的人权向度——从〈洛美协定〉到〈科托努协定〉》，《山东社会科学》，2007 年第 4 期。

② 非洲诸国对于欧盟以人权为标尺衡量贸易关系、经济援助、伙伴关系的做法非常不满。2007 年 12 月召开的第二届欧盟 – 非洲首脑会议在人权、贸易、移民等问题上存在明显分歧。《欧盟和非洲国家在贸易、人权等问题上存在分歧》，新华网，http：//news.xinhuanet.com/newscenter/2007-12/10/content_7226891.htm；中国对于美国将贸易与人权挂钩的做法始终反对。

③ 当然，这绝不意味着鼓励发展中国家降低劳工标准去生产廉价商品。不过，必须认识到的事实是：在西方发达国家，都曾有过使用廉价劳动力生产而进行原始积累的情况，发展中国家现在已经不可能再去走工业化国家以前走过的夺取殖民地、剥削压榨殖民地人民的财富和劳动力而自我发展的老路，所以解决这一问题的良好途径是发展援助。如果无视这种历史和现实上的差别，片面要求发展中国家提高劳工标准，就如中国古代皇帝（晋惠帝司马衷）在得知百姓灾荒、无粮可吃时说的“何不食肉糜”（《资治通鉴·晋记五·孝惠皇帝上之下元康九年》）是同一效果，除了显示出主张者的无知外别无意义。而且，如果考虑到很多西方国家是由于恐惧发展中国家劳动力价格低的比较优势而别有用心地拿出劳工标准这一尺度，就更显出人权仅仅是一个伪装的幌子了。

④ 通过经济制裁，会使被制裁国的消费者面临商品紧缺和恐慌，这显然侵犯了这一群体在物质方面的权利。如果真诚地以提高人权为目标，可取的方式是对话、交流、援助。

力量对比的情况，树立国际经济领域的和谐与法治的指标及方向，探究实现国际经济法治及全球经济和谐治理体系的进路，不仅有助于形成具有独创性的理论，提供国际关系理论的新概念、新思维、新方法，而且有助于指导国际关系的实践。① 进而，需要分析的问题是：如果说国际社会存在着可持续发展的目标，那么国际经济法的作用何在？换言之，国际经济法在为实现可持续发展而努力的过程中，可以发挥什么样的功能呢？国际社会对规范的地位和作用的认同程度在提高。在国际经济领域，很多规范和体制对行为者的要求越来越具有强制性的约束力。所以，国际经济法可以在很多层面和方向上为实现可持续发展而做出贡献。为了使可持续发展的目标不至于成为一纸空文，必须借鉴以往国际经济新秩序的经验与教训，即需要通过国际政治、经济论坛，表述正当的观点和理由，使国际经济伦理成为人们的共识，同时要避免相关的目标没有规范化，类似普惠制的措施仅仅是单方面的施予等问题。②

（一）在国际经济立法中确认可持续发展的基本原则地位

在国际经济关系中追求可持续发展的目标首先应当利用国际法治体系，宣示可持续发展的目标与原则。在这方面，应该首先充分发挥“软法”的作用，进而提升到“硬法”的水平。在当今的国际法体系中，“软法”的力量已经不可忽视。因而，有些学者提出了“软法不软”的观点。鉴于国际法规范体系整体缺乏强制性约束力，所以软法的引导性、解释性、参考性等作用尤其显得重要。如国际法院和国际仲裁庭等有时会引用某些软法文件的内容以证明某种公认法律原则的存在。③ 这样，把可持续发展观念中的一些具体主张（如关于平衡、和谐的）纳入宣示性文件等国际法软法规范，既给国际社会在经济决策和争端解决等方面提供了重要参照（如财富积累与环境维持、经济增长与社会公平、本国发展与外国发展、当代人的发展与后代人的发展、数字指标与生活质量之间的关系等），也利

① 参见蔡从燕：《国际经济新秩序与中国的选择：变与不变》，《国际经济法学刊》，第 16 卷第 2 期（2009）。

② 参见何志鹏：《从国际经济新秩序到可持续发展是国际经济法治目标的升华》，《国际经济法学刊》，第 15 卷第 3 期（2008）。

③ See, e.g., C. M. Chinkin, “The Challenge of Soft Law: Development and Change in International Law”, 38 *International and Comparative Law Quarterly* 850 (1989); Roberto Andorno, “The Invaluable Role of Soft Law in the Development of Universal Norms in Bioethics”, paper at a Workshop jointly organized by the German Ministry of Foreign Affairs and the German UNESCO Commission, Berlin, 15 February 2007, Available at: http://www.unesco.de/1507.html; Alan Boyle, “Some Reflections on the Relationship of Treaties and Soft Law”, 48 *International and Comparative Law Quarterly* 901 (1999); Hartmut Hillgenberg, “A Fresh Look at Soft Law”, 10 *European Journal of International Law* 499 (1999); Daniel E. Ho, “Compliance with International Soft Law: Why do Countries Implement the Basel Accord?”, 5 *Journal of International Economic Law* 647 (2002); 王海峰：《论国际软法与国家“软实力”》，《政治与法律》，2007 年第 4 期；万霞：《国际法中的“软法”现象探析》，《外交学院学报》，2005 年第 1 期。

于可持续发展观念自身的完善和强化。[①] 当前，已经有一些此类的国际文件，如1992年《里约热内卢宣言》以及2002年《约翰内斯堡宣言》专门面对可持续发展问题。值得关注的是，一些具有广泛影响的条约，如《建立WTO协定》（序言第1段）、《欧洲联盟条约》（序言第9段）[②] 也涵盖了可持续发展原则。随着国际经济法的强化，可持续发展有可能在更广阔的事项和地域范围内具有重要原则的地位，成为国际经济法律关系与行为的指引方向和考量尺度。

（二）根据可持续发展的要求制定和修改国际经济领域的具体规则

正如仅有具体规范而缺乏一般原则容易陷入技术主义的误区而无法把握方向，仅有一般原则而缺乏具体规范也会进入路径迷茫的误区。[③] 因此，就有必要把可持续发展的各种目标形成国际经济领域的具体规范。这些规范不应仅仅是确认可持续发展的一般概念，还应进一步把可持续发展的要求细化到各个具体的国际经济领域。为此需要对不同的价值因子作出比较、考量、折中和平衡，以实现最终的和谐效果。这种在国际经济关系各个领域体现可持续发展目标的做法，必将带来国际经济法各领域规则的进一步完善和实施的进一步加强。

可持续发展聚焦于经济生活与环境资源、人与自然的平衡，所以在国际经济法的领域，有必要在国际贸易与环境保护之间，财富增长与公共健康之间，经济发展与区域差异之间，生产、销售、消费者权利之间进行谨慎的平衡。比如，在国际贸易领域，除了对近年来受到重视的知识产权与公共健康[④]，贸易自由化与环境保护，特别是产品的生产、

---

① 根据一些法理学者的观点，法律原则具有衡量（weigh）的功能，参见［美］贝勒斯（M. D. Bayles）:《法律的原则：一个规范的分析》，张文显等译，中国大百科全书出版社1996年版；在国际法领域，法律原则对于条约的解释、条约冲突的考量同样具有重要意义，参见朱文奇、李强:《国际条约法》，中国人民大学出版社2008年版，第234~235、242~243页。

② Treaty on European Union（Consolidated version 2012），OJ C 326，26.10.2012.《欧洲联盟条约》于1993年经《马斯特里赫特条约》而签订，曾经《阿姆斯特丹条约》、《尼斯条约》修订，2007年前后，欧盟曾经雄心勃勃地要通过《制定欧洲宪法条约》，但由于反全球化浪潮的影响，没有成功。现在的版本是经2007年的《里斯本条约》修订过的。《里斯本条约》可以视为对于《欧洲宪法条约》略有退步的产物。从这个历史发展的角度上看，意图跨越某一阶段直接进入高级阶段，对于国家、对于国际社会，甚至对于个人，都不可行，甚至有害。

③ 法学领域的分析实证主义在过去片面地强调对法律本身进行结构分析与解释，考虑进行价值祛除，最后导致了“恶法是不是法”的问题。参见［美］布赖恩·比克斯:《法理学：理论与语境》（第四版），邱昭继译，法律出版社2008年版，第39~77页；张文显:《二十世纪西方法哲学思潮研究》，法律出版社1996年版，第394~418页。

④ 在知识产权与公共健康方面，今年来尤其引人关注的是药品的可得性问题，WTO通过了一系列法律文件来维护公共健康的价值，比如2005年12月6日，WTO总理事会通过了《修改〈与贸易有关的知识产权协定〉议定书》，该议定书有助于解决许多发展中国家成员、尤其最不发达国家成员，面临的公共卫生问题。

使用、处置环节的环境影响对国际贸易的意义[①]等议题继续关注并强化有关规范之外，有必要进一步关注在贸易与人权[②]、贸易与发展中国家的发展等议题的讨论，[③]并尽快形成具有约束力的法律文件。必须肯定，WTO 的乌拉圭回合谈判结果为推进发展中国家的利益作了不少的努力，而 2013 年 12 月巴厘岛部长会议的成果在这一点上又取得了一定的进展。[④]在贸易与人权的关系上，需要通过理论研讨将西方社会赋予人权的圣洁面纱去除，还人权以本来面目，具体化为不同主体、不同内容的权利，以消费者的权利、发展中国家生产者的权利去制衡发达国家所主张的人权项目，要求发达国家在贸易中通过有效的方式培育发展中国家的经济发展能力，并在 WTO 等全球规范中固定化。[⑤]在投资领域的双边投资协定中充分考虑到投资行为对东道国的环境影响，对于母国与东道国分属发达国家与发展中国家的情况，应当谨慎分析其中设定的争端解决机制、投资者待遇条款等有关权利和义务的设定，避免由于谈判能力的差异而形成的对弱小国家不利的后果。[⑥]在金融领域，关键的问题是各国不仅需要通过国内立法来预防和应对迅速流动的资本所可能带来的动荡，更需要国际合作来防止金融危机的发生。特别是在环境保护领域，对于全球共有的大气、海洋和生物资源等问题，要在尊重各国主权的前提下，制定各国都可

① 国际标准化组织（ISO）的 14000 标准便是试图通过其对贸易的影响来实现改善全球环境和可持续发展目标的标准系列。ISO14000 系列标准主要包括环境管理标准、环境审核标准、环境标志标准、环境行为标准和产品寿命周期评价（LCA）标准。它要求企业采用与 ISO9000 系列标准相同的管理体系的方式建立环境管理体系，通过体系的建立和运行，来实现环境管理方针和环境目标，按计划、执行、检查、改善（PDCA 循环）来实现管理的持续改进和循环上升，在产品设计的同时进行环境设计 LCA，从产品的开发、设计、加工、制造、流通、使用、报废处理到再利用的全部过程进行评定，对每个环节活动进行资源分析、能源分析和环境影响分析。产品寿命周期评定方法使得产品在整个寿命期内能源与资源消耗少，对环境无污染或少污染，到产品报废时又不产生大量垃圾，能回收再利用的比重大，同时又能更好地满足用户和消费者的要求，提高开发、使用的效率，使资源配置在更高的层次上实现合理化。ISO14000 系列标准要求企业在生产过程中采用“清洁工艺”，从而减少污染，降低了污染物的处理费用，同时资源的节约和回收再用降低了产品成本。彭璧玉:《WTO 与中国可持续发展战略》,《科技成果纵横》，2002 年第 2 期。

② 参见莫世健:《试论 WTO 和人权的可协调性》,《政法论坛》，2004 年第 2 期；孙璐:《国际贸易体制内的人权》,《当代法学》，2004 年第 4 期；李春林:《国际法上的贸易与人权问题研究》，武汉大学出版社 2007 年版。

③ 参见朱晓勤主编:《发展中国家与 WTO 法律制度研究》，北京大学出版社 2006 年版，第 54~105、513~601 页；黄志雄:《WTO 体制内的发展问题与国际发展法研究》，武汉大学出版社 2005 年版，第 185~222 页。

④ 2013 年 12 月 7 日，世界贸易组织（WTO）第九届部长会议在印尼巴厘岛落幕，会议达成了一揽子协定，内容涉及贸易便利化、对不发达国家贸易能力的援助、农业和棉花贸易四个议题。这些协定对于发展中国家的贸易能力具有促进的作用。

⑤ John C. Dernbach，“WTO and Sustainable Development”，*Foreign Policy in Focus*，Vol. 4，No. 36，December 1999；Adil Najam and Nick Robins，“Seizing the Future：The South，Sustainable Development and International Trade”，77 *International Affairs* 49（2001）；Gary P. Sampson，*The WTO and Sustainable Development*（United Nations University Press，2005）；李伯军:《WTO 框架与推进国际经济新秩序》,《理论探索》，2006 年第 1 期；沈四宝:《WTO 与和谐国际经济新秩序的建立》,《红旗文稿》，2007 年第 1 期；王怀宁:《关于建立国际新秩序的若干问题》,《世界经济与政治》，1991 年第 7 期。

⑥ 参见陈安:《中外投资协定中的四大“安全阀”不宜贸然拆除——美、加型 BITs 谈判范本关键性“争端解决”条款剖析》,《国际经济法学刊》，第 13 卷第 1 期（2006）；陈安主编:《国际投资法的新发展与中国双边投资条约的新实践》，复旦大学出版社 2007 年版，第 19 页。

以接受的全球性目标和政策，以便达到既尊重各方利益，又保护全球环境与发展体系。

在落实为规范的阶段，应当将可持续发展的各项指标明确化，具体落实到有关主体的权利和义务。同时应当防止可持续发展内涵的泛化，当各个方面的问题都变成可持续发展问题时，就不存在可持续发展的问题了。当各个领域的主张都贴上可持续发展的标签时，可持续发展本身的要求就不存在了。

（三）国际行为者切实遵守关于可持续发展的规范

一旦可持续发展理念已经发展成为国际经济法的一般原则与具体规范，接下来的当务之急就是促使各种国际经济法主体真正遵行这些原则与规范。如同在宏观的国际法治中一样，首先要解决法律规则的执行，即真正实现其内含的权利和义务，而不是满足于单纯的宣示。只有从个人到国家、区域、国际等各层面都切实遵守有关规则和义务，这些原则和规范所体现的可持续发展才会真正实现。这就要求国际经济法各主体把世界看成一个统一整体，对自己当前的行为进行反思和改善，进而增强遵守国际规则的意识和行动。

欲求解决这些问题，必须在以下三个方面保证规定了可持续发展目标的国际经济法律规范得以实施：第一，要求所有的国家以及国际社会的其他行为者真诚地尊重和遵守确认和体现全球可持续发展目标的国际法，要使这些行为者明确：在可持续发展方面，整个世界面临的问题复杂而又严峻，人类不能像制造这些问题一样轻易地解决这些问题，但是这些问题并非不能解决，解决的关键就是对自身行为的约束以及对自身利益的重新界定。在明确这一认识的基础上，要求国家对其经济决策、跨国经济调控及市场规制行为从更广阔的地域、更长远的时间范围作出更符合可持续发展原则与规范的选择。[①] 第二，有必要加强国际多边合作，以法律制度确立的权利、义务和运作机制建立起巩固的国际合作关系。对于广大的发展中国家发展经济、消除贫困，国际社会特别是发达国家要给予帮助和支持；对一些环境保护和治理的技术，发达国家应以低价或无偿转让给发展中国家。第三，有关国际组织从协调国家利益的角度，监督国家的行为，鼓励国家、企业

---

① 有的学者针对 WTO 进行研究时提出，为了实现可持续发展，不仅需要国际组织自身的超越，也需要有关成员在既有体制的基础上直接和间接地进行突破。参见林智钦：《超越 WTO：社会市场经济与可持续发展》，中国经济出版社 2003 年版；有的学者认为，美国在 WTO 已经确认了可持续发展原则的情况下，采取的一系列行为本质上仅仅是为了自身的经济发展，而没有考虑到全球的经济、社会发展和环境保护。John C. Dernbach，“WTO and Sustainable Development”，*Foreign Policy in Focus*，Vol. 4，No. 36，December 1999；综合性的考量，参见 Gary P. Sampson，*The WTO and Sustainable Development*（United Nations University Press，2005）。

促进可持续发展的行为，对破坏环境、转嫁污染的经济行为进行有效的遏制和干预，特别通过贯彻环境影响评价的方式使得环境成本内在化，在经济源头上避免不可持续的生产方式和生活方式。

（四）国际司法机制对国际经济法中可持续发展目标的认可

国际司法机制的作用在于规则的落实，通过争端解决机制和平的解决经济争端，矫正不符合目标与原则的行为，真正实现国际可持续发展。国际法律体系从国际实证道德走向具有约束力的规范体系，其关键之处是能否将被扭曲的法律关系与秩序以法律的方式进行恢复，将被侵犯的法律权利以法律的方式予以保护，将被违背的法律义务以法律的方式追究责任。这就需要具备一个具有权威和强制力的国际司法体系，国际经济领域的司法体系已经有较为成功的模式。由 GATT 专家组程序和上诉程序经强化而形成的 WTO 争端解决机制较好地运作，致使 WTO 被称为有牙齿的组织。这一机制至今由裁决肯定了可持续发展的一些要求，[①] 国际经济法律体制在这样的案件裁决推动下越来越多地呈现出绿色化倾向。虽然 WTO 在环境、公平贸易等可持续发展的很多方面都做出了一定的努力，但是，因为环境、劳工等涉及可持续发展要求的内容很容易沦为贸易保护主义的工具，所以目前乃至未来 WTO 协定中大量、明确地增加此类规范的可能性不大，这是由 WTO 协调一致的造法机制所决定和限制的。而争端解决机构（DSB）则可以摆脱此种桎梏，以《WTO 协定》序言确立的宗旨，在争端解决层面完成在规则谈判层面所不能完成的使命，这种司法能动主义（judicial activism）可以使 DSB 在促进可持续发展方面发挥特殊的作用。[②] 与此同时，发展中国家应当增加对 WTO 争端解决机制的参与，以避免 DSB 在经济与社会发展方面走入片面追求自由贸易的误区。[③] 但是，这些进步仍然是不够的。不仅在 WTO 的框架之内有必要通过一系列的案件裁决更明确地尊重可持续发展的有关要求，而且应当在更广阔的范围内通过多边、双边的司法机制确认可持续发展的目

---

① 如 WTO 处理的欧共体石棉案（*European Communities–Measures Affecting Asbestos And Asbestos–Containing Products*, WT/DS135/R，18 September 2000）肯定了公共健康作为一项理由对于自由贸易的优先性。参见：申进忠：《从石棉案看 WTO 协调环境与贸易关系的未来走势》，《中国海洋大学学报（社会科学版）》，2005 年第 4 期。

② 程红星：《WTO 司法哲学的能动主义之维》，北京大学出版社 2006 年版，第四章；彭溆：《论世界贸易组织争端解决中的司法造法》，北京大学出版社 2008 年版，第 3 章第 1 节。对司法能动主义的批评，参见 Kelly，J. Patrick，"Judicial Activism at the World Trade Organization：Developing Principles of Self–Restraint"，22 *Northwestern Journal of International Law & Business* 353（2002）；Lorand Bartels，"The Separation of Powers in the WTO：How to Avoid Judicial Activism"，53 *International and Comparative Law Quarterly* 861（2004）。

③ 参见黄志雄：《对发展中国家参与 GATT/WTO 争端解决活动的法律分析》，《法学评论》，2001 年第 6 期。

标与要求，在贸易、投资、金融各领域普遍树立起对可持续发展的认可和支持。NAFTA在贸易、投资等方面的争端解决机制设置得比较具有前瞻性，NAFTA 的实体规范也很注重环境资源保护等方面，但是 NAFTA 在运作过程中的环境后果并不令人满意，这充分说明高度重视司法机制，切实维护争端解决机制的效率、权威与有效性的意义。

（五）在法律运作的各个环节中注重国际包容与合作

并非一切在伦理上正当的东西都会落实到法律上。可持续发展在国际经济法上落实的程度取决于国际组织、主权国家等国际经济造法者们能否在漫长而复杂的过程中通过争辩、说服、审议、劝导等促使国际立法者形成合意。从程序上看，可持续发展不可能自动地进入到国际经济体系之中，而必须经过一定的过程。可持续发展虽然表面上符合人类的整体利益，但是在当前利益归属不公平、资源配置不均衡的情况下，势必会造成一部分人的利益受到削减、资源从一部分主体转移到另一部分主体。这需要一系列的社会交易过程，在国际法上主要表现为条约谈判的过程。而谈判受制于力量与技巧，国际谈判中讨价还价能力的差异直接关系到国际规范能否形成，影响着国际法律规范的具体内容。为了使可持续发展的理念真正进入到国际经济法律规范的各个方面，需要借鉴以往在建立国际经济新秩序过程中的经验和教训。七十七国集团是国际经济新秩序已取得成绩的中流砥柱，作为发展中国家在国际经济组织中共同利益的代表，它在促进南南合作、推动南北对话、为维护自己的正当权益以及改变不合理的国际经济秩序方面进行了不懈的努力，取得了可观的成就，并在联合国贸易和发展会议主持的谈判中达成了一系列对发展中国家有利的国际公约和协定。在追求实现可持续发展的过程中，也应注意团结、避免被分化和瓦解。[①] 只有充分合作，才有可能为国际经济法中的可持续发展取得空间和时间。

小结

从障碍走向自由、从自由走向发展不仅是国际经济贸易治理的总体趋势，也必然是

---

① 乌拉圭回合关于知识产权的谈判就是发展中国家的立场被分化和瓦解的例证。以美国为代表的发达国家针对印度、巴西等国在知识产权谈判方面的立场，通过在其他领域小幅度让步对大多数发展中国家进行“拉拢”，使得坚持不应当以高标准在贸易体制内保护知识产权的观点成为少数派，并最终通过了 TRIPS 协定。这是发展中国家谈判策略的重大失误。参见［美］约翰·奥德尔：《国际经济谈判》，孙英春译，世界知识出版社 2003 年版，第 30~39 页。高标准保护知识产权不利于知识产品的全球普及，有碍可持续发展。一些发展中国家的学者片面强调与国际“接轨”，对于价值上的偏差缺乏充分认识，令人扼腕。

国际经济法治的价值准则。[①]必须承认，国际经济新秩序作为对国际经济体制安排与国际经济资源配置的一种理想，并没有真正实现。它在“自由主义”和“全球化”的旗帜之下显得陈旧、落伍，甚至荒唐怪异，在当今以放松管制（deregulation）为主导动机的国际经济法律体制中显得不合时宜。[②]然而，其内部存在的伦理正当性，一种历史地看待国际经济关系、追求长远的公平与正义的核心思想一直闪耀着理性的光辉。它虽然没有真正成为国际经济法律秩序的一部分，但其对国际经济法的影响是深刻而久远的。

随着人类环境与资源问题的尖锐化，可持续发展的理念走入人类生活的语境之中。可持续发展是一个多维的概念，涵盖了经济发展、社会公正、良好环境和保障人权等数个方面。在国际经济框架体系中，可持续发展要求经济增长与环境相结合，贸易自由与政府管制相结合，市场竞争与紧密合作相结合，知识产权的保护与政策、技术援助以及紧急状态下权利的强制许可相结合。在民主体制的基础上，为实现世界的和谐而努力。这一目标是当今人类在对以往的发展理念进行反思的基础上提炼出来的科学的发展观，比国际经济新秩序具有更为全面和深刻的内容。值得注意的是，可持续发展仍是一种人类中心主义、人本主义观念的表现，是一种弱势的、视野更宽广的人类中心主义，但绝不是生态中心主义。

可持续发展虽然是良好的目标，但是空有良好的愿望也未必能真正实现，还需要国际社会真正的努力，通过国际经济良法、善治的方式，使得国际经济秩序的完善与国际法治的构建步骤结合起来，经历从宣言到规则、从态度到行动、从抽象到具体、从分散到统一的过程，将可持续发展分割的、条块的、软的规范转化为集中的、统一的、硬的规范。由国际经济新秩序进而达至可持续发展，不仅仅是发展中国家单纯从自身利益出发而提出的一个政治口号或为暂时适应目前国际局势而采用的一种权宜之计，而是在经济全球化、生态环境恶化、冷战结束后各国冲突缓和而合作增强等背景下出现的一个国际经济整体目标，其由于着眼点更为长远、伦理上更为正当、价值取向更为合理而更加具有说服性和号召力。可持续发展目标的树立，不仅在经济领域上解决了从追求市场自由向矫正市场自由迈进，而且也实现了经济目标与经济之外目标的有机融合。

不可否认，可持续发展的目标也多少保留了国际经济新秩序主张的一些问题，如指向不够明确、具体要求不够可控等，这都需要未来在进一步分析论证的基础上加以解决

① 何志鹏:《从自由走向发展：后危机时代的国际贸易治理》,《厦门大学学报（哲学社会科学版）》, 2012 年第 6 期。
② 参见王正毅、张岩贵:《国际政治经济学——理论范式与现实经验研究》，商务印书馆 2003 年版，第 502~540 页。

和完善。在国际经济法领域，建立可持续发展的法律制度体系是实现国际经济法治坚实努力的组成部分。目前，当务之急是以可持续发展的理论与目标对国际经济秩序进行解释、批判、建构和预见，并借鉴试图建立国际经济新秩序过程中的经验和教训，将这些目标法治化，通过国际经济法治而实现权利和义务配置的公平、合理、稳定化。只有这样，可持续发展才不至于成为泡影，国际经济的法治化方有可能取得成功，人类社会的美好未来才有可能实现。

第三篇

国际经济法治诸领域

第五章 国际货物贸易领域的法治化

关于国际贸易法律秩序的变革或重建，各国学者探讨已久。其中讨论比较多的是，发达国家致力于建构自由的贸易秩序，发展中国家致力于建构公平的贸易秩序。而在如何界定自由、如何理解公平这一问题上，学者们站在各自立场上提出了不同的主张。笔者认为，就国际贸易秩序而言，无论是恢复自由还是促进发展，最有效的实现手段都是法治。在贸易秩序的发展取向上，建构一个“人本主义的国际贸易秩序”也是一个特别值得关注的问题。在国际贸易自由与公平价值的基础上分析人本主义存在的困境、权利的冲突与解决，构建国际贸易法治的结构机制，是一个具有长远意义的方面。

国际货物贸易是国际经济交往的最早形式，也是当今国际经济交往的主要形式，这方面的实践非常繁多。在发展是硬道理的当今国际社会，各国踊跃地加入到国际贸易当中，为了更好的发展，在期盼中出现了规则，形成了秩序。国际贸易领域的规范繁多且多层次，本书不仅对货物贸易、服务贸易和知识产权贸易进行分别阐述，而且在这些体系中也将重点集中在以WTO为主的多边贸易体系中。

从GATT到WTO，多边国际贸易体制已经获得了实践上的巨大进步和成员的广泛认同。各成员加入WTO的最终目的并不是遵守其规则，而应是使本国的国际贸易取得更进一步的发展。正如WTO协定开宗明义所讲的：“贸易和经济领域的国际关系应以提高生活水平、保证充分就业、保证实际收入和有效需求大幅度稳定增长以及扩大货物和服务的生产和贸易为目的；同时，应当依照可持续发展的目标，考虑对世界资源的最佳利用，寻求既保护和维持环境，又与各成员在不同经济发展水平的需要和关注相一致。”历史已经证明，没有一项政治决策能比多边贸易体制的有效运转更能给全球经济带来收益。在追求发展和利益的过程中，伴随着不断出现的争端与问题，国际货物贸易规则在不断改进。

一、对国际货物贸易秩序历史的考察

（一）国际贸易规则的早期发展

一般认为，1713 年的英法乌特勒支条约可以说是 GATT 的始祖。在 17、18 世纪，双边的友好、通商和航海条约（Treaty of Friendship，Commerce and Navigation，FCN）是调整新兴民族国家之间经济关系的重要步骤。这些条约不仅涉及货物贸易，而且其中包括的“最惠国”与“国民待遇”原则构成了后来 GATT 体系的两大支柱。①

现代调整贸易（最初并且在相当长的时间内只是货物贸易）的多边发展主要地始于 19 世纪末。在 1890 年，曾有一项关于设立公布关税的国际联盟条约。1900 年、1908 年和 1913 年，连续举行了国际会议或大会，讨论海关合作问题。而后，有关这一问题的会议相继于之后的二十年间举行了六次。1923 年，由国际联盟主持召开了海关手续的国际会议，完成了一项简化海关手续的国际公约，其中包括了许多现在由 GATT 处理的事项。从 1926—1936 年，国际联盟还进行了一系列有关贸易的研究项目，后来直接影响到国际社会发起对贸易的协调。②

（二）布雷顿森林会议

20 世纪 30—40 年代，世界经济大萧条的巨大阴影影响了很多国家，也在 GATT 体制上留下了鲜明的烙印。③在第二次世界大战期间，有两股明显的思潮影响着一些国家。其一是在 1934—1945 年间，美国与其他国家共达成了 32 项双边互惠贸易协定，这些协定均包括关税减让的互惠交换以及其他类似于关税减让商业利益保护的框架规定。④缔约各国根据最惠国待遇原则享受到了降低关税的优惠，国际贸易得到了发展。有必要说明的是，美国的互惠贸易协定是根据 1934 年美国国会制定的《互惠贸易协定法》缔结的，其授权总统于 3 年内与各国协议互相减让关税。其二是在战时人们认识到的一个观点，

---

① G. Schwarzenberg，“The Principles and Standards of International Economic Law”，*Recueil des Cours*，Vol. 117，pp. 5~8.

②［美］约翰·H. 杰克逊：《世界贸易体制：国际经济关系的法律与政策》，张乃根译，复旦大学出版社 2001 年版，第 39 页。

③ 朱晓勤主编：《发展中国家与 WTO 法律制度研究》，北京大学出版社 2006 年版，第 4 页。

④ Rober E. Hudec，*Developing Countries in the GATT Legal System*（Trade Policy Research Center，1987），pp. 6~7.

即第二次世界大战的导火线之一是两次世界大战之间（1920—1940年）经济政策的失误。在两次世界大战之间，尤其是具有损害性质的1930年美国《斯穆特－霍利（Smoot-Hawley）关税法》通过之后，各国为了保护国内市场，不同程度地采取保护主义措施对美国进行报复，包括扼杀国际贸易的配额制，国际贸易进一步趋于萎缩，这反过来又加深了危机本身。各国政治领导人都表示，经历战后经济体制，对于避免这些错误重蹈极为重要。[①] 各国开始探讨设立一个处理和协调国际贸易的专门机构以推行贸易自由化，于是有了1944年7月1—22日在美国新罕布什尔州召开的布雷顿森林会议。该会议旨在讨论货币与银行问题，它建立了国际经济的重要支柱：国际货币基金组织[②]与国际复兴与发展银行（IBRD，一般称为世界银行），但是没有解决类似的贸易问题。1944年，会议表明需要有一个相应的贸易体制与IMF的货币体制相辅相成。[③]

（三）准备建立国际贸易组织（ITO）（1945—1948年）与关税与贸易总协定（GATT）的筹备

1945年，美国国会通过了《1945年延长互惠贸易协定法》，为期三年。美国倡议缔结一个制约和减少国际贸易限制的多边公约，以补充布雷顿森林会议的决议。该年12月，美国政府邀请了一部分国家开始谈判缔结一项关税减让多边协定，该方案中的许多内容最终成为GATT/WTO的核心内容。并且，1945年12月6日，美国提出组建国际贸易组织（ITO）的建议。1946年2月，联合国所属机构经济与社会理事会（ECOSOC）的第一次会议通过决议，呼吁召开一次起草ITO宪章的会议。与此同时，美国公布了ITO宪章以及草案。1946年10月，第一次准备会议在伦敦召开，第二次起草委员会的简短会议于1947年初在纽约举行。第三次，也是最主要的一次会议于1947年4—11月在日内瓦举行，接着就是1948年在古巴哈瓦那举行的完成ITO宪章的会议，ITO宪章故而又称《哈瓦那宪章》。[④]

在1948年3月的哈瓦那会议上，ITO宪章得以完成，但是ITO却没有成立，主要原因是美国国会拒绝批准。1950年年底前，迫于美国国内的情势，美国总统杜鲁门宣布不

①［美］约翰·H. 杰克逊：《世界贸易体制：国际经济关系的法律与政策》，张乃根译，复旦大学出版社2001年版，第40页。

② 国际货币基金组织的重要目标之一就是维持国际贸易中的国际货币汇率稳定，消除货币支付方面的限制以及提供维护国际收支平衡方面的相应机制，保障成员国的金融秩序相对稳定。详见本书第九章。

③ 联合国货币与金融会议：《程序与文件》，美国国务院出版物第2866号，1948年，第941页。

④《ITO宪章》草案雄心勃勃，不仅包括世界贸易规则，也包括关于就业、商品协定、限制性商业惯例、国际投资以及服务贸易的规则。详见WTO Information and Media Relations Division，*Trading into Future*（2nd revised，WTO，1999），p. 9.

再寻求国会批准 ITO，就这样，ITO 再也不能建立了。具有讽刺意义的是，恰恰是美国首先提议起草 ITO 宪章的。① 虽然其他国家可以自行批准该宪章，但是美国拥有当时世界上超过所有其他国家的经济力量，因此，没有美国参加，其他国家也不会加入。②

值得庆幸的是，在起草 ITO 的过程中，关税与贸易总协定（GATT）酝酿产生。1947 年的日内瓦会议实际上分为三个部分：第一部分是继续准备起草主要的国际贸易体制，即 ITO 宪章；第二部分集中于互惠减让关税的多边协定的谈判；第三部分是忙于拟定有关关税义务的"一般条款"。后两部分结合在一起便构成了 GATT。③

出于削减关税的目的，1946—1947 年间，23 个国家的代表分别在伦敦、日内瓦举行谈判，最终形成了 GATT 文本草案，并于 1947 年 10 月 30 日在日内瓦共同签署了《关税与贸易总协定》。④ 最初的 GATT 文本由三个部分组成：第一部分是非歧视待遇的义务、关税减让和关税减让承诺表；第二部分包括一般贸易政策和非关税措施的规定；第三部分主要为有关组织性的事项。⑤

在日内瓦会议期间，有关国家的谈判代表希望《关税与贸易总协定》尽快实施，但是某些国家政府，特别是美国政府代表，提出关于关税减让事项各国政府可以根据其行政权力决定，而 GATT 第二部分中有关非关税措施承诺须经各国权力机关（国会）批准。为解决这一难题以使 GATT 尽快实施，《临时适用议定书》应运而生。GATT1947 在 8 个签字国签署最后议定书后，最终于 1948 年 1 月独立于 ITO 之外临时生效。生效的 GATT1947 相对于草案第一部分和第三部分没有改变，不允许有任何例外予以实施，而涉及一些国内实体义务的第二部分则要求"最大限度地与现行立法不相抵触"。最后议定书的目的在于免除任何包含在第二部分的特别义务，也就是所谓的"祖父条款（Grandfather Rights）"，即继续适用其成立 GATT 时已存在的国内立法，即使这些国内立法与 GATT 第二部分的义务相抵触。很明显，这规定导致了成员之间权利和义务的不平衡。⑥ 由于祖父条款的存在，使得许多缔约方政府不必将 GATT 提交其国会批准而由行政当局直接同意

---

① Susan Ariel Aaronson, *Trade and the American Dream: A Social History of Postwar Trade Policy*（The University Press of Kentucky, 1996）.

②［美］约翰·H. 杰克逊：《世界贸易体制：国际经济关系的法律与政策》，张乃根译，复旦大学出版社 2001 年版，第 42 页。

③［美］约翰·H. 杰克逊：《世界贸易体制：国际经济关系的法律与政策》，张乃根译，复旦大学出版社 2001 年版，第 42 页。

④ Douglas A. Irwin, Petros C.Mavroidis, and Alan O. Sykes, *The Genesis of the GATT*（Cambridge University Press, 2008）, pp. 5~97.

⑤ Andrew T. Guzman and Joost H. B. Pauwelyn, *International Trade Law*（Aspen Publishers, 2009）, pp. 82~85.

⑥ 朱晓勤主编：《发展中国家与 WTO 法律制度研究》，北京大学出版社 2006 年版，第 8 页。

加入《临时适用议定书》。[①]

GATT仅仅是一项多边条约，而不是有关组织的协定，它与先前一系列双边条约类似，只是准备在ITO建立后，在ITO下运行。[②]但因为ITO建立的破灭，最终GATT1947有关关税壁垒的规定则全部照抄了《ITO宪章》。由于为规避各国议会审批关口，1948年1月1日的《临时适用议定书》使GATT1947能够临时适用。这种变通办法使GATT1947"临时"适用了近半个世纪。虽然，从国际组织法的角度讲，"GATT"并不是严格意义上的国际组织机构，但GATT四十余年存在的事实已使GATT实际上"变通成一个羽翼丰满的国际组织"，GATT1947"从法定程序上的旁门左道，并无损于它作为人类历史上第一个'多边贸易体制'条约"的时代意义。[③]

（四）GATT的丰富与发展

自1947年GATT缔结后，GATT共举行过八轮多边贸易谈判。表5-1所示大致说明了GATT的发展进程。[④]

表5-1 GATT的发展进程

回合	日期	国家数	涉及贸易额/亿美元	平均关税下降/%	过后平均关税/%	减让商品数目	缔结双边协定
日内瓦	1947年	23	100	35	无可利用数据	45 000	123
安纳西	1949年	33	无数据	35	无可利用数据	5 000	147
托尔基	1950—1951年	34	无数据	35	无可利用数据	8 700	127
日内瓦	1956年	22	25	35	无可利用数据	3 000	59
狄龙	1960—1962年	45	49	35	无可利用数据	4 400	90

①［美］约翰·H.杰克逊:《世界贸易体制：国际经济关系的法律与政策》，张乃根译，复旦大学出版社2001年版，第41页。

②［美］约翰·H.杰克逊:《世界贸易体制：国际经济关系的法律与政策》，张乃根译，复旦大学出版社2001年版，第41页。

③赵维田:《世界贸易组织（WTO）的法律制度》，吉林人民出版社2000年版，第9页。

④John H. Jackson，William J. Davey，and Alan O. Sykes，Jr.，*Legal Problems of International Economic Relations: Cases，Materials and Text on the National and International Regulation of Transnational Economic Relations*（5th ed. Thomson/West，2008）; Thomas A. Pugel and Peter H. Lindert，*International Economics*（11th ed.，Irwin/McGraw-Hill，1999），pp. 229~250；朱晓勤主编:《发展中国家与WTO法律制度研究》，北京大学出版社2006年版，第11~13页。

续表

回合	日期	国家数	涉及贸易额 / 亿美元	平均关税下降 /%	过后平均关税 /%	减让商品数目	缔结双边协定
肯尼迪	1964—1967 年	48	400	35	8.7	60 000	无可利用数据
东京	1973—1979 年	99	1 500	34	6.3	无可利用数据	无可利用数据
乌拉圭	1986—1994 年	128	3 700	38	3.9	无可利用数据	无可利用数据

在这八轮多边贸易谈判中，其中第一轮至第五轮多边贸易谈判主要集中于关税减让问题的协商，后三轮则不同程度地拓展了 GATT 对国际经济生活切入的深度和广度。肯尼迪回合在 GATT 史上的重要意义在于：一方面是关税减让方式的改变（关税减让谈判从逐项程序到线形程序）；另一方面是谈判对象从工业产品扩大到农产品，从关税措施扩大到非关税措施等。尽管该回合并没有在非关税措施方面取得巨大的成就，但谈判扩大到非关税措施标志着 GATT 制度的“质的发展”，也体现了 GATT 对国际经济结构变化的积极回应。[①] 这一回合的另外一个突破在于，第一次正式地十分明确地提出了“非互惠原则”，为普惠制的产生奠定了法律基础。[②]

通过肯尼迪和东京回合的谈判，发达国家工业产品的加权平均关税已经降到了 3%~5%，关税作为保护国内产业的作用已在相当程度上丧失了意义，这预示着新一轮贸易谈判的重点将转向非关税壁垒措施方面。事实上，东京回合所达成的有关守则已经在有关非关税壁垒措施方面取得了十分可观的进展，在补贴与反补贴、反倾销、贸易技术壁垒、进口许可证程序、海关估价、政府采购、民用航空器、奶制品、牛肉 9 个方面达成了协定。其中 6 项协定涉及非关税壁垒的具体措施，3 项协定涉及非关税壁垒的具体部门。东京回合对于非关税壁垒措施的限制是以“点菜单式”的守则方式进行的，即每个守则由 GATT 缔约方自由签署，每个守则均有其单独的争端解决条款。[③] 这些措施在守则的签字国之间实际上得到了落实。

在“新贸易保护主义”严重泛滥，国际经济和贸易环境极大恶化，GATT 的原则和规则遭到了严重侵蚀，在各国政府对危机的挑战所作出的反应无济于事的背景下，乌拉

① 杜厚文主编:《世贸组织规则与中国战略全书》，新华出版社 1999 年版，第 125~129 页。

②［美］罗伯特 • 吉尔平:《国际关系政治经济学》，杨宇光等译，上海人民出版社 2006 年版，第 177~184 页。

③ John H. Jackson，“What's Needed for the GATT After the Uruguay Round”，86 *Am. Soc'y Int'l L.* 69（1992）.

圭回合启动了。通过乌拉圭回合谈判所要达到的目标很明确，① 相较 GATT 前七轮多边贸易谈判而言，乌拉圭回合谈判具有参加谈判成员的广泛性、谈判议题内容的多样化、利益矛盾的复杂性、谈判议题进展的不平衡以及谈判成果的显著性等方面的特点。成果的显著性突出体现在：第一，为国际贸易制定了更便于操作、更明了的法律框架，其中包括更为有效而又可信的争端解决机制；第二，关税全面降低；第三，非关税壁垒措施得到了约束与规范。反倾销、补贴措施、卫生与动植物检疫措施、保障措施、海关估价措施、技术贸易壁垒措施、进口许可证程序等一系列非关税壁垒措施受到了多边贸易体制的约束，有关货物贸易市场的开放范围更广，预见性和稳定性更高；第四，制定了服务贸易和贸易有关的知识产权的多边规则框架，虽然农产品和纺织品与服装贸易的问题复杂而艰难，② 但是从整体框架上它们终于回归到多边贸易体制。③ 此外，乌拉圭回合最重大的成就之一就是通过乌拉圭回合，最后文本宣布建立世界贸易组织，因此 WTO 于 1995 年 1 月 1 日正式成立，实现了国际社会梦寐以求近半个世纪的梦想。④

（五）WTO 成立以来的国际贸易秩序演进

WTO 与 GATT 最大的不同是其显然构建起了一个国际经济组织，依条约而成立，具有健全的内部组织机制，并具有国际法人格。WTO 与 GATT 两者之间的关系并非简单的重叠替代，而是更多表现为继承与发展。GATT 法律体系并不因 WTO 的生效而废止，相反，其中绝大部分内容被吸收并成为其重要组成部分。⑤ 其部长级会议作为各国贸易部长的集会，是一个典型的、横向的（horizontal）国家间机制；而其争端解决机制有独立的专家组成，负责解释和执行 WTO 的各项规则，对各成员政府构成约束，已经具有了垂直性（vertical）国际体制的特征。⑥

部长级会议是 WTO 最重要的议事机制，可以被理解为 WTO 的立法会议。自 1995

① 首先，为所有缔约方的利益，特别是欠发达国家缔约方的利益，进一步放宽和扩大世界贸易，包括通过减少和取消关税、数量限制和其他非关税措施与壁垒来改善进入市场的条件；其次，加强 GATT 的作用，改善多边贸易体制，在更大的范围内将世界贸易置于统一的、有效的和可实施的多边规则之下；再次，加强 GATT 体制对不断变化的国际经济环境的适应能力，特别是促进必要的结构调整，加强 GATT 同有关国际组织的联系；最后，促进国内和国际合作，加强贸易政策和其他经济政策之间的内在联系，努力改善国际货币体制的职能，促进金融和实际投资资源向发展中国家的流动。《GATT 新闻公报》，GATT/1936，1986 年 9 月 25 日。参见黄东黎：《国际贸易法学》，法律出版社 2004 年版，第 219~220 页。

② Gordon C. Rausser，*GATT Negotiations and the Political Economy of Policy Reform*（Springer，1995）.

③ 曹建明、贺小勇：《世界贸易组织》（第二版），法律出版社 2004 年版，第 26 页。

④［美］罗伯特·吉尔平（Robert Gilpin）：《全球政治经济学：解读国际经济秩序》，杨宇光、杨炯译，上海人民出版社 2006 年版，第 198~200 页。

⑤ 何志鹏、孙璐：《贸易公平与国际法治：WTO 多哈回合反思》，《东方法学》，2011 年第 2 期。

⑥ Anne-Marie Slaughter，*A New World Order*（Princeton University Press 2004），p. 22.

年 WTO 成立以来至 2013 年底，WTO 共召开了九次贸易部长理事会，以继续发挥其作为多边贸易谈判场所的功能，特别是 2001 年启动的多哈发展回合，关乎多边贸易体制的命运。①

首次部长级会议 1996 年 12 月 9—13 日在新加坡举行；第二次部长级会议于 1998 年 5 月 18—20 日在日内瓦举行，第三次部长级会议于 1999 年 11 月 30 日—12 月 3 日在西雅图举行，会议期间遭遇到了声势浩大的“反全球化”抗议运动，也由于成员之间意见分歧、争端不休，西雅图会议既没有发表部长宣言，也未实现启动“新千年回合”的梦想，不欢而散。由于西雅图部长级会议的无果而终，WTO 各成员深刻意识到，为了防止多边贸易体制越来越被区域一体化协定所替代，需要举办一次成功的、有成果的部长级会议。经过近两年的酝酿与筹备，第四次部长级会议于 2001 年 11 月 9—13 日在卡塔尔的首都多哈举行，会议通过了《多哈宣言》，表达了各成员拟于 2002 年 1 月 31 日开启多边贸易谈判的意愿，本次部长级会议正式开始新一轮多边贸易谈判，被称为“多哈回合”或者“发展回合”。这是 GATT/WTO 在多边框架下启动的第九轮贸易谈判，也是 WTO 框架下的首轮多边贸易谈判。该轮谈判初步确定为农产品贸易、非农产品市场准入、服务、知识产权、规则、争端解决、贸易与环境以及贸易与发展问题等 8 个谈判领域。②其定位是让国际贸易体制更为公平、可持续发展，所有的参与者都从中得利，③但是主要的目标则是发达国家自身的市场开放。这是因为谈判的硬核是农产品问题，发达国家的国内农业支持政策、农产品出口补贴、进口农产品的高关税是阻碍贸易正常发展，不利于发展中国家利益的重要问题。所以农业谈判就将削减农业补贴、削减扭曲贸易的国内支持政策、扩大农产品市场准入作为三个重要支柱。④

作为担负着使国际贸易进一步自由化、让发展中国家更积极参与国际贸易并从中获益的多哈发展回合，其进程和成败是以 WTO 成员为主体的世界各国家和地区都非常关注的问题。在从 GATT 临时适用以来的各轮谈判中，多哈回合涉及范围最广、议题最复杂、参与成员最多、持续时间最长。也正是因为 WTO 担负了很多贸易之外的职能，所以谈判

---

① 参见王正毅、张岩贵：《国际政治经济学——理论范式与现实经验研究》，商务印书馆 2003 年版，第 439~443 页。

② http：//www.wto.org/english/tratop_e/dda_e/dda_e.htm.

③ 关于多哈回合的背景与目标，参见 Joseph E. Stiglitz and Andrew Charlton，*Fair Trade for All: How Trade Can Promote Development*（Oxford University Press，2005），pp. 41~66。

④ Pitou van Dijck and Gerrit Faber（eds.），*Developing Countries and the Doha Development Agenda of the WTO*（Routledge，2006）.

的进程很不顺利，预期的步调和效果均未实现。[1] 多哈会议上曾乐观地筹划于 2005 年 1 月 1 日前全面结束，但磋商自身的性质和规律使得谈判进程一波三折，不仅由于议题本身的深度和广度使得谈判难于达成共识，而且由于谈判议题的艰难性，各方分歧非常复杂。2003 年 9 月 10—14 日，WTO 第五次部长级会议在墨西哥著名的旅游城市坎昆举行，本次会议意图对多哈回合进行中期评审，对本次多边贸易谈判意义重大。在坎昆会议前，WTO 总理事会准备了一份《坎昆部长级会议宣言》草案，并准备了在坎昆会议上讨论的议题。[2] 议题条目繁多，雄心勃勃，但由于各方在农业、新加坡议题等问题上无法达成共识，除草案中的第二项议题外，其他议题基本上均没有达成成果。随着墨西哥外长德韦斯宣布谈判破裂，坎昆会议同样无果而终，WTO 遭遇了成立以后的第二次无果而终的部长级会议。多哈回合谈判陷入僵局，2005 年 1 月 1 日之前完成使命的计划只能推迟。

多哈回合分歧重重，矛盾复杂，主要问题当然还是存在于发展水平不同的发达国家成员与发展中国家成员之间。不同类型成员的利益与需求不同，谈判主张当然就差异巨大。发达国家成员的主要目标是工业品和服务的进一步自由化，使其产品有更多的机会输出到发展中国家成员的市场，而发展中国家成员则对农产品贸易更有兴趣，寄希望于美欧降低农业补贴并开放农业市场。其中，农业问题成为分歧的核心。2004 年 8 月 3 日，经广大成员共同努力，WTO 总理事会议达成了《多哈回合框架协定》。协定中，美国及欧盟等发达国家成员同意对所有形式的农业出口补贴都在给定的时限内予以取消，并实质性地削减那些扭曲农业贸易的国内支持措施。作为对价，发展中国家成员则在工业制成品贸易方面作出让步，同意对工业品降低进口关税，削减其他壁垒，非农业产品市场进一步开放，市场准入门槛进一步降低。《多哈回合框架协定》允许最不发达国家成员在一些关键领域继续保持贸易保护政策，同时，对最不发达国家成员和新成员的待遇安排上，增加了一些灵活性。但这一协定只设定指导原则和基本内容，不包含具体的减让要求。

① 多哈回合开启时，发展中国家成员提出，有 88 项关涉 WTO 协定中特殊与差别待遇规定条款需要进一步商讨，以增加其准确性、有效性和可操作性。继而，提交到谈判小组和 WTO 各机构的有 38 项提议。贸易和发展委员会在 2003 年对一些提议初步达成协议，针对 22 项条款建议进一步磋商。其中 6 项优先考虑形成“特别协议”，另外 16 项条款则被搁置。

② 坎昆会议上讨论的议题为：（1）批准《关于实施 TRIPS 协定与公共健康多哈宣言第六条款的总理事会决议》；（2）批准柬埔寨和尼泊尔加入 WTO；（3）农产品谈判；（4）非农产品谈判；（5）服务贸易谈判；（6）WTO 有关规则谈判；（7）知识产权谈判中有关建立葡萄酒与烈性酒地理标志的多边登记程序、知识产权非违约之诉等问题；（8）贸易与环境谈判；（9）发展中国家成员的特殊与差别待遇条款；（10）有关 WTO 协定实施情况的谈判；（11）小型经济体；（12）讨论最不发达国家成员贸易问题；⒀讨论是否启动新加坡议题。除上述议题外，坎昆会议也将继续讨论电子商务，贸易、债务和财政问题，贸易与技术转让，技术合作与能力建设问题等。曹建明、贺小勇：《世界贸易组织》（第二版），法律出版社 2004 年版，第 450 页。

协定还设计将多哈回合谈判的结束时间推迟到2006年年底。[①]

2005年12月13—18日，WTO第六次部长级会议在香港举行，会议为期6天，参加者既包括来自149个WTO成员的5 800多名代表，也包括2 000多名非政府组织的代表。会议意图推进世贸多哈回合谈判，使之能够在2006年年底最后期限前结束。具体讨论的议题包括削减农业补贴和农产品关税、降低工业产品关税、开放服务业和改进贸易规则等问题。大会通过了《部长宣言》，在农产品贸易、非农产品市场准入、服务业和发展议题等方面取了一些进展，力图为发展中国家成员，特别是最不发达国家成员提供发展方案。[②]其主要的成果包括：

（1）从2008年起，发达国家成员和部分发展中国家成员向最不发达国家成员的所有产品提供更为便利的市场准入，具体表现为免关税、免进口配额；

（2）自2006年起，发达国家成员取消棉花的出口补贴；

（3）发达国家成员允诺，在2013年全面取消所有形式的农产品出口补贴。针对此种成果，有会议代表认为，这只是农业贸易谈判迈出的一小步。农业谈判中的另两大支柱——削减扭曲贸易的国内支持和市场准入两大难题，仍有待在会后的谈判中解决。[③]

但是由于各方利益的冲突和矛盾，2006年7月24日，由于主要的谈判者之间差距过大，WTO总干事帕斯卡·拉米宣布，多哈回合多边贸易谈判暂时陷入停顿，其关键分歧是农业和非农产品的市场准入问题。[④]2006年11月16日，WTO贸易谈判委员会再一次召开全体会议，会议上，与会代表对于恢复多哈回合谈判的技术性讨论达成共识，并准备全面恢复谈判。2007年1月31日，在日内瓦召开的WTO全体成员大使会议上，与会大使一致表示支持日前在瑞士达沃斯举行的WTO小型部长级会议上做出的决定，全面恢复多哈回合各个议题的谈判。[⑤]2008年7月下旬，在日内瓦召开了WTO贸易和农业部长级会议。谈判在三个层次进行：

（1）八十多个部长参加的贸易谈判委员会；

（2）占世界贸易量90%的35个成员部长参加的小型会；

（3）占世界贸易量80%的7个成员（美国、欧盟、印度、巴西、日本、澳大利亚、中国）

---

① 周申：《多哈回合框架协议的达成及其对世界经济的影响》，《南开学报》，2005年第4期。

② Jonathan Reuvid (ed.), *World Trade: Cancún, Hong Kong and Beyond: A Review of Current WTO Regulations and Practice* (GMB Publishing Ltd. 2006) .

③ WTO第六次部长级会议闭幕通过部长宣言，at: http: //news.sina.com.cn/c/2005-12-19/01097738932s.shtml，2009年2月10日。

④ www.wto.org/english/news_e/news06_e/mod06_summary_24july_e.htm.

⑤ www.wto.org/english/news_e/news07_e/gc_dg_stat_7feb07_e.htm.

的会议。在这次会议上，中国第一次参加 WTO 最核心的谈判。本次会议试图就多哈回合谈判农业和非农产品市场准入问题取得突破。虽然在一些事项上，这次谈判已经取得一致，例如美国意图将其农业补贴减少 70%，欧盟则拟减少 80%，同时发达国家还打算削减农产品和工业品的关税。但是，在发展中国家农产品特殊保障机制方面，由于美国、印度之间的分歧无法弥合，7 月 29 日谈判最后宣告失败。WTO 决定年底前不再召开小型部长级会议，致使 2008 年年内就多哈回合谈判农业和非农产品市场准入两个关键领域达成模式协议的目标彻底落空。

由于此后在贸易谈判的进行过程中出现了 2007—2008 年的金融危机和全球性的经济衰退，以后的两次部长级会议议题不多、进展缓慢，多哈回合的进程增加了诸多变数。第七次部长级会议于 2009 年 11 月 30 日—12 月 2 日在日内瓦举行，第八次部长级会议于 2011 年 12 月 15—17 日也在日内瓦举行。从这几次部长级会议的效果来看，现在存在的许多问题往往是政治性的而非技术性的，数次部长级会议的政治意义可能更大于其经济意义。①

有一些专家提出，如果多哈回合谈判在 2008 年年底之前不能达成协议，则有可能被长期搁置。2011 年 4 月 11 日，贸易谈判委员会发布了到当时为止的工作成果，委员会主席、当时的 WTO 总干事帕斯卡・拉米认为成果的图景令人“印象深刻”，但令人遗憾的是，接续的谈判并没有取得实质效果。②

2013 年 12 月 3—7 日，第九次部长级会议在巴厘岛举行。这次会议是在全球经济发展持续乏力、人们对 WTO 严重缺乏信心的背景下召开的。由于金融危机所形成的持续性影响，不仅新兴经济体的经济增长出现了速度下滑的情况，而且发达国家也长期处于经济缓慢增长、增长乏力的状态，全球经济都面临着外资流出、资产价格下跌的冲击。全球贸易增幅出现了下降，2012 年只有 2.5%，2013 年增长幅度更低，仅为 2.1%。由于在农业补贴削减和服务贸易等问题上成员国分歧太大，多哈回合谈判全面启动以来障碍重重、困难不断，实际上已处于四面楚歌的状态，甚至一些学者认为陷于停顿的多哈回合意味着“多哈死了”甚至“WTO 死了”。虽然这种说法显得过于严重，但是发达国家成员与发展中国家成员之间确实存在着难于沟通的方面。即使对那些处于不同发展阶段的发展中国家成员而言，他们对待农产品补贴的态度、考虑服务贸易问题的立场也相去甚远、分歧尖锐。在这种明显冲突的背景下，WTO 在全面削减农业补贴和服务贸易自由化

① 陆燕：《香港会议后“多哈发展议程”的进展与前景》，《世界贸易组织动态与研究》，2006 年第 9 期。

② http：//www.wto.org/english/tratop_e/dda_e/chair_texts11_e/chair_texts11_e.htm.

等关键问题上很难取得实质性进展。在谈判策略上，美国等发达国家成员一方面试图将环境产品、服务贸易自由化、汇率失衡等他们特别关心而对于大多数发展中国家成员很难接受的议题作为多哈回合谈判的内容，这些问题难以在短期内取得实质性的进展，势必耗日持久；另一方面，美国又多次宣扬多哈回合谈判已经失败，主张 WTO 另起炉灶，重开谈判。这种做法实际上是给发达国家成员回避和绕开全球贸易框架，投入区域贸易谈判来提供借口。如果多哈回合真的失败，不仅各具体领域的国际贸易会遭受打击，更重要的是人们对于多边贸易体制能够取得成就的信心会受到严重影响。基于这样的考虑，WTO 总干事、原巴西驻 WTO 大使阿泽维多在 2013 年 5 月接任之后，紧锣密鼓地说服各成员付出努力，挽救多哈回合的谈判，特别是对于成员已经达成共识的领域先行通过一个一揽子协定，作为一个“早期收获”的成果，巩固已经取得的成绩，从而在心理和士气上为当前不景气的国际贸易和世界经济提供推动力。

2013 年 12 月 7 日，巴厘岛部长级会议落幕。在这次会议上，也门加入 WTO，成为该组织的第 160 个成员。更值得关注的是，会议发表了《巴厘部长宣言》，并在前期日内瓦数周磋商的成果基础上，就已经获得共识的问题达成“巴厘一揽子协定”。这标志着历时 12 年的多哈谈判终于取得突破性的成果，因此本次会议被视为挽救多边贸易体系的一缕曙光。本次会议形成了有关总理事会正常工作方面的五个决议：

（1）《与贸易有关的知识产权协定非违法之诉》；

（2）《电子商务工作规划》；

（3）《小型经济体工作计划》；

（4）《贸易援助》；

（5）《技术贸易和转让》。

但该次会议更受人关注的成果显然是“巴厘一揽子协议”，即《多哈发展议程》方面的文件。这些文件包括三个方面，首先，在贸易便利化方面，《巴厘部长级决议》决定尽快成立筹备委员会，就贸易便利化协定[①] 文本进行法律审查，确保相关条款在 2015 年

①《贸易便利化协议》旨在削减非关税措施，是对 GATT1994 相关条款的修正、补充和具体化。预期包括三个部分：（1）核心规定，包括信息的公布和获得，信息在生效之前的评论，协商的机会，预裁定，上诉或复审程序，加强公平、非歧视和透明度的其他措施，有关进口和出口方面的规费的纪律，货物放行与结关，边境机构的合作，在海关监管下的进口货物的移动，进出口货物的过境运输手续，过境自由，海关合作，制度安排等 13 个条款；（2）给予发展中国家成员和最不发达国家成员的特殊和差别待遇规定，10 个条款。规定发展中国家成员和最不发达国家成员在实施贸易便利协议时可以分类分阶段进行；（3）最后条款，含 11 个条款以及 1 个附件。巴厘会议会议规定，2014 年 7 月前要收到成员有关协议规定分类中 A 类的承诺，至 2015 年 7 月 31 日向 WTO 成员开放接受，并按 WTO 协定第十条第 3 款的规定生效，即 3/4 的成员接受，最后一个成员提交批准后的第 30 天生效。

7月31日前正式生效，各方同意尽力建立“单一窗口”以简化清关手续。其次，在农业领域,《巴厘部长级决议》同意为发展中国家成员提供一系列与农业相关的服务,[①] 并在一定条件下同意发展中国家成员为保障粮食安全进行公共储粮。[②]《巴厘部长级决议》提出：成员同意设置临时机制保证以粮食安全为目标的公共存储，并在第十一次部长级会议之前谈判议定长期解决方案，在寻求到长期解决方案之前，成员不在WTO的争端解决机制中对发展中国家成员在《农业协定》第六条第3款和第七条第2款（b）项的义务提出诉求。在棉花贸易领域,《巴厘部长决议》同意为最不发达国家成员进一步开放市场，并为这些国家提高棉花产量提供协助。再次，有关发展和最不发达国家问题的决定，包括《对最不发达国家的优惠原产地规则》《给予最不发达国家的服务和服务供应商的豁免优惠待遇的操作》《给予最不发达国家免税和免配额的市场准入》《特殊和差别待遇监控机制》4份文件。这些文件同意为最不发达国家成员出口到富裕国家的商品实现免税免配额制，进一步简化最不发达国家成员出口产品的认定程序，允许最不发达国家成员的服务优先进入富裕国家市场,同意建立监督机制,对最不发达国家成员享受的优先待遇进行监督。[③]

巴厘岛协定的达成对多哈回合是一个积极的消息，它使得人们对多哈回合谈判的悲观情绪有了改观,WTO多边自由贸易体系重新成为世界各国政策优先关注的中心。[④]然而，巴厘岛会议的成果只是多哈回合谈判议题的一小部分，属于一个“早期收获计划”。本次贸易谈判究竟结果如何，最终能在多大程度上实质性的达到公平贸易的目标，现在仍然

① 本次会议达成了五个决定:（1）《综合服务》，提出土地复耕、土壤保护和资源管理、干旱和洪水控制管理等6个项目作为综合服务，作为《农业协议》附件2第二段的补充（免除削减承诺的基础），以促进农村发展，粮食安全和扶贫，特别是满足对发展中国家在这方面的需要;（2）《用于粮食安全目的的公共储备》，对发展中国家成员中为粮食安全目的而实施的政府储备计划，制订了“通知和透明度”，反规避、保障，磋商、监控、工作计划等规定;（3）《关于农业协议第二条农产品关税配额管理定义的谅解》，根据《农业协议》第二十条“考虑到改革进程的继续”，同意延长对农产品进出口进行关税配额管理，谅解规定了需要符合的相关要求;（4）《出口竞争》，强调要继续推进消减扭曲贸易和保护主义形式的农产品出口补贴以及其他出口措施的谈判，最大程度确保消除取消出口补贴及出口措施、出口补贴的水平将仍显著低于成员已有的承诺、保持现有管理出口补贴措施的纪律;（5）《棉花》，在农产品谈判的焦点问题上取得了进展，即同意在农产品的国内支持措施、关税措施与非关税措施等方面对发展中国家成员予以特殊和差别待遇，并对最不发达国家成员提供技术支持和出口援助。在棉花问题的讨论上，中国积极参与，并起到了举足轻重的作用。中国与贝宁、布基纳法索、马里、乍得组成的“棉花四国”宣布将在世贸组织框架下进一步加强棉花领域合作。

② 在这方面，印度的立场起到了重要的作用。印度2013年9月通过了《食品安全法案》，规定以政府名义进行粮食收购，再以低廉的补贴价格补贴全国2/3的人口。印度提出，给种粮农民提供补贴的初衷就是为了帮助穷苦农民，让他们不至于无法养家糊口。美国主张，此种措施应当有一个明确的过渡时限，印度则认为，除非找到永久性解决方案，决不应当设定明确时限。在谈判中，印度称，如果在农产品补贴方面的规则做出谈判，相关协议将严重危害印度的农业生产。最终，印度坚决地捍卫了自身关于粮食安全的立场，美欧为了达成一致做出了妥协。

③ https：//mc9.wto.org/draft-bali-ministerial-declaration；有关评论，参见郭丽琴:《WTO多哈回合12年结一果》,《第一财经日报》2013年12月9日。

④ 有关评论，参见徐明棋:《巴厘成果激活WTO多边谈判信心》,《文汇报》，2013年12月8日。

是个未知数，最终结果殊难预料。

二、国际货物贸易法治的价值维度

国际货物贸易的自由导向问题，在前文中已经进行了比较深入和细致的讨论。在新自由主义之后，更应当思考的是：如何进行更为公平的贸易，即是否在贸易进程中贯彻发展和人权的目标，这是一个值得深入探讨的问题。①

（一）人本主义宪法理论：贸易法治的核心价值

国际贸易秩序的人本主义，立基于前文所述的国际法律秩序的人本主义的理解之上。贸易是国家繁荣的重要手段，是现代社会人的幸福得以实现的主要助力之一。②国际贸易应以人的自由发展为最终目标，包括贸易法律制度在内的国际经济体系，既不应当是物本主义（或称物文主义）的，也不应当是国本主义的，贸易必须是人本主义的，必须着眼于人的福利的增加。所有的数字、所有的曲线图表都不是目标，只有人的生活水平真正得到改善才是目标。阿马蒂亚·森从伦理的角度所解释的经济行为的目标值得我们认真对待：以自由看待发展，也就是经济发展的最终目标是实现人的自由，这与马克思将哲学的目标看成是人的发展和全面解放是一样的。③自亚当·斯密的时代，经济行为就不是为了经济本身，而是为了人民的幸福，④也就是说，自由贸易的目标是国家的发展，而国家与社会的富强和发展，其终极目标仍然是人的自由、解放、发展。⑤

在这个方面，值得关注的是彼德斯曼教授通过“WTO立宪论”的主张而体现出来的国际贸易中的人本主义要求。彼德斯曼教授通过长期的观察和分析而提出的“WTO立宪论”观点具有较强的实践意义。⑥

---

① Andrew Land，*World Trade Law after Neoliberalism: Re-imagining the Global Economic Order*（Oxford University Press，2011），pp. 23~103.

② Jason C.T. Chuah，*Law of International Trade: Cross-Border Commercial Transactions*（4th ed.，Sweet & Maxwell，2009），p. 1.

③［印度］阿马蒂亚·森：《以自由看待发展》，任赜、于真译，中国人民大学出版社2002年版，第1页。

④［英］亚当·斯密：《国民财富的性质和原因的研究》，郭大力、王亚南译，商务印书馆1974年版，上卷320~321页，下卷66~67页。

⑤ 从这个意义上讲，只有将经济学与伦理学结合起来，我们才能看到一种有思想的经济学，而不仅仅是数字和图表。很多现代经济学这满足于用数据模型证明一些既有的理论，却未能将思想和人文关怀注入经济问题的讨论中，这不能不说是经济学的遗憾。经济学的未来在于有真正的思想，对真真实实的人的关怀，对人的处境和未来的考量和策略。所以，经济学应当与伦理学相结合，形成经济伦理学；应当与社会学相结合，注重社会生活、社会文化中的经济行为，形成经济社会学。

⑥ 李春林：《贸易自由化与人权保护关系论争：评析与反思》，《当代世界社会主义问题》，2014年第2期。

1. 彼德斯曼教授的观点

彼德斯曼教授在理论层面对国际贸易中的人本主义进行了全面而深刻的论述。在国际法较为广泛的语境中，人权是一个广受关注的问题。但很多学者是从“国际人权法”这个部分的视角或者“人权作为国际法哲学的基础”这样的理论实践讨论问题的。[①]而彼德斯曼教授作为“WTO立宪论”的代表学者，则主张以宪法上的基本权利原理内在地建构国际法上的贸易与人权的关系。其不仅视贸易自由本身为一项基本的个人权利，而且贸易权与其他自由权、社会权等基本权利乃至“人权”之间的关系是在同质的权利谱系中展开。也就是说，将多边贸易体制中贸易与人权的关系问题转化为“贸易权”与其他“人权”在基本权利谱系中的一元建构。据此，彼德斯曼教授系统地发展出以权利为基础的“WTO宪法化理论”，并在其理论发展的两个阶段提出了两个基本主张和建议。在第一阶段，提出需要将贸易自由承认为基本的个人权利，而公民可以在国内法院中直接援引《WTO协定》；在第二阶段，提出WTO保障自由、非歧视、法治以及社会保障而起到人权功能，对于许多“社会人权”（例如食品、健康和教育）的履行来说都起到关键作用。因此，应承认普遍认可的不可剥夺的核心人权具有国际法中的“宪法至上性”，通过WTO法和国际以及国家的人权法的整合而实现WTO的宪法化。而且，彼德斯曼教授深知WTO的现状与其国际宪政的理想前景相去甚远，因此借鉴欧盟宪政的经验，主张以所谓公共利益条款诉诸人权的条约解释来探讨WTO规则直接效力的可能性。[②]

2. 彼德斯曼教授观点的实践意义

彼德斯曼教授的主张和建议，对于WTO和WTO成员在贸易法方面的宪政改革，具有重要的实践意义。[③]将贸易自由承认为基本的个人权利，对WTO成员与其国民之间在贸易领域的关系将产生重要影响。在国家宪法对基本权利的确认和保障之中，将增加WTO法的因素；在WTO法乃至国际法的未来发展中，将更多融入所谓共通的宪法原则。

① Samantha Besson and John Tasioulas, *The Philosophy of International Law* (Oxford University Press, 2010), pp. 321~376.

② See, e.g., E.-U.Petersmann, "De-Fragmentation of International Economic Law Through Constitutional Interpretation and Adjudication with Due Respect for Reasonable Disagreement", 6 *Loyola University Chicago International Law Review* 209 (2008); E.U.Petersmann, "Do Judges Meet their Constitutional Obligation to Settle Disputes in Conformity with 'Principles of Justice and International Law'?" 2 *European Journal of Legal Studies* (2007). Comments, see Robert Howse, "Human Rights, International Economic Law and Constitutional Justice: A Reply," 19 *The European Journal of International Law* 945 (2008); Robert Howse, "Human Rights in the WTO: Whose Rights, What Humanity? Comment on Petersmann", 13 *The European Journal of International Law* 651 (2002).

③ Peter van den Bossche, *The Law and Policy of the World Trade Organization* (2nd ed., Cambridge University Press, 2008), p. 66.

这在两个方面加强了国家的责任和义务：一方面，基本权利对国家权力的制约将延伸至“国家间”或“国际”层面，使国家规避责任或者“政府间共谋”的空间缩小；另一方面，国民的基本权利不仅可以防御国内层面对其可能的侵害，还可能防御来自跨国层面的侵害。

3. 彼德斯曼教授观点的不足

彼德斯曼教授的一元论，不仅涉及自由基本权和社会基本权，也广泛地包括经济自由、社会权利、民主治理和可持续发展的权利，等等。从迄今宪法和国际法所确认和保障的各种“人权”来看，一元论显然比较缺乏对于作为集体人权的、WTO成员发展权的重视，特别是对于发展中国家成员的发展权关注不足。对发展权的关注被视为马克思主义国际政治经济学的重要立场，也是西方政治经济学的重要缺陷。[①] 因为彼德斯曼教授将发展中国家成员在多边贸易体制中的劣势地位，一直归咎于发展中国家成员本身的“人权”原因，这种“哀其不幸，怒其不争”的观点显然是片面的。事实上，布雷顿森林体系将发展问题与贸易问题隔离开来，忽视了经济上南北国家相互依赖的现实，忽视了在全球化时代发展中国家成员的重要地位。20世纪70年代以后，国际社会争取国际经济新秩序的斗争就完全可以在发展权的体系下予以理解。而21世纪西方大国深陷于金融危机之中，金砖国家（BRICS）[②] 的兴起，意味着发展权应当在更高的意义上予以关注。[③] 在多边贸易体制中，发展仍然是一个悬而未决的难题，而且在历史和现实中在很大程度上都是被发达国家所影响的。彼德斯曼教授的观点缺乏对发展权的关注不能不说是一大缺憾，因为将发展权排除在外不仅是对其“WTO宪法化理论”体系完整性的减损，更为重要的是发展权涉及发展中国家成员的重大利益，而且其往往是发展中国家成员对抗发达国家成员的有力依据。如果不将发展权并入到“WTO宪法化理论”体系中的话，极有可能造成发展中国家成员和发达国家成员的利益失衡，进而直接威胁到发展中国家成员人民的基本权利，这当然与彼德斯曼教授主张构建的以权利为核心的WTO宪政秩序是相违背的。

---

① Robert Jackson and Georg Sørensen，*Introduction to International Relations：Theories and Approaches*（3rd ed.，Oxford University Press，2010），pp. 202~210.

② “金砖国家”（BRICS）的称呼由巴西（Brazil）、俄罗斯（Russia）、印度（India）、中国（China）、南非（South Africa）国名的英文首字母组成。最初是对巴西、俄罗斯、印度、中国四个经济发展中的大国的合称（通常被简写为“the BRICs”“the BRIC countries”或“Big Four”），在南非进入后，合称“金砖五国”。一般认为，最早提出“金砖国家”概念的是美国高盛公司的吉姆·奥尼尔（Jim O'Neill，“Building Better Global Economic BRICS”，Global Economics Paper，NO.66，2001）。高盛公司于2003年10月发表全球经济报告《与BRICS一起梦想》，报告预计，世界经济格局在2050年将会有巨大变动，中国、美国、印度、日本、巴西、俄罗斯将成为全球新的六大经济体。

③ Joan Edelaman Spero and Jeffrey A. Hart，*The Politics of International Economic Relations*（7th ed.，Wadsworth，2007），pp. 257~297.

"WTO 宪法化理论"最大的缺陷就是忽略了对发展权予以考虑，而发展权已经成为发展中国家成员在与发达国家成员进行的国际贸易谈判中维护自身利益的重要依据，是国际贸易中人本主义需要重点关注的对象。

（二）恢复并保持自由是当今国际贸易的首要目标

20 世纪 80 年代以来，在全球化的观念之下，国际贸易体制经历了自由主义风靡和全面胜利的时期，又继而经历了在萧条经济思想指导之下的保护主义占优势的时期。[①] 从宏观上看，当前除了双边、区域的贸易机制有可能消解多边自由贸易的基础，一些保护主义的措施可能吞噬自由贸易取得的成就，贸易自由的总体趋势仍然得以维持。从国际贸易的框架上看，纯粹的自由放任并不值得倡导；反之，纯粹的管制也不值得提倡，要把两者有机结合起来，形成一个在管制调控之下的自由市场比较适当。这也是主流的自由主义所坚持的理念。因此，未来的方向应当是既要一方面坚持自由主义逐渐改进的方法性灵活特色，又要在另一方面修正自由主义的问题。现在的后危机国际贸易格局还没有达到自由的境地，此时就必须清醒地认识到自由优于大国的单边保护，而矫正的自由又优于纯粹的自由。[②]

保护主义之所以不公正，是因为保护意味着用政治强权干预市场，是对自由市场的不尊重和扭曲。纯粹的自由之所以并不公正，是因为自由体系总体上构成一种竞争，这种格局需要在一种特定前提下（即主体平等、力量均等或接近的时候）才能实现共赢，但是在理论与现实的差距存在的时候，就存在了问题。因为现实中竞争者自身能力相差悬殊，这样的竞争必然会引起不公正。要形成真正的公正，就要对自由竞争进行适当的平衡和纠偏，由此实现罗尔斯正义论第二原则，即予以最弱的一方更多的照顾。经济的功能是有限的，它不能解决政治、社会、道德领域的问题。

（三）自由贸易≠公平贸易：基于实力与历史的解读

"公平"是一个复杂的问题，在此我们仅能从基于发展中国家的视角来探讨。对于公平原则的含义，约翰·罗尔斯的《正义论》一书中对作为公平的正义基本观点包含着这样一个核心观念："社会和经济的不平等应该以对最不利的群体最为有利，或至少有助

---

① 参见王正毅、张岩贵：《国际政治经济学——理论范式与现实经验研究》，商务印书馆 2003 年版，第 400~401 页。

② 参见何志鹏、孙璐：《以自由促进发展：国际经济法治的价值尺度》，《法治研究》，2011 年第 2 期；何志鹏：《从自由走向发展：后危机时代的国际贸易治理》，《厦门大学学报（哲学社会科学版）》，2012 年第 6 期。

于其长远期待的方式来安排。”[①] 依据这样的公平理念，如果一定要对社会与经济产品进行不平等的分配，这种做法的目标必须有助于缩小国家在各方面的不平等，而不是导致国家之间的不平等加剧。进而言之，自由竞争的前提是竞争者的能力大体相等，虽然绝对的同等是不可能的，但是基于一般的差异，力量相当、可以互补的参与者之间的竞争是可以接受的，这种竞争可能会刺激竞争者的发展，对社会具有积极效果。这是一种理想的状况，但当今世界上发达国家与发展中国家之间的经济竞争很显然不属于这种情况。[②] 古典自由主义及新自由主义经济理论所设定的基础条件，例如完全市场信息、完整接触商机及信贷的机会、应因市场信息而变更生产技巧及产品的能力，在许多发展中国家都极度缺乏。由于缺乏这些个体经济的条件，那些可以由贸易而获取的利益可能全然消失。在这种情况下，我们不得不认真对待的现实就是：发展中国家所面临的国际市场条件经常无法达到双赢的结果，由于市场主体的信息、能力差距巨大，来自发展中国家一方的市场参与者不能因为国际经济贸易而提升其福利，现存的市场失灵使得发展中国家很难脱离贫穷。正如有人已经指出的，在同一竞争标准下进行的比赛，如果竞争者不处于同样的起跑线上，是不会得到公平的结果的；如果参赛者本身的强弱程度存在着巨大的差异，即使在同一起跑线上按照同样的规则竞争，仍然得不到公平的结果。而发达国家与发展中国家的经济竞争正是这样，这种竞争不会导致双赢，而很可能只是财富的单向流动。或者像把兔子和老虎放到同一个笼子里面一样，赢家只会有一个。[③] 由此，拥护全球化的人们会因为一些经济贸易的数据而欢欣鼓舞，而全球化的反对者则对未来可能出现的经济萧条、大规模失业、环境污染而忧虑重重。[④] 在这种情况下，如果没有强有力的社会政策作为后盾，会造成社会排斥的问题，对整个社会的稳定和发展都会极度不利。所以，没有规制的自由贸易、完全放任市场行为，不仅不会产生公平的效果，而且很有可能并不会导致经济表现的提高。[⑤] 因而，我们的论断是，在发达国家与发展中国家存在着很大

---

① John Rawls，*A Theory of Justice*（Harvard University Press，1972），p. 151.

② Jason Nardi，“WTO-Special：Free Trade or Fair Trade?”，*Inter Press Service News*，http：//ipsnews.net/news.asp?idnews=31371.

③ The Free Trade Myth，http：//www.maketradefair.org/en/index.php? file=issues_freetrade.htm.

④ 比如，美国的家庭农牧业从业者就深感到美国与南美国家进行自由贸易造成的不公平的结果和巨大压力。参见 Fair Trade vs. Free Trade，美国全国农民联盟（National Farmers Union，NFU）www.nfu.org/issues/trade/fair-trade-vs-free-trade。

⑤ “在经济方面，国家的‘平等’和‘自由的市场’统统是空洞的神话。即便是在很大程度上享受自由经济的国内社会也要为了公共利益结合实质性的管制，需要累进制的税收和承诺福利原则。”（［美］路易斯·亨金：《国际法：政治与价值》，张乃根等译，中国政法大学出版社 2005 年版，第 243~244 页；并参见［美］丹尼·罗德里克：《新全球经济与发展中国家》，王勇译，世界知识出版社 2004 年版，第 118 页）。

实力差异的情况下，自由贸易会产生不公平的结果。①

在考虑发达国家与发展中国家经济发展程度差异历史原因的前提下，单纯的自由贸易就会产生更不公平的后果。② 发达国家与发展中国家之所以存在着巨大的差异，在很大程度上是由于历史上的侵略和殖民行为。现在的发达国家当时正处在商业化和工业化的过程中，它们对当时的殖民地和半殖民地进行剥削和掠夺，这种剥削和掠夺不仅是不公平、不合理的，而且是不人道的。这种剥削和掠夺不仅体现为大规模的抢夺财富，而且也体现为贩卖奴隶和劳工（非洲的黑人奴隶、华工）。③ 在这种过程中，这些如强盗一般的资本家如吸血鬼一样逐渐发达、强大，而那些殖民地则财富空虚、经济发展模式失衡，成为欠发达的地区，并在国际贸易中逐渐被边缘化。从 19 世纪以后到 20 世纪中叶的反殖民化运动使这些地区成为独立的国家，但是这些国家并没有因为国家独立就富强起来，它们仍然由于存在问题的国际经济体系而受到剥夺。所以，在这一过程中形成的世界经济秩序本身就具有不公正性。因此，这种不公正的进程必然会导致不公正的结果，即不平等的参与者进行表面上“公正”和“自由”的竞争，显然是不会取得公平的结果的。④

所以，自由主义不意味着贸易公平。⑤ 自由贸易的发展不仅会损害发展中国家的利益，而且对发达国家内部薄弱的环节也有着极大的冲击。2008 年，从美国次贷危机而引起的全球金融风暴就是证明。正因为这样，对世界各国都有利的自由贸易主张被称为“全球

① 何志鹏、孙璐：《贸易公平与国际法治：WTO 多哈回合反思》，《东方法学》，2011 年第 2 期。

② 左海聪：《GATT/WTO 体制中发展中国家的待遇：规则与实施》《经济法论丛》，第 6 卷（2002）；杜明、李红波：《GATT/WTO 体制中特殊和差别待遇的历史考察》《世界经济与政治》，2005 年第 8 期。

③ 参见［美］罗伯特·E. 勒纳等：《西方文明史》，王觉非等译，中国青年出版社 2005 年版，第 550~557 页；［美］菲利普·李·拉尔夫、斯坦迪什·米查姆、爱德华·伯恩斯等：《世界文明史》，赵丰等译，商务印书馆 1999 年版，第 870~885 页。

④ 参见何志鹏、孙璐：《贸易公平与国际法治：WTO 多哈回合反思》，《东方法学》，2011 年第 2 期。

⑤ 在国际贸易和 WTO 中，还常用另外一种“公平贸易”的提法，经常是指避免扭曲的市场竞争，也就是禁止倾销、补贴和保障措施。倾销和补贴被视为“不公平贸易”，而反倾销和反补贴被规则认可为“公平贸易”。Simon Lester，Bryan Mercurio et al，*World Trade Law Text*，*Materials and Commentary*（Hart Publishing，2008），pp. 421~553；Peter van den Bossche，*The Law and*，*Policy of the World Trade Organization*：*Text*，*Cases and Materials*（2nd ed.，Cambridge University Press，2008），pp. 507~613. 反倾销等措施具有防卫和保护的作用，既可以维护竞争秩序，也能起到限制国外商品进口、保护国内产业的作用。因而，各发达国家成员频繁使用，并以此种“公平贸易”措施为盾牌，为本国产业寻求保护、牟取利益。从产业分布上看，发达国家成员的出口产业以科技含量高的电子、技术集约型制成品为主，这些产业与钢铁、服装等技术含量比较低、几乎所有国家都有能力参与的加工制造业相比，可替代性低，国际竞争少。市场经济的发展规律是，一个产业的竞争越激烈，就越容易出现倾销和补贴等所谓“不公平”贸易的行为。在这样的大环境下，发展中国家成员就不得不面临更多地受到包括来自发达国家成员指控为倾销或补贴、被采取反倾销、反补贴措施的机会。中华人民共和国商务部原设“进出口公平贸易局”（后改为“贸易救济调查局”），就是在这个意义上使用“公平贸易”概念的。这种情况显然不同于在发达国家与发展中国家关系的角度观察到的公平贸易。

贸易自由化的神话”。[①]

（四）公平贸易是国际贸易治理的中长期目标

在国际贸易体制中，很多国家和学者对“贸易与发展”予以长期关注。在这一语境下，发展的主要诉求是使得不同发展水平的国家都能享受到国际经济贸易的惠宜，特别强调发展中国家的发展能力与发展机会。[②]虽然在有些时候自由贸易的体制可能达到总体效率最优的目标，[③]然而它却很可能并不是道德至善的体制。这是因为总体效率最优仅仅关注了总量增长的层面，却没有有效地关注利益具体配置的层面，也就是国际贸易秩序的伦理层面。那么，该怎样理解国际贸易的伦理层面呢？笔者认为，有必要从以下逻辑链条进行考量：

首先，在参与者实力相当、起点同样的时候，自由贸易是正义的。但这种假设并不是当今国际经济秩序的实情。一般来说，追求收益最大化的自由贸易优于人为干预缩小收益的保护主义。然而，仍有必要进一步审视：贸易所创造的收益在人群中是如何分配的？如果采取的是赢家通吃、富者愈富贫者愈贫的“马太效应”分配模式，则其正义性就是负值。

其次，只有对同等的情形进行同等的分配，并且对于那些处于劣势的个人或群体考虑给以更多的机会和收益，才是更符合现代主流正义观的分配模式，[④]才符合人本主义。在一个存在经济发展阶段差异、存在强弱大小差异和发展能力差异的国际体系里，赋予弱小经济体以更多的机会，不仅符合罗尔斯的正义原则，而且也符合当代世界共同认可的、在人权领域给予处于弱势地位的群体更优待遇的“积极保护（affirmative action/positive action）”[⑤]原则。从规模和能力上区分，当今国际贸易的参与者可以分为发达国家和发展

① Mehdi Shafaeddin，*Free Trade or Fair Trade? An enquiry into the causes of failure in recent trade negotiations*（United Nations Conference on Trade And Development（UNCTAD）Discussion Papers，No. 153，December 2000），pp. 5~15.

② UNCTAD Secretariat，*Global Economic Crisis: Implications for Trade and Development*，TD/B/C.I/CRP.1.

③ 经济学的追求是效益的最大化，参见［美］罗伯特·吉尔平：《国际关系政治经济学》，杨宇光等译，上海人民出版社 2006 年版，第 267 页。

④［美］约翰·罗尔斯：《正义论》（修订版），何怀宏、何包钢、廖申白译，中国社会科学出版社 2009 年版，第 12、47 页。对于罗尔斯正义观念在法律层面的评论，参见［法］保罗·利科：《论公正》，程春明译，法律出版社 2007 年版，第 41~88 页。

⑤ Affirmative action（平权行动）是政府所采取的保护、支持、帮助少数及弱势族群的措施。在美国，平权法案由联邦和州政府通过法律提出要求，以防止基于肤色、宗教、性别或民族出身而对教育、就业申请人或雇员进行歧视。肯尼迪总统 1961 年签发的第 10925 号行政命令确立了平权行动的概念，此后被很多行政法律所接受。当前美国有很多此类的行动，例如美国劳工部提供的扶持行动包括宣传活动、有针对性的招聘、员工和管理的发展，以及员工的支持计划。在中国，针对少数民族所采取的高考加分，实际上也属于这一类别的措施。

中国家，[①] 贸易规范就应当有所倾斜；如果再进一步考虑很多发展中国家之所以贫弱，在很大程度上是由于西方大国的殖民入侵或掠夺，[②] 因而现在世界还存在和延续着依附关系和一个不平等世界体系，[③] 那么很显然，在发达国家与发展中国家之间，国际贸易秩序应当致力于公平，也就是在自由贸易的前提下更进一步着眼于促进发展能力的提升。

正是基于这样的分析，一些论者认为，在某些情况下，自由贸易如果根植于自由市场经济和殖民式的全球化，就只能是弱肉强食的贸易体系。这种状况就要求我们对国际贸易的参与者有更加细致的观察和划分，并且按照不同的状况，以自由贸易为基础，进行适当的调整，采取一定程度的区别措施。由此，出现了公平贸易主张作为自由贸易的替代模式。公平贸易以提供更为公平的贸易条件及确保那些特别是发展中国家（当然也不排除一些来自于发达国家）被边缘化的劳工及生产者的权益为基础，致力于改变传统的国际贸易习惯，其目标是为那些经济上处于弱势地位或在传统贸易系统中被边缘化的生产者创造机会，为发展中国家的经济活动参与者提供稳定的生产者产品价格、企业支持、接触优质的发达国家市场、更适合的贸易条件等，努力形成生产者和消费者和谐共进的双赢局面，造就一个更加健康、公平互利的国际经济体系，并实现可持续发展。[④]

公平贸易首先反对强者在国际贸易中对弱者采取的歧视态度，也就是发达国家避免采用自己的市场优势地位对发展中国家的利益进行剥夺。很多发展中国家将这种剥夺视为殖民主义的延续，为此，在贸易中要体现出公平价格，即交易的参与方通过对话交流及协商而形成的一种共同认可的价格。进而，公平贸易还要求在国际贸易中的强者给予弱者一定的倾斜和帮助，作为一种可持续发展及减轻贫穷的策略。据此，采用“不平等但公平”或者“不自由但公平”的贸易措施，例如关税优惠、技术与资金援助，[⑤] 是公平的国际贸易体制的必然要求。[⑥] 在国际贸易中不仅要考虑生产成本，还要充分考虑社会正义与环境保护的原则。就社会正义而言，需要加入生产者的公平报酬、男女平等同酬、对儿童利益的特别考虑等因素；就环境保护而言，需要加入资源、能源、环境影响等因素。

① 当然，这只是大略的分法。发展中国家之中还分为发展程度较高的国家，和发展能力欠缺的最不发达国家。如前文提到的，中国、巴西、印度、俄罗斯、南非等国被称为“金砖国家（BRICS）”，就意味着它们是发展中国家里发展势头较好的。

② 关于这段历史过程的阐述，参见王绳祖主编:《国际关系史》，世界知识出版社 1995 年版，第一卷第 27~36、385~387 页，第二卷第 201~294 页; 张之敏:《17 世纪东方外交与西方殖民主义》，《世界历史》，1985 年第 5 期。

③ 依附理论的代表者包括普雷维什、多斯桑托斯、弗兰克、阿明等，世界体系理论的主要代表人物是沃伦斯坦。关于相关理论的分析，参见王正毅:《国际政治经济学通论》，北京大学出版社 2010 年版，第 202~212、233~249 页。

④ 对于该问题的进一步探讨，参见韦经建、何志鹏:《论国际经济法的公平原则》，《吉林大学社会科学学报》，2002 年第 3 期。

⑤ 关于经济援助法律与实践的简要阐述，参见 Ian Brownlie，*Principles of Public International Law*（7th ed.，Oxford University Press，2008），pp. 250~251.

⑥［美］威廉·内斯特:《国际关系: 21 世纪的政治与经济》，姚远、汪恒译，北京大学出版社 2005 年版，第 463~467 页。

与此同时，公平贸易还谋求交易伙伴之间以平等和相互尊重的方式相处，并建立起透明的管理模式和商业关系。因而，公平贸易可以被视为一种解决市场失灵的尝试。

在这方面，实际上已经有大量的国际贸易法律规范将目标定位于追求更为公正的国际经济交往，提出了治理的未来构想。① 只不过这些规范尚处于软法阶段，② 而有些大国则出于自身狭隘利益的追求，不愿承认这些符合“良法”要求的规范的秩序构建能力。目前的 WTO 规则虽然有很多对发展中国家成员的特别例外规定，但是仍然存在着很多不利于发展中国家成员的方面。③ 有的学者认为，WTO 作为一个促进贸易自由的机构，不应当考虑太多的发展问题。发展问题应当有专门的发展机构予以处理，其中包括联合国开发计划署（UNDP）、联合国贸发会议（UNCTAD），等等。④ 从职能分工的角度讲，这种观点无可厚非。但是进一步的问题仍然是：国际法贸易法和国际发展法作为国际法两个不同的分支，二者是什么关系？是相互独立、相互补充，还是相互配合、彼此合作？是不是存在着一种相互嵌入的可能？⑤ 在这个问题上，正如国际经济法专家克莱西所指出的：国际经济法具有福利的维度，而国际发展法就是这样一个维度。国际社会对减少或消灭贫穷与国际和平与安全的目标都一样应当予以重视。同时，由于全球化经济的存在，以及推进发展的外国因素的呈现，使得国际关注发展问题成为必要和可能。由此，发展是国际经济法的基本目标，并且作为世界各国共同的关怀。⑥ 在国际贸易恢复一个通畅自由的市场之后，就需要进一步将以往促进发展中国家成员能力建设的规范更进一步强化，从而促进世界的公平、持续发展。⑦

因此，贸易公平意味着不仅看交易的过程，还要看交易的结果；不仅看现在，还要考虑历史和未来。贯彻贸易公平理念的规范和体制是国际经济法治的重要方面。

---

① 左海聪：《GATT/WTO 体制中发展中国家的待遇：规则与实施》《经济法论丛》，第 6 卷（2002）；杜明、李红波：《GATT/WTO 体制中特殊和差别待遇的历史考察》《世界经济与政治》，2005 年第 8 期。

② I. A. Shearer，*Starke's International Law*（11th ed，Butterworths，1994），pp. 346~348.

③ Gillian Moon，“Fair in Form，But Discriminatory in Operation—WTO Law's Discriminatory Effects on Human Rights in Developing Countries”，14 *Journal of International Economic Law* 553（2011）.

④ Gregory Shaffer，“Can WTO Technical Assistance and Capacity-Building Serve Developing Countries? ”，23 *Wisconsin International Law Journal* 643（2005）.

⑤ 在这里，值得一提的是国际关系学者约翰·鲁杰提出的“嵌入式自由主义（embedded liberalism）”，即具有国家干预性质的自由主义。“嵌入式自由主义”的多边国际经济机制是国家干预以确保国内经济稳定和社会安全的理念内嵌入战后国际经济机制之中，从而使战后国际经济机制在主要具有自由主义的多边性质的同时又内含有国家干预的成分，由此体现了共享社会目标。参见 John G. Ruggie，“International Regimes，Transactions，and Change：Embedded Liberalism in the Postwar Economic Order”，in Stephen D. Krasner，（ed.），*International Regimes*（Cornell University Press），1983.

⑥ Asif H. Qureshi and Andreas R. Ziegler，*International Economic Law*（2nd ed.，Sweet & Maxwell，2007），p. 488.

⑦ Amin Alavi，*Legalization of Development in the WTO：Between Law and Politics*（Kluwer Law International，2008）.

从前面的分析可以看出，在个体和群体的层面上，从人权的视角上，倡导自由、追求发展，最终实现人的全面、均衡、自由发展，始终应当是国家推进国际贸易法治的重要方面，也是我们检视国际贸易秩序法治化的重要指标。

三、国际货物贸易法治的考量

以促进发展和追求人本主义这两个尺度观察国际货物贸易的法治水平，是当前观察、分析、评价国际贸易制度贡献与局限的可取视角。成立于第二次世界大战之后、作为20世纪中叶以来国际经济秩序基石之一的关税与贸易总协定（GATT）及其后继者世界贸易组织（WTO），现已初步形成较为完整的贸易政策审议机制（执法机制）和争端解决机制（司法机制）。① 因而，如果其在立法中能够完善地确立公平贸易和人本主义的具体要求，无疑会使国际社会中国际贸易法治的实现又成为可能。所以，最关键的问题就是：在WTO的立法体系中能不能贯彻公平贸易和人本主义的原则，以及能在多大程度上贯彻公平贸易和人本主义的原则？以下我们就从这两个方面展开，并对于WTO的法治水平进行一个概略的评估。

（一）国际货物贸易制度中人本主义规范的体现

在经济全球化与区域经济一体化趋势并存的当今国际贸易活动背景下，建立起多边国际贸易体制与区域国际贸易体制的国际法律规范也越来越重视人的权利与利益，纷纷在其法律文本中一方面制定了对成员国施加义务的规范，旨在要求成员国切实履行自己的义务，减少对从事贸易活动的私人施加的各种贸易限制，实现贸易自由化；另一方面，也赋予了成员国为了维护公共利益而对私人的自由贸易活动施加必要的限制权利，从而实现公共利益与私人财产利益相协调的有序局面。这是国际贸易法治逐渐形成的征兆，也是国际贸易法治顺利发展的基础。以下主要对WTO、欧盟和NAFTA的法律体系中体现人本主义的相关规定进行简要分析。②

1. 人本主义在WTO法律体系中的体现

根据联合国人权事务高级专员的观点，公平、平等的经济全球化只有在纳入人权的

① Peter van den Bossche, *The Law and Policy of the World Trade Organization: Text, Cases and Materials* (2nd ed., Cambridge University Press, 2008), pp.168~319.

② 参见何志鹏、崔悦：《人本主义：国际贸易法治的价值导向》，《清华法治论衡》，第20辑，清华大学出版社2014年版。

时候方能达成。联合国经社理事会也认为，贸易自由化的终极目标应当是人们的幸福生活，这一点在联合国人权公约的条文中阐述得更加清晰。[①]WTO 的很多规范都可以视为直接或间接地服务于人的自由与发展。

（1）WTO 序言。作为 WTO 构架的经济和贸易目标，《建立世界贸易组织协定》开宗明义：“应旨在提高生活水平，保证充分就业和大幅度稳步提高实际收入和有效需求，扩大货物与服务的生产和贸易，为持续发展之目的扩大对世界资源的充分利用，保护和维护环境，并以符合不同经济发展水平下各自需要的方式，加强采取各种相应的措施。”由此可知，在制定国际贸易规则和规范国际贸易秩序时，人类社会的经济利益需要和部分人权就已经被纳入其中了。[②]

（2）WTO 的基本法律原则。[③] 首先，最惠国待遇。WTO 中的最惠国待遇是指 WTO 任一成员在货物、服务贸易和知识产权领域给予其他国家（无论是否是世贸组织成员）的优惠待遇，应立即和无条件地给予其他各成员。最惠国待遇原则本质要求一成员平等地对待所有其他成员，在不同成员之间实施非歧视待遇，从而保证市场竞争机会均等。这一原则虽然阐明了有条件平等，但也反映了人人平等的人权观念和平等权这一基本人权。其次，国民待遇。WTO 中的国民待遇是指对其他成员的产品、服务或服务提供者及知识产权所有者和持有者所提供的待遇，不低于本国相同产品、服务或服务提供者及知识产权所有者和持有者所享有的待遇。国民待遇原则强调了“内外平等”，即本国人和外国人之间的平等，也反映了人人生而平等的人权理念和平等权。再次，透明度原则。WTO 中的透明度原则是指 WTO 成员应公布所制定和实施的贸易措施及其变化情况，没有公布的措施不得实施，同时还应将这些贸易措施及其变化情况通知 WTO。透明度原则反映了知情权这一人权的重要内容，透明度原则的实施能有效减少政府侵犯当事人合法权益的机会，也能有效地帮助当事人采取积极有效的措施维权。最后，公平贸易原则。WTO 中的公平贸易原则是指 WTO 成员应避免采取扭曲市场竞争的措施，努力纠正不公平贸易行为，在货物贸易、服务贸易和与贸易有关的知识产权领域，创造和维护公平、公正的市场环境。公平贸易原则与人权所倡导的公平、公正理念是一致的。

---

① 徐莉：《论贸易与人权保护制度的协调》，《时代法学》，2009 年第 2 期，第 106 页。

② United Nations Economic and Social Council，“Statement of the UN Committee on Economic，Social and Cultural Rights to the Third Ministerial Conference of the World Trade Organization（Seattle，30 November to 3 December 1999）”，E/C. 12/1999/9，2.

③ Simon Lester and Bryan Mercurio，*World Trade Law: Text，Materials and Commentary*（Hart Publishing，2008），pp. 273~338.

（3）WTO 具体协定中的规则。此种规则体现在很多方面：

首先，在国际货物贸易协定中的规定。《关税与贸易总协定》第 11 条第 2 款关于普遍取消数量限制的例外规定，允许政府针对农产品和鱼制品采取必要的临时措施；第 20 条规定为保护人类、动物或植物的生命或健康目的而采取例外的措施。《实施卫生与植物卫生措施协定》是对《关税与贸易总协定》第 20 条第 2 款的具体化。《与贸易有关的投资措施协定》(《TRIMS 协定》) 第 3 条规定，该协定适用《关税和贸易总协定》第 20 条的例外规定，另外还规定国家有权利对一些投资进行约束而采取措施。《农产品协定》在序言中提及，“注意到根据改革计划承担的义务在所有成员之间应当是平等的，估计非贸易因素，包括粮食安全和保护环境的需要，估计对发展中国家成员的特殊与差别待遇是谈判的有机组成部分这样一种共识，考虑到实行改革计划可能给最不发达国家和粮食净进口国带来不利影响”，并且在第 15，16，20 条等条款中具体规定了序言所提及的这几个问题：第 15 条允许成员国在进口产品数量突然猛增或价格陡降时适用特别保障措施，征收附加关税；第 16 条第 2 款规定，将政府直接或间接鼓励农业和农村发展的援助措施作为发展中国家成员发展计划的组成部分，免除适用削减承诺；第 9 条将出口补贴纳入减让进程，并不再允许其他方式的出口补贴，该条第 4 款例外条款规定，发展中国家成员不需就销售费用和国内运输的补贴做出削减承诺。《技术性贸易壁垒协定》序言中指出，“认识到不应阻止任何国家在其认为适当的程度内采取必要措施，保护人类、动物或植物的生命或健康及保护环境……” 这从目的上，阐明了对人权目的的考虑，并在第 1 条中对该目的进行重申；第 2 条第 2 款列举了保护人类健康或安全等作为“合法目标”，虽然是一个穷尽的列举，但其规定方式显示了其特色，不是像关税与贸易总协定（GATT）第 20 条那样作为贸易自由的例外，而是直接作为正式规则而确立。

其次，在国际服务贸易协定中确立的规则。服务贸易总协定（GATS）确立了一些行为规范，确保服务领域的立法客观、公正，保障国际收支平衡，通过加强发展中国家成员的国内服务来提高国际贸易额，促进技术转让，信息交流，保证非歧视、最惠国待遇；第 14 条第 3 款第 2 项提到保护与个人资料的处理和传播、公布有关的个人隐私以及保护个人记录和账户秘密，直接关系到禁止任意非法干预隐私权利的保护。

再次，在国际知识产权贸易协定中的规则。TRIPS 协定序言中提到，“承认国内体系中为了保护知识产权的公共政策，包括发展和技术的目的……承认最不发达国家成员的特殊需要，为使他们建立一个健康、可行的技术基础，在国内实施法律和规则的最大弹性”，并在第 7 条中重申了该目的；TRIPS 协定第 8 条和第 27 条属于例外条款，第 27 条第3款b项关于保护动植物多样性的规定与食物权的实现有关；第27条第2款关于人类生命健康的规定和第27条第3款a项规定的对医疗方法的例外规定，与获得医疗、药品的权利有关；第31条规定，只要符合某些特定条件，即允许各国对某些专利授予强制性许可，可能增进健康权、保护公共利益；第66条第2款规定，发达国家有义务采取鼓励措施，促使该国领土上的企业和机构增进向最不发达国家成员的技术转让；TRIPS协定确立了实施知识产权保护的进程表，其中发展中国家成员可以迟至2000年实施，而最不发达国家成员则另有5年的宽限期。《TRIPS协定与公共健康多哈宣言》还对TRIPS协定第8条的实施作出了更为具体的规定。

最后，在复边贸易协定中的规则。在《政府采购协定》中，第23条属于例外条款，其第2款规定，为保护公共道德、秩序或安全、人类和动植物的生命和健康或知识产权，或为残疾人、慈善机构或监狱囚犯产品或服务，可采取例外措施。①

（4）WTO争端解决机制中的表现。在WTO《争端解决程序与规则的谅解》第3条第2款明确规定："WTO争端解决机制在为多边贸易体制提供可靠性和预测性方面是一个重要因素。各成员认识到该体制适于保护各成员适用协定项下的权利和义务，及依照解释国际公法的惯例澄清这些协定的现有规定。"而根据《1969年维也纳条约法公约》的规则，在解释国际条约时应考虑该条约的用语、上下文以及目的和宗旨。所以，在对WTO具体的法律规则进行司法解释时，必须考虑WTO协定的所有条文，既包括条约的序言和附件、所规定的宗旨，还需要考虑争端方之间所生效的其他国际法规则。也就是说，当诉诸WTO争端解决机构的某项具体贸易措施涉及人权法的相关规定时，这类解释方法要求对WTO相关适用协定的解释应考虑国际人权保护的需要，甚至考虑到国际人权发展的要求，以"演进的思路"对WTO相关的条款进行"人权化"的解释。②

2. 人本主义在欧盟法律体系中的体现

欧洲联盟早在20世纪50年代的初创时期，就开始注重货物、人员、服务、资本的流动自由，为人本主义的内部市场打好基础。③其中，特别是在罗马条约到里斯本条约阶段，采用法律手段，创制共同市场、保护贸易自由，在三个不同的层次上对贸易自由这一国际贸易法中的个人基本权利进行了保护，④具体表现在以下几个方面：

---

① George A. Bermann and Petros C.Mavroidis (eds.), *Trade and Human Health and Safety* (Cambridge University Press, 2006).

② 刘超：《论国际贸易中的人权问题》，《南京财经大学学报》，2007年第6期，第81页。

③ Paul Craig and Gráinne de Búrca (eds.), *The Evolution of EU Law* (2nd ed., Oxford University Press, 2011), pp. 499~574.

④ Paul Craig and Gráinne de Búrca (eds.), *The Evolution of EU Law* (2nd ed., Oxford University Press, 2011), pp. 465~498.

首先，在基本共同体法律中对贸易自由的保障。直接依据《欧洲联盟运行条约》进行的法律和司法保护是最为有力的。该条约第 28~29 条确立了自由市场的基本格局；第 30~32 条确立了关税同盟的基本规范，即禁止成员国之间的关税，要求在成员国之间形成共同的关税税率并推进联盟内部的自由竞争；《欧洲联盟运行条约》也保护个人与第三国的个人之间进行贸易的自由，主要体现为在第 28 条中规定建立关税同盟；在第 29 条中规定进口自第三国的货物可以在欧洲经济联盟范围内自由流通；第 33 条规定了欧洲议会和理事会确定成员国之间、成员国与委员会之间关税合作的立法要求；第 34~37 条则规定了禁止成员国之间的进口、出口数量限制的要求，同时也明确确立了公共道德、公共秩序、公共安全方面的例外，人类、动植物健康与生命的例外，以及保护艺术、历史考古价值的国宝以及工商业产权方面的例外。但特别说明此种例外不应构成对成员国之间贸易的一种任意歧视手段或者变相限制。①这些都在保护经济权利的角度促进了个人的自由，个人可以直接通过法院来主张这些自由并要求其得以实施。由于 GATT 第 2 条对关税的禁止性规定，第 2~11 条对非关税贸易壁垒的禁止性规定和第 1，3，13，17 条对贸易歧视的禁止性规定比《欧洲联盟运行条约》中的相应规定更加精确、具体，所以根据《欧洲联盟条约》第 37 条和《欧洲联盟运行条约》第 216 条，欧洲联盟及其成员国可以直接适用 WTO 法律来解释和实施相关原则。也就是说，欧盟的规范受到了 GATT 这一"对外贸易宪法"的广泛限制，由此，GATT 中保护贸易自由的规定得以在欧洲共同体内顺利实施。②

其次，欧洲共同体的次级法律对贸易自由的保障。欧洲共同体理事会制定的共同关税、海关估价、进口和出口的共同规则、反倾销等方面的一般对外贸易规章都是为了实施欧洲经济共同体所承担的 GATT 非歧视外国市场准入和货物提供义务而明确加以设计的。规定了进口共同规则的理事会第 282/82 号规章和规定了出口共同规则的第 2603/69 号规章都确立了直接适用的法律原则：对共同体的进口将会是自由的，而且不对其施以任何数量限制，对可能依据第五编规定实施的措施的采取歧视的方式；欧洲经济共同体对第三国的出口将会是自由的，不得对其施以任何数量限制，但为了遵守本规章条款而施加的数量限制除外。

最后，贸易自由是一项基本权利。欧洲共同体法院（ECJ）在对《欧洲经济共同体条约》中规定的贸易自由作出了其可以作为直接适用的个人权利的司法解释后，又补充道："货

① 条约中译本参见程卫东、李靖堃译:《欧洲联盟基础条约：经〈里斯本条约〉修订》，社会科学文献出版社 2010 年版，第 64~66 页。
② Cf. ECR I-5851，ECR I-3603.

物的自由流动和竞争自由原则以及作为基本权利的贸易自由都是本法院必须保证其得以遵守的一般法律原则。”①

3. 人本主义在NAFTA法律体系中的体现

（1）《北美自由贸易协定》序言中的体现。在《北美自由贸易协定》第1章第2条体现了NAFTA建立的宗旨和基本原则，即取消贸易壁垒，创造公平的条件，增加投资机会，保护知识产权，建立执行协定和解决贸易的有效机制，促进三边和多边合作。由此可见，NAFTA建立的目标就是要实现该区域内的自由贸易，为私人在跨国经济活动中的各种权利提供保障。

（2）《北美自由贸易协定》具体规范中的体现。《北美自由贸易协定》的很多规范都体现出了贸易权的保障：

首先，货物贸易法律制度。在第3章中确定了货物贸易的一般规则，包括国民待遇、取消关税、避免双重征税的退税措施、取消进出口限制等。第3章的附件A专门对汽车部门的贸易和投资作出了规定，缔约方同意取消自由贸易区内小汽车、卡车、公共汽车和部件（汽车产品）的贸易壁垒，并在10年内取消在该部门的投资限制，缔约方在过渡期内将取消贸易区内汽车产品的所有进口关税。第3章的附件B对自由贸易区内纤维、纱线、纺织区和服装贸易作出了专门规定，缔约方将立即或最长在10年内逐步取消贸易区内生产的、符合协定的原产地规则的纺织品和服装的关税。《北美自由贸易协定》第6章确立了能源和基本石化产品贸易制度，希望加强能源和基本石油化工产品贸易在自由贸易区内的重要作用，并通过逐步的和持续的自由化进程而改善这种作用，以此促进各自的国家利益。主要内容有：取消进出口限制；出口税和出口措施的实施受到限制；能源管理措施应遵守国民待遇、进出口限制和出口税的规定。第7章分别规定了墨西哥和加拿大、墨西哥和美国之间农牧产品贸易的双边承诺，主要包括取消关税（墨西哥和美国之间保留关税）、非关税壁垒，对出口补贴的限制。第7章还规定了卫生和植物检疫措施的实施要求，实施卫生和植物检疫措施的目的是为了保护人类、动植物的生命和健康。由此可以看出，《北美自由贸易协定》对集体人权的关注，同时也注意对集体人权和个人人权进行了协调。基本要求是以科学原则为基础，提供非歧视待遇，不构成不必要的障碍和不构成隐蔽限制。另外，缔约国要保证此类措施的透明度，并为其他缔约国和利益相关者提供信息。

---

① See Ernst-Ulrich Petersmann，"National Constitutions，Foreign Trade Policy and European Community Law"，5 *European Journal of International Law* 9~16（1992）.

其次，贸易的技术壁垒制度。《北美自由贸易协定》第9章建立了贸易的技术壁垒制度，主要适用于缔约方制定的、可以直接或间接影响缔约方之间的货物或服务贸易的与标准相关的措施，包括标准、技术规章或相符性评审程序，但不包括卫生和动植物检疫措施。第9章第4条规定了缔约方在技术规章或标准的建立方面的两项基本义务，即为其他缔约方提供非歧视待遇和技术规章或标准不构成不必要的贸易障碍。第9章第7条对风险评估提出了要求，缔约方在进行风险评估时，应避免用其认为适当的标准在相似的货物或服务之间进行武断的和不公正的区分，从而导致对另一缔约方的产品或服务提供者的武断的、不公正的歧视，或构成对缔约方之间贸易的隐蔽限制，或对那些用于同样用途的、会造成同样程度风险的、同样条件的、提供同样利润的产品或服务采取歧视的态度。另外，在缔约方为判断产品或服务是否符合技术规章或标准而设立相符性评审程序时，不得对申请人施加过于严格的要求。第9章第9条规定了缔约方在制定或修改技术规章时应按照透明度原则，履行信息公开义务，同时建立咨询点提供信息服务。

再次，政府采购制度。《北美自由贸易协定》第10章规定缔约方在进行政府采购时要给予另一缔约方的货物、货物的供应商、服务的供应商国民待遇和非歧视待遇。在政府采购的招标程序中审查供应商资格时，任何缔约方不得在不同缔约方的供应商之间或本国的供应商和其他缔约方的供应商之间有所歧视。另外，采购实体的所有采购都应公开参与采购邀请，保证其他缔约方的供应商有公平的竞争机会。第10章第17条为促进采购程序的公正、公平和公开，协定规定缔约方应设立或保留投标质疑程序。为增强政府采购的透明度，协定第10章第19条要求各缔约方应及时公布有关政府采购方面的法律、法规、先例性判决、普遍适用的行政规章和任何程序。

最后，《北美环境合作协定》和《北美劳工合作协定》中的体现。NAFTA的与众不同之处就在于其对环境权和劳动权给予了特别关注，通过实施这两项与《北美自由贸易协定》相平行的协定，从而对自由贸易和环境权、劳动权进行协调，加强缔约方之间在环境问题和劳工问题方面的合作，以保证《北美自由贸易协定》中环保目标的实现以及各缔约方劳动法的有效实施。《北美环境合作协定》的宗旨和原则在于保护和改善各缔约方的环境，在环境政策和经济政策的相互支持与合作的基础上促进可持续发展，增强缔约方之间在环境保护方面的合作，避免环境政策造成贸易扭曲或新的贸易障碍，在环境法律、法规和政策的发展方面增强透明度并促进公众参与，提高环境措施的经济效益和效力，加强防治污染措施及其实施。《北美劳工合作协定》的宗旨在于：改善劳动条件和生活水平，促进劳动法的执行和有效实施，为加强相互之间对各方的法律、司法机构和体制的了解而促进公布和交换有关信息。基本原则有：保障结社、集体经营的权利和罢工权；禁止强制劳动；限制雇用童工和幼年劳工；实行最低工资制；消灭劳工歧视、男女同工同酬；预防工伤事故和职业病，为工伤事故和职业病患者提供补偿；保护移民劳工。

总而言之，这些国际贸易领域的法律规范均体现了对人的自由的尊重。具体而言，是对人的贸易自由、投资和服务自由的鼓励和保障，是在国际贸易规范层面上对人本主义的充分体现，切实地关注与保障个人的权利，同时也赋予个人以义务，提高了个人的国际法地位，已经与传统的“国本主义”和“物本主义”相区别，体现了在经济全球化的背景下，在人本主义的价值取向的指引下国际贸易法规则的转变，这可以说是一种历史的进步和必然趋势。

（二）国际贸易实践中对人本主义的背离

尽管在欧盟、WTO和NAFTA的法律体系中均有关于国际贸易人本主义的体现，[①] 但这仅是静态规范层面的规定，而相关主体对这些规则的执行过程却并不理想，国际贸易法制的真正实现为时尚远。国际贸易实践中对国际贸易人本主义倾向的背离情况并非少见。[②]

1. 进口国的“政府失灵”

“政府失灵”在我们所讨论的问题上就表现为言而不信，言而不行，政府不能把反复声称的对GATT自由规则的认同转化为实际行动。具体表现为政府的越位或者缺位，没有很好地协调政府与市场、政府与交易者的关系。在很多时候，发达国家都试图将本国生产行业自身存在的问题（比如产业结构不合理、本国国内产品竞争力弱）转嫁到出口国身上，通过限制进口来达到保护本国生产行业的目的。在涉及中国的国际贸易纠纷中，比较典型的有美国对中国发起的钢铁保障措施案、美国对中国的轮胎特保措施案以及欧盟在前几年对中国展开的反倾销调查等。这些案件的共同之处在于美国和欧盟等不去试图解决内因，而是通过解决外因来暂时缓解和掩盖实质问题。而这种解决外因的做法常常是损人不利己的，因为限制进口除了直接损害出口国的贸易利益外，同时也损害了进口国自己国内消费者的切身利益，国内消费者不得不为相同的产品支付更高的对价，而此种限制进口措施的唯一受益者可能也只是国内相关产业部门的生产者和劳动者了。

进口国这种国内贸易决策中的“保护主义倾向”其实是一种新型的贸易重商主义的

---

① John S. Odell (ed.), *Negotiating Trade: Developing Countries in the WTO and NAFTA* (Cambridge University Press 2006).

② 何志鹏、崔悦：《人本主义：国际贸易法治的价值导向》，《清华法治论衡》，第20辑，清华大学出版社2014年版。

具体表现。必须注意的是，这种新型贸易重商主义的后果是非常严重的。[①] 第一，会造成经济上的无效率和浪费。亚当·斯密的《国家财富的本质与起因探究》(1776年)两大成就便是论证了这样的道理：重商主义错误地说明了“国家的财富”，并将会使有关国家陷于贫困而不是走向富裕。金钱并不足以使一个国家真正的富裕，只有积累和有效率地使用生产资料，才能达到真正的富裕。要达到这一目标，就必须形成专业化的分工，使一国公民的消费机会最大化。假如同样品质的商品能够以更大或更小的成本得以生产，并通过在国际分工中的比较成本优势将于国内进行生产的那些商品的生产上实行专门化，并通过国际贸易而获得其他商品，从而将其生产成本予以最小化而把其消费者的满意予以最大化——这是符合每个国家的自我利益的。也就是说，只有进行国际自由贸易，才能提高商品生产效率，降低商品生产成本，从而使国内的消费者得到最大的实惠。而对自由贸易进行限制，设立贸易壁垒无疑会增加国内消费者的交易成本，而且会降低国内生产者的产品竞争力。第二，会造成特殊利益在一般公共利益之上的盛行。亚当·斯密认为消费是所有生产的唯一结局和目的，而只有当有可能为促进消费者利益所必需时，生产者利益才应当被照顾到。但现实中的做法却是将生产者的利益凌驾于消费者的利益之上，限制自由贸易措施的受益者只是生产者，而不是消费者。第三，对个人自由与财产权利缺乏有效的保护。亚当·斯密认为，自愿交易能够使双方都受益，而除非双方都相信他们将从中获益，否则这种交易将不会发生。进口国的重商主义措施必然会对自由竞争产生不利影响，从而影响个人的交易自由，对其财产权利造成损害。既然这种对外限制进口的措施是一把双刃剑，为何还要乐此不疲地实施呢？进口国政府的这种做法在本质上其实是一种“政府失灵”现象的体现。

这种“政府失灵”不仅起因于国家在贸易政策方面决定做出过程中的各种“保护主义倾向”，也起因于政府任意决定性贸易政策权力之上的不充足法律约束。[②] 具体而言，可以从以下几个方面理解：

(1)自由贸易中一般公共利益政治代表的不平衡。相对于消费者而言，进口竞争型生产者在通过政治上的贸易保护要求将其收入予以最大化方面，具有强烈得多的财政诱因和更好的组织可能性。对于消费者个人而言，他们没有足够的动力去为了实现贸易自

---

①[德]E.-U.彼德斯曼：《国际经济法的宪法功能与宪法问题》，何志鹏、孙璐、王彦志，译，高等教育出版社2004年版，第176~180页。

②[德]E.-U.彼德斯曼：《国际经济法的宪法功能与宪法问题》，何志鹏、孙璐、王彦志，译，高等教育出版社2004年版，第167~173页。

由化而进行院外活动承担“信息成本”和“组织成本”，但贸易自由化作为一种“公共利益”却对所有消费者都有益。也就是说，自由贸易中一般公共利益的政治代表多为生产者，而不是消费者，这种政治代表的不平衡就会导致进口国政府对生产者的利益具有保护主义倾向，因为生产者为政府提供了强大的政治支持。

（2）以保护主义为交换对象的政治市场。个人作为有理性的“效用最大化者”而行事，并且不仅在经济（市场）领域中也在政治过程中寻求增进其自我利益。经济市场中的主体对经济条件的变化所作的反应不仅发生在经济市场之中，还发生在该市场之外、政治部门之中。由于政治市场中的不同参与者也将会追求他们自身的自我利益，恰如他们在经济市场中所做的那样，进口竞争型生产者（及其工人）便被认为是贸易保护主义的“要求者”，寻求把他们能够从进口削减中所获得的收入最大化；被选举出的贸易政治家便被认为是贸易保护的首要“供应者”，寻求把他们的政治支持和再度被选机会最大化。对于一个产业而言，贸易保护的措施是有成本的，贸易保护到何种水平、采取什么结构，都类似于提供了“政治价格”，不同的价格决定着政治市场中的保护主义保持在一种相对平衡的状态。

（3）保守的社会福利功能。采取贸易保护措施的政府，既有可能受到国内利益集团的压力，也有可能是出于国家产业发展的整体战略考虑，特别是以出口导向为目标，或者相关产业收入、调整问题。它还可以被看作是某种社会保险体系的一个组成部分，该体系针对突然的收入损失而提供保护。然而，保守的福利功能即使作为一项政治原则，它也未能以一种非歧视的方式得以适用：政府并不拥有各种经济途径，也并不一贯地试图保护所有主要的选民集团，使之免受以一部分人为代价而对另一部分人有益的那些经济变化的损害。换句话说，这种保守的社会福利功能仅对在自由贸易活动中直接受到利益损害的国内生产者进行保护，而不是对生产者和消费者一体进行保护。

在“政府失灵”的情况下，通过宪法规则来对其进行解决应该是一种合理的选择。具体有以下几种措施：①

第一，在贸易政策领域保护个人权利。由政府施加给个人生产者、投资者、贸易者和消费者的那些规则必须尊重并符合个人经济主体的内在权利和“行动本能”。假如政府的各项贸易法规专断地干预了国内公民的平等自由和财产权利，便有可能产生出无序状态并减少经济福利。也就是说，政府要充分保障国内公民的竞争自由，这样他们就可以

①［德］E.-U. 彼德斯曼：《国际经济法的宪法功能与宪法问题》，何志鹏、孙璐、王彦志，译，高等教育出版社 2004 年版，第 188~195 页。

出于自身意愿来进行交易而不受到任何外来干涉。

第二，界定自由贸易和法治中的国内自我利益。需要注意的是，过去200年间政府贸易重商主义的实践以及对其所作的理性分析都表明：即使是民主选举出来的政府，其各种利益以及产生于复杂政治过程的各种政府政策，都不一定完全与整个国家的国内利益相吻合。即使是毫不自私的对公共利益的政府干预也有可能导致比“市场失灵”更为恶劣的“政府失灵”。因此，作为一种国内“公共利益”，未受扭曲的市场竞争必须通过“宪法规则”并针对权力滥用、私人和政府对竞争的限制、生产率低的“寻租”活动等而得以保护。也就是说，政府利益并不与国内自我利益完全一致，为了防止政府为了自我利益而滥用权力，就必须通过宪法规则来保障市场竞争，因为自由的市场竞争是一种国内公共利益。①

第三，限制贸易政策权力范围。以往和当前的贸易重商主义是一种“政府失灵”，它导致了经济浪费、强有力的特殊利益凌驾于一般公共利益之上、平等自由和财产权利缺乏有效保护以及任意决定性政府权力的专断行使。因此，经济、政治、法律、社会和历史等方面的一些理由都支持着这样一种论点：需要用保护着存在于自由贸易之中的私人与公共利益并且也保护着法治下的个人自由的一些长期性宪法规则，来限制政府的任意决定性贸易政策权力。

第四，调整贸易政策手段的适度使用。市场不完善现象的存在并不能够证明政府干预是合理的，因为“市场失灵”的风险必须经常相对于“政府失灵”的风险而加以权衡，而不管这种“政府失灵”是由于能力的缺乏、政治家们和官吏们的自我逐利行为，还是由于政治过程中的各种信息和能力不对称的现象。因此就需要对任意决定性贸易政策权力进行长期性法律约束：这些长期性法律约束要求对透明的、非歧视的和经济成本最低的贸易政策手段做出公共选择。

2. 出口国的利益选择偏差

在出口国的角度上，似乎也存在着对国际贸易人本主义的背离情况。因为出口国往往凭借着本国的劳动力成本相对较低的优势将本国生产的产品大量出口到劳动力成本较高的国家，从而也就使本国相关产业的生产者通过贸易顺差赚取了大量利润，而劳动者却并没有因为这种贸易顺差而得到相应的工资水平和待遇标准的提高，也就是劳动者辛辛苦苦创造的劳动成果所带来的收益都进入了生产者的腰包，只是为别人做了嫁衣。同时，

① 沈桥林：《WTO的宪法解读》，《政治与法律》，2007年第6期。

出口国国内消费者也没有享受到产品价格低廉的实惠，因为物美价廉的产品都成为了进口国消费者的购买对象，甚至有些出口产品在外国可以用比在本国低得多的价格购买到。这种肥了生产者、瘦了劳动者和消费者的利益失衡状况当然也是与强调利益均衡保护的人本主义相背离的。

（三）国际贸易体制对发展问题的特别关注

从 GATT 在 1947 年临时生效开始，多边贸易体制经历了六十多年的存续，并且在处理事项范围和涵盖成员范围上取得了可观的扩张，这为促进世界的和平与发展做出了巨大的贡献，本身就值得肯定。WTO 在成立之初，其规则导向的成绩受到了很多赞扬，被认为是国际制度中最能体现规则导向，从而也最有法治意味的典范。2007 年的全球金融危机之后，自由贸易体制能够屹立不倒，没有重蹈 1929 年关税大战的覆辙，WTO 体制起到了重要作用。① 有的学者主张，作为一个运行中的法律体系，GATT 和 WTO 应当被认为是公平的，因为任何一个不公平的法律体系最终都会终止发展。② 目前停滞的多哈谈判则清楚地表明，发展中国家成员对公平问题的呼吁应该得到认真的对待，不然多边贸易体系有可能停滞不前，甚至崩溃。因此，在讨论 GATT/WTO 是否公平的时候，一个基本问题是：鉴于经济不平等的事实以及对不利方的负面影响，GATT/WTO 是否以有利于弱势一方的手段，即是否有利于发展中国家成员的方式安排其规则。③

在思考 GATT/WTO 规则是否公平的时候，通常会有两个层面的疑问。第一个层面，是否存在着明显歧视发展中国家成员贸易的 GATT/WTO 规则？④ 毫无疑问，不存在这样的规范。所有的 GATT/WTO 规则都建立在以最惠国待遇和国民待遇为代表的非歧视的原则之上，也就是不明确地区分发展中国家成员和发达国家成员。第二个层面，表面上没有歧视性的 GATT/WTO 规则在现实条件下是否会在事实上产生歧视性的效果？⑤ 显然，发展中国家成员和发达国家成员在国际舞台上是不平等的竞技者，很重要的原因是经济上的不平等，如果不加限制，这两个集团之间的国际贸易可能会恶化两者之间已经不平等的经济地位。因此，表面上没有歧视意味的贸易规则可能事实上有歧视的

---

① Brendan Ruddy, "The Critical Success of the WTO: Trade Policies of the Current Economic Crisis", 13 *Journal of International Economic Law* 475 (2010).

② Thomas M. Frank, "Fairness in International Legal and Institutional system", *Recueil des Cours*, Vol. 240, 1993, p. 26.

③ 车丕照、杜明:《建立公平的国际贸易秩序——对特殊和差别待遇的再考察》,《国际经济法学刊》, 第 11 卷（2004）, 第 4 页。

④［美］约翰・H. 杰克逊:《世界贸易体制：国际经济关系的法律与政策》，张乃根译，复旦大学出版社 2001 年版，第 349 页。

⑤［美］约翰・H. 杰克逊:《世界贸易体制：国际经济关系的法律与政策》，张乃根译，复旦大学出版社 2001 年版，第 349 页

效果。[①] 因此，需要矫正规则的出现。在 GATT/WTO 几十年的发展中，逐渐出现并加强了为处于固有不利处境的发展中国家成员服务的规则：特殊和差别待遇原则。这一原则被认为是实现公平世界贸易体系的主要分配工具，也体现了 GATT/WTO 对发展中国家的特别关注。[②]

1. 初步发展阶段（1947—1963 年）

GATT 在 1947 年成立初期的 23 个缔约方中，共有 11 个发展中国家缔约方，但是在 1947 年通过的《1947 年关税与贸易总协定》（简称《GATT 1947》）中，最初并没有针对发展中国家缔约方的特殊规定。发达国家缔约方仅确定了 GATT 缔约方在 GATT 中的权力和义务的平等和对等原则，并且格外强调发展中国家缔约方同发达国家缔约方应在平等互惠的基础上开展国际贸易活动。为此，在 1947 年缔结 GATT 时，11 个发展中国家缔约方基本上按发达国家缔约方的同样条件加入了 GATT。[③] 从 GATT 签订到 20 世纪 50 年代，发展中国家缔约方都不得不屈服于平等互惠的要求，被遗忘在角落。在这场实力相差悬殊的发达国家缔约方与发展中国家缔约方的争斗中，发展中国家缔约方所处的地位可想而知，所以人们称 GATT 为"富人的俱乐部"也就不奇怪了。[④]

但是，随着打破殖民枷锁的民族国家的相继独立，越来越多的发展中国家缔约方进入多边贸易体系，它们继续施加压力，要求采取特殊的措施来保护国内工业。此时大多数发展中国家缔约方遵循的发展战略是：强调通过保护性关税和非关税壁垒发展进口替代以促进本国的工业化程度；通过出口补贴促进出口，着眼于出口结构的多元化，以抵消发达国家缔约方的相对优势；利用贸易管制手段来解决现实或潜在的收支平衡困难。[⑤] 面对广大发展中国家缔约方的呼吁，在 1954—1955 年 GATT 的审查会议上，缔约方修改了第 18 条，旨在给予发展中国家缔约方在履行 GATT 下某些义务的时候享受一定的灵活性，可因外汇收支问题和促进幼稚产业的需要暂时偏离 GATT 下的义务，以培养和保护其国内产业。第 18 条规定只有"经济只能维持低生活水平并处在发展初期阶段的缔约方（those contracting parties the economies of which can only support low standards of living and are in the early stages of development）"才能援引修订后第 18 条的第 1~3 节"暂时背离本协定

①［美］约翰·H. 杰克逊：《世界贸易体制：国际经济关系的法律与政策》，张乃根译，复旦大学出版社 2001 年版，第 6 页。

② 左海聪：《GATT/WTO 体制中发展中国家的待遇：规则与实施》，《经济法论丛》，第 6 卷（2002）。

③［英］伯纳德·霍克曼、迈克尔·考斯泰基：《世界贸易体制的政治经济学：从关贸总协定到世界贸易组织》，刘平等译，法律出版社 1999 年版，第 244 页。

④ 冯予蜀：《国际贸易体制下的关贸总协定与中国》，中国对外经济贸易出版社 1992 年版，第 95 页。

⑤ Constantine Michalopoulos，*The Role of Special and Differential Treatment for Developing Countries in GATT and the WTO*，The Word Bank Policy Research Working Paper，No. 2388，July，2000，p. 3.

其他各条的规定”。其中，第 1、3 节是幼稚产业保护条款。具体规定为，发展中国家缔约方为执行其国民经济和社会发展计划和政策，可通知缔约方全体说明理由，并与相关缔约方进行谈判，采取修改或撤回关税减让、实施进口限制等具体措施对其幼稚产业进行保护。第 2 节规定，发展中国家缔约方为保护其对外金融地位和保证有一定水平的储备以满足实施经济发展计划的需要，可“采取限制准许进口的商品的数量或价值的办法来控制它的进口的一般水平”。原来 GATT 第 12 条仅允许以国际收支困难为由而实施数量限制，而新的第 18 条第 2 节规定比以往的规定具有更大的灵活性。这一规范的确立，使得发展中国家缔约方的利益在 GATT 体系内第一次得到体现，并且也受到了国际社会的关注。

经过修订的第 18 条于 1957 年 10 月 7 日生效。此后，GATT 的第 18 条再没有发生变化，所以长期成为多边贸易纪律的重要部分。1994 年 4 月 15 日乌拉圭回合结束时，GATT1947 第 18 条原封不动地转变为 GATT1994 第 18 条。据统计，在争端解决的过程中，第 1 节曾被援引九次，第 3 节则被援引十余次。从这一事实可以看出，尽管设置了比较复杂的程序和事先协商或审查机制，发展中国家缔约方仍然很重视援引第 18 条。印度、印度尼西亚、马来西亚、斯里兰卡等重要的发展中国家缔约方都曾运用这一规范，韩国和希腊在工业化初期也援引了这一规定。通过援引 GATT 第 18 条，这些国家促进和保障了特定工业的建立，也就维护了本国经济发展的基本战略。在采取第 2 节所允许的数量限制措施时，缔约方可以先自主实施，再与相关的缔约方进行磋商，此后接受缔约方全体的审议。而且这些措施不需要符合最惠国待遇原则，也就是不同缔约方之间的措施准许存在差异。鉴于这种措施的便利性，发展中国家缔约方在实践中多次依据这一节来采取数量限制措施。据统计，1974—1986 年间，有 24 个缔约方至少采取过一次此种措施，涉及 3 400 多个种类的产品。其中，印度和韩国是根据第 18 条而采取数量限制措施的大户。韩国借助于此类措施的时限最长，是因为美国在 GATT 提起申诉、韩国败诉以后才根据专家组的裁定而在 1989 年放弃第 18 条第 2 节的数量限制措施。

2. 肯尼迪回合以及其后（1964—1972 年）

在肯尼迪回合前后，发展中国家缔约方提出在此之前的特殊和差别待遇措施仅仅保证了发展中国家缔约方避免国内幼稚产业遭受国外产业的冲击，但是没有解决发展中国家缔约方的出口产品在进入发达国家缔约方市场中遇到的种种困难，并认为只有将促进发展中国家缔约方国内生产的内部措施与确保生产出来的产品顺利进入主要贸易国家市场的外部措施结合起来，才能真正保证发展中国家缔约方在多边贸易体制中的利益。[①] 基于发展中国家缔约方的这种呼吁，对发展中国家缔约方特殊待遇的法律规则在 GATT 框架内继续发展。

1957 年，GATT 举行的部长级会议讨论国际贸易的现状和前景，部长级会议通过的决定提到三个主要的问题：发展中国家缔约方与发达国家缔约方相比贸易上的失败，初级产品价格的过渡短期波动以及广泛采取的对农业的保护。[②] 部长级会议要求成立一个专家组来研究这些问题，其结果便是著名的哈伯勒报告（Haberler Report）。撰写这份报告的专家对部长级会议的决定采取了支持的态度，在报告中表明，对于大多数发展中国家缔约方而言，其经济发展所必需的外汇要求无法通过出口所获得的收益而予以满足。报告在批评发展中国家缔约方的贸易限制的同时，强调发达国家缔约方需要开放市场。[③] 为考虑哈伯勒报告，GATT 召开了一次部长级会议。会议通过了一项《行动计划》，《行动计划》决定成立一个专门的工作组，即第三委员会，其工作目标是扩大发展中国家缔约方的出口收入。[④] 根据 1963 年部长级会议的决定，GATT 法律和组织框架委员会起草了"贸易和发展"一章，作为《GATT 1947》的第 4 章，并于 1965 年通过，该章包括第 36~38 条 3 个新条文。这是在 GATT 中第一次使用了"发展中国家缔约方"的概念，但是没有具体规定发展中国家缔约方的判断标准。[⑤] 第 36 条承认发达国家缔约方应该对发展中国家缔约方目前或潜在具有特殊出口利益的初级产品、加工产品或制成品，尽最大可能地扩大以优惠条件进入市场的机会。第 8 款则明确地承认了谈判中的非互惠原则："发达国家缔约方对它们在贸易谈判中对发展中国家缔约方的贸易所承诺的减少或撤除关税和其他壁垒的义务，不能希望得到互惠。"对本款的解释中，认为"不能希望得到互惠"措辞的含义是指"依照本条所列目标，不应期望欠发达国家缔约方在贸易谈判过程中，做出不符合它们各自发展、财政和贸易需要的贡献，同时考虑以往贸易发展的情况。"[⑥] 第 37 条则要求发达国家缔约方尽最大可能保证发展中国家缔约方的贸易利益，包括对削减和取消欠发达国家缔约方目前或潜在具有特殊出口利益产品的壁垒给予最优先考虑；对欠发达国家缔约方目前或潜在具有特殊出口利益的产品避免采用关税或非关税进口壁垒，或

① 杜明、李红波：《GATT/WTO 体制中特殊和差别待遇的历史考察》，《世界经济与政治》，2005 年第 8 期。

② Rober E. Hudec，*Developing Countries in the GATT Legal System*（Trade Policy Research Center，1987），p. 41.

③ Rober E. Hudec，*Developing Countries in the GATT Legal System*（Trade Policy Research Center，1987），p. 41.

④ BISD，7th Supplement（1959），pp. 27~29.

⑤ 张汉林：《WTO 是如何界定"发展中国家成员"》，《广西电业》，2002 年第 5 期。

⑥ GATT 1947 附件 1 注释和补充规定，http：//www. wto. org。

者增加关税或非关税进口壁垒的影响范围；避免实施以及在调整财政政策时优先放宽和取消会阻碍消费欠发达国家缔约方产品的财政措施。第 38 条要求缔约方采取包括通过国际安排在内的联合行动，以促进第 36 条所规定的目标的实现，这导致了贸易和发展委员会的设立以用来监督该章的执行。该部分的增加，“它第一次对关贸总协定的基本原则——让步的互惠——作了重大的变革”[①]，使给予发展中国家缔约方优惠待遇具有了一定的法律依据，发展中国家缔约方“搭便车”从此合法化了。在以后的 GATT 实践中，发展中国家缔约方经常援引这些条款主张优惠待遇。[②]

肯尼迪回合刚刚结束后的 1968 年，联合国贸易与发展会议（UNCTAD）召开第二次大会，并在其倡导下产生了普惠制。美国在国际贸易体制中接受了会议提出的普惠制主张，并同意在非互惠的基础上给予所有发展中国家缔约方在几乎所有产品上以关税优惠。由于普惠制是一种单向行为，只是发达国家缔约方给予发展中国家缔约方的关税优惠，而不能由发达国家缔约方享有，所以从逻辑上看，普惠制的规则与 GATT 第 1 条所规定的最惠国待遇要求是存在矛盾的。为了化解这一规范上的冲突，GATT 缔约方全体[③]根据 GATT 第 25 条第 5 款的规定，[④]于 1971 年通过一项豁免规定，允许缔约方为采取普惠制而在为期 10 年的期限内偏离第 1 条的最惠国义务。

3. 东京回合以及其后（1973—1985 年）

20 世纪 70 年代以后，国际贸易的格局及法律环境发生了巨大变化。欧洲经济共同体成为最大的区域贸易组织，日本一跃成为经济强国。1971 年，美元与黄金脱钩、布雷顿森林体系崩溃，宣示了美国作为世界经济霸主的地位处于衰落状态。为避免经济地位的迅速下滑，美国需要更好的贸易条件来复兴和发展自己的经济。因此，国会通过《1974 年贸易法》的方式，确立了国际贸易必须在公平的基础上进行的要求，以此对欧共体、日本的不公平贸易行为进行限制。以反倾销、反补贴为主要内容的“公平贸易”成为世界经济贸易中的重要焦点。

这一时段另一值得关注的趋势是，经过十年在国际社会各种平台的努力，发展中国家谋求建立国际经济新秩序的主张取得重要成果。联合国大会第 6 届特别会议于 1974 年

---

①［瑞士］奥列佛・隆:《关贸总协定多边贸易体制的法律及其局限》，童守云译，中国社会科学出版社 1998 年版，第 125 页。

② Rober E. Hudec，*Developing Countries in the GATT Legal System*（Trade Policy Research Center，1987），pp. 61~62.

③ 在 GATT 时期，因为没有正式的组织，而仅仅是临时生效，所以用大写的 CONTRACTING PARTIES 代表具有权力机构意味的“缔约方全体”，用小写的“contracting parties”代表某些缔约方。

④ 该款规定：“在本协定其他部分未作规定的特殊情况下，缔约国全体可以解除某缔约国对本协定所承担的某项义务；但这项决议，应以所投票的 2/3 的多数通过，而且这一多数应包括全体缔约国的半数以上。缔约国全体可以采用同样的投票方法：（甲）规定须采用其他投票方法来解除承担义务的某些特殊情况，以及（乙）制订为实施本款规定所必需的某种标准。”

通过了《建立新的国际经济秩序宣言》《建立新的国际经济秩序行动纲领》[①];联合国大会第 29 届会议 1974 年 12 月 12 日通过了《各国经济权利义务宪章》[②],发展中国家缔约方据此要求扩大优惠待遇，提升国际贸易秩序的公正性。国际社会的发展关注对东京回合达成各协定的内容显然构成了影响。

东京回合谈判达成的《关税与贸易总协定国际贸易行为框架协定》共包括四个协定，这些协定于 1979 年 11 月被 GATT 的缔约方全体在第 35 届大会上以一致同意方式通过。其中，与发展中国家缔约方待遇密切相关的三个协定是:《关于差别和更为优惠待遇、互惠及发展中国家缔约方进一步参与的决定》《关于为国际收支目的所采取的贸易措施宣言》和《关于基于发展目的所采取的保障措施的决定》。

其中最为重要、影响最为深远的是《关于差别和更为优惠待遇、互惠及发展中国家缔约方进一步参与的决定》(*Decision on Differential and More Favorable Treatment, Reciprocity and Fuller Participation of Developing Countries*)(以下简称《决定》)。[③]《决定》共九段，其中 1~4 段就是所谓的“授权条款(Enabling Clause)”。第一段明确授权缔约方可以背离 GATT 第 1 条最惠国待遇的诸项规定，给予发展中国家缔约方差别和更为优惠的待遇，而不将这种待遇给予其他缔约方。由于这并不是一项强制性的义务，因而被称为“授权条款”。

第二段规定了第一段的适用范围:

(1)发达国家缔约方根据普惠制给予来自发展中国家缔约方产品的优惠关税待遇，授权条款把普惠制以及发展中国家缔约方之间给予贸易优惠的 10 年豁免期转变为永久性豁免;

(2)由 GATT 主持谈判所签订的多边协定中关于非关税措施方面的差别和更优惠待遇;

(3)发展中国家缔约方之间为相互取消贸易壁垒而达成与 GATT 相符的区域性和全球性协定中给予关税和非关税优惠措施;

(4)普惠制给予最不发达国家缔约方更多的优惠。

《决定》的第三段规定，在该条款下所实施的差别和更加优惠的待遇，应以方便和

① UNGA 3201(S-VI),A/AC. 166/L. 50,A/AC. 166/L. 51,1974 年 5 月 1 日联合国大会第 2229 次会议通过，无人反对。

② 该宪章的雏形是七十七国集团 1972 年提出的《利马宣言》,1974 年 4 月 13 日至 5 月 19 日，联合国贸发会议(UNCTAD)第三次会议通过了制定该宪章的决议。

③ Andrew T. Guzman and Joost H. B. Pauwelyn, *International Trade Law*(Aspen Publishers, 2009), pp. 631~632.

促进发展中国家缔约方的贸易为目的，并不至于提高对任何其他缔约方的贸易壁垒或造成不应有的困难，不应对基于最惠国待遇削减或取缔关税及其他贸易限制造成障碍。如果这种待遇是由发达国家给予发展中国家的，其制定以及在必要的时候所作的修改都应积极地反映发展中国家的发展、金融和贸易需要。《决定》第四段确立了采取措施的缔约方应履行的通知和协商义务。

授权条款的意义在于把特殊和差别待遇置于 GATT 法律体制中的核心地位，在法律上永久确认了发展中国家缔约方和发达国家缔约方之间贸易关系应遵循非互惠原则。[①]综合了优惠市场准入、非互惠和履行规则和承诺的灵活性的主要规定，授权条款是对 1954 年以来多边贸易体制处理发展中国家缔约方关切所做出努力的一个总结，但并没有扩展特殊和差别待遇的范围和程度。发展中国家缔约方非常欢迎承认特殊和差别待遇方面的进步，但不愿接受《决定》中包括的“毕业条款”。

框架协定中的《关于为国际收支目的所采取的贸易措施宣言》对援引第 18 条第 2 节或第 12 条作出补充规定;《关于基于发展目的所采取的保障措施的决定》对第 18 条第 1 节、第 3 节和第 4 节作了规定，放宽了援引条件。

东京回合不仅通过了框架协定，还达成了几份由有限的缔约方所参加的关于非关税壁垒的单项协定（复边贸易协定），其中包含了关于发展中国家缔约方的特殊和差别待遇的条款。这是 GATT 体制中的特殊与差别待遇条款首次涉及非关税措施问题，其意义同样不容忽视。[②]

4. 乌拉圭回合（1986—1995 年）及 WTO 成立后的后续谈判

在乌拉圭回合中，发展中国家缔约方参加谈判的情形发生了很大的变化，从被动参与转变为积极主动加入，由 76 个发展中国家缔约方参与了多边谈判即可见。此时，发展中国家缔约方对自身在国际贸易体系中的生存与发展战略进行了反思，其中既包括贸易在发展中的角色定位，也包括发展中国家缔约方参与全球贸易谈判繁荣立场和策略。WTO 促动着发展中国家贸易政策的变革。[③]发展中国家通过参与国际经济贸易交往，深刻地认识到，能够使其经济发展的贸易机会，不能仅仅通过发达国家缔约方之间互惠减让和发达国家缔约方单方面给予发展中国家缔约方的优惠方式获取，更要以自己也积极

① Constantine Michalopoulos, "The Role of Special and Differential Treatment for Developing Countries in GATT and the World Trade Organization," *The World Bank Working Paper*, 2001, p. 7.

② Developing Countries and the Multilateral Trading System: Past and Present, Background Note by the Secretariat, at http: // www.wto.org/english/tratop_e/devel_e/bkgdev_e.doc.

③ Razeen Sally, "Developing Country Trade Policy Reform and the WTO", 19 *Cato Journal* 403~423 (2000).

做出减让的方式来获取。发展中国家自己的减让能够有力地影响多边贸易谈判的方向和进程，给发达国家成员以充分的信心，这样出口机会也就会大幅度增加。[①] 根据这一推理，得到的结论自然是自由的贸易政策对发展更有利，互惠的自由化是得到更多市场准入更为稳定的方式。但进一步的问题是，即使发展中国家缔约方愿意自由化，仍然有必要在遵守规则的时候获得额外的权利，才能够实现自身的发展。因而，发展中国家缔约方在表达承担实质义务意愿的同时，也积极努力，争取得到差别和优惠待遇。

从协定体系和规则内容的角度看，乌拉圭回合及 WTO 成立后的后续谈判所形成的各项文件，不仅缔结了一些有利于发展中国家缔约方的协定和规则（如《纺织品和服装协定》《农产品协定》《保障措施协定》《反倾销协定》），而且在许多协定中都制订了关于发展中国家缔约方特殊和差别待遇的条款，在货物贸易领域共计 128 条。根据 WTO 秘书处的报告，WTO 中的特殊和差别待遇条款可以分为 6 类：[②] 其一，旨在增加发展中国家成员贸易机会的条款；其二，要求 WTO 成员维护发展中国家成员利益的条款；其三，允许发展中国家成员在执行多边贸易规则和纪律时享受一定灵活性的条款；其四，给予发展中国家成员更长的过渡期条款，除了《反倾销协定》和《装运前检验协定》以外，其他几乎所有的协定都为发展中国家成员提供了更长的履行期限；其五，技术援助条款；其六，对最不发达国家成员的特殊和差别待遇。WTO 中所有适用于发展中国家成员的特殊和差别待遇条款都适用于最不发达国家成员，同时，也有一些专门针对最不发达国家成员的一些特殊规定。表 5-2 所示为根据类型区分的 WTO 货物贸易多边协定中的特殊与差别待遇条款。

《WTO 协定》中的特殊与差别待遇条款较之 GATT 体制中的同类条款而言，有了一定程度的发展。革新主要体现在三个方面：过渡期条款和技术援助条款的创设；对最不发达国家成员的特别关注；“承担义务的非互惠模式”到“履行义务的非互惠模式”的转变。

特殊与差别待遇条款的基本和最初的形式是：加强发展中国家成员的市场准入和允许他们背离特定的多边贸易纪律。因而，除给予特定的贸易优惠外，有些条款允许发展中国家成员在使用贸易和贸易相关的措施时保持一定的灵活性。乌拉圭回合及 WTO 成立后的后续谈判对此做了根本性的改变，该协定主要是采用过渡期条款和非强制性地提

① John Croom，*Reshaping the World Trading System*，*A History of the Uruguay Round*（WTO，1995），p. 9.

② The Secretariat of Development Division of World Trade Organization，*Background Note: Developing Countries and the Multilateral Trading System: Past and Present*（WTO），pp. 18~22.

表 5-2　根据类型区分的 WTO 货物贸易多边协定中的特殊与差别待遇条款①

协定	旨在增加发展中国家成员贸易机会的条款	要求 WTO 成员维护发展中国家成员利益的条款	允许发展中国家成员在执行多边贸易规则和纪律时享受一定灵活性的条款	给予发展中国家成员更长的过渡期条款	技术援助条款	对最不发达国家成员的特殊和差别待遇	按照协定总计
《农业协定》和《关于粮食净进口发展中国家的决定》	1	4	9	1		3 1	14 5
《实施卫生与植物卫生措施协定》		2		2		1	5
《纺织品和服装协定》	1	3				2	6
《技术性贸易壁垒协定》		6	1	1	7	1	16
《反倾销协定》		1					1
《海关估价协定》和《关于独家代理人等的决定》		1 2	2	4	1		8 2
《装运前检验协定》							0
《原产地规则协定》							0
《进口许可程序协定》		3		1			4
《补贴与反补贴措施协定》		2	8	6			16
《保障措施协定》		1		1			2

① 此表格译自：WT/COMTD/W/77，pp.7–8；并根据 WT/COMTD/W/77、Corr.1 修正。Available at http：//docsonline.wto.org/gen_search.asp. 并参见朱晓勤主编：《发展中国家与 WTO 法律制度研究》，北京大学出版社 2006 年版，第 379 页。

续表

协定	旨在增加发展中国家成员贸易机会的条款	要求 WTO 成员维护发展中国家成员利益的条款	允许发展中国家成员在执行多边贸易规则和纪律时享受一定灵活性的条款	给予发展中国家成员更长的过渡期条款	技术援助条款	对最不发达国家成员的特殊和差别待遇	按照协定总计
《关于争端解决规则与程序的谅解》		7	1		1	2	11
《1994 年关税与贸易总协定》第 18 条			3				3
《1994 年关税与贸易总协定》第 36 条	4	3	1				8
《1994 年关税与贸易总协定》第 37 条	2	6					8
《1994 年关税与贸易总协定》第 38 条	2	5					7
授权条款	1		2			1	4
《关于有利于最不发达国家的措施的决定》						7	7
《1999 年关于给予最不发达国家优惠关税待遇的弃权决定》						1	1
总计	11	46	27	16	11	17	128

供技术援助条款等形式，而不是对特定规则实质性的豁免。此类条款产生的原因是当发展中国家成员开始意识到积极主动地参与到全球贸易及现行的多边贸易体制中去才是最能维护自身利益的明智之举时。发展中国家成员在相关的人力资源、基础设施和制度建设方面普遍存在着诸多缺陷和不足，只有切实采取有效的措施解决这些缺陷和不足才能使发展中国家成员如愿以偿。在《WTO 协定》中加入过渡期和技术援助这两种新的特殊与差别待遇条款就是这种认识及努力的一个重要表现。因为过渡期的条款能够使发展中国家成员在全面承担国际义务以前赢得宝贵的“缓冲期”，以使在国内做出必要的制度安排（如制定、修改、废止相应的国内立法）和其他安排而不至于因承担义务遭受难以弥补的损失。而技术援助条款，则使发展中国家成员在培训人才、掌握 WTO 规则和国际贸易规范等方面能够得到 WTO 及其他发达国家成员的财政援助和其他援助。①

20 世纪 80 年代以来，南北差距进一步拉大，少数不发达国家成员的贸易条件和经济状况持续恶化，日益“边缘化”，因此，专门适用于最不发达国家成员的规定在《WTO 协定》中所涉及的特殊与差别待遇条款中占有着重要地位，作为多边贸易体制对这种状况的积极回应。《关于有利于最不发达国家成员措施的决定》则是重中之重，该决定对最不发达国家成员在整个 WTO 体制中的权利和义务具有一种全局性的影响——“在全部协定的所有方面给予这些国家以特殊待遇”和“允许最不发达国家成员实施那些符合其发展需要和各自能力的承诺”。②

对于特殊与差别待遇条款从“承担义务的非互惠模式”到“履行义务的非互惠模式”的转变，③很多发展中国家成员认为，这意味着特殊与差别待遇条款的概念已经发生了显著的变化：在 GATT 体制中，特殊与差别待遇条款意味着对发展中国家成员面临的特殊问题的承认，但在《WTO 协定》中，特殊与差别待遇条款只是对发展中国家成员在执行协定过程中面临的特殊问题的承认。这种关注的焦点从发展问题到执行问题的转变意味着认识上的一系列变化：

（1）经济发展水平与其在多边贸易体制中承担的权利和义务间并无明确的相关关系；

（2）发展水平不同的国家也可以适用同样的政策，所不同的只是对发展中国家成员

① 参见赵维田：《协调共同与特殊利益——WTO 对发展中国家的差别与优惠待遇》，《国际贸易》，2002 年第 6 期。

② 世界贸易组织秘书处编：《乌拉圭回合协议导读》，索必成、胡盈之译，法律出版社 2000 年版，第 310 页。

③ 曾华群：《论“特殊与差别待遇”条款的发展及其法理基础》，《厦门大学学报（哲学社会科学版）》，2003 年第 6 期；车丕照、杜明：《建立公平的国际贸易秩序——对特殊和差别待遇角色的再考察》，《国际经济法学刊》，第 11 卷（2004）。

应提供一定的过渡期和技术援助；

（3）发展中国家成员在是否接受各协定的约束上没有在其中自由选择的权利，因为除了诸边贸易协定外，这些协定都是一揽子接受的。[①] 这表明特殊与差别待遇条款遭到了严重的侵蚀。

（四）国际货物贸易制度中发展规范的不足

WTO 以逐步实现全球贸易自由化为宗旨，反映了世界各国包括发展中国家成员在内的共同利益，同时，也注意采取措施以协调不同经济发展水平国家之间的差异。但是，在实现这个宗旨的过程中，在保护或兼顾发展中国家成员利益方面，还远未做到公平合理。[②] 以前，GATT 曾是一个标准的"富国俱乐部"，其主持通过的《多种纤维协定》将发展中国家成员占优势地位的纺织品贸易排除在 GATT 正常规则之外，发达国家缔约方注意利用自己的优势地位，利用 GATT 的豁免条款，将农产品和纺织品游离出多边贸易体制，广泛争取配额、高关税和补贴等措施，使发展中国家成员在其具有比较优势的两个领域无法发挥特长，获得较大的出口。[③] 在对于 GATT 文本进行讨论，增加第四部分《贸易与发展》的过程中，发达国家并不是积极参加和大力支持相关规范的确立，而是采取消极甚至阻挠的方式，极力避免其成为具有约束力的法律意义上的义务。[④] 就 1979 年东京回合所达成的授权条款而言，发达国家并不认为就此承担了必须给予发展中国家缔约方不对等关税优惠的法律义务。而就发展中国家成员而言，尽管它们的经济水平、经济诉求比较接近，谈判能力有所提升，而且在 GATT 中初步做到了一致行动，集中力量，但和发达国家强大的经济实力、纯熟的外交手段和高超的法律能力比较起来，显然不能同日而语。所以，在确立和修订法律规则的过程中，发展中国家长期处于被动的状态。不但对于核心规范的拟定和修正很难参与，就连维护自身特殊、正当利益的条款，也难以如愿以偿地确立或修订。总而言之，这也就是强弱悬殊显著地体现在了 GATT/WTO 体制中。以下我们将就有关发展中国家成员规则的不足之处针对具体问题进行分析：[⑤]

---

① General Council，Proposal for a Framework Agreement on Special and Different Treatment，WT/GC/W/442，19 September 2001，p. 2.

② 杜明、李红波：《GATT/WTO 体制中特殊和差别待遇的历史考察》，《世界经济与政治》，2005 年第 8 期。

③ MFA 现在已经被 WTO 框架内的《纺织品与服装协定》替代，对于发展中国家纺织品的歧视待遇渐趋消失。

④ 关于对 GATT 第四部分进行讨论的背景与过程，参见 Douglas A. Irwin，Petros C.Mavroidis，and Alan O. Sykes，*The Genesis of the GATT*（Cambridge University Press，2008），pp. 124~133.

⑤ 参见何志鹏、孙璐：《贸易公平与国际法治：WTO 多哈回合反思》，《东方法学》，2011 年第 2 期。

1. 旨在增加发展中国家成员贸易机会条款的不稳定

自GATT加入“贸易与发展”的规定开始，多边贸易体制对发展中国家缔约方有一些特殊的规范，WTO继承了这些规范，并在具体领域上有所发展，但总体上还很不尽如人意。WTO虽有对发展中国家成员的特殊与差别待遇，但是其功能并没有很好地展现，真正的公平贸易秩序也没有实现。[①]优惠的市场准入条件被认为是发展中国家成员特殊和差别待遇的一个主要部分，在改善发展中国家成员市场准入条件方面最大的成功之处是普惠制，然而其无论从执行机制还是执行效果来说都不尽如人意。[②]

从普惠制内部机制来看：“不稳定”“条件苛刻”足以概括出普惠制的“精髓”。这主要体现在：[③]

第一，发达国家成员单方面独立决定给予哪些发展中国家成员普惠制待遇，给予发展中国家成员哪些产品优惠、优惠的程度、何时给予等，发展中国家成员受惠国没有任何发言权，从程序上来讲也是不公平的。

第二，发展中国家成员有竞争力的产品会受到“竞争性条款”的排斥，而且将那些对于发展中国家成员而言意义重大的出口敏感产品排除在外。

第三，授权条款文件的第7段[④]被称为“毕业条款”，即发展中国家成员是会随着经济发展逐步强大起来而“毕业”，去掉“发展中国家成员”资格。其目的在于对发展水平比较高的发展中国家成员实施提前结束普惠制，不利于对发展中国家成员持续发展目标的支持。例如，美国对发展中国家的普惠制由美国1974年贸易法第5部分核准，1976年1月1日开始实施，每10年为一个有效期。使用普惠制时采用“竞争所需限额的措施”来加以控制，最初要求来自任何国家或地区的单项产品在美国进口市场的份额不得超过50%，1984年，缩减至25%。如果超过了这个比例，则被判定有足够的竞争力（毕业）而取消普惠制资格。谁将“毕业”，何时“毕业”，受惠国不得而知。

第四，现在发达国家成员在实施优惠待遇时，往往掺杂许多非经济的因素，将人权、

① 曾华群：《论“特殊与差别待遇”条款的发展及其法理基础》，《厦门大学学报（哲学社会科学版）》，2003年第6期，第7~8页；车丕照、杜明：《建立公平的国际贸易秩序——对特殊和差别待遇角色的再考察》，《国际经济法学刊》，第11卷（2004）。

② 参见车丕照、杜明：《建立公平的国际贸易秩序——对特殊和差别待遇的再考察》，《国际经济法学刊》，第11卷（2004），第1~18页；蔡从燕：《身份与契约——GATT/WTO体制内“特殊与差别待遇”的契约法研究》，《国际经济法学刊》，第12卷第2期（2005），第146~150、153~161页。

③ 参见王世春：《从发展中成员角度看国际贸易规则的不公平性》，《国际经济合作》，2004年第5期。

④ 该段的措辞是：“欠发达国家缔约方期望：他们做贡献的能力，谈判减让的能力，或者说在总协定规定与程序下作出与发达国家协调一致行动的能力，会随着他们经济不断发展和贸易地位的改善而得到增强，因此他们期待着在总协定权利与义务的框架里更充分地参与。”

劳工标准、环境问题等与优惠待遇挂钩，强迫发展中国家成员接受与其经济发展并不相适应的劳工标准和环境标准。2002 年 1 月，欧盟的新普惠制规划规定，如果欧盟认为提出申请的受惠国符合国际劳工标准，其关税在 WTO 规定的基础上降低 7%，否则，只降低 3.5%。对于那些严重而系统违背核心劳工标准的国家，将不给予普惠制待遇。作为开始，美国 1984 年的普惠制修正案禁止总统对不遵守国际劳工标准、不能按国际水平保障劳工权益的国家给予普惠制待遇。众所周知，劳动力是发展中国家成员在国际贸易中比较重要的优势因素。将劳工标准与普惠制相挂钩，实际上形成了"劳动力壁垒"，剥夺了发展中国家成员的成本优势，最终阻碍发展中国家成员参与国际贸易的能力和经济发展的道路，从而也不可避免地影响到普惠制的范围和效果。

第五，发达国家成员"狡猾"地兑现承诺，例如《纺织品协定》规定发达国家成员于 10 年内逐步取消进口限制，但没有具体规定每年应开放的幅度。据此，发达国家成员所采取的策略是拖延开放市场的时间，希望到最后一刻履行承诺。

从总体外部环境看，普惠制给发展中国家成员带来的实际利益也越来越有限。随着一轮一轮的关税减让谈判，发达国家成员进口产品的关税水平已经降低到了非常显著的程度，一些部门的工业制成品关税已经降低到了 4% 的水平，甚至在某产品上已经实现了零关税。国际贸易自由化程度的不断加深导致 WTO 框架下的最惠国待遇关税与普惠制待遇关税之间的差距十分微小，普惠制所带来的利益也就越来越缺乏吸引力。

2. 允许发展中国家成员享受一定灵活性的市场保护条款之紧缩

GATT/WTO 规则允许发展中国家成员基于一定的理由采取市场保护措施以保证经济地位的不平等不会把贸易自由化变成经济掠夺，并在很多协定中有所体现。但在发达国家成员看来这是有害的，不利于自由经济的发展，因而，在多边贸易体制层面上，这一法网已经收紧。例如在乌拉圭回合前，发展中国家成员援引第 18 条国际收支平衡条款进行数量限制在 GATT 体制内很少遇到障碍。但是 WTO 成立以后，情况发生了很大变化。1997 年美国诉印度数量限制案的核心就是，印度是否能够继续援引该条款为其已经实行了近 50 年的基于收支平衡理由而实施的贸易限制措施辩护，最后专家组赞同美国的意见，认为印度不能继续实施数量限制措施。①

除此之外，当发展中国家成员基于市场保护的考量没有参加对贸易壁垒互惠的减让时，发达国家成员则坚持拒绝降低对发展中国家成员而言意义重大的出口产品的贸易壁

① See WTO Dispute Settlement Body，India Quantitative Restrictions on Imports of Agricultural，Textile and Industrial Products，WTO Official Document WT/DS90/AB/R，available at http：//www.wto.org.

垒，因此在有些问题上发展中国家成员迫于无奈不得不妥协。例如发展中国家成员试图希望在对发达国家成员而言意义重大的部门（如知识产权、补贴和服务贸易）承担义务，换取发达国家成员在对发展中国家成员而言的重要部门（农业、纺织）降低进口壁垒，增加发展中国家成员产品市场准入的机会。

3. 过渡期条款的倒退

乌拉圭回合在对待特殊和差别待遇的态度上悄然发生变化，在指导思想上，提出了“鼓励将所有发展中国家成员融入 WTO 正常的法律框架”。① 换言之，特殊和差别待遇条款已被打入“另册”，不属于“WTO 正常的法律框架”。经过发达国家成员的“探索”，试图从 GATT 体制已确立的“承担义务的非互惠模式”寻求“突破”，将其转变为“履行义务的非互惠模式”。在“履行义务的非互惠模式”中，发展中国家成员并未获得任何实体性权利，较长的过渡期一旦届满，即融入统一的“正常的法律框架”，如发达国家成员所愿。可以说，过渡期条款的创设就不是单纯地为了发展中国家成员的利益。不纯目的的驱使使得过渡期的规定必有一些缺陷，从这个意义上看，公平互利原则实质上出现了倒退。②

首先，WTO 现有过渡期的规定是专断的，是在熟悉自身履行能力和履行时间的发展中国家成员官员没有太多参与的背景下谈判的，没有考虑发展中国家成员履行协定义务所需要的代价。

其次，过渡期是否充足的问题。对于发展中国家成员来说，用现有的既定资源成立新机构、制订管理框架和建设基础措施，并培训相关的人力资源，规定 3~5 年的过渡期是不现实的。如今，WTO 协定自 1994 年实施以来已经有 16 年，在 WTO 协定中所规定的过渡期和延迟，对发展中国家成员来说绝大多数已经终止，发展中国家成员仍然不具有执行协定相关规定的能力。根据世界贸易组织互利互惠的原则，不应该也不能强制不具备能力的发展中国家成员在“不利”的条件下进行国际贸易。发达国家成员和发展中国家成员在框架内应该进行适时的谈判来帮助发展中国家成员走出这一困境，有必要对现行未届期限的过渡期进行全面审查、评估，并根据发展中国家成员不同的发展水平，采取适当的方式以寻求延长。

4. 技术援助条款的虚化

在《实施卫生与植物卫生措施协定》《技术贸易壁垒协定》《海关估价协定》等协定中都出现了技术援助条款，而这并非偶然，这些协定主要是管制成员的非关税措施。发

① 世界贸易组织秘书处：《乌拉圭回合协议导读》，索必成、胡盈之译，法律出版社 2001 年版，第 311 页。

② 参见曾华群：《WTO 与中国外资法的发展》，厦门大学出版社 2006 年版，第 77 页。

达国家成员在这些问题的执行上已历经多年，业已形成了较为科学、规范的进出口贸易非关税管理体制，而这些对于大多数发展中国家成员来说还是新的课题，对协定理解和运用的熟练程度自然无法与发达国家成员相提并论。技术援助条款设计的初衷就是要在这些方面给予发展中国家成员必要的援助，以期通过“能力建设（Capacity-Building）”来解决这个问题。

技术性援助主要体现在以下几个方面：培训人员；制定相关国内法规；了解、掌握相关协定的精神实质；掌握发达国家成员的非关税管理措施，从而保证市场准入不受影响。①技术援助条款的问题同其他类型的特殊和差别待遇条款一样，也存在强制力不够的问题。从措辞来看，例如关于《实施卫生和植物卫生措施协定》第9条规定：

“（1）成员同意以双边形式或通过适当的国际组织向其他成员特别是发展中国家成员提供技术援助……以使这些国家能够适应和遵从为达到其出口市场上适当的卫生或植物卫生保护水平所必需的卫生或植物卫生措施。

（2）当某发展中国家成员出口要达到某一进口成员的卫生或植物卫生要求而需要大量投资时，后者应考虑提供技术援助，以使该发展中国家成员维持和扩大有关产品的市场准入机会。”

“应按双方统一的条件提供（shall furnish，on mutually agreed terms，《海关估价协定》第20条第3款）”；

“应请求，并按双方同意的条款和条件提供（shall provide，on request and on mutually terms and conditions）”。

从这些用语的含义来看，这些规定在向发达国家成员施加义务时，都是留有“余地”的——在是否实际承担义务以及义务的履行强度和判别标准上，都需要发达国家成员和发展中国家成员通过具体协商加以确定和解决。而且规定也过于简单，在如何确定发展中国家成员的实际需要以及义务的履行强度和判别标准上都未作出详细规定。除此之外，技术援助未能很好执行的原因也不能回避援助资金短缺的问题。目前，主要的资金来源是WTO的专项预算和成员的自愿捐助，预算金额偏低，成员的捐助无法预见导致了很难使技术援助具有规划性。

5. WTO体系内“执行”存在问题的条款

目前在WTO协定中，至少有三类条款在WTO法律体系内的执行是存在问题的。第

① 朱晓勤主编：《发展中国家与WTO法律制度研究》，北京大学出版社2006年版，第395页。

一类是旨在增加发展中国家成员贸易机会的条款，第二类是有关保障发展中国家成员利益的条款，第三类是有关技术援助的条款。①

事实上，这些条款基本上都是只做出了一般性、原则性的规定，带有浓厚的政策宣誓色彩，很少会为发达国家成员设定明确的、清晰的法律义务，"软法"色彩浓厚。从中不难看出特殊和差别待遇的内在重大弱点：模糊性、鼓励性、不具执行性。例如GTATT1994 第 37 条规定："发达国家缔约方应尽最大可能实施下列规定，即除可能包括法律原因在内的无法控制的原因使其无法做到外：……（a）对削减和取消欠发达国家缔约方目前或潜在具有特殊出口利益的产品的壁垒给予最优先考虑……（b）对欠发达国家缔约方目前或潜在具有特殊出口利益的产品避免采用关税或非关税进口壁垒，或者增加关税或非关税进口壁垒的影响范围。"

这一条款的法律含义是什么？它意味着对发展中国家成员而言将没有新的贸易壁垒吗？既存的贸易壁垒将会减少吗？发达国家成员将对此竭尽全力吗？现实证明答案是否定的。

《技术性贸易壁垒协定》第 12 条第 2 款规定："各成员应特别注意（shall give particular attention to）本协定有关发展中国家成员的权利和义务的规定，并应在执行本协定时，包括在国内和在运用本协定的机构安排时，考虑（shall take into account）发展中国家成员特殊的发展、财政和贸易需要。"

《反倾销协定》第 15 条规定："各方认识到，在考虑实施本协定项下的反倾销措施时，发达国家成员应对发展中国家成员的特殊情况给予特别注意（special regard must be given）。在实施会影响发展中国家成员根本利益的反倾销税之前，应探讨（shall be explored）本协定规定的建设性补救的可能性。"② 基于此类条款，将会产生一些疑问，我们此处仅以点带面通过《反倾销协定》第 15 条在贯彻和实施中的一些问题来探讨其中的不足。③

目前，涉及《反倾销协定》第 15 条的成案主要有："印度诉欧共体关于棉质床单反倾销案"（DS141，以下简称"欧共体棉质床单案"）、"印度诉美国关于钢板反倾销和反补贴措施案"（DS206，以下简称"美国钢板案"）、"巴西诉欧共体关于钢管件反倾销税案"

① 左海聪：《GATT/WTO 体制中发展中国家的待遇：规则与实施》，《经济法论丛》，第 6 卷（2002）。

② 中译文参见对外贸易经济合作部国际经贸关系司：《世界贸易组织乌拉圭回合多边贸易谈判结果法律文本》，法律出版社 2000 年版，第 166~167 页。

③ 房东：《略论 WTO〈反倾销协定〉第 15 条的修改与完善》，《国际经济法学刊》，第 10 卷（2004）。

（以下简称“欧共体钢管件案”）。[①] 当事方的争议主要集中在以下几点：

第一，关于“特别注意”的是否属于法律义务的问题。在“美国钢板案”[②] 中，印度主张，《反倾销协定》第 15 条的第 1 句话“各方认识到，在考虑实施本协定项下的反倾销措施时，发达国家成员应对发展中国家成员的特殊情况给予特别注意（Special regard must be given）。”虽然没有给发达国家成员确立具体的义务，但也构成了要求其“特别注意”的一般性义务。此时，应当根据每个案件的具体情况来判定“特别注意”的具体履行标准，其中特别包含额外考虑发展中国家成员应诉方的主张。美国则针锋相对地认为，“特别注意”根本不是一种强制性的义务。[③] 最终，专家组没有接受对于发达国家成员施加的任何具体义务或一般义务的说法，所以认为这些规则没有法律约束力，因而也就不能要求成员遵守那些标准还没有完全界定的义务。[④] 显而易见，专家组的观点是，只有可以明确度量的、存在标准的要求才会是义务，而《反倾销协定》第 15 条第 1 句并没有提出“特别注意”的具体程度和标准，因而不属于义务的范畴。这种观点的正当性值得商榷，因为几乎所有的特殊和差别待遇条款都是采用相对柔性的措辞加以规定的，这是发展中国家成员和发达国家成员谈判实力悬殊的一个无奈结果。经验证明，国际条约的谈判各方在立场难于达成一致、利益冲突比较明显的时候，为了避免条约的整体失败，常常在缔结过程中有意使用含义稍显模糊的措辞来避免谈判破裂，在最后的条约文本中就会出现一些较为含混的表达。一旦在条约的履行过程中出现了基于这些条款的争议，争端解决机构就应当探寻条约签订的目的和意图，而不是断然否定相关条款的意义。就此案而言，专家组应对第 15 条结合案件的具体情况作出论断，而不应该不做处理。

第二，条款中的规定都仅要求发达国家成员应对某种情况加以“考虑”或“探讨”，但都未对这种“考虑”或“探讨”应达致的结果做出任何明确或具体的要求。在“欧共体棉质床单案”中，当事方于“探讨”义务对于发达国家成员而言具有强制力、明确性这一点上不存在异议。但是，在程度上专家组提出了自己的解释：第 15 条对发达国家成员提出的要求仅仅是探讨这种补救的“可能性”，而不要求必须探讨“建设

① 参见刘亚军：《论 WTO 反倾销制度的缺陷及其改革构想》，《甘肃政法学院学报》，2007 年第 4 期。

② 1999 年 3 月，美国对原产于印度的进口定尺碳素钢板发起反倾销调查，并于 2000 年 3 月决定征收反倾销税。2002 年 6 月 28 日，WTO 专家组裁定，美国因为使用信息不全面的做法而违反了《反倾销协定》的第 6 条第 8 款和附件二，但并未违反《反倾销协定》的第 15 条。

③ WTO Dispute Settlement Body，United States–Anti–Dumping and Countervailing Measures on Steel Plate from India，Report of the Panel，WT/DS206/R，28 June 2002，paras. 7，104~106.

④ WT/DS206/R，paras. 7，110.

性补救”。也就是说，发达国家成员经过“探讨”，认为“可能性”并不存在也属于满足了义务要求。第15条向发达国家成员施加的不是实际提供或接受某种“建设性补救”的义务，而是积极考虑这种“建设性补救”的“可能性”的义务。[①]“美国钢板案”的专家组对这种解释也表示赞同。应该承认的是，专家组的这种理解确实符合《反倾销协定》第15条的字面含义，而且当事方也很难对此提出异议。然而，这种解释难免过于机械、未能充分考虑法律文件的初衷，对发展中国家成员也有诸多不利。由此可见，即便发展中国家成员真的有特殊需要或特殊困难，仅就这些规定的条文而言，发达国家成员并不因此承担将所涉具体措施加以修改、撤回或给予发展中国家成员某种补偿的义务。

第三，有关“探讨”义务的履行标准问题。在反倾销案中，双方经常就被申诉方的行为究竟是否达到了“积极考虑建设性补救可能性的程度”引起纷争，即聚焦于“在采取终局性的反倾销措施以前，被诉方是否以开放的心态考虑过与出口商达成价格承诺的可能性的问题”。在“美国钢板案”中，印度指出该国的出口商在1999年7月30日向美国主管当局提出了达成价格承诺的建议，但美国并未作出书面答复，只是口头表示美国钢铁业和国会不会接受这样的协定，这表明美国并未履行“探讨”义务，美国主管当局应以书面形式明确表示其拒绝价格承诺决定的依据。对此，专家组表示反对，认为尽管就“探讨”义务的履行情况作出书面记录可能是有益的，但第15条并没有提出这样的要求。专家组表示，注意到确实存在着一份关于美国主管当局和印度出口代表讨论价格承诺问题的会议记录，其存在本身就表明美国确实有所“探讨”，已经满足了该第15条的要求。[②]由此可以看出，“探讨”义务的履行标准实在不难达到。一方面发达国家成员所要“探讨”的只是建设性补救的“可能性”，并没有义务一定要适用“建设性补救”；另一方面，既往的争端解决报告反映出这样一种倾向：“探讨”义务要求的满足较为容易，如果发达国家成员能够证明其在反倾销调查的过程中曾经对“建设性补救”的问题予以考虑，即可通过，至于这种考虑究竟有多大诚意似乎无关紧要。换言之，这里要求的只是一种“表面文章”，发达国家成员可随意处之。[③]鉴于这种履行标准无具体规定，发展中国家成员如果主张发达国家成员未能履行这种“探讨”义务，

① WTO Dispute Settlement Body，European Communities-Anti Dumping Duties on Imports of Cotton-Type Bed-Linen from India，Report of the Panel，WT/DS 141，paras. 6，223.

② WT/DS206/R，paras. 7，114~115.

③ 朱晓勤主编：《发展中国家与WTO法律制度研究》，北京大学出版社2006年版，第389页。

其在举证责任的履行上势必会遇到很大的困难（例如，无法找到应予考虑、探讨而未加考虑、探讨的因素）。

第四，退一步讲，即便发展中国家成员找到了充足的证据来证明自己的主张，最终也得到了专家组的支持，现实的情况是发展中国家成员很难得到必要的救济。在“欧共体棉质床单案”中，专家组最终认定欧共体没有恰当地履行这种“探讨”义务，从而违反了《反倾销协定》第 15 条的规定，但并未指出欧共体应采取何种措施补救，而只是笼统地指出：“我们建议争端解决机构要求欧共体使其采取的措施和其根据《反倾销协定》承担的义务相一致。”这并不能归咎于专家组，根据《关于争端解决规则与程序的谅解》第 19 条的规定，专家组只能做出这样的裁定。而且如果发达国家成员所采取的具体管制措施本身可能并未违反相关协定的规定，只是因为在制定和实施这样的措施时没有“考虑”发展中国家成员的需要，而被认定违反了相关协定中的特殊和差别待遇条款，在不能对发达国家成员施加额外义务的前提下，专家组或上诉机构又能做出什么样的建议呢？因而，在反补贴措施方面，发展中国家成员的特殊差别待遇面临着困境，公正的价值无法实现。①

（五）对 WTO 国际法治水平的评估

判断 WTO 的法治水平，我们需要从成就和问题两个方面说明，并特别指出高估其法治成就可能带来的问题。②

1. WTO 对国际法治的贡献

WTO 在法治领域的贡献是被很多学者所承认和接受的。其中不仅包括规范日益明确、与时俱进，“法律体系基本形成，并且具有规范的体系结构和一定程度的宪法化”③，也包括这些规则受到了较为普遍的尊重和遵守，④在讨论与俄罗斯的贸易关系时，美国人把 WTO 的规范作为贸易领域国际法治纪律的首要部分，⑤还包括发展中国家成员的利

① 参见单一：《WTO 框架下补贴与反补贴法律制度与实务》，法律出版社 2009 年版，第 334~338 页。

② 何志鹏：《WTO 的法治化与中国立场》，《国际经济法学刊》，第 17 卷第 4 期（2011）。

③ 曾令良：《WTO：一种自成体系的国际法治模式》，《国际经济法学刊》，第 17 卷第 4 期，第 36 页。

④ Marc L. Busch，Rafal Raciborski，Eric Reinhardt，"Does the Rule of Law Matter? The WTO and US Antidumping Investigations"，May 14，2008，http：//userwww.service.emory.edu/~erein/research/AD.pdf，2012-9-30.

⑤ “Strengthening the Rule of Law for U.S. Business in Russia”，Testimony of Alan Larson before the Senate Finance Committee，March 15，2012，http：//www.finance.senate.gov/imo/media/doc/Larson%20Testimony.pdf。很多国内学者也追随美国著名国际贸易法学者 J. H. 杰克逊的观点，认为 WTO 是一个“以规则为基础”的政府间国际组织。“规则导向”在历史发展中超越“权力导向”而形成，“规则之治”在各方面体现，作为一种核心价值为法治奠定了基础。张燕君：《“规则之治”在 GATT/WTO 体系下的演进》，2006 年清华大学硕士论文。

益初步受到关注，更包括贸易政策审议及至初步构成了国际执法的雏形，精心设计的争端解决程序及其在实践中较为成功的经验为国际司法提供了一个新的模板，特别是上诉机构的设立对于国际争端解决而言具有创新性。① 因而，WTO 自己也不无骄傲地称为“一个独特的贡献”。② 我们也乐于认同，由于贸易在当今这个全球化的世界中所起的重要作用，以及 GATT 到 WTO 过程中的成功努力，国际贸易法从当初很少被人关注的国际法的一部分变成当今国际法的显著方面。③ 一些学者由此认为，法理学家哈特所预言的“国际法受到一种制裁制度的强化”成为现实。④ 一些学者也作出了 WTO 是国际法典范的论断。⑤ 与此同时，很多学者提出了通过 WTO 来促进中国法治的观点，⑥ 或者用 WTO 规范来衡量中国法治水平的观点，⑦ 这实际上也是把 WTO 当作一个法治的模范。

2. WTO 在国际法治领域中的问题

但是，WTO 中存在的问题也是非常明显的，其中包括以下几个方面：

（1）从价值的角度分析，WTO 作为多边贸易体制，在促进发展权方面虽然取得了一些进步，但总体上仍然显得非常不足，在以往的基础上进一步突破的必要性仍然存在；⑧ 在推崇自由贸易时，在知识产权与人权、贸易与环境方面的关注仍然欠缺。⑨

（2）从程序的角度观察，决策的过程仍显烦琐，其民主性仍然不足；在规范执行的环节，WTO 的规范并没有理想中的那么被妥善遵守；至于争端解决，也仍存在着公正和

---

① Noemi Gal-Or，“The Concept of Appeal in International Dispute Settlement”，19 *European Journal of International Law* 43（2008）；何志鹏：《WTO 的法治化与中国立场》，《国际经济法学刊》，第 17 卷第 4 期（2011），第 70~73 页。

② Understanding the WTO：Settling Disputes：A unique contribution，http：//www.wto.org/english/thewto_e/whatis_e/tif_e/disp1_e.htm，2012 年 9 月 20 日访问。

③ James Bacchus，"Groping Toward Grotius：The WTO and the International Rule of Law"，Address at Harvard Law School，Cambridge，Massachusetts，October 1，2002，http：//www.worldtradelaw.net/articles/bacchusgrotius.pdf，pp. 6~7.

④ 黄东黎：《WTO 规则运用中的法治——中国纺织品特别保障措施研究》，人民出版社 2005 年版，第 5 页。

⑤ 有学者指出，随着国家之间的高度依赖与合作以及“全球治理”概念的提出，国际法治成为应对全球化挑战的理性抉择。作为国际法治的重要组成部分，WTO 法治是国际法治的典例。赵骏、韩小安：《WTO 法治和中国法治的砥砺与互动》，《浙江大学学报（人文社会科学版）》，2011 年（第 41 卷）第 5 期，第 147~162 页。

⑥ 例　如，Esther Lam，*China and the World Trade Organization：A Long March Towards the Rule of Law*（Kluwer Law International，2009）；Martin G. Hu，“WTO's Impact on the Rule of Law in China”，*The Rule of Law：Perspectives from the Pacific Rim*，*Mansfield Dialogues in Asia*，pp. 101~105；Cao Jianming，“WTO and the Rule of Law in China”，16 *Temple International & Comparative Law Journal* 379（2002）；Cao Siyuan，“How Will WTO Membership Promote the Rule of Law in China”，http：//www.cipe.org/sites/default/files/publication-docs/articleab5e.pdf.

⑦ Leïla Choukroune，"The Compromised ‘Rule of Law by Internationalisation’"，*China Perspectives*，No. 2012/1，pp. 9~14；Susan Ariel Aaronson，“Is China Killing the WTO？”，*The International Economy*，Winter 2010，pp. 40~43.

⑧ 陈安：《论 WTO 体制下的立法、执法、守法与变法》，《国际经济法学刊》，第 17 卷第 4 期（2011）。

⑨ Sol Picciotto，"Defending the Public Interest in TRIPS and the WTO"，revised version to appear in Peter Drahos and Ruth Mayne（eds.），*Global Intellectual Property Rights：Knowledge，Access and Development*（Palgrave，2002）.

效率方面的问题。[①] 撒哈拉以南的非洲国家利用 WTO 争端解决机制的能力显著不足，这对于促进其贸易与发展无疑是非常不利的。[②] 有学者已经就 WTO 如何让弱小国家有机会加入争端解决机制提出了建议。[③]WTO 在赋予发展中国家成员更多的机会、更大的发展潜力方面还有很多可以做却没有做的，这一点说明了 WTO 的良法理想还没有达到。WTO 虽然对各国提出了很明确的实施要求，具有将国际法融入到国内法治体系中的愿望，但是在新成员加入的阶段存在着不均衡性。秦娅教授针对中国加入 WTO 议定书所呈现的“超 WTO 义务”问题进行分析，认为 WTO 的加入程序还有改革的空间。[④] 这也就意味着，从程序的角度上看，WTO 也算不上是一个完整的“法治体系”。[⑤] 对于这样一个体系，我们如果心安理得地将之视为国际法治的标尺，那么，或者是因为我们所理解的法治要求过低，或者是我们对国际政治的现实预期太低，或者是我们对于 WTO 的表现评价过高。无论如何，都很难认为 WTO 已经达到了法治的标准。

3. 高估 WTO 国际法治程度的风险

如果我们把 WTO 看作是一套“模范国际法”，将其视为国际法治的典范，则容易产生以下几个方面的负面影响：

（1）对国际法整体状况的误判。人们对国际法的现状和未来可能会产生更多的忧虑。在 WTO 体制中，我们总能找出一些还达不到法治标准的领域和环节，比起其他国际法的方面，总有一些不同或者不足；比起国内较为成熟的法律系统，总还存在着缺陷。例如，在 WTO 的体系中还应当充分考虑民主的因素，不仅仅是一国内部的民主，更应考虑国际民主。[⑥] 就 WTO 中各项议题发展的速度而言，自由贸易的进展比较快，平等、公正、

① 何志鹏：《WTO 的法治化与中国立场》，《国际经济法学刊》，第 17 卷第 4 期（2011），第 74~79 页。

② Amin Alavi, “African Countries and the WTO’s Dispute Settlement Mechanism”, 25 *Development Policy Review* 25 (2007).

③ Intan Murnira Ramli, *Development and the rule of law in the WTO: the case for developing countries and their use of dispute settlement procedures* (Cameron May, 2008); Gregory Shaffer, “Developing Country Use of the WTO Dispute Settlement System: Why it Matters, the Barriers Posed, and its Impact on Bargaining”, paper prepared for WTO at 10: A Look at the Appellate Body, Sao Paulo, Brazil, May 16~17, 2005, http://dspace.cigilibrary.org/jspui/bitstream/123456789/28127/1/Developing%20country%20use%20of%20the%20WTO%20dispute%20settlement%20system.pdf?1, 2012 年 9 月 20 日访问。

④ Julia Ya QIN, “‘WTO-Plus’ Obligations and Their Implications for the World Trade Organization Legal System: An Appraisal of the China Accession Protocol”, 37 *Journal of World Trade* 483~522 (2003).

⑤ 参见何志鹏：《WTO 的发展取向论》，《现代法学》，2010 年第 2 期。

⑥ Matteo Cervellati, Piergiuseppe Fortunato, Uwe Sunde, “Democratization and the Rule of Law”, July 9, 2009, http://www.wto.org/english/res_e/reser_e/gtdw_e/wkshop10_e/fortunato_e.pdf; Robert Wolfe, “See you in Geneva? Democracy, the Rule of Law and the WTO”, Working Paper 16, School of Policy Studies, Queen’s University, March 2001.

发展比较慢；司法进程比较快，但决策的民主进程比较慢。当人们看到这样的被视为“模范国际法”的规范体系存在着这样那样内容、形式、运作上的缺陷和问题的时候，则整体国际法的水准就会被低估，国际法所存在的多元性和复杂性就可能被淡化。

（2）对其他领域国际法律体制的忽视。国际法的整体发展程度比较低，是初级的法律，而且不成体系。WTO 的法律规则及其运作是在这样一个低起点之上形成的一个初步完善、基本成型的体制。与国内法的很多制度比起来，WTO 的制度远远算不上是典范。即使在国际法的范围内，WTO 也仅仅是在某些方面比较出色，具体包括成员之间普遍的不歧视待遇、初步运行良好的贸易政策审议机制和被证明比较有效的争端解决机制，但其他领域的国际法也有其成功、可以作为典范之处。例如，欧洲法院所确立的欧盟法优先适用、直接适用的原则，以及在此基础上形成的高度成熟的欧洲统一市场，并由此拓展到货币、人权、外交等领域，区域和全球人权法律体制所建立的规范和审议、申诉、来文等制度，都可以视为国际法的重要进步。在这个意义上，WTO 并非一枝独秀，而是与数种其他机制一起代表了国际法的新进展。很多国际法的领域都已经有独特的突破，促进了国际法的发展，为国际法其他部门和领域的发展树立了方向。国际法的价值应当是多元的，其中文化的多样性、对国家自主性的尊重是当今国际体制中比较欠缺的。而 WTO 的争端解决，即使在整个国际法体系中是非常成功的，也仅仅是其贸易法律的一部分，而远非全部。在此情况下，很多国际法的其他机制都无法按照 WTO 的机制去效仿。无论是从处理问题的领域而言，还是从处理问题的方法而言，贸易体制都是具有特色的，它与人权、领土、海洋、空间、环境等问题是不同的。因而，WTO 机制能够为其他机制所追随的并不多。例如，WTO 的协商一致（Consensus）决策方式不能说就一定比联合国大会的一国一票、安理会的大国一致、国际货币基金组织及世界银行等组织的加权表决更加合理。WTO 的贸易政策审议机制也很难说就优于联合国人权理事会的普遍定期审议（Universal Periodic Review）机制。在这个意义上说，将 WTO 体制作为其模范国际法，我们将很可能看到其示范意义不足。更科学、更能为公众接受的说法是：WTO 的某些方面可以作为现代国际法其他领域的模范。

（3）对 WTO 多边贸易体制的僵化理解。如果我们坚持将 WTO 作为模范国际法，WTO 可能失去自身的方向和动力。WTO 在 1947 年 GATT 的基础上经过不断的探索，特别是在缔约方 / 成员的推动下，取得了长足的进步，获得了世人的瞩目。但在其自身发展的过程中，也存在着诸多的问题，存在着自我否定、自我更新。当前，WTO 还在邀请专家研究分析一些具体问题和政策，而且成员之间就各贸易领域进行磋商，试图进一步确立新的规范或者修正原有的规范。也就是说，WTO 自身也面临着自我完善、自我提升、自我改进的境况，也会在国际机构和专家的建议下、在成员和民众的推动下改革规范和运作。如果将 WTO 视为模范国际法，则不利于理解 WTO 自身的前进，不符合事物发展变化的客观规律。

因而，以科学和客观的态度看，我们还不能说 WTO 就已经是模范国际法，就已实现了完美法治，就已经步入了法治理想国。

四、对现行多边贸易秩序的结构性解释

我们对国际贸易体制的法治水平已经进行了评估，并提出了其法治水平的基本判断。那么，如何才能提升其法治表现呢？要回答这一问题，就必须清楚地认识 WTO 的体制属性，从这一属性来推断其行为的模式与特征。①

（一）多边贸易体制的基本性质

1. 建立在主权让渡基础之上的国际机制

WTO 体制建立在成员协议的基础之上，通过成员（即 GATT 时代的缔约方）之间的共识和协作展开活动，是典型的国际机制。② 国际机制是各国际社会的行动者（主要为主权国家）让渡其一部分基本权利而形成的，因而意味着以国家为主体、以国家为核心、以国家利益为目标。为了实现 WTO 的有关功能，各成员均让渡出部分主权权利，彼此之间在表面平等的基础上做出承诺，形成关于贸易管制方面的国际法，并履行承诺，共同遵守上述国际法。③WTO 虽然建立起了相对完备的多边贸易谈判机制、贸易政策审议机

---

① 何志鹏:《公平贸易是否可能：WTO 多哈谈判的未来》,《WTO 法与中国论坛——中国法学会世界贸易组织法研究会年会论文集》(2008)。

②《建立世界贸易组织协定》在其解释性说明（explanatory notes）中明确规定：本协议和多边贸易协议中所称“国家”或“若干国家”，应理解为包括任何 WTO 单独关税区成员。由于 WTO 的成员既包括主权国家，也包括不具有主权国家身份的单独关税区域，即中国的香港、澳门和台湾，所以更准确的表述应当是“成员间体制”（inter-member mechanism），但是鉴于国际关系中习惯于以国家为单位进行思考，而且在 WTO 中上述三个成员的立场和影响都不是很明显，WTO 的运作机制符合国际机制的基本特点，所以为了便于借鉴相关的理论，暂时不是十分准确地借用这一概念。

③ Mitsuo Matsushita，Thomas J. Schoenbaum，and Petros C. Mavroidis，*The World Trade Organization: Law，Practice，and Policy*（2nd ed.，Oxford University Press，2006），pp. 6~14; Peter van den Bossche，*The Law and Policy of the World Trade Organization: Text，Cases and Materials*（2nd ed.，Cambridge University Press，2008），pp. 85~138.

制和争端解决机制，但它仍然仅仅是一个普通的国际组织，[①]而不是一个超国家的机制。[②]这一机制所遵守的仍是国家主权原则，也就是国家总体上决定着机制的权力范围和发展走向，是一种横向协调的机制，而不是如国内政府机构一样，对成员具有纵向的约束力。[③]

2. 国家利益是国际机制的基础

今天的国际社会，总体上看仍然是一个无政府社会。以主权的最高性为先导，国家间体制意味着其规范与运作主要建立在国家实力的基础之上。美国学者汉斯·摩根索认为："国际政治一如其他一切政治，也是一种权力斗争。不管国际政治的最终目的如何，权力总是眼前的目的。"[④]而这里的权力，即意味着主体所占有的有形资源和无形资源，对其他主体的控制力、影响力以及对于主体之间冲突解决结果的改变能力。[⑤]这就意味着，国家不仅在追求着权力，而且以权力获取利益。正因为如此，在国际关系中，权力被比喻成货币。想得到某事物，国家就使用权力去购买。[⑥]每个国家都会追求自己的利益，对于每个国家而言，只在从长期和全面的观点观察具有利益的时候，才会做出承诺和履行承诺。当利益之间存在冲突的时候，更具实力的一方就会更具优势，就会更大程度上左右冲突的结局。

国际经济贸易关系也不例外。[⑦]众所周知，在多边贸易体制建立以前，国际贸易关系是一种"自生自发"的秩序，基本上仅服从于"丛林规则"。国家逐利的意愿经常导致提高关税，采取保护主义的政策。虽有很多经济学家证明自由贸易的价值，但国家很难放弃关税这一手段。在遇到困难的时候，国家之间的恶性竞争就会非常明显，突出的例子就是20世纪20年代以后资本主义各国之间的关税大战，彼此倾轧，以邻为壑，互不

① "国际法上的国际组织，是由两个以上的国家组成的一种国家联盟或国家联合体，是由其成员国通过符合国际法的协议而创立的，并且具有常设体系或机构，其宗旨是依靠成员国间的合作来谋求符合共同利益的目标"。王铁崖主编，《国际法》，法律出版社1995年版，第521~522页。

② 国家之间的机制安排也是多种多样的。根据制度化水平的正式化、集中化和授权化三个维度，有学者将国际制度分为非正式协议、自我实施的正式协议、一般的正式国际组织和超国家组织几个层面。参见田野:《国际关系中的制度选择:一种交易成本的视角》，上海人民出版社2006年版，第130页。有学者认为，存在着不以国际组织形式而存在的国家间合作，如国家间论坛性组织、国际组织间的联合机构或者项目以及条约机构，参见饶戈平、胡茜:《全球化时代国家间多边合作的组织形态》，载饶戈平主编:《全球化进程中的国际组织》，北京大学出版社2005年版，第36~90页。值得说明的是，尽管国家/成员之间的合作程度会有所不同，主权者之间的协议均作为基础，机制中国家/成员的实力对比始终是最为关键的问题。

③ 梁西:《国际组织法》(修订第四版)，武汉大学出版社1998年版，第7页；饶戈平主编:《国际组织法》，北京大学出版社1996年版，第15页。

④ Hans Morgenthau, *Politics among Nations: The Struggle for Power and Peace* (7th ed., McGraw Hill, 2006), p. 29.

⑤ CF., Robert Dahl, "The Concept of Power", *Behavioral Science* Vol. II, July 1957; Kenneth Waltz, "America's European Policy Viewed in Global Perspective", in Wolfram F. Hanrieder (ed.), *The United States and Western Europe* (Winthrop, 1974), pp. 13~14; Karl Deutsch, *Analysis of International Relations* (Prentice Hall, 1968), pp. 21~39.

⑥ [美]威廉·内斯特:《国际关系:21世纪的政治与经济》，姚远、汪恒译，北京大学出版社2005年版，第79页。

⑦ 在国际经济体制中，国家会利用这些机制的规则寻求策略，使自身的利益得以实现。[美]约翰·奥德尔:《世界经济谈判》，孙英春译，世界知识出版社2003年版，第228页。

让步。这种恶性竞争一方面加剧了西方国家蔓延持久的经济危机，严重地打击了资本主义各国的工商业和民众，另一方面使得国家困境日益棘手，最后不得不通过战争的方式作为突破口，所以酿成了第二次世界大战的惨痛后果。正是鉴于这种缺乏全球性规制的环境下国家完全的自我救济状态最终形成的全盘皆输、没有赢家的状况，这些国家才痛定思痛，建立起多边贸易体制，为国际贸易关系树立规则，要求所有的参与者遵守纪律，减少政府行为对贸易活动的扭曲，使贸易在更为顺畅的渠道中有序地运行，这也就在客观上促进了各国经济的发展。从这一点看，国家选择多边贸易机制的初衷是这一机制对各国经济的发展有利。所以国际贸易体制是一种利益驱动的机制，而不是道义驱动的机制。伦理的说服力和影响力是极为有限的，只有力量和利益才能引领国际贸易体制的发展方向。正是由于这一点，现代国际贸易秩序在很大程度上取决于在经济上更具实力的发达国家、也就是比较早完成工业化进程国家的立场与态度。[①]

3. 国际机制的权能与作用是有限的

国际组织作为主权国家的创造物，是以成员国对自己主权行使的特定克制、自我约束和其他成员国的集体监督为基础的，同时它也只能在成员国家转移的特定权力范围内进行活动。国际组织的活动通常也会对成员国的主权产生影响，从而引发成员国国内对国家主权的忧虑和重申。因而，作为国家间体制，WTO 的存在与发展只能是循序渐进的。在 WTO 之内，成员之间依据自身的意愿和相互之间的协议而进行合作，其基础是决定内部与对外事务的权利，而这种权利是不容干涉的。因而，WTO 的功能和目标都不意味着 WTO 可以直接对成员发号施令，更不意味着其有可能忽视各个成员的存在而自行确立规范。[②] 国家间体制同时也意味着该机制的规范被成员所遵守的程度是有限的。WTO 正是这样，只有对本身有利的时候，成员才会遵守相关的规范；否则，相关成员会选择放弃规范，按照自己的利益行事。如果这种违背规则的行为未被察觉或者即使察觉也没有引起争议，则国家违背规范的选择在此种体制下没有付出明显代价；如果国家的违规行为被其他有关成员发现并提出反对，则可能导致争端解决程序的展开。在这种情况下，多数成员会选择使用证据、法律解释、利用程序设计本身的各种因素等各种各样的法律手段为自己

① John Gerald Ruggie, "International Regimes, Transactions, and Change: Embedded Liberalism in the Postwar Economic Order", 36 *International Organization* 379 (1982) .

② 从这一点上可以看出国家间机制与超国家机制的区别。作为超国家机制的尝试，欧洲联盟（EU）的法律具有直接适用性和优先性。这意味着欧盟的成员国在欧盟的权限范围内受制于欧盟的法律规范。欧洲法院可以直接要求有关成员国停止不符合欧盟有关法律的行为，修改或者废止有关法律。

的行为开脱、维持相关的做法；[①] 如果最终在争端解决中失利，至少还获得了保持某种做法的时间；如果争端解决的结论对该成员具有根本性的不利，则该成员可能会选择退出这一体制。作为当今世界唯一超级大国的美国在多边贸易体制面前的主权忧虑和主权考量是值得我们深入思考的重要例证。[②]

（二）现行国际贸易体制中的“结构性权力”

国际政治经济学的奠基者之一苏珊·斯特兰奇在其《国家与市场》中认为，在世界经济之中，除了能够直接强制其他国家为或不为一定行为的“联系性权力”之外，还存在着形成和决定全球各种政治经济结构的结构性权力，后一权力束的重要性日益提高。结构性权力存在于安全、生产、金融、知识四个领域，这四个领域的权力相互影响，共同组合成结构性权力的框架，贸易是由上述结构引申出的次级权力结构。[③] 在 WTO 的现

① 张乃根、宫万炎等：《论 WTO 争端解决机制的若干问题》，载陈安主编：《国际经济法论丛》，第 3 卷（2000）。

② 有学者认为，美国的主权考量与 WTO 的多边主义秩序有过三大回合的交锋：（1）1994 年的美国“主权大辩论”。在 WTO 成为一个正式的国际组织之后，美国就 WTO 对其国家主权的影响进行过全国性的讨论。美国最为忧虑的事情是，WTO 的争端解决机制变得更加严格和高效，“反向一致原则”降低了参与国的控制力，争端参与国无法单方阻挠争端解决报告的通过和生效，这会侵害美国的国家主权。由于美国法律规定条约生效必经国会批准，所以美国谈判代表签署乌拉圭回合谈判结果之后，也须提交国会。美国国会举行了一系列听证会以获得较为全面的信息。一些议员认为，乌拉圭回合的谈判成果、特别是新的争端解决机制，会侵蚀、损毁、剥夺美国的主权，批准该文件是违宪的。另一些议员则认为，即使接受乌拉圭回合谈判最终文件，美国也依然保持着完整的国家主权，美国始终保持着退出国际组织的自由。美国前贸易代表巴尔舍夫斯基表示，“专家组无权命令美国或其他国家改变其法律，也无权对 WTO 的成员施加报复”。美国政府和学界、新闻界针也追随者展开了广泛的争论。有人认为 WTO 的决策程序、贸易政策审查机制会对美国的国家主权和安全造成威胁，最后，美国参众两院相继批准了乌拉圭回合谈判结果。（2）美国 1998—2000 年的“301 条款”争端案和 2002—2003 年的“201 条款”争端再次显示出美国为了自身利益而不惜违背国际准则的行为方式。（3）2000 年 2 月，WTO 争端解决机构对美国外国销售公司法案（FSC Case）的裁决再一次触动了美国的主权意识。当年 3 月 6 日，来自参众两院的十名议员提出了第 90 号联合动议（H. J. Res. 90），要求美国退出 WTO。一些议员认为，WTO 对各成员的国内法律、规章和政策不得违背 WTO 义务的要求妨碍了宪法赋予国会的立法权力；争端解决机构关于外国销售公司法案的裁决则对国会的法定课税权构成限制，争端解决机构中的专家组和上诉机构不公开处理申诉的方式也侵犯了作为美国宪政重要支柱的民主原则，而 WTO 对贸易自由化的推动剥夺了各国的经济主权，最终可能在贸易领域形成世界性的政府。参见林长远：《世界贸易组织与国家主权》，www.wtolaw.gov.cn；www.rense.com/general2/house.htm。新世纪以来，很多美国人对于美国的就业和出口的不满逐渐升温，商界、农民和协会组织也对 WTO 表示不满，认为 WTO 提供了最好的减轻争端的法庭。佛蒙特州众议员伯尼·桑德斯一向以严厉批评全球化，世贸组织和自由贸易协议而著称。这位独立的众议员坚持认为，这些经济活动和组织已经损害到美国中产阶级的利益。美国佛蒙特州无党派人士 Bernie Sanders 连同 10 位其他立法者，其中包括德克萨斯州共和党人 Ron Paul 于 2005 年 3 月提出了退出 WTO 的解决建议。美国一些立法者因抱怨 WTO 促进了美国贸易赤字创新高而提出退出这一组织的建议，众议院筹款委员会（House of Representatives Ways and Means Committee）2005 年 5 月 24 日投票反对美国退出世界贸易组织（WTO）。参见荆引：《美国众议院筹款委员会反对美国退出 WTO 的建议》，finance.sina.com.cn/forex/forexroll. 与此类似，印度、中国等国家的民间声音也有对 WTO 的主权效应提出怀疑和不满的情况。相关讨论，参见何柏松：《WTO 体制下国家经济主权的保障机制——以美国为视角，兼论应当建立一种实效的主权观》，《黑龙江省政法管理干部学院学报》，2005 年第 6 期；白明韶：《WTO 下的美国国家主权保护机制及其启示》，《学术研究》，2002 年第 1 期；陈安：《美国 1994 年“主权大辩论”及其后续影响》，《中国社会科学》，2001 年第 5 期。

③ 苏珊·斯特兰奇：《国家与市场》（第二版），杨宇光等译 . 上海人民出版社 2006 年版，第 20~24 页；Asif H. Qureshi and Andreas R. Ziegler，*International Economic Law*（2nd ed.，Sweet & Maxwell，2007），p. 268.

实中，很多实践证明了这一理论。

1. 在规则的制订过程中，结构性权力就开始显现

首先，协商一致原则中具有结构性权力的影响。WTO 的基本规范确立了一个成员一票的表决程序，但其惯例却是以协商一致为基础的决策。[①] 协商一致对权力产生最直接的影响是，发展中国家成员根本无法在 GATT/WTO 中利用其成员众多的优势，而且由于协商一致规则要求没有任何一个出席会议的成员反对所讨论的决定，这导致那些没有在日内瓦设置代表处的发展中国家成员没有机会对拟议决定表达其反对意见；即使对于那些在日内瓦设置了代表处的国家而言，由于他们的代表团平均规模不足发达国家成员的一半，试图参加所有的会议（WTO 每年召开的正式会议和非正式会议约有 1 200 场）并积极参与基本无法做到。这就意味着，在决议作出的过程中，很多发展中国家成员没有机会表达其意见，没有机会对其可能不同意的决定、协定、条款提出反对意见。更由于 WTO 所具有的成员驱动的特征，使得成员自己要承担起筹备和参与 WTO 磋商、会议的责任，绝大多数能力不足的发展中国家成员没有机会参加这种协商一致的决策过程。[②] 与此同时，由 GATT 时代开始，举办会议采取高级俱乐部模式被 WTO 继承下来，所以很多发展中国家成员被排除在这些会议之外，一些国家甚至直接把这种决策方式作为排挤弱者的工具。[③]

其次，在非正式程序中，结构性权力尤为重要。非正式程序是在正式会议之外的谈判方式。在 WTO 的谈判中，继承了 GATT 的“主要供给者原则（Principal Supplier Principle，PSP）”，即对于一个特定事项，在最主要的供给者和最主要的需求者之间首先发起谈判，而非在所有成员之间进行公开讨论。这种颇具灵活性的小规模非正式磋商经常对最终协定的形成事关重大，但是存在着透明度和可预见性不高、倾向于以权力为基础的临时操作的缺陷。前者在 1999 年前比较封闭和保密的“绿屋会议”模式中表现得最为明显。[④]1999 年，西雅图会议结束后，虽经一些发展中国家成员反对会议变得开放，

① Article IX of Marrakesh Agreement Establishing the World Trade Organization (Decision-Making) "1. The WTO shall continue the practice of decision-making by consensus followed under GATT 1947. Except as otherwise provided, where a decision cannot be arrived at by consensus, the matter at issue shall be decided by voting." *The Legal Texts: The Results of the Uruguay Round of Multilateral Trade Negotiations* (Cambridge University Press, 2007), pp. 8~9.

② "Why the WTO decision-making system of 'consensus' works against the South", Third World Network, http://www.twnside.org.sg/title/bgl3-cn.htm.

③ A. Narlikar, *The World Trade Organization: A Very Short Introduction* (Oxford University Press, 2005), pp. 44~45.

④ Andrew Lang and Joanne Scott, " The Hidden World of WTO Governance", 20 *The European Journal of International Law* 575~614 (2009).

但是会议内容的技术性、会议主席邀请名单的随意性、会议语言的限制性使得很多发展中国家成员仍处于受排斥的状态。[①] 后者以 2001 年斯图尔特·哈宾森（Stuart Harbinson）单方准备的多哈会议的文本草案、2003 年卡洛斯·佩雷斯·德尔·卡斯蒂略（Carlos Perez del Castillo）单方准备的坎昆会议的文本草案为代表，这种不采用能体现各方不同观点的括号文本（即将立场与观点不同的文本置于括号中以供谈判时选择的做法）而直接由某些个人提出会议整体意见文本的做法，本质上体现了具有更多知识的参与者可以利用会议规程的无序性将知识转化为结构性权力的机会。

再次，贸易谈判中的结构性权力作用强大。WTO 的宗旨是为推动多边贸易自由化提供谈判的平台，所以贸易谈判是其主要功能。[②]WTO 继承 GATT 成功的最惠国待遇原则和互惠原则，并给予争端解决机制以强力保障。在贸易谈判中采用“主要供给者原则”虽然具有内在的经济合理性，[③] 但其副作用则是导致发展中国家成员及其关注的问题陷入边缘化。肯尼迪会议以后采取的“全面关税减让谈判”方式在选择运用线性减税公式和协调减税公式方面具有强烈的政治内涵，甚至产生激烈的斗争，多哈回合中农产品谈判的主要矛盾就在于此。由于一方谈判中的让步取决于对方在关联议题上的让步，就有可能使强国利用这种手段从弱国获得不成比例的让步，从而导致权力失衡进一步加剧。基于这些情况，GATT 被认为是“富人俱乐部”，WTO 给人的印象并没有太多改变。其结果就是，很多发展中国家成员在谈判的过程中抵触、不积极主动参与，甚至始终持反对态度，待到最后协定要通过的时候却往往采用默许的方式，使得体制的信任度比较低、可持续性受到威胁。[④] 此外，加入谈判也对发展中国家成员非常不利。WTO 现有 160 个成员，还有国家正待加入。[⑤] 已经加入的发展中国家成员和准备加入的发展中国家成员面临着压力，迫使其在谈判中许诺本来不需要承担的义务。正如很多学者已经评论的，在最不发达国家之一的柬埔寨 2003 年谈判加入 WTO 时，被要求承诺放弃使用非专利药品，而 WTO 内的最不发达国家成员在这方面的过渡期是 2016 年。同时，很多成员对中国的

---

① Peter Nøeirgaard Pedersen，“The WTO Decision-making Process and internal transparency”，5 *World Trade Review* 103（2005）.

② 关于自由主义与保护主义的问题，参见 Andreas F. Lowenfeld，*International Economic Law*（2nd ed.，Oxford University Press），2008，pp. 7~9；Peter Van den Bossche，*The Law and Policy of the World Trade Organization：Text，Cases and Materials*（2nd ed.，Cambridge University Press，2008），pp.15~25；Dominick Salvatore，*International Economics*（9th ed.，John Wiley & Sons，2007），pp. 31~37.

③ B.Hoekman and M. Kostecki，*The Political Economy of the World Trading System：The WTO and Beyond*（2nd ed.，Oxford University Press，2001）.

④ A. Narlikar，*The World Trade Organization：A Very Short Introduction*（Oxford University Press，2005），pp. 51~58.

⑤ http：//www.wto.org/english/thewto_e/whatis_e/tif_e/org6_e.htm.

保障措施要求同样具有不公平、不合理的成分，但是却是形势所迫、难以改变的。[①]

2. 在多边贸易纪律中，结构性权力事实上具有左右秩序的功能

WTO 最主要的方面是关税约束。从 GATT 之初，一轮轮的关税谈判使得关税大规模下降、约束商品的范围逐渐增多。但是，长期以来，降低关税的都是工业品，发达国家成员在皮革、橡胶、鞋类等发展中国家成员占据出口利益的方面却维持着关税高峰。这一点通过乌拉圭回合的谈判成果可以初步显示出来：发达国家成员占据优势的知识产品、服务贸易、投资领域都通过确立规范力争自由化，而与之相对的纺织品与服装、农产品等发展中国家成员占据比较优势的领域虽然也显现出自由化的趋势，但进展却十分缓慢。[②] 很多发展中国家成员发现，在这一回合中损失的利益远远大于预期得到的利益。[③] 例如，农产品和纺织品作为第三世界具有比较优势的主要产品，长期作为例外和豁免被排除在关税减让的考虑之外。在农产品领域，不仅存在着类似的关税高峰，而且关税升级、配额的大量使用，使得初级产品及其加工品的市场受到了严重的扭曲，阻碍了发展中国家成员的发展。乌拉圭回合结果使得《多种纤维协定》分阶段中止，但是，不仅在此之前的长期保护使发展中国家成员受到大量损失，[④] 而且此后发达国家成员在纺织品与服装方面的关税仍然很高。在多哈回合中，美国仍然考虑对纺织品的关税减让予以特殊考虑。因而，很多发展中国家成员在以后的部长级会议中反对进一步谈判新加坡议题，强烈要求关注农产品等领域。多哈回合被称为“发展回合”，在很大程度上也是基于对乌拉圭回合的反思。[⑤]

客观地看待 WTO 的规范及其形成过程不难发现，忽视权力的不对称性，认为规范

① 这一规定体现在《中国入世议定书》第 16 条，具体评析参见赵维田:《中国入世议定书条款解读》，湖南科学技术出版社 2006 年版，第 99~119 页。

② W. Martin and L.A. Winters (eds.), *The Uruguay Round and the Developing Countries* (Cambridge University Press, 1996).

③ 有关规范的具体分析，参见朱晓勤主编:《发展中国家与 WTO 法律制度研究》，北京大学出版社 2006 年版。

④ 根据国际纺织品服装局 2004 年 5 月向 WTO 提交的文件，美国、欧盟、加拿大这三个主要纺织品和服装市场，分别有 89%、70% 和 80% 的纺织品和服装配额尚未放开。2004 年 5 月 1 日欧盟扩大时，虽然距取消纺织品和服装配额的日期仅剩 8 个月，但欧盟还是将对纺织品和服装贸易的限制措施由原来的 15 国扩展至 25 国。这意味着，虽然美国、欧盟和加拿大明确表示将按期废除纺织品和服装配额制，但这种到最后一刻才全部放开市场的做法保护了没有竞争力的国家以及发达进口国中已失去竞争力的纺织业，抑制了真正有生产力的国家，使国际纺织品和服装贸易长期处于扭曲状态。除配额制外，发达国家还用高关税来限制纺织品和服装贸易。据 WTO 统计，2003 年美国、欧盟和加拿大进口货物的平均关税为 5.2% 至 6.9%，而进口纺织品和服装的平均关税则为 7% 至 10%；在美国，纺织品和服装的最高关税超过 30%，几乎是所有货物中关税最高的。而纺织品和服装的关税升级，即随着加工程度的深入而提高的关税，也高于除食品、饮料和酒以外的其他货物。参见李洁:《国际纺织品和服装贸易现状》，新华网 (www.xinhuanet.com) 2004 年 8 月 29 日，2009 年 4 月 8 日访问。

⑤ J. Francois, H. van Meijl, and F. von Tongeren, “Trade Liberalization in the Doha Development Round,” 20 *Economic Policy* 349; Seung Wha Chang, “WTO for Trade and Development Post-Doha”, 10 *Journal of International Economic Law* 553 (2007).

在国际贸易体制中占据主导地位是不符合实际的。[①] 以阶段分析，贸易谈判是政治行为，谈判的结果是法律规范，法律阶段以政治阶段为前提，法律规则是政治过程的结果。由于每一个回合都是谈判能力的较衡，表达了政治力量与政治技巧，WTO成员在谈判中争取权力、利用权力。其中，发达国家成员占据主导地位，并考虑到相互依赖性而给予发展中国家成员国一些特殊优惠待遇。但是，给予发展中国家成员的待遇大多转为软法，其结果就是WTO的总体规范有利于发达国家成员。[②] 发展中国家成员在谈判结果固化为法律阶段反思法律的道德性，虽然这些规范很复杂，有例外、有重复、有矛盾，不仅是关税减让，还包括贸易政策审议等一系列的纪律，但是剖析实质不难发现，结构性权力的印痕非常明显，这些规范本身就是利益分配的一种固定化模式。

3. 在争端解决机制的运作中，结构性权力仍然起着关键的作用

WTO在争端解决这一阶段显示出了规范的重要性，作为政治谈判结果的法律，要求各国去严肃和严格地遵守。在争端解决这一较为严格的法律程序中，主要存在的问题有以下三个方面：

第一，争端解决的严格法律性与作为其实体规范基础的贸易纪律的随意性之间的矛盾。这一点是谈判过程中结构性权力在实体规范中的延伸，并最终影响到争端解决程序。WTO的《争端解决谅解》（DSU）构建起独立而且程序规范、时间要求明确、具有上诉机构、裁决报告的通过采取反向一致（即一项报告只有当事方均不同意时才不通过；否则视为通过）的方式而具有更强的执行力、通过监督机制授权交叉报复的争端解决体系。[③] 但是，争端解决的机制越严格，其与非制度化决策产生的实体规范之间的不协调性就越明显。由较为武断的、缺乏民主性的过程产生的实体协定作为具有强制约束力的法律规范，往往使难于在规范制定程序中积极参与的发展中国家成员面临威胁和风险。

第二，由于知识领域结构性权力的缺失，发展中国家成员实际应用争端解决机制的机会比较少。根据GATT1994第23条和DSU，成员可以向争端解决机构提起违反之诉、非违反之诉和情势申诉。由于WTO的争端解决日趋司法化，并有司法能动主义的倾向，

① Matthew S. Dunne III, "Redefining Power Orientation: A Reassessment of Jackson's Paradigm in Light of Asymmetries of Power, Negotiation, and Compliance in the GATT/WTO Dispute Settlement System", 34 *Law and Policy in International Business* 277 (2002).

② Peter Van den Bossche, *The Law and Policy of the World Trade Organization: Text, Cases and Materials* (2nd ed., Cambridge University Press, 2008), pp. 233~235.

③ E.-U. Petersmann, "International Trade Law and the GATT/WTO Dispute Settlement System 1948—1996: An Introduction", in E.-U. Petersmann (ed.), *International Trade Law and the GATT/WTO Dispute Settlement System* (Kluwer Law International, 1997).

所以掌握 WTO 的争端解决程序和相关的实体规范以及逐渐形成的判例法（虽然有学者反对，但争端解决机构确实在遵循先例）[①] 需要充分的知识。发达国家成员与发展中国家成员在知识上的差距此时就体现得非常明显。由于法律知识的完备和法律文化的适应，发达国家成员积极利用 WTO 的争端解决机制，出现了大量的案件，而发展中国家成员则相对被动和边缘化。发展中国家成员经常会因为使用争端解决机制的成本太高，面临着大国单边报复的风险，即使获胜也很难有补偿性支付，而报复手段又难于真正有效所以放弃这一选择。从统计表 5–3 中可以看出，发达国家成员（特别是美国和欧盟）在争端解决案件中占据绝对优势地位，而发展中国家成员利用这一机制的概率低得多。有大约 60 个成员从来没有使用过这一机制，这些成员显然绝大多数都是发展中国家成员。如果扣除那些仅作为第三方参与该机制的成员，发展中国家成员参与的概率还要更低。

表 5–3　WTO 成员利用争端解决机制的情况

（资料来源：http：//www.wto.org/english/tratop_e/dispu_e/dispu_by_country_e.htm，访问时间 2014–08–25）

成员	申诉方	被诉方	第三方	成员	申诉方	被诉方	第三方
阿提瓜与巴布达	1	—	—	中国	12	31	112
阿根廷	20	22	52	哥伦比亚	5	4	42
亚美尼亚	—	1		哥斯达黎加	5	—	15
澳大利亚	7	15	85	科特迪瓦	—	—	4
巴林	—	—	1	克罗地亚	—	1	—
孟加拉国	1	—	1	古巴	1	—	18
巴巴多斯	—	—	4	捷克	1	2	—
比利时	—	3	—	丹麦	1	1	—
伯利兹	—	—	4	多米尼克国	—	—	3
贝宁	—	—	1	多米尼加共和国	1	7	8
玻利维亚	—	—	1	厄瓜多尔	3	3	27
巴西	26	15	87	埃及	—	4	7
喀麦隆	—	—	1	萨尔瓦多	1	—	16
加拿大	33	18	97	欧洲联盟（前欧洲共同体）	93	79	144
乍得	—	—	1	斐济	—	—	3
智利	10	13	38	法国	—	4	—

① John H. Jackson，*The Jurisprudence of GATT and the WTO: Insights on Treaty Law and Economic Relations*（Cambridge University Press，2000），p. 157.

续表

成员	申诉方	被诉方	第三方	成员	申诉方	被诉方	第三方
德国	—	2	—	挪威	4	—	63
加纳	—	—	1	阿曼	—	—	8
希腊	—	3	—	巴基斯坦	3	3	9
格林纳达	—	—	1	巴拿马	7	1	8
危地马拉	9	2	34	巴拉圭	—	—	16
圭亚那	—	—	3	秘鲁	3	5	19
洪都拉斯	8	—	26	菲律宾	5	6	14
中国香港	1	—	13	波兰	3	1	1
匈牙利	5	2	2	葡萄牙	—	1	—
冰岛	—	—	9	罗马尼亚	—	2	—
印度	21	22	100	俄罗斯联邦	2	4	17
印度尼西亚	9	10	13	圣基茨与尼维斯	—	—	3
爱尔兰	—	3	—	圣卢西亚	—	—	3
以色列	—	—	7	圣文森特和格林纳达	—	—	1
意大利	—	1	—	沙特阿拉伯王国	—	—	27
牙买加	—	—	8	塞内加尔	—	—	2
日本	19	15	146	新加坡	1	—	14
肯尼亚	—	—	3	斯洛伐克共和国	—	3	—
韩国	16	14	87	南非	—	4	6
科威特	—	—	1	西班牙	—	3	—
马达加斯加	—	—	4	斯里兰卡	1	—	3
马拉维	—	—	6	苏里南	—	—	1
马来西亚	1	1	10	斯威士兰	—	—	3
毛里求斯	—	—	6	瑞典	—	1	—
墨西哥	23	14	74	瑞士	4	—	11
摩尔多瓦共和国	1	1	1	中国台北	4	—	83
纳米比亚	—	—	1	坦桑尼亚	—	—	3
荷兰	—	3	—	泰国	13	3	69
新西兰	9	—	40	特立尼达和多巴哥	—	2	4
尼加拉瓜	1	2	17	土耳其	2	9	64
尼日利亚	—	—	6	乌克兰	3	2	7

续表

成员	申诉方	被诉方	第三方	成员	申诉方	被诉方	第三方
英国	—	3	—	越南	2	—	18
美国	107	121	116	赞比亚	—	—	2
乌拉圭	1	1	12	津巴布韦	—	—	6
委内瑞拉	1	2	16				

注：申诉方、被诉方、第三方下的数字代表该成员作为申诉方、被诉方、第三方的次数，“—”代表尚无此种角色参与。

第三，争端解决机制自身存在一系列的政治考量。不仅各个争端参与方具有政治上的动因，而且争端解决机构的专家组和上诉机构都具有一定的政治取向。在美国钢铁保护措施案中，美国实际上利用争端解决程序的时间，来达到其保护国内钢铁企业的目的。争端解决的专家组成员由 WTO 成员从专家名单中推举，而且成员构成必须经由争端各方的同意。从这个角度看，虽然法律程序有章可循，但也有很大的自由裁量因素，有着法律之外的一系列价值观念在起作用，所以不应盲目分开这两个方面。争议本身虽然由专家组和上诉机构裁决，但争端解决机构本质上是由全体 WTO 成员构成的，反向一致的原则也保留了争端参与方通过政治手段架空争端解决结果的可能。[①]

由上可知，WTO 还没有达到杰克逊所认可的宪政水平。其成员虽然很广泛，但是仍然算不上普遍，而这一体制允许区域一体化采取不同的规范处理国际贸易问题留下了贸易纪律多变化的隐患。[②] 更重要的是，由于各成员的发展水平不一致，其遵守贸易纪律的负担也是不同的。由于 WTO 机构的执行能力有限，很难具有真正的组织谈判能力。WTO 继承了 GATT 时期的俱乐部模式，因而当今的国际贸易体系总体上仍然是结构性权力占据主导地位的体系，发达国家主导着在政治与法律之间的过程。因而，只能说，横向比较而言，贸易领域的规范程度更高一些，规范起的作用更大一些，但如果据此就认为这一领域已经达到规则导向，显然还是颇为幼稚。多边贸易体制的国际法约束虽然是国际关系中最成功的一面，但是与真正的法治距离仍然相当遥远。

（三）权力导向与公平贸易框架的困境

如果多边贸易体制纯粹是权力导向的话，则公平贸易的实现非常困难。根据霸权稳

① A. Narlikar，*The World Trade Organization: A Very Short Introduction*（Oxford University Press，2005），pp. 85~99.

② Paolo Guerrieri and Denise Dimon，“The United States and The European Union: Cooperative or Competitive Strategies?”，20 *The International Trade Journal* 85（2006）.

定论者的观点，WTO 作为国际机制，经济大国提供了公共物品，规范制定中也会体现出对于它们的依赖。[①] 虽然在过去，经济大国都曾使用过贸易保护政策来使其产业免受外来竞争，直到其足够强大，可以在不受保护的状态下存续和发展，但是现在它们利用 WTO 来拒绝贫困国家走同样的道路发展自己的经济。它们采取一种选择性的规范趋向：在工业制成品领域强烈推崇自由贸易，认为包括关税、配额在内的所有贸易限制均应禁止，每一国家应当尽其所能的促进贸易自由化，由此带来共同的繁荣，但与此同时，在农产品和纺织品领域长期存在着背离自由化的补贴和壁垒。[②]

在很长时间内，WTO 对发展的主题兴趣并不大。作为一种国际体制，WTO 总体上乐于将自由贸易的价值观规范化、法律化、制度化，[③] 以更明确的条文、更清楚的权利和义务配置、更清晰的争端解决程序规制贸易壁垒，[④] 从而将所有的成员安排在经济全球化的体系之中。尽管从理论上说，WTO 规范应当拆除富国的贸易壁垒以使贫穷国家的商品进入该国，同时允许贫穷国家对幼稚产业进行保护。但是，实际上富国利用其实力和影响操纵规则以谋取自身利益，最终结果则很可能是踢开发展中国家成员市场的大门，使贫穷国家在贫困的泥潭中越陷越深。[⑤] 在强调国家平等的权力结构基础上，世界贸易组织继续沿用关税与贸易总协定所遵循的“协商一致”的决策方式。《建立世界贸易组织协定》规定，如在做出决定时，出席会议的成员均未正式表示反对，则应认为有关机构已经对所提交其审议的事项达到了协商一致。这种方式和联合国大会的投票表决是不同的，这种程序实际上意味着有一些国家可以操纵有关事项的发展方向，而那些强大的国家在这方面占据优势。所以，从总体上说，“迄今对于第三世界而言最失望的是无力争取贸易方面的新秩序。所有的穷国联合起来也无力改变自由市场的法则。……迫切要求发展和新的贸易安排的自我利益追求对所有国家有利，但是也不能说服那些必须被说服的国家。”[⑥]

正如学者已经指出的，在国际经济法律自由化的过程中，公平的价值长期缺失，社

---

① See, e.g., Robert Gilpin, *U.S. Power and the Multinational Corporation* (Basic Books, 1975); Kindleberger, *The World in Depression* (University of Carllifornia Press, 1973); Stephen D. Krasner, “State Power and the Structure of International Trade,” 28 *World Politics* 317 (1976).

②[瑞典]约翰·诺尔贝格:《为全球化申辩》，姚中秋、陈海威，译 . 社会科学文献出版社 2008 年版，第 127 页。

③ Charles Lipson, “The Transformation of Trade: The Sources and Effects of Regime Change”, 36 *International Organization* 417 (1982).

④ Jock A. Finlayson and Mark W. Zacher, “The GATT and the Regulation of Trade Barriers: Regime Dynamics and Functions,” 35 *International Organization* 561 (1981).

⑤ The Free Trade myth, http://www.maketradefair.org/en/index.php? file=issues_freetrade.htm.

⑥[美]路易斯·亨金:《国际法：政治与价值》，张乃根等译，中国政法大学出版社 2005 年版，第 239~240 页。

会的正义经常仅仅是一句口号。[①] 全球化可能导致的民主危机、经济灾难、环境恶果，如果不加以驯服可能就会有不可逆的结局。[②] 综上可见，如果纯粹依靠国家之间博弈，完全按照发展中国家成员的愿望实现公平贸易基本不可能。

（四）建构主义的批判：伦理价值的缺失

上述对多边贸易体制现实的解释和分析来自国际政治经济学，而现代的国际政治经济学主要基于现实主义和自由主义的国际关系理论范式。通过政治与经济的融合，将财富和权力相组合来界定国家利益，这些学者没有表面化地认为经济和技术已经使民族国家接近销蚀的边缘，他们认定，在高度一体化的全球经济中，各国继续利用他们的权力，推行各种引导经济力量有利于本国国家利益和公民利益的政策。[③] 从 WTO 的规范与过程看，国家（政府）在为本国市场的效率最大化而努力（自由、保护），市场的反馈（主要是生产者的反馈）则成为国家立场与态度的指挥棒，国家权力、国家利益、国家决策形成了一个互相促进的循环。由于这种循环，利益的力量指导国家行为、规则确定，从而形成一个经济霸权体制，而国家之间相互依赖的不平衡性则导致了规则的不平等性。

这种不平等的现实正是建构主义者对现实主义的国际关系理论进行批判的方面。他们认为，这种对现实的阐释对国际关系的未来缺乏预见性，对于存在的弊病缺乏充分的解决途径，往往导致悲观主义。例如，沃森指出，国际政治经济学中以功用为基础（utility-based）的方式存在着不足，应当采用以价值为基础（value-based）的方式进行弥补。在国际政治经济学中存在五个国际关系变量的重要缺失，即道德理论作为国际政治经济学的要件的缺失、经济关系的历史观念的缺失、理性主义本体论的各种挑战的缺失、社会行动理论的缺失、国际政治经济学解释体系中个体的缺失。[④]

很多国际经济法学者心中的国际贸易体制是有价值指向的。其中，值得关注的是，卓有建树的国际经济法学家彼德斯曼提出了比杰克逊更高的宪政体制主张。在彼德斯曼的理解中，宪政不仅仅是一个搭积木、拼格子一样的框架，它更应当事事处处体现一种价值，体现一种灵魂。这种价值就是人权至上，这种灵魂就是自由主义。[⑤] 所以，彼德斯曼眼中

① 刘志云：《国际经济法律自由化原理研究》，厦门大学出版社 2005 年版，第 276~288 页。

② Cf. e.g., *Signing Away the Future: How trade and investment agreements between rich and poor countries undermine development*（Oxfam international，1997）.

③ [美] 罗伯特·吉尔平：《全球政治经济学：解读国际经济秩序》，杨宇光、杨炯译，上海人民出版社 2006 年版，第 16 页。

④ Matthew Watson，*Foundations of International Political Economy*（Palgrave MacMillan，2005），pp. 32~73.

⑤ [德] E.-U. 彼德斯曼：《国际经济法的宪法功能与宪法问题》，何志鹏、孙璐、王彦志译，高等教育出版社 2004 年版。

的 WTO 宪政化应当是深深植根于尊重与保护人权基础之上的宪政机制，是一个不仅在结构上完善，而且在精神上完美的具有伦理指向的体制。[①] 彼德斯曼的这种观点可以称为“伦理宪政主义”。彼德斯曼的构想虽然仍并不完美（比如，在他的人权体系中，只考虑第一代人权和第二代人权，却基本没有考虑第三代人权，特别是发展权），但已经相当理想化了。

问题在于，基于伦理价值对国际贸易（甚至是整个经济）体制提出的批判或者构想诚然美好，但是现实主义者讲述的却是真相。比如，一些国际经济法学者批判道，WTO 体制表现出的是生产者的主导，而没有对消费者的地位予以充分考虑。[②] 经济学者希斯考克斯证明了，要素在不同行业之间的流动决定了国际贸易导致的政治分层：如果要素流动的程度高，就比较容易出现阶级联盟；反之，如果要素流动的程度低，就比较容易出现以行业为基础的联盟。[③] 无论哪种状态，对国家决策有主要影响力的都是生产者，而不是消费者。生产者对国家立场与政策的影响是具有其深刻基础的。在生产者身上凝聚着资金、技术、大量的就业机会、先进的管理手段和理念，所以，他们是国家力量的主要支撑者，是国家地位的集中代表、国家权力的主要来源。国家的权力主要由生产者保障，而从消费者的角度看，其最主要的问题不仅仅是生产者和销售商能够形成合力、影响政府利益，而消费者则难于形成联盟，缺乏代表性，而且由于绝大多数消费者同时也是生产者链条的一部分，他们的消费成本来自于生产的收益，所以他们的消费人格可能被生产人格所吸收或者覆盖。因此，在国家形成经济贸易方面的决策和采取行动之时，经常是生产者通过游说或者类似的行为影响国家意志，而不是消费者。[④] 根据马克思主义政治经济学，生产方式是一个阶级对其他阶级使用权力的基础。能够决定或者改变生产方式的阶级，可以利用其在生产方面的结构性权力，巩固和维护他的社会政治权力，制定宪法、建立政治机构、规定法律和行政程序，使人们难以进行挑战。因而，国家在很大程度上体现为生产者主导，国家决策在很多时候是生产者本位而非消费者本位。简言之，国家

---

① 有关评论，参见蔡从燕：《国际法语境中的宪政问题：WTO 宪政之意蕴》，《法商研究》，2006 年第 2 期；陈喜峰：《WTO 权利宪法论：经济宪法视角的一种批评》，《国际经济法学刊》，第 15 卷第 2 期（2008）；陈喜峰：《世贸组织宪法化与欧盟宪政：基于宪法合法性的比较》，载《WTO 理论和实践研究》，浙江大学出版社 2007 年版；《宪政的幻象：WTO 的宪法和国际法的规训》，陈喜峰译，《国际经济法学刊》，第 14 卷第 2 期（2007）。

② See，e.g.，Petros Mavroidis，“Come together? Producer Welfare，Consumer Welfare and WTO Rules”，Patrick Messerlin，“Non-Discrimination，Welfare Balances and WTO Rules：An Historical Perspective”，both in Ernst-Ulrich Petersmann（ed.），*Reforming the World Trading System：Legitimacy，Efficiency，and Democratic Governance*（Oxford University Press，2005），pp. 277~304.

③［美］迈克尔·J. 希斯考克斯：《国际贸易与政治冲突——贸易、联盟与要素流动程度》，于扬杰译，中国人民大学出版社 2005 年版。

④ 美国贸易政策的制订实施过程，参见 Stephen D Cohen，Robert A Blecker，and Peter J. Whitney，*Fundamentals of U.S. Foreign Trade Policy：Economics，Politics，Laws，and Issues*（2nd ed.，Westview Press，2002），pp. 111~149。

在国际贸易体制中的结构性权力主要来自于生产者，所以其立场与方向也应当主要倾向于生产者，WTO 体制的倾向也自然是生产者。

各国政府或单独关税区参与多边体制的一个直接动机是利益转移，回避这种真正的动力，无疑就误读了国际政治的实质所在。当前的问题就是：是否有可能超越结构性权力所蕴含的国家与市场的运行逻辑，真正构建起一套合理的规范，并使之顺利有效地施行下去？如果这种设想并非空想，具体的路径是什么样的？

（五）国际关系的发展趋势：相互依赖与国际伦理

现实主义的思想虽然仍具有很强烈的启发意义和洞见价值，但是社会发展却不断前进，有所突破。20 世纪以后，国际组织大规模兴起，传统的主权理论由国家之间日益密切的合作与聚合实践所突破。

（1）正如社会契约论者所假想的自然状态一样，国家之间靠自身的实力所确立的秩序过于动荡，缺乏起码的稳定性和可预见性，而国际合作的成就反馈给行为者，使得合作的信心和愿望进一步增强。[①]

（2）国家政治体制的民主化进程使得人们对国际关系的认识趋向理性化，不是出于个人偏好，而是出于协商选择的国内政治体制倾向于赋予主权更多的合作职能。这样国际协调得以实现，国际组织得以建立并强化，国际法的地位和作用日益提高。国际机制作为建构中的体系，既被参与其中的国家的立场所影响，也影响着作为其成员的国家。[②]这三方面的因素使得国际经济贸易关系并不完全是国家间力量的较衡，而有可能存在着其他的因素，左右着国际经济贸易关系向着更为理性化、更为制度化、更为伦理化的方向迈进。

1. 国家之间的相互依赖

由于交通通信和其他方面科学技术的迅速发展，经济全球化成为 20 世纪 80 年代以后备受关注的世界性趋势。这一趋势不仅影响着经济的进程，也影响着政治的格局。特别值得注意的是，在国际贸易中，国家之间并不完全是生产者、销售者之间竞争的关系，每一个国家的领域之内，都既有生产者，也有销售者，还有消费者。这样，国家利益复杂交错、你中有我、我中有你，国家之间的联系错综复杂，国家之间的相互依赖形成了

① 饶戈平主编：《国际组织法》，北京大学出版社 1996 年版，第 5 页。

②［美］温都尔卡·库芭克瓦、尼古拉斯·奥鲁夫、保罗·科维特主编：《建构世界中的国际关系》，肖锋译，北京大学出版社 2006 年版，第 68~69 页。

非单一的利益取向。虽然一个国家对其他国家的依存度和敏感都会有不同，但完全遗世独立的国家已经不复存在。[①] 当国家之间的联系特别密切、依存度很高、由于风险而对未来发展前景未知的时候，国家的决策也会“投鼠忌器”，不能轻易地为所欲为，仅仅单方面的考虑自身的利益，因为这种简单的考虑会使得自身的利益同样也无法实现。只有在一定程度上利他，全面考虑此种决策所导致的进一步结果，才能最终实现自身利益的最大化、长期化和稳定化。在这种情况下，任何一个国家的立场都不是简单的，而是必须周全的考虑所有的相关因素。从生产者而言，只有其他国家有能力购买自己生产的商品其生产才有可能获利，否则其他国家都贫困到无法支撑，其商品也最多只能在国内消费。在这种情况下，国际贸易规范的制订不可能仅仅考虑工业化国家的单方利益，而必须考虑相关国家的共同利益，考虑国际社会的全局性。

2. 国际机制通过外力强制、利益选择与权威信仰等方式对国家发挥作用

国家之间为了降低其间反复、同质交往的交易成本而成立了不同方式的国际组织。[②] 正如基欧汉和奈所指出的，国际机制的一系列治理安排，会影响到国家之间的相互依赖关系。[③] 国际制度建立起来之后，在该制度中的国家就不再完全是自由的行动主体，而会在一定程度上受到约束。[④] 法律虽然发端于政治经济的促动，但是在进入运作体系之后

---

① Robert O. Keohane and Joseph S. Nye，*Power and Interdependence*（3rd ed.，Longman，2001），pp. 4~5.

② 田野：《国际关系中的制度选择：一种交易成本的视角》，上海人民出版社 2006 年版，第二章、第三章。

③ Robert O. Keohane and Joseph S. Nye，*Power and Interdependence*（3rd ed.，Longman，2001），pp. 10~11。就 GATT 的建立而言，可以佐证这一情况：19 世纪末 20 世纪初，资本主义由自由竞争进入垄断阶段。迫于国内垄断资本的压力，各主要资本主义国家开始采取损人利己的政策，抵制其他国家工业品的进口。特别是由于 1929—1933 年爆发了历史上规模空前的世界性经济危机，各国为了保护国内产业、提高就业水平，相继放弃了自由贸易政策，纷纷实行提高关税、限制进口、鼓励出口和实行外汇管制等贸易保护主义政策。美国出台了历史上税率最高的《斯姆特 – 霍利关税法》，英国也放弃了金本位制，失去了联合起来应对经济危机的时机，导致国际贸易进一步萎缩，世界经济局势不断恶化，大大加深了危机。这场危机使整个资本主义世界损失价值 2 500 亿美元，成为迄今为止世界上最严重的一次经济危机。深刻的教训促使各国开始认识到国际贸易协调与合作的必要性。1933 年 3 月，罗斯福出任美国总统后，国务卿赫尔开始倡导遏止关税保护战，提出了“睦邻政策”，1934 年《互惠贸易协定法》通过，授权总统在 3 年内与各国协议互相减让关税。根据该法，美国与苏联及欧洲、拉丁美洲许多国家签订了一系列的贸易协定，把美国的进出口关税降低了 50%，并根据最惠国待遇原则将此扩大至其他国家，促进了国际贸易的发展。1947 年 4 月，在日内瓦举行的第二次筹委会上通过了国际贸易组织宪章草案。同年 10 月，联合国贸易和就业会议在古巴哈瓦那举行，审议并通过了《国际贸易组织宪章》（亦称哈瓦那宪章），送由各国政府批准。在这一时段，包括中国、法国、英国、美国在内的 23 个国家举行了多边关税减让谈判并达成了 123 项双边协议。各国为了将这些关税减让协议与约束贸易政策的纪律结合到一起并尽快实施，采用临时生效的方式使《关税与贸易总协定》进入国际贸易法的体系。这种制度性的安排很显然优于国家之间的单独谈判，特别是 GATT 确立的普遍最惠国待遇使谈判的结果对绝大多数参与主体而言可以直接享受关税减让所带来的好处。当然，在国际机制运作中也会发生搭便车（free-riding）的现象。

④ 美国学者约翰·杰克逊教授指出：参加或接受一项条约，在一定意义上就是缩小了国家政府行为自由的范围。至少，某些行动如不符合条约规定的准则，就会导致触犯国际法；1994 年美国这场有关维护本国主权的全国性大辩论，其实质和关键就在于权力分配问题，即决策权力如何在国际机构与美国政府之间恰如其分地分配的问题。参见 John H. Jackson，“The Great 1994 Sovereignty Debate：United States Acceptance and Implementation of the Uruguay Round Results”，36 *Columbia Journal of Transnational Law* 157（Special Double Issue，1997）。

就不再仅仅是经济力量或者政治力量的影子，而是会有自身的发展逻辑。这也正是在国内法上会出现分析法学派（甚至“纯粹法学派”）的原因。国际体制建立起来之后，该体制所具有的程序规范和其他基础性规则会使其形成一个基本自足的自组织系统，除非有特别重大的矛盾和问题，否则这些规则会约束着国家的行为，而不仅仅是国家创制规则。WTO作为一个国际制度安排,有着自身的运作逻辑。从主权运作的逻辑看,在1648年《威斯特伐里亚和约》建立所谓的威斯特伐里亚体系（Westphalia System）时，它的核心不是要创造一个个相互独立、毫不相干的国家个体，而是要创建一个由事实上相互依存的国家组成并以某些基本原则处理他们之间相互关系的国际社会。在这个意义上，主权权力的侧重点实际上是随着时间的推移和国际社会不同力量的较量与对比而不断变化的。换句话说，主权是一个历史的概念。17世纪时，维护国家主权主要是为了反对在宗教问题上的外来干预。到了19世纪，国家主权的重心就转到了对殖民地国民国籍的确认上。而20世纪后期，国家主权就演变为反抗外国统治和非殖民化的正当理由。当今，各国都会通过让渡一部分主权权利来获得一定的利益。作为一个法律体系，WTO注重规则导向，而非完全的权力导向。[①] 虽然规范中并非没有政治的力量，[②] 但是规范本身的周密程度和稳定性明显优于非法律协议或者宣言等非正式安排。所以,无论是WTO的发达国家成员，还是发展中国家成员，都愿意将自身的价值取向通过WTO规范的方式表达成为一种为所有的成员接受的国际法。与此同时，作为一个法律体系，其规范的制定具有一系列的程序安排，这些程序会使得一些完全体现国家之间强弱力量对比的规范受到一些制约，会被弱化，以较为曲折和合法的方式表现出来。同时，那些出于弱小力量的观念、意愿和要求也不会完全被置之不理，可能通过宣言、决议等方式表达出来。这就使得国际机制会体现出一些不完全是强权政治的局面。[③] 这就意味着，充分利用WTO的有关程序规范进行多边贸易谈判，是有可能超越国家间力量的对比，形成对发展中国家成员有利的贸

---

① J. H. Jackson，*The World Trading System: Law and Policy of International Economic Relations*（2nd ed，MIT Press，1997），pp. 109~111；J. H. Jackson，*The World Trade Organization: Constitution and Jurisprudence*（Royal Institute of International Affairs，1998），p. 99；E.-U. Petersmann，*Constitutional Functions and Constitutional Problems of International Economic Law: International and Domestic Foreign Trade Law and Foreign Trade Policy in the United States，the European Community and Switzerland*（University Press Fribourg，1991），p. 219.

② “国际法是由国家组成的国际社会创造的。……法律是某种政治秩序的产物，单凭存在这种政治秩序这一点，就足以使法律具有约束力。”（[英]爱德华·卡尔：《20年危机（1919—1939）：国际关系研究导论》，秦亚青译，世界知识出版社2005年版，第164页）

③ 实际上，联合国的实践是这方面的代表。在联合国大会、贸发会议主导之下形成的一系列关于建立国际经济新秩序的宣言、决议都对国际经济格局的发展起到了一定的指引作用；在1963年举行的GATT部长级缔约方大会上，专门针对发展中国家的贸易与发展问题，增订了关贸总协定的第4部分“贸易与发展”，从而使发展中国家享有更为优惠的待遇。

易体制的。

3. 在国际关系中伦理因素具有一定的功能

在国际关系中，伦理虽然经常只是一种装饰性的基础和标准，但是当国家的行为越来越公开化、越来越多地处于全球媒体的关注之中、越来越多地处于国际组织、其他国家和非政府组织影响之下的时候，伦理道德就不再只是可有可无的因素，而是变得具有实质意义。① 国际关系并非完全的大国较量，而是可能遵从一定的道德规范。国家会选择为其行为寻找合法性，因此不完全地显露出强权政治的格局。这一点不仅在经济领域得以佐证，在军事、环境、文化等领域同样有着众多的例子，而当前国际层面上的经济发展不平衡问题已经成为与人口、环境相并列的困扰世界的重大问题之一。②

自 20 世纪 60 年代起，发展中国家就在世界论坛上主张“国际经济新秩序”，并通过双边援助、多边借贷体制、多边补偿融资等援助项目和共同基金，单种商品协定等市场稳定措施，以及分享海洋资源、创制新的配置商品等资源赋权体制对欠发达国家（LDCs）予以扶持。③ 这种主张基于历史上发达国家对殖民地的侵害和掠夺，也基于世界贫富差异巨大的现状，所以在伦理上具有正当性，很多发达国家也予以支持。正是在这样的背景下，GATT 当时也增加了“贸易与发展”部分，同意对发展中国家缔约方的情况予以特殊考虑，以普惠制的方式对原有的贸易政策进行了修正。这宣示国际经济新秩序原则的国际法律文件在国际社会中具有“软法”的地位，指明了国际秩序的理想，能够促进和补充国际法的发展，从某种意义上说，虽然存在着一定的不稳定性，但毕竟具有系统性和功能性的益处。④ 从 WTO 自身而言，从 1999 年的西雅图会议开始，多边贸易谈判就一直受着各种政府之外的力量制约。基于劳工待遇、环境保护、农业生产考虑的抗议和反对牵涉着 WTO 的发展方向与进程，而上述考虑都具有伦理指向。特别值得注意的是，2001 年多哈会议针对知识产权和公共健康所做出的决议，正是多边贸易机制伦理化导向的重要体

① 实际上，即使是认为国际关系主要取决于大国力量的现实主义学者，也认为在国际关系中并非没有任何道德的位置。早在 1939 年，爱德华·哈里特·卡尔就指出，“在国家之内，每个政府都需要权力支撑自己的权威，但他同样需要被统治者的许可作为自己的道德基础。国际秩序也是如此，它不能仅仅建立在权力的基础之上。……坦诚接受经济利益需要服从社会目的，承认经济上的实惠不一定是道德上的高尚——这样的态度应当从国内领域延伸到国际领域。”［英］爱德华·卡尔：《20 年危机（1919—1939）：国际关系研究导论》，秦亚青译，世界知识出版社 2005 年版，第 213、215 页。

②［法］帕斯卡尔·博尼法斯：《透析分解当代世界》，许铁兵译，天津人民出版社 2005 年版，第 210~217 页。

③ Thomas M. Franck，*Fairness in International Law and Institutions*（Oxford University Press，1995），pp. 416~432.

④［美］W. 迈克尔·赖斯曼：《国际法：领悟与构建》（万鄂湘、王贵国、冯华健编），王楠等译，法律出版社 2007 年版，第 143~154 页。

现。[1] 这种伦理化的导向虽然具备国家利益和相互依赖的因素，但从最直接的效果上看，相关的制度安排对世界各国都能够接受的伦理道德，即人的生命、健康权利具有更重要的意义，它比起知识产权的利益更值得关注。从这个意义上讲，发展中国家通过缜密的论证而提出的表面上不对等，但实质上更公平的贸易方式是有可能部分实现的。

五、国际贸易体制法治化的思想基础

WTO 虽然取得了引人注目的成绩，而且在现实中具有重要的作用，特别是为避免金融危机之后的普遍保护主义乃至关税大战奠定了良好的基础，但显然并非完美法治，存在着诸多需要改进之处。WTO 自身也在考虑着体制的更新，并邀请专家发表了咨询报告。[2] 但是，这个报告是否代表着普遍的认识，还有待于探讨。[3] 由价值层面回归到现实的利益是 WTO 体制发展取向的真谛与归宿。在 WTO 体制发展进程中，越来越多地带有西方大国的利益基点与中轴，从而导致利益失衡与矛盾冲突。无论是权力导向还是规则导向的过渡，都是要解决这种失衡的扭曲形态。其发展的取向本质上是要处理好两类成员的利益取舍与平衡。西方政治精英与学术论者提出的渐进式改革，固然有其合理与可取之处，但终究无法回应 WTO 体制中存续多年的权力与利益不平衡的现状。基于此点的改良也多在价值层面进行分析与下药，效果甚微且多有病痏。因而，上述问题的本质就是对国际贸易法制是否可能、如何可能的分析，而其更大范围的语境则是国际法制是否可能、如何可能。笔者认为，国际贸易体制促进发展的路途十分艰难，但并非无路可走，而从世

① 为了解决发展中国家日益严重的公共健康危机，2001 年 11 月在多哈召开的 WTO 第四届部长级会议上发表了《TRIPS 与公共健康多哈宣言》，据此，WTO 就公共健康问题开始谈判，2003 年 8 月 30 日，经过 20 个月的艰苦谈判，成员政府一致通过了关于实施专利药品强制实施许可制度的最后文件，即《多哈宣言第六段的执行决议》，令在药物领域生产能力不足或没有生产能力的较贫穷国家能更容易进口到较便宜的、在强制实施许可制度下生产的未注册类药品（国际上把未经专利授权的生产称为“非注册生产”，其产品售价大大低于专利保护下生产的同类药品的售价）。参见那力、何志鹏、王彦志：《WTO 与公共健康》，清华大学出版社 2005 年版，第 3~4 页、31~35 页；冯洁菡：《公共健康危机与 WTO 知识产权制度的改革：以 TRIPS 协议为中心》，武汉大学出版社 2005 年版。

② Peter Sutherland，et al.，*The Future of the WTO: Addressing institutional challenges in the new millennium: Report by the Consultative Board to the former Director-General Supachai Panitchpakdi*（World Trade Organization，2004）.

③ 参见 Debra P. Steger，“The Future of the WTO: The Case for Institutional Reform”，12 *Journal of International Economic Law* 803（2009）；Sandra Polaski，*The Future of the WTO，Trade，Equity，and Development Project*（Carnegie Endowment for International Peace，September 2006）；Patrick A. Messerlin，“Three Variations on ‘The Future of The WTO’”，8 *Journal of International Economic Law* 299（2005）；王中美：《质疑〈WTO 的未来〉——论 WTO 体制改革》，《国际经济法学刊》，第 12 卷第 4 期（2005），第 99~124 页。

界经济与政治的协调、稳定、持续发展的角度，这是唯一一条可行的路。①所以，包括国际贸易法治在内的整个国际发展道路就只能是知难而进，舍此无他。在 WTO 的制度改进领域，以下的指导思想有必要受到重视：

（一）把握发展中国家成员增强发展能力的战略机遇

战略机遇是指那些在总体上改变国际经济格局、国际经济力量对比的宏观方向性情势。具体包括：

第一，强国在意识上的改变。经济大国、强国的观念逐渐转变，可能会营造出对弱小国家有利的格局。马克思主义虽然重视经济基础对上层建筑的决定作用，但也从不忽视上层建筑对经济基础的反作用。因此，马克思主义的唯物辩证法并不是物质决定论，并不是生产力决定一切的铁板一块。建构主义认为，思想文化与意识对于国际关系的形成与变革具有重要的影响。②从国内法的发展看，从野蛮走向文明、从奴役走向人道，虽然不乏革命的事例,但也存在着很多温和的改良。法国大革命之前君主和贵族的宽容思想、欧洲国家 19 世纪对奴隶制的普遍反对就是鲜明的例证。从国际关系的角度看，国家利益也可以进行重新塑造，可以通过世界的共同未来、国家之间的相互依赖说服国家的决策者，看到更广阔的利益层面；可以通过可持续发展、公平的世界经济秩序等理念引导国家的决策者，接受更长期的利益导向。这样一来，强国就可能比较容易赞同弱国的见解，甚至主动做出有利于弱国的决策。国际经济规范格局有可能逐渐向更为公正稳定的方向发展。

因而，从外部条件来说，发展中国家成员在目前进行的多哈回合的谈判形势好于以往任何一个回合。在发展中国家成员的积极努力下,《多哈部长宣言》汲取了西雅图部长级会议失败的教训，比较维护发展中国家成员的利益。该宣言宣称，国际贸易可以在促进经济发展和消除贫困方面发挥作用，我们认识到有必要使我们所有的人民都能从多边贸易体制所带来的更多机会和福利收入中获益；WTO 的大多数成员是发展中国家成员，我们谋求将它们的需要和利益置于本宣言所通过的工作计划的核心地位；回顾马拉喀什协定的宣言，我们将继续作出努力，以保证发展中国家成员，尤其是其中的最

① 从世界经济发展的方向看，如果像大企业兼并那样任由市场竞争，强国可能会在世界上留存，而由于实际的相互依赖，强国的原材料、市场将无处寻求，最后陷入增长的极限，整体衰亡；如果任由不公正引发的不满情绪发泄，则很有可能导致恐怖主义的蔓延，整个世界以更快、更悲剧性的方式灭亡。因而，公正之路虽然艰难，却是唯一选择。

② 亚历山大·温特在《国际政治的社会理论》一书中对这一观点进行了详细分析；吉尔平在《全球政治经济学》中也肯定了伦理观念的重要性，只是认为其作用没有建构主义者想象得那么大。

不发达国家成员，获得与其经济发展需要相称的世界贸易增长份额；在这些方面，增加的市场准入、平衡的规则、目标明确且有持续财政资助的技术援助和能力建设项目起到重要作用。①

第二，弱国逐渐强大，改变权力结构。改变 WTO 生产型结构性权力主导的方式，需要利用其他结构性权力进行牵制。但是以安全为牵制不太可能，因为无论是直接采用武力还是以武力相威胁，都既不符合现代国际法的基本取向，也不符合武装力量的配置格局，有些弱国试图诉诸恐怖主义的手段，似乎更不可取，而金融和知识方面的权力往往与生产权力的归属同步，所以也不太可行。但是，这种格局并非绝对，也并非静态的一成不变，因为历史上的强大国家无一例外地经历了衰落的过程。实践证明，通过知识的传播、创造，通过生产和交往的发展，可以逐渐改变经济、政治、军事的权力结构。虽然以强国权力为主导的结构和格局对弱小国家而言具有剥削和压榨的性质，但弱小国家仍有可能在这种格局下逐渐增强力量，而强国也会因为内部或外部的因素而产生权力的耗散和衰减。宏观、整体改变结构性权力的分布，改变世界经济体制的格局以当其他国家、生产者强大起来，掌握知识为必要条件。例如，日本、韩国最初在国际经济领域的角色都是劳动密集型产品的制造商，随着国家政策的倾斜、生产者的不断演进，他们在国际经济分工中的角色逐渐改变，他们的结构性权力逐步增强，当前，发展中国家成员的经济实力、贸易地位和吸引外资的数量都有提高，较之乌拉圭回合谈判实力又有了增强，这有利于在新的国际贸易秩序中具有更大的主动权。

（二）确定主权作为 WTO 法律体系存续与发展的基本原则

到现在为止，主权仍然是国家行为体发展国际关系的基本资格，是国家维护其自身利益的最终理论依据。虽然很多西方学者对主权提出了质疑，② 但是，值得关注的是，在强调西方国家的影响、促进资本的流动和推崇公司的力量之时，这些国家和学者主张主权陈旧、落后，各国应当减少甚至消除主权的诉求，通过宣讲“保护的责任”、鼓吹“全球化”来实现西方国家的利益。反之，当发展中国家成员具有优势的产业对西方国家形

---

① WTO，Ministerial Declaration，WT/MIN（01）/DEC/1，para.45~46，2001.

② 关于主权和国际法关系的讨论文献众多，其中具有代表性的包括：Louis Henkin，“The Mythology of Sovereignty”，in Ronald St John Macdonald（ed），*Essays in Honour of Wang Tieya*（Matrinus Nijhoff Publishers，1993），pp. 351~358；Mark Weston Janis，“Sovereignty and International Law：Hobbes and Grotius”，R. St. J. Macdonald，ed.，*Essays In Honour of Wang Tieya*（Matrinus Nijhoff Publishers，1993），pp. 391~400；John H. Jackson，“Sovereignty-Modern：A New Approach to an Outdated Concept”，97 *The American Journal of International Law* 782（2003）。

成冲击的时候，这些国家马上就实行保护主义，唯恐其政府没有很好地行使主权。[①]这种主权主张的不对称、不公平性，实际上是强权政治在当代国际关系中的表现。笔者不反对在所有国家共同商讨的前提下形成国际社会契约，所有的国家都让渡部分主权，俾使国际组织能够更有效地配置资源、协调行动，但这种安排必须建立在国际民主的基础上，而决不能片面地限制或否认一些国家的主权。在国际社会契约没有妥善地建立起来之时，主权是一国利益的最后屏障，不可轻言放弃。从这个意义上讲，在当今的国际舞台上国家主权仍旧是国际法的一个重要支柱。[②]对于中国而言，如果不能很好地应对国际形势的变化，维护好主权，则有可能对政治、经济、文化均有不利影响。[③]所以，必须树立明确的主权意识，维护人民的利益，而不能盲目地听信“全球化”或者“世界规则”的召唤，失去自主性。[④]国际经济法治中的国家主权意味着引领和代表国民的职能，由于此种职能由政府所掌握，所以必须受到不同层次的监督。此种职能缔造了各个民族国家（在 WTO 制度框架下是关税领土）的代表资格，有关政府当局必须妥善地利用此种代表资格，而不能懈怠或者滥用。所以，应当强调对全球经济规则制度的制定，促进国际经济秩序的变革与发展，努力维护管辖范围内人民的正当利益，形成国际合作，改善资源的配置方式。[⑤]

（三）保证 WTO 法律体系促进发展的主导思想

发展问题，特别是发展中国家成员的发展，是建立一个公平的国际经济秩序的关键问题。多边贸易体制面临着如何更好地帮助发展中国家成员实现发展目标的挑战，通过遵守非歧视原则和透明度原则，保证国际市场不仅是开放的和高效的市场，更是公平的和公正的市场。在 20 世纪 60—70 年代，发展中国家曾经非常明确地主张消除国际经济秩序中的不公平因素，构建“国际经济新秩序”。然而，20 世纪 80 年代以后，随着经济全球化浪潮的推开和“华盛顿共识”的影响，国际经济新秩序在国际舞台上渐渐沉寂。但是，国际经济新秩序内在追求经济公平的观念却没有消失，而且也不应当消失。国际

---

① Dan Sarooshi, “Sovereignty, Economic Autonomy, the United States, and the International Trading System: Representations of a Relationship”, 15 *European Journal of International Law* 651 (2004).

② 纪文华:《WTO 争端解决中对政府决定的审查标准研究》,《国际经济法论丛》，第 5 卷（2002），第 208 页。

③ Matthew S. Erie, *Sovereignty, Internationalism, and the Chinese In-Between* (East-West Center Working Papers, International Graduate Student Conference Series, No. 2, 2004).

④ 中国学者的分析，参见徐泉:《国家经济主权论》，人民出版社 2006 年版，第 327~329 页；张军旗:《多边贸易关系中的国家主权问题》，人民法院出版社 2006 年版，第 247~251 页。

⑤ 参见慕亚平、代中现:《论经济全球化进程中的国家经济主权问题》,《国际经济法论丛》，第 6 卷（2002），第 222~226 页。

社会构建全面发展的秩序框架不仅有利于发展中国家的兴起，而且最终能使所有国家受益，此种贸易公平应当成为国际经济法治的价值目标之一。发展中国家不仅应当清晰地认识到这一点，而且应当在 WTO 体制下有所作为。[①] 在 WTO 成员中，发达国家成员并不占多数，但不论从经济实力、科技水平、进出口数额和法律环境上，均占据优势或主导地位。发展中国家成员在 WTO 中占大多数，但不论从经济规模与实力和科技力量，还是在国际贸易中的数额比重上，都处于多边贸易框架内的弱势地位。从规范国际贸易行为上说，现行的 WTO 多边贸易整套法律，主要是从发达国家成员之间传统的双边贸易条约中继承与演化出来的。因此，反应在 WTO 的法律规则上，首先要保护的是发达国家的利益，所有决策和立法要经过他们同意或认可后才得以有效实施和运转。而 WTO 所有对发展中国家成员的特殊规定，基本上是经发展中国家成员坚持斗争才写进去的。在多哈开始的新一轮多边贸易谈判中，确定了“以贸易促发展”作为谈判的指导思想，人们期待着有更多、更切合发展中国家成员实际情况的实体法规则出台，这有可能从根本上解决 WTO 对发展中国家成员差别与特殊待遇的问题。发达国家成员应该向发展中国家成员提供进一步改善的市场准入条件，特别是农产品和纺织品、服装等劳动密集型产品的市场准入条件，不仅要降低这些产品的平均关税水平，还应该减少阻碍发展中国家成员工业增长的关税峰值和关税升级模式，并相应地减少发达国家成员对农产品的高额出口补贴。有的学者提出了 WTO 形成发展领域的新法律规范和组织机构的建议，[②] 有的学者认为 WTO 应当建立一种发展政策评审机制，以对发展中国家成员适当的发展政策提供例外，[③] 有的学者提议通过修改《反倾销协定》来建立国际经济新秩序。[④] 如何正确估计并协调好世界贸易组织体制中发达国家成员与发展中国家成员的共同利益与特殊利益，并用法律规定体现或表达出来，显然是一项复杂的系统工程。在这种情况下，如何妥善利用制度、确立立场、维护国家利益，就是一个具有很高政策性和法律技术性的问题。[⑤]

---

① 比较全面的历史性分析和未来建议，参见黄志雄：《WTO 体制内的发展问题与国际发展法研究》，武汉大学出版社 2005 年版；朱晓勤主编：《发展中国家与 WTO 法律制度研究》，北京大学出版社 2006 年版。

② 参见 Yong-Shik Lee：《发展与世界贸易组织：关于〈发展促进协定〉和 WTO 贸易与发展理事会的建议》，张泽忠译，《国际经济法学刊》，第 15 卷第 2 期（2008）。

③ 参见 Joel P. Trachtmann：《WTO 与中印发展政策》，韩秀丽译，《国际经济法学刊》，第 13 卷第 4 期（2006），第 57~65 页。

④ 参见金晓晨：《推动 WTO 的〈反倾销协定〉修订，建立与中印发展政策》，韩秀丽译，《国际经济法学刊》，第 12 卷第 3 期（2005），第 273~291 页。

⑤ 参见何易：《论普惠制实施中的差别待遇——兼论 WTO 发展中国家成员分类问题》，《国际经济法学刊》，第 13 卷第 2 期（2006），第 51~69 页。

六、国际贸易体制法治化的制度改进

国家与国际组织的贸易政策是面对全球化的世界对未来方向和命运的一种选择。[①]这就需要以国际法治为目标，运用政治智慧，突破阻力，建设一个更加可取的国际贸易体制的格局。[②]

（一）确立国际贸易法治的制度结构

国际贸易的法治化是国际经济领域的一个重要目标，是国际法在经济领域的一个重要价值追求。这一目标的实现有赖于一个法治的国际环境，一个法治的国际关系结构。[③]具体分析主要包括以下两个方面：

1. 国际贸易良法

公平贸易在一定意义上是扭转自由交易规范和实力平衡的贸易要求，所以必须超越短期利益计算的临时安排（arrangement），转而追求长期的权利和义务机制（regime）。[④]这就要求在相关的国际经济法律规范中真正地贯彻实施国际社会和谐发展的理念，在国际经济法律规范的各个方面和环节之中体现公平贸易的要求。这不仅要求全球性的经济贸易法律体制彰显这一原则，也需要区域性的贸易规范、双边的贸易协定，以及有关国家的单边贸易法律规范蕴含公平贸易的各项要求。只有将公平贸易的伦理标准转化为法律规范，才有可能将公平贸易在国际经济法律关系中有效地推行。

2. 全球贸易善治

法律的实施与法律的内容同等重要，这一点在国际关系中需要着重强调。公平贸易的伦理指向如果仅仅落实在宣示性的规范中，而没有形成为真正的权利和义务，就仅仅是乌托邦式的理想。而意图实质性地定型为国家的行为、固化为国家的权利和义务，就需要法律的良好运行过程。这种“法律的良好运行过程”应包括以下几个方面：

（1）以专家建议和民主决策相结合的方式进行立法。国际贸易领域的法律规范既具有很高的专业性，也产生着广泛的社会影响。因而，既要借助专家的专业知识与能力，

---

① Andrew Halpin and Volker Roeben，*Theorising the Global Legal Order*（Hart Publishing，2009），pp. 125~144.

② 何志鹏、崔悦：《人本主义：国际贸易法治的价值导向》，《清华法治论衡》，第 20 辑，清华大学出版社 2014 年版。

③ 何志鹏：《公平贸易是否可能：WTO 多哈谈判的未来》，《WTO 法与中国论坛——中国法学会世界贸易组织法研究会年会论文集》（2008）。

④ Robert Jervis，“Security Regimes”，in Stephen D. Krasner（ed.），*International Regimes*（Cornell University Press，1983），p. 173；Morton Kaplan，*Systems and Process in International Politics*（John Wiley & Sons，1957），p. 23.

又应当给各国、各层次的代表以充分的参与机会。从这个意义上讲，立法的过程采取专家建议草案与民主咨议相结合的方法无疑能发挥双方优势，能够更加有效地整合优势资源。只有这样的立法，才能够最大限度地保证既不存在技术上的漏洞，也不出现导向上的误差。也只有以这样的方式确立的规则才能保证成员的充分遵守。

（2）切实可行的监督和执行措施。很多国际法规则未能得到很好的实施，就是由于其监督执行的措施不够完善、不够有力。执法的严肃程度在很大意义上会保证守法的严格程度，执法的疏忽会导致法律本身信誉的降低，以及对法律的质疑。因而，如果试图使公平贸易的法律规范真正实现，必须形成完善的法律执行体系，而绝不能流于形式。如果能很好地将公平贸易的诸项要求落实在实际的贸易关系之中，则法律设定的价值标准就很容易在国际经济贸易关系中体现出来。

（3）权威有效的国际司法体制。司法是维护法律权威的最后屏障，如果没有好的司法体制，再好的规范也很难保障其效力。司法机关通过适用规范来解释规范、说明规范的地位与作用，在定纷止争的同时，使规范现实化，从而使得在现实中被扭曲的权利和义务配置重新回到法律的轨道上来。司法的过程也会使得更多的行为者认识到法律的存在及其内涵，对广大行为者有指引、评价、约束和教育的作用。公平贸易的法律规范只有落实到司法层面，才会真正具有法律的强制效力。那些违背了相应规范的行为者受到了法律的否定性评价，并且通过司法机制的作用迫使其变更违法行为，转而沿着法律所确立的价值轨道行事，才意味着这些规范真正活了起来，真正具有了法律所应有的特质。①

自由、公正、人本主义的国际贸易法律规范是良好贸易治理的基础。只有真正具备了妥善的国际贸易法律规范，再通过有效的组织机构、监督手段、公平而高效的司法过程，国际贸易法治的体系才能在世界建构起来。

（二）摆正 WTO 法律体系与非 WTO 法律体系的关系

WTO 规范及其运行有可能与区域性贸易协定、与贸易有关的其他事项的协定产生冲突，这种冲突是国际法不成体系在经济贸易领域的体现。但是此种关系绝不能置之不理，而必须考虑如何解决。只有妥善地解决了此种冲突，我们才更走近国际法治，而不是更偏离国际法治。例如，有学者提出，WTO 面临着与区域贸易协定之间的关系问题，以往

① 关于国际法治具体要求的讨论，参见何志鹏:《国际法治:良法善治还是强权政治》,《当代法学》, 2008 年第 2 期;何志鹏:《“良法”与“善治”何以同样重要——国际法治标准的审思》,《浙江大学学报》, 2014 年第 3 期。

做出了一些结论，[①] 但是还有待于在新的情况下进一步明确。[②] 如何在推进全球贸易自由化进程中，加强对区域经济集团的监督和约束，使多边贸易体制与区域经济集团协调发展，成为 WTO 责无旁贷的重要任务。总体上说，就是通过 WTO 自身的规范将 WTO 与区域贸易安排之间的关系确立得更为妥当，[③] 还要在贸易的外部考虑如何摆正环境保护与自由贸易的关系、知识产权与公共健康的关系，以避免贸易对文化多样性形成威胁 [④] 等一系列问题。WTO 规则与多边环境协定（MEAs）之间的关系，通过义务豁免、接纳符合相关条件的 MEAs 以及签订战略型专门协定的方式予以协调。[⑤]

（三）确立国际贸易秩序的人本主义路径

1. 国际贸易中人本主义的国际保障

由于无论是国家、还是市场在促进个人福利方面都存在着国内意义上的"宪法失灵"，所以必须拓展视野，寻求国际保障。彼德斯曼教授在审视了美国和欧洲共同体的对外贸易法律与实践之后总结认为，尽管美国和欧洲共同体的政治家们不断在贸易自由化方面以及遵守其自我施加的 GATT 国际义务方面做出积极宣告，各项贸易政策权力还是日渐由政府行政部门以一种非透明和削减福利的方式在缺乏有效国会控制和司法控制的情况下加以行使。无论是原来的美国宪法还是欧洲共同体条约都建立了具有各项经列举的权力的政府，但是美国宪法以及欧洲共同体法律的这一"经列举的权力原则"，并没有阻止美国和欧洲共同体贸易行政管理部门使用各种贸易政策手段来限制国内公民的个人权利和福利。而"权力的分立和有限委托"这一宪法原则也没有妨碍国会和法院制定和实施"灰色区域贸易政策"，并进而把该政策所破坏的 GATT 多边贸易体系的未来交给官僚机构。也就是说，在没有有效国会和司法监督的情况下，即使有良法，也不可能实现最终的善治。法的有效实施是依赖于各个分权机构的相互制衡与约束的，美国和欧洲共同体的"宪法失灵"正是从反面印证了国会和法院对政府进行监督，从而保障宪法有效运行的重要性。

与此同时，单边限制贸易政策权力具有限定的边界。由于来自于一个国家的货物、

---

① 参见刘彬：《论 WTO 对 RTA 的"适度规制"》，《国际经济法学刊》，第 14 卷第 1 期（2007），第 154~155 页。

② 参见尚明：《2007 年国际经济贸易法律热点问题述评》，《国际经济法学刊》，第 14 卷第 4 期（2007），第 21~22 页。

③ 参见刘彬：《论 WTO 对 RTA 的"适度规制"》，《国际经济法学刊》，第 14 卷第 1 期（2007），第 167~185 页。

④ 参见马冉：《WTO 体制下自由贸易与文化多样性的冲突与协调——兼论中国和平发展中的贸易与文化问题》，《国际经济法学刊》，第 15 卷第 4 期（2008），第 142~182 页。

⑤ 参见陈立虎：《论 WTO 规则与 MEAS 贸易条款的协调》，《国际经济法论丛》，第 5 卷（2002），第 76~79 页。

服务或资本的出口是另一个国家的进口，国家无法单边保障其本国贸易者、生产者、消费者或移民工人在外国管辖范围内的权利和市场准入。国家也无法单边决定其本国的汇率值，而汇率值是国家经济最重要的价格之一，同时也代表着不同经济体制与货币之间的相互关系。一国作出的许多其他的国家经济政策决定也会在另一国采取相反措施的情况下变为无效，因此就需要对市场准入进行国际法律保障。[①]

而国际法律保障是具备可行性的。首先，自由国际贸易规则发挥着国际和国内宪法功能。[②] 在国际公法中，“宪法”这一术语既在正式意义上使用，以指称那些建立了国际组织的多边条约，也用来指称国际组织或者一般国际公法的实体性、长期性基本规则。因此，关贸总协定有时候便被称为多边贸易体系的“宪法”，因为关贸总协定是在国内贸易壁垒的自由化、各国国内贸易法律和政策的协调、国际贸易争端和平解决等方面具有可无限期持续的一般性规则的唯一一部世界范围的协定。在国家之间的国际层面上，GATT 规则通过如下做法发挥着“宪法功能”：禁止有害的贸易政策手段；限制缔约方通过缔结“它们自己之间的协定”来修订特定 GATT 多边规则的国内自由；通过集体的争端解决和执行规则来保护 GATT 多边法律体系的一致性。GATT 基本规则作为一部“宪法”——这一观念有助于分析 GATT 法律与 GATT 实践之间的不一致，这种分析不仅是在一种个案积累的基础上进行，也是作为对更广泛“宪法失灵”的一种可能的表达。在国内层面上，成员自愿接受的各项 GATT 义务，也在各国内部为其公民确立了良好的经济权利机制，从而构建较好的秩序和环境。这是因为透明的政策制定、开放的市场、非歧视性、成比例性、正当程序、法治等 GATT 法律原则，比起自由国内宪法的相应一般性要求来，需要确立更为精确的对外贸易法律规则。经济治理模式的现代化意味着经济的开放化，在这种开放市场中，政府需要做的就是维护本国民众的各项经济权利。而各国相互依赖、彼此互惠的状态就意味着本国给予本国人的待遇、给予外国人的待遇应当充分地公开、透明、不歧视。只有将相关的规范明确地公布出来，才能有效地约束政府滥用权力，才能更好地维护各方的权利，也就能获得人们更好地遵守。[③] 第一，外国市场准入的互惠性国际法律保障为国内的出口型产业带来了显著利益，从而增加了国内对贸

---

① See Ernst-Ulrich Petersmann, “National Constitutions, Foreign Trade Policy and European Community Law”, 5 *European Journal of International Law*(1992)20.

②[德] E.-U. 彼德斯曼:《国际经济法的宪法功能与宪法问题》，何志鹏、孙璐、王彦志译，高等教育出版社 2004 年版，第 295~297 页。

③ See Ernst-Ulrich Petersmann, “National Constitutions, Foreign Trade Policy and European Community Law”, 5 *European Journal of International Law* 32 (1992).

易自由化的支持；第二，考虑到广泛存在的将贸易自由化看作是一种让步的重商主义观念，所以在互惠和多边的基础之上，破除贸易障碍，促进自由化的法律措施在政治上是更容易被接受的；第三，即使每个国家从经济上讲都最初并最多地从削减自己的贸易壁垒中获益，联合的多边贸易自由化也能降低共同调整成本以及贸易转向的风险；第四，多边贸易谈判的机密性、偏僻性以及国际政治意义，能够帮助各国政府结合成一种抵挡国内群体的保护主义压力的卡特尔；第五，国际法律义务在许多国内法律体系中拥有高于普通国内立法或行政规章的法律地位，要求运用透明、非歧视和成比例的贸易政策手段的自由国际贸易义务因此可以加强相似的国内要求。

2. 国际贸易中人本主义的国内保障

在倡导国际保障的同时，也必须看到自由国际贸易规则的“宪法困境”。① 不是所有的国际规则都发挥宪法功能。以认可和维护人权为基础的宪法功能对国际经济贸易规则提出了一系列要求，其中最为重要的是认可并鼓励从事国际经济贸易活动的权利，通过明示的权限将政府的权力置于笼子里，特别在国际社会通过彼此认可的互惠手段保证这套原则成为国际贸易的“宪法规则”。许多国际规则并不具备这一自由和长期性的宪法功能。比如一些双边的或扇形的短期安排就限制了个人贸易自由，允许了专断的贸易歧视和贸易扭曲，或者实行了意在规避 GATT 多边法律原则并躲避国内国会审查和司法审查的那些不透明“灰色区域贸易限制”。国际层面上的宪法“分权与制衡”仍不充足，政府间存在着共谋的风险。上文在分析国内“宪法失灵”的原因时指出，正是由于国内缺乏有效的分权与制衡，才导致了国内宪法难以有效地限制政府扩张与滥用贸易政策的权力，从而需要求助于国际层面的宪法保障。事实上，在国际层面上同样不存在充足的宪法分权与制衡，来有效地把任意决定性贸易政策权力限于透明、非歧视和福利增长性贸易政策手段的使用。通过双边国际安排规避“对透明、非歧视和最小扭曲性贸易政策手段的公共选择”方面的多边 GATT 义务，这可以被看作是各国政府行政部门之间的一种共谋，这种共谋以国内福利为代价，服务于降低国内压力集团的减让成本。虽然 GATT 的宪法功能禁止国家之间的这种共谋，但是由于缺乏有效的分权与制衡，现实中仍然存在着这种做法。也就是说，良法的存在本身不能实现善治，善治的实现有赖于分权机构的有效制衡，进而，国际义务所产生的“国内法效应”也还不够充分。国际法律规则在国内的适用主要通过两种方式：转化和采纳。在二元法律体系中，国际规则必须被转化进国内

①［德］E.-U. 彼德斯曼：《国际经济法的宪法功能与宪法问题》，何志鹏、孙璐、王彦志译，高等教育出版社 2004 年版，第 361~368 页。

规则之中，才可适用于公民相互间的法律关系以及公民与其国内政府间的法律关系。假如 GATT 国际义务从未像这样得以转化或者融合进国内法律之中，那么国际义务就不能够提供直接的行为理由。在一元法律体系中，国内领域也经常伴有这样一种争论：国际法和国内法都与个人的行为和福利最终相关。如果一项国际条约直接规定了对个人权利进行保护，那么在一元法律体系中，这一国际条约将直接成为该国法律体系的有效组成部分。也就是说，个人在国际法层面上具有了主体地位。然而，即使各国不再被看作国际规则的唯一主体，而国际义务被承认为约束着许多国家的国内法律体系，在绝大多数国家，也在相当大的程度上存在着下述的情况：国际条约义务在国内法律中由后来的国内立法推翻。这样一来，国际义务就不能长期稳定地得到履行，那么预期由国际规则来发挥国内宪法功能的希望就落空了。

为了解决上述问题，就有必要将自由国际贸易规则融合进国内宪法体系。[①] 正如上文已经提到的，正是由于在国内层面和国际层面缺乏有效的分权与制衡，导致了国内宪法与国际自由贸易规则的“宪法失灵”，对这两种宪法困境的解决方式就是在有效的分权与制衡的前提下，将自由国际贸易规则整合进国内宪法体系，即将自由国际贸易规则的宪法功能指向国内实施，为了其国内公民的利益而调整各种政府部门的运作。自由国际贸易规则的主要调整功能更多的是立法性的：用那些促进着法律确定性，个人自由与正当程序并因而使得国内贸易者、生产者和消费者能够通过贸易将其个人福利加以最大化的一般长期性规则，来限制各国政府的任意决定性贸易政策权力。具体的措施有以下几项：

第一，国内立法部门的参与。透明、非歧视和成比例贸易政策手段使用方面的多边国际法律义务，发挥着跨国贸易交往中平等自由与财产权利保护方面的宪法功能。由于对它们的采用或改变更具有一种“立法”性质而不是一种行政性质，因此它们应当由国会批准并且被融合进国内落实性立法之中。同时，司法审查的范围依赖于约束行政部门任意决定性贸易政策权力的精确立法规则与准则的存在。

第二，国内法院的参与。在跨国贸易领域，国内法院趋于以比纯粹国内贸易限制领域要宽松得多的一种方式来执行个人权利、非歧视性、成比例性、权力的有限委托、对任意决定性政府限制的司法审查等宪法保障。

第三，公民的参与。正如个人只有通过长期性宪法规则才能够获得并维持其国内

①［德］E.–U. 彼德斯曼：《国际经济法的宪法功能与宪法问题》，何志鹏、孙璐、王彦志译，高等教育出版社 2004 年版，第 565~582 页。

自由一样，他们也只有通过各个贸易国家之间的自由国际规则才能够合法地获得自由和非歧视的外国市场准入。他们有必要被规定在国内立法之中，由此来体现国际贸易规范对个人自由权利的尊重和维护，体现一个国家的法治信念和法治精神，体现国际社会的法治进程，而且这些规范还应当有司法化的可能，从而使法治的规则变为法治的现实。

（四）提升发展中国家成员发展能力的措施

为了提升发展中国家成员的发展能力，需要一系列在局部上改变国际经济制度、国际经济秩序的微观方面的做法。对于弱小国家而言，期待着大国的衰落而呈现出更为公正的世界经济格局无异于望梅止渴。建构主义认为，行为体建构了规则，规则也建构了行为体。行为体与规则之间的互构正是人类社会之所以呈现出现在样子的重要方式。[①] 规则尽管多数时候会体现权力和强者的利益，但也不排除经过妥当的技术处理确立较为均衡的规范的可能。这种规范一旦建立，也会受到尊重和遵从，这就需要在贸易谈判中的策略和技巧。在现行国际经济秩序之下，发展中国家成员也并非无路可走。他们仍可以通过局部努力来改善处境。在 WTO 的体制之内，可以进行具体制度变革的领域至少包括以下几个方面：

1. 议定《谈判程序协定》

一个好的、能够长期运作的体制应当是注重明确程序的体制。美国宪法在这方面是一个较为成功的范例。而 WTO 在谈判议题的拟定、谈判过程的确定方面，更多的是习惯，而非明确的规范。这种不规范的过程就会有很多问题，使国家力量的不对称性被放大和固化。尽管政治谈判旷日持久，不见成效，也不能采取霸权主义的方式，应当尊重国家主权、尊重每个国家基于自身的计算得出自身的立场与方略的方式。[②] 在此，确立公开透明的谈判程序规则实属必要。[③] 只有这样才能保证决策阶段的正当程序和法治化，才能使贸易决策的过程不至于成为强国权力的展示场。

2. 提升 WTO 的决策模式

WTO 原有的决策模式是协商一致为主，投票为辅。这种协商一致的方式，不仅不能

---

① Vendulka Kubálková, Nicholas Greenwood Onuf, and Paul Kowert, *International Relations in a Constructed World* (M.E. Sharpe, 1998), pp. 58~73.

② 徐泉：《国家经济主权论》，人民出版社 2006 年版，第 244~259 页。

③ Mitsuo Matsushita, Thomas H. Schoenbaum and Petros C. Mavroidis, *The World Trade Organization: Law, Practice, and Policy* (2nd ed., Oxford University Press, 2006), p. 16.

实现真正的民主，① 而且也会导致效率低下。对于 WTO 决策效率低下的问题，有的学者提出，应当建立发起谈判的机构，可以通过在总理事会之下创制“执行机构（Executive Body）”承担决策职能的方式来达到更加有效、更加公平的目标。执行机构的成员可以根据 GDP、世界贸易份额、人口等客观标准来选择，同时考虑发展中国家成员的代表权和地域平衡。执行机构应当像联合国安理会一样有常任成员和轮换成员，轮换成员定期换任，这样每一个 WTO 成员都有可能在某一期间拥有执行机构的席位，同时，应当设计加权表决权的方式来替代原来的协商一致的表决方式。② 有的学者则对一揽子协定的决策方式提出了改进建议。③

WTO 法治作为全球治理的一部分，WTO 的治理方式也应当逐渐转变，使之更为透明公开，其中非政府组织的参与是非常重要的一个方面。④ 由于透明度能够导致全球公众更多的投入，所以在提升 WTO 外部透明度的问题上，有学者提出，应当更进一步向公众公开 WTO 的相关义务，由此促进人们对贸易利益以及所涉事项复杂性的理解。具体建议包括：将贸易政策审查的相关资料在网络上进行公告，提升公众获取 WTO 秘书处的工作论文、WTO 成员正式提交的文件、会议议程草案、会议纪要、讨论记录、贸易政策审议文件的途径，更广泛地利用网络传递 WTO 组织及其工作的信息，通过召开 WTO 机构、WTO 成员与非政府组织、学者、媒体等参加的研讨会来提升公众对话；设立类似议会讨论的机制来促使 WTO 成员针对贸易政策进行辩论；⑤ 仿照亚太经合组织

① Debra P. Steger，“The Future of the WTO：The Case for Institutional Reform”，12 *Journal of International Economic Law* 803（2009）.

② 协商一致的方式在很大程度上反映了发达国家对 WTO 决策体制和立法活动的优势主导地位。《马拉喀什建立世界贸易组织协定》第九条第 1 款规定：“WTO 应继续实行 GATT1947 所遵循的以协商一致做出决定的做法。”并在注释中进一步说明了协商一致的含义：“如在做出决定时，出席会议的成员均未正式反对拟议的决定，则有关机构应被视为经协商一致对提交其审议的事项做出了决定。”“未正式反对”就意味着，缺席、弃权、沉默不表态的方式均不会被认为是反对，都不妨碍做出决定。GATT 运行的 40 多年间，以“协商一致”的方式做出了几乎所有的决议。协商一致的议事规则在实践中对于话语权强大的国家更有力。因为它所赋予的否决权需要强大的理由支撑，而对于情况了解不足、很可能在日后的实践中受损的小国却无法很好地表达自己的观点，因此无法明确反对。美国的 WTO 顶级专家约翰·杰克逊教授就是否批准乌拉圭回合法律文件问题在美国国会进行听证陈述时说明：“协商一致这种决议的模式，实际上包含着对经济实力的尊重。因为此种做法意味着那些对相关决策不能明确态度的国家，采取沉默的方式来表达对相关决定有重大利益关切国家的尊重。”与此同时，GATT 时期的决策还在很大程度上受到西方七国首脑会议（G7，1975 年法国首倡时有美国、英国、法国、德国、日本、意大利 6 个国家；1976 年以后，加拿大首脑加入，变为 7 国，1997 年俄罗斯加入，变为 8 国首脑会议，即 G8；但此时 GATT 已经为 WTO 所取代）的影响，这就更加重了发达工业国家对于多边贸易体系的决定性作用。

③ Sonia E. Rolland，“Redesigning the Negotiation Process at the WTO”，13 *Journal of International Economic Law* 65（2010）.

④ 参见蔡从燕：《私人结构性参与多边贸易体制》，北京大学出版社 2007 年版；李露：《国际组织中的观察员制度——以 WTO 为中心的考察》，《国际经济法学刊》，第 13 卷第 4 期（2006），第 118~142 页。

⑤ Marc L. Busch and Krzysztof J. Pelc，“Does the WTO Need a Permanent Body of Panelists?”，12 *Journal of International Economic Law* 579（2009）.

（APEC）[①]、WIPO、OECD 的范例，通过设置由专家组成的特别咨询委员会针对可持续发展、电子商务等情况提出无约束力的建议；等等。[②]

（五）修订贸易纪律和争端解决机制

WTO 的具体贸易纪律是国际贸易法治的核心部分，也是最受各成员关注的部分。所以，在贸易谈判中僵持不下的就是这些具体义务。各国在开放和保护之间如何形成一个良好的平衡点，如何维持良好的国际贸易秩序，是国际社会关注的焦点。WTO 有必要改革现有规范，深化发展中国家成员的利益、特殊差别待遇。在规范的订立和运行过程中争取发展中国家成员的特殊地位和权利至关重要。权利是靠主张、争取，甚至是斗争才能得到的，寄希望于发达国家成员的恩赐和施予，基本上是不可行的。WTO 的很多实践证明，在贸易纪律的实施过程中，发展中国家成员仍然有机会争取到特殊差别待遇，其中中国在加入 WTO 之后所争取的新成员待遇是一个鲜明的例证。中国在以发展中国家成员定位的基础之上，增加了更加务实的作为“新成员”的策略选择，这是中国积极维护经济主权与主动参与多边贸易体制规则制订的有效回应。[③] 据此，发展中国家成员可以进一步拓展在国际社会、多边贸易体制的影响策略，通过不断的呼吁使得其地位受到关注、其影响逐渐扩大，最终使得相关的制度不再单向的对发达国家成员有利，而是使所有的成员共同获得发展的机会。

在发展的问题上，特别应当强调那些对发展中国家成员的特殊和差别待遇需要得到强化，使其具有可执行性。从上文的分析中我们可以看到，WTO 文件中类似“应考虑”“尽

---

① 亚太经济合作组织（Asia-Pacific Economic Cooperation，APEC）起源于澳大利亚、美国、加拿大、日本、韩国、新西兰和东盟 6 国 1989 年 11 月 5 日至 7 日在澳大利亚首都堪培拉举行的亚太经济合作会议首届部长级会议。1993 年 6 月改称亚太经济合作组织。APEC 现已成为亚太地区最高级别、最具影响的经济合作官方论坛。其宗旨是保持经济的增长和发展、促进成员间经济的相互依存、加强开放的多边贸易体制、减少区域贸易和投资壁垒、维护本地区人民的共同利益。主要议题集中在全球及区域经济领域，如世界多边贸易体系的维持与促进、亚太地区贸易投资自由化和便利化的实施、金融稳定与经济结构改革的推动、经济技术合作和能力建设的开展等。APEC 也偶尔介入一些包括反恐、卫生和能源在内人类安全、反腐败、备灾和文化合作等与经济相关的其他议题，APEC 的合作方式是自主自愿、协商一致。会议成果文件不具法律约束力，属于软法，各成员在政治上和道义上尽力实施。APEC 共有 5 个层次的运作机制：（1）领导人非正式会议；（2）部长级会议，有双部长会议和专业部长会议两种；（3）高官会，负责执行领导人和部长会议的决定，并具有审议、筹备、协调相关工作的职能；（4）委员会和工作组，包括贸易和投资委员会（CTI）、经济委员会（EC）、经济技术合作高官指导委员会（SCE）和预算管理委员会（BMC），从事专业活动和合作；（5）秘书处，为 APEC 各层次的活动提供支持与服务。截至 2014 年 8 月，APEC 共有 21 个正式成员和三个观察员。1991 年 11 月，中国以主权国家身份，“中华台北”和香港（1997 年 7 月 1 日起改为“中国香港”）以地区经济体名义正式加入亚太经合组织。中国于 2014 年主办了第 22 次领导人非正式会议，地点在北京。

② Steve Charnovitz，“Opening the WTO to Nongovernmental Interests”，24 *Fordham International Law Journal* 173（2000）；Steve Charnovitz，“WTO Cosmopolitics”，34 *International Law and Politics* 299（2002）.

③ 徐泉：《WTO“新成员”法律地位论析》，《法学评论》，2009 年第 2 期。

最大可能”这类语词无法准确界定发达国家成员所承担义务的内涵，仅是道义性的享有很大范围自由裁量权的义务，现有的模式直接导致了字面上所享有的特殊和差别待遇并没有得到实际的保障，发达国家成员未积极采取行动。这一问题已经引起了广大发展中国家成员的高度重视，在多哈回合中将其作为了中心议题。多哈谈判部长宣言明确提出要审查WTO协定中所有的特殊和差别待遇条款，并通过谈判“使其更加明确、有效和可操作”①。在同多哈谈判部长宣言同时通过的《与执行有关的问题》决议中，部长级会议明确授权贸易和发展委员会从以下几个方面对特殊和差别待遇条款进行审查并提出相关建议：

第一，确定WTO协定中哪些特殊和差别待遇条款是强制性的，哪些是不具有拘束力的；考虑把特殊和差别待遇条款转化为强制性条款对发达国家成员和发展中国家成员可能具有的法律和实际影响；确定哪些成员认为应当具有强制性的条款。

第二，研究可使特殊和差别待遇更加有效的其他方法；考虑包括提高信息沟通在内的方法来帮助发展中国家成员，尤其是最不发达国家成员最大限度地利用特殊和差别待遇条款。

第三，在第四次部长级会议通过的工作计划框架内探讨特殊和差别待遇如何并入WTO的规则框架内。

为了完善和强化WTO协定中的特殊和差别待遇条款，使特殊和差别待遇条款的法律具有可执行性，必须保证：

（1）这些条款具有国际法意义上的约束力，对成员设定了具体可操作的权利和义务。

（2）成员能够在这些条款被违反时援引WTO争端解决机制以得到救济。要让发展中国家成员的特殊和差别待遇条款在法律上有拘束力，就必须满足三个条件：

第一，明确义务属性，这种义务是强制性的，而不是授权性的；

第二，对义务一方是否履行义务有可进行司法裁量的标准——履行标准的确定；②

第三，明确“考虑”或“探讨”应达到的结果。例如将“may”改成“shall”，将“充分考虑”和“尽最大可能”赋予一定的标准。

制度上的疏漏就不能寄希望于争端解决机构来加以改正，还是只能从制度层面入手，即从立法层面来对现有的规定加以修改和完善。而且，争端解决机构在此发挥的作用是通过其相关的解释和判例对成员国产生影响。

与此同时，有必要建立一个特殊和差别待遇条款的执行监督机制。这种监督机制的

① Doha Ministerial Declaration，WT/MIN（01）/DEC/1，para. 44，2001.

② 车丕照、杜明：《建立公平的国际贸易秩序——对特殊和差别待遇的再考察》，《国际经济法学刊》，第11卷（2004）。

功能和职责可由贸易与发展委员会承担。在GATT的发展史上，特殊与差别待遇条款的贯彻和执行一直没有一个强有力的机制保障。贸易与发展委员会是1965年为执行GATT第四部分而设立的，其主要职责是落实发展中国家成员的优惠待遇条款，制定技术合作指导方针，增强发展中国家成员对贸易体制的参与以及确立最不发达国家成员的地位等，其在总协定的权利体制中地位较低。总协定的争端解决机制又存在重大缺陷，尽管在WTO成立后，争端解决机制有了很大程度的强化，但特殊与差别待遇条款自身的缺陷使争端解决机制在保证其得到有效的贯彻和执行方面难有作为。迄今为止，贸易与发展委员会的职能依旧仅是讨论发展中国家成员问题的一个论坛，它对特殊和差别待遇条款的实施仅是象征性的审查和监督，对一些违反特殊和差别待遇条款的国家仅能从道义上进行谴责，并不具有法律上的强制性和制裁力。[①] 为此，要让其承担监督特殊与差别待遇条款贯彻和执行的重任需强化其职能，使其具有处理广泛的权力，包括对特殊和差别待遇条款执行落实的定期评审，发展中国家成员以及最不发达国家成员地位的确立、毕业，特殊和差别待遇条款修订的建议权等职权，并注意与WTO其他各附属机构的协调与配合。更重要的是，为加强对特殊和差别待遇条款执行情况的监督，贸易与发展委员会的评审结果以及对特殊和差别待遇条款的澄清可以作为《争端解决谅解》（DSU）的基础。

而且，在市场准入方面，应力求使发达国家成员进一步降低门槛，减少和消除能给发展中国家成员带来大量出口利益产品的关税高峰和关税升级。同时，在使用技术标准、卫生和植物卫生标准、补贴、反倾销等非关税措施时，应考虑可能会给发展中国家成员利益带来的不利影响。坚决反对发达国家成员以环保、人权、反倾销等名义实施针对发展中国家成员的非贸易壁垒增加的势头。对于技术援助资金短缺的问题，WTO应增加预算或成立专门的援助基金来解决这一问题，发展中国家成员可将技术援助作为进一步承诺的条件。

在争端解决方面，多哈回合进行了《争端解决谅解》（DSU）修改的谈判，各成员提出了很多改革程序的方案。[②] DSU应当在举证责任、第三方权利、透明度[③]、效率和发展中国家成员特殊与差别待遇条款方面进行改革，发展中国家成员应当知难而进。[④]

---

① 李健：《WTO体制下的特殊和差别待遇制度》，《四川师范大学学报（社会科学版）》，2007年第1期。

② 有关情况介绍，参见纪文华：《WTO新回合争端解决机制谈判综述》，载杨国华等《WTO争端解决程序详解》，中国方正出版社2004年版，第403~437页。

③ 关于如何在争端解决的过程中使用“法庭之友”的书状的问题，参见高树超：《世界贸易组织争端解决机制中“法庭之友”书状的使用：理论与实践》，《国际经济法学刊》，第11卷（2004）。

④ 参见 Intan Murnira Ramli，*Development and the Rule of Law in the WTO: The Case for Developing Countries and Their Use of Dispute Settlement Procedures*（Cameron May，2008）；朱榄叶：《坎昆会议后WTO争端解决机制的发展及中国的对策》，《国际经济法学刊》，第10卷（2004）。

（六）提升发展中国家成员在多边贸易谈判中的主动性

在多边贸易体制中，有关法律规则的制定和修订各国都高度重视，因为法律规则是各项具体承诺到执行的保障。而确立和修订规则的贸易谈判，如同所有的国际谈判一样，是综合实力的展现，而不是单方的慈善活动，贸易能力、技术水平、谈判技巧都是其中的重要部分。所以，实现多哈回合所设定的发展目标肯定会步履维艰。在这种情况下，如何达成一项各方都能获益而又尽量避免政策性损失的、总体权利义务平衡的协议，考验着所有成员的智慧。发达国家成员由于经济实力雄厚，多边外交能力远远超过发展中国家成员，一开始就占据了主导权。GATT1947 就是在这种情形下制定的，极力体现发达国家倡导的自由贸易和公平竞争理念。从目前的现实情况看，WTO 并不能影响世界贸易的流向，但它为发达国家成员与发展中国家成员提供了一个磋商的机制，发展中国家成员只有在 WTO 通过协商和谈判才能维护发展中国家成员自己的利益。① 因此，发展中国家成员应通过与发达国家成员的协商和谈判来使条款具有可执行性。在 WTO 体制中，权力导向与组织的协调功能并存。主权核心、利益主导仍是该机制的主旋律，但是在伦理的指引之下，WTO 也在进行着体制变更，形成有限的宪政主义，② 这种渐趋民主化、道义化的国际机制是国际法治最可能的载体。WTO 的多边贸易谈判云诡波谲，前途未卜。这种谈判能够在多大程度上促进公平贸易，至少取决于以下两方面的策略选择：

1. 发展中国家成员的紧密团结

谈判是一项需要高度技巧的活动，根据乌拉圭回合谈判的经验教训，有些发达国家成员在谈判中采取了分化阵营、逐一攻破的方式来推行其主张，使得谈判的结果在最大程度上有利于发达国家成员。这一点在服务贸易、与贸易有关的投资措施，特别是知识产权问题上表现得十分明显，所以乌拉圭回合总体上看是发达国家成员全盘得利、发展中国家成员所获无多的一场谈判。而与之相反，凯恩斯集团（Cairns Group）的努力可以作为一个较为成功的例子。这个于 1986 年 8 月由 14 个农业生产和出口国组成的在澳大利亚凯恩斯城成立的集团，包含了大部分从事农产品出口的发展中国家成员，它们因生产效率低和资金缺乏而深受欧美国家出口补贴之苦，所以强烈要求纠正在农产品贸易上的扭曲现象。凯恩斯集团成员国从 1986 年以来多次举行会议，要求取消农产品出口补贴。在乌拉圭回合多边贸易谈判中凯恩斯集团是一个坚强的联合体，它要求撤消贸易壁垒并稳定削减影响农业贸易的补贴。在 GATT 乌拉圭回合农产品贸易谈判中，该集团发挥了

① 王潇、孟飞：《发展中国家如何在 WTO 中发挥更多的作用》，《WTO 经济导刊》，2004 年第 12 期。

② Gráinne De Búrca and Joanne Scott (eds.), *The EU and the WTO: Legal and Constitutional Issues* (Hart Publishing，2001) .

举足轻重的作用。由于凯恩斯集团在农产品出口上有着巨大的利益，因此积极主张以交通灯方案制约国内农业支持措施，同意把非关税壁垒转变成关税措施，同意按一定的公式削减农产品关税等。由于凯恩斯集团的绝大多数成员为发展中国家成员，所以在考虑实施农产品贸易自由化的过渡办法和期限上与发展中国家成员的观点相近。当《农产品协定》最后被并入《马拉喀什协定》之时，许多观察家都将这一成果归功于凯恩斯集团的斡旋。从那之后近十年的时间里，凯恩斯集团都被视为联盟的典范，促使其他联盟纷纷仿效其“以议题为基础的外交”模式。①

为此，在多边贸易谈判中，发展中国家成员必须有自己明确的立场，必须首先明确所谓“对所有人都有利的全球化”实际上只是一种乌托邦一般的畅想，必须对全球化的趋势有所约束才有可能实现比较平稳的国际社会局面。国家之间的利益仍然存在差异，每一个国家在做出让步的时候都必须度量受益与损失是否成比例。在明确立场的基础上，只有团结一致才有可能获得对发展中国家成员有利的结果。回顾从 GATT 到 WTO 的整个谈判过程，发展中国家成员团结起来，就会在最终规范中取得一些有利的结果；② 反之，如果被分割、改变立场，就会导致大规模失利的情况，乌拉圭回合结果的多数规范对发达国家成员有利就是明显的例证。③

2. 发展中国家成员在谈判过程中的技巧完善

实力决定着多边贸易谈判的基本方向，而谈判的技巧则决定着谈判结果的细节。国际法律规范是国家之间商谈的结果，这些规范越是具有操作性，就越取决于规范的细节。正如 WTO 的争端解决机制所体现的，规范的用语、结构对争端解决的结果具有很大的作用。从当前的 WTO 谈判来看，虽然贸易大国、经济强国决定多边贸易规范的基调不能发生变化，但是规范的具体落实是具有弹性的。这就意味着，如果发展中国家成员具

---

① A.Marlikar and D. Tussie, “The G20 at the Cancun Ministerial: Developing Countries and Their Evolving Coalitions in the WTO,” 27 *World Economy* 947 (2004).

② 参见 Amrita Narlikar, *International Trade and Developing Countries: Bargaining coalitions in the GATT & WTO* (Routledge, 2003).

③ 在 GATT 时期，东京回合中出现了一系列对发展中国家有利的规范，主要包括“授权条款”和有关非关税壁垒的守则和决定。具体表现在这些守则都包括了向发展中国家提供特殊的差别待遇的条款，发展中国家执行守则遇到困难时提供技术援助，允许发展中国家在适用这些守则时有一个更为宽松的时间间隔，及在程序上有更大的灵活性和对某些规则的例外。包括《进口许可证手续协议》第 3 条第 12 款，《补贴和反补贴税守则》第 14 条，《政府采购协议》第 3 条，《反倾销措施协议》第 13 条，《技术贸易壁垒协议》第 12 条，《关于为国际收支目的所采取的贸易措施宣言》第 2 段、第 12 段，《关于为发展目的所采取的保障措施》和《关于通知、协商、争议解决和监督的协议》。而乌拉圭回合当中在知识产权领域采取以美国为首的发达国家分化发展中国家的立场，最终通过了几乎完全有利于发达国家的《与贸易有关的知识产权协定》(TRIPS 协定)，使发展中国家受到了很大的威胁。乌拉圭回合的很多协定虽然也有对于发展中国家的特殊规定，但这些规定过于模糊和规则，而且很多时候不符合发展中国家的实际需要。参见王世春:《从发展中国家成员角度看国际贸易规则的不公平性》，《国际经济合作》，2004 年第 10 期; 朱晓勤:《WTO 发展中国家与 WTO 法律制度研究》，北京大学出版社 2006 年版，第二章。

有比较好的谈判技巧，在规范的确立中提出对发展议题比较有利的提案，最终结果可能会对发展中国家成员更有利一些。[①] 学者提出了如何提高发展中国家成员在多边贸易体系中的地位的几个途径：增加出口产品市场准入，包括拓展发达国家成员主要向发展中国家成员提供的免除关税和配额的市场准入条件，通过多哈议程谈判全面取消发达国家成员提供的巨额农产品补贴和其他扭曲贸易的国内支持措施，大幅度增加发展中国家成员制成品出口的市场准入，加快海运、建筑业等非熟练劳动力密集型服务业的自由化进程；对于 TRIPS、TRIMS、GATS 以及反倾销、反补贴等协定进行发达国家成员与发展中国家成员利益均衡性的修正；要求发达国家成员对发展中国家成员提供与贸易有关的能力建设，实现程序的公正。[②] 多哈回合中农业和非农产品市场准入是最关键也是分歧最集中的两个议题，主要分歧是发达国家成员和发展中国家成员之间的分歧，对于欧美等发达国家成员而言，谈判的主要目标在于发展中国家成员进一步开放工业品和服务市场，而发展中国家成员则更加关注欧美等发达国家降低农业补贴，进一步开放农业市场。欧美等发达国家成员通过高额的农业补贴和强大的关税壁垒保护自身的农业利益，对国际农产品贸易秩序构成了严重的扭曲，在很大程度上也对发展中国家成员的粮食自给能力构成损害。因此，对于发展中国家成员而言，发达国家成员只有切实削减农业补贴，建立相对公平合理的全球农产品贸易秩序，才能真正促进发展中国家成员自身农业的发展，这是能够帮助世界摆脱饥饿与贫困阴影的根本途径。要做到这一点，不仅需要发展中国家成员对国际法的规范和运作有着更为深刻的了解和明确的认识，也需要在人才和知识上做出更为充分的准备。

在具体谈判的时候，应当考虑到影响谈判的主要因素。首先，发展中国家成员参与 WTO 决策的能力。发展中国家成员参与决策能力的强弱直接影响法律规范中权利义务的设置和分配结果。尽管 WTO 的决策程序在形式上给予各个成员以平等参与 WTO 事务的机会，但实际上与 GATT 一样，WTO 仍然是一个由“成员主导”的国际组织，所有重大决定包括规则的制定都由全体成员通过直接谈判共同作出，WTO 以“协商一致”作为其主要的决策方式。协商一致，在某种程度上确保了各成员利益在不同程度上得到了适当考虑，但是，协商一致程序的实际运作表明，这种形式上高度民主和平等的决策程序，在大小国家主权平等的表面现象之下，掩盖着各国在参与决策和谈判方面巨大的不平等，

① Peter van den Bossche, *The Law and Policy of the World Trade Organization: Text, Cases and Materials* (2nd ed., Cambridge University Press, 2008), pp.148~151.

② 黄志雄:《WTO 体制内的发展问题与国际发展法研究》，武汉大学出版社 2005 年版，第 211~217 页。

主要体现在：其一，为提高协商一致的效率，在WTO框架内，除正式会议外，还存在一种“非正式协商”的办法，或称“绿屋会议”。这种非正式协商由少数国家参与，缺乏透明度，但却极大地影响着其后正式协商的结果。其二，由于人力和财政资源的限制，发展中国家成员无法有效的利用“协商一致”所带来的机会均等。①因此，WTO“成员主导”的性质以及协商一致决策机制的缺陷制约着发展中国家成员有效参与WTO规则的制定，直接影响到WTO对条款的设计以及发展中国家成员在特殊与差别待遇条款下的利益保障。其次，发展中国家成员彼此间的协调与配合。发展中国家成员作为一个整体，虽然仍是弱势集团，但在多边谈判中的地位与任何单独一个发展中国家成员相比，实不可同日而语。以WTO的表决制度为例，其在某些方面有利于发展中国家成员在决策时取得数量优势，但数量优势的发挥有赖于发展中国家成员整体的团结，②而且尽管发展中国家成员的经济发展水平、各自的利益需求以及融入多边贸易体制的程度存在较大差异，但他们之间拥有许多共同利益。只有这些成员协调一致、一致对外，才能在多边贸易体制中增强集体决策和谈判能力，与发达国家成员抗衡。这也是发展中国家成员在多哈回合中解决问题的基本策略，并是始终需要坚持的。但由于差异的存在，在一些谈判议题上，某些甚至个别发展中国家成员的利益更突出，应允许这些或某个发展中国家成员主张其利益。发展中国家成员在谈判中要有效地利用发达国家成员中个别国家的个别利益及其间的差异。例如在农产品问题的谈判上，要对发达国家成员的农业政策进行分析，欧洲联盟的农业政策主要体现为高额补贴，包括支持性价格、种植与休耕面积补贴、畜牧业补贴；日本采取收入补贴、生产资料购置补贴和政府培养农业人才、基础设施投入、乡村建设、支持农协发展等服务，补贴数额超过农业收入；具有高度商品化外向型农业的加拿大却没有进行高额补贴，只是根据小麦的播种面积予以价格支持，其主要精力投放在科研教育、环境保护和基础设施建设上。③此时，发展中国家成员就可以考虑与加拿大、澳大利亚这些主张农产品贸易自由化的国家联合，给欧盟、日本施加压力，要求其更加积极地加入农产品一体化的进程，降低黄箱补贴④的比例。在反倾销问题的谈判上，可与

---

① 李健：《WTO体制下的特殊和差别待遇制度》，《四川师范大学学报（社会科学版）》，2007年第1期。

② 周晓虹：《正当性、合理性和现实性——世贸组织法中发展中国家的特殊和差别待遇》，《法制与社会发展》，2002年第4期。

③ 高志辉、崔计顺、郝娟娟：《发达国家农业补贴政策及其启示》，《前沿》，2005年第1期。

④ “黄箱补贴”（yellow box subsidy）是指各成员政府为支持国内农业而实行的、对贸易产生扭曲作用的农业补贴。“黄箱补贴”有两种：一种是指对农产品的价格补贴，如信贷补贴，政府对农产品生产资料、种子、肥料、农用薄膜、灌溉等农业投入品补贴和农产品营销贷款补贴等；另一种是指休耕补贴，是农民不种地给农民的一种资金补贴。“黄箱补贴”是WTO农业协定规定需要承诺削减的补贴范围。与“黄箱补贴”对应的是“绿箱补贴”（green box subsidy），即成员政府国内支持的农业补贴对贸易不产生扭曲或仅有微小扭曲作用，没有对农产品的生产产生较大影响及不对生产者提供价格支持的补贴措施。该类补贴，任何国家均可免除削减义务。如政府支持的对农作物病虫害防治及研究、帮助农民进行农业结构调整、帮助农民治理环境等。

日本、韩国联合，与美国、欧共体、澳大利亚、加拿大抗争，力争达成减少反倾销的随意性、不公正性的条款。再次，发达国家成员对发展中国家成员要求的认可程度。谈判和协商本身是一个相互妥协的过程，无论是发展中国家成员还是发达国家成员都力求利益的最大化，“要求”必须得到“认可”才堪称完美，这种认可程度取决于对发展中国家成员开放市场是否符合发达国家成员的利益。[①] 总之，要让特殊和差别待遇条款得到强化，必须改变 WTO“成员主导”的性质以及协商一致的决策机制，通过发展中国家成员内部的团结“巧妙灵活”地与发达国家成员谈判。

由上文的论述可知，公平贸易并不完全是镜花水月、空中楼阁般的梦想，在当前的多边贸易体系中，已经初步具备了实现公平贸易的基础。如果确立起明确的目标，在多边贸易谈判中据理力争，找到关键的突破点，倾向于公平的贸易体制是有可能建立的。

小结

国际货物贸易不仅是国际经济交往的最早形式，也是国际经济体制中建立的最为全面、复杂和完善的。从这个意义上讲，国际货物贸易体制是国际经济交往的领头羊和代表者。国际经济交往、国际经济制度所取得的成就很多时候都集中或者首先体现在货物贸易的领域。当前，WTO 因将法律规则在国际贸易中推广而得到称赞，被认为是国际经济法治的重要范例。但如同完美的法治在任何领域都还仅仅是理想一样，WTO 的法治也还远未成熟，在发展的问题上，还存在着很多不足，而且在后危机时代，WTO 法治还可能受到保护主义的冲击和区域一体化的拆解，存在着被边缘化的危险。从 GATT1947 的第 18 条、1964 年增加的 GATT 第四部分、1971 年的暂时豁免到 1979 年的授权条款，再到乌拉圭回合一揽子协定中的一些协定和规则，可以说在争取权利的道路上发展中国家成员走得很漫长。发展中国家成员在 GATT/WTO 中要求特殊和差别待遇条款是对公平的呼吁而不是对慈善的请求。

回顾多哈回合谈判历程，坎昆会议的无果而终，香港会议、巴厘岛会议的相对胜利，关键就是看会议中是否对《多哈部长宣言》中确立的“发展”主题予以坚持贯彻，如果在其后的谈判历程中，没有积极考虑给予发展中国家成员差别和优惠待遇，偏离了主题，那么就极有可能出现失败的情景。所以，“发展问题”是一条必经之路。然而，在谈判的

① 周晓虹：《正当性、合理性和现实性——世贸组织法中发展中国家的特殊和差别待遇》，《法制与社会发展》，2002 年第 4 期。

过程中还存在着许多阻碍因素，谈判的过程是发达国家成员和发展中国家成员利益妥协的过程，发达国家成员不会好意施惠，发展中国家成员只有增强自身的参与能力并保持整体的团结，正确估计并协调好 WTO 体制中发达国家成员和发展中国家成员的共同和特殊利益，处理好互惠与优惠的关系，才能在开放的、以规则为基础的多边贸易体制中争取到公平的待遇，才能避免最不发达国家成员的边缘化，从而实现各国的共同发展，增进人类的福祉。

对于法治，在理论上的认识更适于将之看作一个远景目标，而在现实中则更适于将各种法律机制理解成一个动态发展的过程，看成是一个个“在路上”的机制。就 WTO 自身而言，绝非到现在为止尽善尽美、无可挑剔，而是有很多需要改进和提高之处。WTO 在成为良法的路上还应当更进一步地体现出对发展中国家成员发展能力的培养，采取更为积极的措施对发展中国家成员予以更有效的帮助，特别应避免以自由市场原则为借口破坏其他价值，例如公共健康、环境保护和资源维持、劳动者的基本权益与自由，等等。在走向善治的路上，还应当增加发展中国家成员的参与，避免其成为发达国家成员之间的“富人俱乐部”，提高 WTO 决策和运行的民主性，[①] 在更加公正的基点上引领国际贸易体制的法治化进程。[②] 惟其如此，WTO 才有资格作为“国际法的模范”，才能在一个不断发展和进步的世界文明体系中高扬法治的旗帜，促进国际法的健康发展。总之，在处于固有不利地位的发展中国家成员与发达国家成员为各自利益不断妥协的过程中，发展中国家成员需要进一步增强团结，凝聚智慧和经验，通过勇气和不断的努力推进国际贸易法治的实现。当然，我们也必须清醒地认识到，法律的功能是有限的，它仅仅是规则层面设定的价值和秩序，在具体生活中，它需要伦理的指引、政治的塑造、社会的检验。所以，国际贸易的未来发展需要法律，更需要道德反思、政治智慧和外交努力。[③]

① 何志鹏：《WTO 体制的发展取向论》，《现代法学》，2010 年第 2 期。

② 何志鹏、孙璐：《贸易公平与国际法治：WTO 多哈回合反思》，《东方法学》，2011 年第 2 期。

③ 关于国际贸易秩序的主体、原则、管理等问题的讨论，参见王正毅、张岩贵：《国际政治经济学：理论范式与现实经验研究》，商务印书馆 2003 年版，第 440~441 页。

第六章　国际服务贸易的法治化

跨越国界的服务交换活动被称为国际服务贸易（international trade in service），可以按照领域、服务方式等进行类型划分，[①] 在法学的知识框架下，一般分为跨境提供（cross-border supply，从一方境内向另一方境内提供服务，如电子清算与支付、国际电信服务、信息咨询服务、卫星影视服务等）、境外消费（consumption abroad，在一方境内向另一方的消费者提供服务，如本国人到外国就医、旅游、留学等）、商业存在（commercial presence，一方服务提供者在另一成员方境内设立实体提供服务，如公司到外国开办酒店、商店、银行、律师事务所等）、自然人流动（movement of natural persons，一方自然人到另一方境内提供服务，一国学者到外国讲学、工程师或医生到外国从事设计和医疗工作）等几种形式。[②] 服务贸易虽然比货物贸易的受关注度低，但在现代经济中越来越占据主要地位，[③] 特别是教育、金融、物流、旅游等领域成为 21 世纪发展的重要产业，因而也获得了很多研究者的关注。[④]

一、国际服务贸易的发展进程

人类自从有生产时就有了服务。工而成之，商而通之，[⑤] 服务贸易也同货物贸易一样

① 魏巍、冯琳主编：《国际服务贸易（第三版）》，东北财经大学出版社 2012 年版。

②《服务贸易总协定》（General Agreement on Trade in Services，GATS）第一条第二款。

③［英］伯纳德·霍克曼、麦克尔·考斯泰基：《世界贸易体制的政治经济学》，刘平等译，法律出版社 1999 年版，第 123 页。

④ 有关研究情况，参见沈大勇、金孝柏主编：《国际服务贸易：研究文献综述》，人民出版社 2010 年版。

⑤ 司马迁：《史记·货殖列传》，这里的“商”，包括今天的“服务”。

悠久。第二次世界大战以后，国际服务贸易迅速增长，发展速度超过货物贸易。

近年来，随着服务贸易在国家经济发展中所占据的地位逐渐提升，而且在世界经济中的份额也不断加大，所以对国际经济交往的发展起到了显著的作用。[①] 国际服务贸易呈现出加速发展的趋势，其原因主要有以下几个方面：[②]

第一，国际服务贸易迅速发展的本质原因和直接推动力在于生产力的提高和科学技术的进步。第三次科技革命使得交通、通信和信息处理能力大幅提高，拓展了服务贸易的场域和类型，通过卫星电视、因特网进行的远程信息、咨询、教育和技术服务，变不可能为可能，在许多领域实现了跨国贸易。高新技术的快速增长使得服务贸易得以迅猛发展，并促动了服务贸易本身的升级换代，其重点部门从劳动密集型向资金、技术密集型转化。对于一些跨国公司而言，建立在高新技术基础上的服务构成了其核心竞争力。

第二，国际社会分工的日益分化、与服务贸易相关的各行业生产力不断提高。服务业不是孤立存在的产业，与贸易、投资、知识产权等领域有着密切联系。与服务贸易的繁荣发展相伴随的是一系列上下游产业的发展，一项服务产业需要交通、通信、自然与人文环境作为支撑，所以相关产业的发达会直接推动服务贸易的发展。同样，货物贸易、投资等国际经济活动也有赖于运输、通信、保险、销售、金融、售后维修等服务行业的跟进。因而，各种经济交往形式之间就形成了一个联动发展的体系。社会分工的细化为服务贸易的发展创造了重要前提和发展动力，货物贸易、投资等经济交往的增长也带来并促进了服务贸易的高度发展。

第三，产业结构的持续调整。促进服务贸易发展的另一个重要因素是各个国家进行的产业结构调整和发展重心的转移。第二次世界大战结束以后，世界经济进行了深刻的结构调整，传统制造业虽然仍在发展，但相对比例在持续下降，各国产业结构向服务业倾斜。在这种情况下，国际社会的服务需求不断扩大，服务业在国民经济中的地位不断提高，获得了前所未有的发展机遇，服务贸易快速增长。[③]

第四，人民生活水平的总体提高。所有的经济活动都源于人的需求，也必须最终满足人的需求。满足人的需求进入商业化的视野，需要人具有消费的能力，也就是具有较高的生活水平。马斯洛的需求层次理论告诉我们，只有人的低层次需求满足之后，才能

① 何茂春:《国际服务贸易：自由化与规则（兼论扩大开放与国家经济安全）》，世界知识出版社 2007 年版。

② 石静霞:《WTO 服务贸易法专论》，法律出版社 2006 年版，第 2~3 页；吴鸣桐、刘静:《国际服务贸易发展的主要原因》，《河北财经学院学报》，1995 年第 4 期。

③ 杨圣明:《服务贸易：中国与世界》，民主与建设出版社 1999 年版，第 12~18 页。

考虑更高的需求。越是高层次的需求，与服务贸易的关系就越密切。近半个多世纪以来，世界经济的总体持续发展提升了人们的消费水平，这是拉动服务贸易增长的根本原因。特别是达到一定生活水准之后，人们对环境和可持续发展的关注提升，而服务业很多时候可以满足此类需求。

第五，跨国公司、国家或地区等行为体对服务贸易的支持态度。跨国公司的国际化战略，促进了与资本、技术、人才国际流动相关的服务贸易增长。例如，德国的大众公司通过与中国一汽、上汽的合作，在中国的汽车技术与生产服务领域占据了很大的份额，意识到服务业在国民经济中的地位和重要性，因此确定了以服务业为导向的经济发展政策。① 大多数国家都把服务行业作为重点发展行业，一些发展中国家积极参与国际运输、劳务输出和旅游产业，并制定相关的法律规范，在金融、税收等方面对服务业予以扶持，以促进服务业的进一步发展，从而增加了可贸易的服务总量。

但是，考察近年来国际服务贸易的发展现状和趋势，不难发现发达国家和发展中国家在服务贸易发展水平和结构上的差别仍然很明显。② 这主要体现在，在发达国家的GDP构成中，服务业占了很大的比例。美国来源于服务业的产值占其GDP的70%以上，其信息产业为就业、GDP的增长作出了重要贡献。像美国这样在制造业中失去优势的国家，已将知识型服务业的增长作为其达到贸易平衡的重要工具。③ 而在发展中国家，服务业占GDP的比例在50%左右，比发达国家低20%。更重要的是，在服务贸易的结构上，发达国家的优势服务部门也远比发展中国家先进。发达国家在知识、资本、技术密集型的服务部门，如金融、电信、数据处理、技术服务、咨询等具有明显优势，发展中国家基本上处于接受服务的地位。而发展中国家服务贸易的优势领域则主要为资源密集型或劳动密集型产业，如旅游、运输等传统产业。

值得注意的是，服务部门领域的垄断状况较货物贸易领域更为常见。在一些全球性服务领域或部门，存在着明显的跨国公司私人垄断和部分国家的垄断。另外，有些服务行业具有自然垄断性，如航空运输、铁路运输、电信、电力，政府在这些行业实行不同程度的保护主义政策和措施。在这方面的保护并不采用关税等边境措施，往往是通过国

---

① 例如，我国台湾地区为适应产业结构的改变及知识经济的发展，近年来将提升服务业的竞争力作为经济发展的重要任务，2003年提出“服务业发展纲领及行动方案”，将研发及技术服务、资讯服务等作为重点发展产业，并给予一定的支持政策。

② 石静霞：《WTO服务贸易法专论》，法律出版社2006年版，第4页。

③ [澳] 克里斯托弗·阿勒普：《世界贸易组织的新协定——服务贸易和知识产权协定在法律全球化中的作用》，广东外语外贸大学法学院译，上海人民出版社2004年版，第119页。

内监管法规进行种种限制，因此更为隐蔽和难以消除。① 而一些领域则具有敏感性和发展水平的不均衡性，直接关涉到国家的政治、经济、文化安全等方面，如邮电、通信、广播电视等行业，国家也会采取垄断的方式来对待这些产业。国际服务贸易发展的这些特点表明，将服务贸易纳入多边贸易体制的框架之下，通过多边规则减少或消除贸易障碍，对实现服务贸易自由化非常关键。

二、国际服务贸易领域的法律规范演进

虽然服务贸易也同货物贸易一样悠久，但长期以来，与货物贸易领域不同的是，国际法上并没有规范服务贸易的多边法律制度。国际服务贸易高速发展的客观现实对于国际服务流动的自由化产生了需求，相应的国际规范也就进入了国际社会的关注领域。② 由此，1994 年作为 WTO 一揽子协议一部分的《服务贸易总协定》(GATS) 应势而生，成为全球范围内规制国际服务贸易的第一套多边规则与框架体系。③ 该项协定以推进服务贸易自由化为宗旨，④ 同时也兼顾实现不同发展水平国家之间的公平。然而，任何一个规则的公平性都是相对的，直到乌拉圭回合达成了 GATS，才将自由贸易规则逐渐适用于服务贸易。⑤

（一）乌拉圭回合以前有关国际服务贸易领域的法律演进 ⑥

乌拉圭回合以前，为便于货物贸易，世界各国签订了一系列关于服务贸易的多边国际公约或协定。它们大多数是服务贸易的技术性规范，主要集中在国际运输部门，如海运领域 1924 年的《海牙规则》，1978 年的《汉堡规则》，空运领域 1929 年在华沙订立的《统一国际航空运输某些规则的公约》，1944 年在芝加哥订立的《国际民用航空协定》《国际航空运输协定》《国际航班过境协定》，陆运领域 1951 年在日内瓦订立的《国际公路货

① 陈已昕：《国际服务贸易法》，复旦大学出版社 1997 年版，第 9~10 页。

② 周念利：《区域服务贸易自由化分析与评估》，对外经济贸易大学出版社 2013 年版。

③ Juan Marchetti and Petros C. Mavroidis, "The Genesis of the GATS (General Agreement on Trade in Services)", 22 *European Journal of International Law* (2011).

④ 陈贺菁：《国际服务贸易自由化：理论、路径与收益分配》，厦门大学出版社 2009 年版。

⑤ Panagiotis Delimatsis, "Determining the Necessity of Domestic Regulations in Services", 19 *European Journal of International Law* 365 (2008).

⑥ 本文有关乌拉圭回合以前有关国际服务贸易领域的法律演进的问题，主要参见何茂春：《国际服务贸易：自由化与规则——兼论扩大开放与国家经济安全》，世界知识出版社 2007 年版，第 105~106 页。

物运输合同公约》，1970 年在尼泊尔订立的《铁路货物运输国际公约》等。这些运输领域的公约和协定为服务贸易的自由化发展奠定了基础。

国际社会在金融服务方面也进行了一些努力。欧洲经济合作组织成员国之间曾于 1950 年 9 月缔结了一个名为《欧洲支付协定》的多边结算协议，其主旨在于向有困难的成员国提供贷款，同时，欧洲经济合作组织还接受了成员国提出的《无形贸易自由化法案》。1955 年，又明确规定各成员国应承担责任，以确保对外国直接投资实行自由化政策。1959 年，该法案又得到进一步完善。1960 年，经济合作与发展组织（简称经合组织，OECD）曾明确表示接受欧洲经济合作组织的《资本移动自由化法案》和《无形贸易自由化法案》作为其发展宗旨的基础。由于 OECD 的成员除欧洲各国外还包括美国、加拿大、日本、澳大利亚、新西兰等国，所以推动服务贸易自由化的努力在起步之时就不限于欧洲，而是遍及发达世界的各个国家和地区。

另外，第二次世界大战以后，区域一体化和贸易集团化的趋势在世界经济贸易格局中不断加强，各经济集团在服务贸易方面也有了很大的发展。一些区域集团基于相关协定的规定相继成立，如基于 1951 年的《欧洲煤钢联营条约》（也称《巴黎条约》）和 1957 年的《欧洲经济共同体条约》而形成并不断发展壮大的欧洲联盟，以 1961 年的东南亚联盟（ASA）为基础、以 1967 年《东南亚国家联盟宣言》（也称《曼谷宣言》）为标志的东南亚国家联盟（ASEAN），基于 1973 年的《关于建立加勒比海共同市场条约》而形成的加勒比海共同市场，基于 1975 年的《关于建立西非国家经济共同体条约》而成立的西非国家经济共同体，基于 1983 年的《关于建立中非国家经济共同体条约》而成立的中非国家经济共同体，基于 1988 年的《美加自由贸易协定》及作为其继承者的 1992 年《北美自由贸易协定》而形成的北美自由贸易区，基于 1991 年的《亚松森条约》而形成的南方共同市场，等等，这使得各区域在服务贸易一体化方面有了突破性进展。

（二）乌拉圭回合关于服务贸易的谈判概况 ①

在乌拉圭回合的早期准备阶段，只有美国强烈要求将服务纳入多边贸易谈判的轨道。② 而美国的这一要求遭到了一些发展中国家成员（包括印度、巴西等）的强烈反对，

① 本文有关乌拉圭回合关于服务贸易的谈判概况的问题，主要参见石静霞:《WTO 服务贸易法专论》，法律出版社 2006 年版，第 5~7 页。

② 王贵国:《从服务贸易总协定看经济一体化的法律渗透》，《国际经济法学刊》，第 1 卷（1998），第 89~94 页。美国在服务业中的谈判利益应当归结于其传统的重商主义动机，反映出美国在许多服务业中享有的竞争优势。如果没有美国的积极倡导，可能至今也不会有 GATS 的存在。

欧共体对服务贸易谈判在初始也未表现出太大热情。[①] 发展中国家成员还反对以 GATT 准则来规范服务贸易，担心这会损害各国政府追求国内政策目标的能力，并对其监管服务业的权利进行过多限制。反对者的态度后来有较大变化，原因在于发展中国家成员（特别是在某些服务业逐渐拥有比较优势的新兴工业国家）认识到多边服务贸易协定的谈判和制定也将给自身带来利益。[②] 基于这样的认识，乌拉圭回合最终将服务贸易列为新议题之一进行谈判，并成立了专门的谈判组（Negotiating Group for Trade in Services，NGTS）。由于服务贸易存在涉及面广、情况复杂、各国发展程度不均衡等原因，在谈判中不同国家或集团的主张各异，争论颇为强烈。整个谈判过程大体分为以下三个阶段：

第一阶段（1986 年 10 月 27 日—1988 年 12 月 9 日），从谈判开始到加拿大蒙特利尔中期评审，属于谈判的初期阶段。该阶段讨论的主要问题包括：服务贸易的定义和统计方法、服务贸易的总原则与规则、多边框架的涵盖范围、与服务贸易有关的现存国际规则或协定等。各国在这一阶段对于服务贸易的范围分歧很大，美国等发达国家成员坚持广义的服务贸易范围，主张服务贸易应涵盖所有涉及不同国民或国土的服务活动，而发展中国家成员则倾向于在狭义的维度上界定服务贸易的范围，即仅限于“居民与非居民进行非跨国境服务购销活动”。根据这样的界定方式，跨国公司的金融、保险、咨询、法律服务等内部交易，由于不必跨越国境就可以进行，所以不在服务贸易的框架之中。为了达成妥协，欧共体提出建议，首先不确定服务贸易的谈判范围，而是根据实际需要，在谈判过程中对服务贸易确定合适的概念和范围。各缔约方接受了这一建议，并于 1988 年 12 月举行于加拿大蒙特利尔的中期评审会议上，基本上就将服务贸易纳入多边贸易体系的基本问题达成共识，就谈判框架达成了谅解。这一时期的工作为服务贸易的多边谈判进入实质性阶段奠定了基础。

第二阶段（1989 年 12 月 9 日—1991 年 12 月），从蒙特利尔中期评审结束到 GATS 草案的拟定。中期评审之后，在 NGTS 主持下，各方随即开始实质性谈判，先后进行了特定服务部门的验证谈判和服务贸易多边协定的草拟。从 1989 年 6—10 月，谈判组分别就电信、建筑、运输、旅游、金融和专业服务六个部门进行了验证性谈判。

在此基础上，按照 NGTS 的要求，从 1989 年下半年开始，一些国家陆续提交了有关协定草案的提议，其中具有代表性的是由英国、欧共体、拉美十一国提出的提案和亚非

① 反对者或是出于保护其幼稚产业的考虑，或是担心经济主权遭到威胁，不过欧共体后来在服务贸易谈判中表现出了积极的态度。

② 由于发展中国家具有明显的劳动力优势，因此某些服务部门的自由化对其有长期利益。

七国提出的亚非提案。[1]1991 年 12 月下旬，经过各方的紧张谈判，NGTS 终于将经过反复修改的 GATS 草案提交给多边贸易谈判委员会，并将其列入谈判委员会主席、当时的 GATT 总干事邓克尔的“一揽子”方案《乌拉圭回合多边贸易谈判结果的最后文件草案》（即“邓克尔方案”）中。该草案是过去几年谈判成果的综合体现，反映出谈判各方已就服务贸易多边框架协定以及其他领域的协定形成了基本一致的意见。

第三阶段（1991 年 12 月—1993 年 12 月），从 GATS 草案的正式提出到 GATS 最终文本的诞生，这是谈判的最后阶段。1991 年年底的“邓克尔方案”包含了 GATS 草案，这是对过去五年谈判结果的汇总。各缔约方对于该草案还存在着一些不同意见，但都愿意为乌拉圭回合谈判的成功作出努力。所以，1992 年 1 月，谈判委员会同意在“邓克尔方案”的基础上展开谈判，各方开始提交具体的减让承诺。但鉴于服务贸易的复杂性，缔约方之间意见的差异性，各方同意进行灵活性技术处理，即先签订 GATS，而将金融、基础电信、海运、自然人流动四个问题留待日后继续谈判，其他服务部门则暂不确立相关纪律。因此，1993 年 12 月，GATS 文本形成，成员的具体承诺也比较齐备。该文本在结构上基本采纳了“亚非提案”的主张，将市场准入和国民待遇作为成员的特定义务，并承认各国服务贸易发展水平的差异，对发展中国家成员提供了若干保留和例外，在一定程度上反映了发展中国家成员的利益和要求。[2]

各谈判参加方在乌拉圭回合结束后，于 1994 年 3 月 15 日在摩洛哥的马拉喀什会议上签署了 GATS。作为乌拉圭回合“一揽子”协定的重要组成部分，GATS 于 1995 年 1 月 1 日随着 WTO 的成立而生效。

（三）后乌拉圭回合阶段的继续谈判

由于乌拉圭回合首次谈判服务贸易问题，加上各个国家服务贸易发展水平不同，利益冲突比较明显，因此在乌拉圭回合结束时，仍然有若干重要行业的谈判没有完成，如金融服务、基础电信和海运服务等。具体需要确立规则标准的方面则涉及自然人移动的提供方式。在 1994 年的马拉喀什会议上，各方决定在乌拉圭回合结束后继续这些议题的谈判。

---

① 1990 年 5 月 4 日，中国、印度、喀麦隆、埃及、肯尼亚、尼日利亚和坦桑尼亚七个亚非国家向服务贸易谈判组联合提交了“服务贸易多边框架原则与规则”提案，称为“亚非提案”。该提案对最惠国待遇、透明度、发展中国家的更多参与等一般义务与市场准入、国民待遇等特定义务做了区分。

② 有关 GATS 谈判进程的详细论述参见杨斐主编：《WTO 服务贸易法》，中国对外经济贸易出版社 2003 年版，第 77~81 页；许军珂编著：《国际服务贸易法律与实务》，人民法院出版社 2000 年版，第 25~29 页。

1. 金融服务

金融服务对一国的货币、财政、产业及社会政策等均有重要影响，同时也加快了全球资本自由流动的步伐。[①]乌拉圭回合结束时，在GATS框架下产生了两个金融服务附件，即《关于金融服务的附件》和《关于金融服务的第二附件》。此外，在马拉喀什会议上还通过了《关于金融服务承诺的谅解》。

在乌拉圭回合谈判中，具体行业承诺的谈判遇到了许多国家的抵制。金融服务行业也不例外，一些发展中国家成员和新兴工业化国家将金融业视为战略上非常敏感的行业，它们试图维持其现存措施，甚至在某些情况下加强控制，限制外国提供者自由进入本国市场。[②]这使得谈判面临很大问题。1995年7月28日，各谈判方虽然达成了一个全球金融服务临时协定，但由于美国在全面最惠国待遇基础上谈判的要求未能得到满足，因此退出了谈判。缺少这一主要金融大国的参与，该协定只能成为临时性的协定。1997年4月，金融服务谈判重新开始。1997年12月12日，由于美国放弃了"对等承诺"要求，70个成员在无条件最惠国待遇基础上达成了《GATS第五议定书》和成员的具体承诺，从而使金融服务贸易得以按照多边规则运行。[③]

2. 基础电信服务

鉴于电信服务行业的特殊性，在乌拉圭回合谈判中，成员对增值电信服务进行了承诺，而基础电信服务方面则进展很小。在乌拉圭回合结束时，在GATS框架下，各成员在电信谈判方面已经形成了一些共同意见，成为GATS的一部分，即《关于电信服务的附件》和《基础电信谈判的附件》。部长们还达成了作为乌拉圭回合多边贸易谈判结果组成部分的《基础电信谈判的决定》。由于占主要地位的基础电信在乌拉圭回合谈判中没有取得实质性进展，成员同意在该回合结束后继续进行谈判。经过激烈的辩论，1997年2月15日，69个WTO成员缔结了全球性的基础电信协定，即《GATS第四议定书》及其附件。基础电信谈判的另一重要成果是通过了《支持竞争的基础电信监管原则和框架的

---

①［澳］克里斯托弗·阿勒普：《世界贸易组织的新协定——服务贸易和知识产权协定在法律全球化中的作用》，广东外语外贸大学法学院译，上海人民出版社2004年版，第159页。

② 在谈判GATS的时候，一般认为非常重要的金融服务业应当需要一些特别的待遇。各国政府都感觉到应当密切监管银行，保险公司和其他的金融或者金融信息的提供者。原因之一是一国的经济增长和发展与其金融机构的稳定性密切相关。另一个原因是金融服务的使用者需要收到保护，以免受到那些缺少足够的金融支持或管理欠佳以及不诚实经营的服务提供者的不利影响。

③ 关于后乌拉圭回合金融服务贸易谈判的详细介绍，参见韩龙：《世贸组织与金融服务贸易》，人民法院出版社2003年版，第40~48页。

参考文件》，对确保建立基础电信的市场竞争规范具有特别意义。①

3. 海运服务

海运服务作为服务贸易的重要部门，与国际货物贸易密切相关。为消除海运服务中的保护主义措施，在乌拉圭回合谈判期间，以欧共体和北欧为代表的海运发达国家经过激烈的辩论，终将海运服务纳入了多边贸易体制的谈判范围。但海运服务谈判未能在乌拉圭回合期间形成任何实质性协定，而仅在谈判结束时通过了《关于海运服务谈判的附件》和《海运服务谈判的决议》两份文件。1994 年 5 月至 1996 年 6 月，海运服务谈判组组织了 56 个 WTO 成员参加海运服务的后续谈判，试图逐步取消海运服务市场的限制措施，实现海运服务贸易自由化。由于英国、挪威等海运发达国家与发展中国家成员在海运服务自由化的进程及条件方面存在严重分歧，谈判未能在原定的 1996 年 6 月达成协定，而是搁浅了。服务贸易理事会在 1996 年 6 月 28 日通过了《关于海运服务的决定》，决定在新一轮服务贸易谈判开始的时候恢复海运谈判。基于此项规定，在多哈回合谈判启动时，海运服务贸易被列入谈判内容。谈判主要议题包含海运服务、海运辅助服务、港口服务、多式联运和物流、水工建设和技术服务的市场准入、自然人流动、消除不合理税收、简化通关手续、取消货载保留政策等几个方面，力图达成多边海运服务协定作为附件并入 GATS 之中。

三、现行国际服务贸易中的法治检视

GATS 为服务贸易的自由化确定了一个基本框架，也就为各国提供了物流、资金、通信、自然人流动等诸多便利。在此后发展的相关争端解决和条约进一步谈判的进程中，GATS 也受到了检验，获得了生命力。② 但也必须看到，发展中国家成员在受益于服务贸

---

① 关于基础电信谈判及其法律问题的更多论述，参见石静霞:《WTO 服务贸易法专论》，法律出版社 2006 年版，第 287~324 页。

② 相关探讨，参见杨小强:《GATS 体制中的“同类性”问题研究》，《国际经济法学刊》，第 15 卷第 1 期（2008）；苟大凯:《论 GATS 具体承诺修改程序与 WTO 争端解决程序之间的关系》，《法学杂志》，2008 年第 2 期；刘瑛:《论 GATS 第 21 条下的减让表修改权》，《当代法学》，2010 年第 2 期；房东:《对“文本”的扬弃：WTO 条约解释方法的一种修正——以服务贸易具体承诺表的解释为分析起点》，《法律科学（西北政法大学学报）》，2011 年第 3 期；陈儒丹:《WTO 框架下数字产品在线跨境交易的法律性质》，《法学》，2008 年第 7 期；王衡:《论气候变化语境下的国际服务贸易法适用问题：以一般例外规则为视角》，《现代法学》，2012 年第 2 期；张永毅:《从 GATS 三大原则的实质要件看欧盟 2003 第 87 号指令是否违反 WTO 规则》，《河北法学》，2009 年第 6 期；苟大凯:《GATS 减让表具体承诺权的最新发展——兼评安提瓜诉美国限制网上赌博服务案》，《法学》，2008 年第 2 期；江丽娜:《试论美国赌博案裁决对国际电子商务法的影响》，《河北法学》，2009 年第 8 期；胡建国:《安提瓜诉美国赌博案评析》，《武大国际法评论》，2007 年第 2 期；周凤翱、穆忠和、刘玉红:《论 GATS 中的能源服务及其在 DDA 谈判中的分歧》，《法学》，2007 年第 2 期。

易便利化的同时，也面临比货物贸易自由化更多的困难与问题。[①] 虽然 GATS 对发展中国家成员作了具体的规定，但由于受国际经济旧秩序的影响，发展中国家成员仍然处于不利的地位。WTO 框架下国际服务贸易的发展问题仍然比较棘手。与此同时，值得关注的是，很多专业性的国际组织也在制定和推广服务领域的国际规则，其中引起广泛关注的包括运输领域的《鹿特丹规则》，贸易支付领域的《跟单信用证统一惯例》，货物买卖中贸易条款的《国际贸易术语解释通则》等。这些规范主要从私人交易的角度对国家的相关权力进行了转化和分摊。

（一）发展中国家成员政策选择的困境

服务贸易自由化是经济全球化的必然要求，但问题在于谁来主导相关规则的制定与实施过程。由于发达国家之间的服务贸易规模巨大，发展速度快，远远超过发达国家与发展中国家之间的服务贸易规模与速度，所以发达国家成员倾向于扩大服务贸易自由化，发展中国家成员则持比较谨慎的态度，并在规则制定与实施过程中体现出分歧。服务贸易自由化的必然性与发达国家主导服务贸易规则的格局决定了发展中国家成员面临着两个困境：不扩大开放将被进一步边缘化，而扩大开放则有可能落入发达国家的操控中不能自主。[②]

服务贸易自由化规则更让发展中国家成员陷入尴尬的窘境。乌拉圭回合结束以来，发展中国家成员面临着越来越多的国际贸易摩擦和争端。发展中国家成员在如何判断服务经济的自由化和保护的效益与成本、如何从服务贸易的理论中选择决策依据上无法从容地自主应对。

（二）WTO 原则上对发展中国家成员给予多项优惠待遇

鼓励发展中国家成员的更多参与，是 WTO 的一个重要目标和原则，因此，在 WTO 的各个协定中，都充分体现了对发展中国家成员的鼓励和优惠措施。WTO 对发展中国家成员的优惠安排，主要体现在五个方面：（1）承担较低水平的义务；（2）实行更灵活的实施时间表，即实行较长时间的过渡期安排；（3）发达国家尽最大努力对发展中国家成员开放其货物和服务市场；（4）对最不发达国家更优惠的待遇；（5）提供技术援助和培训人

① 相关探讨，参见邹加怡：《国际服务贸易自由化：发展中国家的得失与选择》，《世界经济》，1988 年第 10 期；赵海越：《国际服务贸易自由化对发展中国家的影响及对策》，《国际贸易问题》，2002 年第 10 期。

② 何茂春：《国际服务贸易：自由化与规则——兼论扩大开放与国家经济安全》，世界知识出版社 2007 年版，第 50 页。

力资源。在这样一种整体环境下，WTO 范围内的服务贸易也具有一些向发展中国家倾斜的机制。主要可以从以下几个方面进行认识：

1. WTO 为发展中国家成员设立专门的机构

《马拉喀什建立世界贸易组织协定》对发展中国家成员作出了优惠贸易安排。在协定的前言中规定，该协定的各成员“进一步承认有必要做出积极的努力，以确保发展中国家成员，尤其是最不发达国家，在国际贸易增长中获取其经济发展需要的相应的份额”。协定第 4 条第 7 款专门设立了“贸易与发展委员会（Committee on Trade and Development，CTD）”等专门机构为发展中国家成员提供服务。贸易与发展委员会的职能是“定期审议多边贸易协定中有利于最不发达国家成员的特殊规定，并向总理事会报告以采取适当行动”[①]。协定第 11 条第 2 款还明确规定，最不发达国家只需承担与其经济发展水平、财政和贸易需要或其管理和机构能力相符的承诺和减让；在多哈回合之后，WTO 注意采取行动辅助发展中国家，“总理事会确认应给予此类国家，特别是最不发达国家，增加与贸易有关的技术援助和能力建设，以提高其对谈判的有效参与程度，便利其实施 WTO 规则，以及使其能够对经济进行调整和实现多样化。”[②]

2. GATS 文本中所确认的对于发展中国家成员优惠待遇的规定

GATS 对发展中国家成员开放服务市场有着优惠规定。[③]GATS 规定，发展中国家成员对服务贸易实行逐步开放，允许其根据国内服务业的发展状况、竞争力，决定是否开放和如何开放某一服务行业，并允许对服务业实行一定程度的补贴和保护。[④]具体包括：

（1）GATS 序言规定，各成员希望将多边贸易框架“作为促进所有贸易伙伴的经济增长和发展中国家成员发展的手段”，承认发展中国家成员尤其需要行使“对其境内的服务提供进行管理并对此制定新的法规以符合其国内政策目标”的权利，并希望通过加强发展中国家成员的国内服务能力、效率和竞争力等手段，促进他们更多地参与服务贸易并扩大出口，同时特别考虑到最不发达国家由于特殊的经济状况所导致的严重困难以及它的发展、贸易和财政的需要。

（2）GATS 第 3 条（透明度）第 4 款规定，在建立咨询站的时限方面，可以分别给予各个发展中国家成员适当的灵活性。

---

① 中译文见对外贸易经济合作部国际经贸关系司：《世界贸易组织乌拉圭回合多边贸易谈判结果法律文本》，法律出版社 2000 年版，第 6 页。

②《多哈工作计划：总理事会 2004 年 7 月 31 日决定草案》，WT/GC/W/535。

③ 参见张汉林：《WTO 对发展中国家有哪些优惠安排》，《广西电业》，2002 年第 6 期。

④ 参见张汉林：《WTO 对发展中国家有哪些优惠安排》，《广西电业》，2002 年第 6 期。

（3）GATS 第 4 条（发展中国家的更多参与）是一条专门直接针对发展中国家成员，促进其更多地参与世界贸易的条款。它要求不同成员通过谈判达成具体承诺，使得发展中国家成员有机会以商业方式获得技术，加强发展中国家成员的国内服务能力、效率和竞争力，提升对分销渠道和信息网络的利用能力，并在发展中国家成员有出口竞争优势的部门、领域推进市场准入自由化。

该条款还要求发达国家成员（也鼓励其他成员）在 WTO 协议生效后两年内建立联系点，为发展中国家成员的服务提供者获得其所需的有关服务提供的商业和技术、登记、认可和获得专业资格和服务技术可获得性的资料提供便利。

该条款要求特别优先考虑最不发达国家成员的特殊经济状况和发展需要，以及在具体承诺方面的严重困难。

（4）GATS 第 5 条（经济一体化）第 3 款规定，如果发展中国家成员是经济一体化协定的参加方，应根据有关国家在整个或单个服务部门和分部门的发展水平，给予灵活对待；如果一项经济一体化协定全部是由发展中国家成员构成的，那么，给予该协定参加方的自然人所拥有或控制的法人的待遇比给予非依此类经济一体化协定的参加方的法律而成立为法人的其他成员服务提供者的待遇更加优惠，即发展中国家成员之间的经济一体化协定的待遇可以优惠于其他经济一体化协定下的待遇。

（5）GATS 第 15 条（补贴）第 1 款规定，在有关服务贸易补贴的谈判中，应认识到补贴在发展中国家成员发展计划中的作用，并特别考虑到发展中国家成员在这一领域中所需要的灵活性。

（6）GATS 第 19 条（具体承诺的谈判）第 2 款和第 3 款规定，自由化的进程应尊重各成员的国家政策目标及其部门的发展水平，有些发展中国家成员可以少开放一些部门和交易类型，根据其发展情况逐步扩大市场准入。在给予外国服务提供者市场准入时，对该准入附加条件，以实现该协定第 4 条规定的促进发展中国家成员更多参加的各个目标等，应给予适当的灵活性。同时，服务贸易的谈判指导原则也应为最不发达国家成员的特殊待遇确立模式。

（7）GATS 第 25 条（技术合作）第 2 款规定，对发展中国家成员的技术援助，应在多边层次上提供，并由服务贸易理事会决定。

3.《关于电信服务的附件》中确立的优惠安排

《关于电信服务的附件》第 5 条（g）款规定，尽管确立了一些条件，发展中国家成员仍可在其承诺中，依照其发展水平，对公共电信传输网络和服务的进入和使用规定必要的合理条件，以加强其国内基础电信设施和服务的能力，并增加其参与国际电信服务的能力。附件第6条规定，各成员认识到高效、先进的电信基础设施对发展中国家成员扩大服务贸易的必要性，赞成和鼓励发达国家成员和发展中国家成员及其公共电信网和服务的提供者以及其他实体，尽可能全面地参与包括国际电信联盟、联合国开发计划署和国际复兴开发银行等在内的国际和区域组织的发展计划，应鼓励和支持发展中国家成员之间在国际、区域和次区域级进行的电信合作。各成员在与有关国际组织合作的时候，在可行的情况下，应使发展中国家成员可以获得关于电信服务和电信及信息技术方面的信息，以帮助加强其国内电信服务部门，并应特别考虑给予最不发达国家机会，以鼓励外国电信服务提供者参与技术转让、培训和其他活动，支持最不发达国家基础电信设施的发展和其他电信服务贸易的扩大。①

（三）WTO框架下国际服务贸易规则中的发展问题

尽管有上述的一系列优惠安排，但从整体来看，这些规则主要还是停留在宣示性的层面，而没有落实到具体的义务规定和制度安排上，缺乏具体的可操作性，发展中国家成员的特殊性没有得到充分的认识和体现。当前的国际服务贸易体系对于发展中国家成员而言仍有很多不利之处，主要可以从以下几个方面认识：

首先，自由化标准之争。GATS以及其他与服务贸易有关的协定所确立的规则主要是依据以发达国家为主要成员的OECD标准制定的，服务贸易理事会议事规则多依发达国家管理。按照规则规定，WTO建立了服务贸易理事会，以负责《服务贸易总协定》的实施，促进服务贸易的自由化。服务贸易理事会是世界贸易组织下设的执行《服务贸易总协定》职责的专门机构，在常务理事会的指导下进行工作。为了更有效地履行职责，服务贸易理事会可设立分支机构，除非服务贸易理事会另有规定，否则服务贸易理事会与其附属机构应对《服务贸易总协定》所有成员的代表开放。服务贸易理事会的成员应当从所有成员的代表中产生，主席应由成员全体选举产生。服务贸易理事会的分支机构有以下六项职责：

（1）通过持续审查和监督来保证《服务贸易总协定》在各服务部门的实施；

（2）向服务贸易理事会和有关部门就有关问题提出建议或参考意见；

（3）对某些部门的专门的附录提出修改建议，并向服务贸易理事会提出适当的意见；

① 石静霞：《WTO服务贸易法专论》，法律出版社2006年版，第294页。

（4）提供技术性讨论，研究和审核有关服务贸易的技术事项；

（5）对发展中国家成员有关服务贸易的事项提供技术帮助；

（6）与其他服务贸易分支机构或有关国际组织进行合作。

在实际运作中，服务贸易理事会成员大多数来自发达工业化国家，理事会议事规则和起草文件主要依据发达国家的惯例。WTO 包括服务贸易规则的所有文本只能以发达国家普遍使用的英、法、西班牙语作为工作语言，发展中国家成员在议事规则上只能被动地适应西方语言、议事和司法习惯。

这种做法没有充分考虑到发展中国家成员与发达国家成员在劳动力、资本、技术、信息等要素跨国界流动方面之间所存在的巨大差别，因而相关的规则本身就可能具有不公平的性质。因此发达国家成员正好能利用这些规则，发挥其自身的优势，获取较大的利益。正是基于这一原因，乌拉圭回合及其成果使世界发展水平进一步失衡。发展中国家成员在服务贸易方面存在着很多不利的因素，其劳动力虽然价格很低，但是往往被消化在发达国家成员货物贸易的价格之中，而对于服务贸易最为重要的科学技术、信息、以资金为后盾的设备，都是其所不具有的。此时，除非发展中国家成员采取跨越式的发展措施来发展服务贸易，否则他们不仅会在服务贸易领域远远落后于发达国家，而且由于服务贸易的连锁性，会使其整体经济发展滞后。

服务贸易双边谈判中的不公平现象更是随处可见。在 WTO 多边谈判时，各个议题由专门委员会分别进行，而双边贸易谈判总是把货物、服务、投资、知识产权的保护“混为一谈”。在现实中，发达国家成员生产性服务贸易增长较快，而发展中国家成员劳务贸易发展较快，但是在这方面，发达国家成员却没有给发展中国家成员很大的自由度。相反，发达国家在压迫发展中国家成员开放服务市场时，无一不是以接受货物进口为要价，要求发展中国家成员开放附加值高的服务市场。另外，新成员则要被迫交一大笔“入门费”才能要求进入 WTO。所以，服务贸易真正不公平的地方就在双边市场准入谈判中全面反映出来了。以中国“入世”为例，在中国政府最后表现出宁愿付出巨大的代价也要入世后，发达国家便向中国开出了有关服务开放的更加苛刻的要价单。中国被迫接受了某些关于“非市场经济”成员的不公平条件和关于司法审查、金融及通信市场扩大开放的苛刻要价。[①]

其次，发展中国家成员“更多参与”缺乏技术保障和补救措施。《服务贸易总协定》

① 有关自由化标准之争的详细论述参见何茂春：《国际服务贸易：自由化与规则——兼论扩大开放与国家经济安全》，世界知识出版社 2007 年版，第 112 页。

规定，在不同成员的具体承诺义务谈判中，要保证发展中国家成员更多地参与到世界服务贸易中。其内容包括：

（1）根据有关规定，通过对承担特定义务的协商，促使发展中国家成员更多地参与到世界贸易中来。

（2）发达国家的成员及其他有可能的成员，应在世界贸易组织协定生效后两年内建立联系点，以便发展中国家成员服务提供者获取有关市场准入的资料。

（3）对上述两方面内容的实施，应特别优先考虑最不发达国家成员，鉴于他们的特别经济状况及其发展经济、贸易和财政上的需要，对其在接受特定义务方面存在的严重困难，应给予特殊考虑。

在如何保证发展中国家成员更多地参与到服务贸易中和优惠待遇方面的政策方面，WTO 没有严格的和具体的法律规定，以保障发展中国家成员能均衡、长久和安全地参与到世界服务贸易之中。服务贸易涉及众多产业领域，同一规则不足以规范所有的交易，更何况发展中国家成员之间又是千差万别的。

货物贸易规则对不正当、不公平的竞争有补救措施，所有被损害方可以用反倾销、反补贴和保障措施来抵消损害，而服务贸易同样存在“服务倾销”等不正当的竞争行为，但在产业受损后，对不正当服务的抵制、制裁和报复缺乏规则依据。因此，发展中国家成员的地位进一步弱化，一旦开放服务市场，便部分或全部失去投资、金融、财政等领域的控制。①

GATS 达成后，WTO 就合理保护服务市场问题开始了新的探讨和磋商。主要问题有三个方面：一是关于紧急防卫措施，这个问题对于发展中国家成员来说是十分重要的。二是政府采购的原则。GATS 第 13 条（政府采购）第 1 款规定：GATS 第 2 条、第 16 条、第 17 条的规定，不适用于作为政治目的的为政府服务机构采购用的法律、法规或规程，唯此项采购不得作为商业性转售或在提供商业服务时使用。第二款规定，在世界贸易组织协定生效后两年内，应就本协定项下的政府采购服务问题进行多边协商。三是关于补贴的原则。GATS 第 15 条补贴第 1 款规定，在某种情况下补贴对服务贸易可能或引出不正常的结果。鉴于要制定一项必要的多边纪律以避免这类曲解服务贸易的影响（一项未来的工作计划将决定如何与何时来磋商制定这方面的多边纪律），成员应举行多边谈判。总之，如果没有健全的保障规则，发展中国家成员就会受到服务贸易过度自由化的全面

① 何茂春：《国际服务贸易：自由化与规则——兼论扩大开放与国家经济安全》，世界知识出版社 2007 年版，第 113 页。

伤害。[①]

再次，发展中国家成员在资本与劳务方面权利与义务的不平衡性。电信和金融服务是WTO服务贸易自由化程度最高的两个领域，电信协定和金融协定达成后，发达国家可以轻而易举地进入发展中国家成员市场。从互惠原则和最惠国待遇原则上看，发展中国家成员也可平等地进入发达国家市场，然而，当前的发展中国家成员很少具备平等的竞争力。乌拉圭回合的最后文件在金融跨境支付服务和商业存在等方面基本实现了自由化，这意味着金融服务可以根据各成员的承诺越境流动。但在发展中国家成员具有的劳务领域，却没有自然人自由流动的类似规则。

综上，服务贸易技术性强、社会约束规则多、标准高、市场进入的门槛高、技术壁垒远多于货物贸易，所以发展中国家成员的很多“权利”形同虚设。

四、国际服务贸易法治化的未来导向

在法律的体系内，任何一个规则的公平性都是相对的，WTO的GATS规则体系也不例外。它本来就是由强国倡导并推行的，因而，对于被动接受的弱国来说，不可避免地存在着不公平的状况。虽然在规范形成和发展的过程中存在着弱国的抗争，强国也进行了一些让步，但不公平的色彩依然浓厚。发展中国家成员努力的成果使服务贸易规则更具灵活性，这既使服务贸易开放的速度放慢，也使不少国家赢得了喘息时间。从全球化的总体趋势来看，服务贸易自由化的进程也会同货物贸易一样不断加快。决定这个进程的不仅是自由贸易理论的引导和规则的约束，更有服务经济实力的较量和经济外交的纵横捭阖，但最终决定服务贸易自由化进展的是强弱态势以及各国和各联盟实力的有效发挥。

由于服务业具有带动相关产业的积极效应，所以在世界各国的发展中都起着重要作用，发达国家如此，发展中国家亦然。因此，不管国际服务贸易自由化的影响如何，发展中国家成员都必须正视自由化发展这一现实，因为自由化是国际服务贸易进一步发展的客观要求。在这种情况下，发展中国家成员制订服务贸易自由化对策的基本指导思想在于打破原有比较优势的局限，缩短技术差距，改善自身服务贸易结构，从而尽可能利用服务贸易自由化来促进本国服务业的发展，同时最大限度地减弱自由化的消极影响。

① 何茂春:《国际服务贸易：自由化与规则——兼论扩大开放与国家经济安全》，世界知识出版社2007年版，第114页。

从国际竞争的角度考虑，以下几点是值得发展中国家成员普遍注意的。[①]

（一）以发展为服务业的出发点

发展中国家成员的服务业立足点应当放在促进整个经济发展上，而不只单纯为了出口创汇，增加收入。依照比较优势原则，利用自然条件、廉价劳动力优势发展旅游、工程建筑、劳务输出等少数几项传统服务作为国际收支来源可以较快地获得经济效益。但是，从长远看，这种出口战略很难在国际市场上长期站住脚。众所周知，当代服务业的国际竞争是与物质生产部门的国际竞争联系在一起的，国际服务贸易的强国也都是物质生产的强国。现代服务贸易的核心是以信息技术服务为主体的生产性服务。如果说传统非信息服务可以更多地依靠劳动力或者地理环境等因素来获得相对优势，那么信息化服务国际竞争力的提高，则是与整个社会生产力发展水平相联系的。即使是在发展中国家成员和地区，如服务贸易较强的新加坡、中国香港等也恰恰是有形贸易中地位较强的国家和地区。因此，发展中国家成员不能把服务业和物质生产割裂开来，应当特别重视生产性服务的发展，把服务业的发展与物质生产发展有机地结合起来，相互促进，相互支持，让服务业在经济发展中发挥积极作用。这样，一方面生产性服务的发展有助于提高商品出口的竞争力；另一方面，生产性服务自身竞争力的提高又可以改善服务出口结构，减少对外国服务的依赖。实施这种战略时，切忌急功近利，对于某些对生产发展起重要推动作用的知识、技术密集型服务，即使不符合比较优势原则，一时难以打入国际市场也应该加以扶持，因为只有这样才能保证服务业在国际竞争中的后劲。

（二）逐步提升在国际产业分工中的地位

发展中国家成员对自身的廉价劳动力优势应当有一个清醒的认识。随着社会生产力和科学技术的发展，人类进入了一个以信息、文化和知识为主要生产手段的时代——知识经济时代。在这样的时代，比较劳动力的优势不仅要看其价格，更要看其素质。发展中国家成员劳动力虽然成本低，但文化技术素质也低，所以只能从事劳动密集型即低附加值服务，而发达国家劳动力虽然成本较高，但从事的是高附加值的知识、技术密集型服务，所以创造的价值也高。因此发展中国家成员必须下大力气提高劳动力素质，否则在服务贸易自由化的竞争中只能从事劳动密集型服务。当然，这并不是说发展中国家成

---

① 参见孙立宏:《国际服务贸易自由化对发展中国家的影响及对策》,《商业经济》, 2007 年第 3 期。

员不能发展劳动密集型服务。事实上，首先发展劳动密集型服务是一般发展中国家成员进入国际服务市场的必经之路。但必须明确，发展劳动密集型服务本身不是目的而是手段，是为将来提高服务的技术层次积累资金创造条件。

（三）提高服务的技术水平

发展中国家成员应该在开放的基础上提高服务的技术层次，充分发挥服务贸易作为技术转让渠道的作用。在服务竞争自由化过程中对发展中国家成员经济安全和国家主权冲击最大的是通信、金融、计算机服务等高技术信息化领域。而发展中国家成员又最需要引进这类服务，也最有可能从这类服务中得到技术转让的好处。如果因冲击而闭关自守，只能导致永远落后，所以唯一的选择是在开放的条件下引进技术，发展自己的高技术服务业。发展中国家成员在建立高技术服务业的初期，采用吸收外国直接投资的方式来引进高技术服务较为有利，因为直接投资形式更有利于技术转让，美国对发展中国家成员的技术转让 80% 是通过跨国公司直接投资进行的。而采用贸易形式引进高技术服务只能得到结果，不能引进生产过程，反而容易造成对进口的依赖，不利于发展中国家成员的高技术服务业从无到有的发展。当然，引进高技术服务业的直接投资又会涉及一系列有关国家主权和安全方面的问题，这就要求发展中国家成员采取适当的政策措施，趋利避害。

（四）争取国际谈判的主动权

在服务贸易自由化的国际谈判中，目前发展中国家成员处于被动地位。它们否定发达国家的建议的情况较多，拿出自己的具体措施较少。发展中国家成员应当在坚持差别待遇条款的原则基础上对现存服务贸易壁垒作出自己的分析，提出积极的建议。发展中国家成员在服务贸易自由化国际谈判中的主要目 标应该有两个：一个是维护对本国服务业进行适度保护的权利，另一个是为提高本国服务业走向世界争取有利的条件。

保护的立足点应当是提高本国服务业的技术层次，培植自己的高技术服务业；开放的立足点应当是引进技术，必须看到，技术转让是发展中国家成员可能从服务贸易自由化中得到的最大利益。

小结

服务贸易领域国际法治的核心问题是发达国家成员的强大服务贸易优势所引致的自

由化主张对于发展中国家成员而言成本过高而利益不足。服务贸易的背后是技术水平，是科学高度，是管理能力。服务贸易发展的进程表明，由于技术进步而产生的、基于知识产权的新型国际服务贸易的增长速度远远高于传统形式的服务贸易项目。[①] 各国不分强弱，都必须参与而不能回避全球化的发展趋势。经济全球化的一个重要标志就是经济活动服务化和服务贸易的繁荣。发展中国家成员可以适度保护以维护服务经济安全，但还必须适应国际服务贸易的开放竞争以提高国家综合竞争力。发达国家和一些发展中国家成员的经验表明，积极参与竞争可能更有利于经济安全和可持续发展。

中国算不上一个服务贸易的大国。虽然自然、人文条件都很出色，但中国旅游业的成熟程度还有待提高，而具有经济利益性的医疗、教育服务也还有很大的发展空间。中国学生海外留学、中国旅游者境外旅游的情况倒是引起了全球的关注，但这在更多的时候是有助于外国的经济增长，对中国自身并无太大利益。如果考虑到少数中国旅游者和留学生在国外的不良表现，这种对于服务贸易的参与不是增加而是降低了中国的软实力。从总体来看，中国的服务贸易观念、设施、管理能力、人员水平仍然相对落后，许多服务产业在国际竞争中处于不利地位。但中国是一个正在崛起的经济大国，一个具有竞争潜力的发展中国家成员，[②] 服务贸易自由化规则为中国的服务经济体制的改革提供了国内竞争法的基础，并且由于服务贸易规则存在诸多灵活性而获得了宝贵的过渡期。作为一个大国，中国应积极地看待竞争，灵活的调整服务贸易政策，对内加快服务竞争的改革开放，对外谨慎的根据规则与承诺逐步开放，在不断开放中培养竞争力，从而实现中国服务经济安全和可持续发展。[③]

① 知识产权的保护条件与服务贸易的发展及其对经济增长具有传导功能，参见唐保庆：《知识产权保护下服务贸易对经济增长的作用机理研究》，经济科学出版社 2013 年版。

② 参见白洁：《中国服务贸易保护的政治经济学分析》，经济科学出版社 2013 年版；吴丹：《中国服务贸易出口流量的影响因素与潜力研究》，经济科学出版社 2013 年版。

③ 参见傅京燕：《世界服务贸易的发展态势及我国的对策》，《亚太经济》，2002 年第 2 期；韩玉军、陈华超：《世界服务业和服务贸易发展趋势——兼评中国服务业的开放与对策》，《国际贸易》，2006 年第 10 期；赵涛：《应对国际服务贸易自由化之策》，《中国财政》，2009 年第 22 期。

第七章　国际知识产权贸易的法治化

20世纪以来，知识产品一直是国际经济贸易领域的重要组成部分。当前，不仅传统的文化产品、艺术品、电影等依旧在国际市场上活跃，相关制度也获得了关注，[①] 更重要的是，知识产权的跨国流动所带来的国际经济法律秩序问题，特别是其中的发展问题，成为近20年来的焦点之一。也正由于这一点，知识产权成为国际公法的关注对象，出现了“国际知识产权法”这一领域。[②]

一、国际知识产权体制的演进

从最早的《巴黎公约》到WTO框架下通过的TRIPS协定，知识产权国际保护呈现了逐渐进步的趋势：受保护的知识产权范围不断扩大，保护的要求不断提高，知识产权的国际合作和协调体制在不断完善。该知识产权多边国际保护体制经历了一个逐步演化的过程，这个过程可以划分为以下三个阶段：

---

① Aaron Kyle Briggs, “Consequences of the Met-Italy Accord for the International Restitution of Cultural Property”, 7 *Chicago Journal of International Law* 623 (2007); Patty Gerstenblith, “Controlling the International Market in Antiquities: Reducing the Harm, Prseerving the Past”, 8 *Chicago Journal of International Law* 169 (2007).

② Graeme B. Dinwoodie, William O. Hennessey, Shira Perlmutter, and Graeme W. Austin, *International Intellectual Property Law and Policy* (2nd ed., LexisNexis, 2008), p. 3; 王肃、李尊然:《国际知识产权法》，武汉大学出版社2012年版。

（一）世界知识产权组织建立以前（1883—1970）

在1883年之前，知识产权的国际保护主要是通过双边国际条约的缔结来实现的。但随着1883年3月20日签订的《巴黎公约》保护工业产权和1886年9月9日签订的《伯尔尼公约》保护文学和艺术作品，知识产权保护的多边国际公约数量在逐渐增多。《巴黎公约》和《伯尔尼公约》是知识产权多边保护的先驱，奠定了知识产权国际保护的制度基础。《巴黎公约》首次确立了国民待遇原则、优先权原则、独立保护原则及最低保护标准原则，确保了工业产权国际保护制度的普遍性和充分有效性。《伯尔尼公约》确立了对著作权高标准、高水平保护，对发展中国家成员给予了特别的优惠，具有广泛性的特点。它们的签订标志着知识产权多边国际保护的开始，覆盖工业产权和著作权这两个主要知识产权领域的多边国际保护体系开始形成，这个国际保护体系在随后的一个多世纪的发展中得到了不断的充实和完善。[①]

这一时期是知识产权国际保护的初期，存在着保护知识产权的国际公约数量还是相对较少、所保护的客体范围有限以及不能满足社会发展需要和权利保护需求等问题，但这与当时各缔约国的社会发展水平及时代局限性是相适应的。

（二）世界知识产权组织建立至TRIPS协定生效（1970—1995）

1893年，根据《巴黎公约》和《伯尔尼公约》成立的两个国际局合并成立了名为“保护知识产权联合国际局”（简称BIRPI）。这就是现在世界知识产权组织（World Intellectual Property Organization，WIPO）的前身。初建时，只有7名工作人员，但随着国际经济文化交流的增加，知识产权的重要性不断提升，BIRPI的工作量逐渐加大，人员数量也随之增加。1967年的WIPO公约正式建立起该组织，现有来自世界各地86个国家的约859名工作人员。世界知识产权组织成员国现有187个，[②]超过全世界国家的90%。根据《建立世界知识产权组织公约》的规定，WIPO设有大会、成员国会议、协调委员会和国际局（或秘书处）四个机构。现任总干事是2008年开始赴任、2014年续任的澳大利亚知识产权律师弗朗西斯·格里（Francis Gurry）。[③]到2014年，世界知识产权组织管理着涉及知识产权保护各个方面的26项国际条约，可分为知识产权保护条约、全

① 叶京生：《国际知识产权学》，立信会计出版社2004年版，第40页；另参见［美］卡拉·希比（Karla C.Shippey）：《国际知识产权》（第3版），倪晓宁、王丽译，中国人民大学出版社2012年版；唐广良、董炳和：《知识产权的国际保护》（修订版），知识产权出版社2006年版。

② 参见http：//www.wipo.int/members/en/，retrieved on Aug. 07 2014。

③ 参见http：//www.wipo.int/about-wipo/en/dgo/。

球保护体系条约和分类条约三大类。[①]

与世界知识产权组织建立前相比，其建立后保护知识产权的国际公约数量明显增多，知识产权的保护范围也在原来工业产权和著作权的基础上增加了对表演者、录音制品制作者、广播组织、奥林匹克会徽、卫星传输信号[②]等保护的内容，并在专利、商标等方面也制订了专门的公约。尽管 WIPO 在知识产权保护领域发挥着极为重要的作用，但其固有的缺点也是十分明显的。一方面，WIPO 管理的条约一般都不具备强制性的法律约束力，甚至属于"软法"范畴，同时也缺乏足够的普遍性；另一方面，WIPO 管理的条约都缺乏必要的执法措施和争端解决机制作为其有效实施的后盾，这成为这些条约的致命伤。[③]

（三）TRIPS 协定生效之后（1995— ）

作为乌拉圭回合所达成的一揽子协定之一的《与贸易有关的知识产权协定》（TRIPS 协定）将知识产权的国际保护范围和标准提高到了一个更高的层次。[④]TRIPS 协定的内容涉及知识产权保护的各个领域，它不仅在很多方面的保护水平上超越了原有知识产权公约，而且还加以拓展，纳入了《关贸总协定》中关于有形商品的一些原则和做法，另外，在执行方面也有所加强，详细规定了包括行政、民事、刑事程序在内的知识产权法律保护的实施程序，同时还建立了知识产权争端解决机制。

TRIPS 协定签订后世界贸易组织和世界知识产权组织共同构成了知识产权国际保护的多边体系，互相协调，共同合作。1995 年世界知识产权组织和世界贸易组织签订了《世界知识产权组织和世界贸易组织协定》，自 1996 年 1 月 1 日起开始实施。该协定共五条，规定了以下三方面的合作：首先是各国立法译本的通知和获得，其次是根据《巴黎公约》第 6 条将国家标志相互通知，最后是科技合作。WIPO 管理着保护知识产权的 20 多个国际条约，WTO 管理着 TRIPS 协定，那么二者必然在知识产权的国际保护层面上存在一定的重叠，对于这一问题，TRIPS 协定在从贸易的角度定义或强调知识产权的同时，还明

① 有关材料，参见 http：//www.wipo.int/treaties/zh/summary.jsp；http：//www.wipo.int/treaties/zh/；http：//www.wipo.int/treaties/zh/SearchForm.jsp?search_what=C；http：//www.wipo.int/treaties/en/documents/pub423.html。有关文本的中文版，参见中国人民大学知识产权教学与研究中心、中国人民大学知识产权学院：《知识产权国际条约集成》，清华大学出版社 2011 年版。

② 如《保护表演者、音像制品制作者和广播组织罗马公约》、《保护奥林匹克会徽内罗毕条约》、《发送卫星传输信号布鲁塞尔公约》。

③ 孙皓琛：《WTO 与 WIPO：TRIPS 协议框架中的冲突性因素与合作契机之探讨》，《比较法研究》，2002 年第 2 期，第 92 页。

④ 费赫夫、陈少锋：《TRIPS 协议对知识产权高标准保护引发的思考》，《南华大学学报（社会科学版）》，2005 年第 4 期。

确了它与 WIPO 管理下的四个知识产权国际公约（即前面提到的《巴黎公约》《伯尔尼公约》《罗马公约》《保护表演者、录音制品制作者和广播组织的国际公约》《华盛顿公约》(《保护集成电路知识产权的华盛顿公约》）的关系。[①] WTO 与 WIPO 的合作也有助于彼此能力的互补，这种互补主要体现在以下几方面：

（1）WIPO 欠缺有效的执行机制，而 WTO 下的 TRIPS 协定规定了知识产权保护的最低实质性标准和最低执行标准，同时还规定允许对不符合规定标准的成员予以贸易制裁，为国际知识产权的保护提供了有力的保障。

（2）WTO 由于全体一致的决策要求，在新规则制定方面的作用并不显著，而 WIPO 更像是一个规则磋商的论坛，在其中不要求全体一致也不会以贸易制裁相威胁，所以有利于通过强调科技变化的新规则。

（3）WIPO 有着关注发展中国家利益的传统，而 WTO 下的 TRIPS 协定是发展中国家成员对发达国家成员妥协的结果，更多反映的是发达国家的意向。乌拉圭回合后，WIPO 的作用将增强，因为发展中国家成员不愿意接受 WTO 下更高、更具约束性的知识产权规则。

（4）WTO 缺乏大规模管理所需要的人力和技术资源，而 WIPO 拥有知识产权方面的专业人员，并且有知识产权管理的基础。

在现行知识产权国际保护的体制中，WTO 和 WIPO 形成了一种互相利用彼此力量的共存关系。[②] 但是有的学者指出，尽管国际社会已经初步达成了关于 WTO 与 WIPO 之间合作的协定，但仍缺乏实施方面的具体规定，难免会使其沦为一纸空文。因此这种合作关系是否能够为知识产权提供更好的国际保护，仍有待于实践来证明。

《北美自由贸易协定》第 17 章对知识产权制度作出了规定，第 14 条规定了缔约方的一般义务，包括各缔约方应保证在其国内法中提供本章规定的各种执行程序时应避免对合法贸易构成障碍或被滥用，知识产权执行程序是公开的和平等的，司法和行政执行程序中以证据为基础，各当事方享有听证权利，当事人享有法律救济权利。第 15 条规定了民事和行政程序及救济手段，第 16 条规定了临时措施，第 17 条规定了刑事程序，第 18 条规定了边境措施，这些规定都要求缔约方保障当事人的程序权利。

---

① 王建平：《〈TRIPS 协定〉与我国知识产权法衔接研究》，四川大学出版社 2006 年版，第 133 页。

② Frederick M.Abbott, "Distributed Governance at the WTO-WIPO: an evolving model for open-architecture integrated governance", 3 *Journal of International Economic Law* 71 (2000).

二、知识产权制度中的权利冲突问题

保障人权是现代社会的主旋律，但保障人的基本权利，只是一种笼统的表达。而人权的概念是极为丰富的，当然也就存在着各种不同人权之间的冲突以及具有人权属性的权利与基本人权之间的冲突。其中就包括知识产权与其他类型人权之间的冲突，① 主要表现为以下两个方面：

（一）知识产权与基本人权的冲突

知识产权到底是不是人权的争论由来已久，笔者认为，知识产权可以归属于人权的普通类型，具有人权的某些属性，但不在基本人权范畴之内。从操作的角度看，知识产权与基本人权有诸多不同之处，例如保护期限的有无等，所以知识产权与基本人权并不是完全重合的权利，而仅是具有一些人权属性。界定了二者关系之后，由于两种权利一些属性的相互对抗所产生的权利冲突就在所难免了。

1. 知识产权与基本人权冲突的原因

知识产权与基本人权产生冲突的原因是多方面的，但归根到底是由于社会可供资源的局限性导致的不同主张之间的紧张状态。具体可从以下几方面认识：

（1）利益冲突。权利之争的背后必是利益之争。知识产权与基本人权冲突的原因之一就是知识产权持有人与潜在的知识产品需求者之间、发达国家与发展中国家之间的利益冲突。

从国内层面上看，知识产权与基本人权冲突的原因主要是知识产权持有人与潜在的受疾病影响的公众之间存在着利益冲突。当药物专利被少数人持有的时候，就可能因为垄断而产生逐利心理。此时，那些潜在的患者及其近亲属就被药品专利而导致的高治疗价格所威胁和影响，知识产权持有人享有的以其智力成果获取巨额经济回报的利益就与公众享有的维持其身体功能正常运转的健康权之间产生了激烈的冲突。

从国际层面上看，药品专利持有者背后的发达国家与传染疾病较为多见的发展中国家之间存在着利益上的张力。发达国家运用其国际影响力，在多边知识产权条约谈判中将其国内的较高知识产权保护标准转化为条约的知识产权保护标准，同时仅将对其本国有重要经济影响的少数智力成果纳入到条约的保护范围，从而使发展中国家表面上是在

① 何志鹏、崔悦：《人本主义：国际贸易法治的价值导向》，《清华法治论衡》，第 20 辑，清华大学出版社 2014 年版。

遵守条约标准，实质上是在遵守发达国家的标准。发达国家与发展中国家的利益争斗在很大程度上还表现为发达国家肆意掠夺和无偿利用来自发展中国家某些土著居民或者少数民族、地区的传统知识（例如传统医药）、遗传资源（例如某些植物及其利用）以及民间文学艺术（例如非洲手鼓）。这些传统知识、遗传资源以及民间文学艺术等发展中国家具有优势的传统资源，在发展中国家的积极主张和努力推动之下，现在已经成为备受关注的知识产权的一部分，并被确认为有助于提升这些国家的发展。而这些都可以涵盖到被划入到第三代人权范围的文化权与发展权。

（2）价值冲突。知识产权制度所追求的效率价值与广大社会公众所追求的平等价值之间的冲突也是造成知识产权与基本人权冲突的原因之一。知识产权制度所追求的效率价值实际上表现为两个方面。一方面，知识产权通过激励机制促进知识产品的生产，最大限度地鼓励智力创造活动，建立妥善的产权制度，合理配置权利人的私人收益与社会总体利益之间的关系，最终达到知识产权所有者与社会公众之间的平衡。知识产权法律制度的目标就在于通过对私人赋予有限时间内的垄断，使其在未来实质上进入公共领域，既保证发明创造者自身的利益，促动其积极性，同时也保证社会整体的科技进步。另一方面，知识产权制度的效率体现在该制度设计能否实现其立法的目标，即通过激励少数智力成果创造者的积极性从而增加社会知识产品的总量，满足大多数社会公众获取知识利益的需要，最大限度地实现社会公共福利。一个良好、有效的知识产权制度应该完美地体现两种效率的统一，不能偏废任何一方。① 因此可以看出，如果要实现知识产权制度的第二种社会效率目标，必须要以社会公平为前提。所以知识产权制度应该与其他法律制度一样，要不断追求促进效益与维护公平的和谐统一。然而，在当前，以知识产权保护标准的全球化为代表的知识产权权利过度扩张，表明了现代知识产权制度对经济效率价值的极力追求。发达国家总是力图证明，现代知识产权制度是实现社会效益目标及公共福利最有效率的手段，应该大力提倡，并强行施加于发展中国家，而没有充分考虑国家间的贫富差距和地区间的差别。这种倾向导致国家间在经济、科技等方面的差距加大，而与知识产权制度的终极目标相背离。这实际上是偏废了知识产权制度的社会效益，损害了该制度的平等价值，导致公平与效率之间的紧张与对抗。②

2. 知识产权与基本人权冲突的具体表现

知识产权与基本人权的冲突是国际知识产权秩序的核心问题，也是国际知识产权法

① 王培舒：《知识产权与人权的联系、冲突与协调发展》，2007 年吉林大学博士学位论文，第 119~120 页。

② 王培舒：《知识产权与人权的联系、冲突与协调发展》，2007 年吉林大学博士学位论文，第 121~122 页。

治的关键方面。当前这一领域的具体问题包括：

（1）知识产权与健康权的冲突。知识产权与健康权的冲突主要表现为药品专利权与社会公众的健康权之间的冲突。由于发达国家与发展中国家经济、科技水平的差异，发达国家在药品专利领域占有着绝对的研究优势。基于专利药品的开发成本十分巨大，所以发达国家的药品专利权所有人常常要求发展中国家支付高额的专利许可使用费，以此来激励药品专利成果的继续研发。然而，那些需要专利药品来治疗本国民众的发展中国家往往无力支付高额的专利许可使用费，直接的后果就是这些国家民众的健康受到极大损害。基于这种私人利益与公共利益之间的冲突，继《多哈宣言》之后，TRIPS 协定对公共健康问题进行了更多考量，协定第 8 条规定了强制许可措施。同时，药品专利权的保护可能导致垄断药品的市场价格。要保障药品价格处于可承受的水平，成员国还可以自由采用平等进口，以解决可能出现的药品价格过高的问题。

（2）知识产权与发展权的冲突。《联合国宪章》第 55 条规定以及两项主要人权公约都有关于发展权的规定。1986 年，联合国通过了《发展权利宣言》，其第 1 条宣布“发展权是一项不可剥夺的人权，由于这种权利，每个人和所有各国人民均有权参与、促进并享受经济、社会、文化和政治发展，在这种发展中，所有人权和基本自由都能获得充分实现。”《发展权利宣言》把经济、社会、文化权利和政治权利一炉共冶，构成了连接各人权条约的纽带。然而，TRIPS 协定所确立的最低标准对于大多数发展中国家而言，必须要采取不符合其经济发展要求的高强度的法律制度。[①] 这种做法似乎仅对发达国家有利，而损害了发展中国家的发展权。另外，以国际技术转让为例，发展中国家为促进其本国经济健康快速的发展往往希望通过政府干预保护技术让人利益，而发达国家更愿将促进技术转让视为鼓励技术发明的必要手段，以免过分干预或限制技术转让而抑制人们的发明创造热情。在经济全球化趋势下，尽管过于保护跨国公司技术转让人的知识产权利益会限制发展中国家及其公众对创新知识的利益分享，乃至抑制其发展权实现，但发达国家出于战略考虑，往往片面强调知识产权保护对于知识创新的重要性。[②]

（3）知识产权与隐私权的冲突。[③] 隐私权（privacy）的理念是由美国人沃伦和路易斯·布兰代斯在 19 世纪以私人信件的法律保护为基础而提出的。其最初的含义是“个人

① 梁志文：《知识产权与人权关系的断想》，《中华商标》2007 年 8 月。
② 胡朝阳：《知识产权与人权的价值冲突与统一》，《学海》，2008 年第 6 期。
③ 杨明、肖志远：《知识产权与人权：后 TRIPS 时代的知识产权国际保护》，《法律科学（西北政法学院学报）》，2005 年第 5 期。

生活安宁不受干扰（right to let alone）”，属于一种消极权利。当前，隐私权的内容已经变得非常丰富，而且其法律意义也受到了广泛的关注。其现代含义具有相当的积极意义，包括“信息隐私权”和“资讯隐私权”。在后工业社会的背景下，社会在现代科技的裹挟之下，并没有给予公民隐私权越来越高水平的保护，而是使得隐私权变得越来越重要和紧迫。其中尤以大数据和“人肉搜索”（电子信息技术）、基因技术和大众传媒的发展为甚，这些技术对于公众而言，既有可能带来一些便利，但也可能意味着沉重的负担和潜在的风险。隐私权的要义是私人或工商业上不欲人知的事实受到法律的保护，但是，在信息经济的时代，信息具有商业价值，有可能被商业化利用。这就导致人们对于有关自身信息的控制权受到侵蚀，使得人的安宁，甚至安全在高新技术的面前处于不稳定的状态。

隐私权在知识产权领域的问题上主要有两个方面：第一，数据库的法律保护；第二，基因的法律保护。就数据库的法律保护而言，在传统上主要以版权法和反不正当竞争法为手段，二者保护的保护层面和保护程度不同。电子数据库整合了计算机、信息和通信技术，为知识产权保护体系带来了新的挑战和问题，也因而产生了新的数据库特殊权利。数据库中的具体内容，不仅涉及作品的版权，也涉及个人数据的隐私权，数据库的使用，特别是商业使用将对这些已存在的权利构成严重障碍。在中国，一些商家对顾客的数据予以泄漏，已经带来了一些社会问题，轻则构成了广告信息泛滥，对人们的安宁生活构成干扰，重则构成了诈骗，特别是基于互联网的诈骗，不仅会给受害人带来损失，而且很难抓到实施者的踪迹。这就是信息时代的隐私权弊病。就基因的法律保护而言，鉴于基因技术已成为当今社会中高新技术体系的重要组成部分，涉及基因的研究成果就可以在专利保护的层面予以法律保护。从积极的方面看，专利制度可以通过保护发明创造专利权来鼓励技术创新、推动高新技术产业化、促进科学技术的发展；从消极的方面看，专利制度催生了某些引致社会不稳定的道德风险。例如，基因技术的开发者可能非法获取他人的基因信息，并通过疾病或者基因中存在的弱点控制相关人员，也难以否认某些掌握此种基因信息的人或机构利用基因从事歧视性或者具有非法目的的行为。

（4）知识产权与环境权的冲突。[①] 环境权是公民所具有的一种资格或主张，其客体和对象是维护和利用环境资源，由此所取得物质和精神上的利益。环境权已经成为基本人权的一部分，与生存权联系密切。知识产权和环境权之间的冲突主要表现在生物多样

① 杨明、肖志远:《知识产权与人权：后 TRIPS 时代的知识产权国际保护》,《法律科学（西北政法学院学报）》, 2005 年第 5 期。

性和生物技术两个方面。生物多样性不仅是生物圈健康发展的重要基础，而且是一个社区与民族国家的经济、文化资源财富。如果能够保证生物多样性，则有利于生命维持系统的进化与保持，避免生物种类过少而给世界带来的单一性、脆弱性风险。因为越是拥有丰富多样的生物，就越有可能保证整个生态系统的安全，而薄弱的生态系统就更容易恶化和衰败。与此同时，生物多样性还具有重要的社会经济、教育、文化、娱乐、美学以及生态、遗传价值，对于中国而言，旅游资源、生物制药、食品和科技发展与生物多样性的关系特别密切。因而，确认和保护生物多样性现已成为全人类共同关注的问题之一。但是，现有的知识产权体系由于存在着结构性的缺陷，对环境资源，特别是传统生态的维护与促进能力不足。尽管土著地区和地方社区保存了很多有益的传统生态知识与技术，这些知识与技术对于生物多样性、环境与资源的可持续利用，甚至人类生存都具有十分重要的贡献和价值，然而这些传统生态知识与技术很可能无法满足当今专利法律规范所确立的授予专利权的条件。此时出现的矛盾就是，长期葆有和利用这些传统知识的土著居民难以通过知识产权体系获得法律的保护，而发达国家的一些商家却可以凭借其技术与资金优势来开发利用这些传统生态知识与技术。更为令人痛心的是，这些富裕的企业通过微小的创新而对传统知识获得专利权，由此享受到商业利益，土著居民却无利可图。这种情况的不利后果显而易见：专利权所带来的潜在利益刺激不仅会导致这些资源被过度开发，造成生态平衡的破坏，还有可能使得拥有专利权的商家限制或禁止传统社区内的土著居民使用这些传统生态知识，形成技术壁垒。另一方面，知识产权制度（主要是专利制度）对生物技术中的基因技术的发展起着积极的作用：其一，专利制度具有鼓励基因技术创新的作用；其二，专利制度具有促进基因技术产业化的作用。但是，基因技术是一种保存着多种可能，极有可能带来福音，也有可能带来威胁的技术。从优势上说，基因可以排除缺陷，造就更适当、更优质的生物。从缺陷上说，转基因生物究竟有什么后果，人类并不了解。因此，基因技术存在着破坏环境，甚至生物圈的潜在可能。

（5）知识产权与言论自由的冲突。知识产权与言论自由的冲突主要表现为版权保护与言论自由的冲突。言论自由不仅保护公民的自由表达，而且更重要的是保证公众获取和传播这种自由的表达。换言之，言论自由既保护“说者之意”，又保护“听者之心”。而版权是保护作者对其独创性表达的占有和使用，虽然其立法目标和宗旨上也是最终为了使广大公众获取信息，但权利保护形式是对信息的独占和专有。这必然会出现公众与权利人对某些信息使用上的矛盾。为了行使言论自由，公众有权使用和传播某些言论和信息，而这些言论和信息的创造者可能出于经济上的利益总是希望阻止他人利用，从而通过垄断性的使用来获益，此时版权的享有与言论自由是冲突的。[①]

（二）第二代人权之间的冲突

这里主要指的是经济权利之间的冲突，这种冲突在欧盟法律体系中表现得较为明显。欧盟的各成员国国内均有关于知识产权的立法，而这些立法对知识产权的保护标准大多数都是不相同的，这就有可能会使成员国以本国的知识产权保护为理由来限制贸易的自由流动，这与旨在形成共同市场的欧盟的政策目标是相违背的。而欧洲法院在处理一系列关于此种冲突的案件过程中，也并没有采取一刀切的处理方式，而是运用法律解释的方法在不同的案件中侧重不同的经济权利，力图将二者之间的冲突进行协调，而不是进行单纯的选择。

三、现行知识产权秩序中的发展问题

在现行的知识产权秩序中，除了可能存在的国家安全等方面的问题之外，[②]最值得关注的是不同发展程度的国家之间的差距。发展中国家因自身发展水平的束缚，在知识产权创新与占有方面与发达国家相比仍处于相对弱势的地位，这使得发展中国家在面对急需知识产权才能解决的社会问题时显得无能为力。在与贸易有关的知识产权方面，TRIPS协定树立了一套很高、很严格的标准，受到了很多发展中国家成员的反对。[③]在多哈会议以后，WTO关于知识产权的规范实际上在试图放宽、确立例外。虽然近年来发展中国家在知识产权保护问题上维护自身利益的呼声在不断增强，主动参与知识产权国际规则制定的意识明显提高，在某些知识产权领域取得了一些成就，[④]但有研究针对WTO的争端解决实践认为，实际上并无对于发展中国家提出知识产权保护要求的裁决。[⑤]或者认为可以通过解释TRIPS协定的方式取得弥合发达国家与发展中国家之间鸿沟的效果，[⑥]但这种

---

① 王培舒：《知识产权与人权的联系、冲突与协调发展》，2007年吉林大学博士学位论文。

② Jernudd，Sigrid Ursula. "China，State Secrets，and the Case of Xue Feng: the Implication for International Trade"，12 *Chicago Journal of International Law* 309（2011）.

③ 吴汉东：《知识产权的私权与人权属性——以〈知识产权协议〉与〈世界人权公约〉为对象》，《法学研究》，2003年第3期；何志鹏：《知识产权与国际经济新秩序》，《法制与社会发展》，2003年第3期（人大复印资料《国际法学》，2003年第5期；《中国国际法学精粹·2004年卷》，高等教育出版社2004年版）；黄玉烨：《知识产权利益衡量论——兼论后TRIPs时代知识产权国际保护的新发展》，《法商研究》，2004年第5期。

④ Rachel Brewster，"The Surprising Benefits to Developing Countries of Linking International Trade and Intellectual Property"，12 *Chicago Journal of International Law* 1（2011）.

⑤ Molly Land，"Rebalancing TRIPS"，33 *Michigan Journal of International Law* 433~480（2012）.

⑥ Patricia L. Judd，"Toward a TRIPS Truce"，33 *Michigan Journal of International Law* 821~861（2012）.

视角显然是片面的，我们不得不承认，国际知识产权秩序仍面临着一些不利于发展中国家发展而亟须解决的问题，特别是药品专利、传统知识和滥用知识产权问题。[①]

（一）药品专利

传染病和全球健康问题也是受到广泛关注的世界性难题。[②] 广泛的药品商标和专利对于发展中国家的公共健康而言，可能是一种威胁。如何保证发展中国家的传染病人获得必要的药品和治疗，是国际经济法必须认真面对的问题。[③] 现在的国际经济体制已经在这个领域进行了一些努力，虽然其效果还有待于进一步研讨。[④]

1. WTO 在公共健康领域的突破

发展中国家的健康危机引发了国际社会对专利制度的深度思考，特别是导致了国际社会对 TRIPS 协定框架下的专利保护制度的热烈讨论。[⑤] 面对每年 1 400 万人死于传染性疾病的严峻现实，WTO 的合法性越来越受到挑战：是维持 TRIPS 协定对药品专利的高标准保护而漠视人们的生命权，还是与时俱进发展 TRIPS 协定中关于强制许可的规定为维护公共健康提供法律便利？ WTO 明智地选择了后者。[⑥] WTO 分别于 2001 年和 2003 年以部长级会议通过的《TRIPS 协定与公共健康多哈宣言》和总理事会通过的《关于 TRIPS 协定和公共健康的多哈宣言第六段的执行决议》对 TRIPS 协定进行了最新的发展。[⑦]

经过发展中国家成员和最不发达国家成员的共同努力，2001 年的《TRIPS 协定与公共健康多哈宣言》（以下简称《多哈宣言》）为发展中国家成员和最不发达国家成员所面临的公共健康问题提供了一个有效的解决途径。《多哈宣言》的核心是第 4 段，其规定："我们同意 TRIPS 协定不会也不该阻碍成员国采取行动保护其公众健康。因此，虽然我们重申支持 TRIPS 协定的立场，我们也申明该协定可以也应该被诠释与实践来支持 WTO 会员国保护公共健康之权利，特别是增进获得医疗药物之机会。就此关系，我们重申 WTO 会员国完全有权使用为此目的提供弹性的 TRIPS 协定条款。"

这充分说明了 TRIPS 协定在公共健康保护方面的立场，即 TRIPS 协定的实施应当维

① 何志鹏：《知识产权与国际经济新秩序》，《法制与社会发展》，2003 年第 3 期。
② 参见李少军主编：《当代全球问题》，浙江人民出版社 2006 年版，第 190~211 页。
③ Valentina S. Vadi，"Trade Mark Protection，Public Health and International Investment Law：Strains and Paradoxes"，20 *European Journal of International Law* 773（2009）.
④ 李春林：《贸易自由化与人权保护关系论争：评析与反思》，《当代世界社会主义问题》，2014 年第 2 期。
⑤ 冯洁菡：《公共健康危机与 WTO 知识产权制度的改革——以 TRIPS 协议为中心》，武汉大学出版社 2005 年版，第 59 页。
⑥ 冯洁菡：《全球公共健康危机、知识产权国际保护与 WTO 多哈宣言》，《法学评论》，2003 年第 2 期。
⑦ 曹建明、贺小勇：《世界贸易组织》（第二版），法律出版社 2004 年版，第 289 页。

护公共健康，尤其是要让所有的人不因贫穷或药品专利权的保护而不能使用需要的药品。其所提供的弹性主要包括以下几方面：

（1）对 TRIPS 协定应当按照其目标和原则所表达的宗旨和目的来解释；

（2）成员国有权授予强制许可并自由决定强制许可的理由；

（3）成员国有权决定何种情况构成国家的紧急危难或其他极端紧急的情况；

（4）在遵循最惠国待遇原则和国民待遇原则的条件下，成员国有权自由确定权利用尽的范围。同时，《多哈宣言》由于考虑到许多发展中国家根本不具备或者严重缺乏医药生产能力，尚不能有效利用强制许可措施，因而将最不发达国家在医药产品方面履行 TRIPS 协定有关义务的过渡期延长至 2016 年，并责成 TRIPS 理事会探讨该问题的解决办法，在 2002 年年底之前向总理事会汇报。《多哈宣言》承认了国家采取措施维护公共健康是不可减损的权利，在解决专利药品可及性方面取得了重大进展，使发展中国家成员可以利用协定的弹性条款维护本国公民的公共健康，在解决未来的争端中可以适用，在和发达国家以及跨国公司的冲突方面能有法可依。[①]

依照《多哈公共健康宣言》，在 2003 年通过了《关于 TRIPS 协定和公共健康的多哈宣言第六段的执行决议》（以下简称《多哈公共健康宣言及其第六段执行决议》），在该决议中明确了医药产品的范围、符合条件的进口成员的范围、出口成员被免除 TRIPS 协定第 31 条（f）项下义务的条件、出口成员颁发强制许可的条件、进口成员的义务（如防止进口的药品再出口）等内容，承认在符合一定程序条件下，缺乏或无制药能力之会员可以进口必要医药产品，其范围应以治疗艾滋病、疟疾、肺结核及其他流行病等传染病之医药产品为主。这一决议给缺乏药品生产能力的不发达国家利用强制许可制度获得廉价专利药品提供了便利，移除了当前制度下的进口障碍，也解决了发达国家最关心的平行进口问题。

2. 公共健康领域仍然存在的问题

有学者认为，在发展中国家，通常阻止重要药品获得的更多是贫穷，而不是专利政策。[②] 贫穷固然是阻碍发展中国家和最不发达国家获得专利药品的一个因素，但是，也恰是专利药品的超高价格突显了这种贫穷。在由复杂深刻历史原因造成的南北贫富差距面

① 王培君、陈帮锋：《〈多哈宣言〉中药品知识产权保护及其正当性——以公共健康危机为切入点》，《河南科技大学学报（社会科学版）》，2006 年第 1 期，第 106 页。

② Amir Attaran, "How Do Patent and Economic Plicies Affect Access to Essential Medicine in Developing Countries", *Health Affairs*, May/June 2004, p. 155.

前，表面上要求平等的知识产权国家保护实质上造成了不平等，不顾及历史渊源和当前差距而对两类国家适用一种标准，对国内和外国知识产权要求同等保护，带来了严重的利益失衡。这种将一种规则适用于所有国家的做法严重损害了发展中国家的福利和发展机会，其保护的天平已经严重倾向了保护知识产权持有人的私人利益，而不是促进对知识产权和技术的创新、使用和传播，促进竞争和发展，知识产权所体现的基本价值和目标已经发生了偏移。①

如何在发达国家的制药企业追求高额垄断利润的商业需求与贫穷国家患者追求生存与健康的权利之间保持平衡是亟待解决的问题，TRIPS 协定为平衡两者之间的利益建立了两方面的制度：

（1）对药品专利保护的邮箱制度和独占销售权制度。该制度要求目前尚未对药品和农业化学品提供专利保护的国家，必须有一套切实可行的行政程序用于药品专利申请的受理、审查和类似专利保护，使其不致丧失新颖性，可待特定过渡期满再授予真正的专利，而且在有关药品被许可销售或得到专利或被拒绝授予专利之日起 5 年内给予其独占销售权。

（2）对基本人权保护的强制许可制度。TRIPS 协定规定成员国可采取必要措施保护公共健康，在符合协定规定的条件下实施强制许可，消除滥用知识产权带来的消极影响。

前一制度显然是为维护发达国家制药企业的利益而设立的，后一制度从表面上来看是为满足贫穷国家对专利药品的需要而设，但 TRIPS 协定第 31 条（f）项对强制许可制度做出了限制，虽然通过的《多哈公共健康宣言及其第六段执行决议》使得发展中国家成员有权且能够实施强制许可制度，而事实上，当发展中国家成员的政府试图降低药品的价格以保护其国民的公共健康时，却面临着来自发达国家和跨国医药公司的强大压力。② 也就是说，发展中国家成员仍然面临着是否能够真的将强制许可制度付诸执行的问题。③

同时 TRIPS 协定第 27 条规定："专利应适用于所有技术领域中的任何发明，不论它是产品还是方法，只要它具有新颖性、创造性和工业适用性即可。"这样，20 年保护期就有可能被滥用于延长价格垄断，因为跨国药业公司可利用生产过程专利和药品使用形式、计量形式和混合形式专利，而延长某药品的专利保护期。这就使发展中国家成员要获得急需的药品专利更是举步维艰。在发展中国家成员保护公共健康所需的药品都不能

① 冯洁菡：《公共健康危机与 WTO 知识产权制度的改革——以 TRIPS 协议为中心》，武汉大学出版社 2005 年版，第 206 页。
② 冯洁菡：《公共健康危机与 WTO 知识产权制度的改革——以 TRIPS 协议为中心》，武汉大学出版社 2005 年版，第 65 页。
③ Daniel R. Cahoy，" Breaking Patents"，32 *Michigan Journal of International Law* 461~509（2011）.

供应的、人民的生存权都难以保障的情况下，那何谈发展呢？最后的结果只能是南北差距进一步拉大。

（二）传统知识

如果说在知识产权领域应当体现出文明间共存和可持续发展的目标的话，主要的努力方面和方向是提升传统知识的保护，从而为更多的土著民族带来机遇。

1. 传统知识（traditional knowledge）领域的成就

传统知识的概念在20世纪末才开始出现于世界知识产权组织（WIPO）文件中。根据WIPO的定义，“传统知识是指基于传统产生的文学、艺术或科学作品，表演，发明，科学发现，外观设计，标志、名称和符号，未披露信息，以及一切其他工业、科学、文学或艺术领域内的智力活动所产生的基于传统的创新和创造。”WIPO于2001年发布了《传统知识持有者的知识产权需要和期望：WIPO知识产权和传统知识事实调查团报告》，将传统知识分为六大类：（1）民间文学艺术表达（包括创作和表演）；（2）传统科技知识（包括生活知识）；（3）传统标记（包括符号和名称）；（4）与传统知识相关的生物资源；（5）有形文化财产（可移动和不可移动的）；（6）传统生活方式及其要素。

传统知识涉及的文学艺术、医药、生物等领域，无一不与知识产权休戚相关，其中既涉及一国的传统文化又蕴含着巨大的经济潜力。[①] WIPO知识产权与传统知识、遗传资源、民间文艺政府间委员会认为，保护传统知识的目标应该是承认价值、促进尊重、满足传统知识持有人的实际需要、对传统知识持有人授予权利、支持传统知识体系、致力于传统知识的保护、制止不正当和不公平利用、鼓励革新和创造、促进知识和技术交流、促进公正的利益分享、杜绝授予无效知识产权等。[②]

近年来，WIPO政府间委员会等国际组织取得的这些重要成果，将保护传统知识领域的实践经验、法律资料和政策思想有机地结合在一起，为进一步开展更加协调一致、重点突出的国际工作奠定了坚实的实践与理念基础。2003年6月，WIPO与欧洲专利局、非洲知识产权组织在日内瓦召开会议，同意为传统知识发明和商业方法专利在《国际专利分类表》（IPC）中创建新的、以植物使用为基础的传统药物信息类目，便于国际检索和查找各技术领域的专利信息。2003年10月，在WIPO大会的要求下，政府间委员会举行了专门会议，决定采取具体措施，将工作重点放到知识产权与遗传资源、传统知识

---

① 詹驰：《TRIPS背景下我国传统知识的保护策略》，《河南社会科学》，2005年8月（增刊），第99页。

② 参见 http：//www.sipo.gov.cn/sipo/tz/ctzsbhzc.doc。

和民间文学艺术的层面上，在国际范围内开展基础性工作。政府间委员会在会议期间还编拟了两套涉及传统知识和民间文学艺术表现形式的核心文件，作为保护传统知识和传统文化表现形式的国际框架。委员会还审议了加强防范性保护措施以保护传统知识和遗传资源，防止非法取得专利等具体问题。

2. 现行知识产权体系在传统知识方面的问题

从现行的知识产权保护体制来看，是否对传统知识给予知识产权保护以及给予何种程度的保护，发达国家和发展中国家一直存在争议。传统知识的“原生态”性注定了富有此类知识者主要为发展中国家，那么发展中国家必然要求对传统知识进行保护，而发达国家基于传统知识的相对匮乏和传统知识所蕴含的大量商业利益，利用现代知识产权制度最大限度地控制其赖以获取市场利益的新技术和新产品的同时，却从制度上排除传统社会的文化资源来获得知识产权等法律保护的可能性。这也反映了一直以来发达国家和发展中国家对知识产权保护的态度，前者强调维护其既得利益的重要性，而后者则较注重国内社会公众的利益。①

现在传统知识处于被牟利使用却无法得到有效法律保护的困境之中。在现实中，传统知识被不断滥用。在一些发展中国家或落后地区，土著居民基于千百年的经验而积累下来的传统知识被无偿利用，不仅得不到保护，甚至还成了别人的专有财产。盗用传统知识是一个全球性问题，常常涉及在一个国家获取传统知识，到另一个国家申请专利，国内法的域内效力决定，单单此类法律无法有效保护传统知识。死藤水案就是这方面引人注目的一例。② 在法律上，传统知识没有得到应有的保护。传统知识在基本原则和理论

① 朱翠微：《从发展中国家视角看全球化时代知识产权的国际保护问题》，《南京师大学报（社会科学版）》，2006 年第 3 期。

② 数个世纪以来，亚马逊盆地土著部落的萨满教术士都用名为 Banisteriopsis caapi 的藤本植物的树皮，并混入其他热带雨林植物，来制造一种称为死藤水（ayahuasca）的具有致幻作用的饮料。此种饮料广泛应用于宗教及治疗仪式上，用以诊断和治疗疾病、与神灵相会及占卜，当地土著居民把这种植物看成是其宗教和文化的象征。1984 年 11 月 7 日，美国科学家 Loren S. Miller 提交了一份植物专利申请，1986 年 6 月 17 日获得了美国植物专利（第 5751 号）。其申请声称，发明了一种名为“Da Vine”、药用价值显著的新藤皮植物。Miller 称，他是在南美亚马逊热带雨林的一个家庭花园获得此种植物样本的。1994 年，亚马逊盆地土著组织协调机构（COICA）发现了 Miller 的这项专利。由于亚马逊地区的土著居民认为，该专利的授予是私人窃取了属于亚马逊地区众多土著居民的神圣的、用于宗教和治病仪式的名为 Banisteriopsis caapi 的藤本植物而获得专利权的，并开始抵制这一专利。1999 年 3 月 30 日，国际环境法律中心（CIEL）遂代表 COICA 以和亚马逊民族及其环境联盟（Amazon Coalition）这两个亚马逊地区的印第安人组织向美国专利商标局提出了对该植物专利的再审请求。随后，美国专利局驳回了 Miller 的这项植物专利。但是，美国专利局在 2000 年根据 Miller 的申请对这项专利进行再审，2001 年恢复了此项专利（2003 年到期）。U.S. Patent PP5，751；Leanne M. Fecteau，“The Ayahuasca Patent Revocation: Raising Questions About Current U.S. Patent Policy”，21 *Boston College Third World Law Journal* 69（2001）。类似的案件还包括印度的“楝树案”和“姜黄案”、南非的“Hoodia 仙人掌案”等，这些事例让人们看到，西方发达国家所倡导并推向世界的知识产权制度为生物剽窃打上了“合法”的标签。杨新莹：《论知识产权制度下如何规制“生物剽窃”行为——以国际法和国内法为视角》，《河北法学》，2010 年第 11 期；张磊：《论土著居民传统生物技术利益的保护——以“死藤水案”为例》，《中国石油大学胜利学院学报》，2009 年第 1 期。

上具有获得知识产权的可能性，但在具体的立法中，是否可以用知识产权法对其予以保护却是个难以回答的问题。发达国家一方面高调主张保护知识产权，并采取缔结国际公约、推进国内立法、严格国内执法等一切可能手段，加强对源于本国、本国国民的知识产权保护；另一方面，却不愿给予传统知识以知识产权保护。同时，世界上的各种多边知识产权条约也未将传统知识纳入其保护范围。作为目前世界上保护知识产权范围最广、纪律最严明的协定，TRIPS 协定的出发点和归宿仍然仅仅是要保护现代文学艺术、科学技术成果的贸易价值和经济利益，却忽视了传统文化的价值与作用。WTO 中的发展中国家成员曾强烈要求将传统知识纳入 TRIPS 协定下，用专利法予以保护，但遭到发达国家的反对。鉴于南北国家在 WTO 框架内争执不下，一些发达国家成员试图将传统知识保护的谈判场所转移至 WIPO 之中。但因众多发展中国家成员在 WIPO 框架内采取的集体行动，使得发达国家成员的企图再度受挫。为了避开发展中国家成员集体抗争的锋芒，发达国家成员近几年来又将谈判场所转移至双边谈判框架内。① 美国逐渐在双边谈判框架内成功迫使一些发展中国家成员接受美国提出的传统知识保护主张，如 2004 年的《美国－多米尼加－中美洲自由贸易协定》、2005 年的《美国－秘鲁贸易促进协定》和 2006 年的《美国－哥伦比亚贸易促进协定》。这些协定已率先迫使发展中国家承认：发明人在专利申请过程中无义务披露传统知识来源、提供有关事先知情同意和惠益分享的证据；通过合同方式就可以充分保护传统知识。②

针对发达国家成员所采取的做法，在 WTO/WIPO 框架内发展中国家成员所努力形成的原有整体立场将受到严重威胁，由该集体立场所衍生出来的谈判实力也将随之减弱。接下来产生的后果就是发展中国家成员的传统知识得不到承认和保护，继续为发达国家成员所利用，那么对于知识产权持有量本来就相对较少的发展中国家来说无疑是雪上加霜。③

（三）防止滥用知识产权

1. 在防止滥用知识产权方面取得的成就

滥用知识产权，是相对于正当行使知识产权而言的，它是指知识产权的权利人在行使其权利时超出了法律所允许的范围或者正当的界限，导致对该权利的不正当使用，损

① 魏艳茹：《晚近美式自由贸易协定中的传统知识保护研究》，《世界知识产权》，第 17 卷，第 88 页。

② 魏艳茹：《晚近美式自由贸易协定中的传统知识保护研究》，《世界知识产权》，第 17 卷，第 87 页。

③ Gurdial Singh Nijar, "Traditional Knowledge Systems, International Law and National Challenges: Marginalization or Emancipation?", 24 *European Journal of International Law* 1205~1221 (2013).

害他人利益和社会公共利益的一种行为。①

在很多保护知识产权的国际条约中对知识产权滥用问题都做了规定，如TRIPS协定第8条第2款②和第40条第2款③。其规定说明了TRIPS协定在防止知识产权滥用问题上的立场：一是防止知识产权滥用符合保护知识产权的宗旨；二是各国可以自己采取措施来防止知识产权滥用；三是各国防止知识产权滥用的措施不得违背TRIPS协定的其他规定。④《巴黎公约》第5条A款第2项规定："本同盟各成员国都应有权采取立法措施规定颁发强制许可证，以防止由于行使专利所赋予的独占权而可能产生的利弊，例如不实施专利权。"第5条A款第3项规定："在颁发强制许可证后仍不足以防止专利权人对专利滥用的情况下，可以宣布专利无效。"

2. 在防止滥用知识产权方面仍然存在的问题

由于知识产权的垄断性特征，以及知识产权所有人和使用者的法律地位因目前强调知识产权保护而存在的差异，使得知识产权所有人很容易滥用其权利而导致垄断的后果。如果不能正当地利用知识产权，就不会合理地发挥知识产权的价值，会使知识产权从一种可供服务于社会福利的财产权变为攫取巨额垄断利润的单纯手段，进而严重妨碍社会发展。例如微软等公司在软件方面的长期垄断就对知识进步构成了阻碍，因为软件保护是按照版权法进行的，保护期限是出版或完成后50年，⑤而软件的更新换代速度几乎可以达到5年一代，由此，此种保护对于软件行业显然过高、过严，限制了技术的进步。从这个意义上讲，微软公司遭受欧盟的压力，要求放开授权之类的做法完全是可以理解的。⑥

现有的知识产权保护制度在权利扩张与权利限制之间制度设定的不平等，包括授予广泛的专利权、延长保护期限、限制为公共利益而采取限制措施的范围以及在发明和发现之间日益模糊的界线，都为知识产权的滥用创造了条件。同时，现有的国际标准注重

① 乔生、陶绪翔:《我国限制知识产权滥用的法律思考》,《现代法学》，2005年第1期;韩勋:《浅议知识产权滥用的认定》,《知识经济》，2011年第6期。

② "为了防止权利所有人滥用知识产权，或者采用不合理地限制贸易或对技术的国际转让有不利影响的做法，可以采取适当的措施，但以这些措施符合本协议的规定为限。"

③ "本协定的任何规定均不得阻止各成员在其立法中明确规定在特定情况下可构成对知识产权的滥用并对相关市场中的竞争产生不利影响的许可活动或条件。如以上所规定的，一成员在与本协定其他规定相一致的条件下，可按照该成员的法律法规，采取适当的措施以防止或控制此类活动，包括诸如排他性返授条件、阻止对许可效力提出质疑的条件和强制性一揽子许可等。"

④ 金武卫:《关于防止知识产权滥用的立法思考》,《中国发明与专利》，2008年第9期，第19页。

⑤ 参见TRIPS协定第10、12条。

⑥ Sujitha Subramainan, "EU Obligation to the TRIPS Agreement: EU Microsoft Decision", 21 *European Journal of International Law* 997 (2011).

的是对知识财产的占有而不是传播，因而容易成为垄断竞争和阻碍发展的工具，尤其是在发达国家和发展中国家的竞争与发展之间。现行的知识产权制度在很大程度上有利于发达国家的竞争利益，而以牺牲发展中国家的发展为代价。①

虽然TRIPS协定第40条和第8条第2款规定对知识产权滥用可采取一定的措施，然而，应当注意到的是第40条和第8条第2款的目的不是确定何谓滥用行为或者确定必须采取的救济措施。从这个意义上说，TRIPS协定中的竞争条款是允许而非命令，当然这些条款也没有包括应对反竞争行为的具体标准。②

四、国际知识产权制度法治化改进的策略

近年来，知识产权国际规则的制定和发展有如下两方面的趋势：一是发达国家正在加紧推动"世界专利"的进程。所谓"世界专利"，就是要改变现有模式，由一个国际组织或者某几个国家的专利局统一授予专利权，在世界各国均能生效，各国不再进行审批。这种"世界专利"制度显然对发展中国家不利。另一方面，发展中国家在知识产权保护问题上维护自身利益的呼声在不断增强，主动参与知识产权国际规则制定的意识明显提高。③ 面对这种趋势，发展中国家要获得持续发展，不但要通过自己的努力维护自身的知识产权利益，而且要呼吁国际社会给予更多的帮助。

（一）发挥国际组织的作用

1. 药品专利方面

国际组织在药品专利方面应发挥两方面的作用：一是资金方面的援助。对主要与发展中国家有关的一些疾病（如疟疾和Sleeping Sickness），制药企业并不会投资研发治疗这些疾病的新药，因为患者根本支付不起药费。④ 唯一可行的办法是增加对药品研发国际援助资金的投入量，⑤应该建议世界银行和国际货币基金组织更直接地为解决HIV/AIDS

---

① 冯洁菡：《公共健康危机与WTO知识产权制度的改革——以TRIPS协议为中心》，武汉大学出版社2005年版，第206页。

② Robert D. Anderson, "The Interface between Competition Policy and Intellectual Property in the Context of International Trading System", 1 *Journal of International Economic Law* 661 (1998).

③ 郑成思：《国际知识产权保护和我国面临的挑战》，《法制与社会发展》，2006年第6期，第7~8页。

④ Frederick M.Abbott, "The Doha Declaration on the TRIPS Agreement and Public Health: Lighting a Dark Corner at the WTO", 5 *Journal of International Economic Law* 473 (2002).

⑤ 杨军：《医药专利保护与公共健康的冲突研究》，北京大学出版社2008年版，第33页。

提供资助，使其更关注公共健康的需要。① 二是道义上的援助。现在有很多国际组织都很关注发展中国家的公共健康问题，如联合国贸易与发展大会已经开始关注执行 TRIPS 协定所带来的影响，为联合国的发展中国家成员以有利于公共健康利益的方式执行提供建议。联合国人权高级委员会很关注 TRIPS 协定的效力，认为知识产权的保护有人权的利益，特别是健康权。② 非政府组织在推动发展中国家成员在 WTO 和 WHO 中的利益时起了决定性的作用。

然而也有一些国际组织在发展中国家面临的公共健康问题时，表现比较消极，如 WHO 在这方面发挥的作用并不大，现在 WHO 所为发展中国家成员提供的仅仅是众所周知的平行进口和强制许可的建议，还有对公共健康、专利局和贸易官员提供关于 TRIPS 执行的培训，而后者还是以相对不公开的方式进行的，以免招来在 WHO 中有很大发言权的专利药品企业的反对。因此，应使国际组织更加关注与公共健康问题密切相关的药品专利问题，这不仅仅是一个国家或地区的问题，而是涉及了人类的生存问题，国际社会应该给予充分的关注和帮助。

2. 传统知识方面

由 WIPO 于 2000 年设立的知识产权和遗传资源、传统知识及民间文学艺术政府间委员会，使传统知识保护上升到一个新的国际层面。WIPO 认为，传统知识的保护面临以下一系列的挑战：这是一个需要国际合作的新领域，而要研究和保护的却是有着深厚历史根源的东西；这是一个需要通过全球合作解决的国际问题，而涉及的却是与某个特定区域有密切联系的文化或传统；国际间关于法律的协调通常涉及的是国家，但这一研究所力图建立的法律概念或对于某些知识的管理和经营涉及的却是可能跨越国境的部落、村落或者人群。国际粮农组织（FAO）对传统知识的保护是从粮食等农业植物资源的保护角度介入的。FAO 创制了“农民权”这一概念来保护传统社区和传统部族的权利和利益，其具体权利则是农民在历史上保存和改进植物遗传资源所作出的巨大贡献以及由此应当受到的利益保护。在 2001 年 11 月举行的 FAO 第 31 届大会上通过的《粮食和农业植物遗传资源国际条约》中，进一步确认了农民权的概念，并将之作为农业领域传统知识保护的一项基本原则。而 WTO 和其 TRIPS 理事会作为以欧美现代知识产权制度为指导和

① Frederick M.Abbott，“The Doha Declaration on the TRIPS Agreement and Public Health：Lighting a Dark Corner at the WTO”，5 *Journal of International Economic Law* 473（2002）.

② Christopher Wadlow，“The Beneficiaries of TRIPS：Some Questions of Rights，Ressortissants and International Locus Standi”，25 *European Journal of International Law* 59~82（2014）.

归依的全球贸易机构，在传统知识的保护中，态度较为消极。① TRIPS 协定作为迄今为止知识产权国际保护体系中涵盖面最广、总体保护标准最高的知识产权条约，却未将传统知识纳入其保护范围。对此应进一步发挥 WIPO 的作用，不应仅将其作为一个讨论传统知识保护的论坛，而应尽快组织各成员对传统知识保护问题进行谈判，然后将传统知识纳入现有知识产权保护的国际条约中或制定一项专门保护传统知识的专门公约，尽快结束传统知识游离于知识产权保护之外的状态。

3. 防止滥用知识产权方面

作为管理国际知识产权的两大组织，WTO 和 WIPO 应充分发挥其在滥用知识产权规制方面的作用。虽然 WTO 的贸易和竞争政策互动工作组就竞争政策与知识产权的关系进行了研究，但现行的 TRIPS 协定关于滥用知识产权的规定模糊，对此应作出官方解释，如确定滥用知识产权行为的范围以及确定评价滥用知识产权行为的标准，以确保成员国有权完全实施第 40 条或采取其他措施，包括第 8 条第 2 款所规定的措施，以防止权利持有人滥用知识产权。② WIPO 所管理的公约更多强调的是对知识产权保护，同时也因自身欠缺有效的执行机制，使其在知识产权滥用管制方面发挥的作用不大。为平衡知识产权持有人与社会之间的利益，应在对知识产权持有人的利益给予足够保护的同时使其不对社会利益造成损害。WIPO 应发挥其在国际知识产权领域应有的作用，对知识产权的滥用制定相应的公约以进行有效的规范，使对知识产权的保护达到促进技术革新及技术转让和传播，促进社会和经济福利及权利与义务平衡的目的。

（二）发展中国家的努力

虽然发展中国家在技术贸易体系中处于劣势，③ 但并不意味着其不存在知识产权的需求，也不意味着他们不能很好地保护知识产权。2013 年，WIPO 的年度回顾中对中国的知识产权水平大加赞赏就是一个很好的例证。④ 一些学者也对中国在知识产权保护领域取得的进步进行了阐释。⑤

---

① 邹旖莨：《我国传统知识产权法律保护问题研究》，东北财经大学硕士论文（2007），第 28 页。

② 冯洁菡：《公共健康危机与 WTO 知识产权制度的改革——以 TRIPS 协议为中心》，武汉大学出版社 2005 年版，第 215 页。

③ 詹宏海：《知识产权贸易》，上海大学出版社 2009 年版。

④ *Report of the Director General to the WIPO Assemblies 2013: The Year in Review* (Annual Report, WIPO Publication No. 1050E/13).

⑤ Sunny Chang, "Combating Trademark Squatting in China: New Developments in Chinese Trademark Law and Suggestions for the Future", 34 *Nw. J. Int'l L. & Bus.* 337 (2014).

1. 药品专利方面

在药品专利方面，发展中国家除了利用现有的机制来维护自身的利益外，还应当积极提高自身的能力，摆脱在药品专利方面受人牵制的状态。

首先，发展中国家应认真制定或适时修改其国内立法或政策以充分利用TRIPS协定和多哈回合所确认的灵活性措施，如强制许可、平行进口，来解决国内公共健康危机。同时发展中国家成员也应继续致力于争取对TRIPS协定中公共健康例外条款进行扩大解释，积极寻求传染病防治方面更优惠的待遇。

其次，有研究指出，假如某一国或者某一疾病领域适用了强制许可制度，那么该国或该领域的制药技术就会失去发展动力，投向该国或者该领域的研究资金就会相应减少，整个制药产业就会陷入停滞，结果最后的受害者就会是有关患者即药品需求者。因此，利用强制许可制度来解决本国的公共健康问题只会解决一时的燃眉之急，只能治标，不能治本。因此从根本上说，发展中国家还是应加大药品研发投入，提高自身的药品研发能力。

2. 传统知识方面

在国际社会的持续关注和努力推动下，已有不少国家采用政策、法律等手段、通过赋予持有人相关权利的方式，对传统知识进行了一定程度的保护。例如，泰国制定了《传统泰医药知识产权保护法》来保护传统泰医药处方；巴西在其1998年《宪法》的第231条当中，则明确承认了印第安人的社会组织、习俗、语言、传统和对于依传统占有土地的权利，规定国家有责任为之划界，提供保护并尊重其全部财产；而印度政府已提议在TRIPS协定中加入如下规定以解决它与《生物多样性公约》（CBD）间可能发生的冲突：在与CBD规定的事先知情同意制度和利益分享机制不相一致的情况下，不应授予专利权。保护传统知识对发展中国家具有重要意义，正如一位学者所指出的，在传统知识中谨慎地设计知识产权将有助于发展中国家成为全球农业市场的全能（full player），同时对那些为国际福利做出贡献的本土人（indigenous people）给予公正的回报。①

在国内层面上，发展中国家应当以必要的政策法规来确保传统知识的原生境利用人和传承人在较短时间内获得足够利益，或者拥有获利的可能性或可预见性，为此首先应当努力提高相关地域人群的知识产权意识，引导其积极参与对传统知识的保护和可持续利用。同时，发展中国家也应尽快做出选择，是运用或调整现有的知识产权制度来保护

① Thomas Cottier and Marion Panizzon，“Legal Perspectives on Traditional Knowledge: The Case for Intellectual Property Protection”，7 *Journal of International Economic Law* 372（2004）.

传统知识还是制定专门的传统知识保护制度，及时为传统知识提供较全面的保护，以防止传统知识被过度滥用。

在国际层面上，发达国家不断主张将接受其有关传统知识保护的主张作为缔结双边自由贸易协定的条件。而发展中国家在面对此问题时，应拒绝将传统知识保护问题纳入双边自由贸易协定，同时继续谋求在WTO多边框架内解决该问题并加强发展中国家成员之间的合作以在国际范围内达成一项专门保护传统知识的国际公约。①

3. 防止滥用知识产权方面

通过国内立法趋利避害，防止知识产权滥用是各国普遍采取的做法。各国的知识产权立法都注意平衡知识产权权利人与使用者、社会公众的利益，在保护知识产权的同时，对知识产权的行使进行了适当的限制。发展中国家在其国内立法中可针对专利权持有人滥用其知识产权、阻碍技术转让的行为采取相关控制措施，在此问题上应借鉴发达国家通过竞争法给予控制的经验，建立适合于本国国情的知识产权利益平衡体系，消除知识产权保护对竞争和技术转让所产生的负面影响，以更好地保护本国利益。②

TRIPS协定本身侧重于知识产权保护的规定，而对于知识产权滥用问题主要是一些原则性的规定，既没有对什么是知识产权滥用做出明确的界定，也没有对规制知识产权滥用的措施有过多的规定或限制，这虽然留下一个令人遗憾的空白，但也给发展中国家争取创立规制知识产权滥用的机制提供了机遇和可能。

以上是国际组织和发展中国家为了解决国际知识产权领域的发展问题应做的努力，就发达国家而言，也不能对此置之不理。因为，发达国家的目标无非是为其技术优势产品在发展中国家拓宽市场，而稳定的、有序的市场和健康的、教育水平高的消费者从长远来说更加有助于其目标的实现。所以，对发达国家自身而言，帮助发展中国家发展可持续经济也是非常有利的。③

（三）以人本主义为理念协调与知识产权相关的权利冲突

国际知识产权贸易的法治化，也应当充分体现人本主义的要求。上文已经提到，无论是知识产权与基本人权之间的冲突，还是第二代人权之间的冲突，解决方式都不是单

---

① Laurence R.Helfer，Karen J Alter，and M. Florencia Guerzovich，“Islands of Effective International Adjudication: Constructing An Intellectual Property Rule of Law”，103 *American Journal of International Law* 1（2009）.

② 对于中国相关情况的探讨，参见沈国兵:《与贸易有关知识产权协定下强化中国知识产权保护的经济分析》，中国财政经济出版社2011年版。

③ 冯洁菡:《公共健康危机与WTO知识产权制度的改革——以TRIPS协议为中心》，武汉大学出版社2005年版，第33页。

纯地进行价值选择，这是因为，一方面，各种相互冲突的基本人权都体现了人的重要权利，都属于人本主义所包含的范围，对其进行取舍都必然造成对其中之一种权利的损害；另一方面，单纯地进行取舍也并不能达到理想的解决状态，因为实际上相互冲突的权利之间的关系非常复杂，不是一刀切所能解决的。这就要求以人本主义为理念进行权利之间的协调，以人本主义为理念进行利益之间的平衡，这与人本主义的均衡内涵是相一致的。比如，GATT1994 第 20 条一般例外中关于环境保护例外的规定，就表明贸易自由可以出于环境保护的目的而被进行限制，但同时该条也对环境保护的实施条件进行了严格的限制，另外，该条的前言部分也对例外的实施条件进行了限制（不得对货物贸易造成任意的歧视和变相的限制），这种对例外的限制做法就体现了协调贸易自由和环境保护的目的，是与人本主义理念相符合的。协调知识产权和其他人权的冲突应当考虑以下几个方面：

1. 协调冲突的原则

在协调知识产权与基本人权的关系时，有必要坚持以下两个核心原则：

（1）法益优先保护原则。[①] 权利之间存在着冲突，是一种客观存在的现象。虽然有些人权机构认为人权是一个不可分割的体系，但不容否认的却是在权利的体系当中，总有一些权利对于我们来说具有更高的优先性，有些权利种类甚至可以被认为是整个社会存在的前提和基础。正是在这个意义上我们可以说，生命、健康等基本自由与权利是人作为人所具有的不可欠缺的自由或是人之生存与发展的必要条件。由此分析，基本自由和权利比起知识产权这一财产权利而言，应当具有优先地位。在不同的人权范畴之间实行"法益优先保护"原则，就要求现代知识产权制度不是一套孤立的国内民商、行政体系，或者国际条约体系，更要考虑与国际人权标准相接轨，而不能置之不顾。立法者在为知识产权提供法律保护时，应符合其必须遵守的国际人权义务。换句话说，"法益优先保护"原则应意味着人权审查原则，知识产权的行使不能损害基本人权即社会公众的基本利益，否则这种知识产权制度是不可取的。当然，这种优先保护并不是基本人权的"一统江湖""一枝独秀"，基本人权虽然是人非常重要的权利，应当予以优先考虑，但不能因此而否定其他的权利和利益。相应地，知识产权是人权的一个方面，具有人权的属性，在维护权利人利益的同时也间接地实现着社会公共利益。优先保护基本人权利益必须以不损害知识产权人智力创造活动的积极性为限。

（2）利益平衡原则。[②] 知识产权与基本人权的冲突最终是一种利益冲突，因此协调

① 冯洁菡：《公共健康危机与 WTO 知识产权制度的改革——以 TRIPS 协议为中心》，武汉大学出版社 2005 年版，第 137 页。

② 冯洁菡：《公共健康危机与 WTO 知识产权制度的改革——以 TRIPS 协议为中心》，武汉大学出版社 2005 年版，第 138~139 页。

两种权利就必须平衡知识产权人的利益与基本人权的利益。从根本上说，知识产权与基本人权之间并无本质冲突，因为它们同属于人权的一个方面，知识产权的妥善使用是有助于基本权利实现的。要实现基本人权与知识产权之间的利益平衡，就意味着要形成妥当的价值取向，将基本人权的利益安排在优先的地位，高于、先于知识产权人的利益，将实现和促进基本人权利益作为维护知识产权人利益的目标。

2. 建立知识产权与基本人权的冲突协调机制[①]

也就是在知识产权和基本人权出现冲突时，要确立基本人权利益的优先性，将基本人权利益作为知识产权保护的尺度。具体言之，有以下两个方面的要求：第一，对知识产权要进行内部限制。在知识产权的保护范围方面，要明确排除某些类似的知识产品不受知识产权法保护，比如专利法一般排除科学发现、动物和植物品种、疾病的诊断和治疗方法等。在知识产权的保护期限方面，要对保护期限扩张的趋势进行必要的限制，以维护发展中国家在知识产权中的利益。在知识产品的使用方面，要保证发展中国家有充分机会和有效途径参与知识产品使用制度的制定和修改过程，以表达各自的利益主张。在知识产品的流通方面，现代知识产权制度应当充分地注意现代技术的发展对权利穷竭原则的影响和作用，对该制度应当有一个动态的调整机制。第二，对知识产权进行外部限制。具体地说，就是适用民法基本原则对知识产权人行使专有权进行限制，这些基本原则包括诚实信用原则和禁止权利滥用原则。

小结

知识产权领域国际法治的关键在于强权体制在这一贸易分支规范确立过程中的充分体现。具体而言，就是发达国家依其强大的经济贸易地位对于其具有强大优势的商标、专利、版权予以高水平保护，而对于其缺乏优长的传统知识则怠于建立国际体制，更愿意由发达国家的公司任意地使用，而不支付经济对价。正是基于这个特点，当前这个主要作为西方发达国家经验传承的全球知识产权制度算不上是一个知识产权制度的法治典范。因为其中固然有很多值得称道的优点，但也存在着很多偏颇之处。如果说以WIPO为代表的世界知识产权保护体系在框架上尚能维持发展中国家与发达国家平衡的话，那么以TRIPS协定为代表的贸易体制内的知识产权则明显忽视了发展中国家成员的立场。

① 王培舒：《知识产权与人权的联系、冲突与协调发展》，2007年吉林大学博士学位论文，第143~149页。

虽然 WIPO 相关规范的执行力比较弱，很多时候知识产权问题是通过国家之间的谈判来完成的（例如中美知识产权磋商），但是在整个国际法都不够强硬的情况下，这种体系并不产生尖锐的问题。与之相映衬的是，WTO 的规范体系由争端解决机构（DSB）所保障，这种一揽子式的接受方式、以争端解决为后盾的执行方式，给发展中国家成员带来了更大的压力。正是在这样的背景下，药品专利、传统知识、知识产权滥用的问题才被世界各国所关注和讨论。

应当看到，WTO 总理事会为了构建一个相对平衡的知识产权体系做了不少努力。但是作为亡羊补牢的措施，其效果似乎远不如在 TRIPS 协定创立之初使权利和义务更加均衡、合理、公平。现在，为了完善这一体系，就必须发挥国际组织的积极作用，让发展中国家成员在知识产权的标准和保护模式上更加团结一致，共同努力形成一个更加稳妥的国际知识产权保护秩序。

知识产权，一方面牵动着全世界的科学技术发展与进步，另一方面牵动着发明创造者的人身权、财产权，以及有关公司、企业的经济权利。一个好的知识产权制度应当在维护知识产品上的相关财产权和推动社会的整体进步之间找到一个良好的平衡。

第八章　国际投资体制的法治化

随着经济全球化的发展，国际投资法在应对金融危机、推动国际资本流动中发挥着巨大作用。当前，国际投资在拉动全球经济增长方面的作用已超过国际贸易，而且国际投资（特别是大型跨国公司的投资活动）也比国际贸易更为深刻地影响着一国的经济、文化及社会发展的方方面面。[①] 但作为国际经济法律体制的重要组成部分，相对于国际贸易体制的法治状况而言，国际投资体制的法治发展进程仍处于初级阶段。因而分析国际投资体制的法治现状，找出影响国际投资体制法治发展的问题所在，促进国际投资体制的法治转型，对于该体制的未来发展意义重大。

由于投资领域新问题、新解决方式的产生，以及投资争端在最近十多年的大量涌现，理论界对国际投资问题的讨论日益增多，使得国际投资法成了国际经济法中受到广泛关注的领域。在相关研究中，不仅有总体研究的通论性的著作，[②] 也有具体问题的分析。其中包括对现行原则、标准的理论研究，[③] 对双边投资条约、东道国法律等问题所进行的广泛考察和深入讨论，[④] 对投资者的待遇标准、投资过程中的征收、投资规范的透明度、国际投资中的自由化与法律安全以及争端解决程序中的第三方参与等问题的详尽考察，[⑤] 还

---

①［法］弗朗索瓦·沙奈（François Chesnais）:《资本全球化》，齐建华译，中央编译出版社 2001 年版，第 49~84 页。

② R. Dolzer and C. Schreuer, *Principles of International Investment Law* (2nd ed., Oxford University Press, 2012).

③ S.P. Subedi, *International Investment Law: Reconciling Policy and Principle*, (Hart Publishing, 2008).

④ A. Reinisch and C. Knahr (eds.), *International Investment Law in Context* (Eleven International Publishing, 2007).

⑤ OECD, *International Investment Law, a Changing Landscape* (OECD, 2005).

包括对国际投资法历史发展的回顾与展望。[①] 此外，还有专门针对争端解决[②]、损害赔偿[③]问题的专论性著作和资料汇编。本章主要从法治的立场检视国际投资的法律格局，并对于未来改进的策略提出建议。

一、国际投资体制的基本框架

国际投资，一般在国际经济法的语境下指的是国际直接投资，也就是投资方直接介入投资项目的管理和经营的经济活动。国际投资体制就是以国际投资规范为基础，以国际投资关系中的各当事方以及投资领域的各组织、机构为载体，制定与实施国际投资规范的有机体系，投资是一个全方位的合作，包含很多方面的问题。[④]

（一）国际投资法律体制的构成

国际投资规范是国际投资行为的制度框架和国际投资体制的组成部分，由于全面的国际投资体系还没有有效地建立起来，所以当今的国际投资法仍然是不成体系的。其具体的表现形式包括以下几个方面：[⑤]

1. 国内立法

即国家为鼓励、促进、规制、约束国际投资行为所形成的单边立法。主要分为资本输出国的外国投资立法与资本输出国的海外投资立法，这些立法有些可能参照某些国际条约，但也有很多仅仅是本国的独立行动。这些立法中体现的实践可能成为习惯国际法的一部分。

2. 国际投资协定（International Investment Agreements，IIAs）

按缔约方的数量及地域范围可划分为双边投资协定、区域性投资协定与全球性多边

---

① Y. Caliskan，*The Development of International Investment Law: Lessons from the OECD MAI Negotiations and Their Application to a Possible Multilateral Agreement on Investment*（Dissertation.com，2008）.

② UNCTAD，*Dispute Settlement: Investor-State*（United Nations，2003）; Raymond Doak Bishop，James Crawford，and Michael Reisman，*Foreign Investment Disputes*（Kluwer Law International，2005）.

③ S. Ripinsky and K. Williams，*Damages in International Investment Law*（BIICL，2008）.

④ 参见蔡从燕：《国际投资条约实践中的税收措施问题》，《武大国际法评论》，2010 年第 2 期；李庆灵：《国际投资协定中的税收条款研究》，《国际经济法学刊》，第 18 卷第 2 期（2011）；张智勇：《区域贸易协定中投资安排的所得税问题及其解决》，《法学》2011 年第 9 期；魏艳茹：《双边投资协定中的知识产权条款研究》，《国际经济法学刊》，第 14 卷第 2 期（2007）；朱伟东：《中非贸易与投资及法律交流》，《河北法学》，2008 年第 6 期。

⑤ Rudolf Dolzer and Christoph Schreuer，*Principles of International Investment Law*（2nd ed.，Oxford University Press，2012），pp. 12~19.

投资协定。而联合国贸易与发展会议(UNCTAD)则通常将其划分为双边投资协定(Bilateral Investment Treaties，BITs)、避免双重征税协定(Double Taxation Treaties，DTTs)，以及其他包含投资规则的国际协定(Other International Agreements with Investment Provisions)，其中其他包含投资规则的国际协定是指包含投资规则的自由贸易协定、区域贸易协定、经济合作协定等，UNCTAD 将这类协定统称为"优惠贸易投资协定(Preferential Trade and Investment Agreements)"。

3. 其他渊源

包括有关国际组织的决议、① 国际投资惯例、国际法的所有主要原则和国际司法判例等。②

（二）国际投资关系主体

国际投资关系的当事方与投资领域的组织机构是该体制运行的载体，除了国际投资关系的基本主体，即资本输出国（母国）、资本输入国（东道国）与投资者以外，该体制运行的载体还包括各国的外资监管部门以及投资领域的国际机构。这些国际机构目前主要有以多边投资条约为基础而建立的国际投资领域的专门机构，如 1965 年，在世界银行的倡导下缔结的《解决国家和他国国民之间投资争议公约》，同时设立的解决投资争议国际中心（ICSID）；1985 年，世界银行在汉城年会上通过了《多边投资担保机构公约》，并据此建立的多边投资担保机构。密切关注国际投资问题的各种国际经贸组织，如经济合作与发展组织、世界银行集团、联合国贸易与发展会议等，以及规定了投资规则全球性、区域性贸易协定等经济一体化组织，其中特别是 WTO 对国际投资发展与协调发挥着重要作用。③

国际投资体制以国际投资规范的制定与实施为内容，主要体现为国家间签订国际投资协定与相关国际组织制定国际投资规则的活动，以及资本输入国依法管理外资，资本输出国保护海外投资者权益，投资者依法进行投资，国家与投资者依司法或准司法程序解决投资争端等一系列依照国际投资规范而实施的活动。国际投资规范的制定与良好实

---

① 主要包括联合国大会的相关决议以及《跨国公司行为守则》、《外国直接待遇指南》等，目前对于这些文件是否具有法律拘束力仍有争议，特别是联大决议的效力。参见余劲松:《国际投资法》第 3 版，法律出版社 2007 年版，第 11 页。本书作者认为，这些规范都可以归为国际投资软法的范畴。

② 王贵国:《国际投资法》第 2 版，法律出版社 2008 年版，第 23~25 页。

③ WTO 中涉及国际投资的协定包括：TRIMS、GATS、TRIPS、SCM 协定。其中 TRIMS 协定第 1 条规定："本协议仅适用于与贸易有关的投资措施协议。"被认为是 WTO 体制下多边投资法制的初步尝试，并成立了与贸易有关的投资措施委员会。

施是国际投资秩序的重要保障。

二、国际投资体制法治化的内涵及意义

（一）国际投资体制法治化的内涵

国际投资体制的法治与国际贸易法治、国际金融法治都属于国际法治中经济法治的一部分，因而，建立国际投资体制法治也要遵循国际法治的国际良法与全球善治的标准，即应确立基于良好价值的国际投资法律规范，以及促使这些规范能够得到妥善的实施。

1. 基于良好价值的国际投资法律规范

基于良好价值的国际投资规范，或可称为“国际投资良法”，是国际投资体制法治化的基础。它首先是指国际投资规范应体现一定的价值目标，如促进自由与共同发展、实现公平正义、保障人权、建立秩序、提高效率等。具体来说，根据我们对国际经济法治的理解，国际投资规范至少应当体现如下的法律价值：①

（1）人本主义。意味着国际投资规范应以人的自由、尊严、幸福与全面发展为根本出发点与终极目标，弘扬人的主体性和价值性，强调对人的权利的平等尊重与关怀。通过国际投资法律规范指引人们在促进投资增长的同时不应忽视人的价值、命运与发展，应使增长所带来的好处能够落实到人的幸福之上，反对恃强凌弱、急功近利与拜金主义。

（2）可持续发展。在国际投资领域坚持可持续发展观就是要求国家和国际组织的外资领域的发展决策需要考虑可持续发展因素，跨国公司和外国投资需要遵循可持续发展精神，利害相关者享有可持续发展领域的参与权，在全球、区域、双边等不同层面考虑环境问题。②进而，需要在国际投资法领域重新考虑以可持续发展精神理念反思乃至重构东道国、利害相关者、跨国投资者、母国相互之间的权利和义务、责任和利益，走向一种可持续的国际投资和可持续的国际投资法。③

（3）文明间的共存和共同繁荣。就是要通过投资体制实现不同文明之间的协调共进与合作发展，要求国际投资合作应实现双赢或多赢，不能为了部分利益、集团利益而牺

① 参见何志鹏：《国际法治：一个概念的界定》，《政法论坛》，2009 年第 4 期。

② 金慧华：《多边环境条约对世界银行的约束力研究》，《法商研究》，2008 年第 6 期；金慧华：《论世界银行对国际环境法的支持》，《法学评论》，2009 年第 1 期；王艳冰：《外资征收与环境保护——不补偿环境征收之合法性刍议》，《当代法学》，2007 年第 4 期；陈彬：《中国外资准入制度中的污染转移问题研究》，《武大国际法评论》，2007 年第 2 期；刘正：《中国国际投资协定的环境条款评析与完善思考》，《法学杂志》，2011 年第 12 期。

③ 王彦志：《经济全球化、可持续发展与国际投资法第三波》，《国际经济法学刊》，第 13 卷第 3 期（2006），第 181 页。

牲其他群体的利益，特别是在发达国家与发展中国家之间，公共利益与私人利益之间应保持利益平衡，以实现各文明间的共同繁荣。

2. 良好的国际投资规范的妥善实施

良好的国际投资规范的妥善实施，即表现为“全球经济善治”，是指各国在制定其外资法规以及签订国际投资条约时应体现民主、透明和高效的标准；在投资规范确立后应保证其得到普遍的认可与遵守；这些规范具有严格而有效的执行监督机制；在争端发生后具有高效、公正的争端解决机制及责任落实机制。①这需要各国的政府、外资管理部门、国际仲裁机构等的积极配合与通力合作。

（二）国际投资体制法治化的意义

国际投资与国际贸易是带动世界经济增长的两驾马车，全球化首先发生于贸易与投资领域。第二次世界大战后，国际直接投资发展迅猛，尤其是在 20 世纪 80 年代以后的一段时间内，全球直接投资平均每年增速超过 20%，远远超过了国际贸易的增速，成为世界经济增长“新的发动机”。②对于资本输入国来说，外国投资可以弥补国内建设资金的不足，推动产业升级和产品的更新换代，为本国带来先进的管理经验，提高企业管理水平与技术水平，增加就业，扩大出口，改善国际收支；对于资本输出国来说，本国投资者通过海外投资，跨越国界占领和扩大了海外市场，确保了资源的供应，利用国外廉价劳动力，降低了生产成本，增加企业效益，分散风险，提高了在国际市场上的竞争力。国际投资的发展促进了各国资金、技术、人才、设备等的跨国流动，促进了生产和资本的国际化，对世界经济的增长及国际分工合作发挥着巨大的作用，加速了世界经济全球化的进程。国际投资体制的法治化至少有以下几个方面的意义：

1. 合作能够促进投资的发展

从国际投资发展的简史来看，③ 20 世纪 70 年代末以前国际投资主要是在发达国家之间进行，并且与地域及历史联系密切相关，即地域毗邻的国家如美国和加拿大、西欧等国间的投资较为活跃，具有历史联系的国家如英联邦成员国与原法属殖民地，一直是英、法的重要投资场所。发达国家向发展中国家的投资仅相当于世界外国直接投资总额

① Francesco Francioni，“Access to Justice，Denial of Justice and International Investment Law”，20 *European Journal of International Law* 729（2009）; Jürgen Kurtz，“Access to Justice，Denial of Justice and International Investment Law: A Reply to Francesco Francioni”，20 *European Journal of International Law* 1077（2010）.

② 卢进勇、余劲松、齐春生主编:《国际投资条约与协定新论》，人民出版社 2007 年版，第 28 页。

③ 参见王贵国:《国际投资法》第 2 版，法律出版社 2008 年版，第 1~4 页。

的1/4，且主要集中在产油国与税务天堂。从20世纪70年代初开始，随着国际社会相互依赖关系的纵深发展，发展中国家在政治、经济上逐渐成熟，发达国家与发展中国家之间相互接受外资频繁，各国越来越清醒地认识到，国际合作对于国民经济发展的重要性，国际投资开始朝着大幅度、全方位的方向发展。20世纪90年代以来，随着全球经济一体化的发展，国际间相互依赖的增强，资本、技术、信息、人员等生产要素超越国界在全球范围内自由流动，国际合作推动了生产要素在国家间的合理配置。随着各国市场与投资法制的进一步开放，不单是北北合作、南北合作，南南合作的发展也尤为迅速。而且，不单在国与国之间，还表现为在区域层面与全球层面上相互合作促进投资的发展，如NAFTA及WTO对于国际投资问题的关注。在21世纪初，国际合作的多层次、全球性促进了国际投资的长足发展。据UNCTAD估计，2010年全球国际直接投资（FDI）流入量有望升至1.2万亿美元以上，2011年进一步增长至1.3~1.5万亿美元。[①] 由于金融危机的影响，2012年，全球直接外资量下降18%，降至1.35万亿美元。贸发会议预测，2013年，直接外资量将接近2012年水平，上限为1.45万亿美元。随着投资者在中期恢复信心，直接外资量可望在2014年达到1.6万亿美元，在2015年达到1.8万亿美元。[②]

2. 通过法律规范将合作固定化

随着投资规模不断扩大，投资活动越来越频繁，以法律规范的形式将合作关系固定下来是国际投资发展的客观要求。国家间基于促进经济增长的共同利益，通过签订国际投资协定，以法律规范的方式将彼此间的合作固定化，保证了合作的持续性与稳定性，明晰了各方的权利、义务与责任，为投资活动各方提供了行为预期，保护和促进了投资的发展。目前，各国都在积极地通过国际投资条约将合作关系固定化，国际投资协定的全球性体系正在迅速扩大。在过去数年里，平均每个星期签订三项以上条约。在今天的国际投资协定网中，几乎每一个国家至少是一个双边投资协定、避免双重征税协定或与投资有关的其他协定的缔约方，在国际投资领域已形成了交错合作的全球网络。

3. 法治是国际投资合作完善的尺度

国际投资合作是为了促进投资的发展，以实现各国的福利最大化，而这种合作能在多大程度上达到这一目标，则需要有一把衡量的标尺。目前，国际投资条约的制定活动异常活跃，反映出有关国家试图为外国投资提供更高层次的稳定性和透明度，而这种稳

① *World Investment Report 2010 Investment in a Low-carbon Economy*（United Nations Publication，2010），p.13.

② *World Investment Report 2013: Global Value Chains: Investment and Trade for Development*（United Nations Publication 2013）pp. ix，2.

定性和透明度是其国内法律无法提供的。这实际上就是以法治要求作为投资合作完善的尺度，国际投资体制的法治化程度越高，国际投资法律环境越透明、越稳定，国家间的合作就会越频繁、越完善，就越能增益各国人民的福利水平，实现可持续发展与人类文明间的共同繁荣；反之，如果国际投资体制的法治化水平较低，则不利于国家间投资合作的发展，试问有哪位投资者不会忧虑在无稳定性与行为预期可言的法律环境下的投资风险呢。因而，要不断提高国际投资体制的法治化水平，为国际投资合作创造稳定的法律环境，以促进国际投资的发展。

三、国际投资体制的演进特点

（一）发展中国家与发达国家的对立与合作

在国际投资领域，经济实力所决定的由发达国家主要作为资本输出国，发展中国家主要作为资本输入国的国际投资结构，今后也仍将长期延续。角色定位不同而对经济增长的要求相同所引起的对立与合作贯穿整个国际投资发展史的始终。

从19世纪到第二次世界大战爆发前，南北纷争（即发展中国家与发达国家的纷争）的焦点集中于国际投资的保护问题，代表南北双方立场的“卡尔沃主义”和“赫尔规则”就出现在这一时期。面对19世纪60年代西方列强滥用外交保护权，甚至动用武力兴兵索债等行径，曾任阿根廷外长的南美国际法学家卡尔沃提出了著名的“卡尔沃主义”，主张根据国家主权平等原则，外国人在东道国只能享有与当地国民同等保护的权利，而不能取得高于当地国民的特权，因而外国人在东道国遭受损失只能诉请当地救济，不能寻求其母国外交保护权的护佑。[①]卡尔沃主义以“卡尔沃条款”为表现形式，规定在国内立法、外国投资者合同、区域性协定与全球性法律文件中。它是发展中国家捍卫国家经济主权、全力抵制外国干预的重要理论武器，在发展中国家甚至整个世界都产生了巨大影响。[②]继外交保护与卡尔沃主义对决之后，南北投资的又一纷争发生在征收及其补偿标准上。1937年12月，墨西哥政府为了维护国家利益，实行土地改革，征收境内的美资地产和石油企业。1938年，美国国务卿赫尔在致墨西哥驻美大使纳耶拉的外交照会中提出，

① Malcolm N. Shaw, *International Law* (6th ed., Cambridge University Press, 2008), p. 824.

② See Kenneth J. Vandevelde, "Sustainable Liberalism and the International Investment Regime", 19 *Michigan Journal of International Law* 373 (1998); Kenneth J. Vandevelde, "The Political Economy of a Bilateral Investment Treaty", 92 *American Journal of International Law* 621 (1998).

对外国投资者的征收必须给予“充分、及时、有效”的补偿，否则无权征收，即“赫尔规则”。这一规则当时就遭到了墨西哥政府的强烈反对。总的来说，这一阶段，弱小国家在国际关系中遭受着西方列强的政治、经济压制，二者在国际投资保护方面的交锋还达不到相互抗衡的程度。这些弱小国家在对外资保护问题上所提出的挑战，尚未对西方列强在这方面的主导实践构成根本性的威胁，作为所谓的“西方文明”产物的传统国际法仍然是套在这些弱小国家头上的枷锁。[①]

20 世纪五六十年代，许多新独立的国家经济基础薄弱、资金缺乏，纷纷无限制或少限制的大量引进外资，而发达国家借此加大对前殖民地的投资，妄图建立“经济殖民”。为摆脱发达国家对于本国经济命脉的控制，发展中国家掀起了对外国人财产进行国有化的浪潮，并对外资采取限制性政策，这一时期发达国家与发展中国家在投资保护问题上的矛盾更加激烈。主要表现为：第一，在征收及国有化问题上，发达国家否定征收的合法性或对于征收附加限制性前提条件；对于征收补偿标准，主张依国际法须给予外国投资者以“充分、及时、有效”的补偿，即坚持“赫尔规则”。发展中国家则主张有权征收，征收仅依国内法给予“适当补偿”，并将这些主张纳入联合国大会所通过的一系列法律文件中，使征收与国有化的合法性以及适当补偿的标准问题有了国际法上的依据。第二，对于外国人的待遇问题，发达国家坚持应给予外资以国际习惯法上的最低待遇，后又提出公平公正待遇这一绝对待遇标准。而发展中国家仅承诺给予外资以最惠国待遇及有限的国民待遇等相对待遇标准。第三，对于国际投资争端解决，发达国家主张通过外交保护或国际仲裁来解决，而发展中国家则主张适用国内法并用尽当地救济（exhaust local remedies）。总体上，在这一时期，发展中国家处于崛起阶段，为摆脱对发达国家的经济依赖，根据国家主权原则强调对外资的管辖权，对外资采取限制性政策，而发达国家则为保投资安全致力于让发展中国家承担更多投资保护的国际法义务。这一时期南北通过签订双边投资协定以促进合作并不显著。据统计，从 1959 年联邦德国与巴基斯坦缔结第一个投资保护协定至 20 世纪 70 年代末，只有 65 个国家签订了 170 余项投资保护协定。[②]

20 世纪 80 年代，发展中国家债务危机爆发，在日益严峻的经济形势下，发展中国家开始推行一系列的经济改革，在对待外资方面，开始逐步放松管制，普遍开放国内市场，加强对外资的保护。发达国家政府也放松了对直接投资流出的限制，国际投资进入自由

① 徐崇利：《从南北纷争焦点的转移看国际投资法的晚近发展》，《比较法研究》，1997 年第 1 期。

② See：M. S. Bergmann，Bilateral Investment Protection Treaties：An Examination of the Evolution and Significance of the U. S. Prototype Treaty，16 *New York University Journal of International Law and Policies* 3（1983）.

化时期。随着发展中国家积极实行鼓励外资的政策，对外资采取严厉管制的情况已比较少见，南北投资纷争的焦点也由投资保护转移到对外资的法律管制方面。以国有化为例，1975 年全世界共发生国有化事件 53 起，1985 年下降至 1 起，1985—1991 年，甚至没有发生过国有化事件。① 围绕以美国为首的西方国家提出的高标准的自由化目标，南北双方的争议点主要包括国民待遇的适用范围、间接征收的认定、公平公正待遇的标准，以及各种履行要求的存废等。但是，相较于 20 世纪六七十年代以浓厚的民族主义情绪为背景所呈现的南北对立而言，这一时期的南北矛盾表现出一定程度的缓和态势。南北间在投资领域的合作不断加强，双边投资协定、区域性投资协定以及包含有投资规则的其他协定的数量不断攀升。发展中国家为吸引外资做出了一些妥协与让步，南北矛盾得以调和。南北双方在投资领域的密切合作有力地促进了国际投资的快速发展。

（二）自由化与法治化

20 世纪八九十年代以来，随着信息技术革命的蓬勃发展以及跨国公司在全球范围的不断扩张，资本、信息、技术等生产要素打破国界限制在全球范围内实现了自由流动与优化配置，全球经济一体化以不可抵挡之势席卷全球，国际贸易与国际投资作为世界经济的重要支柱相继进入自由化时期。②

为了解决本国所面临的严重债务危机，很多发展中国家改变了过去严厉管制外资的强硬作风，积极采取鼓励、引进外资的政策和措施。随着争夺市场与投资的国际竞争的加剧，在世界范围内，特别是第三世界国家以及苏联和东欧出现了一股以市场为导向的法律改革潮流，有没有健全的法律保障系统已经成为判断是否具有良好的投资环境的关键因素之一，而这些法律改革的基本原则与最终目的就是增加法的可预测性、可计算性和透明度，即实现法治。③ 据统计，1991—2005 年间，广大发展中国家共对 2 361 项外资立法规定进行了修改，其中 95% 以上是朝着有利于外国投资自由化的方向发展的。④ 与此同时，许多国家的外资政策正在趋同，主要表现为减少对国际直接投资（FDI）流入部门及股权的限制，加强对跨国公司活动的保护，提高投资政策的透明度，对 FDI 的管理更为科学等。与 20 世纪 50 年代不同，发展中国家的外资政策正趋于理性，寻求一种“有

① 参见 UNCTAD:《1992 年世界投资报告》，储祥银，王和英译，对外贸易教育出版社 1993 年版，第 258 页。

② ［印度］卡瓦基特・辛格:《不纯洁的全球化》，吴敏、刘寅龙译，中央编译出版社 2005 年版，第 43~69 页。

③ 朱景文主编:《法理学》，中国人民大学出版社 2008 年版，第 284 页。

④ *World Investment Report 2005*（United Nations Publication，2005），p. 26；*World Investment Report 2006*（United Nations Publication，2006），p. 24.

管理”的自由化，以便更多地从 FDI 流入中获利。[①] 20 世纪 90 年代以来，发达国家本身对外资的管制也大为放松，[②] 相较于其自身的改革，发达国家更积极致力于推动发展中国家放松对于外资的管制，其中美国更是充当了推行自由化政策的急先锋。美国虽然从 20 世纪 80 年代初才开始进行双边投资协定谈判，但从一开始就坚持其双边投资协定范本所确定的高标准的投资保护与投资自由化，并在其签订的区域协定——《北美自由贸易协定》（NAFTA）中将这种高标准贯彻到底，[③] 使其影响远及 1998 年 OECD 草拟的《多边投资协定》。加拿大对外缔结双边投资协定或自由贸易协定也以 NAFTA 的投资制度为蓝本。2004 年，美、加又在总结以往双边投资协定、自由贸易协定中的投资制度与多边投资协定的基础上发布了新修订的双边投资协定范本。[④] 晚近的国际投资条约大都具有促进国际投资自由化的特征，主要表现在：投资与投资者的含义被扩大化，使得更多的投资和投资者被纳入投资条约的保护机制，促进了投资的自由化；国民待遇和最惠国待遇从运营阶段扩展适用于投资准入阶段，使外资更容易进入东道国；禁止对外资施加业绩要求的范围渐趋扩大，外资所受的限制逐渐减少，促进了投资自由化。[⑤] 值得注意的是，近年来，发达国家还利用国际投资条约中有关“公平公正待遇”及“间接征收”等弹性条款的宽泛解释来达到实现投资自由化的目的，发达国家投资者动辄对东道国甚至是正常的投资管理措施以违反上述条款为由提起诉讼，而国际仲裁庭的西方仲裁员往往偏袒投资者一方，迫使东道国取消管理措施，由此实现投资自由化目标。值得关注的是，沉寂数十年的卡尔沃条款在新的世纪有因为“公私之争”而复活的趋势。[⑥]

国际投资自由化在一定程度上推动了国际投资的法治化进程，国际投资的国内立法和国际条约不断趋于自由化的调整和转变即为证明。在国内立法方面，发展中国家的外资立法不断趋同，投资政策更加透明，对跨国公司的管理更加科学，有助于投资效率的提高与投资秩序的建立，促进了本国经济的增长与社会福利水平的提高。在国际投资条约方面，双边投资协定、区域性投资协定等规定投资规则的自由贸易协定的数量逐年增加，涉及的国家多，覆盖的范围广，为国际投资秩序的建立奠定了基础，促进了发达国家与

① 卢进勇、余劲松、齐春生主编：《国际投资条约与协定新论》，人民出版社 2007 年版，第 9 页。

② See：*World Investment Report 1995*（United Nations Publication，1995），pp. 309~310.

③ 王斌：《论 NAFTA 对征收的法律控制》，《法学杂志》2007 年第 3 期。

④ 关于多边投资协定，参见［英］阿兰·鲁格曼（Alan Rugman）：《全球化的终结：对全球化及其对商业影响的全新激进的分析》，常志霄、沈群红、熊义志译，生活·读书·新知三联书店 2001 年版，第 91~104 页。

⑤ 陈安主编：《国际投资法的新发展与中国双边投资条约的新实践》，复旦大学出版社 2007 年版，第 21 页。

⑥ Wenhua Shan，“From North-South Divide to Private-Public Debate：Revival of the Calvo Doctrine and the Changing Landscape in International Investment Law”，27 *Nw. J. Int'l L. & Bus.* 631（2007）.

发展中国家的共同繁荣；从内容上看，对国有化实施严格的条件限制、在准入阶段实行国民待遇以及取消履行要求等规定，有利于实现国内外投资者的公平竞争，提高生产效率。但是，由发达国家力主的高标准的自由化还是带来了许多问题，使无论是在高度自由化标准下妥协的发展中国家，还是发达国家自身均得到了教训。自国际投资自由化启动以来，投资者的个人利益都得到了更多的关注、重视与保护，高度自由化的标准使投资者与东道国的利益明显失衡，作为东道国的美国、加拿大在这种博弈中也未能幸免。频频成为国际投资仲裁庭被告的经历，使美、加两国意识到平衡东道国利益与投资者个人利益的重要性。在2004年美、加新的双边投资协定范本中，对公平公正待遇、间接征收等弹性概念进行了详细的规定，并在附件中规定指导方针和标准，以逐案认定的方式，防止外国投资者对东道国任意提起仲裁。在透明度方面，改变过去信息披露的单向度模式，将投资者与东道国的信息交换视为一种相互承诺，并且该项义务并不属于投资者与东道国争端的规定，即不能由投资者提起仲裁。[①] 在投资者与东道国争端解决方面，创设了"评议期间"和"仲裁上诉"[②] 制度，增强了仲裁程序的透明度，防止仲裁庭滥用自由裁量权，保证了裁决结果的公正性。对于平衡投资者与东道国利益争论中的另一个世界性趋势是，越来越多的国家在其双边投资协定中规定：对投资保护的追求不能以其他正当的公共关注为代价。在包括安全与公共命令、健康的保护、安全和天然资源、文化多样性、财政服务的谨慎措施等方面，以免责条款的方式保证东道国制定管理政策的权利。这些免责条款表明了在规则制定过程中的价值等级，使投资保护从属于这些关键政策目标，用积极的语言规定在序言或具体条文中，体现了将这些重要的价值目标置于投资保护之上的政治讯号。[③] 更加直观的是由UNCTAD发布的一条数据，2009年世界范围内自由化投资措施占投资措施总数的近70%；限制性投资措施的份额占30%，但这却是自1992年世界投资报告对该问题进行报告以来，该类措施所占份额最高的一年。[④] 这些转变均体现了对于追求高标准投资保护与自由化而造成利益失衡的一种反思，国际投资自由化应当明确地以法治为目标与准绳，在追求自由化的同时，不应缺少对公平、正义、人类文明间的

① UNCTAD, "International Investment Rule-setting: Treads, Emerging Issues and Implications", http://www.unctad.org/en/docs/c2d73_en.pdf (accessed November 1, 2010), p.13.

② Gonzalo Biggs, "The Latin American Treatment of International Arbitration and Foreign Investments and the Chile-U. S. Free Trade Agreement", ICSID Review—Foreign Investment Law Journal, 2004, Vol. 19, No. 1, p. 84.

③ UNCTAD, "International Investment Rule-setting: Treads, Emerging Issues and Implications", http://www.unctad.org/en/docs/c2d73_en.pdf (accessed November 1, 2010) .p.12.

④ UNCTAD, "'*Liberalize but Regulate*' Describes Current Approach of Governments to Investment", http://www.unctad.org/Templates/Webflyer.asp?docID=13343&intItemID=3199&lang=1 (accessed November 5, 2010).

和谐共进等其他价值的关注，应实现经济与社会的可持续发展。[①]

（三）双边化与多边化

国际投资具有跨国性，涉及外国投资者与东道国之间、投资者母国与投资东道国之间的复杂关系，促进与保护投资，仅依靠各个国家的国内法远远不够。一个国家鼓励与保护投资的法律规定，如果没有国家间的合作与配合，是难以达到其目的的，[②]这就不难理解为何国际投资协定体系会持续扩大。但是，国际投资协定体系的扩大并非细胞分裂式的机械增长，随着世界经济形势的演变，国际投资协定经历了从内容到形式的复杂变换，由单纯双边到双边为主、多边蓬勃发展，使国际投资体制的整体框架结构发生了改变，反映了国际投资发展的不同时代要求。

1. 双边投资规范的发展

作为国际投资协定主要渊源的双边投资协定经历了漫长的发展历程。最早的双边投资协定可追溯至第二次世界大战前西方国家间签订的友好通商航海协定，但其中主要是贸易规范，对于投资保护的规定较少。第二次世界大战后，随着国际投资的重要性日益加强，友好通商航海协定中保护私人投资者利益的内容大幅增加，但由于内容过于宽泛，且缺少投资保护的程序性规定，与随后出现的“双边投资保护协定”并行过一段时间，最终于20世纪60年代中期退出历史舞台。20世纪50年代以来，最早使用友好通商航海协定的美国，一方面仍然对外缔结大量友好通商航海协定，另一方面开始寻求专门性的保护投资条约。为了保护海外投资，美国率先启动了“海外投资保险制度”，开启了对外签订“双边投资保护协定”的时代，但此类协定主要规定母国保险机构赔偿后取得的代位追偿权及相应的争端解决机制，并没有直接规定对海外投资者的保护。[③]20世纪50年代末，为应对发展中国家征收及国有化所带来的政治风险，以联邦德国、瑞士、荷兰为首的欧洲国家也开始寻求改变，从以往的友好通商航海协定中抽取投资保护条款加以充实，形成了包含实体与程序条款的专门性的“双边投资保护协定”，内容涵盖投资与投资者、投资待遇、征收与国有化的补偿、投资款项自由转移的权利以及投资争端的解决

① 有关国际投资领域的可持续发展问题可参见国际可持续发展研究所（International Institute of Sustainable Development，IISD）所做的研究工作，http://www.iisd.org/investment/（accessed November 10，2010）。

② 余劲松：《国际投资法》（第3版），法律出版社2007年，第211页。

③ 韩亮：《20世纪90年代双边投资保护协定的发展及评价》，《法学评论》，2001年第2期。

等方面。[①]这一时期产生的双边投资保护协定意义重大，它们确立了随后半个多世纪双边投资协定的基本模式。

美国直到 1982 年才开始签订双边投资保护协定来保护投资，但一开始就采用了高标准的投资保护与投资自由化：对外资准入实行国民待遇、取消各种“业绩要求”、外资待遇须符合“最低待遇标准”、对征收实行“充分、及时、有效”的补偿、投资争端的国际仲裁等。由于对发展中国家索价过高，且严守其高标准的投资范本，美国对外签订的双边投资协定数量不多，但是，从长期发展来看，其影响却是最大的。不仅加拿大、日本等国逐步追随美国的脚步，许多区域或多边投资协定也是以美国双边投资协定范本为蓝本而制定的。某些与美国缔结自由贸易协定的发展中国家如智利、墨西哥、新加坡，在与其他国家（包括发展中国家）缔结自由贸易协定时，也采用较高标准的投资制度。[②]可以说，高标准的美式双边投资协定代表了国际投资法制发展的方向。

2. 多边投资规范的呈现与发展

与双边投资协定不同，保护投资多边框架的初步尝试在第二次世界大战后才出现。1948 年的《哈瓦那宪章》虽然意图建立一个国际贸易组织，但美国建议在其中为外国投资规定保障，导致最终未获通过。此后直至 20 世纪 60 年代，一些民间组织也在投资法制趋同方面做出了努力，着手普遍性的国际投资法典的起草工作，[③]但这些努力都没有获得成功。只有在世界银行主持下，在非实体性的跨国投资保护领域制定的单项多边投资条约取得了成效，即 1965 年的《解决国家与他国国民间投资争端公约》与 1985 年的《多边投资担保机构公约》。20 世纪 80 年代，在世界性经济危机以及发展中国家债务困境的刺激下，各国纷纷采取各种各样的非关税措施来限制国际贸易，从而严重威胁到 GATT 自由贸易原则。发展中国家采取的贸易保护与投资管制融合在一起，将管理和引导投资的许多措施用于贸易保护之目的，而单一的贸易规则往往难以制止，贸易与投资的关系问题日渐受到关注。[④]美国利用乌拉圭回合谈判为契机，提出将投资措施全面纳入 GATT，遭到来自发展中国家的强烈抵制，后经发达国家与发展中国家两相妥协，最终于 1991 年 1 月 20 日达成了《TRIMS 协定》。在 WTO 框架下，关于投资的框架性规定主要

① Yannick Radi，“Most-Favoured-Nation Clause to the Dispute Settlement Provisions of Bilateral Investment Treaties: Domesticating the ‘Trojan Horse’”，18 *European Journal of International Law* 757（2007）.

② 陈安主编:《国际投资法的新发展与中国双边投资条约的新实践》，复旦大学出版社 2007 年版，第 14 页。

③ 主要包括 1949 年国际商会（ICC）提出的《关于外国投资公平待遇的国际法典》草案、1957 年德国促进外国投资保护协会提出的《相互保护在外国的私人财产权的国际公约》草案、欧洲商人和律师集团 1959 年发表的《阿部斯－邵克洛斯海外投资公约》草案及经合组织 1962 年发表并于 1967 年修订的《保护外国人财产公约》等。

④ 参见张庆麟:《国际投资法问题专论》，武汉大学出版社 2007 年版，第 27 页。

体现在《与贸易有关的投资措施协定》（TRIMS 协定）《服务贸易总协定》（GATS）《与贸易有关的知识产权协定》（TRIPS 协定）以及《补贴与反补贴措施协定》，因为这些协定对投资有直接影响，而被归为全球性国际投资条约。[①]《TRIMS 协定》以期望促进世界贸易的扩大和逐步自由化，便利跨国投资，以便提高所有贸易伙伴，特别是发展中国家成员的经济增长，同时保证自由竞争为宗旨。依据《TRIMS 协定》，各国引导和管辖外资的权利开始受到多边纪律的约束。WTO 成员不得违背 GATT1994 第 3 条（国民待遇）和第 11 条（一般取消数量限制），采取对贸易有扭曲作用的投资措施，尤其不得维持对外国投资和投资者的当地成分要求、外汇平衡要求，贸易平衡要求，不得以当地销售为条件限制企业出口以及以出口为条件限制企业进口。从性质上讲，《TRIMS 协定》针对的是投资措施而非贸易措施，是与货物贸易有关的投资措施，而不包括与服务贸易与技术贸易有关的投资措施，并且只针对那些对国际贸易活动会产生限制与扭曲作用的投资措施。禁止成员实施的具体投资措施被概括为：违背 GATT1994 第 3 条和第 11 条的与贸易有关的投资措施——前提是不损害 GATT1994 之下的其他权利与义务，[②]并在附录的解释性清单中列举了 5 项明确禁止的投资措施。[③]其他条款分别规定了对发展中国家成员的例外、通知与过渡期安排、透明度要求等。总的来说，《TRIMS 协定》适用的范围较为狭窄，内容相对简单，条文的系统性及可操作性也有不足，即使将其认定为一项多边投资协定，也由于其未能调整与贸易有关的投资措施之外的其他重要国际投资问题，而只能作为一种初级形式的多边投资立法。但它仍不失为世界范围内第一部专门调整贸易与投资关系的国际性协定，它对与贸易有关的投资措施构成了有力的约束和限制，使东道国对国际投资的管制放松，政策法规的透明度增强，投资环境进一步改善，从而为国际直接投资的发展提供了更大的空间，对国际投资与国际贸易的自由化发展起到了极大的推动作用。[④]《TRIMS 协定》率先在国际层面上把国际投资放在国际贸易的范围内实行规制，并且明确要求东道国制定的各种投资措施不能妨碍国际贸易。它确定的这些原则和规范为投资制度的多边化奠定了基础。

1995 年，OECD 内部谈判多边投资协定，但由于内外交困而以失败告终。总体来说，由于发达国家和发展中国家在缔结综合性国际投资条约的价值取向上相去甚远，[⑤]所以全

① 参见刘笋：《从多边投资协议草案看国际投资多边法制的走向》，《比较法研究》，2003 年第 2 期。

② 参见吴智：《从 WTO 法角度审视台湾限制大陆直接投资的非法性与不当性》，《国际经济法学刊》，第 15 卷第 1 期（2008）。

③ 包括当地成分要求，贸易平衡要求，通过贸易平衡手段限制进口，通过限制获取外汇的手段来限制进口以及出口限制。

④ 卢进勇、余劲松、齐春生主编：《国际投资条约与协定新论》，人民出版社 2007 年版，第 189 页。

⑤ 刘笋：《论 WTO 协定对国际投资法的影响》，《法商研究》，2000 年第 1 期。

球性的多边国际投资协定至今仍寥寥无几。

3. 区域经济合作的投资关注

国际投资法制多边化的另一表现形式是区域性投资协定。虽然全球性的实体规则尚未建立起来，但是在区域一体化的大背景下，区域经济一体化已经获得迅猛发展，其中较有代表性的区域经济组织包括欧盟（EU）、北美自由贸易区（MFTA）、亚太经合组织（APEC）等。

在区域经济一体化的潮流中，区域性的投资实践日益增加，推动着区域投资法律规范不断发展。制定区域性国际投资规范的努力早在第二次世界大战结束后即已开始，但受国际投资发展所限成就不大。[①] 直至 20 世纪 50 年代后期，区域经济一体化不断发展，为了促进区域内部资本的自由流动，实现共同的对外政策，欧洲经济共同体、阿拉伯经济同盟、亚太经合组织、中非关税同盟及安第斯共同市场等区域经济组织通过了大量区域投资规范文件。20 世纪 80 年代以来，随着区域经济一体化的空前发展，区域性投资规则发展迅猛，包括专门性区域投资协定，如 1994 年的《能源宪章条约》、1991 年的《安第斯共同市场外国投资规则》、1990 年的《东南亚联盟促进和保护投资协定》；以专章形式规定区域投资规则的贸易协定或经济合作协定，如 1992 年的《北美自由贸易协定》、1993 年的《马斯特里赫特条约》等。当前，几个较大的区域组织，如欧盟、北美自由贸易区、东南亚联盟，等等，都制定了一些具有一定影响的区域投资法律文件。这其中比较有影响力的当数欧盟和北美自由贸易区。

欧盟投资条约规范的内容包括在条约和指令中，条约层面上主要规定在《欧洲共同体条约》中。从条约部分来看，欧盟关于投资规范的规定都集中在内部市场部分，其中特别相关的是第 2 章的设业权和第 4 章的资本和支付。《单一欧洲法令》第 13 条规定：委员会应采取措施以在 1992 年 12 月 31 日到期的一段时间内逐步建立内部市场，内部市场应包括一个没有内部边境的地域，在该地域内，货物、人员、服务和资本的自由流动应根据条约的规定得到保证。就是以这个目标为动力，从欧共体发展到欧盟，虽然其间存在很多的困难，但是欧盟内部建立内部市场的进程却从未停滞过。除一些条约、指令，还有欧洲法院（ECJ）的案例等构建了一个有效运作的法律制度。随着欧洲货币联盟计划的实施和欧元的启动，欧盟证券市场的一体化，欧盟内部的资本自由流动已发展得相当成熟。《里斯本条约》以后，欧盟的投资规范具有了更高的要求。[②] 欧盟投资规范所采

① 参见吕岩峰、何志鹏、孙璐：《国际投资法》，高等教育出版社 2005 年版，第 147~148 页。

② Shan Wenhua and Zhang Sheng，“The Treaty of Lisbon：Half Way toward A Common Investment Policy”，21 *European Journal of International Law* 1049（2011）.

取的模式和传统国际投资法上对于投资问题的规范模式大相径庭，但是欧共体一个突出的成就就在于其确实实现了货物、人员(目前只是工人及其家属)、服务和资本的自由流动，而且，由于欧盟各国将建立和保持内部市场运行良好的功能的权力移交给委员会来实施，所以，关于设业权和资本自由流动的规定中包含了许多授权性的规定。成员国在内部市场方面所起到的作用是执行者，其立法职权受到共同体法律的约束，欧盟的投资规则可以不经成员国的额外授权而继续发展，这一点是其他区域经济组织难以做到的。①

在 NAFTA 层面上，几十年来，美国政府一直致力于推进一个国际性的投资框架来管理外国投资，特别强调的是对投资者的强有力的保护。本着这个宗旨取得的一个重要成就就是 NAFTA 的第 11 章，即关于投资的规定。NAFTA 第 11 章分为两个部分；第一部分是投资的实体性规则；第二部分是缔约国间以及缔约国与投资者的争端解决规则。NAFTA 在投资方面规定的宗旨为：一是为外国投资及外国投资者提供相关待遇标准，例如国民待遇、最惠国待遇、公平和公正待遇、全面的保护和安全、资金转移自由，等等；二是为投资者与东道国间的争端提供具有约束力的仲裁机制②。然而在 NAFTA 缔结后的十三年后，美国关于国际投资法的规定取得一个较大进展，那就是美式 2004 范本的出现，并且在修订后同乌拉圭达成了第一个双边协定。美国在实践上采取两条腿走路的方式，即通过双边投资协定和自由贸易协定的方式，以达到促进投资自由化和强化投资保护的目的，而且这两种协定将投资问题的规定也协调一致了。③

就未来趋势看，双边投资协定凭借其易于达成的优势将长期占据国际投资协定体系的主导地位，而目前区域投资协定也已发展成为国际投资协定的重要组成部分，它不仅在一定程度上缓解了双边投资协定的冲突，而且还作为多边投资立法的尝试，在更多国家间进行利益协调，为未来统一多边投资立法积累了经验，由此备受关注。就发展来看，国际投资协定的多边化是未来国际投资法制发展的趋势。

（四）权力导向与规则导向

在国际社会中一直存在这样一个现实——国家间的经济关系与法律关系等均深受国家间政治关系的制约。由于当前国际上尚未形成一个拥有超越国家权能的“世界政府”，

---

① 余哲：《区域投资规范及其对多边投资协定的影响》，华东政法学院博士论文（2004）。

② Gilbert Gagné and Jean-Frédéric Morin, “The Evolving American Policy on Investment Protection: Evidence from Recent FTAS And the 2004 Model BIT”, 9 *Journal of International Economic Law* 357（2006）.

③ 余劲松：《国际投资法》，法律出版社 2007 年版，第 218 页。

因而不能像在各国国内一样用国家政府的“公”权力去强制执行法律。国际经济法律制度的产生、发展和变迁等，无不受到各国“私”权力力量对比（权力结构）的影响。① 所以在关贸总协定的发展史上，便有了“权力导向”和“规则导向”之争，而在国际投资领域也难以避免这种“权力导向”与“规则导向”的博弈。

在投资争端方面，历史上，资本输出的发达国家经常借口行使外交保护权而介入东道国与外国私人之间的投资争议，对东道国或进行外交干预，或提出国际请求，或利用本国国内法制度实行单方面经济制裁，甚或动用武力，每每导致私人同国家间的投资争议上升为国与国之间的争议，引起国家间的矛盾和冲突，使投资争议政治化、复杂化。② 这一时期的资本输出国主张的外交保护，体现了国际投资领域程度最深的权力导向，这种情况在 19 世纪 60 年代卡尔沃主义提出后得以扭转。卡尔沃主义提出内外国国民平等，要求投资争端在国内法院解决，阻断了投资者母国的外交保护，但是这一时期规则导向体现的仍不明显。随着 20 世纪五六十年代发展中国家对外国投资实行大规模征收与国有化，东道国与外国投资者之间产生大量投资争端，东道国当地救济与母国外交保护再度激烈交锋，为防止投资者在母国遭受更为严厉的报复，发达国家开始积极寻求与发展中国家签订带有程序条款的双边投资协定。1965 年，在世界银行主持下签订了《解决国家与他国国民间投资争端公约》，并成立了作为调解和仲裁的常设机构“解决投资争端国际中心（ICSID）”，ICSID 遂成为解决国际投资争端最重要的国际仲裁机构，国际投资领域越来越体现出规则导向的态势。而从 20 世纪 80 年代末至今，双边投资协定与区域性投资协定的迅猛发展，以及 20 世纪末以来 ICSID 的受案数量直线上升，均证明了国际投资争端解决已全面倾向规则导向，国际投资权力主导的空间正在缩小。③ 规则导向使争端解决程序具有透明度及可预见性，不依靠权势地位等外部因素，使结果更为公正，更有利于争端的彻底解决。在规则本身为“良法”的条件下，规则导向势必是一种有益于促进国际投资体制法治化的手段。

但是在投资规则的制定上，尤其是发达国家与发展中国家签订的双边投资协定及

---

① 高鸿钧主编：《清华法治论衡（第 6 辑）：法治与法学何处去（下）》，清华大学出版社 2005 年版，第 196 页。

② 余劲松：《国际投资法》第 3 版，法律出版社 2007 年版，第 310 页。

③ Ole Kristian Fauchald, “The Legal Reasoning of ICSID Tribunals–An Empirical Analysis”, 19 *European Journal of International Law* 301 (2008); Charles N. Brower, & Stephan W. Schill, “Is Arbitration a Threat or a Boon to the Legitimacy of International Investment Law?”, 9 *Chicago Journal of International Law* 471 (2009); Francesco Francioni, “Access to Justice, Denial of Justice and International Investment Law”, 20 *European Journal of International Law* 729 (2009); 侯幼萍：《WTO 和 ICSID 管辖权冲突研究》，《国际经济法学刊》，第 14 卷第 2 期（2007）；梁开银：《论 ICSID 与 WTO 争端解决机制的冲突及选择——以国家和私人投资争议解决为视角》，《法学杂志》，2009 年第 8 期。

区域投资协定，在很大程度上仍然体现着权力导向。双边投资协定典型地建立在条约范本的基础上，每个国家都可能准备自己的双边投资协定范本（model bilateral investment treaties）作为与预期的缔约对方谈判的出发点，最后的成果在何种程度上类似于哪一个国家的范本则取决于谈判方的相对地位，是否另一方也要推销其投资范本以及谈判时的总体环境。①发达国家利用其具有的政治、经济优势在投资条约谈判中向发展中国家索取高标准的投资保护，发展中国家为了达成双边投资协定以吸引投资，甚至不惜在许多关键问题上妥协让步，这种国际投资协定谈判中的权力导向削弱了发展中国家政府对于公共事务的管理权，损害了公共福利，也使一部分学者产生了对于国际投资体制合法性的质疑。②正如约翰·H.杰克逊所言："所有的外交活动，实际上所有的政府都混合使用两种手段。很大程度上，文明史可以说是一部在自然状态下，由权力导向型向规则导向型逐渐演进的历史。但是无论哪种情况都没有走到极端。"③因而可以预见的是，未来国际投资领域仍然会发生"权力导向"与"规则导向"的不断博弈，但是无论是美、加等对于国际投资条约范本的修改与对于争端解决机制的改革，还是许多投资条约重新谈判的开启，各方关于投资法律和仲裁会议的召开以及进行中的审查，④都呈现出以规则为导向的发展。因此，我们可以坚信国际投资体制具有以规则为导向的法治化前景。

四、当前国际投资体制法治化取得的成就和存在的问题

国际投资法治的建构，既存在着基于新自由主义的一系列长期存在的问题，也包括由于"嵌入式自由主义"的发展而呈现的新问题。前者具体体现为一系列双边投资协定反复强调的对于投资者利益的保护，后者则主要体现为对于东道国的安全、利益、人权的关注。前者主要体现了长期作为投资输出国的发达大国的立场，后者长期被认为是发展中国家的主张。而当发达国家的经济在21世纪初期出现了长期的停滞和滑坡时，他们

① Christoph Schreuer, "Diversity and Harmonization of Treaty Interpretation in Investment Arbitration", 2 *Transnational Dispute Management*（*TDM*）8（2006）.

②《关于国际投资体制的公共声明》，第6页，http://www.osgoode.yorku.ca/public_statement/documents/Public%20 Statement%20（Chinese）.pdf，2010年11月5日访问。在该"声明"中，学者们认为"现行结构下的国际投资体制损害了公共福利，特别是削弱了政府为人民利益应对人类发展和环境可持续性等问题的能力……，缔结多边投资协定或以晚近仲裁裁决为基础重述投资法的建议是引人误解的，因为它们有维护和使国际投资体制合法化的风险……"并提出了一系列的建议。

③［美］约翰·H.杰克逊：《世界贸易体制——国际经济关系的法律与政策》，张乃根译，复旦大学出版社2001年版，第121页。

④《关于国际投资体制的公共声明》，第6页，http://www.osgoode.yorku.ca/public_statement/documents/Public%20 Statement%20（Chinese）.pdf，2010年11月5日访问。

在投资问题商业方面开始持较为谨慎的立场。

（一）国际投资体制的法治成就

1. 双边投资协定的广泛发展

从1959年诞生第一个双边投资协定以来，双边投资协定以迅猛发展之势成为当今国际投资规则体系的中坚力量。由于国际投资领域不存在一个全球性、综合性的多边投资协定，所以这些双边投资协定作为主要调整投资关系的规范工具，在促进与保护投资方面发挥着重要作用，双边投资协定的数量曾经持续提升增长。据UNCTAD统计，仅2009年一年新签订的双边投资协定就有82个，截至2009年年底，全球双边投资协定总数已达到2 757个，[①]不少于179个国家缔结了一个或多个双边投资协定，[②]双边投资协定的发展无疑为国际投资体制的法治化提供了广阔的土壤。但金融危机之后，宏观经济变得脆弱，对于投资者的政策也很不确定，所以2012年年底国际投资协定还留存3 196个，2 857份双边投资协定（BITs）中的1 300份在2013年年底达到了“任何时间均可终止的时期”。[③]

早期的双边投资协定主要是在发达国家与发展中国家之间签订的，这是由两类国家在传统国际资本移动中所扮演的角色不同决定的。发达国家与发展中国家签订BITs的出发点不同：发达国家是为了扩大本国私人资本输出以获取海外高额利润，增强国际竞争能力，因此试图通过BITs的有关条款来确保海外投资的安全和既得利益；而发展中国家则是为了创设较好的投资环境，以利于吸引和利用外国投资发展本国经济，因此，在对境内外国投资实行保护的同时，希望通过BITs的有关条款规定本国对境内外国投资实行管制的权力和外国投资者必须遵守东道国法律等义务。[④]可以说，双边投资协定是发达国家与发展中国家就投资保护与投资促进达成的一种博弈结果，两者各得其所。[⑤]发展中国家之间，由于彼此都需引进外资，同作为资本输入国，很少有资本流动，因而签订的双边投资协定数量不多。然而，这种情况在20世纪90年代发生了很大变化，随着经济实力的不断增强，许多发展中国家已发展成为重要的资本输出国，早些年以亚洲四小龙为

---

① UNCTAD，“‘Liberalize but Regulate’ Describes Current Approach of Governments to Investment”，http://www.unctad.org/Templates/Webflyer.asp?docID=13343&intItemID=3199&lang=1（accessed November 5，2010）.

② L. Yves Fortier：International Protection and the Rule of Law：Change or Decline?，http://www.arbitration-icca.org/media/0/12392785460140/0732_001.pdf（accessed October 25，2010）.

③ *World Investment Report 2013：Global Value Chains：Investment and Trade for Development*（United Nations Publication，2013），p. 117.

④ 陈安主编：《国际经济法学专论（下编 分论）》，高等教育出版社2007年版，第636页。

⑤ 卢进勇、余劲松、齐春生主编：《国际投资条约与协定新论》，人民出版社2007年版，第28页。

代表，最近几年内巴西、中国、印度、俄罗斯等新兴经济体都已成为重要的资本输出国。[①]最新的统计显示，2009年，中国香港、中国内地和俄罗斯均跻身全球最大的FDI来源地排行榜的前十名。[②]有学者认为，这种资本输出国多元化的倾向将会使南北之间有关国际投资问题的矛盾趋于缓和，同时，对于进一步增强国际投资的法律保护，也许是一种可喜的征象。[③]而且，这些发展中国家输出的很多投资最终流入其他发展中国家，发展中国家之间缔结的国际投资协定的数量显著增加。截至2007年年底，发展中国家之间已经缔结了超过690项双边投资协定，占全部双边投资协定的27%左右。[④]

2. 对于发展中国家的重视

发展权一直是发展中国家最为重视的一项基本人权。早在19世纪60年代卡尔沃主义的兴起就曾掀起关注发展中国家主权权利的浪潮。到了20世纪六七十年代，发展中国家以联合国大会为平台主张发展权，要求建立国际经济新秩序，联合国大会通过了一系列促进发展中国家投资发展的决议：1962年通过了《关于自然资源之永久主权宣言》，承认各国对自然资源的永久主权；外国资本应遵守东道国的规章制度并服从东道国国内法管辖；在一定条件下，东道国政府有权对外资进行征收；规定征收赔偿争议，当事人应优先用尽当地救济等。1974年通过的《建立新的经济秩序宣言》，宣布所有主权国家不论其经济和社会制度如何，应在一切国家待遇公平、主权平等、互相依存、共同受益以及协力合作的基础上建立新的国际经济秩序；申明国家对自然资源和经济活动的经济主权，国家有权实行国有化或所有权转移给本国国民。1974年通过的《国家经济权利与义务宪章》，再次确认国家的经济主权及对外资的管理权，把外国资产收归国有、征用或转移其所有权，但应给予适当的赔偿；除有其他约定外，与赔偿有关的争议应当根据采取国有化措施国家的国内法，由该国法院进行审理。

1994年11月，亚太经合组织第二次领导人非正式会议通过了《APEC经济领导人共同决心宣言》(《茂物宣言》)，提出APEC领导人应考虑到该组织成员发展的不同水平，同意给本地区实现贸易和投资自由化规定一个成员间有区别的时间表，即工业化经济体实现自由和开放贸易与投资目标不迟于2010年，新兴工业化国家实现这个目标不迟于

---

① See Karl P. Sauvant, New Sources of FDI: The BRICs-Outward FDI from Brazil, Russia, India and China, 6 *The Journal of World Investment and Trade* 639~710 (2005).

② *World Investment Report 2010 Investment in a Low-carbon Economy* (United Nations Publication, 2010), p.40.

③ 参见[日]横川新:《论国外投资与双边条约》，载陈安编译:《国际经济立法的历史和现状》，法律出版社1982年版，第143~144页。

④ UNCTAD: "International Investment Rule-making: Stocktaking, Challenges and the Way Forward", http://www.unctad.org/en/docs/iteiit20073_en.pdf (accessed November 5, 2010).

2015 年，发展中经济体不迟于 2020 年。以上规定均体现了对发展中国家成员的特殊照顾。

1964 年成立的联合国贸易与发展会议，是目前国际社会对国际投资发展给予最多关注的一个国际经贸组织。该机构在国际投资协调方面发挥着重要作用，历年发布的世界投资报告对于年度投资情况、未来投资前景都作出了详细的分析，为投资者与政策制定者提供了宝贵的参考资料，并且在其中常有体现关注与促进发展中国家发展的目标与建议。例如近两年的报告中提出了“通过减少进口关税、非关税壁垒和发达国家的农业补贴，鼓励 FDI 流入发展中国家”①，“成立国际低碳技术援助中心，此类中心可支持发展中国家（尤其是最不发达国家）制定并实施国家气候变化缓解战略和行动计划”②等倡议。

3. NAFTA、TRIMS 等多边体系的初步运作

尽管当前人们还在为国际社会是否需要建立一套全球性、综合性的多边投资规则争论不休，③而对于制定这样一种规则所做的尝试，早在半个多世纪前就已开始。但是，由于发达国家与发展中国家之间，甚至发达国家内部在许多关键问题上的立场与主张都难以协调，因而这样的尝试往往“胎死腹中”④。而《解决国家与他国国民间投资争端公约》与《多边投资担保机构公约》也都只是在非实体性的跨国投资保护领域制定的单项多边投资协定，与国际社会想要建立的集投资待遇、国有化与征收、资本转移、国际投资争端解决等实体及程序内容为一体的全球多边协定的目标还相去甚远。与此同时，WTO 中与投资有关的各项协定，特别是《与贸易有关的投资措施协定》（TRIMS 协定），以及包含投资条款的《北美自由贸易协定》（NAFTA）的制定，无疑令国际投资在多边法律体制的构建上向前迈进了一大步。

《TRIMS 协定》集中了 WTO 与投资有关的主要规则。作为 WTO 项下的协定，《TRIMS 协定》由 WTO 成员一揽子接受。该协定共 9 条，由序言、正文、附录三部分组成。第 1 条规定：“本协定仅适用于与货物贸易有关的投资措施。”在一些国际投资条约中体现出了对于发展中国家的特殊安排，例如《TRIMS 协定》在序言中指出，该协定应“考虑到发展中国家成员，特别是最不发达国家成员的贸易、发展和财政的特殊需要。”《TRIMS 协定》第 4 条规定，根据 GATT1994 第 18 条“政府对发展经济的援助”的条件，

①《跨国公司农业生产和发展——解读〈2009 年世界投资报告〉》，《国际经济合作》，2009 年第 9 期。

②《投资低碳经济——解读〈2010 年世界投资报告〉》，《国际经济合作》，2010 年第 8 期。

③ 参见：《关于国际投资体制的公共声明》，http：//www.osgoode.yorku.ca/public_statement/documents/Public%20Statement%20（Chinese）.pdf，2010 年 11 月 5 日访问。UNCTAD：“International Investment Rule-making：Stocktaking，Challenges and the Way Forward”，http：//www.unctad.org/en/docs/iteiit20073_en.pdf（accessed November 5，2010）.

④ 最为典型的例子为 OECD 组织起草的 MAI。

GATT1994关于国际收支谅解的规定，以及东京回合所通过的《关于为国际收支实施的贸易措施宣言》中的规定，发展中国家成员有权暂时背离《TRIMS协定》中有关投资措施的国民待遇和一般取消数量限制的义务。《TRIMS协定》第5条是通知和过渡期安排条款，规定发达国家成员应于《TRIMS协定》生效之日起2年内，取消所有与该协定相违背的与贸易有关的投资措施；发展中国家成员应于该协定生效之日起5年内，取消这些投资措施；最不发达国家成员应在7年内取消。对实施本协定确实有困难的发展中国家成员与最不发达国家成员而言，还可以请求货物贸易理事会延长取消期限；货物贸易理事会在考虑此等请求时，应顾及该成员的发展、财政和贸易的特殊需要。《服务贸易总协定》是WTO规则与国际投资自由化密切相关的另一协定，是乌拉圭回合在多边贸易新领域取得的重大成果之一，它首次将服务贸易纳入多边体制范畴。由于GATS中规定了以商业存在的方式提供服务必须遵守的多边纪律，因此对服务业国际投资具有直接影响，WTO协定附件中的GATS实质上是一个重要的国际投资条约。以商业存在的方式提供服务实际上就是以任何类型的商业或专业机构在他国提供服务，是国际投资者拓展跨国服务的最重要形式之一。由于知识产权常作为出资的重要组成部分，所以加强对知识产权的保护，实则是加强了对包含知识产权的外国投资的保护。知识产权日益成为重要的国际投资形式，因此知识产权的国际保护对于推动国际投资的发展，尤其是技术密集型国际投资的发展具有极其重要的意义，而知识产权的保护又是各国外资法的重要组成部分，所以对外国投资和外国投资者知识产权的认可和保护是涉及外资待遇的一个重要问题，也是一国投资环境好坏的重要评判标准。[①]有时候投资激励措施可能构成补贴与反补贴措施协定所定义的补贴行为，而受到该协定的管制。[②]各国对外资的引导，除限限制性措施外，还有不少鼓励性措施。发展中国家为鼓励外资产品出口，增加外汇收入，往往对外商投资企业给予所得税、关税的减免和其他财政信贷的扶助，这些措施，如果不被认定为扭曲贸易的投资措施，就可能被认定为一种补贴。因此，各国外资法中鼓励外资出口的一系列措施，开始受到《补贴与反补贴措施协定》的多边制约。

近年来，随着国际投资已经取代有形产品与无形产品贸易正在成为推动世界经济发展的引擎，国际贸易的焦点从传统上总是围绕具体产品及其在自由贸易中的保护主义等问题转而集中于国家间资金的自由流动，从而使一个国家对投资设置障碍的多少成为衡

---

① 刘笋：《WTO法律规则体系对国际投资法的影响》，中国法制出版社2001年版，第60~271页。

② 吕岩峰、何志鹏、孙璐：《国际投资法》，高等教育出版社2005年版，第191~202页。

量一国经济开放程度的重要标尺。[①]

以《北美自由贸易协定》为代表的一些区域性自由贸易协定也都将消除跨国投资障碍列为具体目标，其中所包含的投资条款，作为在区域层面上对国际投资的协调，构成了国际投资多边体系的重要组成部分。NAFTA 第 11 章专门用于制定投资规范，主要涉及投资和投资者的定义、国民待遇、最惠国待遇、最低待遇标准、禁止实施履行要求、外汇转移、征收和补偿、环境措施以及投资者与东道国间争端解决机制等投资领域的关键问题，包含了国际投资的实体性内容和程序性内容。

NAFTA 第 11 章专门对投资制度作出了规定，内容主要包括对缔约方提出了给予非歧视待遇的要求；不得对另一缔约方或非缔约方的投资者在其境内的投资的设立、收购、扩大、管理、控制和经营实施或强制实施履行要求；投资所得的自由转移，境外所得的禁止转移；征用和补偿的条件和标准。NAFTA 第 12 章对跨境服务贸易制度作出了规定，主要内容包括缔约方给予其他缔约方服务提供者国民待遇和最惠国待遇；许可和证明措施要建立在客观和透明的标准上，并且不超出为保证服务质量所需的限度而施加过重负担，也不构成对跨境提供服务的隐蔽限制。

此外，NAFTA 还涉及原产地规则（第 4 章）、金融服务（第 14 章）及知识产权保护（第 17 章）等诸多与国际投资紧密相关的领域，形成了有关国际投资的完整体系。应该说，NAFTA 中的投资法规范将投资自由化目标发挥到了极致，比如扩大投资与投资者定义，将国民待遇推广至市场准入阶段，扩大间接征收的范畴，补偿原则上实行的赫尔原则等。这些规定虽然有利于对投资者利益的保护，却也严重冲击东道国的外资管辖权。随着实践而来的诸多问题也引起了作为发达国家代表的美国、加拿大的反思，并已体现在美、加在 2004 年新制定的双边投资协定范本中。总的来说，NAFTA 的国际投资体制系统便于操作，在区域内部形成了统一的投资规则，增强了规则的可预见性及透明度，为投资者创造了值得信赖的投资软环境，促进了国际投资的自由化发展；关注投资与国内健康、安全环保的关系，并制定了较高的环境标准，体现了对非经济价值的兼顾及可持续发展的理念；高度的自由化标准，引起了美、加及国际仲裁庭等对于投资者权益与东道国权力平衡的反思，促进了投资规范的制定向细致化方向发展。作为区域层面多边投资体系的初步运作，NAFTA 无疑为今后的区域及全球多边投资体制的建立提供了可资借鉴的优秀典范。

---

① 参见张庆麟:《国际投资法问题专论》，武汉大学出版社 2007 年版，第 115 页。

（二）国际投资体制存在的问题

从以上分析来看，虽然国际投资体制的法治化进程在不断向前发展，但就目前而言，国际投资体制的法治水平在总体上仍然无法称得上令人满意，至少存在以下两方面的问题：

1. 规范的初级性

国际投资规范仍然处于纷繁复杂的初级状态。各国国内的投资法规标准各异，无统一可供参照的标准体系，或高或低的管理标准、或宽或严的管制措施，增加了投资者进行投资环境调查的成本，影响了投资活动的健康发展。而国际投资协定由于缺少一个全球性机构去管理，国际投资规则的制定也缺少系统协调，国家继续在单边意愿的基础上缔结国际投资条约，因而更加凸显与延长了现有的国际投资协定的不成体系状态，即所谓的——“意大利面碗”。[①] 令人忧虑的是，如此杂烩繁乱、碎片化的规则状态将如何承担国际投资体制的法治化重任。

（1）双边投资协定存在的问题。双边投资协定近年来发展迅猛，其优势体现在较为灵活、自由度高、便于达成一致、节省时间与成本。但也不是没有缺陷，首先，双边投资协定涵盖的主要问题虽然大体相同，但具体规则标准仍五花八门。双边投资协定所包含的核心内容包括申请、进入和设立投资，公平公正待遇，国民待遇，最惠国待遇，征收和补偿，资金转移和争端解决等，但却不能就此认为它们都包含着相同的内在逻辑，提供相同程度的保护以及遵循相同的标准。而近十几年双边投资协定数量的迅猛增长也导致了协定内容的某些方面朝着多元标准发展，这显然增加了形成统一的、可预见的全球性投资规则的难度。[②] 而且，庞大的双边投资协定网络所导致的规则重叠和不一致对双边投资协定的管理也是一个巨大的挑战，[③] 这给协定解释留下了很大的空间。[④] 其次，双边投资协定在构筑全球投资规范化网络时显得力不从心。联合国贸发会议曾指出，如果联合国成员国之间都缔结双边投资协定，则全球大致需要存在 18 000 个双边投资协定，

---

① UNCTAD，“Report provides outlook for the evolution of International Investment Rulemaking”，http：//www.unctad.org/Templates/Webflyer.asp?docID=11010&intItemID=3199&lang=1（accessed November 5，2010）.

② Stephan W. Schill，“W（h）ither Fragmentation? On the Literature and Sociology of International Investment Law”，22 *European Journal of International Law* 875（2011）.

③ *World Investment Report 2003*（United Nations Publication，2005），p. 93.

④ Anthea Roberts，“Power and Persuation in Investment Treaty Interpretation：The Dual Role of States”，104 *American Journal of International Law* 179（2010）；Mahnoush H. Arsanjani，and W. Michael Reisman，“Interpreting Treaties for the Benefit of Third Parties：the ‘Salvors’ Doctrine’ And The Use of Legislative History in Investment Treaties”，104 *American Journal of International Law* 597（2010）.

而现存的2 000多个双边投资协定则显得微不足道。[①] 再次，双边投资协定在内容上具有片面性，只规定投资者的权利与东道国的义务；双边投资协定名为投资保护与促进协定，实际上只规定对投资者的单方保护，而对于投资促进不足；许多概念存在模糊之处，比如间接征收与公平公正待遇，这种不确定性使东道国采取正当行动的意愿及能力受到限制；关注经济价值间的权衡，而对非经济价值的关注较少。双边投资协定在内容上的片面性，导致了国际投资领域公私利益的严重失衡。

（2）区域性投资协定的不足与多边投资协定的缺位。近年来，区域性投资协定的发展增添了人们想要在全球范围内建立统一投资规则的信心，其在减少双边投资协定的冲突，促进区域经济一体化方面发挥了重要作用。但是区域性投资协定也存在着许多局限性：区域性的投资规则在所涵盖的地理范围、缔约国数目上有局限，在数量上显得不足，在影响范围上也有限；不同地区的投资协定并未遵循统一模式，呈现一些矛盾与冲突。这就使得投资者必须适应不同地区间关于投资的不同规定，无法减少从准入到运营的整体投资成本。而在东道国一方，由于各区域间经济社会文化发展差异而造成的在投资协定规则上的不统一，也会继续维持一种无序竞争状态以吸引外国直接投资。[②] 非专门规定投资的区域性协定，仅是在贸易协定或其他类型协定中以章节的形式规定投资，虽然便利了对投资与其他利益的整合，但也增加了国际投资规则体系的复杂性，而且此种区域投资协定对于国际投资的规定也往往缺乏系统性。

国际投资方面的集体行动，有着漫长而又充满艰难的历史。早在20世纪20年代，国际法就被局限地认为是政府剥夺国外财产的能力。但是在随后的几十年，随着国际直接投资大幅度的增长，处理投资问题的国际安排也急速的增长[③]。就这样，随着全球经济的突飞猛进，有着反映全球经济晴雨表般功能的国际投资法也有了飞速的发展。为了在全球范围内建立一个多边的投资实体性条约规则，使得全球范围内的投资活动得到更好的规制和保障，国际社会对于全球性投资法典的编纂的努力从第二次世界大战以后就从未间断过。这其间有资本输出国所倡导的《哈瓦那宪章》《波哥大经济协定》；有民间组织的一些草案，如《关于外国投资公平待遇的国际法典》草案、《相互保护在外国的私人财产权的国际公约》草案、《阿布斯－肖克罗斯关于海外投资保护公约》的草案；还有

① *World Investment Report 2003*（United Nations Publication，2005），p. 93.

② 叶兴平：《外国直接投资最新趋势与变迁中的国际投资规则——宏观考察》，《法学评论》，2002年第4期。

③ Pierre Sauvé，"Multilateral rules on investment：is forward movement possible?"，9 *Journal of International Economic Law* 325（2006）.

一些国际组织的建议，如由经济合作与发展组织于1962年和1967年提出的《保护外国人财产公约》草案、于1969年提出的《资本移动自由化法典》，还有就是历经三年谈判、于1998年无限期中止的《多边投资协定》（MAI）草案[①]。以上这些协定，有的不是没有生效，就是没有被承认，但是它们所带来的意义是深远的。它们一步一步地推动着国际投资法制向前迈进。尤其是MAI草案，它可以称之为一个较高水平的多边投资协定文本，是由被称为“富国俱乐部”的OECD所草拟的，而这些国家占据了世界上大部分资本输出国的位置，并且这些国家在国际投资方面的相关问题有着丰富的经验。所以他们所要订立的MAI是一个高度自由化的投资协定。

但是高投资标准的MAI存在许多有争议的实质问题，这也是为什么它最后没能生效的原因。首先在投资的定义上，MAI文本所设计的是广义的投资定义，除了包含直接投资外，还包括间接投资。其次是关于国民待遇与最惠国待遇方面，MAI文本反映了将国民待遇适用范围扩大到市场准入的趋势，其将国民待遇适用于开业权与准入权。各国对于国民待遇例外的数量与特点的提出也大不相同。再次，在征收和补偿方面，MAI首先将征收行为作了扩大解释，认为不仅包括直接收入，也包括间接收入，在这一点上各国意见不一。另外在争议的解决方面也存在较大的分歧，有些国家仍然反对将投资者与东道国政府间的争议交由第三方的国际仲裁。[②]

在另一层面上，MAI的失败是由于一些政治因素和其他的相关因素：第一，是由于一些非政府组织和民间组织对于一些实质性条款和谈判过程程序上的不透明表示强烈反对；第二，一些商业组织在MAI中利益的诉求没有得到很好的表达；第三，在OECD成员国上政府方面的变化，使对于投资的保护减弱；第四，由于法国对于文化例外条款的声明，所以决定不再参与磋商，从而终止了这项工程。[③]总之，这种种的分歧导致了MAI最后的失败。

但是MAI的失败不能说仅仅是南北矛盾无法协调造成的，OECD成员内部的利益也没有调和，所以他们这次试图避开WTO体制，绕过多边谈判中发展中国家抵制的行为以达成全球性的多边协定的举动，就此搁浅。从以上可以看出，今后的综合性多边谈判必须要既能反映投资自由化的趋势又能反映各国利益的协调，特别是要切实考虑发展中

① 吕岩峰、何志鹏、孙璐：《国际投资法》，高等教育出版社2005年版，第148~151页。

② 孙南申：《国际投资法》，中国人民大学出版社2008年版，第189~192页。

③ Peter Malanczuk, "State-state and investor-state dispute settlement in the OECD draft multilateral investment agreement", 3 *Journal of International Economic Law* 418 (2000).

国家的特殊情况。[①] 因为毕竟各个国家的主权是平等的，发达国家不能把他们的利益需求强加给其他国家。

多边投资协定目前仍无实质进展，现存的多边投资协定仅是规定国际投资的某一方面，约束力也不强，全球性、综合性多边投资协定的缺乏使得国际投资规则的一致性与连贯性都难获保障。由于规范的初级性以及缺少进行国际投资协调的平台，可以说，目前仍然缺乏建立多边投资协定的宏观环境条件，因而积极建立一种以规则为导向、法治为基准的国际投资规则体系可谓当务之急。

2. 对发展中国家促进不足

据 2013 年世界投资报告显示，2010 年上半年，受金融危机影响跌至谷底的全球 FDI 在发展中国家及转型经济体的引领下得以复苏。而自从 2008 年开始，全球 FDI 的流量结构开始有所变化，到 2009 年，全球 FDI 二分之一的流量进入发展中国家和转型经济体，全球 FDI 四分之一的流量出自于发展中国家和全球经济体。国际统计数据的发展趋势表明，发展中国家和转型经济体作为 FDI 的目的地与来源地，其在国际经济中的作用还会进一步增强。2012 年，发展中经济体吸收的直接外资首次超过发达国家，占全球直接外资量的 52%。出现这一动态的部分原因在于发达国家遭遇了直接外资流入量方面最大幅度的下降，发达国家现在仅占全球流量的 42%。此外，将近三分之一的全球直接外资流出量来自发展中经济体，因此它们延续着一种持续的上升趋势。[②] 然而，目前发展中国家在国际投资发展中所占的份额与其本身发展所受关注的程度严重不成比例，而对发展中国家的发展促进不足有损公平、可持续发展及文明间的和谐共进，无疑成为国际投资体制法治化的一大障碍。

（1）美式投资范本的问题。在目前全球还没有一个多边投资协定的情况下，双边投资协定成为规范投资最主要的手段。双边投资协定有它的优点，它易于达成合意，不像多边投资协定那样要经过漫长的谈判。作为调整国际投资关系最重要的形式，它从最初的友好通商航海条约发展到后来的欧洲式的双边促进和保护投资协定和美国式的双边投资协定。在 20 世纪 80 年代，由于面临严重的外债危机和外资流入的不断减少，发展中国家纷纷进行外资法改革，从对外资的严格管制逐步走向放松管制和投资自由，因此双

① 刘笋：《从 MAI 看综合性国际投资多边立法的困境和出路》，《中国法学》，2001 年第 5 期。

② *World Investment Report 2013: Global Value Chains: Investment and Trade for Development* (United Nations Publication，2013)，p. 2.

边协定在世界范围内出现了明显的增长趋势。[①] 这对于国际投资法制有着深远的影响，因为它既能促进投资，也能保护投资。但是对于发展中国家来说，在与发达国家签订条约的同时，也要注意到这些条约可能带来的潜在威胁。

作为世界上的经济大国，美国对世界经济方方面面的影响是多元化的。在投资方面，美国的双边投资协定范本及 NAFTA 中的投资规定都能看出美国对投资所采取的态度，高度自由化作为美式条约的主要特点。事实上，美国投资市场的全面和高度发展，商品市场的成熟，资金雄厚和高科技企业的大量存在和发展均构成对外国投资者非正式的限制。[②] 而这种高度自由化实质上是削弱了东道国的外资管辖权。美国式的双边投资协定推行自由化主要体现在以下几方面：首先，美国在投资准入领域适用了国民待遇和最惠国待遇，而且将适用阶段从投资设业前拓展至投资设业后；关于禁止履行要求条款的规定，即一缔约国不得对对方缔约国的投资施加诸如出口配额、当地成分要求、技术转让要求等履行要求，该条款限制了东道国管理外资的权力。美式范本还规定了所谓的“绝对待遇标准”，这些标准多数是一些不是十分确定的标准，比如公平公正待遇，这很难有一个准则衡量究竟什么是公平公正，所以这点对于缔约方来讲，容易使其钻法律的漏洞，他们可能利用这一条款，对东道国国内的立法等进行质疑，这对于东道国来说是十分不利的。另外，在投资争议解决方面，发展中国家都致力于先通过东道国的当地救济来解决投资争议，即比较依赖“用尽当地救济”条款，因为这样能够更好地对外资起到控制的作用，而发达国家总是对当地的救济持怀疑态度，总是尽力避开东道国的国内立法来采取救济。[③] 以上的种种规定都与发展中国家想在一定程度上控制外资管辖权这一原则相左，但是一些发展中国家为了发展自己的经济，舍弃了自己应有的原则，与美国签订了如此高度自由化的条约，如美国与乌拉圭之间签订的双边投资协定，继而接受了美国在范本中规定的一些投资的高标准。一些发展中国家在接受发达国家提出的高标准投资规则后，在与其他发展中国家谈判缔结双边投资协定时也要求后者接受此类投资规则。众所周知，在现今世界范围内，大部分的国家都是 WTO 的成员，这些条款通过 WTO 的最惠国待遇的“多边传导效应”，可能会给其他国家带来巨大的麻烦和损失。[④]

---

① 刘笋：《双边投资条约的晚近发展及其影响浅析——以美式双边投资条约为研究对象》，《湖南省政法管理干部学院学报》，2002 年第 6 期。

② 王贵国：《国际投资法》，北京大学出版社 2003 年版，第 271~273 页。

③ 刘笋：《晚近双边投资条约发展值得注意的几个特点——极力弱化东道国外资管辖权成为趋势》，《广西政法管理干部学院学报》，2001 年第 4 期。

④ 陈安：《国际投资法的新发展与中国双边投资条约的新实践》，复旦大学出版社 2007 年版，第 28 页。

由于在多边框架下发展中国家容易团结起来一致对外，发达国家反倒显得“寡不敌众”，因此发达国家将投资制度谈判从多边平台向双边投资和自由贸易协定中的投资制度转移，将发展中国家化整为零，试图各个击破。①

（2）发展中国家在公共福利上面临困局。发展中国家过去曾以卡尔沃主义为旗帜，以联合国大会为平台，以利益整体的形象主张国际投资领域的话语权。但随着20世纪80年代自由化浪潮袭来，发展中国家这种一致的声音已渐趋微弱，并在此后长期奉行以经济增长为目标，忽视社会整体协调发展的发展战略。②进入20世纪90年代后，国际社会对发展内涵的认识发生转变，对经济增长的片面追求逐渐被全面的发展观所取代，③发展中国家开始注重非经济价值与经济价值间的协调发展，为保护环境、提高劳工保护等，对外资的管制逐渐加强。然而，发展中国家为维护公共福利管理外资的权利却越来越受到侵蚀，常常陷入在国际仲裁庭被诉的泥淖。原因在于，发达国家为保护其海外投资者，对发展中国家实行各个击破，将高度的自由化与投资保护标准引入双边投资协定，使得投资者与东道国争端解决机制、国民待遇、宽泛的间接征收、有限的业绩要求等对投资者高度保护的条款已经被一些发展中国家接受。④发达国家，尤其是美国，已经并正在利用双边投资协定和自由贸易协定这两个平台，将在WTO体制内不可能被发展中国家所接受的限制添加进去。⑤这一切直接导致了发展中国家所采取的合理正当的管理措施，也被外国投资者频频发难，主权权利受到威胁。发达国家这种不顾发展中国家公共福利的对外投资政策，引发了发展中国家在环境、劳工、人权、健康、文化和发展等诸多方面的社会问题。而一方面世界各大国际经济组织在协助发展中国家摆脱困境上不是作为有限、附加条件，就是受发达国家影响深刻；另一方面现今缺乏能够凝聚发展中国家的多边平台，发展中国家难于形成一致的声音，发展中国家在国际投资领域的发展问题被严重忽视。

（3）发展中国家在国际投资体系中面临风险。不平等性是发达国家与发展中国家之间缔结的双边投资协定的一大特征。尽管多命名为“相互促进与保护投资协定”或“相互保护投资协定”，但在双方技术和资金实力相差悬殊的情况下，实际考虑的只是由北至南的单向度投资流向，双方在谈判中的地位存在着实质上的不平等，弱国只能居于不

① 陈安:《国际投资法的新发展与中国双边投资条约的新实践》，复旦大学出版社2007年版，第15~19页。

② 参见王彦志:《经济全球化、可持续发展与国际投资法第三波》，载《国际经济法学刊》，第13卷第3期（2006），第181页。

③ 参见朱炎生:《发展观的变迁与发展观实施机制的转变》，载《国际经济法学刊》，第3卷第4期（2007），第106~109页。

④ Laura J. Loppacher and William A. Kerr，“Investment Rules: The U.S. Agenda in Bilateral Trade Agreements”，7 *The Journal of World Investment & Trade* 51（2006）.

⑤ Ha-Joon Chang，*Policy Space in Historical Perspective*，South Bulletin 112（15 October 2005），p. 25.

利地位，表现为以投资保护为目标的双边投资协定，最后往往被迫加入众多投资自由化条款中。然而实证证明，高度自由化的 BITs 在相当程度上并未实现发展中国家吸引外资的预期，[①] 反而限制发展中国家制定发展政策的能动性，增加了发展中国家被诉的风险。[②] 而且，双边投资协定中仅仅规定作为东道国一方的发展中国家保护外资的义务以及发达国家投资者的权利，却缺乏对于东道国权利与投资者义务的规定。尽管发展中国家多年以来争取在国际投资协定中为外国投资者设定更重大的义务，但是它们始终未能如愿以偿。如何确保企业为东道国的发展适当出力，使跨国公司承担更多的社会责任，仍然是很多发展中国家需要解决的重大难题。在发达国家与发展中国家同时参加的多边投资协定中也缺乏对于发展中国家发展权的倾斜。在贸易协定中广泛使用的有利于保障发展中国家利益的包括保留、例外、暂时例外、过渡期、制度化的监测及咨询程序等安排，在多边投资协定中有的规定不充分或大多根本全无这种安排。现有的大多数国际投资协定并不专门处理，或者仅仅以次要的方式处理发展问题。此类协定的名称就能说明问题，国际投资协定被称为促进和保护外国投资条约而非经济发展条约，也就是说，促进和保护外国投资优先于经济发展，经济发展的目标是在不具有法律拘束力的序言中阐述的。这些条约的发展目标因此属于政治目标，其目的并非专门照顾作为发展中国家的缔约伙伴，而是所有缔约国（无论它们处于何种状况）的发展。[③]

发展中国家自身由于欠缺关于国际投资协定事务的专门知识，加之政策朝令夕改、谈判实力薄弱，所以国际投资规则非常容易发生不一致现象。此外，凭一己之力参与国际投资规则制定活动的发展中国家，可能意识到在国际投资协定中很难保证发展议题得到适当的考虑，而且很难保证它们能够为实现经济和社会发展目标而保持充分的管理灵活性。[④] 另外，当前国际投资协定形式的多样性及内容的复杂性，既为发展中国家提供了更多寻求自身发展问题解决方案的机会，同时也为发展中国家谈判这种协定带来了风险。一个涵盖贸易、投资、劳工、知识产权等事项的综合性协定，各问题间相互影响，形成

① 参见季烨：《双边投资条约对发展权的负面影响及对策》，《武大法学评论》（第九卷），有关 BITs 与投资流入之间的关系问题可参见单文华：《欧盟对华的法律框架：解构与建构》，蔡从燕译，北京大学出版社 2007 年版，第 226~230 页；张晓斌：《双边投资条约引资效果的分析》，《国际经济法学刊》，第 13 卷第 1 期（2006），第 280 页。

② 截至 2008 年，遭遇诉讼最多的国家分别是阿根廷（46 件），墨西哥（18 件）和捷克（14 件），参见《国际投资规则的制定：评估挑战与前景展望》，第 29 页。截止到 2009 年已发展中国家政府的数量已达到 49 个，见 *World Investment Report 2010 Investment in a Low-carbon Economy*（United Nations Publication，2010），p. 83.

③ UNCTAD："International Investment Rule-making：Stocktaking，Challenges and the Way Forward"，http：//www.unctad.org/en/docs/iteiit20073_en.pdf（accessed November 5，2010）.

④ UNCTAD："International Investment Rule-making：Stocktaking，Challenges and the Way Forward"，http：//www.unctad.org/en/docs/iteiit20073_en.pdf（accessed November 5，2010）.

一个复杂的政策组合，这对于专业知识、谈判技巧都不足的发展中国家来说将是一项巨大的考验。

五、国际投资体制法治化改进的策略

联合国正致力于推进一份 2015 年之后的发展议程远景，但是国际投资法未来发展的提升并不明朗。目前，无法否认的是，国际投资体制的法治水平仍然处于初级阶段，如何进一步推进国际投资体制的法治化进程，是时代与发展所提出的重要问题。从国际投资体制法治发展存在的问题入手，探寻国际投资体制法治化的未来路向，应当对国际投资体制的法治发展有所助益。

（一）全面评价现有的国际投资法律模式

当今的国际投资法律体制是不成体系的，这种情况在短期内恐怕难于改变。此时就需要对于国际投资的现有模式进行合理的评价，以在法治完善的进程中进行有效的选择。

1. 双边层面的国际投资规范仍然具有灵活性和针对性

在双边和区域基础上制定的投资规则更具有可行性，其原因有二：第一，资本输出国和资本输入国之间在政治、经济力量上存在着不对称，因此力图达成一个较大范围的多边协定是相当有难度的；第二，双方在签订双边协定之前，在这个领域可能是空白的，之前并没有已存的规定。[①] 正是由于这种力量上的不对称和领域的空白，所以作为目前世界上主要资本输入国的发展中国家在签订双边投资协定时一定要充分考虑现实的国情及长远的利益，要科学地认识双边投资协定及自由贸易协定中的投资规则对于一国吸引外资究竟有多大作用，要认清吸引外资的真正本质所在。其实国际投资协定在吸引外资方面并不起重要作用，国家稳定、社会安定、经济发展态势良好才是吸引外资的真正原因，[②] 千万不要因急于一时的经济发展而忽略了可能对未来利益的损害。

当然，可以肯定的是，双边协定有其优越性，具体体现在双边协定只是两个国家之间特殊的国际法，双方本着自愿的原则签订，因此这样更有利于双方所要共同达到的宗旨的要求，而且在利益协调上也更容易达成共识。通过双边投资协定的形式，既加强对

---

① Pierre Sauvé, "Multilateral Rules on Investment: Is Forward Movement Possible?", 9 *Journal of International Economic Law* 327 (2006).

② 陈安:《国际投资法的新发展与中国双边投资条约的新实践》，复旦大学出版社 2007 年版，第 28 页。

外资的管制同时也是对东道国的制衡，这样东道国可以通过协定更好地管理外资，也规制东道国不能任意利用国内法来侵害投资者的利益，这对于投资者来说像是吃了一颗定心丸。在权利的救济层面，双方可共同约定出现投资争议解决的方式。虽然双边投资协定有以上优点，但是事物都具有两面性，这些优点同时也可能正是它的缺点。

无疑，主要依靠双边投资协定建立起来的现行国际投资法律架构，存在着明显的缺陷：第一，通过双边谈判形成的国际投资法律关系缺乏稳定性。此类双边协定的缔结多以对等交易为前提，但随着国家经济利益的变化，缔约方随时可能予以废止。第二，通过双边谈判形成的各种国际投资法律规则缺乏应有的统一性。由于各国经济利益的不同及谈判实力的差异，相互间在双边投资协定中确立的权利和义务标准必然参差不齐。第三，通过双边谈判制定的国际投资法律规则，往往会因谈判双方实力的不对称而对作为弱者的发展中国家施以过重的义务。第四，通过双边谈判的方式在众多国家之间逐一达成双边投资协定，缺乏制定规则的规模效应，由此将带来高昂的谈判成本。第五，通过双边谈判难以建立一个完整的国际投资法律体系。在世界上国家数量众多的情况下，最终需要编织一个庞大的双边投资协定网络，只有这样才能全面地处理跨国投资的法律问题。但在实践中，这是难以企及的。[①]

在双边投资的仲裁规则上，原美国国务院 BIT 谈判小组成员的阿尔瓦雷茨（Alvarez）的“自白”可以从某种意义上说明一些发展中国家何以接受国际仲裁机制。他坦言：“对许多国家来说，缔结 BIT 几乎都不是自愿、没有强制的交易。它们觉得它们必须签署协定，或者觉得不这么做就是愚蠢的……但事实情况是，迄今美国 BIT 范本普遍被认为是一种‘要么接受，要么走开’的建议，BIT 谈判不是平等主权国家间的谈判。它更像是一场由美国根据其规矩开设的强化培训班。”这说明一些发展中国家在与发达国家缔结的 BIT 中全盘接受国际投资争端解决中心（ICSID）体制可能是迫于谈判压力，或受到蒙蔽的结果，不一定是真实意思的表示。[②] 所以，这就说明，在缔结条约时，一定要谨慎地权衡方方面面的利益才能做出决定。

2. 充分汲取区域投资体制中的成功实践

对于发展中国家来说，也应注意采取区域性合作的方式，凡是好的都可以去学习，所以对于欧盟和 NAFTA 成功的经验我们也可以借鉴。建立互惠的区域性合作体制，促

---

① 徐崇利：《WTO 多边投资协定议题与中国的基本策略分析》，《法律科学（西北政法学院学报）》，2004 年第 4 期。

② 蔡从燕：《外国投资者利用国际投资仲裁机制新发展反思——国际法实施机制与南北矛盾的双重视角》，《法学家》，2007 年第 3 期。

进本区域经济的发展，[1]创造良好的投资环境，吸引外资，对于任何一个国家来说都应该是有利的。但是毕竟国情各有不同，各国的发展水平也参差不齐，所以想要发展中国家一步建立像欧盟及 NAFTA 一样高度规范的区域合作是不可能的。欧盟的发展也是经历了各种困难的。单就中国而言，加入 WTO 以来，投资环境经历了很大的变化。[2]作为世界上影响力较大的发展中国家，中国在亚洲的地位也是举足轻重的，中国同东盟的 10+1 模式的自由贸易区（CAFTA）于 2010 年全面启动，先由中国同东盟六国建立关系，于 2015 年再触及整个东盟十国。自由贸易区的建立，对于投资者或者贸易者来说，使得他们同别国的行为能够受到法律上的保护，在一个安全的环境中，一旦发生投资争端，也会得到很好的解决。[3]因为基于地域上的便利，投资上的争端可以更好地通过各方的磋商来解决。

这是中国经济发展的一个契机，可以利用这次机会，洽谈与亚洲其他国家的自由贸易区，当然最终理想的模式就是建立一个亚洲范围的自由贸易区。因为在亚洲范围内，各国有各国的比较优势，俄罗斯（主要是指远东地区）和蒙古有丰富的自然资源，而日本和韩国有先进的科学技术，中国有丰富的劳动力和广泛的市场……运用这些优势，通过各方的斡旋建立广泛的自由贸易区对各个国家经济的发展都是有利的。但是虽然这几个国家之间有很好的地缘优势，还有各方面的比较优势，但是纵观亚洲这几个国家，他们分别都有各自的语言文字，这样十分不利于沟通与交流，不像欧盟和北美自由贸易区那样，语言文字比较统一，交流比较便利。由于各国间交往的基础是共同的利益，所以如果这种自由贸易区的建立对于各国来说确实有利可图，则可以相信，那些所谓的困难会一一被克服的。

（二）在不同层面关注发展中国家的发展问题

国际投资体制要实现的人文主义、可持续发展、人类文明间的和谐共进等法治目标，必然是一种全球范围的，具有普遍意义的法治追求，而非仅仅为了某部分群体或利益集团而实现的法治化。因而，对于国际投资领域，发展中国家的发展问题必须给予足够的重视。

首先，对发展中国家在国际投资体制中的资源及能力加以强化。发展中国家与发达

① 余劲松：《国际投资法》，法律出版社 2007 年版，第 270 页。

② Vai Io Lo and Xiaowen Tian，*Law and Investment in China: The legal and business environments after WTO accession*（Routledge，2005）.

③ Sompong Sucharitkul，"Report on the Second China - ASEAN Expo: 18 - 21 October 2005，Nanning，Guangxi，China"，5 *Chinese Journal of International Law* 397（2006）.

国家相比在资源占有上处于弱势，知识水平、谈判能力等方面均与发达国家存在相当的差距，在这方面，发展中国家自身需要努力，但对于发展中国家适当的援助也是必要的。一些国际组织负有帮助各国，特别是增强发展中国家国内能力的使命，这些国际组织包括但不限于欧洲复兴开发银行、国际货币基金组织、联合国贸易与发展会议（UNCTAD）以及世界银行等，这些国际组织可以在资金、技术、信息、人员培训等方面给予发展中国家一定的援助。

其次，构建可供发展中国家进行投资政策对话的平台。20 世纪 80 年代以来，发展中国家为了吸引外资，发展本国经济，逐渐在引资实践中放弃了长久以来形成的“共同战斗”的传统，原本的集体力量逐渐发生内部瓦解。[①] 而实践证明，发展中国家的妥协换来的不是更多的外资流入，却是高昂的代价。因而发展中国家各自为战的局面应当有所改变，面对发达国家的各个击破或集体施压，发展中国家应当拥有更为清醒的认识，积极建立沟通发展中国家投资政策的平台，保持作为发展中国家利益整体的话语权。目前，为协助发展中国家应对国际投资协定所带来的影响，让发展中国家能够更多地受益于外资发展并实现外国投资的可持续性，UNCTAD 正在积极授权建立此种可供发展中国家进行国际讨论与交流的论坛。[②]

再次，在多边经济体制框架下，发展中国家要多争取自己的利益。积极推动多哈回合谈判的进程。虽然 MAI 未能成为全球公认的投资规范，但是这必然是一种趋势。因为在金融领域，早在第二次世界大战结束前夕，各国就在深刻检讨战前双边经济条约制度失灵教训的基础上，通过谈判缔结了全球性的《国际货币基金协定》和《国际复兴开发银行协定》，创建了“布雷顿森林体系”。而在贸易方面，有 GATT 及后来的承继者 WTO。由此可见，在贸易和金融领域的相应法律机制已经建立起来。

所以在投资领域建立一个全球范围内的规范是必然的，因为经济的全球化不可能使全球范围内的投资规范仍旧处于孤立的线、分开的部分的状态。举个例子来说，在编一套程序的过程中，每一个小部分的程序已经完成，而现在要考虑的是如何使这些小部分的接口之间能顺利的连接，以确保整个程序能被使用，而最关键的就是接口如何衔接上。通过世界范围内广泛的自由贸易区或关税联盟的建立，在各区域内部之间迅猛发展其经济，因为这些区域安排都是基于共同的利益，所以比较好协调，就像是编程中的一个个

---

① 金学凌：《双边投资条约与发展中国家——兼论中国应对之策》，《西南政法大学学报》，2010 年第 3 期。

② See UNCTAD XII：Accra Accord and the Accra Declaration，http://www.unctad.org/en/docs/iaos20082_en.pdf（accessed September 27，2010）.

小程序，然后再通过对各个部分利益的协调，来达成一个全球范围内的为各方广泛接受的协定，这就是所谓的接口阶段，最后这个全球性的大程序就可能会建立起来。设想一下，通过协调几个贸易区来达成一项合意和通过世界范围所有国家意志的协调来达成一项合意，哪个更容易？这个方案是值得考虑的。

发达国家在OECD组织的MAI流产后，又将矛头指向在WTO框架下达成投资协定，其原因首先是，WTO是一个成员广泛的全球性国际经济组织，一旦投资议题被纳入该组织体制，并取得谈判的成功，那么形成的规则就能得到各国的普遍遵守；其次，WTO作为一个常设的多边贸易以及与贸易有关的议题的谈判场所，可被用以连续发动有关投资议题的谈判，从而不断地提高投资自由化和投资保护的水平；再次，凭借WTO强有力的争端解决机制（包括其中的“交叉报复”手段），可以有效地保障多边投资协定项下实体权利的实现；最后，利用WTO“一揽子协定”的谈判方式，发达国家就有可能达到将多边投资协定议题“搭售”给广大发展中国家的目的。①

但这种全球性投资协定的达成对于一些发展中国家来说，既是挑战，也存在着机遇。因为一些发展中国家现在经济迅猛发展，不再是以往的被动接受资本输入的时期，有些也在资本输出方面有了一定的影响，就像中国一样，我们有“走出去”战略的想法与实践，所以一旦多边协定达成，对于一些发展中国家来说，也将是受益者。因为WTO不是一个封闭的体制，②它是开放性的，并且贸易和投资天然的联系，使得它们是不可分的。作为全球最大的贸易组织，凡事都是朝着进步的方向前进的，不能因为我们怕前方有坎坷、有荆棘就不前进，如果是这样，将永远停留在原地。所以广大发展中国家，要从中看到对自己有利的一面，使投资规则纳入WTO体制对于一些规模较小的成员，尤其是一些小的发展中国家是相当有利的，这样他们就可以结成统一的力量来达到他们仅凭个人力量无法做到的事。③如果发展中国家结成统一战线，可以防止被各个击破，因此不能因为贪图一时之利而放弃长期坚持的立场。

（三）确立国家针对跨国公司的权力

针对跨国公司而言，国家应当强调作为主权的管理权力，即资本的规制权、征收的

① 徐崇利：《WTO多边投资协定议题与中国的基本策略分析》，《法律科学（西北政法学院学报）》，2004年第4期。

② Jiaxiang Hu，“The role of international law in the development of WTO law”，7 *Journal of International Economic Law* 143（2006），at 144.

③ Jiaxiang Hu，“The role of international law in the development of WTO law”，7 *Journal of International Economic Law* 143（2006），at 163.

权利。跨国公司的设立是为了追求利益能够得到最大化，而就在其追求最大化的进程中，难免与东道国国家的经济利益发生冲突，这就形成了一定程度上的对国家主权的挑战。跨国公司可能会在利益的驱使下，采取一些垄断行为影响东道国的国内经济，还有可能对政府的财政政策进行干扰，等等。当然跨国公司给东道国带来的利益也是不可忽视的，对东道国国内经济的带动，对就业的带动，以及税收的增加，等等。然而跨国公司能够主导国际化经营的主要原因是，跨国公司的垄断优势、比较成本和交易费用等因素促进了跨国经营和外国直接投资的产生与发展。跨国公司所拥有的垄断优势通常体现在对专有技术的控制、对原材料来源的垄断、雄厚的资金与经济规模、对产品开发能力和销售渠道的控制等方面，这些因素促成了跨国经营或对外直接投资的实现。[①] 对于发展中国家来说，跨国公司的投资既有促进其经济发展的一面，又有会带来消极影响的一面。对于好的一面当然要好好地利用，对于所存在的问题，最好的办法就是协调，对其采取规制。

针对跨国公司可能带来的种种不利影响，东道国、国际组织乃至投资母国都应采取措施对其进行相应的管制。

首先，对于东道国来说，对跨国公司管制的使命主要是由国内法来完成。在国际投资局势上，可以说，发展中国家大多数处于跨国公司东道国的位置，而进行海外投资的主要是一些发达国家，所以发展中国家在跨国公司的管制方面用其国内法加以调整是相当必要的。通过国内的投资法，对跨国公司从进入东道国、在东道国的经营活动到最后的退出等行为，都可以根据权衡本国利益后，做出对其国家有利的规定。在跨国公司的准入方面，本来从国家主权原则出发，任何国家都不应当在他国强迫下完全开放本国投资市场，可是在全球经济一体化和相互依赖性的背景下，任何国家又都不可能根本排斥外国资本，因此在权衡各种因素的基础上确定外国资本的准入条件就构成了国际投资法首先要解决的问题。当今国际法律实践所确立的原则是：除非已对他国做出法律意义上的承诺，否则一个国家有权从投资者资格、投资领域、出资形式、投资方式等实体方面和程序方面来自行确定外国资本进入本国市场的条件。[②]“外资准入”包括外资进入东道国的权利即“准入权”和外国投资者在东道国是否拥有设业的权利即“设业权”。准入权和设业权构成了外资准入问题的主要内容。在对投资者的资格及领域的限制，对资本投入的管理，以及审批方面进行全方位的规制。跨国公司通过市场准入获得在东道国的开业权后，其设立的企业便进入经营阶段，从而面临东道国政府部门的工商行政管理。管

① 孙南申：《国际投资法体系下的跨国公司法律规制》，《东方法学》，2008 年第 3 期。

② 车丕照：《国际经济法概要》，清华大学出版社 2004 年版，第 306 页。

理事项涉及财务、税收、劳动、竞争、外汇和土地使用等方面，并以东道国制定的有关投资措施的行政法规为依据。[①] 一般行政法规都会涉及四个领域：东道国的所有权与控制权、业绩要求、当地资金筹措和直接投资的鼓励措施。跨国公司在东道国的投资原则上可以无限期，但作为企业自身的发展轨迹，经营终止是经常的。作为法律上的终结必须依据东道国的法律规定进行清算，清算管理是对跨国公司投资活动最后阶段的管理。因为毕竟国家利益的最大化与跨国公司利益的最大化有相互冲突的地方。就像古话所说的鱼与熊掌不可兼得，但是在这个问题上至少可以通过双方的努力，各得一部分的鱼，一部分的熊掌，至于块大块小的问题，取决于采取的法律措施如何来规制以及最终规制的效果。但不管怎样，形式上的规定是必不可少的，这样才能为最后达到所预期的结果提供保证。

其次，从国际组织的角度看，在跨国公司的国际管制方面，主要由国际条约或国际会议所通过的具有法律约束力的文件以及国际习惯规则所构成。[②] 其中，受到国际社会公认的调整跨国公司投资行为的国际法文件中最重要的便是《跨国公司行动守则》。就该守则的主要内容来看，它首先规定了跨国公司的义务，即尊重营业地国家的主权以及法律法规；它进而规定了跨国公司的待遇，即会得到东道国法律和行政法规所允许的公平和公正的待遇；它还对于管辖权这个基本问题作出了规定，即按照国家主权原则，跨国公司营业实体的业务应受所在地国家的管辖。此外，该守则还涉及跨国公司资本的自由转移问题、国有化及赔偿问题等。该守则从本质上体现了国家主权、互利合作、合法经营等从东道国角度出发的原则，只是规定得较为模糊。尽管有关跨国公司的国际法律规制已取得一定的成就，但对跨国公司行为的约束有限，所以，直接约束跨国公司的法律更多的仍是国内法，而由于各国法律存在差异，所以必然会引起法律的摩擦和冲突。[③] 遗憾的是，即使对于《跨国公司行为守则》这种不具备法律约束力的、规定得比较笼统的原则和规定，发达国家出于保护跨国公司利益的考虑也并不乐于接受；相反，他们正在努力达成从跨国公司角度出发的国际法规，并争取纳入他们主导下的国际组织体系。这说明在涉及各国切身利益的国际投资领域，发达国家与发展中国家之间存在着难以弥合的鸿沟。

综上可知，在国内法与大范围国际法双重规制的前提下，对于这其中可能出现的问

① 董世忠主编:《国际经济法》，复旦大学出版社 2004 年版，第 412 页。
② 刘海云:《跨国公司理论与实务》，对外经贸出版社 1996 年版，第 113 页。
③ 曹均伟、徐兆宏:《关于跨国公司法律的规制及其启示》，《世界经济研究》，2005 年第 7 期。

题，可由有关的国家辅之以双边协定进行完善、修补，从而最大限度地实现法律对行为规定的确定性。半个世纪以来，发展中国家在国际社会倡导自身要求的努力取得了一定的认可。但在这个全球化发展的时代，发展中国家也要正视所面临的困境。在处于国际投资弱势地位的情形下，更要充分地完善自身的制度，积极在国际社会倡导自己的权益，与时俱进，使自己处于不断的发展中。生物界中适者生存，对于国际上各个国家的关系也同样适用。

（四）逐渐形成国际投资的多边共识

目前，许多学者提出了对国际投资体制合法性的质疑。无疑，公私利益失衡，人民在国际投资体制下无福利可言将会是该体制最大的硬伤。但是，不难预料的是摧毁这一体制的难度将与该体制的规模成正比，尤其在国家长久以来形成了对国际投资协定的信仰以及国际投资协定发展的规模与速度惊人的现实背景下，这种对于该体制彻底否定、连根拔起的可能性有待商榷。对国际投资体制合法性提出质疑的学者是站在维护公共福利、人类与环境的可持续发展的立场上的，这与国际投资的法治化目标所追求的价值应当是一致的，或者说这些学者正是要追求国际投资体制的法治化。在目标一致的前提下，最佳的选择不是破旧立新，而是渐进式的改革，这种改革的方式就是构建一条通向国际投资体制法治化之路——形成国际经济体制的多边共识。

之所以提出以形成国际投资体制的多边共识来达到国际投资体制法治化这一路径，首先因为，建立国际投资体制的多边共识有其广泛的社会基础，相当一部分国家（包括发达国家与发展中国家）、跨国公司与学者对于建立多边共识表示支持，而且达成多边投资协定的努力也在持续进行中。另外，过去几十年内国际投资规则的制定已经促使投资保护的核心原则形成了相当大程度的共同基础。国民待遇保证、最惠国待遇、公平与合理的待遇、禁止无补偿的征地和禁止限制货币流通，以及涵盖国家与国家之间纠纷解决和投资者与国家之间纠纷解决的纠纷解决条款，都是出现在大多数国际投资协定中的核心规则的一部分。尽管在许多问题上分歧仍然存在且十分严重，但可以说这些核心原则的广为认可对多边共识的形成是一种鼓舞。

同时，国际投资体制的多边共识还来源于发展中国家自身的程度区分和利益转轨。20世纪末以来，尽管发展中国家的经济法从总体上看存在着诸多的障碍和挫折，但不可忽视的是，出现了一些高速发展的国家，这些国家可称为新兴发展中国家。他们不仅在贸易上越来越多地参与到国际体制之中，而且在投资上也越来越占据着重要的地位。包括中国在内的很多国家，不再是单纯的资本输入国，而是在很多地区、很多行业领域成为资本输出国。在这种背景下，这些国家所考量的因素就会与原来仅作为资本输入国的时候有所不同。他们也期望投资者的权利得到公正有效的保护，期望资本输入国（东道国）的法律体系比较稳定，不经常出现违约事宜，不会任意地采取征收或者国有化的措施，偶尔采取此类措施，也有着良好的法律基础和利益的可预期性，即损失的利益能够得到及时、充分、有效的补偿。从这个意义上说，国际投资法治的目标，是一种投资者和东道国的公众、投资者的母国和东道国之间的利益平衡状态，既不能单纯地有利于投资者，而不顾东道国的环境、劳工、产业无端受损，也不能单纯地有利于东道国，使投资者时时处于利益不确定性的风险之中。

当然，为了实现国际投资法治化目标而建立的多边共识本身必须体现法治的精神，即它必须秉持并符合人文主义、可持续发展、人类文明间的和谐共进等法治理念，以实现人类幸福为终极追求。而只有依赖在此基础上形成的多边共识，我们才有理由相信它会引领国际投资走向法治化。如何形成这种多边共识既需要时间，也需要技巧。鉴于以往建立多边共识的经验及教训，对于多边共识的形成应循序渐进，而不易操之过急。比如，可以尝试由联合国贸发会议等国际组织出台无法律约束力的投资条约示范条款（国际投资软法），在巩固现有共识的基础上逐步形成在投资领域关键问题上的基本共识，等待时机成熟再考虑达成全面的、有约束力的多边投资协定。而无论是怎样的路径，在这种多边规则制定的过程中，应坚持参与的普遍性与程序的透明度，应尊重发展中国家落后的现实并给予特殊的考虑，建立国际投资的“良好标准”而非“高标准”，[①] 从而最终实现国际投资体制的法治转型。

小结

国际投资体制的法治发展仍处于初级阶段，存在着规范庞杂、透明度与协调性差、对发展中国家发展促进不足等阻碍法治发展的各种问题，而对该体制合法性的质疑实质上就是对其不符合法治的现状表示不满的一种反映。我们必须认识到，在国际投资领域，发展中国家仍然处于弱势地位，因南北利益产生的矛盾依旧存在而且也将长期存在。但是如何通过相应的努力来改变这种不利的地位，是发展中国家今后的目标，这将是一个

① Eric M. Burt，“Developing Countries and the Framework for Negotiations on Foreign Direct Investment in The World Trade Organization”，12 *American University Journal of International Law & Policy* 1059~1060（1997）.

长期的过程。因而，应在国际投资领域不断倡导国际法治的理念，用法治的标准去衡量与修正体制中存在的各种弊病，关注发展中国家的发展需求，保持公私利益的平衡，协调发达国家与发展中国家在关键问题上的分歧，从而逐步达成国际投资领域的多边共识，实现国际投资体制的良性运作与有序发展，并以增进全人类的公共福利为最终指向。发展中国家除了要完善自己的立法以外，更要在多边框架下多争取自己的利益。因为国际社会就是一个靠实力说话的集合体，只有自身的实力真正增强，才更有助于目标的实现。另外，要学习一些区域经济组织成功的经验，取其精华，去其糟粕，将优秀的经验结合本国的国情运用到实践中。只有这样，才能使国际投资经济秩序朝着完善与和谐的方向发展，从而最终实现各方的利益。就中国而言，加入世界贸易组织使得相关的投资措施进入国际视野，[①] 但以双边协议为主的国际投资体制对于中国而言，仍然面临着很多谈判能力和经济秩序观念的考验。

① 韩立余:《从中美出版物案看中国入世对中国外商投资法律制度的影响》,《国际经济法学刊》，第 17 卷第 2 期（2010）。

第九章 国际金融体制的法治化

国际金融秩序是当代国际经济秩序的重要组成部分，国际金融交易作为一种跨越国境的货币资金运动，已经渗透现代经济生活的各个层面，并与国际贸易、国际投资、国际税收及其他国际经济交易紧密地交织在一起，[①] 由此引出诸如国际货币制度等一系列法律问题。[②] 随着经济全球化步伐的加快，世界各国紧密联系在一起。国际金融关系中的细微变化，往往会造成国际经济关系的动荡，同样，国际金融制度中存在的缺陷，也可能引发全球性的危机。而20世纪90年代以来层出不穷的金融风险与危机恰好证实了这一点。

从国际金融秩序建立的历程不难看出，现行的国际金融秩序不是通过国际间的有效金融合作与协调形成的，而是具有金融能力的国家自发形成的秩序。因而难免具有很强的垄断性质，经济实力较弱的发展中国家的意志和利益难以体现，体现的是一种大国的经济金融意志和利益。因此，现行的国际金融秩序更多地倾向于发达国家，以他们的利益为主导。但当因其种种缺陷而导致危机发生时，受害最深的却是发展中国家。至此，发达国家与发展中国家的利益冲突变得尤为突出，要求改革现行的国际金融秩序的呼声也越来越高。本文将从发展中国家发展的角度对现行国际金融制度进行分析，进而探讨

① 金融问题同时还可能与信息发布的渠道、服务贸易准入相关。参见漆彤:《中国影响金融信息服务措施案探析》,《国际经济法学刊》，第15卷第3期（2008）; 刘轶:《论欧盟内部市场跨境金融服务限制措施的认定标准》,《国际经济法学刊》，第15卷第4期（2008）。

② 杨松:《国际货币新秩序与国际法的发展》,《法学论坛》，2007年第2期; 廖凡:《国际货币体制的困境与出路》,《法学研究》，2010年第4期; 董京波:《跨国资产证券化中的税收问题探析》,《法学杂志》，2009年第9期。

改革国际金融秩序的思路。[①]

一、国际货币金融秩序的历史发展

国际货币金融秩序主要体现为国际货币体系（International Monetary System，IMS）和国际金融市场监管这两个相互之间紧密联系的部分。国际货币体系是在国际储备资产（货币）比价的确定、外汇管制、货币可兑换、国际汇率安排和国际收支调节等方面所确定的原则、所签订的协议与规章制度、所形成的各种国际惯例、所采取的措施和所建立的组织机构的总称。[②] 国际货币体系的作用在于确保外汇市场的有序与稳定，解决国际收支问题，并且为遭遇破坏性冲击的国家或地区提供获得国际信用的便利。国际金融市场监管则是对跨越国境的金融交易所进行的规制。由于当前国家之间的金融监管体系尚未建立，所以国际金融的监管经常是由一个国家根据属地原则作出的。[③] 这两个部分联系在一起，构成了国际金融制度（international financial institution），也就是关涉国际社会资金流通的制度，它包含了调整各国货币在国际支付、结算、汇兑与转移等方面的政策、规范、惯例、流程和组织机构安排等方方面面。[④] 现代国际货币金融制度的形成一般被认为起始于第二次世界大战后的布雷顿森林会议。但布雷顿森林体系自身是历史过程中的一环，而现代金融制度中的诸多原则均由历史演变而来。因而，在分析现代国际货币金融秩序时，有必要对国际货币金融体系的发展历程有充分的认识。[⑤]

（一）国际金本位制（Gold Standard System）

最早出现的国际货币制度是国际金本位制，它不是国际协定的结果，而是源于英国的国内货币制度的自身逻辑发展和延续。1816 年，英国建立了金本位制度，随后西方各国也陆续实行了金本位制，由此，这种货币制度具有了国际货币制度的性质。由于金

---

① 国际金融制度包括国际货币制度、国际证券制度、国际融资担保制度等。而本文主要是从公法，即国际货币制度的角度来对现行的国际金融制度进行分析。

② 王倩：《国际金融》，清华大学出版社 2012 年版，第 3 页。

③ Hal S. Scott and Anna Gelpern，*International Finance: Transcations，Policy，and Regulation*（18th ed.，Foundation Press，2014），pp. 17~20.

④［美］弗里德里克·S. 米什金：《货币金融学》，郑艳文译，中国人民大学出版社 2006 年版，第 456~463 页。

⑤［美］罗伯特·吉尔平：《国际关系政治经济学》，杨宇光等译，上海人民出版社 2006 年版，第 212~218 页；［美］罗伯特·吉尔平（Robert Gilpin）：《全球政治经济学：解读国际经济秩序》，杨宇光、杨炯译，上海人民出版社 2006 年版，第 112~126 页。

本位制是各国在自发实行金本位制的基础上形成的，所以其具体形式先后经历了金币本位、金块本位和金汇兑本位三种形式。它的主要特征是：黄金在国际交往中充当世界货币，金币是无限清偿的货币；金币可以自由铸造；各国中央银行持有的国际储备资产大部分为黄金，国际间的结算也使用黄金，黄金可以自由输出和输入；由于各国货币都规定有含金量，所以两国货币的兑换比例（汇率）以两国货币含金量之比通称铸币平价为基准。市场实际汇率随外汇供求变动围绕着铸币平价上下波动。由于当时英国在国际政治经济中的重要地位，所以金本位制度实际上是一个以英镑为中心，以黄金为基础的国际货币制度。①

特别值得说明的是，无论是金本位制、银本位制、某一国家货币本位制，或者超主权国家货币本位制，归根结底都仅仅提供了一种通用的价值计量基础，而没有任何其他的神秘作用。有的学者故意将货币本位的问题神圣化、神秘化，认为对于实体经济有实质影响，这种观点是缺乏足够的客观证据支持的。

从实际情况看，19世纪形成的金本位制为当时的主要国家提供了最为稳定、最有效率的国际货币制度。然而，到第一次世界大战爆发前夕，英、美、法、德、俄5国占有世界黄金存量的2/3，破坏了其他国家维持金本位制度的基础。同时，在金本位制度下，货币黄金的供应量要受限于黄金的产量，而黄金的产量又受制于资源和生产能力，最终难以保持与世界商品的生产同步增长。而在第一次世界大战期间席卷整个资本主义世界的经济大萧条，更是导致了一系列的连锁反应。各国黄金储备锐减，禁止输出黄金，金本位制度开始瓦解，并最终于世界经济危机结束时崩溃，退出了历史舞台。

（二）布雷顿森林体系

国际金本位制崩溃后，国际货币制度曾一片混乱，正常的国际货币秩序遭到破坏。第二次世界大战结束前夕，为了整顿和改变国际货币领域的混乱局面，重建国际货币秩序，从而为战后国际贸易的顺利开展和各国经济恢复提供条件，1944年7月在美国布雷顿森林召开了由44国代表参加的国际货币金融会议，通过了以美国怀特方案为基础的《国际货币基金组织协定》（Articles of Agreement of the International Monetary Fund，以下简称《IMF协定》）和《国际复兴开发银行协定》（International Bank for Reconstruction and Development Articles of Agreement），合称“布雷顿森林协定”，并建立了国际货币基金组

① 赵威：《最新国际货币金融法》，人民法院出版社2002年版，第4页。

织和国际复兴开发银行[①]两大国际金融机构，从此建立了布雷顿森林体系。布雷顿森林体系是世界货币史上第一次在世界范围内通过国际协定正式建立的货币制度，第一次以法律文件的形式明确规定了国际货币制度的基本要求，为国际货币关系进入统一法律秩序开辟了新纪元。[②]

作为一个国际货币制度，布雷顿森林体系以美元为中心，以国际货币稳定为目标。其核心制度包括：

第一，建立了 IMF 这一永久性的国际金融机构。《IMF 协定》是战后国际货币制度的核心，它明确规定了基金组织的宗旨是促进国际间合作，其各项规定构成了国际货币金融领域的基本秩序。

第二，布雷顿森林体系将黄金储备作为国际货币交换的基础，而主要的国际货币则是美元。在美元与黄金之间，采取了美元和黄金直接挂钩的方式，即一盎司黄金兑换 35 美元，而其他各国货币也与美元直接挂钩，以固定的比价与美元交换，这样也就与黄金间接挂钩。在这种体系下，IMF 体系内的国家政府或者中央银行可以随时用其所存有的美元向美国按照规定的比价兑换黄金。

第三，确立了可调整的固定汇率。货币与美元保持固定汇率，仅被允许在固定汇率的上下各 1% 的幅度内波动。成员国对此汇率有责任维持，但在出现国际收支根本性不平衡时，经 IMF 批准可以进行汇率调整。

第四，《IMF 协定》把取消外汇管制、货币自由兑换、协助各成员国建立经常性交易的多边支付制度作为其宗旨之一，并在第 8 条中规定，除了该协定明确列举的例外，各成员国不得采取任何歧视性的货币措施，不得对经常项目的支付构成限制，并应实行多边支付制度等，力图取消经常项目的外汇管制。

第五，对国际收支平衡的调节。根据《IMF 协定》，有两种调节国际收支失衡的方法：

（1）针对短期失衡，由 IMF 提供信贷资金予以解决；

（2）针对根本性失衡，通过调整汇率平价来解决。

但 IMF 运行的实践证明这两种方法的效果并不显著。就第一种方法而言，IMF 采用

---

① Michael D. Bordo and Barry Eichengreen，*A Retrospective on the Bretton Woods System: Lessons for International Monetary Reform*（University of Chicago Press，1993），pp. 8~105.

② "世界银行"（World Bank）的正式称呼是国际复兴开发银行（IBRD），是根据布雷顿森林会议签订的《国际复兴开发银行协定》而成立的国际金融机构。与国际货币基金组织一样，世界银行也是当今最大的全球政府间金融机构之一，中国于 1980 年恢复了在世界银行的合法席位，并成为世界银行的理事国。现在世界银行已经集团化，不仅包括 IBRD，还包括国际金融公司、ICSID 等。

配额的方式而筹集到的资金是极为有限的，这些资金根本无法解决国际收支平衡中存在的巨大资金缺口。就第二种方法而言，布雷顿森林体系中汇率调整的情况极为少见，这就导致了布雷顿森林体系运行的二十多年时间里，国际收支普遍失衡的问题没有得到真正解决。①

布雷顿森林体系的主要特点是以黄金为世界货币基础、实行美元与黄金的固定比价、非美元货币之间无竞争。这一体系的建立与运行是战后国际货币领域合作比较成功的典范。由于布雷顿森林体系基本上根据美国的方案，将美元作为国际货币体系的中心，因而为美国建立美元霸权地位提供了条件。这种以美元为中心的国际货币制度，在一定时期内对稳定资本主义世界货币汇率发挥了重要作用，从而促进了世界贸易和资本的流通。IMF 在促进国际货币合作和建立多边支付体系方面也起了重要作用，而且 IMF 还为成员国提供各种类型的短期和中期贷款，从而暂时缓解成员国国际收支逆差的问题，对世界经济的稳定增长具有积极作用。但这个制度是在美国在世界经济中占据绝对优势的条件下建立的，其兴盛与衰落的过程一直与美国政治、经济的变化有着密切联系，而且其作为英美妥协的结果，仅反映发达国家的利益，因而带有明显的局限性，继而孕育着不稳定的因素。

历史印证了“特里芬难题”。②20世纪50年代后期，世界各国就出现了美元过剩的情况，到 1960 年，美国对外债务已经超过了它的黄金储备，美元过剩导致美国黄金大量外流。为了维持黄金价格和美元的地位，美国和 IMF 采取了一系列的挽救措施，但仍无济于事，抛售美元挤兑黄金的风潮依然没有得到平息，国际货币制度面临着不稳定的威胁日益加深。在这样的背景下，1968 年 5 月 IMF 对《IMF 协定》进行了第一次修订，1969 年 7 月 28 日生效。此次修订通过了设立“特别提款权（SDR）”的决议，这次修订被称为《特别提款权协定》。特别提款权不是货币，仅是一种账面资产，是一种权利，不能兑换黄金，也不能直接用于国际支付，但特别提款权可与黄金、外汇一起作为国际储备。特别提款权的使用比普通提款权在条件上更为宽松，由此作为成员国享有普通提款权的补充，以及 IMF 在原有的普通提款权之外，赋予成员国的一项权利。特别提款权是按各成员国认

① 韩龙主编:《国际金融法》，法律出版社 2004 年版，第 67~68 页。

② 1960 年，美国经济学家罗伯特・特里芬在其《黄金与美元危机——自由兑换的未来》一书中提出，由于美元与黄金挂钩，而其他国家的货币与美元挂钩，美元虽然取得了国际核心货币的地位，但是各国为了发展国际贸易，必须用美元作为结算与储备货币，这样就会导致流出美国的货币在海外不断沉淀，对美国来说就会发生长期贸易逆差；而美元作为国际货币核心的前提是必须保持美元币值稳定与坚挺，这又要求美国必须是一个长期贸易顺差国。这两个要求互相矛盾，因此是一个悖论。这一内在矛盾被称为“特里芬难题（Triffin Dilemma）”。

缴份额的百分比分配的，是成员国使用资金的特别权利。但对于发展中国家来说，由于其无力认缴较多份额，实际上也就享受不到按份额分配的特别提款权的较多好处，现发展中国家分得的特别提款权仅及发达国家的一半。特别提款权的创设在一定程度上重整了国际货币秩序，但由于其只是账面资产，没有实际资产作为后盾，所以其使用范围也受到限制。另一方面，特别提款权的分配、计算等重大决定权仍操纵在西方货币大国的手中。

特别提款权的分配也没有挽回美国经济的衰退。1970 年之后，美国国际收支状况进一步恶化，贸易项目出现巨额赤字，在市场上又一次出现了抛售美元的风潮。为情势所迫，1971 年 8 月 15 日，美国总统尼克松实行"新经济政策"，宣布停止以 35 美元每盎司的价格兑换黄金，并征收 10% 的进口附加税，目的是扭转贸易赤字的趋势，并迫使其他外国主要货币对美元升值。这实际上宣告了美国不再承担布雷顿森林协定确定的维持美元同黄金固定比价的条约义务，也意味着布雷顿森林体系的崩溃。布雷顿森林体系崩溃后，西方十国于 1971 年 12 月在史密森尼学会召开会议，力图调整美元价格，在相对宽松的条件下建立一个"准布雷顿森林体系"的国际货币制度新协定。会议达成了《史密森协定》（Smithsonian Agreement），确认美元贬值 7.89%，从 35 美元兑换一盎司黄金提升至 38 美元；美国政府则应允取消 10% 的临时进口附加税，同时调整汇率平价，美元对其他欧美主要货币平均贬值 10%；增加非储备货币对美元的允许波动幅度，由 ±1% 调整为 ±2.25%。

（三）牙买加体系

1971 年，布雷顿森林体系崩溃之后，国际金融形势更加动荡不安。布雷顿森林体系的瓦解使得《IMF 协定》的某些条款已无法实施，必须进行修改。几经周折，IMF 临时委员会于 1976 年 1 月在牙买加首都金斯顿召开会议，并于当年 4 月 30 日完成了对《IMF 协定》的第二次修订，被称为《牙买加协定》（Jamica Agreement），该修改于 1978 年 4 月 1 日生效，国际货币体系进入了"牙买加体系"时代。其主要内容包括：

第一，确认浮动汇率合法化。修改后的《IMF 协定》第 4 条规定，IMF 的成员国可以自由选择任何汇率制度，但应该受基金组织的监督，以防止采取竞争性货币贬值措施。

第二，削弱了黄金的国际货币作用，确认黄金非货币化。取消了会员国相互之间以及会员国与 IMF 之间须用黄金清算债权和债务的义务，使黄金与货币完全脱离联系，成为一种单纯的商品。

第三，修订了特别提款权的有关条款，扩大了它的使用范围，提高了特别提款权的国际储备地位，确认未来将以其作为主要的国际储备资产，逐步取代美元和黄金的地位。

第四，扩大了对发展中国家的资金融通。IMF 通过出售黄金获得的收益设立起了一种“信托资金”，将此项基金直接向发展中国家提供援助。此外，还放宽了对成员国贷款的比例和数额。此次修改还增加了会员国的 IMF 基金份额，这一修改实际上只是承认了布雷顿森林体系崩溃后的现状，而使 IMF 和世界银行等布雷顿森林机构能得以继续运转。

《牙买加协定》确认了多元化的国际储备体系及有监督的自由汇率制，宣告了平价制度的终结，是国际货币发展史上一个重要的文件。“牙买加体系”追认了当时实际上已经存在的浮动汇率、美元主导的格局，正式认可了黄金的非货币化，这也就导致了货币无序竞争的格局和全球金融危机救助机制的无序。与此同时，这一体系主要是站在发达国家立场上的，对广大发展中国家而言，它仍然是不公正的。为此，发展中国家在第八届不结盟国家和政府首脑会议提出倡议，要求改革不公正的国际货币制度，最终引发了 1990 年 6 月 28 日对《IMF 协定》的第三次修订，于 1992 年 11 月 11 日生效。其后还于 1997 年 9 月 23 日进行了第四次修订，2009 年 8 月 10 日生效；2008 年 4 月 28 日进行了第五次修订，2011 年 3 月 3 日生效；2008 年 5 月 5 日进行了第六次修订，2011 年 2 月 18 日生效。[①]但后几次修订所涉及的问题有限，没有实质性改变国际货币体系的基本结构。《牙买加协定》的签署使得 IMF 原组织机构和职能得以存续。然而，国际货币体系的基石、布雷顿森林体系下的五方面核心制度（见前文）却被严重弱化和解构。正是由于这一情况，现存的国际货币体系才被称为“无体系的体系”。虽然《牙买加协定》导致美元的国际本位和国际储备货币地位被削弱，但是，美元在国际货币体系中的领导地位仍然没有改变，其作为国际储备货币的职能也仍在延续，美国通过美元及以美元计价的债务和衍生金融品对于世界各国而言都是一个非常大的威胁。正是基于这样的事实，有的论者才提出要建立非主权货币。[②]

现行的国际货币体系就是在 1944 年《IMF 协定》的基础上经过这六次修订而形成的。这种格局没有真正触及和解决发达国家与发展中国家之间的不均衡待遇，发展中国家所受的不公正待遇依然存在，这也就意味着国际金融秩序中依然存在着潜在的威胁因素。虽然我们不能认为进入牙买加体系之后接连发生的金融危机是发达国家与发展中国家金融利益不均衡的结果，但至少说明了这一体系的不健全。国际货币金融规则的弱化导致了重重矛盾，特别在 20 世纪 90 年代作为经济全球化的一部分，金融市场全球化进一步

① 方兴起：《美国霸权衰落时期的全球金融失衡》，中国经济出版社 2009 年版，第 261~280 页。
② 国际货币基金组织：《国际货币基金组织协定》，国际货币基金组织 2011 年版。

加强，市场的全球操作和监管的条块分割是当今货币金融领域的核心矛盾。① 自从《牙买加协定》开启了浮动汇率的时代，就出现了20世纪80年代的拉丁美洲金融危机、1992年9月16日的英镑贬值危机（至1995年，英镑一直贬值）、1994年墨西哥史无前例的金融危机、1998年的东南亚金融危机和同一年的俄罗斯银行危机、1999年巴西的货币危机、2001年始于阿根廷影响到乌拉圭和巴西的金融动荡。② 这些令金融家和民众都饱受损失的事件多以危机国违约、破产而告终，或者以IMF提出苛刻的条件下予以救助为结果。唯一的例外是美国财政部于1994年为墨西哥提供了担保。

货币的一个重要功能是价值的尺度。国际交易需要一种共同的价值尺度才能进行，而货币的国家化则恰恰意味着此种尺度在客观上是欠缺的。第一次世界大战之前，世界经济处于金本位之下，这意味着黄金被各国公认为共同的价值尺度。但第一次世界大战给世界贸易造成的极大破坏导致金本位崩溃，而且各种恢复的尝试也未获成功。1945—1970年的布雷顿森林体系实质上是通过各国将美元视为共同的价值尺度来解决这一问题的，但是这一体系也未能持续，牙买加体系意味着共同尺度再一次丢失。这种货币体系的密室归根结底是由人类财富的不断发展变化和货币的僵化滞后之间的矛盾而造成的。这个问题不会有恒定的解决方法，而只会是一个个阶段性的应对策略。

二、现行国际金融秩序的基本状态及其发展问题

在学术研究领域，学者们对金融交易的研究相对较多，③ 但对于金融规制的研究则明显较少。④ 而与国际贸易、国际投资比较而言，国际金融的规制体系是最为薄弱，也是风险最高的。

（一）现行国际金融秩序的基本状态

现行国际金融秩序的运行主要体现为：（1）以浮动汇率制为主体的多元化的汇率制

①［法］弗郎索瓦·沙奈（François Chesnais）:《资本全球化》，齐建华译，中央编译出版社2001年版，第32~48页。

②［法］费郎索瓦·沙奈（François Chesnais）:《金融全球化》，齐建华、胡振良译，中央编译出版社2006年版，第248~286页。

③ Examples are: Philip R. Wood, *The Law and Practice of International Finance* (Sweet & Maxwell, 2007); P.R. Wood, *Comparative Financial Law* (Sweet & Maxwell, 1995); Jan Dalhuisen, *Dalhuisen on Transnational and Comparative Commercial, Financial and Trade Law* (3rd ed. Hart, 2007); Andrew McKnight, *The Law of International Finance* (Oxford University Press, 2008); Alan J. Alexander, "Shifting Title and Risk: Islamic Project Finance with Western Partners", 32 *Michigan Journal of International Law* 571~612 (2011).

④ R. Buckley, *International Financial System: Policy and Regulation* (Kluwer Law International, 2008).

度；（2）自主性国际收支调节机制；（3）美元占据优势地位的多种国际储备货币；（4）在全球层次发挥功能的 IMF 和世界银行两大国际金融机构。① 国际金融秩序的主要功能与运作方式可以从以下五个方面进行认识：

1. 建立国际货币或储备资产

通过一系列的安排为国际贸易提供不可或缺的清偿媒介，也就是一个公认的一般等价物，从而保障各种形式的国际经济活动顺利进行，是国际货币金融体系的重要功能之一。很难想象，如果没有一种或者几种受到广泛认可的货币单位，货物贸易、技术许可、服务贸易、直接或者间接投资、互联网上的交易该如何进行。当前，就国际储备资产供应而言，美元是最主要的储备货币，欧元和日元（特别是欧元）也承担着部分国际货币职能。在现实中，美元最具有成为现行体系下的本位货币的实力，但却没有法律意义上的明确承诺。美元提供了信用功能，却很可能带来其他国家的损失。② 这实质上导致现行国际货币体系下名义货币锚的缺失，既使得美国的货币政策行为不必受到法律的约束，也使得其他国家的货币行为更具有任意性。③ 黄金的非货币化及 1980 年美国货币发行准备制度转为证券发行准备，则进一步弱化了国际流动性的控制约束。2013 年 10 月 31 日，美国联邦储备局、欧洲中央银行、英国中央银行、日本中央银行、加拿大中央银行和瑞士中央银行将已经存在的临时双边货币互换协议④ 转换成了长期货币协议。这些互换协议在六国央行间建立起了"双边货币互换网络（network of bilateral swap lines）"，充当稳定流动性的角色。按照协议的规定，如果签订双边货币互换协议的两家央行认为当前市场状况可以保证进行互换，具有货币需求的央行就可以获得来自其他五家央行的五种货币支持。该长期货币互换协议的本质是欧、英、日、加、瑞五家央行与美联储的货币互换协议，美联储处于货币互换体系的中心位置，也就使美元国际货币体系的绝对中心位置，在事实上成为欧、英、日、加、瑞央行的最后贷款人，构建了一个美元最后贷款人的垄断机制。⑤

① 参见王正毅、张岩贵：《国际政治经济学——理论范式与现实经验研究》，商务印书馆 2003 年版，第 343~398 页。

② Dominick Salvatore，James W. Dean，and Thomas D. Willett（eds.），*The Dollarization Debate*（Oxford University Press，2003）.

③ M. Dooley，D. Folkerts-Landau，and P. Garber，*An essay on the revived Bretton Woods system*，NBER Working Paper 9971（2002）.

④ 双边货币互换协议包括政府间货币互换和商业性货币互换，前者一般是由中央银行之间签订的协定，后者由市场中两个持有不同币种的交易主体签订。其内容大体相近，都是允许双方按照事先约定在期初交换等值货币，在期末再换回各自本金并相互支付相应利息的市场交易行为。货币互换是一项常用的债务保值工具，可以控制中长期汇率风险、降低成本，双边货币互换协议的目标是保持双方贸易正常发展，避免周边金融波动带来负面影响。中国人民银行与韩国中央银行、香港金管局、马来西亚中央银行、白俄罗斯中央银行、印度尼西亚中央银行、阿根廷中央银行等签署了一系列双边本币互换协议。

⑤ 徐以升：《国际货币体系："牙买加体系"到"大西洋体系"》，《第一财经日报》2013 年 12 月 2 日；陈晨：《怎么看美联储货币互换网络》，《第一财经日报》2014 年 1 月 13 日。

2. 构建国际汇率制度（exchange rate regime）

汇率制度即各国在确定货币之间的比价原则和组织形式问题上达成共识，形成世界各国普遍承认和遵守的有关国际货币运行的程序和规则，使货币交换的比价依照较为公正合理的原则在世界范围内变动。通过确立汇率制度，有助于维持国际货币体系正常运转，以防止不必要的竞争性贬值。根据现行的牙买加体系，根据市场的需求与供给而形成的自由浮动汇率是合法的，而“操纵汇率”则是非法的。《IMF 协定》第 4 条、第 8 条和第 12 条对于这一问题都有具体规定。《IMF 协定》一方面确认会员国具有选择汇兑安排的自由，另一方面也要求会员国的制度应以促进价格稳定为目标，避免操纵汇率和国际货币制度以获得不正当的竞争优势。1977 年 4 月 29 日，IMF 执行董事会通过了一项旨在避免操纵汇率或国际货币体系的决议。①2007 年的 IMF《会员国政策双边监督》决定对此确立了更进一步的技术指标。但由于操纵汇率行为的具体界定标准复杂，认定困难，所以要想对各国的汇率政策进行有效的制约，在实践上是不容易的。值得注意的是，过去十多年间，美国多次针对人民币币值问题提起过汇率法案并认为中国“操纵汇率”。对此，很多中国学者进行了分析，例如认为美国做法的主要经济动因是美国巨额贸易赤字、高失业率和主权信用级别被降低等经济问题。② 或者探究相关规则，认为 WTO 规定的汇率制度问题属于 IMF 的管辖范围，并接受其结论。中国的汇率制度在入世谈判和 IMF 运行过程中均未受到质疑。央行对于汇市进行干预既是保持币值稳定的需要，也是有利于维护汇率制度。③ 有的学者对于美国政府采取行动的合法性提出疑问，④ 而有的学者则更进一步认为美国的指控缺乏国际法依据，违反了 IMF 协定及 WTO 的相关规定，构成了对中国国家主权的一种“侵犯”。⑤2013 年 4 月 12 日、10 月 30 日，美国财政部公布的《国际经济和汇率政策报告》都认为，包括中国在内的美国主要贸易伙伴都不存在操纵货币汇率而获取不公平贸易优势的情况，无意将中国列入“汇率操纵国”名单，但人民币仍然被明显低估，人民币对美元仍有进一步升值的必要。

---

① 该决议确立了三项原则：（1）IMF 成员国有义务避免操纵汇率或者国际货币体系，不应阻碍其他成员国对国际收支的有效调整，不应不公平地取得优于其他成员国的竞争地位；（2）如果外汇市场紊乱的情势对成员国货币汇率构成短期干扰，相关成员国在必要时可对外汇市场进行干预，以消除这种紊乱的情势；（3）前述干预应当充分考虑到其他成员国，包括所涉及外汇的发行国的利益。

② 孙业霞：《美国对华汇率法案的政治经济学分析》，《马克思主义研究》，2012 年第 1 期；闫卫军：《论 IMF 下的汇率义务与我国人民币汇率制度和汇率政策的合法性》，《政治与法律，2008 年第 6 期。

③ 温建东：《从 IMF 和 WTO 规定看人民币汇率》，《金融研究》，2004 年第 6 期。

④ 靳玉英、万超：《论美国财政部对其贸易国操纵汇率的认定在汇率影响上的有效性》，《国际金融研究》，2009 年第 4 期。

⑤ 郑玲丽：《人民币汇率的国际法思考》，《世界贸易组织动态与研究》，2008 年第 4 期。

在现行国际货币体系下，美元实际上的本位货币性质使它成为欧洲以外大多数国家的（准）货币锚。然而，虽然在亚洲、美洲和许多其他地区短期内非正式地钉住美元较为普遍，但这些钉住汇率制基本上都是“软钉住”，缺乏可信度，长期内更是如此。这使得现行美元本位的普遍性还不足以确保汇率稳定。① 在没有明确的国际本位货币以及汇率浮动合法的情况下，实际汇率安排多样化和主要货币汇率频繁波动就成为必然。大多数发达国家和新兴市场国家实行浮动汇率或有管理的浮动汇率，但也有许多国家中央银行积极干预外汇市场以避免汇率的过分波动。

3. 促进国际收支调节

国际收支调节的目标是达到均衡状态和实现宏观经济的总目标。国际金融体系可以帮助各成员国纠正其国际收支的不平衡，减轻由国外各种因素而导致的外部失衡的程度，从而建立起有效的调节机制。以往，各国都是通过自身的力量，按国际收支失衡的类型确定调节的方式和幅度，力求实现国家经济的内部均衡目标，同时还要注意在国际市场上产生的影响，以尽量减少国际纠纷。当前，调节国际收支的机制在国际组织与规范的促动下逐渐增多，各国既可以借助于IMF的短期贷款机制，也可以采用IMF的干预机制，还可以借助于国际金融市场，特别是商业银行的融资手段，对国际收支进行灵活调节。经济全球化的发展也使国际收支的自主性调节机制增加了新的内容，即价值评估效应。② 同时，货币与汇率管理呈现出越来越明显的联合管理和集团化管理倾向。20世纪70年代末倡导建立的欧洲货币体（EMS）、1999年欧元的诞生、近年来日益发展的东亚货币合作以及其他区域货币合作的发展，都反映出这种国家集团化管理和联合管理的趋势。在国际资金流动方面，绝大多数国家都实现了资本项目的自由化，资本的跨境流动基本不受限制。跨境资本流动（以及国际投机资本）方向变动和汇率变动的互动，使得两者更加容易出现剧烈波动。所以为了保持汇率和资本流动的稳定，以东亚为代表的许多新兴市场经济国家不得不保有大量储备资产，以便随时干预外汇市场。在现行的“美元本位制”下，美国国债自然成为这种储备资产的主要形式。

4. 构建与运营国际金融机构

为建立一个稳定的国际货币体系，促进国际合作，第二次世界大战后成立了以IMF

---

① R. McKinnon, “Exchange Rates or Wage Changes in International Adjustment? Japan and China versus the United States,” *Working Paper*, *Stanford*, May 2005.

② Maurice Obstfeld, “Globalization, Macroeconomic Performance, and the Exchange Rates of Emerging Economies”, *NBER Working Papers 10849*, National Bureau of Economic Research, Inc., 2004.

和世界银行为代表的国际金融机构。这些金融机构对维护国际货币体系的运行，促进国际货币合作发挥了积极作用。同时，国际金融机构作为超国家机构在国际资本循环中也发挥着重要作用。从国际金融机构治理看，IMF 主要负责货币金融事务，促进成员国在国际货币问题上的磋商和协作；促进汇率的稳定和有序的汇率安排，以避免竞争性的汇率贬值；为经常项目收支建立一个多边支付和汇兑制度，努力消除不利于世界贸易发展的外汇管制；向成员国提供临时性的资金融通，使他们在无需采取有损于本国和国际经济繁荣的措施情况下，纠正国际收支的不平衡；缩短成员国国际收支不平衡的持续时间和程度，促进国际贸易的均衡发展，从而实现就业和收入水平的提高及生产能力的扩大。世界银行以支持全球发展为己任，不仅为发展中国家提供大量的援助资金，而且围绕世界经济发展与改革的各个方面，以发展理论和发展政策导向来探讨世界发展的道路，以促进援助资金更有效地运转。尽管近年来世界银行的政策发生了一些新的变化，如注重发展的普遍联系性，推进综合发展的框架，强调发展的非经济因素；减贫政策出现了重直接扶贫项目、轻间接扶贫项目及附加干预，强调政策指导和知识转移，淡化资金转移职能，进一步严格了项目政策（附加条件），提高借款国财务成本，推行国家标准与规则，支持全球公共产品，等等。但对于促进世界各国的社会进步和经济发展，改善和提高人民的生活水平仍旧发挥着重要作用。

5. 构建跨国金融监管制度

随着各国国内金融市场不断延伸，融合为一个相互联系、相互影响的国际金融市场，出现了国家之间可能相互转移金融风险，并在全球范围内不断扩散的趋势。2007—2008 年，从美国蔓延到全球的金融危机就是这样一种多米诺骨牌效应的突出例证。此时，迫切需要在国际的范围内紧密合作，加强跨国金融监管。为了保证国际金融体系稳健、良好、有序地运行，必须建立合理有效的跨国金融监管制度。在国际金融监管层面，现存的国际金融机构（如 IMF 和 BIS 等）对发达国家金融市场既不能实行国别监督也不能实行有效的跨国监督。金融全球化的发展意味着资本在跨国的维度内能够自由流动而受到很小的影响。[①] 这种流动的好处是活跃了市场，促进了国际经济的发展，但坏处则是导致国际经济发展在很多领域不可预期，全球性危机随时可能因为某一金融链条的断裂而爆发。在这种情况下，就继续在全球范围内合作和强化金融监管，甚至形成统一的规范。[②] 在全球统一监管

①［法］费郎索瓦·沙奈（François Chesnais）:《金融全球化》第二版，齐建华、胡振良译，中央编译出版社 2006 年版，第 89~120 页。

②［印度］卡瓦基特·辛格:《不纯洁的全球化》，吴敏、刘寅龙译，中央编译出版社 2005 年版，第 3~11 页。

的发展进程中，巴塞尔银行监管委员会（Basel Committee on Banking Supervision，以下简称“巴塞尔委员会”，BCBS）[①] 发挥了重要作用。从 1975 年的《对国外银行机构监督的原则》，1997 年的《银行业有效监管核心原则》到 2004 年的《巴塞尔协议Ⅱ》，巴塞尔协议确立了金融监管的核心原则。[②] 此外，当前包括国际货币基金组织、国际清算银行框架内的支付与清算体系委员会、国际证券委员会组织、保险业国际监管组织等在内的国际性金融监管组织都已着眼于解决具体领域的跨国金融监管问题而采取了加强合作的措施。但是，从组织机构上讲，金融监管还是各自为战，不仅没有建立起统一的跨境金融监管体系，而且对跨国金融监管也还缺乏协调。IMF 负责对全球宏观经济进行监测，国际清算银行负责中央银行与国际组织之间的支付清算以及央行之间的信息交流与合作；巴塞尔委员会等国际标准制定机构负责就某一具体类型的金融机构制定行业经营标准（例如统一的商业银行资本充足率规定）；而各国金融监管部门负责对本国金融市场进行具体监管。信息沟通的不畅、国际协调的欠缺是国际金融监管的“阿克琉斯之踵”，这种情况导致国际社会很难对全球系统性金融风险进行有效的预测和监督，也很难对出现的问题进行及时有效的应对。2007 年出现的次贷危机迅速蔓延全球，其原因正在于此。

（二）国际金融机构对发展中国家的关注

国际金融秩序总体上是一直朝着更为合理、公平、稳定的方向发展的，尽管前进的

---

① 1974 年由十国集团中央银行行长倡议建立，其成员包括十国集团中央银行和银行监管部门的代表。十国集团（Group of Ten，G10）是共同参与 1962 年《一般借款协定》（GAB）的国家所组成的团体。1974 年，位于德国科隆的赫斯塔特银行因无力完成清算，无法向对手方支付美元而遭到流动性危机。当年 7 月 26 日，德国当局对赫斯塔特银行进行破产清算。而同一时间数家德国银行为向纽约汇出美元，向对手方赫斯塔特银行进行了德国马克—美元的换汇交易。由于德国和美国所处不同时区，这些交易的清算发生了时间上的迟滞，使得美元并没有立即送往对手方的银行而是在赫斯塔特银行挂起。就在这几个小时之中，赫斯塔特银行接到德国当局要求清算的命令，从而使得美元并没有被汇往纽约。这场意外的清算风险推动了十国集团试图对国际清算业务进行协调的行动。其成果之一即是 1974 年年底成立的、隶属于国际清算银行的巴塞尔银行监管委员会。成立以来，巴塞尔委员会制定了一系列重要的银行监管规定，如 1983 年的银行国外机构的监管原则（又称巴塞尔协定，Basel Concordat）和 1988 年的巴塞尔资本协议（Basel Accord）。也由于这些软法规则的广泛效力，巴塞尔委员会成为事实上银行监管国际标准的制定者，虽然其并不具有严格意义上的国际银行监管组织法律地位。漆彤：《国际金融软法的效力与发展趋势》，《环球法律评论》，2012 年第 2 期。

② 虽然从法律性质上看，这些规定并不具有约束力，而仅仅属于“软法”，但是这些规则获得了十国集团监管部门的肯定，他们一致同意在规定时间内在成员国内予以实施。而且这些规则的适用还呈现出扩散的趋势，这是因为它们具有合理性、科学性和可操作性，经受住了时间和实践的检验，所以，许多参与国际金融程度较高的、非十国集团国家的监管部门，也自愿遵守。1997 年，由巴塞尔委员会与一些非十国集团国家联合起草的《银行业有效监管核心原则》公布，同样获得各国监管机构的普遍赞同和支持，并逐渐成为银行监管的国际标准而受到世界各国的普遍认可。这一事实充分说明了国际软法具有约束力的一个重要原因，即规则的“内在理性”。关于中国引入 Basel Ⅰ的探讨，参见陈宪生：《应重视巴塞尔协议的实施》，《国际金融研究》，1989 年第 2 期；陆鼎文：《巴塞尔协议对我国利用外资的影响》，《计划经济研究》，1990 年第 2 期；丘永诒：《引进〈巴塞尔协议〉的起步》，《广东金融》，1992 年第 11 期；刘建红：《巴塞尔协议与我国银行业》，《金融研究》，1992 年第 8 期；王守淦：《〈巴塞尔协议〉原则与我国专业银行资本充足率探析》，《金融研究》，1992 年第 2 期。

道路不是一帆风顺，且仍存在着不公平的现象，但也基本上满足了不同时代背景下世界各国对国际金融秩序的需求。国际金融体制几次大的变革，总体上来说也都是对发展中国家有利的。虽然以 IMF 和世界银行为中心的现行国际金融秩序中存在着许多制约发展中国家发展的因素，但对于其所取得的成就也应该给予肯定。

1. 国际货币基金组织对发展中国家发展的协助

作为全球性政府间金融机构，IMF 是战后国际货币金融合作的产物，也是当今国际金融体系的核心。① 自成立以来，IMF 在协调国家间的货币金融政策，形成和维护国际金融秩序方面发挥了不可替代的作用。根据《IMF 协定》第 1 条的规定，IMF 的宗旨可规定为以下六项：促进国际货币领域的合作；促进国际贸易的扩大和平衡发展；促进汇率稳定；协助会员国建立多边支付制度；在有充分保障的前提下，向会员国提供暂时性资金援助，以纠正其国际收支失衡；缩短和减轻会员国的国际收支失衡状态。IMF 的主要职能包括实施国际金融监管、协调和稳定汇率以及向会员国提供必要的资金融通。

IMF 自成立以来开展了大量的业务活动，其中最重要的活动是在会员国国际收支失衡时，对其提供短期贷款，以解决会员国的国际收支逆差。当一国发生国际收支逆差时，有可能会采取有害于本国或国际繁荣的措施来改善本国的国际收支状况。为了避免这种情形的发生，赋予 IMF 的一项重要职能就是，当一成员国国际收支出现困难时，向该成员国提供资金支持，帮助其恢复国际收支的平衡。IMF 最早向成员国发放的是“普通贷款”，又称“普通提款权”，这也是 IMF 提供的最早、最基本的贷款形式。在利用普通贷款时，除其中的储备部分贷款之外，成员国提用信贷部分贷款，均需满足一定的条件。这就给成员国在紧急情况下利用 IMF 的资金带来了困难。为解决此问题，又创设了支用条件较为灵活的“备用安排”及“扩大安排”方式。进入 20 世纪 60 年代，各成员国尤其是发展中国家对 IMF 的需求越来越大，相应地，IMF 又陆续增设了其他贷款类型，如补偿贷款、缓冲库存贷款、中期贷款、石油贷款、补充贷款和扩大资金贷款等。而在 1969 年为了补充国际储备的不足，IMF 又创设了特别提款权。尽管其中的贷款种类大多是面向所有成员国的，但事实表明，20 世纪 70 年代中期以来，IMF 的绝大多数贷款对象都是发展中国家。

例如 IMF 中的补偿贷款、缓冲库存贷款和中期贷款三种永久借款措施，虽然是为所有的成员国提供的，但主要是给发展中国家提供的。1963 年采用补偿性贷款以后，使基金组织得以向输出初级产品的国家提供帮助。1981 年，贷款范围又扩大到包括谷物进口

① [印度] 卡瓦基特·辛格：《不纯洁的全球化》，吴敏、刘寅龙译，中央编译出版社 2005 年版，第 140~146 页。

费用超出部分的补偿，部分满足了食品农业组织和世界食品委员会的建议，即要求基金组织考虑向一些收入低的成员国扩大这种援助。当基金组织建立缓冲库存贷款时，声称这主要是对“出口初级产品国家”的。基金组织承认那些进口国家对缓冲库存贷款有过贡献，有权提款，但是他们希望这种贡献不会在这些国家的国际收支平衡中有重大影响，并且希望他们提款的需要也是很少的。中期贷款是为解决会员国较长时期的、结构性的国际收支不平衡而提供的贷款。而这些多是由于发展中国家中最普遍存在的制度上的一些缺点所引起的，或者是因他们的国际收支情况太差不允许他们执行有效的发展规划。原则上，后一种情况可能在工业国家中发生，但实际上它往往只发生于那些最穷的发展中国家。从以上的分析可以看出，尽管 IMF 规定贷款措施是为了解决任何国家发生的收支困难，但事实上，在发展中国家中这类问题是最普遍、最尖锐的，对发展中国家特别有利。此外 IMF 还制定了四种临时性贷款：1974 年和 1975 年的石油贷款、补充贷款以及扩大资金贷款，也大大有利于发展中国家。在石油贷款下，基金组织向 55 个不同类型的国家提供了援助，其中 45 个是发展中国家。另外的补充贷款以及扩大资金贷款也只适于发展中国家。尽管基金组织给所有成员国以金融上的援助，在形式上是不歧视的，一律平等的，然而，它所经管的石油贷款补贴账户和补充贷款补贴账户差不多都是贴补给发展中国家的。所谓石油贷款补贴账户是为了减轻最贫困的发展中国家因石油贷款利率较高而造成的利息负担，账户资金来自于石油输出国和发达国家的捐赠，IMF 向这些国家提供的利息补贴是无偿的；补充贷款补贴账户减少了会员国向补充贷款项下借款的费用，这些国家 1979 年的人均收入都不超过国际开发协会所规定的取得资金的合格条件，其中一半津贴费是付给 14 个收入较高的发展中国家的。此外，IMF 经管的信托基金也是 IMF 向较贫穷的发展中国家提供的临时性贷款，其资金主要来源于 IMF 拍卖库存黄金所得的利润。IMF 将这些利润一部分按认缴份额比例分配给发展中国家，另一部分则用于设立信托资金。由于贷款对象是发展中国家，因此，信托资金的贷款条件也比较优惠。信托基金设立于 1976 年，于 1981 年发放完毕。①

除了主要的贷款业务活动外，IMF 还为各会员国进行金融信息交流，解决有关国际金融问题提供平台，在这里，无论是发达国家还是发展中国家都有所收益。另外 IMF 通过组织培训、派出专家等形式，对会员国提供财政、货币、外贸等方面的技术援助，而这也主要是用来满足发展中国家需要的。同属发展中国家的中国在改革开放的过程中，

① 参见霍克：《国际货币基金组织对发展中国家所起的作用》，《世界经济》，1982 年第 12 期，第 22~23 页；关于国际货币基金组织的贷款种类，详见陈安主编：《国际货币金融法学》，北京大学出版社 2002 年版，第 430~435 页。

也获得了 IMF 的大量帮助，包括提供各种政策性建议、贷款支持、人员培训和技术援助等。正是在 IMF 的帮助下，中国在 1996 年成功地实现了人民币经常项目下的可兑换。

从以上的分析可以看出，虽然在《IMF 协定》的规定中，没有像关税及贸易总协定和国际开发协会条款中规定的那样，对经济发展程度不同的成员国规定不同的权利和义务，对于发达国家和发展中国家的区别也没有正式的规定，但 IMF 对发展中国家的协助作用是至关重要的。而且在实践中，IMF 通过具体政策的实施，也在一定程度上对发展中国家有进一步的帮助。

2. 世界银行对发展中国家发展的贡献

世界银行成立之初的主要职能是为遭受战争损害的欧洲国家的战后重建提供资金。而随着“马歇尔计划”的出台和欧洲、日本复兴计划的完成，世界银行的职能开始由复兴转为开发，即主要向发展中国家提供长期贷款。与 IMF 相比，世界银行在帮助发展中国家发展方面的作用显得尤为突出。为了实现其宗旨，世界银行依据《国际复兴开发协定》及其附则的有关规定，积极开展各项活动，包括直接向发展中国家提供中长期贷款，担保或参与国际性商业银行对会员国的贷款或融资，以及向会员国提供技术援助等。

从实践方面而言，世界银行对第三世界的发展协助主要包括以下几个方面：

第一，为发展中国家提供中长期的开发性贷款。世界银行向成员国发放的贷款有两种：一种是有息贷款，这类贷款一般偿还期都很长，但利息都特别低；另一种是无息贷款，这类贷款每年只收手续费 0.75%，偿还期一般为 50 年，其中还有 10 年的宽限期。这类贷款的对象主要是对低收入国家的建设工程项目。由于其贷款性质不是赢利性，而是开发性的，因此贷款条件也较为宽松和优惠。据世界银行估算，由于其贷款利率的相对优惠，一般低于市场利率，所以仅利息一项每年就可为发展中国家节约几十亿美元。但世界银行发放的优惠贷款并不是每个成员国都能享受的，例如法国、日本、新加坡等现在的发达国家过去均得到过世界银行的贷款，然而当其经济状况得到改善并达到一定程度时，便会被取消其获得世界银行贷款的资格。尽管成员国已经被取消获得贷款的资格，但其仍须继续分担增资数额，因为享受过优惠，就要承担相应的责任，继续做贡献。

第二，世界银行提供的贷款一般须与特定工程项目相联系，以支持发展中国家在基础设施、农业、教育等方面的发展。世界银行不断地根据发展中国家的需要来改变自己的贷款结构。世界银行一直以来都将基础设施建设作为其援助第三世界国家的重要手段之一。而在农业方面，1972—1974 年的民办粮食危机又促使世界银行进行诸如家畜生产、高收成种子的研究及推广等农业项目的投资。以韩国为例，1962 年获得世界银行的第一笔贷款，贷款金额只有 1 400 万美元，主要用于支援韩国的铁路建设。到 1994 年 10 月的 32 年中，韩国共获得世界银行贷款 120 次，贷款总金额达 87 亿多美元，这些贷款主要用于兴建公路、铁路、港湾、水坝、电站、城市上下水道、农业、教育等设施。其中用于动力资源建设的占总贷款额的 46%，用于教育的贷款占 13%，用于农业的占 8%。① 从以上的分析可以看出，直到 1994 年韩国被取消获得世界银行贷款的资格，其所获得的贷款大部分都集中在基础设施建设、教育等方面。

第三，世界银行通过发放贷款附加条件的做法，帮助发展中国家制定发展计划和实施宏观经济的改革。世界银行认为这些贷款条件的设计主要是为了纠正政府所犯的错误和防止市场因素不完善而对项目带来的不利影响。世界银行还充当第三世界经济发展的顾问机构，世界银行竭力利用其掌握的技术、信息、经验为发展中国家提供咨询和培训，帮助发展中国家制定经济政策和提高发展技能。1955 年，成立了经济发展学院为发展中国家的政府官员提供短期培训。在发展日益复杂化的今天，世界银行的顾问、咨询作用显得比其贷款的作用更加重要。比如，在对中国经济的支援方面，世界银行就一直强调它对中国宏观经济政策的影响比它所提供的贷款更加重要。世界银行的顾问、咨询大体以如下三种方式展开：

（1）与其成员国进行广泛的政策对话，保证在宏观经济政策、机制和一些关键部门的政策改革方面起到较大的影响；

（2）促使第三世界国家在项目中使用最新的科技成果和最有效的操作方式；

（3）依靠出版的大量研究报告和发展报告，及时向第三世界国家介绍研究的成果和推广其积累的经验。②

第四，20 世纪 50 年代后期，由于发展中国家的数目不断增加，资金需求不断扩大，IMF 和世界银行提供的贷款已难以满足世界经济的发展需要，作为世界银行附属机构的国际开发协会（International Development Association，IDA）应运而生。国际开发协会只收一次性的手续费，专门负责向较贫困的发展中国家提供贷款，而这些国家主要集中在南亚、拉美和非洲撒哈拉以南地区。国际开发协会也因此获得“第二世界银行”之称。除此之外，由于世界银行的贷款对象主要是会员国政府，私人企业申请贷款在实践中则受到严格的限制。为了弥补这一不足，帮助欠发达国家的经济发展，由世界银行主持通过了《国际金融公司协定》，成立了国际金融公司。而该协定第 1 条即规定了公司的宗旨

① 黎明：《世界银行如何帮助发展中国家》，《经济世界》，1996 年第 7 期，第 31 页。

② 详见张胜军：《世界银行与第三世界的经济发展》，《东南亚研究》，1997 年第 5 期，第 53~54 页。

是鼓励会员国，特别是发展中国家会员国中有生产能力的私营企业的发展，通过贷款或者投资入股的方式向其提供资金，以促进会员国的经济增长，补充世界银行的活动。可见，国际金融公司是世界银行创设的，旨在为发展中国家私人部门服务的窗口。

作为全球性国际金融机构，国际货币基金组织和世界银行尽管在职能上有一定的重合度，但二者仍是彼此独立、性质职能各异的机构。IMF 主要是为了维持会员国的短期收支平衡，侧重于国际收支危机的缓解；而世界银行则是开发性机构，工作中心在于引导投资方向，促进发展中国家经济的长期增长。他们通过各自的协助方式，在促进发展中国家经济的长期发展，建立国际经济新秩序方面发挥着重要作用。

（三）现行国际金融体系面对发展问题的结构性缺陷

现行的国际金融体系虽然处于一种无序的状态，但美元的霸主地位是非常明显的。黄金作为普通商品，而不再作为衡量世界各国货币的通用尺度对于国际货币体系而言是一个重大的变化。这意味着货币流通的衡量单位将仅仅以一个国家自己发行的、价值可以变化的通货来完成，也就是一个国家用自身的信用来承担国际货币体系的稳定。这样的国际货币体系诚然也能支撑国际货币的交换与发展，但是对于国际经济的平稳发展显然存在着很多潜在的风险和制约。具体表现为：

1. 国际货币体系与全球经济循环的非对称性

美元主导下的国际货币体系是不平等、不对称的，它既无法促进国际储备多元化或提供一个价值稳定的超主权国际货币，[①] 也不存在国际收支不平衡的自动调节机制，更不能保证国际资本的正常流动。[②] 在该体系下，非储备货币国家在全球经济循环中处于不利地位。一方面，非储备货币国家为获得必要的国际储备把自己的资源廉价的送给美国居民消费；另一方面，又不得不以持有美元债券或其他美元资产的方式保留国际储备，把资金的使用权让渡给美国，从而导致“最富有且资本化程度最高的国家事实上通过创造

① 周小川在 2009 年提出了与主权国家脱钩、并能保持币值长期稳定的国际储备货币的想法，并获得了国际关注。简要地说，其观点是：什么样的国际储备货币才能保持全球金融稳定、促进世界经济发展的问题。由于现行国际货币体系的内在缺陷愈演愈烈，国际储备货币的币值首先应有一个稳定的基准和明确的发行规则以保证供给的有序，其供给总量还可及时、灵活地根据需求的变化进行增减调节，这种调节必须是超脱于任何一国的经济状况和利益。当前以主权信用货币作为主要国际储备货币是历史上少有的特例。此次金融危机的爆发并在全球范围内迅速蔓延，反映出当前国际货币体系的内在缺陷和系统性风险。创造一种与主权国家脱钩、并能保持币值长期稳定的国际储备货币，从而避免主权信用货币作为储备货币的内在缺陷，是国际货币体系改革的理想目标。由基金组织集中管理成员国的部分储备，不仅有利于增强国际社会应对危机、维护国际货币金融体系稳定的能力，更是加强 SDR 作用的有力手段。周小川：《关于改革国际货币体系的思考》，中国人民银行网站，www.pbc.gov.cn，2009 年 3 月 24 日。

② 巴曙松、杨现领：《从金融危机看未来国际货币体系改革》，《当代财经》，2009 年第 11 期。

国际储备货币从贫穷的国家获得融资"。[①] 虽然当前的国际货币体系所导致的国际储备多元化格局在一定程度上缓解和解决了"特里芬难题"，而避免了布雷顿森林体系下的美元信任危机的问题，有助于有效地维持国际货币体系的正常运转，但是又滋生了"新特里芬难题"，即国际货币体系的稳定取决于美元的稳定，而美元的稳定又取决于美国的国际收支平衡，但全球清偿力供应依赖于美国的国际收支逆差，美国的"铸币税特权"又推动美国的经常账户逆差不断扩大。[②] 有学者指出，现行国际货币体系与全球金融危机有着直接的关系。2007—2008 年，国际金融危机的根本原因是在国际货币体系中，美元供给过剩且没有约束，导致现行的"美元体制"难以为继，从金融监管的角度看，技术的高度进步与对利用新的金融衍生产品的监管不相适应。[③] 这就导致了负有监管责任的部门未能及时发现自身的漏洞，也就忽略了经营不谨慎和欺诈行为，[④] 从而使得金融体系在资产价格下跌时变得极为脆弱。金融危机之前的主要问题是美元过剩所导致的全球流动性过剩，此后，在美元流动性收缩的基本格局之下，国际货币体系呈现出一种大分化的格局，即几个主要国家（集团）央行的垄断体系主导全球货币金融经济体系。西方主要国家的国际资本评估的"危机底线溢价"，其货币、金融市场也将受到流动性支持，这一地理区域外的货币汇率、金融市场都将受到冲击。由于西方主要国家央行之间的双边货币互换协议，能够避免汇率达到某种峰值时的货币紧缺问题，因而美元与欧元、日元、英镑、加元、瑞士法郎之间的相互汇率，会进入"大区间、有底线浮动时代"，也就是汇率在一个底线之上浮动，而不至于大起大落。在此种安排下，IMF 的地位将进一步下降，进一步固化西方主要国家，特别是美国对全球流动性的垄断，不在该垄断体系的货币、资产，未来将比"牙买加体系"时代更加无序，更加没有底线、更加动荡、更加具有体系性风险。[⑤]

2. 多样的汇率制度导致发展中国家处于受损害的风险之中

在当前浮动汇率制下，多种汇率制度并存，各币种之间的汇率波动性增大。这不仅加剧了汇率体系运行的复杂性，也会刺激和助长国际金融投机活动。而国际资本的高度

---

① Jan Joost Teunissen, "The International Monetary Crunch: Crisis or Scandal?", 12 *Alternatives* 359 (1987).

② R. McCauley, "Unifying the government bond markets of East Asia," *BIS Quarterly Review*, December 2003.

③ Nout Wellink, "It's the incentive, stupid!" (Speech at the conference on "Integrating micro and macroeconomic perspectives on financial stability", University of Groningen, 26 May 2008); C. Crook, "In the grip of implacable subprime forces", *Financial Times*, 9 March 2008, Retrieved 20 January 2009 from http://www.ft.com/cms/s/0/4a871774-edf9-11dc-a5c1-0000779fd2ac.html?nclick_check=1; Eric S. Maskin, "Mechanism Design: How to Implement Social Goals", 98 *American Economic Review* 567 (2008).

④ 郑联胜:《影子银行体系：发展、内涵与未来》，中国社会科学院世界经济与政治研究所国际金融研究中心，Policy Brief No.09035，May 18，2009.

⑤ 徐以升:《国际货币体系:"牙买加体系"到"大西洋体系"》，《第一财经日报》，2013 年 12 月 2 日。

流动性又使各国的汇率水平相互影响，所以金融危机的风险大增。① 在中心 – 外围汇率制度架构下，经常会出现大国侵害小国利益的行为，使发达国家和发展中国家之间的利益冲突更加尖锐和复杂化。②

3. 国际收支调节机制的非对称性

国际金融体系所提供的国际收支调节机制使得各国可以采取多种手段对国际收支平衡进行调节，但是，这里仍然存在着潜在的风险：每种国际收支调节手段都具有其自身固有的缺陷。商业银行贷款的手段会因为银行的逐利性竞争而导致约束放松，并加剧发展中国家的外债积累；IMF 所能提供的支持力度极为有限；汇率调节机制受限于出口商品的弹性；利率机制具有明显的副作用；国家之间的合作、收支调节机制之间的协调成本巨大，特别是当前国际收支调节机制仍存在着严重的不对称性。以美国为代表的发达国家有着发育良好的金融市场，在应对外在冲击时有较强的自我恢复能力，而亚洲等新兴市场国家金融体系的不完善，使其自我平衡的能力有限，所以金融体系更为脆弱。但面对金融危机和失衡，美国作为储备货币发行国可通过扩张性的货币政策迫使全球与其共担成本，而新兴市场国家则需要承担更多的调整成本。除去从贸易和金融循环中新兴市场国家为发达国家提供资源与资本外，新兴市场国家将国际储备投资于美国和其他金融市场的溢出效应，又使得部分资金以发达国家的私人资本获得这些贫穷国家生产设施和金融资产所有权的方式回流到了新兴市场国家。③ 即使不考虑资金的时间价值，美国货币当局为保证自身经济增长实施宽松政策所引发的全球通胀和美元贬值，也将使非储备货币国家面临着巨大的风险和损失。

4. 跨国金融监管的缺失与失灵

本质上，当前的国际金融监管仍是各个国家的独立监管，这种监管国别化的现状与金融全球化的趋势极不相称，具有极大的矛盾。长期以来，国际金融监管体系一直采用的是“发现监管问题—采取补救措施—发现新的监管问题—再采取新的补救措施”模式。这种事后救济的模式不仅使得国际金融监管框架具有明显的滞后效应，跟不上情势的发展，还使得主要的国际金融监管机构无法及时应对问题，长期处于缺位和错位状态。IMF、世界银行、巴塞尔委员会、金融稳定论坛（FSF）等现存的国际金融监管与协调体

---

① Esteban Jadresic and Roberto Zahler，“Chile’s Rapid Growth in the 1990s Good Policies，Good Luck，or Political Change? ”，*IMF Working Paper* No. 00/153，October 2000.

② 黄达：《人民币的风云际会：挑战与机遇》，《经济研究》，2004 年第 7 期。

③ J. D’Arista，*Rebuilding the Transmission System for Monetary Policy*（Financial Markets Center，2002）.

系未能有效地发挥全球金融监管职能。

5. 国际金融治理机构的代表性不足

迄今为止的主要金融治理机构仍然是西方大国的代表者，而较为忽视发展中国家的地位和力量。主要体现在：

IMF是以美国为首的主要工业发达国家操纵和控制的国际金融组织。在IMF中，份额的大小决定了成员国在基金组织中的投票权、借款权和特别提款权[①]的分配权。从投票权看，每个成员国都有250票基本投票权，同时每缴纳10万SDRs即增加1票投票权。按基金组织规定，重大问题须经全球成员国投票的85%票数才能生效。在IMF成立之初，美国拥有投票权的23%，任何重大问题未经美国同意都无法予以实施，即基金组织一切重大方针的确定完全受美国的控制。因此，新兴市场和发展中国家在IMF中的份额被严重低估，代表性不足严重影响了IMF的合法性和有效性。[②]长期以来，在IMF的份额、投票权分配以及决策机制等问题上表现出的欧美中心主义倾向，与国际政治、经济发展变化的现实严重不符，一直受到国际社会特别是广大发展中国家的诟病。IMF对因储备资产不足而遭受国际收支危机的国家提供附有严格条件的贷款，但其贷款条件的顺周期性（procyclicality）以及IMF代表性的不足，使得国际社会有关改革IMF的呼声日益高涨。在这种压力下，2008年通过了份额和发言权改革方案，增加了54个有活力的新兴市场国家的份额，提高了有活力经济体的代表权，并通过将基本票增加至原来的近三倍，提升低收入国家的发言权和代表权，这项改革于2011年3月3日生效。[③]在IMF的权力架构中，美国凭借16.75%的表决权对组织内的所有重大决策享有一票否决权。而美、英、法、日、德、意、加组成的七国集团，则控制了约半数的投票权，这样的结果使基金组织内所有重大决策的最终决定权都集中在以美国和欧盟为代表的少数成员国手里。中国的份额为

---

① 特别提款权（special drawing right，SDR）是IMF创设的一种储备资产和记账单位，也被称为“纸黄金（Paper Gold）”。它是IMF分配给会员国的一种使用资金的权利。会员国在发生国际收支逆差时，可用它向IMF指定的其他会员国换取外汇，以偿付国际收支逆差或偿还基金组织的贷款，还可与黄金、自由兑换货币一样充当国际储备。但SDR不是一种真正的有形货币，而只是一种账面资产，不能直接用于贸易或非贸易的支付，使用时必须先换成其他货币。因为它是IMF原有的普通提款权以外的一种补充，所以称为特别提款权（SDR）。根据2010年12月30日IMF的公告，2011年1月1日期，新SDR的“货币篮子”分别为美元（41.9%）、欧元（37.4%）、日元（9.4%）和英镑（11.3%）。

② Peter Coffey，Robert J. Riley，*Reform of the International Institutions: The IMF，World Bank and the WTO*（Edward Elgar Publishing Ltd，2006）.

③ 张长龙：《改革国际金融组织表决权集中制度的新思路》，《法学论坛》，2007年第2期；张长龙：《论布雷顿森林机构表决权集中制度的改革》，《现代法学》，2007年第4期；谢世清：《国际货币基金组织份额与投票权改革》，《国际经济评论》，2011年第2期。

3.81%，排第6位。[①]在2008年份额和发言权改革的基础上，2010年又出台了进一步的改革，其目的是将超过6%的份额比重转移到有活力的新兴市场国家和发展中国家，这一改革尚未生效。从人事任免看，欧洲人担任基金组织的总裁，第一副总裁则由美国人担任，来自发达国家的人员基本占据了主要高级管理人员的席位。欧洲总裁使得欧洲的利益得以维护，同时，总裁人选必须得到具有一票否决权的美国人首肯，能否任满或者连任，还要取决于总裁在美国财长办公室的承诺以及对美国政府政策意图的执行情况。[②]

世界银行作为一个政府间多边开发机构，以股份多少分配投票权而设定决策机制，这决定了发达国家的政策导向是影响世界银行政策变化的主要因素。世界银行的政策变化不可避免的体现着发达国家的利益取向，所以与发展中国家的发展需求之间自然存在着矛盾。从当前世界银行的政治倾向可以看出，发达国家的要求已经在世界银行的政策中得到了很大程度的体现。[③]与此形成鲜明对比的则是发展中国家在国际货币金融秩序中的弱者地位。IMF所设计的国际金融调节机制经常处于失效状态，特别是在布雷顿森林体系崩溃以后，汇率的灵活化使得IMF无法发挥稳定汇兑的职能，其调节国际收支的职能也因资本账户的开放而减弱。IMF制定决策过程的政治化倾向使其无从承担最后贷款人的责任，其所设计的特别提款权也因美国的抵制而无法达到对国际支付手段进行调控的目标。这样的一个薄弱的货币基金制度也就很难抵制汇率的大幅波动、“货币战争”的风险，也很难有效调控国际资本流动加速冲击那些金融体系不够完善的新兴经济体和最不发达国家，以及由此导致的宏观经济失衡加剧的问题。而世界银行所实行的新自由主义国际发展援助路线，在理念和机制上存在诸多缺陷，已经被很多实践所推翻。总体来看，国际金融组织的成功指数并不高。

同样不容否认的是，现行的国际金融秩序仍然更多地倾向于发达国家，经济实力较弱的发展中国家的利益难以体现，因而还是存在着诸多不公平、不合理的因素。频频爆

---

① 第26届联合国大会于1971年10月通过决议，恢复中华人民共和国在联合国的合法席位，为恢复中国在联合国专门机构的席位创造了条件。1978年的中共十一届三中全会确立改革开放的方向，为中国加入国际金融组织创造了有利的内部环境。1979年1月的中、美建交，为中国加入国际金融组织确立了外部条件。1980年3月，IMF派团来华谈判，4月17日，IMF的执行董事会通过了由中华人民共和国政府代表中国的决议，恢复了中华人民共和国在IMF的合法席位；9月，IMF通过决议，将中国份额从5.5亿SDRs增加到12亿SDRs；11月，中国份额又随同IMF的普遍增资而进一步增加到18亿SDRs。2001年2月5日，中国份额增至63.692亿SDRs，占总份额的2.98%，升至第8位，投票权也增加至2.95%，中国也由此获得了在IMF单独选区的地位，从而有权选举自己的执行董事。2008年IMF改革之后，中国份额增至80.901亿SDRs，所占份额仅次于美、日、德、英、法五大股东国，投票权上升到3.81%。

② 陈雨露：《现代金融》，中国人民大学出版社2000年版。

③ 缪心毫：《公众参与与世界银行问责机制的完善》，《国际经济法学刊》，第15卷第3期（2008）；缪心毫：《论世界银行政策性贷款条件的合法性与有效性》，《国际经济法学刊》，第17卷第4期（2010）。

发的金融危机即是这种不合理因素的直观表现。发达国家又在此基础上，利用其强大的军事、经济实力向发展中国家推行所谓的新自由主义，目的是使其资本得以摆脱狭隘的国内市场的限制，进而在世界范围内流动。在发达国家不遗余力地向发展中国家推行新自由主义，以此获得更大利益时，给发展中国家带来的却是国有资产流失、经济增长减速、金融投机风险加重等一系列恶果。

（四）发展中国家的金融问题

按照新自由主义思潮的理论逻辑，只要欠发达国家采用这种制度设计，他们的经济将加速发展，与发达国家财富的差距也会缩小。然而，事实已经证明新自由主义在发展中国家的这些强制调整已经导致严重恶果，发展中国家的普遍遭遇与新自由主义的设想背道而驰。虽然发展中国家也进行了一些金融创新或者合作的努力，① 但是国际金融的主导者仍然是西方国家，主导制度体制仍然是倡导自由的制度观念，这给发展中国家带来了很多问题。

1. 经济增长放缓，债务日益攀升

20 世纪 80 年代以来，很多发展中国家都采用了发达国家所鼓励的利用外国银行贷款和跨国公司雇用当地廉价的劳动力、发展加工制造业增加出口的战略，但大多没有达到发达国家当初所描述的理想效果，反而导致越来越多的生产利润和债务利息流向本来就富裕的发达国家。在这一时期内，除了少数国家经济水平有所提高，大多数发展中国家都出现了经济增长速度严重减慢，债务日益攀升的情况，在有些国家经济甚至呈现负增长状态。与此同时，新自由主义经济政策在发展中国家实行的一系列改革造成这些国

① See, e.g., Theodore Karasik, Frederic Wehrey, and Steven Strom, "Islamic Finance in a Global Context: Opportunities and Challenges", 7 *Chicago Journal of International Law* 379 (2007); Shaykh Yusuf Talal DeLorenzo, "Shari'ah Compliance Risk", 7 *Chicago Journal of International Law* 397 (2007); Ayman H.Abdel-Khaleq and Christopher F. Richardson, "New Horizons for Islamic Securities: Emerging Trends in *Sukuk* Offerings." 7 *Chicago Journal of International Law* 409 (2007); Michael J. T.McMillen, "Contractual Enforceability Issues: Sukuk and Capital Markets Development", 7 *Chicago Journal of International Law* 427 (2007); Umar F. Moghul, "No Pain, No Gain: The State of the Industry in Light of an American Islamic Private Equity Transaction", 7 *Chicago Journal of International Law* 469 (2007); Rushdi Siddiqui, "Shari'ah Compliance, Performance, and Conversion: The Case of the Dow Jones Islamic Market Index^{SM}", 7 *Chicago Journal of International Law* 495 (2007); Nazih Hammad, "Compensation for An Obligation to Sell Currency in the Future (Hedging)", 7 *Chicago Journal of International Law* 521 (2007); Killian Bälz, "Islamic Finance for European Muslims: The Diversity Management of Shari'ah-Compliant Transactions", 7 *Chicago Journal of International Law* 551 (2007); Robert R. Bianchi, "The Revolution in Islamic Finance", 7 *Chicago Journal of International Law* 569 (2007); Walid S. Hegazy, "Contemporary Islamic Finance: From Socioeconomic Idealism to Pure Legalism", 7 *Chicago Journal of International Law* 581 (2007); Haider Ala Hamoudi, "Jurisprudential Schizophrenia: On Form and Function in Islamic Finance", 7 *Chicago Journal of International Law* 605 (2007).

家的国有部门投资效率低，贸易赤字扩大，对外资的依赖性越来越高，而一旦外资撤离，经济就会陷入困境。此外，政府大幅度削减公共开支，取消社会福利体系，从而失去了缓和社会紧张的作用，使得社会矛盾更加尖锐。

2. 国家间财富分配不均，贫富差距进一步拉大

在经济全球化的过程中，发达国家通过其控制和垄断的金融机构、跨国公司与不公平的贸易、金融体制，同发展中国家进行不平等的国际贸易，并向发展中国家输出资本，掠夺廉价劳动力、自然资源，等等，因此造成了财富分配不均。新自由主义所强调的私有化、市场化以及自由化，非但没有改变发展中国家的贫困状况，反而让财富空前集中地流向了发达国家。根据联合国贸发组织公布的数字，世界上穷国与富国之间的收入差距在不断拉大，而且速度还在加快。

3. 国际组织成为发达国家调控世界的工具

新自由主义的经济理论主张资本的绝对自由，取消关税壁垒和无限制地促进国际贸易，这种经济思想的物质体现就是国际货币基金组织、世界银行和世界贸易组织。[①] 新自由主义要求发展中国家尽可能地减少国家对经济的干预，同时让渡主权给由发达国家占支配地位的国际货币基金组织和世界银行等国际金融机构，貌似推行市场自由化——由市场这只“看不见的手”来调节国家经济，而实质上是图谋通过国际组织来实现发达国家的金融霸权。对于美国来说，“资本流动全球化”可以充分利用美元的独特地位，利用美国在世界银行、国际货币基金组织、世界贸易组织等世界经济组织中的主导作用，利用美国穆迪投资服务公司（Moody’s Investors Service）信贷评级的巨大影响，吸尽世界各国的财富，促使各国放弃经济主权，推动各国经济解体，削弱日本和欧洲的跨国公司与本国和本地区的利益相关性，促进他们与美国的利益相关性，从而完成在美国主导下的全球化。正是由于这个原因，美国才不遗余力的向世界各国推销新自由主义，推销全球化。[②]

4. 现有金融体系加剧了金融投机和风险

随着当今世界信息技术的进步，特别是各种金融衍生工具的开发，使得资金的跨国流动成本日益降低，虚拟资本急剧膨胀，虚拟经济与实质经济严重脱节。巨额游离的国际金融资本到处投机，扰乱了世界经济秩序。投机经济具有高风险性和脆弱性，投机泡沫的破灭助长金融风险，甚至酿成金融危机。这些危机的产生，虽然有各国自身的原因，但国际金融资本的兴风作浪，却是一个不容抹杀的深刻根源。伴随着全球化的进一步发展，

① 参阅本书第四章，第四部分之（四）。

② 吕海彬：《发展中国家在新自由主义全球化中的道路选择》，《东北财经大学学报》，2005 年第 3 期，第 4~5 页。

金融资本和生产资本的矛盾还将更加尖锐。那些投机性很强的短期游资始终像幽灵一样在国际市场上徘徊，危机一旦爆发，将会给世界各国带来巨大损失，尤其对发展中国家更具威胁，亚洲金融危机就是明显的例证。

5. 当代国际金融的基本理念不利于世界均衡发展

从国际上看，新自由主义由于缺乏政治、社会和文化方面的整体计划，无法全面促进世界经济发展。非洲的边缘化、亚洲金融自由化的消极后果以及拉美的经济和金融动荡，等等，都是证明。新自由主义主张的核心是尽可能弱化国家的作用，主张市场对经济的绝对统治。新自由主义大谈“民族国家和国家主权失去意义”，要求发展中国家减少对经济的干预，把有关主权让渡给国际货币基金组织和世界银行等国际金融机构。新自由主义表面上推行市场自由化，实质上是图谋让强国担负起组织和管理世界经济的任务，阻止弱国拥有保护自己市场的机制和手段，从而保证其企业对弱国市场行使霸权。很多发展中国家，特别是拉美国家“虔诚而认真地弱化国家”已经造成了严重的后果。①

发达国家在不遗余力地向发展中国家推行新自由主义的同时，自己却从来没有彻底地实现新自由主义。新自由主义强调贸易自由化，而美国等发达国家却通过政府补贴、非关税贸易壁垒等措施，实行贸易保护主义。面对最近爆发的金融危机，美国众议院通过的经济刺激计划的一项附加条款是部分救援资金只能“购买美国货”，美国政府的这一行径也被很多人认为有贸易保护主义倾向。可见，新自由主义在对待发达国家和发展中国家时使用双重标准，具有极大的虚伪性和欺骗性。新自由主义代表的是国际垄断资本的利益，它要建立的是资本的世界积累制度。由于经济全球化的加速发展，国际分工体系和国际市场体系日益深化和扩展，世界各个国家通过贸易、投资、金融活动被联结为一个有机整体。在经济全球化进程中，发达国家不遗余力的推动新自由主义的全球扩张，目的是使资本得以摆脱狭隘的国内市场的限制，进而在世界范围内自由流动。新自由主义鼓吹市场规律和自由平等原则，而以美国为首的发达资本主义国家在全球化中占主导地位，广大发展中国家处于被剥削的地位，可见这种全球金融秩序的最大特点就是不平等。

三、现行国际货币体系的存续与变革

不可否认，现行的国际金融秩序在协助发展中国家发展方面确实取得了一些成就，

① 李其庆:《全球化背景下的新自由主义》,《马克思主义与现实》，2003 年第 5 期，第 16 页。

但由于它不是通过国际共同体的有效金融合作与协调来形成的，所以从某种程度上来说是对发达国家，特别是对经济金融大国自行其是的一种承认。大国的经济金融意志和利益渗透其中，而绝大多数发展中国家的意志和利益却难以体现，使得现行国际货币体系本身即存在着不合理、不公平的因素，也没有稳固的运行基础。国际社会频频发生的金融动荡，发展中国家利益的一次次受损以及国际组织在面对金融危机时的苍白无力，则是对此的最好证明，现行国际货币体系的功能缺陷也日益明显。①

（一）现行国际货币体系的存续理由

从总体上看，国际金融秩序一直在一个相对缺乏有效监管的状态之下，但由于金融交易的迅猛发展而不断改进，朝着更为合理、公平、稳定的方向发展的，所以基本上满足了不同时代背景下世界各国对国际金融秩序的需求。联合国建立以后，国际金融体制几次大的变革，总体上来说也都朝向有利于发展中国家的目标迈进。尽管存在前述的各种问题，但 IMF 和世界银行等国际金融机构在帮助发展中国家发展方面着实发挥了不容否定的作用。很难想象，如果没有这些机构，国际货币体系、国际金融市场会给发展中国家带来怎样深重的盘剥和急剧的动荡。

虽然美元的未来存在着一些不确定因素，但目前尚无任何货币具备超越美元的实力，美元作为储备货币的体系是可持续的。因为世界上不存在完美的国际货币体系，20 世纪 70 年代以来历次全球性的金融危机表明，危机期间以及危机后的一段时期内，美元依然是强势货币。现在“一超多强”的国际关系格局中，任何一强在短期内都不具备取代美国成为霸权国家的可能性。世界各经济体仍难以摆脱对美国市场的依赖，美国作为世界各地最终产品市场提供者的地位短期内不会发生重大变化。面对严峻的全球经济失衡，各国政府已不再只依赖于自主性国际收支调节机制来进行调节，以美国和中国为代表的失衡的两极都在努力进行着结构调整，并试图通过国际合作与协调，以增强外部均衡调节的有效性。IMF、世界银行、WTO、APEC、八国集团（G8）、二十国集团（G20）② 等

① 王倩、何志鹏：《从国际金融危机反思国际金融秩序》，《北华大学学报（社会科学版）》，2009 年第 2 期。

② 2008 年，为挽救陷入严重困境的世界经济，同时为应付来自欧洲的压力，美国总统布什提议举行一次金融市场和世界经济峰会。当时，英法等国提议召开一次西方七国集团的首脑会议，而美方则认为，与会者应包括八国集团等发达经济体和中国等新兴经济体，由此召开 G20 第一次峰会。G20 包括目前全世界主要经济体，GDP 总额占全世界 85%，人口占全球人口 3/2。但是，当前的世界金融话语权，仍然是牢牢把控在老牌霸主的手中，G20 峰会更像是一个舞台，处理能力远不如布雷顿森林会议。所以有学者建议，在全球经济治理中，G20 应成为全球多边经济协调的主导性论坛，担任起“领导者”角色，形成由 G20 做决策、IMF、WB、WTO 等执行的模式。王颖、李计广：《G20 与中国》，《现代国际关系》，2012 年第 6 期；David Zaring, "International Institutional Performance in Crisis", 10 *Chicago Journal of International Law* 475（2010）; Cho Sungjoon and Claire R. Kelly, "A Case of the G20." 12 *Chicago Journal of International Law* 491（2012）.

国际组织或安排也被赋予相应的更有效的调节和协调职能，以确保世界经济的稳定增长。在这个意义上，国际收支调节机制具有可持续性。只要通过相应的改革，IMF 和世界银行仍然可以在很大程度上有效地执行它们现有的职能。

（二）现行国际货币体系改革的目标

1. 促进全球经济与自由贸易的发展

目前，以中国为代表的发展中国家的经济增长为世界经济增长做出了主要贡献，是世界经济发展的主要动力。出口需求是拉动许多国家经济发展的重要原因之一,但是“贸易国家”在出口赚汇的时候，面临着如何有效管理本国外汇资产的问题。在现行国际货币金融体系中，出口导向国家对外汇资产的使用效率较低，其中较大部分被用于金融投资,而非回流到实体经济中进行重新运转。“金砖国家”和日本持有大量外汇储备,[①] 这些外汇储备在实体经济层面得不到有效利用，形成了流动性的漏损，导致的后果即是亟需资金的发展中国家手中大量的外汇储备得不到有效的配置，而美国等发达的“金融国家”虽然账面亏空，但实际流动性则非常充裕。

2. 增强世界各国金融权利和义务的对称性

在现行国际货币金融体系下，一些国家的权利与义务是不对称的。美国作为世界上最大的债务国，在“美元体制”下掌握着金融霸权，而中国作为世界上的债权大国，不仅没有充分享受到应有的权利，而且要承担自己掌握的资产缩水的损失。虽然美国已经负有巨额债务，但并未对其产生制约，通过贸易逆差等渠道流出的美元回流到美国的金融市场，反而支撑美元体制使之得以维持。美国对本国的赤字并未担负起应有的责任，而是继续在美元本位之下获取铸币税和国际通胀税。中国则已经陷入“斯蒂格利茨怪圈”[②],中国将本国的贸易盈余转化为外汇储备,并将这些外汇储备重新投资回美国的金融市场，美国在贸易赤字的情况下，将这些回流的“亚洲美元”再投资到亚洲市场，以获

① 外汇储备是各国中央银行以不同货币的形式而持有资产，其功能在于支持债务。截至 2013 年年底，金砖国家的储备账户为：巴西：3 626 亿美元，俄罗斯：4 933 亿美元，印度：2 943 亿美元，南非：493 亿美元，中国：3.88 万亿美元，除中国外，其他四国的外汇储备总额为 1.19 万亿美元，不敌中国一半。2013 年日本的外汇储备为 1.237 2 万亿，是全球第二大外汇储备国，仅次于中国。在美元霸权的背景下，巨额外汇储备很可能由于美元的贬值而缩水。

② “斯蒂格利茨怪圈”是指在国际资金循环中出现了新兴市场国家以资金支援发达国家（如许多东亚国家持有巨额外汇储备）的得不偿失的资本流动怪圈（capital doubtful recycling）表现为新兴市场国家在以较高的成本从发达国家引进了过剩资本后，又以购买美国国债和证券投资等低收益形式把借来的资本倒流回去。

取高额回报。①

新建的国际金融体系应向发展中国家利益倾斜，同时发达国家应承担更多的责任。现行的国际货币体系是建立在发达国家与发展中国家经济金融发展不平衡的基础上的，因此自身存在诸多的功能缺陷，这直接损害了发展中国家的利益。作为新的国际货币体系应当具有保护实力弱小的发展中国家利益的功能，特别应尊重和照顾发展中国家的利益，以缩小发展中国家与发达国家之间日益扩大的差距，这样才能实现国际社会的可持续发展。与此同时，改革现行不稳定的国际货币体系，建立国际金融新秩序，以美国为首的发达国家应承担更多的责任。其理由是，一方面发达国家由于其强大的经济金融实力，将是改革的主导者，他们有能力构建新的公正合理的国际金融新秩序，建立起新的国际金融协调机制；另一发面现行的国际货币体系主要反映了发达国家的利益，发展中国家只是被动的接受者和执行者，要改革现行的存在诸多功能缺陷的国际货币体系，实质上是对国际金融领域利益关系的重新分配，这就要求发达国家让出部分已占有的利益，承担与其经济金融大国相适应的改革责任。改革国际货币体系中，发达国家应承担更多的责任，放弃他们在建立新的国际金融新秩序中过多的利益追求，兼顾发展中国家的发展。② 作为主要世界货币发行国的美国，应当承担起国际收支调节的责任，采取平衡的财政政策，增加储蓄，减少赤字，改革现行的国际货币体系，使得国际货币的主要发行国产生逆差时，与其他国家一样对本国的贸易赤字负责，从而有望改善中心国与外围国权利和义务失衡的状况。

四、国际金融体系法治化改进的策略

国际金融体系的变革，应当是一个构建国际金融良法和寻求国际金融善治的过程，也就是一个促进国际金融法治的进程。国际货币金融体系存在的局限性和问题使得世界各国，尤其是发展中国家要求改革国际金融体制的呼声越来越高。而伴随着美国次贷危

① 人们认为，中国陷入斯蒂格利茨怪圈的主要原因是消费的体制性抑制与增长对投资与出口拉动的过度依赖，1978 年以来的经济体制变革，中央和地方两个层面的赶超冲动与地方政府的政绩竞争导致民生抑制、市场分割和产能过剩；开拓外部市场成为这种增长模式持续运行的必要前提。中国制造业通过对发达国家就业岗位的挤压导致西方国家的全面恐慌和强烈反弹；严重透支了国内的资源环境、居民的教育健康和未来的可持续发展基础。而且，与经济的快速增长相比，中国本土金融市场的发展相对滞后，未能充分发挥动员国内储蓄、促进投资的有效形成和配置的功能，导致外国资本对国内储蓄的部分替代，以及外国资本和国有资本对民营资本的两头挤压。与此同时，在财政税收体制的改革上存在一定的偏差。中央与地方政府在财权和事权的分配上存在不平衡和不对称问题，而且中央政府忽视了通过市场约束机制培育地方政府信用的重要性，导致地方政府提供公共产品的意愿和能力下降，吸引外资的无序竞争，以及对土地财政的日益依赖。再加上中国在金融开放过程中，由于经验不足和国际环境的复杂性，在资本账户开放、货币政策独立性和汇率制度选择等政策组合问题上陷入困惑之中。

② 王楚明：《国际货币体系改革与发展中国家利益原则》，《金融研究》，2001 年第 2 期。

机的爆发，全球经济动荡，各国经济普遍受累，不只是发展中国家，发达国家也强烈呼吁改革国际金融体系，避免危机重演。在经济全球化的背景下，在发展中国家承受由于金融和经济危机所带来的损失时，发达国家也很难独善其身。因此，无论是发达国家还是发展中国家都希望对现行的国际金融体制进行改革。可见，对现行国际货币体系进行改革是势在必行。而在改革过程中，发展中国家应充分利用其话语权，发挥自身在国际社会的作用，真正建立一个公正合理、稳定有效的国家金融新秩序。①

（一）国际金融机构的改革

国际货币基金组织和世界银行是世界上主要的国际性金融机构。IMF 作为国际性的金融机构，在其成立之后的几十年中，对发展中国家的发展做出了突出贡献，但要求对其进行改革的呼声却从来没有消失过。很多学者已经提出了一系列对 IMF 的内部决策机制、② 贷款政策和条件 ③、监督机制和应对金融危机 ④ 内部治理结构 ⑤ 进行改革的建议。IMF 作为现行国际金融体系的重要载体，理应发挥更重要的作用。但现行国际金融体系的演变，使 IMF 的职能被弱化，甚至变成发达国家用以推行金融霸权的工具。因此，对 IMF 进行改革，也成为发展中国家对现行国际金融秩序进行改革的重要内容。实际上，IMF 在此次危机中已经对原有贷款机制进行了较为重大的改革。其中包括取消了补充储备贷款（Supplement Reserve Facility，SRF）和补偿与应急贷款（Compensatory & Contingenting Facility，CCFF），首先设置短期贷款安排（Short-Term Liquidity Facility，SLF）以缓解新兴经济体在危急中面临的流动性问题，由于 SLF 效果有限，2009 年 2 月又推出灵活信贷安排（Flexible Credit Line，FCL）替代 SLF。此外 IMF 还修改了外生冲击贷款（Exogenous Shocks Facility，ESF）的附加条件，使 IMF 对欠发达国家的贷款援助更加有效。⑥

① 王倩、何志鹏：《从国际金融危机反思国际金融秩序》，《北华大学学报（社会科学版）》，2009 年第 2 期。

② 黄梅波：《国际货币基金组织的内部决策机制及其改革》，《国际论坛》，2006 年第 1 期。

③ 余永定：《国际货币体系改革和中国外汇储备资产保值》，《国际经济评论》，2010 年 5–6 月号。

④ 赵国君、黄梅波：《国际货币基金组织的监督机制概述》，《国际资料信息》，2005 年第 9 期。

⑤ 余永定：《国际货币体系改革和中国外汇储备资产保值》，《国际经济评论》，2009 年第 3 期；熊爱宗、黄梅波：《国际储备货币体系改革的东亚视角》，长策智库全球宏观经济政策（GMEP）系列研究报告，N0.2010–007。

⑥ 韩龙：《当下国际社会金融规制与监管改革的发展趋势》，《国际经济法学刊》，第 17 卷第 1 期（2010）；郭华春：《跨国金融监管关系规范路径构想——基于法律化理论的观察》，《国际经济法学刊》，第 17 卷第 2 期（2010）；何易：《金融危机后美国金融监管改革路线图述评》，《国际经济法学刊》，第 17 卷第 2 期（2010）；沈朝晖、高丝敏：《美国重构金融监管的政治学逻辑：党争选举与利益集团对金融立法的影响》，《国际经济法学刊》，第 17 卷第 4 期（2010）；韩龙：《当下国际金融监管法律制度改革的焦点与问题》，《法学家》，2010 年第 5 期；鲁篱、熊伟：《后危机时代下国际金融监管法律规制比较研究——兼及对我国之启示》，《现代法学》，2010 年第 4 期；李健男：《论后金融危机时代金融监管国际合作的组织机制——全球金融集体安全机制构建思考之一》，《现代法学》，2010 年第 4 期。

同样世界银行也存在着改革的必要。世界银行近期主要围绕股权改革、反腐败改革、信息披露制度、贷款体制几方面进行改革。2009 年 10 月，世界银行集团治理现代化高层委员会发布了《为 21 世纪的世界银行注入新动力》的报告，又称赛迪略报告。该报告对世界银行的改革提出五点建议：发言权和参与权改革、执行董事席位的选举改革、选举程序改革、加强管理问责制、应加强世界银行的资源基础。从治理结构来看，2010 年春季，世界银行发展委员会会议通过决议，改革投票权，增加发展中国家的投票权，从 44.06% 提升至 47.19%，发达国家的投票权则相应降低。当然，美国在世界银行的垄断地位依然没有动摇。

就当前来讲，国际货币金融机构的改革还应当主要在以下三个方面努力：

1. 增加可以提供的基金份额

以 IMF 为例，尽管在 20 世纪 90 年代 IMF 扩大了两次份额，但是 IMF 要承担国际金融稳定的职能并且为成员国发生金融困难时提供资金援助，现有的资金规模是十分有限的。从 IMF 现有的资金规模与全球 GDP、贸易以及资本流动量的比重看，IMF 资金的相对规模是在不断缩小的。因此，无论对于发达国家还是发展中国家而言，IMF 都有必要继续增加资金份额。这样，IMF 对成员国在发生困难时的资金帮助才会变得更主动和更有效率。

2. 促进国际货币金融机构内部运作机制的民主化

在 IMF 内部运行机制方面，改革 IMF 的代表权和选举权是大多数 IMF 成员都表示赞同的改革内容之一。IMF 采取加权表决制，会员国的投票权分为基本投票权和份额投票权，基本投票权一律平等，均为 250 票，份额投票权则依会员国在 IMF 中所分得的股份份额计算，即每 10 万特别提款权增加一票。而这些份额大多掌握在发达国家的手中，权利明显倾向于少数发达国家。发展中国家认为，IMF 成立以来以基金份额投票的数额增加了 37 倍，但是，每个国家等额的基本投票权没有增加，这样，基本投票权在总投票中的比重已由成立初的 11.3% 下降至目前的 2.1%，发展中国家的投票权也相应地减少了。因此，应当增加发展中国家的基本投票权。另外，基金份额投票权的分配也存在问题。因为基金份额的确定当初是根据一国 GDP、贸易份额、资本流动规模确定的，后来随着一些新成员的加入，虽然也进行了一些微调，但总体份额分配仍然与改变了的世界经济格局有很大差距。因此应增加拉美、东亚发展中国家的份额和投票权。[①] 此外，在实践中，10

① 徐明棋：《论国际金融体系改革与布雷顿森林机构重塑》，《国际金融研究》，2006 年第 1 期，第 58 页。

个主要发达国家形成“十国集团”集中投票，几乎可以垄断一切。而美国独占约 18% 的投票权，因此可单独否决 IMF 需经 85% 特别多数票通过的决议。IMF 的这种表决机制对于发展中国家而言极为不利，遭到发展中国家的强烈不满。因此发展中国家要求修改《IMF 协定》，减少特别多数票决定的事项，增加简单多数票决定的事项。但由于这些改革措施涉及美国、欧盟等发达国家的利益，甚至缩小了他们的否决权，因此进展十分艰难，而且 IMF 内部治理结构也无法在短期内做出重大改革。但相信通过发展中国家的共同努力，还是有望做出部分调整的，拉美和东亚的投票权和代表权应该有所增强，IMF 的投票权也该做出一些更合理的调整。

3. 完善 IMF 贷款条件的制定过程

IMF 会给陷入金融危机的国家提供有条件的贷款。以往，此种贷款都提供给发展中国家，但 21 世纪欧洲债务危机发生以后，希腊、匈牙利等国家也进入了请求 IMF 援助的行列。IMF 贷款大多附有一些对于成员国经济政策提出的限制性建议或限制的条件，一般都表现为要求受援国采取紧缩的货币政策和财政政策，从而使受援国国际收支得到改善，恢复国际支付能力。自 20 世纪 80 年代以来，由于国际社会的金融危机频频爆发，IMF 的贷款合同中对于接受国附加了广泛而严苛的贷款条件，[①] 很多要求都超出了 IMF 传统贷款条件的义务范围，在很大程度上介入了借款国自身的内部事务，特别是在国家经济发展方向和手段上，提出了很多要求。鉴于这种情况，有的学者认为 IMF 贷款所附的、对接受国严格而苛刻的要求，限制了主权国家制定和实施国内政策的权力，因而侵犯了借款国的主权。[②] 主张第三世界国际法路径（TWAIL）的学者安吉在《现在与过去：全球化、金融机构与第三世界》一文中认为，20 世纪末期开始的全球化浪潮危害了第三世界国家的主权和社会稳定。发展中国家从国际社会受到的经济自由化压力对其自身并无益处，国际金融机构的努力也并不着眼于满足本地的需要和价值，而是更倾向于实现全球经济秩序。造成这些问题的主要原因在于，发达国家的自由化机制中始终包括着保证国民福利的安全网机制，而此种机制恰恰是发展中国家所欠缺的，因为他们没有足够的资金建立此项体系。为此，发展中国家会采用国家对经济高度控制的方式来降低社会保险机制缺位时自由化体系面临的风险。尽管存在着显著的利益冲突，但世界银行和 IMF 等

---

① 在 IMF 主要参加国的压力下，从 1983 年开始，IMF 向成员国提供的资金占 IMF 的份额开始减少，提供的期限缩短，而且附加了较严的条件。例如要求实施进一步紧缩和改革措施以增长经济竞争力，降低劳动力成本，裁减公务员、减少最低工资和休假补贴，等等。资金大多分批发放，接受援助者只有通过了前次审核，才能获得下一批次的资金。

② Catherine H. Lee, “To Thine Ownself Be True: IMF Conditionality and Erosion of Economic Sovereignty in the Asian Financial Crisis”, 24 *U. Pa. J. Int'l Econ. L.* 875 (2003).

国际金融机构还是提出一些苛刻的条件要求发展中国家必须接受。这些机构通过在具体领域推行自由化和“善治”政策，大大损害了本地政府在决定其经济与社会优先性方面的功能。安吉认为，这一制度与当初国际联盟的托管制度具有相似性。发达国家在托管制度中对其原来的殖民地、已经具有独立主权的国家进行“监护”，而没有考虑那些国家在法律上是具有自主性的，这种行为及心态与贷款协议中世界银行、IMF 等国际金融机构的功能是一致的。在两个体系中，主导的行为体都对弱国指手画脚、发号施令，对其采取的经济政策、构建政府的内部结构都提出自以为是的要求。①

笔者认为，对这个问题应当从两个方面进行分析。第一，从贷款协定的表面看，贷款条件是借款国和 IMF 在平等磋商的基础上形成的。但从实质上看，请求贷款的国家往往都遭受着金融危机的煎熬，他们在谈判中处于劣势地位，没有足够的条件和实力与 IMF 进行真正意义上的平等协商，很多时候只能无奈地接受“医得眼前疮，剜却心头肉”的贷款要求。从这个意义上讲，接受贷款的成员国往往是在存在着巨大国内压力的情况下求助于 IMF 的，存在着谈判地位的实质不平等。第二，从贷款协定要求的内容看，IMF 所设的贷款条件实施效果并没有想象的好，很多情况下反而加重了借款国的金融危机。不可否认，IMF 设计的贷款条件是为了让被援助国迅速摆脱危机，实行善治，尽快恢复经济复兴和发展的常态，其初衷都是好的。设置必要的贷款条件能为成员国偿还贷款提供一定的保障，否则容易酿成依赖贷款援助的“道德风险”。想要彻底取消这种条件限制是不够合理的，也是不可能的。但问题在于，很多危机情况的发生都是有着复杂的国内、国际原因和深厚的社会基础的。仅仅着眼于一个方面、一个局部就认为可以解决问题，实际上是幼稚的。正是由于这一点，许多发展中国家或弱小国家对于 IMF 的贷款附条件性，极力反对。他们认为，IMF 在很多时候都充当了发达国家向发展中国家推行经济政策的工具,而且基金组织的附加条件过于苛刻,贷款条件本身缺乏透明度和可信度，有很大的随意性，经济调整方案缺乏必要的针对性，强烈要求改革不合理的限制。在这种情况下，如何设计出相对公正合理的贷款条件就是 IMF 必须面对和解决的问题。比较理想的方式是 IMF 在与借款国协商有关条件的过程中，应当更加全面合理地评估国家所存在的问题和解决方法，通过制度设计，建立起对借款国具有积极建设意义的要求，同时贷款也要符合公平、透明和可信的条件，达到既有利于借款国资金周转和偿还贷款，又能恢复其经济造血功能，促进其国际收支平衡的目标。

① A. Anghie，“Time Present and Time Past：Globalization，International Financial Institutions，and the Third World”，32 *N.Y.U. J. INT'L L. & POL.* 243（2000）.

（二）区域货币合作的进展

如前所述，发展中国家短期内难以摆脱在国际货币体系中的弱势地位，要承担更多的国际金融风险。因此，发展中国家在协同一致的基础上，除发挥在国际货币体系改革中的积极作用外，还要依托地缘优势、经济发展水平相当等因素构建区域金融合作与安全体系，加强区域内国家间的合作，共同维护区域内的经济和金融安全与稳定。这是减少对美元和美国金融体系依赖程度的唯一有效途径，也是促进现存国际金融体系改革的重要途径。欧洲货币一体化的成功实践即是最有力的证明。就中国而言，目前，亚洲在世界商品出口的份额已从 1985 年的 10% 增长到 2003 年的 26%，占世界 GDP 的比重已上升到 24%，亚洲区域内的贸易，相互投资，以较高速度在增长。但由于缺乏统一的货币，为抵御外部冲击不得不保留巨额外汇储备。这大大提高了经济活动的成本，并且面临财富大幅缩水的风险，亚洲金融危机就是一个深刻的教训。亚洲国家已经建立相互沟通协调的机制，如东盟、“10+3”等。从长远看，实施单一货币亚元是实现亚洲地区各国共同利益，保证亚洲社会稳定、经济繁荣的必要条件。目前应该继续巩固 2014 年建立的金砖国家开发银行（又名新开发银行，New Development Bank）的地位，促进亚洲基础设施投资银行（Asian Infrastructure Investment Bank）的运作，鼓励亚洲国家之间的投资，加强金融汇率合作，建立货币互换网络，避免出现金融危机的风险，推进政策方面的合作，增加双边、多边贸易协定，便利贸易流动和资金流动，逐步建立亚洲自由贸易区。① 而这种区域的监管和资金援助机制将和全球的金融运行机制并行，共同维护国际金融稳定。亚洲金融危机爆发以后，东亚区域内金融与货币合作逐渐受到了区域内政府和学术界的重视。近几年来，区域内的金融货币合作在亚洲金融市场、东亚外汇储备库、清迈协议以及政策对话区域合作机制等方面取得了一些进展，在区域内汇率合作方面也提出了多种倡议。②

而金砖国家开发银行和亚洲基础设施投资银行的建立的发展则是发展中国家秩序深

① 段平方：《从金融恐怖平衡看国际金融体系的改革方向》，《改革与战略》，2006 年第 11 期。

② 对于这一问题的详细分析，参见李晓、丁一兵：《亚洲的超越——构建东亚区域货币体系与“人民币亚洲化”》，中国当代出版社 2006 年版；李晓、丁一兵等：《东亚区域货币合作与人民币汇率制度改革》，经济科学出版社 2010 年版；李晓、丁一兵等：《人民币区域化问题研究》，清华大学出版社 2010 年版；李晓、付竞卉：《中国作为东亚市场提供者的现状与前景》，《吉林大学社会科学学报》，2010 年第 2 期；李晓：《“美元体制”的可持续性与东亚货币金融合作的路径选择》，《学术月刊》，2010 年 6 月号。李晓：《全球金融危机下东亚货币金融合作的路径选择》，《东北亚论坛》，2009 年第 5 期；李晓、丁一兵：《全球金融动荡环境下的东亚金融合作：政策选择与建议》，《国际经济评论》，2008 年 11~12 月号；李晓：《“日元国际化”的困境及其战略调整》，《世界经济》，2005 年 6 月号；李晓：《全球金融危机下东亚货币金融合作的路径选择》，《东北亚论坛》，2009 年第 5 期；李晓、李俊久、丁一兵：《论人民币的亚洲化》，《世界经济》，2004 年 2 月号；李晓、丁一兵：《东亚区域货币体系的构建：必要性、可行性与路径选择》，《社会科学战线》，2003 年第 4 期。

度合作的突出表现。

（三）国际金融监管体系的合作与强化

在20世纪末，胡夫鲍尔和瓦达就曾撰文主张，虽然金融与贸易体制有着不同的目标，前者追求金融稳定，后者追求贸易自由，但金融体制仍可以从贸易体制中获得一些经验。在危机出现之前，应建立具有约束力的协定、具有预见性的规范；在危机进行之中，应当注重政治解决而非经济解决的力度；在危机过后，对于局势进行有效的调查并进行有实质意义的调整，这些均是国际金融体制可以学习的方面，[①] 这种建议今天看来仍有价值。金融监管本来是一国自身的权力，但是数次金融危机的爆发都说明独立监管存在的漏洞和破坏性影响。[②] 国际金融监管是通过建立制度化的国际监管合作关系，实现机构之间充分有效的沟通信息，通过信息共享和机构合作对于可能的金融风险进行有效的预防、监控和防范。只有这样，才能保证金融业在健康的渠道内发展，既不妨碍国际资本流动、确保金融交易的收益，又减少资本在国际市场上盲目流动所带来的风险。[③] 金融监管的前提是金融市场的开放，而绝非封闭，这是这一领域制度构建的基本认识前提。[④] 但一次又一次的金融危机表明，全球性的经济活动，特别是金融交易需要国家充分合作、有效

① G. Hufbauer and E. Wada，"Can financiers learn from traders? "，2 *Journal of International Economic Law* 567（1999）.

② 对于这一问题的分析，参见陈欣：《次贷危机后美国对冲基金监管制度的反思》，《国际经济法学刊》，第16卷第1期（2009）；方添智：《次贷危机中信用评级失灵的原因及法律规制——美国信用评级制度改革评析》，《国际经济法学刊》，第17卷第2期（2010）；洪艳蓉：《危机之辩：次贷证券化与金融监管》，《国际经济法学刊》，第16卷第2期（2009）；何易、潘晓标：《美国政府对房利美和房地美的监管》，《国际经济法学刊》，第16卷第2期（2009）。

③ 对于国际金融监管的讨论，参见Hal S. Scott：《国际金融综述：法律与监管》，洪艳蓉、肖理译，缪心豪校，《国际经济法学刊》，第14卷第1期（2007）；李仁真、宿营：《次贷危机背景下国际银行流动性风险监管制度的变革》，《武大国际法评论》，2010年第1期；黎四奇：《美国金融危机全球化对国际金融秩序的影响及对策分析》，《国际经济法学刊》，第17卷第4期（2010）；黎四奇：《美国次级债风波对我国金融监管法理念创新之启示》，《国际经济法学刊》，第15卷第3期（2008）；龚宇：《美国对冲基金监管"变法"述评》，《国际经济法学刊》，第15卷第3期（2008）；张学安、金文杰：《后危机时代国际信用评级监管法律制度的重构》，《国际经济法学刊》，第18卷第4期（2011）；罗国强：《跨国银行风险监管中的法律问题——评"法国兴业银行交易员违规交易案"》，《法学》，2008年第3期；杨松：《跨国银行境外机构的母国监管责任》，《法学家》，2009年第6期；缪心毫：《晚近美国证券化法律中真实销售原则的发展》，《国际经济法学刊》，第14卷第3期（2007）；沈朝晖：《直接持有体制和证券统一实体法——中国的视角》，《国际经济法学刊》，第16卷第1期（2009）；陈斌彬：《美国基金持有人民事诉讼研究》，《国际经济法学刊》，第14卷第1期（2007）；张晓凌：《OTC衍生品交易的信用风险隔离机制研究》，《国际经济法学刊》，第14卷第4期（2007）；王衡：《无担保国际融资基本法律问题研究——兼评我国策略选择》，《当代法学》，2007年第2期；刘道远：《国际股本融资法律制约及其克服》，《法学论坛》，2008年第2期；胡安·帕布罗·鲍霍斯拉夫奇，王雨译：《国家破产、肆意放贷和损失分担》，《国际经济法学刊》，第16卷第2期（2009）；陈颖：《境外私募股权投资基金在中国发展新思路》，《国际经济法学刊》，第16卷第4期（2009）；秦岭：《"影子银行系统"的系统性风险与监管——以美国为例的探讨》，《国际经济法学刊》，第17卷第1期（2010）；郭雳、张涛：《中投境外投资并购的监管环境与模式选择》，《清华法学》，2010年第5期；张庆麟、刘天姿：《论全球金融治理中的软法》，《国际经济法学刊》，第18卷第1期（2011）；漆彤：《国际金融软法的效力与发展趋势》，《环球法律评论》，2012年第2期。

④ 参见黄达：《金融学》（第二版），中国人民大学出版社2009年版，第232~233页。

监管才能保证其在健康的渠道内流动，而不至于泛滥成灾。反之，如果任由带有规避法律性质、处于灰色地带的“金融创新”，放任各种形式的衍生金融产品在市场中存在，就非常有可能损害消费者的权益，损害这些交易自身，最终使从事这些创新的金融家破产，并破坏国家经济、损害全球金融市场的运行基础。因而，未来金融监管的方向将不再过分看重市场调节的“自由主义”理念，政府对金融活动施加监管的重要性将重新得到重视和强调；监管从严的趋势逐渐显现，各国政府对金融机构的资本金、流动性、信息披露和高管薪酬激励等方面的监管标准大幅提高；监管的范围更为广泛，涵盖了所有具有系统重要性的金融机构、市场和工具，同时强化对对冲基金、资产证券化市场和 OTC（柜台交易市场）衍生品以及信用评级机构的管理，完善相关的法律法规，而且日益重视和强调国际或跨国的联合监管，针对大型跨境金融机构而建立的联合监管机制正在建立健全。未来的金融监管正朝着宏观审慎监管、微观审慎监管、全球审慎监管三位一体的监管方向发展。在主权财富基金（Sovereign Wealth Fund，简称 SWF）快速增长之后，以主权国家政府所建立并拥有的、用于长期投资的金融资产或基金形式引起了人们的关注，给国际金融带来了一些新的挑战和问题。① 主权财富基金的积极管理，在追求较高回报的同时也伴随着较高的风险。虽然国家的民众在理论上是该国主权财富基金的最终拥有者和受益人，但目前一些主权财富基金有关宗旨、投资方向、操作与监控方面的透明度较低，更需要讨论监管的问题。②

对于金融全球化条件下的金融监管，学术界一直有着两种不同的取向：一种是监管竞争，另一种是监管合作。有的学者通过一个两国博弈模型的分析，认为长期来看，合作策略将是博弈方最优的策略选择。③ 这为国际金融监管合作取得了理论上的支持。有学者提出，美元体制短期内不会改变，世界各国国情不同，所以现阶段最可行的方法是建立由双边治理、地区多边治理和全球多边治理构成的国际多边治理机制。④

从金融监管机构的改革来看，2007—2008 年爆发全球性金融危机之后，国际社会在

---

① 谢平、陈超：《论主权财富基金的理论逻辑》，《经济研究》，2009 年第 2 期。

② 目前，阿拉伯联合酋长国、挪威、沙特阿拉伯王国、中华人民共和国、科威特、俄罗斯和新加坡等是世界上主权财富基金规模最大的几个国家。有关分析，参见 Michael Waibel，“Opening Pandora's Box: Sovereign Bonds in International Arbitration”，101 *American Journal of International Law* 711（2007）；陈欣：《主权财富基金国际监管协调的新发展》，《国际经济法学刊》，第 16 卷第 2 期（2009）；张晓静、练爽：《主权财富基金透明度问题的国际法律规制》，《武大国际法评论》2011 年第 1 期；漆彤：《论主权财富基金之若干法律纷争》，《武大国际法评论》，2010 年第 1 期；周晓虹：《是否存在一个公平的竞技场？——论主权财富基金的投资待遇》，《当代法学》，2011 年第 6 期。

③ 陈启清：《竞争还是合作：国际金融监管的博弈论分析》，《金融研究》，2008 年第 10 期。

④ 宋宪伟：《国际金融监管的多边治理机制——一个多层次的构想框架》，《福建行政学院学报》，2009 年第 3 期。

G20的倡导之下，已经就加强金融监管方面的很多问题达成了一致。一个以G20为重要平台，以IMF和FSB为主要支柱，以国际清算银行、巴塞尔委员会、国际证监会组织、G8等为主要辅助的国际监管协作体系逐步形成。

在国际金融监管的准则方面，从2008年开始，巴塞尔委员会发布了一系列重要的监管指南文件，其中包括2008年9月的《健全的流动性风险管理和监管原则》、2009年5月的《压力测试实践和监管稳健原则》、2009年7月的《巴塞尔新协议市场风险修订案》、2009年7月的《交易账户新增风险资本计算指南》、2009年12月的《增强银行业抗风险能力（征求意见稿）》、2009年12月的《流动性风险计量、标准与监测的国际框架（征求意见稿）》，等等。

其中，《健全的流动性风险管理和监管原则》提出了八项指导性意见：（1）建立流动性风险容量；（2）维持足够水平的流动性；（3）将流动性成本、收益及风险分配于所有重要商业活动之中；（4）识别和度量所有类型的流动性风险；（5）设计和利用各种压力测试方案；（6）努力建立有活力、可操作的应变性筹资方案；（7）管理当日风险资产和抵押品；（8）促进市场纪律的公共披露等。

2009年年底的两份文件对于五个关键领域提出了要求：（1）提高资本基础的质量、一贯性和透明度；（2）增强资本框架的风险覆盖范围；（3）引进杠杆率作为《巴塞尔协议Ⅱ》下以风险为基础框架的补充性措施；（4）运用一系列措施，增进资本减震器的积累，使其在遇到危机期间时使用；（5）引入全球最低流动性标准约束从事国际业务的银行。

当然，在金融监管领域受到最广泛关注的显然是巴塞尔委员会对于《巴塞尔协议》的修订与推动。《巴塞尔协议》，全名是《资本充足协议》（Capital Accord），其目标在于维持成员资本市场稳定，减少国际银行间的不公平竞争，降低银行系统信用风险和市场风险而推出的资本充足比率要求。《巴塞尔协议》始于1988年。当时，为降低银行资产的风险，建立银行资本充足率水平的基准规范，巴塞尔委员会于1988年公布以规范信用风险为主的跨国规范，称为《巴塞尔资本协议》（也称旧巴塞尔资本协议、1988年巴塞尔协议，英文简称Basel Ⅰ）[①]。Basel Ⅰ主要界定了银行间信用风险（也称信贷风险）的含义和范畴，并且列出了计算银行资本充足比率的公式。[②] 该协议被来自十国集团等中央

---

① Basel Committee on Banking Supervision，*International Convergence of Capital Measurement and Capital Standards*，Basel，July 1988，http：//www.bis.org/publ/bcbs04a.pdf（retrived Aug. 7，2014）.

② 王岩：《巴塞尔协议实施后的银行利率风险管理》，《国际金融研究》，1992年第4期；参见吴鸣：《简介〈巴塞尔协议〉》，《上海金融》，1991年第1期。

银行的委员会成员采纳，成为西方主要金融体系所采纳的标准。[①] 当时巴塞尔委员会规定，为加强抵御金融风险的能力，商业银行的资本充足比率，至少要维持在 8% 的水平。1992 年，《巴塞尔协议》确定了对银行系统最低资本充足率的要求和计算方式，并在巴塞尔委员会成员的 12 个国家推动下正式实行，成为衡量、理解和管理银行风险的指南。然而《巴塞尔协议》并未涵盖信用风险以外的其他风险，而信用风险权数级距区分过于粗略，无法显示银行风险的全貌，再加上法定资本套利（regulatory capital arbitrage）的盛行，以及大型银行规模及复杂度的增加，也都凸显《巴塞尔协议》的不足。

在《巴塞尔协议》推行后，金融创新、风险管理不断升级换代，巴塞尔委员会决定修订《巴塞尔协议》，以适应金融环境在新时代的发展变化。1993 年的 G-30 推荐案引入了"轧差（Netting）"这一对冲金融衍生品风险价值的概念，1996 年修正案提出了计算在险价值（Value at Risk，VaR）及回溯测试的方法，将市场风险纳入资本需求的计算。1999 年 6 月，巴塞尔委员会公布了新的资本适足比率架构（A New Capital Adequacy Framework）咨询文件，对 Basel Ⅰ做了大量修改。

《巴塞尔协议Ⅱ》（Basel Ⅱ）于 2004 年 6 月 26 日颁布，[②] 2006 年 12 月开始实施。该协议对银行的多种金融工具的双边、多边净额结算，市场风险，以及最低资本比率要求的监管，作出更严谨的要求；将以前的信用风险评估标准进行修正，加入了操作风险这一参数，将三种风险纳入银行资本计提考量，以形成管控国际风险的规范化制度，提升控管国际金融服务风险的能力。Basel Ⅱ主要强调三大支柱：

支柱一，最低资本要求（minimum capital requirements）。即最低资本充足率达到 8%，而银行核心资本的充足率应为 4%，目的是使银行对风险更敏感，使其运作更有效。Basel Ⅱ要求各银行建立自己的内部风险评估机制，同时提出了统一的"标准化方案"，建议各银行对于贷款企业进行评级时更多借助外部评级机构，但特别要考量专业评级机构的资质和能力。

支柱二，监察审理程序（supervisory review process）。Basel Ⅱ加大了对银行监管的力度，要求监管机构根据银行的风险状况和外部经营环境，判断银行是否具有内部合理运

① 参见任映国:《巴塞尔协议对西方及亚太地区银行业的影响》,《银行与企业》，1992 年第 11 期；杨晓影、庄勤:《巴塞尔协议和德国银行资本金政策》,《世界经济研究》，1992 年第 3 期；胡波:《日本、美国和西欧如何实施巴塞尔协议》,《国际金融研究》，1990 年第 11 期。

② Basel Committee on Banking Supervision，*International Convergence of Capital Measurement and Capital Standards: A Revised Framework*（Bank for International Settlements Press & Communications，2004）；加入补充修订之后的版本见 Basel Committee on Banking Supervision，*International Convergence of Capital Measurement and Capital Standards: A Revised Framework*（Comprehensive Version，Bank for International Settlements Press & Communications，2006）.

行的能力，并对其提出改进的方案。Basel Ⅱ严格控制银行的资本充足率，要求银行资本充足率保持在最低水平之上；同时监管者还要确保银行有严格的内部体制，有能力对自身的资本需求进行有效管理。监管机构还应通过监测，对银行资本下滑的情况尽早地采取干预措施。

支柱三，市场自律机能（market discipline），即市场制约。Basel Ⅱ要求银行提高信息的透明度，使外界对它的财务、管理等有更好的了解。[①]

《巴塞尔协议 Ⅲ》（Basel Ⅲ）由 2008 年全球金融危机的教训而产生，是一套综合的改革措施。[②]2010 年制定了关于银行和金融体系的部分，2011 年予以修订；2013 年 1 月 6 日发布了流动性覆盖率和流动性风险监控部分。[③]Basel Ⅲ的目标在于对银行业强化管理、监督和风险管理，特别是加强银行业吸收因金融和经济压力而产生的冲击的能力，提升风险管理和治理水平，增大银行的透明度和披露范围。要实现银行层次的微观审慎监管，即要求提升个体银行机构在紧张时期的恢复能力；在系统层次的宏观审慎监管，即要求整个银行业应建立起应对整体扩大经济周期所存在的风险。[④]

为了达到上述目标，Basel Ⅲ主要在以下方面提出规范：

第一，提高了资本充足率要求，对于核心一级资本充足率、一级资本充足率的最低要求有所提升，引入了资本留存资本。在最低资本金比率方面，Basel Ⅲ规定，由普通股构成的商业银行的“核心”一级资本下限从原有的 2% 提高到 4.5%，而构成因素更为宽泛的一级资本充足率下限则从原有的 4% 提高到 6%。同时还要求各银行建立 2.5% 的资本留存缓冲（capital conservation buffer）。[⑤] 从期限上看，Basel Ⅲ要求银行在 5 年内，即 2015 年之前达到最低一级资本充足率的要求，在 2016 年 1 月至 2019 年 1 月期间分阶段落实缓冲资本。

第二，设立“逆周期资本缓冲资金（counter-cyclical buffer）”，总额相当于普通股的

---

① 中国学者对于 Basel Ⅱ 的讨论，参见钟伟、沈闻一：《新巴塞尔协议和操作风险监管原则》，《财贸经济》，2004 年第 12 期；钟伟、王元：《略论新巴塞尔协议的操作风险管理框架》，《国际金融研究》，2004 年第 4 期；崔滨洲：《新巴塞尔协议与中国银行业的全面风险管理》，《武汉大学学报（哲学社会科学版）》，2004 年第 3 期；陈德胜、姚伟峰、冯宗宪：《巴塞尔协议的演化及巴塞尔新资本协议对国际银行业的影响研究》，《开放导报》，2004 年第 5 期。

② 韩龙：《美国金融危机拷问新巴塞尔协议》，《国际经济法学刊》，第 16 卷第 2 期（2009）。

③ Basel Committee on Banking Supervision，*Basel Ⅲ: A Global Regulatory Framework for More Resilient Banks and Banking Systems*（Bank for International Settlements Communications，2010，2011 revised）；Basel Committee on Banking Supervision，*Basel Ⅲ: The Liquidity Coverage Ratio and Liquidity Risk Monitoring Tools*（Bank for International Settlements Communications，2013）.

④ 宁喆敏：《巴塞尔协议 Ⅲ 的变革及其影响分析》，《湘潭大学学报（哲学社会科学版）》，2012 年第 3 期。

⑤ 冯晓莹、韩永辉：《资本充足率监管效果——兼论〈巴塞尔协议Ⅲ〉的适用性》，《金融论坛》，2013 年第 11 期；田娟：《第三版巴塞尔协议净稳定资金比例的最新修订及启示》，《南方金融》，2014 年第 6 期。

0%~2.5%，在经济上行期计提资本，在经济下行期吸收损失，该规定在2016年1月至2019年1月之间分阶段执行。

第三，流动性管理。[①]Basel Ⅲ制定了两个反映银行资产和负债匹配程度的监管目标：

（1）流动性覆盖率（LCR），提高银行或金融机构防范短期流动性风险的能力，确保其有足以度过持续一个月高压环境[②]高质量的流动资产[③]；

（2）净稳定资金比率（NSFR），提高银行机构抵御中长期流动性风险的能力。

对银行资金来源的稳定性提出要求，[④]还要求拥有大于需求的可用稳定资金量。LCR的观察期始于2011年，拟于2015年正式引入；NSFR则拟于2018年确定最低标准。

第四，杠杆率要求。以往对银行高杠杆率监管不足，因为银行在高杠杆率情况下在报表中仍能使其资本充足率水平符合监管要求，但实际上银行的经营却存在隐患和面临着危机的风险，此种情况增大了监管的难度。[⑤]Basel Ⅲ引入杠杆比率监管，以补充资本充足率监管的不足。2010年7月，各国央行行长和监管机构主管集团达成一致，在同一时期对3%的一级杠杆率进行平行测试。2013年6月，巴塞尔委员会正式发布了《巴塞尔协议Ⅲ》的杠杆比率框架和披露要求。有专家认为，此次修改放宽了对银行杠杆率的要求，有助于缓解银行在缩减资产或提高资本金方面的压力。巴塞尔委员会则认为其目的在于确立交易中的最佳杠杆率。

第五，Basel Ⅲ规定了更严格的高流动性资产的定义和实施时间，对风险资产的涵盖范围进行了扩充，提高了“再资产证券化风险披露”的资本要求，增加了压力状态下的风险价值，提高了交易业务的资本要求，提高了场外衍生品交易（OTC Derivatives），以及证券融资业务（SFTs）的交易对手信用风险（CCR）的资本要求等。同时，Basel Ⅲ提出了“系统重要性银行”的概念，针对此种银行提出高于以上公布标准的监管指标，特别是更高的资本充足率要求，以确保其抗风险能力，从而保证大银行在系统动荡时不会造成更加严重的影响。

Basel Ⅲ的这些规定有助于银行应对经济衰退时期打击能力的提升，有利于建立起反

---

① 巴曙松、尚航飞、朱元倩：《巴塞尔协议Ⅲ流动性监管新规及其影响》，《南方金融》，2013年第5期；巴曙松、王璟怡、王茜：《流动性风险监管：巴塞尔协议Ⅲ下的新挑战》，《中国金融》，2011年第1期。

② 包括公共信用评级大幅下降、存款部分流失、无担保融资渠道干涸等情形。

③ 具体要求其具有央行工具抵押品的资格、不应用于对冲交易头寸、不应用于抵押或结构性交易中的信用增级、应当明确仅用于应急资金。

④ 例如，一年以内可用的稳定资金来源于银行资本、期限在一年以上的优先股、实际期限在一年以上的负债及在压力情形下保持稳定的存款。

⑤ 中国人民银行金融稳定局课题组：《巴塞尔协议与保险业偿付能力监管标准》，《中国金融》，2012年第9期。

周期超额资本区间，通过与信贷过快增长相挂钩，降低了银行可能存在的风险。Basel Ⅲ针对大型银行所提出的附加资本要求，有望降低“太大而不能倒（too big to fail，TBTF）”原则[①]可能带来的道德风险。

中国在2010年签署了Basel Ⅲ，从2012年逐步推行，2019年完全实施。[②]Basel Ⅲ带来了新的资本充足率的规范并引入了新的监管指标。在Basel Ⅲ出台之后，中国银监会推出了资本充足率、拨备率、杠杆率、流动性四大监管新工具，获国务院批准，构成了未来一段时期中国银行业监管的新框架。这被业界称为中国版“Basel Ⅲ”。[③]美国联邦储备委员会于2013年7月2日完成了对实施规范的拟定，批准美国银行业执行Basel Ⅲ资本规定，2014年开始推行，承诺将制定针对华尔街大型金融机构的严厉新规，同时还将保护小银行免受这项新规的一些最严重的冲击。

由于受到了金融危机的冲击，以及全球经济的不确定性因素增强，因此加强金融监管的国际合作有助于决策者控制来自外国的溢出效应波动，控制风险，从而增加合作监管的收益。各国的监管实际上就是在维持稳定和加强本国金融部门在竞争中的地位间进行权衡，金融危机对投资者信心的共同冲击将导致各国更加侧重金融稳定，这样就会增加各国金融监管当局金融监管协调的动力。[④]因此，从理论上看，金融危机的压力和破坏性能够促进各国金融监管当局的协调，提高跨国金融监管的有效性。从实践上看，金融危机之后，国际舆论都呼唤加强全球金融监管，各国监管部门和国际金融监管机构也提出了一些金融监管协调合作的建议和方案。当前，主要国家已从积极促进国际资金流动自由化的态度转向强调设立国际金融监管及风险预警机制，保证国际资金有序流动。2009年，原金融稳定论坛（Financial Stability Forum，FSF）升级成为金融稳定委员会（Financial Stability Board，FSB），这是国际金融监管改革的重要事件。2009年，G20伦敦峰会发表的联合公报提出，所有金融机构、市场和工具必须接受适度的监督和管理。在此次会议上，还决定强化金融监管，把以往处于灰色地带的

---

① 对于这一原则的分析，参见徐超：《“太大而不能倒”理论：起源、发展及争论》，《国际金融研究》，2013年第8期；黎四奇：《后危机时代“太大而不能倒”金融机构监管法律问题研究》，《中国法学》，2012年第5期；张强、薛江华：《对最后贷款人制度“太大而不能倒”法则的探析》，《金融与经济》，2006年第11期。

② 有关讨论，参见罗晶、杨育婷、徐培文：《巴塞尔协议Ⅲ在中国：进程与现状》，《西南金融》，2013年第7期；梁莉、李晨保：《基于巴塞尔协议的我国商业银行市场风险管理》，《金融理论与实践》，2013年第1期；陆晓明：《中国银行业“巴塞尔协议Ⅲ”合规分析》，《银行家》2012年第2期。

③ 巴曙松：《巴塞尔协议Ⅲ在中国的实施：差别与优势》，《中国证券期货》，2012年12月11日。

④ Paul R. Masson and John Pattison, *International Financial Policy Reform and Options for Canada: Think Globally, Act Locally* (Conference Board of Canada, 2009).

影子银行体系纳入监管范围内。2009 年 3 月，欧盟委员会提议建立泛欧金融监管机构。2009 年，瑞士央行（Swiss National Bank）公布的一份书面发言稿显示，该央行管理委员会副主席希尔德布兰德（Philipp Hildebrand）呼吁根据从此次金融危机中获取的经验，改善金融市场基础设施，因为金融市场基础设施建设的改善将有利于国际金融监管。目前，国际上对国际金融监管的呼声渐高。欧盟在华盛顿全球金融峰会上提出了金融“百日维新”计划，奥巴马总统也对全球金融监管体系提出了更高的要求。尽管欧盟提出的严格监管与美国提出的温和监督有差异，欧盟内部对金融市场统一监管也存在分歧，但这表明国际社会已经在积极构建新的国际金融监控体系。在美国《新的金融监管法案》通过后，奥巴马政府又正积极构建统一的金融监管改革法律体系，为主导全球金融监管体系奠定国内法基础。

在 2008 年次贷危机和此后的一段时间里，缺乏能够在全球范围内承担起金融监管职责的统一协调机构这一缺陷暴露出来，并被认为是国际金融监管体系的最大弊病。虽然领域存在着 IMF、国际清算银行、巴塞尔委员会、金融稳定论坛以及各国金融监管当局，但是他们各行其是，对金融机构跨境经营的监管不能有效协调，形成了监管重叠、监管空白和因标准差异而导致的多头干预并存的局面，跨境金融监管面临种种难题。将来，还需要在建立世界统一的、有权威性的金融监管机构，形成世界统一的法律监管框架，构建世界统一的有约束力的监管协议方面做出努力。为了解决全球范围内跨境金融监管协调实施平台的缺乏问题，2009 年 4 月的伦敦 G20 峰会决定设立一个全球的金融监管体系，金融稳定委员会（FSB）应运而生，并于 2009 年 6 月 27 日正式开始运作。二十多个国家的中央银行、财政部和监管机构以及国际上的主要金融机构和专业委员会成为 FSB 的成员机构。FSB 的具体职能包括：评估全球金融系统的脆弱性，监督各国改进行动；促进各国监管机构的合作和信息交换，对各国监管政策和监管标准提供建议；协调国际标准制订机构的工作；为跨国界风险管理制订应急预案等。[①]

五、发展中国家对国际金融秩序改革的积极参与及中国视角

发展中国家在国际金融秩序中的不利地位存在着相当大的改革压力，但建立新秩序的目标是使发展中国家获得自身发展的能力，因此发展中国家应积极参加国际金融秩序

① 黄范章：《经济全球化、G20 与国际货币体系改革》，《中国井冈山干部学院学报》，2010 年第 2 期。

的改革。由于发展中国家经济实力较弱，金融管理经验也不足，在国际社会的发言权有限，因此难以对金融改革进程发挥重要影响，而发达国家也不可能为了建立实质上公平、合理的国际金融秩序，而主动放弃对自身利益的追求。这就决定了发展中国家在现行金融体制中的不利地位难于很快改变。但同时我们也应该看到，在国际金融改革问题上，发达国家与发展中国家依然有较多的共同语言。亚洲金融危机实践表明，当发展中国家遭受金融冲击、利益受损时，发达国家也很难独善其身。因此无论是发达国家还是发展中国家，都需要确立有助于国际金融稳定和发展的货币主权，[①] 有一个稳定的国际金融秩序。在这个过程中，经济实力有限的发展中国家要争取享有在国际机构中的平等代表权，引导发达国家将改革的重点转向与发展中国家利益攸关的方面，减少发达国家以改革为名对发展中国家进行经济渗透活动。建立公正、合理的国际金融秩序，最好的路径就是要共同合作，争取应有的地位和发言权，积极参加到国际金融体系规则的制定与修改中，积极探讨反映发展中国家利益而又不至于引起发达国家强烈反对的改革方案，向国际货币体系改革施加一定的影响，通过参与体系改革来保护自身的利益。这不仅是提升发展中国家在国际金融体系中的地位和国际金融决策中影响力的需要，也是作为国际经济社会成员的权利和应尽的责任义务。[②]

全球金融危机使中国暴露于美元体制的风险之下，实体经济受到严重冲击，金融部门面临严重风险。作为一个经济实力及影响力日益增长、在全球和东亚地区影响力不断增强的大国，作为一个逐渐融入金融全球化、金融体系处于不断开放过程中的发展中国家，中国作为全球失衡的重要一方有责任积极推动和参与国际货币体系、金融监管制度的改革。一方面应向美联储提出货币互换申请，并利用中美战略与经济对话等双边平台、G20等国际平台，就“大西洋体系”的垄断、规则、标准提出讨论；另一方面应推动美联储成为全球体系的最后贷款人，而不是大西洋俱乐部具有垄断意义的部分货币、部分经济体的最后贷款人。

具体而言，中国可以在货币层面积极参与国际货币体系改革的战略，包括以人民币国际化降低美元本位制的风险、以区域货币合作为初步模式。现行国际货币体系已经暴露出诸多问题，此次次贷危机使人们认识到改革现行国际货币体系的紧迫性，人民币国

---

① Claus D. Zimmermann，“The Concept of Monetary Sovereignty Revisited”，24 *European Journal of International Law* 797 (2013) .

② 王倩、何志鹏：《从国际金融危机反思国际金融秩序》，《北华大学学报（社会科学版）》，2009 年第 2 期。

际化正是在现行国际货币体系改革的大背景下展开的。①

随着中国经济的发展，特别是在金融危机背景下中国地位的凸现，② 中国迫切要求在国际上获得相应的权利。现行国际货币体系改革对于中国而言既是机遇也是挑战。从 2008 年年底开始，中国政府在国际金融领域内开展了一系列密集行动，这些行动由近及远可以分为人民币国际化、区域货币金融合作与国际货币体系重建三个层面。③ 中国已经提出了国际货币体系改革的问题，但是为了正确认识在当前国际货币体系下面临的国际货币金融环境，以及在此背景下将采取怎样的策略参与国际货币体系改革，这里有必要结合前文所分析的国际货币体系的缺陷和目标，从全球金融危机使中国暴露于美元体制之下的风险角度，以及中国作为全球失衡重要一方对国际货币体系改革的责任角度，来分析中国积极参与国际货币体系改革的必要性。

在国际金融秩序改革的步调上，应当提倡在大多数国家和集团能接受的基础上，走渐进式改革之路。在国际金融秩序上的革故鼎新，是一次国际金融领域利益重新分配的过程，对于世界经济领域而言意味着重新洗牌，对于世界经济主要参与者的各个国家来说，也都是关涉自身利益的规范、程序、组织变革。因而，不同类型的国家因自身利益诉求的差异会采取不同的立场和态度。由于发展中国家在现行国际金融秩序中处于弱势地位，所以他们会更期待改变，以期增加其在国际金融规范制定和组织中的参与机会和话语影响力，在具体规则之中贯彻平等原则，并且有权对国际金融活动施以监督，在他们遭遇国际金融动荡的时候，能够得到迅速和有效的援助。与此相反，发达国家特别是美国，是现行国际金融秩序的既得利益者，他们更倾向于维护现有的体系，而仅仅是针对出现的明显弊病和不足，进行小修小补。更重要的是，他们经济实力强大，在国际金融运行规则的制定上具有明显的优势话语地位。此时，就必须坚持现实主义的原则，充分了解国际金融秩序的改革与发展不能一厢情愿，而必须在最大的限度内赢取共识。

随着新兴市场国家的崛起，G20 已经替代 G8 成为讨论国际经济问题的平台，这种国际经济格局巨变需要以中国为代表的新兴市场国家以 G20 为平台积极推动和参与国际

① 对于这一问题的分析，参见高海红、余永定:《人民币国际化的含义与条件》,《国际经济评论》, 2010 年 1—2 月号; 张宇燕:《人民币国际化: 赞同还是反对?》,《国际经济评论》, 2010 年 1—2 月号; 黄海洲:《美元和人民币: 何去何从?》,《国际经济评论》, 2010 年 3—4 月号。

② 孙立行:《国际金融发展新格局下的中国金融监管改革战略研究》,《世界经济研究》, 2013 年第 12 期。

③ 张明:《国际货币体系改革: 背景、原因、措施及中国的参与》,《国际经济评论》, 2010 年第 1 期。

货币体系的改革。[①] 中国不仅应积极参与区域性的金融合作，[②] 作为 IMF 的重要一员，还应当投身于 IMF 的改革，使其在变化了的国际环境中发挥应有的作用。同时，作为世界银行的重要发展中国家成员，中国积极参与世界银行的改革不仅有利于自身经济发展，也能对其他发展中经济体的经济增长有所贡献。因而，中国政府需要积极参与国际储备货币体系、国际汇率制度、国际收支调节机制、国际金融监管体系和国际金融组织的改进与变革。在当前情况下，有必要通过积极参与国际清算银行，特别是其巴塞尔委员会等多边国际金融组织的活动，提升融入全球金融监管体系的能力和影响。[③] 作为 G20 成员、金融稳定委员会成员，中国政府还应通过增进共识、倡导规则、改进组织和促进协调的方式，在国际金融监管标准的制定、完善、修改、变革、实施的过程中积极参与，在标准制定的过程中发挥应有的影响力。[④] 前文提到的亚洲基础设施投资银行和金砖国家开发银行，中国都起着中流砥柱的作用，是这一领域的初步成功实践。

小结

国际货币金融领域的法律规范和运作机制至今仍是国际经济法律体系中最为薄弱的部分。不仅货币体系有着强烈的美元霸权的意味，金融市场的以地域为单位的监管体系也无法实现对于高速、大量跨国流动资金的有效控制，所以难于避免花样频出的“金融创新”可能给全球金融参与者和更大范围的公众造成难于弥补的损失。纵观历史，现行的国际货币体制是在经历了国际金本位制、布雷顿森林体系之后，又经历了几次修改而最终得以确立的，具有其合理性，但也存在着很多漏洞和缺陷。因而，以发展中国家为主的国际社会行为体要求改革现行国际金融秩序的呼声从未消失过。可见，对现有国际金融体制进行改革势在必行。但改革在某种程度上即意味着对现有利益的重新分配，各国势必从自身利益出发，追求自身利益的最大化，在这个过程中不可避免的即会产生利益冲突，而发达国家与发展中国家之间冲突则尤为突出。因此，作为发展中国家如何通

① 参见林宏宇：《国际金融危机、G20 的崛起与中国》，《现代国际关系》，2009 年第 11 期。

② 参见文学、武政文：《中国与东盟国家金融合作的现实问题及对策思考——基于国际金融话语权视角》，《新金融》，2014 年第 4 期。

③ 参见张谊浩、裴平、方先明：《国际金融话语权及中国方略》，《世界经济与政治》，2012 年第 1 期；艾尚乐：《中国参与国际金融危机治理与西方危机治理模式的比较》，《特区经济》，2011 年第 12 期。

④ 参见于维生、张志远：《国际金融监管的博弈解析与中国政策选择》，《国际金融研究》，2013 年第 1 期；路妍：《金融危机后的国际金融监管合作及中国的政策选择》，《管理世界》，2011 年第 4 期；艾尚乐：《中国参与国际金融治理的战略思考》，《开放导报》，2012 年第 4 期。

过行使他们在国际社会有限的话语权，发挥自身在国际社会的作用，同发达国家抗衡，推进和引导国际金融体制的改革，以实现真正意义上的公平、合理、稳定的国际金融秩序则变得尤为重要。笔者认为，由于发展中国家各自的政治经济实力相对较弱，因此应该在共同合作的基础上，争取应有的地位和发言权，积极参加到国际金融体系的改革中。在与经济大国的利益博弈过程中，尽量寻求双方利益的共同点，渐进式地推进国际金融体制的改革，同时也不能忽视国际金融组织和区域金融合作的重要性。尽管建立新的国际金融秩序要面对重重困难，但随着发展中国家经济实力的逐渐提高，国际间相互依赖程度的不断加强，在发展中国家的推动和努力下，改变旧的不合理的国际金融体制，建立真正公正、合理、安全、稳定的国际金融新秩序还是有可能的。

在这种认识基础上不难推断，国际金融规则的修订、国际金融秩序的重构不仅需要发展中国家的倡导和支持，也需要发达国家的配合和接受。在前全球化时期，发达大国在金融规范的制定上仍将长期具有绝对优势地位，任何国际金融规则的制定都必须在经济大国的倡导和同意之下方能实现，否则，制定出的规则也仅仅是空中楼阁，难于实施。而在后金融危机时代，新兴发展中大国保持了较好的发展势头，很多发达国家则因为债务危机而困难重重，所以在金融制度的构建上更多体现出二者相互依赖的态势。如果一项国际金融规范的制定没有发展中大国的积极、充分参与，也同样只是一纸空谈，无法实施。在这种背景下，国际金融秩序的改革与发展应力争考虑大多数国家和国家集团的利益，给大多数国家和国家集团以表达意愿和参与决策的机会，只有这样才能使国际金融体制满足大多数国家的利益要求，为大多数国家所接受。正是基于这样的考量，国际金融秩序，如国际贸易秩序一样，都不适于进行革命式、颠覆式的革命，而只能以充分考虑相关利益关系方作为切入点和出发点，小步调地进行调整和改革。通过这种方式，先易后难，有计划地排除旧的、不合理的国际金融规则，渐进式地制定新的国际金融制度，从而逐渐建立起真正公平、合理的国际金融秩序。

第四篇

未来展望与中国立场

第十章　国际经济法治的未来展望

各国家和国际组织在国际经济法治的路途上行进并不顺利。当前，由2008年金融危机为先导，全球性的国际经济合作机制放缓，更多国家将注意力放到区域和双边机制上，这对于国际经济法治而言是存在威胁的，但已经建立的法律制度在实施方面取得了一些进展，这是国际经济法治的亮点。从不同类型的国家对国际经济制度的影响来看，发达国家的影响仍然是主导的，但发展中国家的影响力在加大。

一、作为目标与过程的法治

法治是一个美好的理想目标，无论是国内法治，还是国际法治，都是一个类似于数学上的极限一样可以永远靠近、却从来不能算真正达到的目标。或者说，更适于将法治看成是一个彼岸的理想状态，我们所做的一切，可能会贴近这个理想状态，却不能算是已经达到了这个状态。因此，从现实的情况看，认定任何一个体系是“完美法治”都是存在风险的。不仅因为其自身必定存在着诸多的不适当之处，从而不能真正地达到完美，而且因为其体系也必定在发展进程中,有待于不断完善和改进。因此,从发展的路向上看，本书更倾向于从历史进程的角度去理解法治，而不希求以结果或者目标的方式去认识法治。我们需要一个“动态法治”和“作为过程的法治”的观念，也就是从辩证发展的维度去理解国际、国内法律体系，在其发展的方向和进程速度上去观察和评价某一国际法律体制。[①] 只有这样，才能有助于有关法律机制自身的发展。相反，如果没有一个动态的、过程的认识，我们就可能僵化地看待一项法律制度，忽视了其自身成长和发展的未来。从这个意义上讲，包括贸易、人权、环境在内的国际法律机制，都是走在法治的路上的各个方面，但能否说实现了法治似乎为时尚早，甚至无法定论。

二、当今国际经济法治的总体趋势

国际经济法治首先是一种理想，但也可以用来描述当今世界为了法治目标而努力的程度和方向。当今，国际经济体系几经波折，远非令人满意，但仍然有一些值得关注的进步和趋势。

（一）规范的主导动力体现为大国与小国的竞争

国际经济法治远未成熟，无政府的国际关系基本环境导致国家在国际法律机制中占据主导的地位，而国家主导地位的前提和基础则是国家的权力、意志与利益。清晰地认识这一点是理解国际经济体制的重要方面。进而言之，公平不会从天而降，本国的权益不会不经努力而自己来到，国家在国际事务中积极主动地参与是非常必要的。国家在国际关系中，特别是在规则制定中，是否具有阐释自身观点的机会和能力，是否能够确立谈判日程、提供谈判草案，对于规范确定的结果非常重要。

国际经济格局具有不对称性，也就是由大国主导，而小国则更多处于被支配的服从地位。长期以来，西方世界都是国际规范的主导者。当今的国际法是一种以欧洲及美国的思想、理论与实践为根源和基础的规范体系。世界市场是以西方经济学家的学说为基石而形成的发展模式。国际政治经济学所关注的力量和权力虽然存在国家之外的行为体，但是国家仍然具有核心地位。在大国与小国之间，究竟是强权（might）还是真理（right）具有更强的影响，似乎仍然显而易见。很多西方大国对中国迅速发展的恐惧和夸张就是一个经典的例子。[②]

① 对这一问题的深入讨论，参见何志鹏、孙璐：《国际法的辩证法》，《江西社会科学》，2011 年第 7 期。

② 陈安：《陈安："黄祸"论的本源、本质及其最新霸权"变种"：中国威胁论——中国对外经济交往史的主流及其法理原则的视角》，《现代法学》，2011 年第 6 期；有关评论，参见 Branislav Gosovic，"China–'Threat' or 'Opportunity'? On Professor An Chen's Article Rebutting 'Yellow Peril'/'China Threat' Calumnies"，《国际经济法学刊》，第 20 卷第 2 期（2013）；邱丹阳：《中国"和平崛起"战略的地缘经济实践——以中国－东盟自由贸易区为例》，《暨南学报（哲学社会科学版）》，2006 年第 1 期；李雪平：《贸易自由化与国家对外贸易管制——从中国和平发展遭遇的贸易保护主义谈起》，《武汉大学学报（哲学社会科学版）》，2006 年第 6 期；邱丹阳：《中国－东盟自由贸易区：中国和平崛起的地缘经济学思考》，《当代亚太》，2005 年第 1 期。

值得欣慰的是，尽管发达国家对国际经济秩序的主导性仍然存在，然而随着时代的发展，这种主导性在不断减弱。20世纪中叶以后，拉美、非洲、亚洲的一些国家才得以在国际关系和国际法上有了一些发表观点、确立理论学说的论坛和机会，他们利用冷战中超级大国对抗的契机发展自己的观点、增益有利于自己的制度，特别是对于人类共同继承财产的阐释和对国际经济新秩序的追求，应当属于其中最主要的方面。但是，这种转折并不是根本性的。当20世纪80年代以来，冷战结束之时，发展中国家在国际法上的空间再度被压缩，自由主义的主张成了独步天下的理论源泉，国际经济新秩序的梦想没有转化成为实践中被普遍认可和遵循的法律规范即告中止。国际经济规范的主要制定者仍是以西方国家为首的OECD、世界银行等国际组织，或者他们自身。他们不仅在议程的设定上具有主导地位，而且在议程进行对其不利的时候，努力推动转换论坛，通过孤立和瓦解不同意见国家的方式，推行自己的主张。

但是，1997年以后的亚洲金融危机和2007年以后从美国次贷危机蔓延的全球性经济衰退，以难以辩驳的例证说明自由主义缺乏说服力。在这种情况下，发达国家在推行自由主义观念的时候，就存在了一些障碍，试图完全要求发展中国家服从其立场、接受其建议，变得底气不足。在此语境下，新兴发展中国家形成的新联合机制就显得更加重要。

（二）规范的场域体现为多边与区域的并存

解决全球问题，需要采用多边主义的观念，促进国际合作，特别是建立国际体制，实现全球治理。[①]全球性的多边机制与区域机制的促进与抑制关系一直是国际经济法治的主要方面之一，有时二者处于紧张状态，有时二者可能相互促进。[②]而区域经济一体化的进程又是第二次世界大战以后国际经济格局发展的重要方面。[③]因此从国际经济贸易法律制度的制定和操作所处的地域范围而言，越来越多的关注点落在了区域和双边的层次，

① 参见李少军主编:《当代全球问题》，浙江人民出版社2006年版，第265~287页。

② Meredith Kolsky Lewis, "The Prisoners' Dilemma Posed by Free Trade Agreements: Can Open Access Provisions Provide an Escape?", 11 *Chicago Journal of International Law* 631 (2011); Moshe Hirsch, "The Sociology of International Economic Law: Sociological Analysis of the Regulation of Regional Agreements in the World Trading System", 19 *European Journal of International Law* 277 (2008).

③ Rafael Leal-Arcas, "Proliferation of Regional Trade Agreements: Complementing or Supplanting Multilateralism?", 11 *Chicago Journal of International Law* 597 (2011); Henning Grosse Rues-Khan, Thomas Jaeger and Robert Kordic, "The Role of Atypical Acts in EU External Trade and Intellectual Property Policy", 21 *European Journal of International Law* 901 (2010); Carl Baudenbacher, "If Not EEA State Liability, Then What? Reflections Ten Years after the EFTA Court's Sveinbjörnsd ó ttir Ruling", 10 *Chicago Journal of International Law* 333 (2009); Marco Dani, "Remedying European Legal Pluralism: The FIAMM and Fedon Litigation and the Judicial Protection of International Trade Bystanders", 21 *European Journal of International Law* 303 (2010).

全球性机制的发展缓慢，更新与推进严重乏力。①

从贸易的角度看，作为多边贸易发展最主要的舞台，WTO 自 2001 年多哈回合开始之后，在立法层面长期没有新进展，很多人认为多哈回合实际上已经失败。②这不仅由于当初制定的目标过于宏伟而庞大，超过了多边贸易谈判的承受能力，在谈判的过程中，首先是新加坡议题基本上被抛掷不顾，而后在农产品等问题上也举步维艰，而且由于发达国家成员与发展中国家成员之间就新议题的立场与主张差异过大，难于弥合。而 2008 年出现的全球性金融危机更使得这一情况雪上加霜，不仅发达国家成员由于受到打击而无暇抽身讨论 WTO 项下的诸问题，而且此前横行世界的自由化神话也濒临破产，各国纷纷挥舞起保护主义的旗帜，匆忙地寻求自保。在这种应激反应的影响下，世界各国追求多边贸易自由化的步调整体减慢，就不足为奇了。虽然 2013 年的 WTO 巴厘岛部长级会议让人们看到了进一步推进多哈回合的希望和契机，但对于国际经济发展的促动作用究竟如何，仍然有待观望。

受此种潮流的影响，作为经济大国的美国寻求区域合作，在环太平洋、跨大西洋的范围内进行努力，试图采用更为灵活，更具主动性和可操作、可控制的方式来拉动经济贸易发展。与此同时，亚洲的东盟、非洲的西非共同市场、南美洲的南锥体，以及经历过坎坷但是仍然在发挥重要作用的欧盟，③都在不同的区域塑造和维护着区域经济的发展。④

2013 年，美国同欧盟开启双边自贸区——跨大西洋贸易与投资伙伴协定（TTIP）谈判，也被称作欧盟 – 美国自贸区（跨大西洋自贸区 TAFTA）。其目标在于为未来的欧盟双边贸易协定和全球规则发展设立标准，并且每年创造数百亿欧元的产出及成千上万的新岗位。TTIP 不仅试图消除欧美间剩余的贸易壁垒，而且将重点关注使欧美贸易规则、条例更加“兼容”。欧盟同美国之间的双边贸易和投资壁垒本来就很低，双边贸易额已经很大，也是目前彼此外国直接投资的主要来源和目的地。欧盟同美国在这个时候开启此项具有历史性计划的目的，在于为欧美对抗金砖国家及其他新兴经济体更好地做准备。欧美之间的经济贸易联盟设想有着深刻的历史渊源和政治目标。早在 20 世纪 60 年代，冷战高

① 关于新区域集团化的分析，参见［英］阿兰·鲁格曼（Alan Rugman）:《全球化的终结：对全球化及其对商业影响的全新激进的分析》，常志霄、沈群红、熊义志译，生活·读书·新知三联书店 2001 年版，第 119~140 页。

② 较早“唱衰 WTO”的观点，参见［英］阿兰·鲁格曼（Alan Rugman）:《全球化的终结：对全球化及其对商业影响的全新激进的分析》，常志霄、沈群红、熊义志译，生活·读书·新知三联书店 2001 年版，第 25~30 页。

③ 关于欧盟及其法律的基本情况，参见 John Fairhurst，*Law of the European Union*（9th ed.，Pearson，2012）；Paul Criaig and Grάinne de Búrca，*The Evolution of EU Law*（2nd ed.，Oxford University Press，2011）。

④ Sherzod Shadikhodjaev，“Duty Drawback and Regional Trade Agreements：Foes or Friends?”，16 *Journal of International Economic Law* 587（2013）.

峰时期，美国就曾提出建立北大西洋自贸区（NAFTA）的建议。20 世纪 90 年代，冷战结束后，欧盟又提出了建立跨大西洋自贸区（TFTA）的建议，但当时这些提议的主要目的都是政治而非经济考虑。德国、英国等欧盟国家担心随着冷战的结束，美国会脱离欧洲事务，具有重要安全价值的北大西洋公约组织（NATO）会随之瓦解。所以这项提议并没有成功地达到预期效果，但仍然催生了旨在促进跨大西洋监管合作的“跨大西洋新议程”,这一议程 2007 年被“跨大西洋新型经济伙伴关系”所取代,其目标是减少监管障碍。一些欧洲领导人认为，TTIP 关乎西方自由世界在世界经济、政治事务中的分量，而此次的“敌人”是金砖国家(尤其是中国)。2013 年 7 月,欧美自贸协定首轮谈判在华盛顿展开，下轮谈判于 2013 年 10 月在布鲁塞尔举行。

跨太平洋伙伴关系协定（Trans-Pacific Partnership Agreement，TPP）始于 2005 年 5 月，由新西兰、新加坡、智利、文莱四国发起，当时称为跨太平洋战略经济伙伴关系协定（Trans-Pacific Strategic Economic Partnership Agreement，P4）。在 2011 年的 APEC 峰会上，美国总统奥巴马提出支持跨太平洋伙伴关系协定，正式推出了 TPP 框架协定。根据美国提出的具体原则，只有符合该原则的国家才可进入。2013 年 3 月 15 日，日本首相安倍晋三正式宣布日本加入跨太平洋伙伴关系协定谈判。参与 TPP 谈判的国家逐渐增多，现阶段包括澳大利亚、加拿大、智利、日本、马来西亚、墨西哥、新西兰、秘鲁、新加坡、文莱、越南和美国共 12 个国家。TPP 的贸易谈判内容是封闭的，进展也并不顺利，在包括知识产权、环境、竞争和劳工在内的事项上面临着不少障碍，但美国为了避免磋商长期化，与日本等国不断讨论。当前，TPP 已取得了一些进展，但前景并不明朗。韩国和中国台湾地区也表达了加入谈判的意愿，这种局势对于我国大陆而言是比较微妙的。

当前，美国所参与和设计的多边和双边贸易体制如表 10-1 所示。

表 10-1

既存机制 Existing	双边 Bilateral	澳大利亚、巴林、哥伦比亚、智利、以色列、约旦、摩洛哥、阿曼、巴拿马、秘鲁、新加坡、韩国 Australia，Bahrain，Colombia，Chile，Israel，Jordan，Morocco，Oman，Panama，Peru，Singapore，South Korea
	多边 Multilateral	中美洲自由贸易协定、北美自由贸易协定 Dominican Republic-Central America Free Trade Agreement(DR-CAFTA) North American Free Trade Agreement(NAFTA)
预期机制 Proposed	双边 Bilateral	厄瓜多尔、加纳、印度尼西亚、肯尼亚、科威特、马来西亚、毛里求斯、莫桑比克、新西兰、中国台湾地区、阿联酋、乌拉圭 Ecuador，Ghana，Indonesia，Kenya，Kuwait，Malaysia，Mauritius，Mozambique，New Zealand，Taiwan of China，United Arab Emirates，Uruguay

续表

<table>
<tr><td rowspan="2">预期机制
Proposed</td><td>多边
Multilateral</td><td>美洲自由贸易区 Free Trade Area of the Americas（FTAA）
中东自由贸易区 Middle East Free Trade Area（MEFTA）
跨大西洋贸易与投资伙伴协定 Transatlantic Trade and Investment Partnership（TTIP）
亚太自由贸易区 Free Trade Area of the Asia-Pacific Region（FTAAP）
跨太平洋战略经济伙伴关系协定 Trans-Pacific Strategic Economic Partnership（TPP）</td></tr>
<tr><td>停顿
Suspended</td><td>南部非洲关税联盟 Southern African Customs Union（on hold since 2006）
泰国 Thailand（on hold after 2006 coup）
卡塔尔 Qatar（on hold since 2006）</td></tr>
<tr><td colspan="2">过期机制
Defunct or expired</td><td>加拿大（被 NAFTA 替代）
Canada（became part of North American Free Trade Agreement）
Canada-United States Automotive Products Agreement</td></tr>
</table>

近来，欧盟继续加快在全球建立贸易伙伴的步伐。欧盟同墨西哥、秘鲁、哥伦比亚和智利已实行自由贸易多年，而欧盟自贸布局实际上已拓展到遍及全球数十个贸易伙伴。其中多数双边自由贸易协定已经或即将实施，有些则正在紧锣密鼓地谈判之中。欧盟自由贸易战略的首要目标是构建横跨大西洋的自贸区。在欧盟自由贸易战略的布局中，亚洲国家和地区被列为重点对象。欧盟与韩国之间的自由贸易协定于 2011 年 7 月 1 日正式生效并开始实施，协定旨在消除对加工产品、大众电子产品、农产品和服务业方面的贸易壁垒，要求韩国削减对欧洲汽车、服装和纺织品的进口关税，加强对欧洲品牌的知识产权保护。虽然这一协定在谈判的时候遭到了韩国民众的反对，但最终仍然成为国际法，并成为欧盟与亚洲国家缔结的第一个自贸协定。此后，欧盟与新加坡也签署了自贸协定。2011 年 9 月，欧盟委员会发表公告宣布，欧盟与洪都拉斯、尼加拉瓜和巴拿马的贸易协定当日正式生效实施，并期待中美洲其他国家不久也加入这一协定。在欧洲、南地中海和非洲等其他地区，欧盟同一些国家和地区也已缔结协定或正在进行谈判。

有人指出，区域和双边贸易协定紧锣密鼓的进展可能将使多边贸易体系的进程趋于终止。[①] 随着双边协定的发展，贸易自由化越来越被排除在多边体系之外，而规则制定恐怕也不足以长期维持多边贸易体系。当然，WTO 将会成为重要大大降低的国际体制，将

① Sherzod Shadikhodjaev, “Duty Drawback and Regional Trade Agreements: Foes or Friends?”, 16 *Journal of International Economic Law* 587 (2013).

不再做出重要决定。[①] 美国主导的TPP谈判，美国与欧盟之间的TTIP自由贸易谈判，本质上就是一个具有选择性的谈判。这种方式本身并不是对国际经济法治的促进，而是阻碍。因为它强调选择性，由此妨碍了法治的一个基本原则，即同样条件同样对待。在世界各国之间存在着地域差异、社会制度、意识形态差异的时候，国家进行贸易伙伴选择的时候，会有观念的倾向性。此时，并非每一个期待进入多边贸易体系或者区域贸易体系的国家都能在同等的条件下获取同样的机会。此时，中国主导的“丝绸之路经济带”和“21世纪海上丝绸之路”（一带一路）战略的倡导和实施可称为一种应对的战略措施。当然，国际法在很大程度上本身就是特别法，而不是普通法。国家之间受着不同的条约义务所约束，享有依据不同的条约和习惯所赋予的权利，所以这种安排的实践并不导致法律责任。然而，此种策略选择的负面效果确实是明显的（evident），它阻碍了在更广阔的范围上形成更具有普适性的规范体系，并予以实施。

（三）规则的形式体现为硬法与软法的交叠

在当前的国际经济规范中，既存在着正式的规范，也存在着非正式的规范。正式规范可以被理解为硬法，非正式的规范被称为软法，不仅在国际法领域被深入关注，[②] 而且被国内法学者所认可和接受。[③] 虽然有学者对软法持怀疑态度，[④] 但是当代世界上软法的存在和运作却是一个不可否认、不容忽视的现象。[⑤]

对于硬法而言，从当前的国际经济环境中不难看出，规范的制定与执行同等重要。笔者认为，虽然多哈回合谈判面临分歧，由于政治讨论的艰难和相互竞争的利益之间的

---

① Caroline Henckels, “Overcoming Jurisdictional Isolationism at the WTO-FTA Nexus: A potential Approach for the WTO”, 19 *European Journal of International Law* 571 (2008) .

② 何志鹏、孙璐:《国际软法何以可能：一个以环境为视角的展开》,《当代法学》, 2012年第1期; 骆旭旭:《构建国际经济新秩序的法律工具选择——以国际软法与硬法的互动为切入点》,《国际经济法学刊》, 第20卷第2期 (2013); Antto Vihma, “Analyzing Soft Law and Hard Law in Climate Change”, E. J. Hollo et al. (eds.), *Climate Change and the Law* (*Ius Gentium: Comparative Perspectives on Law and Justice* 21, Springer 2013) P.143; Ulrika Mörth, *Soft Law In Governance And Regulation: An Interdisciplinary Analysis* (Edward Elgar Publishing, 2004) .

③ 罗豪才、毕洪海:《通过软法的治理》,《法学家》2006年第1期。

④ Jan Klabbers, “The Redundancy of Soft Law”, 65 *Nordic J. Int'l L.* 167 (1996) ; Jan Klabbers, “The Undesirability of Soft Law”, 67 *Nordic J. Int'l L.* 381 (1998); 但他2005年论文 (Jan Klabbers, "Reflections on Soft International Law in a Privatized World", 16 *Finnish Y.B. Int'l L.* 313 (2005)) 改变了此前的态度，他认为，对于国际法学者、特别是国际环境法学者而言，软法已经成为主要的遵循规范。

⑤ Isabel Feichtner, “The Waiver Power of the WTO: Opening the WTO for Political Debate on the Reconciliation of Competing Interests.” 20 *European Journal of International Law* 615 (2009) .

调和困难，[1]谈判结果千呼万唤也难以出来，多国开始加快区域自贸谈判进程，但由此判断由 WTO 所代表的多边国际经济法治体系已经走到了穷途末路、多边经济机制已经被架空仍然是不正确的。[2]2013 年的巴厘岛部长级决议就证明多边体制仍然在前进。同时，如果我们将法律看成是一个体系、一个动态过程，那么规范的确立仅仅是一个开始的阶段，规范的遵循、规范的实施、规范的监督才是一个法律生命的主体过程。WTO 具有信息产生与集散、促进技术援助和规范学习的功能，[3]更重要的是，WTO 在长期的积累过程中形成的法律实施与监督体系具有很强的示范意义，[4]WTO 的争端解决机构在证明责任[5]、法律适用[6]和条约解释[7]方面已经进行了很多值得关注的探索，使得即使是世界上最强大的国家，也无法回避这一体制的价值。[8] WTO 的治理模式、其中的成员间政治力量的权衡与利益的较量也是一个很具有内涵的领域。[9]当今世界，金融领域的规范订立还存在着很大的差距和问题，投资领域的规范在基本原则确立的前提下进行微调，例如在国际投资立法层面，还存在着国家安全、争端解决机制的问题。[10]而贸易领域的规范则总体上较为成熟，救济机制的实现提升了法律制度的效力。[11]在贸易体制上，当然不乏理论

---

① Gregory C. Shaffer and Mark A. Pollack, "Hard vs. Soft Law: Alternatives, Complements, and Antagonists in International Governance", 94 *Minnesota Law Review* 706 (2010).

② 认为 WTO 被架空的讨论，参见张其佐：《美国加速推动建立 TPP 和 TTIP》，《光明日报》，2013 年 6 月 12 日。

③ Andrew Lang and Joanne Scott, "The Hidden World of WTO Governance", 20 *European Journal of International Law* 575 (2009).

④ Julien Chaisse and Mitsuo Matsushita, "Maintaining the WTO's Supremacy in the International Trade Order: A Proposal to Refine and Revise the Role of the Trade Policy Review Mechanism", 16 *Journal of International Economic Law* 9 (2013).

⑤ Sungjoon Cho, "Of the World Trade Court's Burden", 20 *European Journal of International Law* 675 (2009).

⑥ Petros C.Mavroidis, "No Outsourcing of Law? WTO Law as Practiced by WTO Courts", 102 *American Journal of International Law* 421 (2008).

⑦ Isabelle Van Damme, "Treaty Interpretation by the WTO Appellate Body", 21 *European Journal of International Law* 605 (2010); Riccardo Pavoni, "Mutual Supportiveness as a Principle of Interpretation and Law-Making: A Watershed for the 'WTO-and Competing Regimes' Debate?", 21 *European Journal of International Law* 649 (2010).

⑧ Mark Liang, "A Three-Pronged Approach: How the United States Can Use WTO Disclosure Requirements to Curb Intellectual Property Infringement in China", 11 *Chicago Journal of International Law* 285 (2010).

⑨ Andrew Lang and Joanne Scott, "The Hidden World of WTO Governance: A Rejoinder to Richard H. Steinberg", 20 *European Journal of International Law* 1073 (2010); Richard H. Steinberg, "The Hidden World of WTO Governance: A Reply to Andrew Lang and Joanne Scott", 20 *European Journal of International Law* 1063 (2010).

⑩ William J. Moon, "Essential Security Interests in International Investment Agreements", 15 *Journal of International Economic Law* 481 (2012); David Collins, "Alternative Dispute Resolution for Stakeholders in International Investment Law", 15 *Journal of International Economic Law* 673 (2012).

⑪ Geraldo Vidigal, "Re-Assessing WTO Remedies: The Prospective and the Retrospective", 16 *Journal of International Economic Law* 505 (2013).

层面的争论，[1]或者规范进一步完善的建议，[2]但更多的是实践领域的大量问题，特别是案例所揭示出来的问题。[3]

在未完成的领域，显然应当进一步地形成和沉淀规范，而在已经完成的领域，落实与执行规范就是实现法治的主流方面。法律在订立的阶段，是一个政治过程，不同立场的人可以从政治利益、道德诉求的不同角度、方向进行商谈、博弈，但是，一旦法律规范已经明确，余下的部分，大多是技术层面的，也就是形式逻辑（特别是概念的准确使用和三段论的推理）的应用。反之，如果每个法律程序的参与者都像立法者一样，对既有的法律规范进行道德上的权衡、利益上的评判、正当性上的质疑，则法律的地位难于保证，法律的作用难免落空，法治的目标势难实现。换言之，法治的基础在于对法律自身的认可、遵从，以法律规范的要求认识、处理问题，以法律为司法辩护的前提。尊重既有规范，在规范的框架下考虑问题，是我们有必要习惯的思维方式，不必认定和要求法律是价值中立的。法律在解决问题时只能是在由规范性法律制度所构成的整体情境中进行，而不能依靠那些描述性和解释性的理论。在这种情况下，基于原则和类比所进行

① Recent studies include Pascal Lamy, "Global Governance: From Theory to Practice", 15 *Journal of International Economic Law* 721 (2012); Inge Kaul, "Global Public Goods: Explaining their Underprovision", 15 *Journal of International Economic Law* 729 (2012); Martins Paparinskis, "Investment Treaty Arbitration and the (New) Law of State Responsibility", 24 *European Journal of International Law* 617 (2013); Marco Bronckers and Freya Baetens, "Reconsidering financial remedies in WTO dispute settlement", 16 *Journal of International Economic Law* 281 (2013); Ernst-Ulrich Petersmann, "The Judicial Task of Administering Justice in Trade and Investment Law and Adjudication", 4 Journal of International Dispute Setclement 5 (2013); Itzchak E. Kornfeld, "Comment on Ernst-Ulrich Petersmann's 'The Judicial Task of Administering Justice in Trade and Investment Law and Adjudication'", 4 Journal of International Dispute Setclement 219 (2013).

② Boris Rigod, "The Purpose of the WTO Agreement on the Application of Sanitary and Phytosanitary Measures (SPS)", 24 *European Journal of International Law* (2013); Jaemin Lee, "Remand to Fast-Track Prompt Implementation: A Critical Assessment of the 'Double Adoption' Remand Proposal in Chair's Text and an Argument for a 'Single Adoption' Alternative", 16 *Journal of International Economic Law* 635 (2013).

③ 相关分析，参见 Marco Bronckers and Freya Baetens, "Reconsidering financial remedies in WTO dispute settlement", 16 *Journal of International Economic Law* 281 (2013); Baris Karapinar, "Defining the Legal Boundaries of Export Restrictions: A Case Law Analysis", 15 *Journal of International Economic Law* 443 (2012); David Pavot, "The Use of Dictionary by the WTO Appellate Body: Beyond the Search of Ordinary Meaning", 4 Journal of International Dispute Setclement 29 (2013); Chris Downes, "The Impact of WTO Transparency Rules: Is the 10, 000th SPS Notification a Cause for Celebration?—A Case Study of EU Practice", 15 *Journal of International Economic Law* 503 (2012); Valentina Vadi and Lukasz Gruszczynski, "Standards of Review in International Investment Law and Arbitration: Multilevel Governance and the Commonwealth", 16 *Journal of International Economic Law* 613 (2013); Federico Lupo Pasini, "Movement of Capital and Trade in Services: Distinguishing Myth from Reality Regarding the GATS and the Liberalization of the Capital Account", 15 *Journal of International Economic Law* 581 (2012); Jong Bum Kim, "Dual WTO Notifications of RTAS with Non-Reciprocal Trade Liberalization", 15 *Journal of International Economic Law* 647 (2012); Paolo D. Farah and Elena Cima, "Energy Trade and the WTO: Implications for Renewable Energy and the OPEC Cartel", 16 *Journal of International Economic Law* 707 (2013).

的辩论在疑难案件判决过程中起着至关重要的作用。[①] 由是论之，法律在操作的层面上是以逻辑为基础的科学。它不可能面面俱到，不可能保证在其范围内的每一个案件都能得到公平的处理，但是遵循现行的规范，就能够保证行为的预期，能够保证一个共同体的基本秩序。就一个成熟的法治体系而言，重点显然不在于不断地立法、变法，而在于用行动来表达对法律的认可。因此，贸易领域的法律遵行、实施与监督是国际经济法治的重要环节。

从这个意义上讲，我们还不能贸然论断双边和区域的国际经济体制将替代多边经济体制，因为多边机制仍然在持续、发展，并通过一系列的实践影响着国际经济贸易的选择。由此，多边体制与双边、区域体制之间在理论上存在着互相补充的可能性。当然，在实践的发展中，多边体制被削弱的情况仍然不是杞人忧天的论断。

三、未来国际经济法治的目标展望

作为国际法律体制的一部分，国际经济规范及其运作应当体现法治的要求，应当朝着法治的方向发展。目前，无法否认的是，国际经济体制的法治水平仍然处于初级阶段，存在着规范庞杂，透明度与协调性差，对发展中国家发展促进不足等阻碍法治发展的各种问题，而对该体制的合法性质疑实质上就是对其不符合法治的现状表示不满的一种反映。如何进一步推进国际经济体制的法治化进程，实现人的自由与发展，是时代提出的重要问题。

国际经济秩序法治化的关键在于两个因素：伦理观念的培育和法律制度的构建。前者取决于国家利益观念的训导，后者则在于世界各国，特别是发展中国家以民主的方式进行充分的协商、合作，必要的时候，展现出出色的国际谈判技巧。只有这样才能在国际经济法治的多边共识之下形成法治体系与法治秩序。因而，应在国际经济领域不断倡导国际法治的理念，用法治的标准去衡量与修正体制中存在的各种问题，关注发展中国家的发展需求，保持公私利益的平衡，协调发达国家与发展中国家在关键问题上的分歧，逐步达成国际经济领域的多边共识，从而实现国际经济体制良性的运作与有序发展，并以增进全人类的公共福利为最终指向。

---

① 黄东黎："法律作为一个由理性的目的所主宰的体系——中国WTO争端解决实践探析"，http://www.iolaw.org.cn/showNews.asp? id=35722。

（一）坚持发展理念

国际经济体制的完善必须以发展为第一要务。这里的发展分为三个层次：

第一，以实现人的全面自由发展为目标，去设计、改良和完善国际经济体制。如前所述，国际经济法治的标准是人本主义，所以人的发展必然是国际经济法治的关注基点和核心目标。无论是贸易制度，还是投资制度、金融制度，那些能够提升人的发展能力、发展水平的安排都是值得倡导的。

第二，以发展中国家的发展为重点去审视和完善国际经济体制。国际经济体制如果进行国家分类的话，发达国家与发展中国家的差异是最为明显、也非常重要的。这就要求国际经济秩序的构建应深刻关注发展中国家的发展问题，国际社会需要在制度上考虑如何提升发展中国家的代表能力，增进发展中国家的发展机会。在缺乏国际再分配机制的前提下，考虑如何形成国际协议，以减少发达国家与发展中国家之间的财富鸿沟，是国际经济法治的关键指标。国际经济秩序要实现的人文主义、可持续发展、人类文明间的和谐共进等法治目标，必然是一种全球范围的，具有普遍意义的法治追求，而非仅仅为了某部分群体或利益集团而实现的法治化。因而，对于国际经济领域发展中国家的发展问题应当给予足够的重视。具体而言，需要对发展中国家在国际经济体制中的资源及能力加以强化。发展中国家与发达国家相比在资源占有上处于弱势，知识水平、谈判能力等方面均与发达国家存在相当的差距，在这方面，发展中国家自身需要努力，但对于发展中国家适当的援助也是必要的。一些国际组织负有帮助各国，特别是增强发展中国家国内能力的使命，这些国际组织包括但不限于欧洲复兴开发银行（EBRD）、国际货币基金组织、联合国贸易与发展会议（UNCTAD）以及世界银行等，这些国际组织可以在资金、技术、信息、人员培训等方面给予发展中国家一定的援助。同时，要构建可供发展中国家进行投资政策对话的平台。从区域制度来看，欧盟的发展制度取得了很大的成就，值得肯定。[①]

第三，维护环境资源的可持续发展。可持续发展涵盖着域内公平、域际公平、代内公平、代际公平等多种要素，但归根结底是一个资源利用和环境维持的问题。可持续发展的目标就在于达成经济增长与环境资源维持之间的平衡。当代的国际经济体制建设必须深刻考虑资源与环境的问题，避免经济增长的外部化和对于资源的过度剥夺。

① Lorand Bartels, "The Trade and Development Policy of the European Union", 18 *European Journal of International Law* 715 (2007).

（二）倡导多边主义

达到国际经济秩序的法治化，还要求国际社会逐渐形成国际经济领域的多边共识。多边主义是指在国际问题上与其他国家协调合作，共同谋划应对风险与问题，提出解决方案。与多边主义相对应的是单边主义，即遇到问题之后，完全按照自己的预计和规划去采取行动，而不与其他行为体充分沟通。作为一种思维方式，多边主义要求尽量多地普及国际民主，增加国际参与，拓展决策的代表性，而非由一个国家或者几个国家替代世界、决定事务。

在国际事务上，多边主义的效果比单边主义更为明显。国际经济关系，如同任何领域的国际关系一样，以追求国家利益的最大化为终极目标。然而，与军事、政治领域的国际关系不同的是，经济领域经常并不体现为零和博弈或负和博弈，而可能呈现正和博弈。也就是说，国家之间的沟通与合作会创造出更多的价值，从而促进整个国际经济关系的良性转化，并进而提升所有参与国家的福利。无论是贸易问题，还是投资问题、金融问题，仅仅凭借一个国家或者几个国家的意志和力量，是无法得到良好效果的，而且可能导致结果的不公平。只有使世界各国都有机会表达出其对于国际秩序的观念和立场，才会推进国际关系的良性发展。如果说，当今的国际经济秩序、国际经济法律体系尚不够成熟和完善的话，那么对其进行推进的方式显然是国家之间的协商、协调、协作，以协商民主的方式确立日程、规划和原则，并在此基础上取得共识，建构起逐渐完善的国际经济法律体制。

（三）采取渐进策略

当然，为了实现国际经济秩序法治化目标而建立的多边共识本身必须采取渐进的方式。人类的历史反复表明，带着美好的理想去为了一个宏大的目标采取激进的方式经常失败，甚至浪费大量的自然资源和人类成本；而在确立了良好的社会治理目标之后，如果能够因循社会发展的基本思路逐渐变革存在的问题，提升治理的质量，则很可能是更好的选择。如果我们对比英国的国内政治发展和法国的国内政治发展，就不难得出结论。因此，国际经济法治的道路不在于革命式的突进，而在于改良式的渐进。

从全球发展的维度逐渐建立起一套公平合理的贸易、投资与金融秩序是对全球化经济进行法律调控的远景目标之一，[①] 倾向于发展中国家利益的、较为正式的、法律化的经

① 何志鹏:《全球化经济的法律调控》，清华大学出版社 2006 年版，第 363~378 页。

济安排是国际经济领域各个行为体需要为之努力的价值指向。当然，当前各个领域的国际体系都既不是一个完全的法治体系，也不是一个纯粹的国家之间靠自身力量博弈的体系。各种国际经济组织都体现着当今国际关系的基本特征，即国家间的力量对比左右着这一关系和秩序的基调。但是在这些组织是国家之间的机制（而不是超国家机制）的前提下，其自身只能是一个以主权国家的意愿为导向的、较为松散的机制，而不能形成高度法治化的宪法性体制。[①] 现实主义勾勒出了我们所处的世界的实然轮廓，建构主义则更应被理解为指出了我们期待世界的应然逻辑。国际贸易秩序是现实权力配置的反应，生产者驱动具有客观和理性，却不符合伦理标准。超越国家与市场的权力结构并不容易，但是从国际秩序的长久发展来看，却是不可或缺的重要方面，这就需要国际社会从多方面做出有意识的努力。当今，生产方面的结构性权力已经成为超越国界的社会政治变化的基础，但是在这种主流之下，仍然可能出现强国利益观念的转变、弱国在实力上的增强，从而使国际权力结构发生缓慢的进化。与此同时，在国际经济体系中，发展中国家可以采取订立明确的程序、实体规范，以及在规范运行的过程中争取自身的权益而小范围地促动国际贸易体制的良性变革。[②] 当然，在建构这种取向时，必须考虑特定的环境，针对现实进行理性思考，以期能有效地施行。这也就意味着，在谈判中因为实力强大而占据优势地位的发达国家对于发展中国家做出实质性的、关键性的利益让步是不可能的。WTO 谈判的程序安排、贸易政策规范的内容、争端解决过程与结果显示出，国家用政府的力量维护与拓展本国市场，市场促动国家的决策选择与在国际社会中的博弈。在贸易制度和机制实施的结构中，强权政治仍然不时体现，有时甚至占据主导地位。但是，WTO 这种生产者本位的，整体显现出生产者结构性权力的影响的体系导致了协商一致的谈判方式与发展中国家利益需求之间的矛盾，贸易规范与其日益扩大的范围的不相协调，以及与争端解决机构的规则导向性不相适应。[③] 这种力量对比的差异仍然会使整个谈判结果的天平指针倾向于发达国家，而促进发展中国家发展，促进公平贸易规范仍然仅仅是支流而非主导。不过总体而言，这一情况仍然应当被视为是发展中国家的成就，而不是失败。因为国际机制的存在毕竟优于纯粹无政府状态下完全依靠实力的竞争，发展中国

① 关于国际经济法的宪法化构想，参见［德］E.-U. 彼德斯曼:《国际经济法的宪法功能与宪法问题》，何志鹏、孙璐、王彦志译，高等教育出版社 2004 年版，第 377 页以后，特别是第 556~564 页。

② Bernard M. Hoekman，Aaditya Mattoo，and Philip English，*Development*，*Trade*，*and the WTO*: *A Handbook*（World Bank Publication，2002），pp. 3~11.

③ C.Van Grasstek and P. Sauve，"The Consistency of WTO Rules: Can the Single Undertaking Be Squared with Variable Geometry，" 9 *Journal of International Economic Law* 837（2006）.

家毕竟可以用道义的力量和团结的实力获得一些对其自身有利的规范设置。国际贸易秩序的整体改观实际上也就得益于这些逐渐的、累积的进步。这既是公平公正合理的国际经济秩序的希望所在，也是国际社会法治化的希望所在。

小结

从有利于国际经济法治的角度分析可以认为，多边的甚至普遍的经济自由化体系是最好的选择，贸易保护是最坏的选择，而次优的选择是单边自由化，它优于双边自由化和区域自由化。双边自由化和区域自由化在多边体制框架内蚕食了多边体系，形成了更为平等的环境，进而架空了多边体系的规范，妨碍了多边体系的有效运行。

虽然完善国际经济体制的很多层面已经被实践家所重视，但是国际经济法治之路仍然有很多缺口。不仅各国之间在区域和双边层次上的自由化努力可能造成多边体系的溃败，而且不同主题、不同目标的体制之间没有充分的沟通和整合，也是全球化相互依赖背景下的一个显著问题。很多学者已经分析到，在国际法律体制中需要联结的因素，不仅在贸易、投资、金融之间，而且在经济问题与非经济问题之间，例如货币金融问题与人权、知识产权与投资、气候变化与贸易、金融体制与反腐败，等等。[①] 然而，在不断出现的竞争、挑战和经济滑坡的危机之下，多数国家还是很难超越应急行为、短期行为，而无法建立起长期、整体、有效协调的法治框架。基于对国际社会未来的良好愿望和期待，我们应当为实现一个法治社会而努力。

① Vera Thorstensen，Daniel Ramos，and Carolina Muller，"The 'Missing Link' Between the WTO and the IMF"，16 *Journal of International Economic Law* 353（2013）；Norbert Seiler and Jelena Madir，"Fight Against Corruption：Sanctions Regimes of Multilateral Development Banks"，15 *Journal of International Economic Law* 5（2012）；Pasha L. Hsieh，"Reassessing APEC's role as a Trans-Regional Economic Architecture：Legal and Policy Dimensions"，16 *Journal of International Economic Law* 119（2013）；Joshua Meltzer，"Climate Change and Trade—The EU Aviation Directive and the WTO"，15 *Journal of International Economic Law* 111（2012）；Bryan Mercurio，"Awakening the Sleeping Giant：Intellectual Property Rights in International Investment Agreements"，15 *Journal of International Economic Law* 871（2012）；Suzanne Zhou，"Reassessing the Prospects of a Human Rights Safeguard Policy at the World Bank"，15 *Journal of International Economic Law* 823（2012）；Arwel Davies，"Scoping the Boundary Between the Trade Law and Investment Law Regimes：When Does A Measure Relate to Investment?"，15 *Journal of International Economic Law* 793（2012）.

第十一章　国际经济法治的中国立场

站在中国实践视角下，以中国立场评判国际经济法治格局所取得的成就，解析国际经济法治所存在的局限与不足，是研讨国际经济格局的出发点和立足点。针对国际经济格局及其发展提出中国的对策建议，也是研讨此项问题的关键所在。针对当前国际经济法治，既存在着机会也有大量的困难和挑战的局势，中国首先面临的是如何解决话语缺失、建构自身话语模式的问题。在道路自信、制度自信建立起来之后，应当注重对于既存规范的遵行和运用，进而在新兴大国和发展中国家的交叉点上为中国的国际经济体制中的角色与价值取向寻求适当的定位。在合作的地理范围上看，应当一方面积极推动多边体系的完善，另一方面努力在多边框架外寻求生长机会。

一、中国与国际经济法治的互构

国际经济法治，就是在以经济利益为交往直接目的的国际活动中贯穿法律规范的作用，一方面确立妥善的规则，另一方面推进规范使用的范围、深度与效力。[①] 在全球化的时代，国际经济流转的规模越来越大，国际经济交往所引致的社会影响也逐渐拓展，这种影响既有积极的促进就业、提升民生的一面，也有形成经济衰退、造成社会动荡的另一面。如何趋利避害，如何摒弃国际经济交往的负面作用，发扬国际经济交往的积极作用，

① 高国柱：《全球化背景下政府管制的冲突与协调——以涉外经济管理规范为视角》，《清华法学》，2009 年第 1 期。

就是一个引发人们深入思考的问题。而确立规则、遵守规则、执行规则，让人们对于事态的发展有更多的可预期性，显然是解决问题的一个可行的方法。这就使得国际经济法治的总体趋势问题成为21世纪国际关系中的一个重要方面。从前面的论述可以看出，当今的国际经济秩序，无论从规范的制定还是执行的领域，都取得了很大的进步，这是国际社会法治化的希望所在。①

而在国际经济法治的框架结构中，作为新兴大国逐渐增加实力、不断扩展影响的中国，究竟以何种态度对待这样的趋势，又在其中采取何种立场，是一个值得理论研究者思考和探究、实践指导与操作者准确认识和定位的问题。②本文拟从时代发展的基本方向及中国的立场两个方面分析这个问题。

二、中国在国际经济法治中的立场缺失与话语建构

中国在国际经济体中存在着诸多的选择与风险。作为一个新兴大国，中国在国际经济法律规范的订立与改革过程中，究竟是站到发达国家一边，还是站到发展中国家一边，就是一个必须弄清楚的问题。与此同时，在国家的局部利益和国际社会整体利益相冲突的时候，究竟是谋求自身利益的维护，还是寻求维护世界各国的共同利益，也是一个不得不面对的两难困境。这都指向了国际经济法治进程中的立场确立和话语表达的问题。

（一）中国立场的缺失：一个历史性回顾

从国际法的整体版图上，中国对于规范确立、规范改革的参与程度、参与热情、参与技术方面都不算高。当然，这种参与不足是有着历史原因的，③但却无论如何不能不说是令人遗憾的。中国从改革开放之后准备复关，到20世纪90年代以后努力“入世”，始终持一种积极的心态，将GATT/WTO规范看成一个善治的范本。④在相当长的时间之内，

---

① 参见蔡从燕：《国际经济新秩序与中国的选择：变与不变》，《国际经济法学刊》，第16卷第2期（2009）；何志鹏：《中国特色社会主义国际法理论》，《法制与社会发展》，2013年第3期。

② 对于这个问题的专门分析，参见赵骏：《变革中的国际经济法：中国的态度、角色和路径》，浙江大学出版社2013年版。

③ 参见何志鹏：《论中国国际法心态的构成因素》，《法学评论》，2014年第1期（人大报刊复印资料《国际法学》2014年第5期）；何志鹏：《中国国际法观念的形成》，《上大法学评论》，2013年第1期。

④ Wang Jiangyu，“The Rule of Law in China：A Realistic View of the Jurisprudence，the Impact of the WTO，and the Prospects for Future Development”，*Singapore Journal of Legal Studies*，2004，pp. 347~389.

中国学界和政府部门考虑更多的是 WTO 的规则对中国法律造成的冲击[①]和中国立法、司法、执法的完善。[②]有的学者甚至考虑到 WTO 在中国司法体制中的适用,[③]虽然这一考虑显然不符合中国的司法体制，或者通过 WTO 规范提升中国的法治水平。有的学者在分析了法治的原则之后，明确地谈到："我们不会用上述法治原则来衡量 WTO 这样一个不具备法律体制所必需的工具性构成的国际组织。但是，这个组织要求其成员实行基本具有上述原则特征的法律制度却是一个不争的事实。"[④]这种观点的合理性有待探讨,但却代表了很多中国学者的立场，更强调单方面地迎合 WTO 规则，抱着一种改变自身、适应对方的心态,而缺乏自主性、自信心和自身立场。此种态度虽然符合改革开放的总体方针，但是也存在很多缺陷。[⑤]

从积极的方面看，WTO 为中国的法治做出了很大的贡献。[⑥]中国在二十多年准备复关和入世的过程中，以及在入世之后的期间修改了很多法律，同时努力提高法律的透明度和执行力。有学者总结，这是加速市场经济迈向国际化的一种选择，使中国实现行政法治化的任务更加紧迫。为使中国的未来更具有可持续发展的能力，应把法治行政化作为一项战略性选择，实现政府在行政方式上的根本性变革。WTO 促动了中国行政理念的更新，程序正义、人权保障、平等对待、环境保护进入到中国的行政立法、执法的理念之中。同时，规则导向型取代权力导向型，"服务－合作"的多元模式取代"命令－服从"

① 参见莫世健:《市场准入原则和中国入世的法律对策》,《国际经济法学刊》，第 4 卷（2001），第 247~257 页；刘笋:《投资措施及其国际管制——结合 WTO 和中国"入世"进行研究》,《国际经济法学刊》，第 4 卷（2001），第 418~421 页。

② 例如:房东:《GATS 的多边投资协定属性及我国服务业外资立法的完善》,《国际经济法论丛》,第 5 卷（2002）,第 143~179 页。

③ 参见江伟、王景琦:《WTO 协议与中国民事司法制度的完善》,《中国法学》，2001 年第 1 期；孙南申:《论 WTO 协议规则在中国法院的适用——兼论入市对中国涉外经济立法的影响》,《国际经济法学刊》,第 4 卷(2001）,第 207~216 页；万鄂湘:《"入世"后我国的司法改革与涉外民商事审判》,《国际经济法学刊》，第 6 卷（2002），第 14 页；对于这一观点的否定意见，参见车丕照:《"入世"后我国政府履行世界贸易组织条约义务的若干问题》,《国际经济法学刊》,第 6 卷（2002）,第 56~60 页。有国外学者通过对于中国法制运行状况的分析，认为：中国没有宪法法院，不能进行司法审查，所以有关国内立法是否符合 WTO 规范的问题很难在中国国内法院起诉。参见 Donald C. Clarke，"China's Legal System and the WTO：Prospects for Compliance"，2 *Global Studies Law Review* 97（2003）；并参见 M. Ulric Killion，"Post-WTO China and Independent Judicial Review" 26 *Houston Journal of International Law* 507（2004）。

④ 黄东黎:《WTO 规则运用中的法治——中国纺织品特别保障措施研究》，人民出版社 2005 年版，前言第 9 页。

⑤ 何志鹏:《WTO 的法治化与中国立场》,《国际经济法学刊》，第 17 卷第 4 期（2011）。

⑥ Martin G. Hu，"WTO's Impact on the Rule of Law in China"，*Mansfield Dialogues in Asia*，http：//www.mansfieldfdn.org/programs/program_pdfs/08hu.pdf.

的单一模式，透明度原则促动着中国的行政公开。①加入WTO使中国进入了一个无法逆转的经济与法律改革的道路，为中国的经济、法律、政治变革提供了前所未有的重要条件。②

但是，实际上，中国入世的一些努力也给中国带来了一些本来可以避免的、不必要的损失。③中国在加入世界贸易组织的时候，承受了比绝大多数成员更大的阻力和压力。有很多条款是对中国的歧视待遇，④这就违背了国际贸易的公平原则。⑤在很多时候，我们考虑更多的是如何适应WTO的规范，如何向国际标准看齐，而疏于考虑自己的立场和价值取向。⑥

（二）中国在国际经济法治中的话语建构

中国作为发展中的生产与市场大国，经济上已经发展起来，政治上影响加大，所以法律上也需要有自己的话语。这是因为，一个公正的国际法体制必须是多种立场中和的

---

① 曹建明：《WTO与中国的法治建设》，《比较法研究》2002年第2期；曹建明：《WTO与中国法治建设》，《中国对外贸易》，2001年第8期、第10期；王景斌、陈伟杰：《政府行政方式的战略性选择——加盟WTO与我国行政法治化的紧迫性分析》，《吉林大学社会科学学报》，2001年第3期；印卫东：《加入WTO对中国法治建设的影响》，《前沿》，2003年第3期；刘剑文主编：《WTO体制下的中国税收法治》，北京大学出版社2006年版；陈安：《中国加入WTO十年的法理断想：简论WTO的法治、立法、执法、守法与变法》，《现代法学》，2010年第6期；孙立文：《老问题的新对策——中国在WTO体制中的非市场经济地位问题分析》，《武大国际法评论》，2007年第1期；余敏友、廖丽、刘筱萌：《WTO多哈回合与中国贸易政策和法律的新挑战》，《武大国际法评论》，2009年第1期；车丕照：《认真对待条约——写在中国"入世"10周年之际》，《国际经济法学刊》第18卷第2期（2011）；赵骏、韩小安：《WTO法治和中国法治的砥砺与互动》，《浙江大学学报（人文社会科学版）》，2011年第5期；Jeffrey L. Dunoff：《中国在演进的全球秩序中的角色："入世"10周年反思》，《国际经济法学刊》，第18卷第3期（2011）；陈雨松：《中国参与多哈发展议程谈判10年综述》，《国际经济法学刊》，第18卷第3期（2011）；陈东：《评〈手把手地教导中国：GATT究竟为何物〉——兼论"基督教治下"的WTO法律文化对中国法治的影响》，《国际经济法学刊》，第18卷第3期（2011）；刘敬东：《"入世"10年对中国法治建设的影响述评》，《国际经济法学刊》，第18卷第3期（2011）；中川淳司：《中国产业政策与WTO法》，朱晓丹译，池漫郊校，《国际经济法学刊》，第18卷第4期（2011）。

② Karen Halverson, "China's WTO Accession: Economic, Legal, and Political Implications", 27 *Boston College International & Comparative Law Review* 319 (2004).

③ 中国"入世"承诺有很多超出WTO正常义务的内容，相当长的时间内，国家和参与相关贸易活动的企业都承担了一些额外的损失。Julia Ya Qin, "'WTO-Plus' Obligations and Their Implications for the World Trade Organization Legal System: An Appraisal of the China Accession Protocol", 37 *Journal of World Trade* 483 (2003). 中译文，见秦娅：《"超WTO"义务及其对WTO法律制度的影响——中国"入世"议定书评析》，李辉译，《国际法研究（第1卷）》，中国人民公安大学出版社2006年版。有关评论，见赵维田：《中国入世议定书条款解读》，湖南科学技术出版社2006年版，第6~7页。

④ 参见高永富：《中国"入世"法律文件中若干对华不利条款评析》，《国际经济法学刊》，第11卷（2004）；李娟：《论中国特保机制启动条件之"市场扰乱"——以TPS特保机制为中心》，《国际经济法学刊》，第15卷第4期（2008）。

⑤ 参见尚明：《论国际贸易规则制定与实施中的公平原则——以"非市场经济规则"之不公为例》，《国际经济法学刊》，第13卷第4期（2006），第67~75页。

⑥ 例如，在知识产权方面，我们的一些学者就更强调中国规范根据国际规范而修改，却未能充分认识知识产权保护对于发展中国家的不利因素，以及知识产权规范可能的变革。参见郑成思：《国际知识产权保护和我国面临的挑战》，《法制与社会发展》2006年第6期；郑成思：《满足最低要求——中国"入世"与知识产权保护》，《国际贸易》，2002年第1期；郑成思：《WTO与知识产权法研究》，《中国法学》2000年第3期。

结果。如果中国没有采用法律的话语表达自身的观点，就会被认为中国过于强势甚至好战。[①] 如果缺乏了某些国家的立场，国际法律机制就可能产生倾斜，仅仅对某些国家有利。这就是国际法的普遍性与民族性之间的辩证关系。国家在加入国际体制的时候，首要目标是该组织符合其自身的利益追求。从这个意义上看，中国在 WTO 体制之中也必须首先考虑利益的实现。成员遵守或者违背 WTO 规范，其背后的动因是利益。[②] 有些大国以本国利益为核心选择性地适用 WTO 规范，[③] 虽然留下了很多问题，但也有很多值得我们汲取的经验和教训。[④] 所以，有的官员提出："遵守 WTO 规则并不是目的，也不能被规则所羁绊，束缚手脚。要善于掌握、运用 WTO 的各项规则，达到为我所用的目的。"[⑤] 在确立中国的立场和利益取向方面，应当注意以下两个基本方面：

1. 中国应当紧密关注当代国际经济法治的主旋律

国际经济法治的要义就在于对跨国经济交往进行政府调控。换言之，即在放任自由和限制约束之间寻求一个适当的结合点。在当今这种"受阻的全球化"的情形下，以何种态度对待全球化，以何种方式应对全球化，以何种程度对外开放，是一个需要审慎思考并作出选择的问题。这在理论上就是如何对待国际经济中的自由主义思想问题，而在实践中就是在保护主义手段和促进自由交易的手段之间进行选择和权衡的问题。

2. 中国应当将国际经济法治立场清晰明确、持续一致地表达出来

经过审慎考量作出的选择，必须使世界清晰地了解。中国作为一个正在兴起的大国，根据国际关系学说中的"霸权稳定论"，会对既有的主导大国带来威胁，而既有大国不甘于失去自己的权力，一定会对这种崛起中的力量进行遏制。所以，如果不能明确地形成自己的立场并获得中小国家的支持，中国就存在着被孤立的可能。而与此同时，中国作为当今世界上为数不多的走社会主义道路的国家，不排除西方国家将中国作为首要竞争、排斥、敌视对象的可能，不排除西方将中国妖魔化的可能。此时，如果中国不能明晰地表达自身的立场，不能将表述出来的立场与实际的行为有效地结合起来，让中小国家感

① Ross Buckley, "The Rise of China and Its Impact on International Economic Governance", http://www.isn.ethz.ch/Digital-Library/Articles/Detail/?lng=en&id=177478 (14 March 2014), retrieved on 5 July 2014.

② 参见韩立余:《论世界贸易组织规则及义务的性质——国家利益是履行世界贸易组织义务的根本指导原则》,《国际经济法学刊》, 第 12 卷第 4 期 (2005); David C. Cook, Rob W. Fraser, "Trade and invasive species risk mitigation: Reconciling WTO compliance with maximising the gains from trade", *Food Policy* 33 (2008) 176~184。

③ 陈安:《十年来美国单边主义与 WTO 多边主义交锋的三大回合——"201 条款"争端之法理探源和展望》,《国际经济法学刊》, 第 10 卷 (2004), 第 14~35 页。

④ 佟志广:《利用 WTO 平台务必以我为主趋利避害》,《国际经济法学刊》, 第 15 卷第 1 期 (2008), 第 6 页。

⑤ 张玉卿:《善用 WTO 规则》,《国际经济法学刊》, 第 10 卷 (2004), 第 9 页。

受到中国持续一致的立场，就可能被不信任，就可能失去很多合作的机会，进而也就是失去了发展的部分条件。[①]

只有深切理解、紧密关注当代国际经济法治的主导思想和基本方向，并予以明确、有效的表达，才有可能逐渐建构起国际经济法治的中国话语。

三、中国在国际经济法治进程中的立场

中国在世界上的和平发展，离不开国际经济合作。世界的和平、稳定，经济发展，文化繁荣与和谐进步，也离不开中国。因此，中国应当鲜明地表明其在国际经济体制中的立场，充分利用其既有的初步法治框架，促进自身发展。与此同时，通过自身的积极努力，促进国际经济法治化的进一步完善。在重建与复兴的后危机时代，中国在贸易领域面临着自身经济贸易发展和全球贸易制度改善的双重任务。中国应积极参加并努力推进从保护回归自由、从自由走向发展的国际贸易治理趋势。这一方面要求中国政府和相关企业认真研究有关贸易伙伴的贸易法规，采取适当的营销策略、外交方式、法律手段促进对外贸易的顺畅有序进行，以保证中国的经济繁荣、社会稳定和民生幸福；[②]另一方面要求中国政府和学术界切实关注国际贸易体制发展的动向，确立国际贸易体制的理想，充分重视大国、政府间国际组织与非政府组织的功能，[③]以自身的力量推进国际贸易秩序的自由化、公平化、法治化。[④]在实践层面上，可以努力的方面与具体努力的方式至少包括如下几个方面。

（一）强调对于国际规范的遵从与运用

当我们认识到规范的遵行与实施具有重要的法治意义的时候，我们就不难推知，如

---

① 何志鹏：《WTO 的法治化与中国立场》，《国际经济法学刊》，第 17 卷第 4 期（2011）。

② 参见李建萍：《金融危机以来国外对华反倾销的特点、原因及对策》，《湖北社会科学》，2012 年第 2 期；丁国民：《立法破解对华贸易保护危机——基于 WTO 框架下的中国反倾销立法思考》，《中国社会科学院研究生院学报》，2010 年第 5 期；毛韵：《贸易保护还是贸易自由——当前经济危机条件下贸易政策的政治经济学分析》，《兰州学刊》，2010 年第 4 期；窦强：《金融危机下贸易保护主义对我国对外贸易的影响》，《黑龙江对外经贸》，2011 年第 2 期；郑民：《从后危机中的贸易保护反思我国经济增长方式》，《中国外资》，2011 年第 12 期；庄媛媛、冷希洛：《后危机时代自由贸易与保护贸易的选择》，《云南财经大学学报（社会科学版）》，2011 年第 3 期。

③ 参见徐崇利：《国际经济法律冲突与政府间组织的网络化——以世界贸易组织为例的研究》，《西南政法大学学报》，2005 年第 5 期；王花：《国际贸易法制中的社会治理——一种民主向度的解读》，《甘肃政法学院学报》，2012 年第 2 期。

④ 杨凤鸣：《全球贸易治理中的中国角色》，《瞭望》，2011 年第 38 期。该文认为，国际金融危机使中国成为全球贸易治理的重要角色，以积极协商、平等互利、认真负责的态度参与全球贸易治理。

果仅仅将目光落在规范确立的环节，则显然是没有看到一个完整的法治进程。而如果我们认为法治是一个目标的话，那么就不仅要关注立法的过程，更要提升规范运行的参与应用和能力。“专家组 / 上诉机构成员在 WTO 案件裁决中反映出来的法律推理思考方向，与中国在具体案件中的论辩所反映出来思考方向的差异，是中国理论界和实务界应当深刻反思的问题，是解决中国在 WTO 争端解决中面临的各种困难的关键。”①

中国在 WTO 上的理论研究与实践操作确实显示出对 WTO 判例法（Jurisprudence）这个巨大宝库的认识与重视不足，有效使用争端解决机制的能力尚待提升。②“原、被告代理人的任务，就是在专家组 / 上诉机构面前陈述和构建事实，竭尽所能选取对自己有利的证据。各方对证据的选择，从各种意义上来说都不免偏颇。但正是在这两种精心设计的意见之上，专家组或上诉机构做出最终裁决。”③很多时候，我们更愿意从宏观的、视野广阔的，同时也就是比较空泛的原则上来说明问题，而没有踏踏实实地去分析 WTO 自身的规范和基于规范、关于规范的诸多案例。很多时候，我们更愿意进行批判性的分析，阐释 WTO 规范及实践的缺陷，却没有踏实认真地进行逻辑推演。④如果我们认真分析中国在“原材料案”上所提供的立场，就不难清晰地感受到我们没有真正抓住 WTO 的规范，而是说了很多空话，讲了一些大原则。这些东西不是不可以讨论，但在司法的环节进行分析就显得不那么适合，或者说，时空错位。如果能够从 WTO 这个方面建立起以规范为基础的逻辑分析框架与分析方式，那么中国法律职业化的进程会有所推进，中国法治的道路会显得更为平坦。

在这个方面，中国实际上面临着以下三个层次的任务：⑤

第一，历史补课，我们对国际经济法律规范的了解和运用能力还很不足，需要提升国际法执法与司法阶段的应对能力；

第二，现时跟进，即对当前的国际经济法律规范进行深入理解和消化吸收，在很大

① 黄东黎：法律作为一个由理性的目的所主宰的体系——中国 WTO 争端解决实践探析，http：//www.iolaw.org.cn/showNews.asp? id=35722。

② Michael Ewing-Chow，Alex W. S. Goh，and Akshay Kolse Patil，“Are Asian WTO Members Using the WTO DSU ‘Effectively’？”，16 *Journal of International Economic Law* 669（2013）.

③ 黄东黎：法律作为一个由理性的目的所主宰的体系——中国 WTO 争端解决实践探析，http：//www.iolaw.org.cn/showNews.asp? id=35722。

④ Chi Manjiao，“China's Participation in WTO Dispute Settlement Over the Past Decade：Experiences and Impacts”，15 *Journal of International Economic Law* 29（2012）；Bin GU，“Applicability of GATT Article XX in China – Raw Materials：A Clash within the WTO Agreement”，15 *Journal of International Economic Law* 1007（2012）；Han-Wei Liu and John Maughan，“China's Rare Earths Export Quotas：Out of the China-Raw Materials Gate，But Past the WTO's Finish Line？”，15 *Journal of International Economic Law* 971（2012）.

⑤ 何志鹏：《WTO 的法治化与中国立场》，《国际经济法学刊》，第 17 卷第 4 期（2011）。

程度上是通过倒逼机制来逐渐提高国内法治的水平；

第三，未来构建，按照中国作为发展中大国和新兴大国的实际定位和预期目标形成国际经济格局结构的设计和具体实施方案。

在这三个任务中，第一、二个是当务之急，具有很强的技术性，第三个具有高度宏观战略性要求。

从目标上说，中国要善于利用WTO规范等国际经济法律制度维护自己的利益。比如，中国的一系列与政府采购相联系的本土创新政策受到了欧美国家的反对，那么中国就有必要根据WTO的TRIPS协定和政府采购协定（GPA）寻求各方都能接受，同时又有利于促进技术创新的政策。[①]WTO针对中国的纺织品所采取的特保措施，援用了“市场扰乱”这一概念，在解释和适用的时候就必须有中国的立场，不然就可能追随西方霸权体系，而无法赢得主动。[②]针对中东石油公司对亚洲国家出售石油时定立更高的价格，中国有必要根据WTO的有关规范寻求消除此种价格歧视。[③]有学者建议，为了维护中国的利益，在进入WTO的后过渡期，中国政府应当设立与外经贸主管机构并列的国内产业保护机构，明晰有关国内产业保护的法律法规，加强对国内市场限制竞争行为的监控。[④]与此同时，应当注意到，很多国家利用WTO的争端解决机制维护本国企业的利益，或者主动提起争议，[⑤]或者在被申诉的时候利用程序规范，拖延本国不符合WTO规范的贸易措施。[⑥]中国在相当长的时间内，以被动应对申诉为主，主动提起申诉不多。[⑦]这虽然有中国传统文化“厌讼”的影响，但也说明中国对WTO规范了解的程度还不够深入，应用相关法律还不够自如，利用这些法律规范保护我国相关企业利益的立场还不明晰。因此，中国在这一点上有待于进一步深化和提高，要更加充分地利用WTO的争端解决机制维护自身的

---

① S. James Boumil Ⅲ, “China's Indigenous Innovation Policies under the TRIPS and GPA Agreements and Alternatives for Promoting Economic Growth”, 12 *Chicago Journal of International Law* 755 (2012).

② 参见莫世健:《针对中国的纺织品特保条款“市场扰乱”概念解析》,《国际经济法学刊》,第13卷第2期(2006),第157、178页。

③ 参见叶玉:《WTO体制下亚洲加价之非法性》,《国际经济法学刊》,第14卷第4期(2007),第49~66页。

④ 车丕照:《我国入世“后过渡期”与国内产业的政府保护》,《国际经济法学刊》,第12卷第4期(2005),第88~98页。

⑤ 例如美国针对中国的知识产权案(DS362: China—Measures Affecting the Protection and Enforcement of Intellectual Property Rights),就是美国应企业之要求而提起的。具体评论参见杨国华:《四载精心筹备，一朝全盘皆输——WTO中国知识产权案始末》,《国际经济法学刊》,第16卷第2期(2009),第250~261页。

⑥ 例如美国的“钢铁201保障措施案”(DS248、249、251、252、253、254、258、259: United States — Definitive Safeguard Measures on Imports of Certain Steel Products),是为了美国企业的利益而采取的保护措施。具体评论参见姜丽勇、纪文华:《WTO之“钢铁201保障措施案”研究》,《国际经济法学刊》,第12卷第1期(2005),第45~82页。

⑦ 截至2010年9月14日，中国申诉案件7件，被诉案件18件，作为第三方的案件71件；前两个数字都小于巴西、印度。http: //www.wto.org/english/tratop_e/dispu_e/dispu_by_country_e.htm，有关评论参见纪文华:《2008年WTO争端解决情况及中国参与述评》,《国际经济法学刊》,第16卷第2期(2009),第283~290页。

利益。[①]

（二）明确在国际经济体系中的定位与诉求

在规范确立的时候，需要重视规范确立中的调查研究与对象确立。为此，有必要对中国的定位有明确的认识。这里最主要的问题就是，中国究竟是站在发展中国家的立场上还是站在大国的立场上？这个问题必须分以下两个方面来分析：

第一，中国现在是、而且在很长时间仍然会是一个发展中国家。虽然中国的GDP总量规模很大，在某些领域也具有很强的优势，但是，人均GDP的水平不高、在技术密集型产业中占据的份额不大、产业替代性较高、附加值比较低的状况，表明中国仍然处于发展中国家之列。[②]如果考虑到中西部的整体经济水平、在世界分工链条上的位置，这一状况就更加明晰。在《2015年后发展议程中方立场文件》中，中国提出坚持将消除贫困和促进发展作为2015年后发展议程的核心，避免议程内容过多过杂而偏离发展主题；并进一步主张2015年后发展议程应建立完善的实施机制，推进国际发展合作；应坚持以成员国为主导，同时注意听取其他利益攸关方的建设性意见；发达国家应兑现其官方发展援助的承诺。[③]各国也应调动内部资源，增加发展投入；建立健全向发展中国家转让发展技术的机制；推动并支持满足发展中国家实际需求的科技研发、传播和转让，利用科技促进发展；要求加强南南合作，鼓励和支持发展中国家在南南合作框架下，继续互帮互助，分享发展经验，补充南北合作，实现共同发展。由于中国是发展中国家，发展中国家在中国的国际关系政策中占据着核心的地位，所以中国才一直主张要坚持和维护发展中国家的利益，保证全球经济能够协调发展、共同发展。中国在国际知识产权、农产品、纺织品等贸易方面，拥有着与发达国家不同的立场，在考虑规范遵守方面也拥有一些与发展中国家接近而与发达国家不同的主张。[④]比如，有学者从投资规范的角度提出，中国的外资法改革要从外资立法方法、市场准入、国民待遇、透明度等许多方面进行深层次的

---

① 参见 Michael Ewing-Chow，Alex W. S. Goh，and Akshay Kolse Patil，"Are Asian WTO Members Using the WTO DSU 'Effectively'？"，16 *Journal of International Economic Law* 669（2013）；纪文华：《2008年WTO争端解决情况及中国参与述评》，《国际经济法学刊》，第16卷第2期（2009），第273~278页。

② 值得注意的是，中国"入世"之时并未完全获得发展中国家的地位。《中国加入WTO工作组报告》提到："工作组有些成员表示，鉴于中国经济规模巨大，增长很快以及过渡性质，在确定中国援引发展中国家成员可使用《WTO协定》中过渡期和其他特殊规定的需要方面，应采取务实态度。对每个协定与中国情况应予仔细考虑并做出特殊处理。"中国未适用《SCM协定》第27条关于发展中国家的规定，而是在《中国加入世贸组织议定书》第10条"补贴"的第3款直接规定："自加入时起，中国应取消属《SCM协定》第3条范围的补贴项目。"

③ 何志鹏：《WTO的法治化与中国立场》，《国际经济法学刊》，第17卷第4期（2011）。

④ 李兴：《浅析WTO规制下南北关系与中国对策》，《武汉大学学报（哲学社会科学版）》，2010年第3期。

改革和应变。但是，也要看出，WTO 各投资协定只是南北国家利益协调的产物，作为发展中国家，中国外资立法并不会走向快速全面的自由化，也不能脱离中国国情和超出中国的经济承受能力。①

在实践中，中国非常清楚地区分了发达国家与发展中国家的利益诉求差异。比如，在处理气候变化这样的问题上，中国就始终与发展中国家，特别是“七十七国集团”站在一起。中国、印度、巴西和南非及“七十七国集团”主席国苏丹等国家和国家集团的代表于 2010 年 11 月底在北京开会讨论哥本哈根大会②的成果文件草案。在会议发表的声明中，与会各方宣布对于《联合国国际气候变化公约》及其《京都议定书》谈判中的一些重大问题具有一致的立场，都期待发达国家能够承担《京都议定书》第二承诺期的减排指标。因而，目前在温室气体排放的问题上已经形成了欧盟、美国、“七十七国集团 + 中国”三大势力竞逐的格局。③ 围绕国际气候变化谈判，“七十七国集团 + 中国”已经成为重要的协调机制，吸引了至少 173 个国家的积极参与。在 2011 年德班世界气候大会④上，中国提出立场，认为巴厘行动计划 1Bi、1Bii 已经提出解决方案，作为《京都议定书》参加国的发达国家应在该议定书框架下做出第二承诺期（2020 年之前）的减排承诺。对于那些没有参加《京都议定书》的发达国家而言，应当比照其他发达国家根据公约做出减排承诺。就发展中国家而言，则应该根据公约，以在得到资金技术支持为前提，做出自主减排的承诺。⑤ 2013 年 9 月 26 日，中国外长王毅出席了“七十七国集团”第 37 届外长年会，表示中国始终是发展中国家的一员，要为发展中国家仗义执言，中国愿与“七十七国集团”共同努力，加强合作。

第二，中国是一个新兴大国，这意味着它不是一个最不发达国家，也不是一个普通

---

① 刘笋：《WTO 法律规则体系与外资法改革》，《法律科学》，2000 年第 4 期。

② 该会议即 2009 年 12 月 7—18 日在丹麦首都哥本哈根召开的《联合国气候变化框架公约》第 15 次缔约方会议暨《京都议定书》第 5 次缔约方会议。参加这次峰会的有 192 个国家的谈判代表，会议讨论了《京都议定书》一期承诺到期后的后续方案，也就是 2012—2020 年的全球减排协议。

③ Daniel C. Esty and Anthony L. I. Moffa，“Why Climate Change Collective Action has Failed and What Needs to be Done Within and Without the Trade Regime”，15（3）*Journal of International Economic Law* 777（2012）.

④ 该会议即 2011 年 11 月 28 日—12 月 11 日在南非东部港口城市德班召开的《联合国气候变化框架公约》第 17 次缔约方会议，会议核心议题是“绿色气候基金”，会议决定实施《京都议定书》第二承诺期，并启动绿色气候基金。

⑤ 由于利益的对立，气候变化会议的进展并不顺利。2012 年 11 月 26 日—12 月 7 日，在卡塔尔多哈举行了第 18 次缔约方会议暨《京都议定书》第 8 次缔约方会议。会议同意 2013 年起执行《京都议定书》第二承诺期，第二承诺期以 8 年为期限。加拿大、日本、新西兰、俄罗斯明确表示，不参加《京都议定书》第二承诺期。会议还通过了长期气候资金、《联合国气候变化框架公约》长期合作工作组成果、德班平台以及损失损害补偿机制等方面的决议。2013 年 11 月 11 日—11 月 22 日，在波兰华沙举行了第 19 次缔约方会议暨《京都议定书》第 9 次缔约方会议。会议通过了德班平台、资金、损失损害补偿机制一揽子决议。

的发展中国家。当前，新老大国之间的关系、新兴大国之间的关系、传统大国之间的关系具有多元性、联动性、可塑性的特性。新兴大国对中国的重要性，不仅表现在国际上的相互支持，而且由于美欧受金融危机的打击，在中国经济发展中的作用已显著增大。近年来，中国与新兴经济体之间的贸易和投资稳步上升，也清楚地说明了这一点。总之，加强与新兴大国的全面合作，符合中国的根本利益。在这种情况下，中国既要防止传统大国利用其在经济、金融、科技方面的优势及其在现有国际机制中所具有的主导地位，给包括中国在内的新兴经济体造成阻碍，同时也必须明确地认识其对于国家利益的更高诉求。中国在重视、推动与发展中国家合作的同时，要特别注意与新兴大国之间的合作。近年来，中国在联合国改革、多哈谈判、与G8对话、国际金融体系改革等国际机制中，已经开始与主要发展中大国之间加强立场协调，① 这种情况是值得坚持和推广的。

（三）积极投入国际经济贸易立法

中国是一个贸易大国。中国的对外贸易依存度很高，这就意味着，在国民经济增长和社会发展上，中国在很大程度上依赖于国际市场的健康存续与发展。正是由于这样一种贸易大国的地位，中国更应当站在促进国际市场自由化的立场上，努力抵制和遏制保护主义，而不是赞同或者拥护采取保护主义的手段，阻碍国际贸易的发展。因此，中国政府应当更积极主动地参与谈判，推动国际经济贸易的法治化改进。

很多国际经济协定都并不只是一套给定的规范，也不是在国家之上的机构下达给国家的。它本质上是一套国家间规范，规范的形成取决于国家之间的利益较衡和谈判博弈。②在很多问题上，不宜片面强调遵循“国际惯例”或者“与国际接轨”，而应当充分利用国际谈判舞台，提出自身的主张，参与或者主导国际规范的施行、订立、修正。③ 所以，对于国际经济事务的主要方面，行动者应当有自己的战略目标、具体对策。④

中国要适应大国激烈竞争常态化的现实，一方面不断拓展与其他国家的合作领域，

① 庞中英：《新兴大国 有限合作》，《东方早报》，2008年12月30日第A18版。

② 有学者通过SPS协定的内涵，分析了WTO诸项协定的此种特点。参见肖兵：《WTO法生成之法理启示——以〈SPS协定〉为视角》，《国际经济法学刊》，第12卷第1期（2005），第2~23页。

③ 参见马忠法：《从国际法的效力根据析“与国际接轨”之误区——兼论全球化下我国对国际法的态度》，《国际经济法学刊》，第13卷第2期（2006），第86~108页。

④ 参见龚柏华、王馥梅：《多哈回合谈判下的“贸易便利化”议题及我国对策》，《国际经济法学刊》，第10卷（2004），第272~282页；孔庆江：《坎昆会议后TRIPS协议执行的政治经济学和我国的知识产权战略》，《国际经济法学刊》，第10卷（2004），第283~294页；卢炯星、李文敏：《坎昆会议对农业补贴的争议及我国农业补贴相应对策研究》，《国际经济法学刊》，第10卷（2004），第295~311页。

积极有效地调整国内经济结构，以持续提高国际竞争力；另一方面，必须主动参与国际规则博弈。①从指导思想上，中国在参与国际经济法律秩序构建的时候必须汲取国际经济新秩序的精髓，根据新的时代背景，通过与发展中国家的合作以及与发达国家的商谈，采用可持续发展、全球善治等话语策略，②提出更适当和具体的规划。③例如，在服务贸易领域，我们有必要在各个层次、各个方面表示明确的立场，形成清楚的议案；④在贸易与环境的议题上，有学者提出，中国应当积极参与谈判，促进将贸易环境的关系扩大为贸易与可持续发展，应当团结发展中国家，通过合纵连横、掌握主动，力求形成新的规范体系，从而促进WTO建成一个开放的、非歧视的、公平的、安全的、可预测的、符合可持续发展目标并能使全球生产按照比较优势得到最佳分配的多边贸易制度；使其优先考虑发展中国家成员的需要，避免成为贸易保护主义的借口；并且在争端解决机制层面，要通过科学研究和人才培养，提高应对的质量和效率。⑤在多哈回合中把握更大的话语权，与其他发展中国家加强团结，维护发展中国家的共同利益，拓展发展理念，推进全球治理，构建分配正义，⑥满足自身的特殊需求。⑦在相关的议题上应当体现出自己的主张和利益

---

① 冯仲平：《中国当前需高度重视三组大国关系》，《现代国际关系》，2013年第4期。

② 参见蔡从燕：《从国际经济新秩序运动到可持续发展战略——南北问题解决范式的可能转换及其对发展中国家的深远影响》，《国际经济法学刊》，第15卷第3期（2008），第192~213页；何志鹏：《从国际经济新秩序到可持续发展》，《国际经济法学刊》，第15卷第3期（2008），第167~191页；李志强：《国际经济新秩序构建中全球经济法的价值重塑》，《甘肃社会科学》，2014年第2期。

③ 对于这一问题的研讨，参见陈安：《旗帜鲜明地确立中国在构建NIEO中的战略地位——兼论与时俱进，完整、准确地理解邓小平"对外二十八字方针"》，《国际经济法学刊》，第16卷第3期（2009），第57、95页；陈安：《三论中国再构建国际经济新秩序中的战略定位："匹兹堡发轫之路"走向何方——G20南北合作新平台的待解之谜以及"守法"与"变法"等理念碰撞》，《国际经济法学刊》，第16卷第4期（2009），第12~15、22~23页；朱学山：《从国际经济新秩序外看国际经济新秩序》，《国际经济法学刊》，第16卷第3期（2009），第53页；徐崇利：《建立国际经济新秩序斗争的潮落于中国的立场》，《国际经济法学刊》，第15卷第2期（2008），第34页；徐泉：《中国的"互利共赢开放战略"与国际经济新秩序的建构》，《国际经济法学刊》，第16卷第3期（2009），第101~102、104~110页；王彦志：《国际经济新秩序的必要反思与中国的战略定位》，《国际经济法学刊》，第16卷第3期（2009），第125~135页；蔡从燕：《国际经济新秩序与中国的选择：变与不变》，《国际经济法学刊》，第16卷第3期（2009），第137~157页；何志鹏：《国际法与国际经济新秩序》，《法制与社会发展》，1999年第1期。

④ 参见陶林：《国际服务贸易紧急保障措施制度的建构及中国的应对析论》，《河北法学》，2007年第4期；孟国碧：《服务原产地规则设计的国际实践及思考——兼评中国的实践》，《国际经济法学刊》，第15卷第1期（2008）；刘正：《促进我国自由贸易区服务贸易发展的法制完善研究》，《法学杂志》，2010年第8期；张晓君：《中国－东盟〈服务贸易协议〉与中国服务业的发展》，《河北法学》，2010年第3期；王俊：《ECFA架构下两岸服务贸易自由化的制度设计》，《苏州大学学报》，2012年第3期；何智慧：《我国自然人流动的法律现状及走向》，《河北法学》，2008年第4期；龚宇：《从欧美"开放天空"实践看国际航空运输服务自由化之路径选择》，《国际经济法学刊》，第15卷第1期（2008）。

⑤ 参见周杰、张梓太：《WTO体系下贸易与环境的法律协调——发展中国家的视角》，科学出版社2005年版，第378~383页。

⑥ 参见黄志雄：《WTO多哈回合谈判与转型中的多边贸易体制：挑战与未来》，《国际经济法学刊》，第15卷第3期（2008），第224~225页。

⑦ 参见左海聪：《发展中国家和中国在多哈回合的谈判目标和策略展望》，《国际经济法学刊》，第10卷（2004），第90~92页；周汉民、邱一川：《坎昆峰会述评与WTO多哈回合展望》，《国际经济法学刊》，第11卷（2004），第138~140页。

取向，[①] 而且应当积极参与 WTO 争端解决规范的修正和完善。

实践上的话语权以理论上的明确认识和充分研究为基础。因此，为了促进上述手段的顺利实施，在理论层面有必要通过深入的学术研究，针对中国的具体问题，以及国际经济法治的整体革新方面、路径，提出有益的建议。这就需要理论界和实践界充分沟通，形成信息交流的渠道，相互支持，真正做到实践确立理论研究的方向和范围，理论研究关注实践，理论研究的成果指引实践。

在中国处于国际社会日益体现为负责任的大国、国际社会处于风险与不确定性的徘徊选择时刻，中国有可能为国际经济贸易秩序的完善做出有益的贡献。从被动地与国际规则相适应、接轨，到主动地审视和完善国际经济贸易领域的规范，意味着中国自身法治态度的成熟、法治能力的提升、法治理念的发展。中国已经通过“入世”深化了市场主导型的、体制性的对外开放，发展战略发生了重大调整；通过在国际经济法治的过程中确立和维护发展中国家的立场，中国在世界经济和人类文明的发展过程中会有更大的作为。值得肯定的是，在 2013 年 WTO 的巴厘岛部长级会议上，中国初步提出了自己的立场，促成巴厘岛部长级决议发挥了积极而重要的作用。在贸易便利化议题上，表示放弃援助要求，将资源留给其他发展中国家成员；在农业议题上，提出了粮食安全中间方案，并在对自身极度敏感的关税配额谈判中显示了最大的灵活性。在成功执行了两年最不发达国家和“入世”中国计划（简称“中国计划”）的基础上，和 WTO 签订了第三期备忘录，捐助 40 万美元帮助最不发达国家“入世”；与贝宁、布基纳法索、马里、乍得组成的“棉花四国”达成协议，从 2013 年开始，为这四国提供 7 亿元人民币援助资金，通过援建设施、人员培训等方式全面提升这四国的棉花生产、加工、储运和贸易能力，促进了棉花产业发展。当古巴及其他三个国家要求美国取消 53 年以来的古巴贸易禁运令时，中国协助做通了古巴的工作，推动美国与古巴磋商出一段案文，表明将对古巴禁运问题予以关注。

就中国的抉择而言，首先应当认清中国特殊的国际贸易地位和在多边贸易体制中的双重处境。既要看到作为发展中大国自身的立场与利益，看到相互依赖的加深要求中国在维护现存国际经济体制发展的前提下追求自身利益与发展的一面，也要看到中国的实质地位仍为发展中经济体，中国的力量与利益不足以撼动西方化的国际机制的另一面。

① 参见冯军：《从多哈回合议程谈中国多边投资框架谈判立场》，《国际经济法学刊》，第 10 卷（2004），第 312~321 页；关于 WTO 反倾销规则的改革领域、中国的立场，参见孙立文：《WTO〈反倾销协议〉改革——政策和法律分析》，武汉大学出版社 2006 年版；房东：《略论 WTO〈反倾销协定〉第 15 条的修改与完善》，《国际经济法学刊》，第 10 卷（2004），第 334~335 页。

基于此，在强权政治与霸权大国左右国际经济法律体制的基本前提下，过高的期望会与“中国威胁论”相关联，不仅牵制了中国的发展，也无利于贸易体制的法治化，而过低的参与则会损伤自身的重要利益，也让对中国抱有期待的国家感到失望。因此，较为现实的选择是，中国以渐进改良的方式推动国际经济体制的发展。

（四）在区域合作与全球合作中寻求平衡

2013 年 9 月，上海再度成为中国改革开放的焦点，以负面清单（negative list）为特点的经济贸易自由试验区在推进中国发展的路上再度迈进。这一现象的解读是多元而且多义的，但在国际经济法治的框架下，值得认真思考的问题是：包括上海自贸区（SFTZ）在内的单边自由化做法对于国际经济法治意味着进步还是退步，对于国际经济法治的未来发展有何影响?

有专家认为，WTO 对中国的意义重大，中国由此超越英、法、德、日，成为经济大国。进而认为，WTO 的边缘化对中国来说是一个危机。这种说法虽然不一定科学，但是多边机制与双边机制、区域机制并存的情况却是一个必须面对的事实。中国在这些方面也进行了一些努力，其中值得重视的是在金砖国家框架下的合作、与有关国家的双边合作，以及单方深化改革开放的尝试。

1. 参与金砖国家合作

金砖国家最初只是一个国际金融领域的投资概念，2008 年以后，这些国家开始举行一系列会谈，建立峰会机制，继而演变成了具有国际政治实体意义的新兴市场国家合作机制。当前，金砖国家的合作包括领导人会晤、安全事务高级代表会议、外长会晤、常驻多边机构使节磋商等层次，其中领导人会晤是核心部分，合作领域跨越经贸、金融、卫生、科技、文化、农业、统计、智库等各个方面。金砖五国国土面积广大，约占世界总面积的 1/3，人口众多，占世界总人口的 40% 以上。另外，金砖五国在全球经济总量中也占有重要地位，约占全球 GDP 总额的 1/5。

2013 年 3 月 26—27 日，金砖国家在德班举行第五次峰会，主题为“金砖国家与非洲：致力于发展、一体化和工业化的伙伴关系”。在这次会议上筹备建立金砖国家开发银行及外汇储备库，旨在帮助发展中国家解决长期发展的融资问题，其外汇储备库则为“金砖版的国际货币基金组织”，意在助力新兴市场应对国际市场波动。这标志着新兴大国合作迈出了历史性的步伐。

2013 年 9 月 5 日，金砖国家领导人在圣彼得堡举行非正式会晤。金砖国家领导人认为，当前形势要求包括G20成员在内的主要经济体加强宏观经济政策协调，通过合作来推动世界经济的强劲、可持续、平衡增长，要共同应对好发达国家宽松货币政策的外溢效应。国际社会成员应进一步推动国际金融体系改革，尤其需要落实IMF2010年所确定的份额分配和治理改革方案。与会领导人还进一步讨论了尽快建立金砖国家开发银行和金砖国家应急储备机制的建设问题。会议重申共同维护和发展开放型世界经济，反对贸易保护主义，维护好多边贸易体系。金砖国家要加强协调与沟通，维护各个国家的共同利益。

2014年7月15日，金砖国家领导人在巴西福塔莱萨举行了第六次会晤，五国领导人就当前世界经济形势、国际政治安全问题交换意见，并围绕"实现包容性增长的可持续解决方案"主题进行讨论。会晤发表《福塔莱萨宣言》，宣布成立"金砖国家新开发银行"，总部设在上海，初始资本为1 000亿美元，这五个创始成员国平均出资。

新兴市场国家在国际事务中的作用不断上升，金砖国家携手合作，建立合作机制，体现了国际经济格局调整的大趋势。金砖国家在全球经济治理中推动民主化，对于国际关系的结构性变化具有重要的意义。[①] 不仅在WTO谈判中积极促进，而且作为G20和金融稳定理事会成员，在IMF和世界银行中的份额和发言权也在不断提高。金砖国家之间的合作有利于促进各成员国的经济生活更加民主，也有利于促进世界经济发展的平衡和全球治理的改善。以中国为代表的金砖国家坚持和平、发展、合作、共赢的合作理念，可以做到惠及自身、兼济天下，有利于维护世界和平、稳定与发展。金砖国家对国际经济事务的倡导和引领，对于坚持透明、开放、包容的合作原则，加强广泛的合作伙伴关系，实现国际经济参与者的互利共赢、共同发展，更好增进各国人民的福祉具有积极意义。当前，面对国际金融市场的动荡，金砖国家努力加强财政与金融合作，特别是在金砖国家金融安全网、金砖国家应急储备安排、金砖国家开发银行的建设方面，对这些国家自身、这些国家的广大民众，以及利益相关的国家而言，是一个福音。金砖国家间还通过工商理事会进一步推动贸易往来，这也是有利于自由、发展、人民福利的举措。由于当今世界上发展的不平衡是世界经济面临的最大风险和不稳定因素，所以金砖国家需要积极努力以避免社会性灾难的发生，沟通南北对话和南南合作，并形成促进南北合作的重要纽带。在缩小南北发展差距，提高发展中国家在国际经济事务的地位上全方面做出贡献。从长远看，金砖国家要建立贸易领域的一体化大市场，金融领域的多层次大流通，基础设施

① Congyan Cai, "New Great Powers and International Law in the 21st Century", 24 *European Journal of International Law* 755 (2013).

领域的海陆空大联通，人文领域的大交流。①

2. 推进双边与区域合作

中国与一些国家开展双边自由贸易谈判取得了成效，中瑞（士）自贸协定、中冰（岛）自贸协定是其中的范例。中冰自贸协定是中国和欧洲国家签订的第一个自由贸易协定，而中瑞自贸协定是中国与欧洲大陆国家签订的首个全面自贸协定。中国还积极参与中韩自贸区、中日韩自贸区的谈判，中日韩自贸区有可能成为美国跨太平洋伙伴关系协定（TPP）有力的对抗性手段，中日韩各方在这样或那样的问题上都存在着分歧。比如，2013 年 4 月在首尔举行的第一轮谈判过程中，中国反对强化知识产权保护措施，同时，也反对日本提出的要在 10 年内实现 90% 产品完全取消关税的计划。但在上海举行的第二轮谈判上，各方对推进自贸区协定的签署态度坦诚。2013 年 9 月 27 日，国家主席习近平同澳大利亚总理阿博特通电话时强调，中澳同为亚太地区重要成员，中方愿同澳方一道，加强各领域合作，共同维护好、发展好中澳战略伙伴关系。经贸合作是中澳战略伙伴关系的“推进器”，希望双方本着互利、务实、平衡的精神，尽快完成中澳自由贸易协定谈判。同时，中国也在与一些国家积极建立自由贸易区，②特别是深化与东盟国家的合作，在与东盟十国组建了“10+1”自由贸易区（CAFTA）的基础上，开展区域全面经济伙伴关系（RCEP）的谈判，③以此来克服周边国家区域化对中国构成的困境。④

中国在推进区域经济合作方面最值得关注的举措是“一带一路”（One Belt And One Road，简称“OBAOR”；或 One Belt One Road，简称“OBOR”；或 Belt And Road，简称“BAR”）战略。2013 年 9 月和 10 月由中国国家主席习近平分别提出建设“新丝绸之路经济带”和“21 世纪海上丝绸之路”的战略构想，二者合称“一带一路”。作为一项合作发展的理念和倡议，“一带一路”依靠中国与有关国家既有的双多边机制，借助既有的、行之有效的区域合作平台，借用古代“丝绸之路”的历史符号，发展中国与沿线国家的经济合作伙伴关系，共同打造政治互信、经济融合、文化包容的利益共

① 谢云亮：《金砖国家合作的中国观点》，7 月 5—6 日复旦大学主办的“金砖研究国际学术研讨会——金砖国家战略合作中大学的作用和视角”开幕式上的演讲。

② Wang Guiguo. “China’s FTAS：Legal Characteristics and Implications”，105 *American Journal of International Law* 493（2011）.

③ RCEP 是由东盟十国和六个国家（中国、日本、韩国、澳大利亚、新西兰和印度）进行的贸易自由化谈判，是在中国和东盟等国家签订有自贸协定基础上进一步发展的尝试。

④ Juliana W. Chen，“Achieving Supreme Excellence：How China is Using Agreements with ASEAN to Overcome Obstacles to Its Leadership in Asian Regional Economic Integration”，7 *Chicago Journal of International Law* 655（2007）.

同体、命运共同体和责任共同体。中国政府特制定并发布《推动共建丝绸之路经济带和21世纪海上丝绸之路的愿景与行动》。2015年3月28日，中国国家发展改革委、外交部、商务部联合发布了《推动共建丝绸之路经济带和21世纪海上丝绸之路的愿景与行动》。该文件从时代背景、共建原则、框架思路、合作重点、合作机制、中国各地方开放态势、中国积极行动、共创美好未来八个方面初步展示了一带一路的目标，明确了坚持开放合作、和谐包容、市场运作、互利共赢几项原则，以开发东亚经济圈和欧洲经济圈之间的广大腹地国家的经济发展潜力为目标。丝绸之路经济带重点畅通中国经中亚、俄罗斯至欧洲（波罗的海）；中国经中亚、西亚至波斯湾、地中海；中国至东南亚、南亚、印度洋。21世纪海上丝绸之路重点方向是从中国沿海港口过南海到印度洋，延伸至欧洲；从中国沿海港口过南海到南太平洋。合作预期以政策沟通、设施联通、贸易畅通、资金融通、民心相通为主要内容，重点在政策沟通、设施联通、交通基础设施、能源基础设施、贸易、投资、金融监管、疫情信息沟通、科技方面加强合作。拟加强双边合作，强化多边合作机制作用，发挥沿线各国区域、次区域相关国际论坛、展会等平台的建设性作用。并许诺中国将充分发挥国内各地区比较优势，实行更加积极主动的开放战略，加强东中西互动合作，全面提升开放型经济水平。文件提出，共建"一带一路"的途径是以目标协调、政策沟通为主，不刻意追求一致性，可高度灵活，富有弹性，是多元开放的合作进程。

（五）单边自由化的法治进程

单边行为既可能是对国际经济体制的阻碍，也有可能是对国际经济法的延伸和发展，还有可能是对国际经济法律的促进。[①] 在中国进行单边的国际经济法治努力的方面，其中长期的出口退税是促进对外贸易发展的一个举措，虽然这种措施也遭到了一些国家的质疑。[②] 最值得关注的显然是中国（上海）自由贸易试验区（简称"上海自贸区"），英语为China（Shanghai）Pilot Free Trade Zone，这一自贸区2013年9月29日正式揭牌。同年7

① 简基松：《关于单边经济制裁的"司法性"与"合法性"探讨》，《法学》，2007年第1期；聂孝红：《经济全球化与反垄断法的域外适用原则》，《法学杂志》，2007年第1期。

② 对于这一问题的探讨，参见刘瑛：《SCM协定与我国增值税退税措施的关系——从中国被诉的两起WTO成案谈起》，《法学》，2008年第6期；毛杰：《我国对外补贴与反补贴争端中税收优惠政策的法律问题探析——以美中涉税补贴争端为例》，《国际经济法学刊》，第19卷第1期（2012）；朱晓丹：《三角案情下雇主常设机构的确定——兼论三角案情下双边税收协定的选择适用》，《国际经济法学刊》，第19卷第1期（2012）；张智勇：《贸易自由化与所得税壁垒的消除》，《清华法学》，2008年第6期。

月，上海自由贸易试验区总体方案通过。它汲取了国外自贸区的一些经验，[①] 由上海浦东洋山港临港新城为起点一路北上，沿着海岸线途经机场保税区，直至外高桥地区，沿上海东部海岸线共约 28 平方千米，包括四个海关特殊监管区域，其中上海外高桥保税区是核心，上海浦东机场综合保税区和洋山港临港新城（保税区）是辅助，还涵盖上海外高桥保税物流园区。这里将成为中国内地建立起来的首个真正意义上的自由贸易区，改变了以往改革实验区的模式，舍弃政策优惠，寻求制度改革，提出了“小政府”与“法治化”的方向，将进行投资、贸易、金融、行政与法治环境等四个重点领域的先行试点。制度层面上的改革主要是行政审批的简化，以及在金融、投资、贸易等方面的制度改革。[②] 自贸区旨在通过开放促进国内改革，打造中国经济的升级版，实行负面清单管理和扩大服务领域开放，外资在自贸区的空间更大，金融改革有助于国内市场一体化，但需防范资本转移和套利风险；但税收优惠不是自贸区的改革重点，力度低于预期。对于自由贸易区而言，对外称“一线”，对内称“二线”。“一线放开”，是指境外及区内的货物可以不受海关监管自由出入境。“二线管住”是指，货物从自由贸易区出入非自由贸易区要接受相应监管。在这次自贸区方案中，负面清单[③] 管理是制度改革中重要的环节。政府试图借鉴国际通行的规则，对外商投资试行准入前国民待遇，首先明确不允许进行的活动，此外的各个领域都是允许的范围，这种做法与此前采取的正面清单管理存在着很大的差别，其中服务业和金融领域的开放被认为是上海自由贸易试验区最为重要的尝试。[④] 自贸区总体方案规划的近百项试点工作涉及吸引外资、引进技术、开展工业加工、旅游服务、金融保险等方面，很多项目都属于服务业，这意味着服务产业会进一步的提升。[⑤] 这里

① 美国的自贸区建立于 20 世纪美国大萧条后，依据是 1934 年美国国会所批准的自贸区法案（FTZ Act-19 USC-81a-81u）。自贸区在美国国境线以内，但是对于海关而言，相当于海外的区域。美国自贸区的出现是对 1930 年 6 月通过的《斯姆特－霍利关税法》的修正。美国新泽西州纽瓦克市的伊丽莎白港中有一片围网包围没有常住居民的区域，即第 49 号对外贸易区，俗称纽约港自贸区。该区建于 1979 年，在伊丽莎白港区拥有 8.4 平方公里土地，在伊丽莎白港区的伊丽莎白工业园区和泽西港，也有纽约港自贸区的区域。该区是全美 250 个自贸区中面积最大的自贸区之一，共约有 5 000 人工作于此，在 2010 年财政年度进口了 226 亿美元的货物。

② 何力：《自由贸易区的国际经济法解析》，《上海商学院学报》，2013 年第 6 期。

③ 负面清单是给不开放的行业和受限制的商业活动列一个清单，明确告诉对方哪些领域和行业是限制或禁止外商活动的。那么，只要未列入名单的就是法无禁止皆可为。此前，我国对外资的管理一直采用的是《外商投资产业指导目录》模式，在这份由国家发改委和商务部制订的目录中，列出了我国鼓励、限制、禁止外商进入的行业。所有的外商投资和商业投资只能在规定的范围内活动。

④ 有学者评价认为，上海自贸区的两轮（2013、2014）负面清单似乎并没有很大范围的开放。笔者就此问题于 2014 年 7 月 4 日求教于贺小勇教授，贺小勇教授认为负面清单最大的贡献在于治理方式的变革，从以往的审批制改变为核准制，政府不再积极地逐项审批。这是一个改变政府职能的重要努力。

⑤ 陈霜华、陶凌云、黄菁：《上海自贸区背景下的服务贸易发展研究》，复旦大学出版社 2014 年版。

涉及金融、航运、商贸、专业、文化、社会6个服务领域的18个行业。[①] 自贸区的设计初衷是对一些周边港口城市产生虹吸效应式的影响，将上海的优惠政策加大来吸引国外的航运企业，通过加大开放度来获取更多、更大的机遇。其中，金融服务对外资开放是上海自贸区的主要目标。在金融领域的政策方面，主要体现在允许符合条件的外资金融机构在自贸区直接设立外资银行，同时允许符合条件的民营资本与外资金融机构在自贸区共同设立中外合资银行。在条件具备的时候，允许在自贸区内试点设立有限牌照银行。与此同时，进一步开放中资银行服务业务。随着相关管理办法的完善和有效监管的加强，允许符合条件的中资银行在自贸区内开办离岸业务。自贸区内的分支机构与境外银行享有同等待遇，这对银行而言意味着更为宽广的业务范围、更大的竞争和更多的机遇。[②] 在保险服务领域，进行外资专业健康医疗保险机构设立的试点。在融资租赁领域，不对融资租赁公司在自贸区内设立的单机、单船子公司设最低注册资本限制，并许可融资租赁公司兼营与主营业务有关的商业保理业务。在电信行业方面，以保障网络信息安全为前提，允许外资企业经营特定形式的部分增值电信业务，但这方面限制比较多，特别要求如果涉及行政法规的突破须经国务院批准同意。[③] 除了金融和电信领域外，在航运服务、专业服务、文化服务和社会服务等领域也同样扩大对外资的开放。[④]

对于上海自贸区，中国政府一方面开启多项改革措施，另一方面对采矿、制造、建筑和批发零售、音像制品和电子出版物、博彩、互联网（网吧）一些投资项目予以禁止或限制。为此，在自贸区运行的过程中，政府也公告列明了《中国（上海）自由贸易试验区外商投资准入特别管理措施（负面清单）》。中国海关部门也在自贸区加大监管力度，避免走私和其他违法行为的出现。[⑤]

中国的上海自贸区可以被视为单边自由化，也就是试图通过构建一个开放的自由区域，向世界各国的商家提供一套无歧视的经济生产条件，供商家自由选择。从法律意义上讲，这就是在形成一种开放的公共制度（regime），与多边体系所形成的制度一样具有

① 中华人民共和国国务院:《自由贸易试验区总体方案的通知》、《中国（上海）自由贸易试验区总体方案》，国发〔2013〕38号，2013年9月18日。

② 有关分析，参见黄韬:《自贸区试验与国际金融中心建设的法制变革需求》，《上海交通大学学报（哲学社会科学版）》，2014年第3期。

③ 中华人民共和国国务院:《自由贸易试验区总体方案的通知》、《中国（上海）自由贸易试验区总体方案》，国发〔2013〕38号，2013年9月18日。

④ 以上关于上海自贸区的资料和评论，系综合网上新闻资料而成。

⑤《中国（上海）自由贸易试验区外商投资准入特别管理措施（负面清单）（2013年）》，2013年9月29日;《中国（上海）自由贸易试验区外商投资准入特别管理措施（负面清单）（2014年修订）》，2014年6月30日。

普遍性，但却减低了多边磋商所需的成本。由于没有其他国家的承诺，所以自由贸易区自身的成功依赖于地理位置的吸引力。如果地理位置占优势，经济产业链条完整，社会环境良好，就可能吸引到更多的投资和其他经济贸易活动。简言之，它是用自身的地理、产业、社会、人文、政策条件与其他地区进行竞争。从法律的角度可以理解为单边良法，也就是开放的、自由的、良性竞争的体制，这种竞争的代价并非损害其他国家地区的利益（因为在理论上其他国家地区也可以采取此种模式），成功的自由贸易区会具有带动附近地区发展的辅助性和辐射性，因此更为健康、更有助于达到法治的目标。

小结

在世界经济的版图上，中国是一个发展中国家，同时也是一个越来越具有影响力的大国。这种身份就决定了中国在面对国际经济法治的时候，既要了解法治目标的正当性，也要了解实现法治手段的多元性；既要为自身的利益和发展而努力，又要为世界的共同进步贡献自己的力量；既要抓住机遇发展自己，又要在全世界的范围内承担起构建规则、完善规则、践行规则的重任。[①] 在这种条件下，中国就应当把这两个目标有机地结合起来，通过自身的发展来建构国际经济法治，通过国际经济法治来促进自身发展。从辩证法的原理上看，中国自身的发展与世界的共同发展是一个部分与整体的关系。世界的繁荣与发展离不开中国的努力，没有中国的繁荣与发展，世界的繁荣与发展就只能是虚无缥缈的畅想。同时，中国利益与世界共同利益也是一个对立统一的关系。两者的根本利益是一致的，没有中国利益的维护，也就不可能实现人类的共同利益。基于这样的认识，中国必须确立国际经济法治的立场：清晰、明确的国家利益界定，既不追求对他人的盘剥，也不受他人的盘剥；通过积极参与规则制定、推进国际经济民主来构建公平合理的国际经济秩序，通过建构、完善和变革规范的方式来追求、实现自身利益；在规范确立以后要予以充分的尊重和严格的遵守，对于规范的执行与监督体制应当积极配合和促进；与此同时，还必须提升利用规则的能力，以参与 WTO 争端解决机制的经验与教训为基础，更加深入细致地了解和参加国际经济司法过程。只有将国际层面的立法、执法、守法、

① 例如，徐崇利认为，20 世纪 90 年代之后，制订新一代国际投资法典的动议再次被提上国际经济立法的议事日程。目前，就引入该谈判议题本身，中国并无明显的经济利益。然而，在 WTO“一揽子协议”方式下，为了使南北双方能从整体上求得“双赢”的结局，如采取“议题交易”的安排，中国不无接受多边投资协定议题的可能性，但仍得以日后谈判采取“渐成式”的“自下而上”模式为前提条件。徐崇利:《WTO 多边投资协定议题与中国的基本策略分析》，《法律科学》，2004 年第 4 期。

司法等环节有机地结合起来，才有可能实现国际经济秩序的不断进步和完善，才有可能既维护中国的自身利益，实现我们自身经济、社会、文化的发展，又寻求全球共同未来的设计和建设，从而促进人类共同利益的实现。

中国一方面应当定位于长远的合作与利益，引导国际经济体制的理性发展，另一方面也必须立足现实，抵御可能存在的威胁与风险。更重要的是，中国要从自身观念培育、人才培养、能力培养的角度提升引导、参与国际经济法律体制的能力，作为国际经济法治的倡导者和建设者。

参考文献

(一)中文著作

[1] 白洁. 中国服务贸易保护的政治经济学分析[M]. 北京: 经济科学出版社, 2013.
[2] 蔡从燕. 私人结构性参与多边贸易体制[M]. 北京: 北京大学出版社, 2007.
[3] 曹建明, 贺小勇. 世界贸易组织[M]. 第二版. 北京: 法律出版社, 2004.
[4] 车丕照. 国际经济法概要[M]. 北京: 清华大学出版社, 2003.
[5] 车丕照. 国际经济交往的政府控制[M]. 长春: 长春出版社, 1996.
[6] 陈安. 国际经济法学专论[M]. 北京: 高等教育出版社, 2002.
[7] 陈安. 国际经济法学新论[M]. 北京: 高等教育出版社, 2007.
[8] 陈贺菁. 国际服务贸易自由化: 理论、路径与收益分配[M]. 厦门: 厦门大学出版社, 2009.
[9] 陈霜华, 陶凌云, 黄菁. 上海自贸区背景下的服务贸易发展研究[M]. 上海: 复旦大学出版社, 2014.
[10] 程红星. WTO 司法哲学的能动主义之维[M]. 北京: 北京大学出版社, 2006.
[11] 冯洁菡. 公共健康危机与WTO知识产权制度的改革——以TRIPS协议为中心[M]. 武汉: 武汉大学出版社, 2005.
[12] 顾肃. 自由主义基本理念[M]. 第二版. 北京: 中央编译出版社, 2005.
[13] 高鸿业, 刘凤良. 20 世纪西方经济学的发展[M]. 北京: 商务印书馆, 2004.
[14] 韩龙. 国际金融法[M]. 北京: 法律出版社, 2007.

[15] 何志鹏. 全球化经济的法律调控 [M]. 北京：清华大学出版社，2006.

[16] 何志鹏. 国际经济法的基本理论 [M]. 北京：社会科学文献出版社，2010.

[17] 何志鹏. 国际法哲学导论 [M]. 北京：社会科学文献出版社，2013.

[18] 何茂春. 国际服务贸易：自由化与规则——兼论扩大开放与国家经济安全 [M]. 北京：世界知识出版社，2007.

[19] 黄志雄. WTO 体制内的发展问题与国际发展法研究 [M]. 武汉：武汉大学出版社，2005.

[20] 李春林. 国际法上的贸易与人权问题研究 [M]. 武汉：武汉大学出版社，2007.

[21] 李坤望. 国际经济学 [M]. 北京：高等教育出版社，2005.

[22] 李强. 自由主义 [M]. 北京：中国社会科学出版社，1998.

[23] 李晓，丁一兵，等. 东亚区域货币合作与人民币汇率制度改革[M]. 北京：经济科学出版社，2010.

[24] 刘志云. 国际经济法律自由化原理研究 [M]. 厦门：厦门大学出版社，2005.

[25] 鲁丹萍. 公平贸易战略与案例研究 [M]. 北京：人民出版社，2005.

[26] 彭溆. 论世界贸易组织争端解决中的司法造法 [M]. 北京：北京大学出版社，2008.

[27] 单一. WTO 框架下补贴与反补贴法律制度与实务 [M]. 北京：法律出版社，2009.

[28] 沈大勇，金孝柏. 国际服务贸易：研究文献综述 [M]. 北京：人民出版社，2010.

[29] 石静霞，陈卫东. WTO 国际服务贸易成案研究（1996—2005）[M]. 北京：北京大学出版社，2005.

[30] 石静霞. WTO 服务贸易法专论 [M]. 北京：法律出版社，2006.

[31] 唐保庆. 知识产权保护下服务贸易对经济增长的作用机理研究 [M]. 北京：经济科学出版社，2013.

[32] 魏巍，冯琳. 国际服务贸易 [M]. 第三版. 大连：东北财经大学出版社，2012.

[33] 吴丹. 中国服务贸易出口流量的影响因素与潜力研究 [M]. 北京：经济科学出版社，2013.

[34] 王传丽. 国际经济法 [M]. 北京：高等教育出版社，2005.

[35] 王贵国. 国际投资法 [M]. 北京：北京大学出版社，2001.

[36] 王绳祖. 国际关系史 [M]. 北京：世界知识出版社，1995.

[37] 谢地. 政府规制经济学 [M]. 北京：高等教育出版社，2003.

[38] 谢地，宋冬林. 政治经济学 [M]. 第三版. 北京：高等教育出版社，2008.

[39] 徐泉 . 国家经济主权论 [M] . 北京：人民出版社，2006.

[40] 杨军 . 医药专利保护与公共健康的冲突研究 [M] . 北京：北京大学出版社，2008.

[41] 杨泽伟 . 新国际经济秩序研究——政治与法律分析 [M] . 武汉：武汉大学出版社，1998.

[42] 余劲松 . 国际投资法 [M] . 北京：法律出版社，2007.

[43] 余劲松，吴志攀 . 国际经济法 [M] . 第二版 . 北京：北京大学出版社、高等教育出版社，2005.

[44] 曾华群 . WTO 与中国外资法的发展 [M] . 厦门：厦门大学出版社，2006.

[45] 张军旗 . 多边贸易关系中的国家主权问题 [M] . 北京：人民法院出版社，2006.

[46] 张文显 . 法理学 [M] . 第三版 . 北京：高等教育出版社，2007.

[47] 张文显 . 马克思主义法理学：理论、方法和前沿 [M] . 北京：高等教育出版社，2003.

[48] 赵骏 . 变革中的国际经济法：中国的态度、角色和路径 [M] . 杭州：浙江大学出版社，2013.

[49] 赵维田 . 世界贸易组织（WTO）的法律制度 [M] . 长春：吉林人民出版社，2000.

[50] 周念利 . 区域服务贸易自由化分析与评估 [M] . 北京：对外经济贸易大学出版社，2013.

[51] 朱晓勤 . 发展中国家与 WTO 法律制度研究 [M] . 北京：北京大学出版社，2006.

（二）中文译著

[1] [埃及] 萨米尔·阿明 . 增长和发展：演进观点 [M] . 高铦，译 . 北京：商务印书馆，1990.

[2] [埃及] 萨米尔·阿明 . 自由主义病毒 欧洲中心论批判 [M] . 王麟进、谭荣根、李宝源，译 . 北京：社会科学文献出版社，2007.

[3] [美] 科依勒·贝格威尔，罗伯特·W. 思泰格尔 . 世界贸易体系经济学 [M] . 雷达、詹宏毅，等译 . 北京：中国人民大学出版社，2005.

[4] [美] 贾格迪什·巴格沃蒂 . 今日自由贸易 [M] . 海闻，译 . 北京：中国人民大学出版社，2004.

[5] [美] 贾格迪什·巴格沃蒂 . 捍卫全球化 [M] . 海闻、杨湘玉、于扬杰，译 . 北京：中国人民大学出版社，2008.

[6][英]坎南．亚当•斯密关于法律、警察、岁入及军备的演讲[M]．陈福生、陈振骅，译．北京：商务印书馆，1962.

[7][英]G. L. 克拉克，[美]M. P. 费尔德曼，[加拿大]M. S. 格特勒．牛津经济地理学手册[M]．刘卫东，等译．北京：商务印书馆，2005.

[8][法]皮埃尔・布迪厄．遏止野火[M]．河清，译．桂林：广西师范大学出版社，2007.

[9][美]布鲁斯・E. 克拉伯．美国对外贸易法和海关法（上下卷）[M]．蒋兆康、王洪波、何晓睿、竺琳，译．北京：法律出版社，2000.

[10][美]康芒斯．制度经济学（上下卷）[M]．于树生，译．北京：商务印书馆，1962.

[11][英]彼得•迪肯．全球性转变——重塑21世纪的全球经济地图[M]．刘卫东，等译．北京：商务印书馆，2007.

[12][印]阿维纳什・K. 迪克西特．经济政策的制定：交易成本政治学的视角[M]．刘元春，译．北京：中国人民大学出版社，2004.

[13][冰岛]斯拉恩•埃格特森．经济行为与制度[M]．吴经帮、李耀、朱寒松、王志宏，译．北京：商务印书馆，2004.

[14][美]费景汉、古斯塔夫•拉尼斯．增长和发展：演进观点[M]．洪银兴、郑江淮，等译．北京：商务印书馆，2004.

[15][美]约翰・肯尼斯・加尔布雷思．1929年大崩盘[M]．沈国华，译．上海：上海财经大学出版社，2006.

[16][美]理查德・T. 德・乔治．经济伦理学（第5版）[M]．李布，译．北京：北京大学出版社，2002.

[17][美]罗伯特•吉尔平．国际关系政治经济学[M]．杨宇光，等译．上海：上海人民出版社，2006.

[18][美]罗伯特•吉尔平．全球政治经济学：解读国际经济秩序[M]．杨宇光、杨炯，译．上海人民出版社，2006.

[19][英]约翰・格雷．伪黎明：全球资本主义的幻象[M]．张敦敏，译．北京：中国社会科学出版社，2002.

[20][英]弗里德里希•冯•哈耶克．自由秩序原理[M]．邓正来，译．北京：生活•读书•新知三联书店，1997.

[21][英]D. 赫尔德，[美]J. 罗西瑙等．国将不国[M]．俞可平，等译．南昌：江西人民出版社，2004.

[22][美]路易斯•亨金．国际法:政治与价值[M]. 张乃根,等译．北京:中国政法大学出版社,2005.
[23][德]奥特弗里德•赫费．全球化时代的民主[M]．庞学铨、李张林、高靖生，译．上海:上海译文出版社，2007.
[24][美]哈威尔•E. 杰克逊、小爱德华•L. 西蒙斯．金融监管[M]．吴志攀，等译．北京:中国政法大学出版社，2003.
[25][美]约翰•H. 杰克逊．世界贸易体制:国际经济关系的法律与政策[M]．张乃根,译．上海:复旦大学出版社，2001.
[26][德]柯武刚，史漫飞．制度经济学:社会秩序与公共政策[M]．韩朝华，译．北京:商务印书馆，2000.
[27][英]约翰•梅纳德•凯恩斯．就业、利息和货币通论[M]．高鸿业,译．北京:商务印书馆,1999.
[28][英]约翰•梅纳德•凯恩斯．货币论(上下卷)[M]．何瑞英、蔡谦、范定九、王祖廉，译．北京:商务印书馆，1986.
[29][美]金德尔伯格．疯狂、惊恐和崩溃:金融危机史[M]．朱隽、叶翔，译．第4版．北京:中国金融出版社，2007.
[30][美]保罗•克鲁格曼．汇率的不稳定性[M]．张兆杰，译．北京:北京大学出版社、中国人民大学出版社，2000.
[31][英]阿瑟•刘易斯．经济增长理论[M]．马雍、厉以宁，译．北京:商务印书馆，1983.
[32][英]约翰•穆勒．政治经济学原理及其在社会哲学上的若干应用[M]．赵荣潜、桑炳彦、朱泱、胡启林，译．北京:商务印书馆，1991.
[33][美]弗雷德里克•米什金．下一轮伟大的全球化:金融体系与落后国家的发展[M]．姜世明，译．北京:中信出版社，2007.
[34][美]威廉•内斯特．国际关系:21世纪的政治与经济[M]．姚远、汪恒，译．北京:北京大学出版社，2005.
[35][美]曼瑟尔•奥尔森．集体行动的逻辑[M]．陈郁、郭宇峰、李崇新，译．上海:上海三联书店、上海人民出版社，1995.
[36][瑞典]T. 佩尔森，G. 塔贝里尼．政治经济学:对经济政策的解释[M]．方敏，等译．北京:中国人民大学出版社，2007.

[37][美]乔治•里茨尔．虚无的全球化[M]．王云桥、宋兴无，译．上海：上海译文出版社，2006.

[38][美]丹尼•罗德里克．新全球经济与发展中国家[M]．王勇，译．北京：世界知识出版社，2004.

[39][美]M. 罗斯托夫采夫．罗马帝国社会经济史[M]．徐家玲，等译．北京：商务印书馆，1985.

[40][美]多米尼克•萨尔瓦多．国际经济学[M]．杨冰，译．第九版．北京：清华大学出版社，2008.

[41][法]费郎索瓦•沙奈等．金融全球化[M]．齐建华、胡振良，译．北京：中央编译出版社，2000.

[42][印]阿马蒂亚•森．以自由看待发展[M]．任赜、于真，译．北京：中国人民大学出版社，2006.

[43][印]阿马蒂亚•森．理性与自由[M]．李风华，译．北京：中国人民大学出版社，2002.

[44][印]阿马蒂亚•森．贫困与饥荒[M]．王宇、王文玉，译．北京：商务印书馆，2001.

[45][印]阿马蒂亚•森．伦理学与经济学[M]．王文玉、王宇，译．北京：商务印书馆，2006.

[46][美]约瑟夫•熊彼特．经济分析史（三卷）[M]．朱泱、孙鸿敞、李宏、陈锡龄、杨敬年，等译．北京：商务印书馆，1996、2001、1994.

[47][印度]卡瓦基特•辛格．不纯洁的全球化[M]．吴敏、刘寅龙，译．北京：中央编译出版社，2005.

[48][英]亚当•斯密．国民财富的性质和原因的研究（上下卷）[M]．郭大力、王亚南，译．北京：商务印书馆，1972、1974.

[49][美]罗伯特•M. 索洛等．经济增长因素分析[M]．史清琦，等译．北京：商务印书馆，1991.

[50][英]苏珊•斯特兰奇．国家与市场[M]．杨宇光，等译．第二版．上海：上海人民出版社，2006.

[51][瑞典]理查德•斯威德伯格（Richard Swedberg）．经济学与社会学[M]．安佳，译．北京：商务印书馆，2003.

[52][美]詹姆斯•W. 汤普逊．中世纪经济社会史（上下卷）[M]．耿淡如，译．北京：商

务印书馆，1961、1963.

[53][美]詹姆斯·W. 汤普逊．中世纪晚期欧洲经济社会史[M]．徐家玲，等译．北京：商务印书馆，1992.

[54][美]奥利弗·E. 威廉姆森．制度经济学：社会秩序与公共政策[M]．段毅才、王伟，译．北京：商务印书馆，2002.

[55][英]马丁·沃尔夫．全球化为什么可行[M]．余江，译．北京：中信出版社，2008.

(三)中文论文

[1]巴曙松，杨现领．从金融危机看未来国际货币体系改革[J]．当代财经，2009(11).

[2]蔡从燕．国际法语境中的宪政问题：WTO 宪政之意蕴[J]．法商研究，2006(2).

[3]陈辉萍，黄玉梅．国际投资仲裁中的公正与公平待遇标准——以 CMS 天然气运输公司诉阿根廷案为例[J]．国际经济法论丛，2006(13).

[4]陈喜峰．WTO 权利宪法论：经济宪法视角的一种批评[J]．国际经济法学刊，2008，15(2).

[5]高海红，余永定．人民币国际化的含义与条件[J]．国际经济评论，2010(1-2).

[6]何力．自由贸易区的国际经济法解析[J]．上海商学院学报，2013(6).

[7]黄海洲．美元和人民币：何去何从?[J]．国际经济评论，2010(3-4).

[8]黄志雄．对发展中国家参与GATT/WTO争端解决活动的法律分析[J]．法学评论，2001(6).

[9]焦津洪．经济全球化及其对国际经济法的挑战[J]．国际经济法论丛，2000(3).

[10]李鸣．国际公法对 WTO 的作用[J]．中外法学，2003(2).

[11]李志强．国际经济新秩序构建中全球经济法的价值重塑[J]．甘肃社会科学，2014(2).

[12]刘笋．从 MAI 看综合性国际投资多边立法的困境和出路[J]．中国法学，2001(5).

[13]莫世健．试论 WTO 和人权的可协调性[J]．政法论坛，2004(2).

[14]沈四宝，盛建明．经济全球化与国际经济法的新发展[J]．中国法学，2006(3).

[15]徐崇利．经济全球化与国际经济法的晚近发展[J]．法商研究，1996(5).

[16]徐崇利．WTO 多边投资协定议题与中国的基本策略分析[J]．法律科学(西北政法学院学报)，2004(4).

[17]徐崇利．试论我国对外资实行国民待遇标准的问题[J]．国际经济法论丛，1998(1).

[18]徐崇利．国际投资条约中的“岔路口条款”：选择“当地救济”与“国际仲裁”权利之限度[J].

国际经济法学刊，2007，14（2）.
[19] 徐崇利．双边投资条约的晚近发展评述［J］．国际经济法论丛，2002（5）.
[20] 余劲松．经济全球化与国际经济法［J］．法学家，2003（3）.
[21] 余永定．国际货币体系改革和中国外汇储备。资产保值[J]. 国际经济评论,2010(5–6).
[22] 曾华群．论"特殊与差别待遇"条款的发展及其法理基础［J］．厦门大学学报（哲学社会科学版），2003（6）.
[23] 曾令良．论中国和平发展与国际法的交互影响和作用［J］．中国法学，2006（4）.
[24] 詹晓宁．国际投资规则的制定：晚近趋势及其对发展的影响［J］．徐惠婷，译．陈辉萍，校，国际经济法学刊，2006，13（2）.
[25] 詹晓宁，卡尔·乔金，卡迪·哈姆德．国际投资协定：趋势和主要特征［J］．林笑霞，译．国际经济法学刊，2007，14（1）.
[26] 张宇燕．人民币国际化：赞同还是反对?［J］．国际经济评论，2010（1–2）.
[27] 郑成思．国际知识产权保护和我国面临的挑战［J］．法制与社会发展，2006（6）.
[28] 周忠海．论国际法在 WTO 体制中的作用［J］．政法论坛，2002（4）.
[29] 朱榄叶．坎昆会议后 WTO 争端解决机制的发展及中国的对策［J］．国际经济法学刊，2004（10）.

（四）英文著作

[1] Alexander，Kern，Rahul Dhumale，and John Eatwell. *Global Governance of Financial Systems: The International Regulation of Systemic Risk*（Oxford University Press，2005）.
[2] Andenas，Mads，et al.（eds.）. *European Economic and Monetary Union: The Institutional Framework*（Kluwer Law International，1997）.
[3] Armijo，Leslie Elliott，（ed.）. *Financial Globalization and Democracy in Emerging Markets*（Palgrave，2001）.
[4] Arts，K. *Integrating Human Rights into Development Cooperation: The Case of the Lomé e Convention*（Kluwer Law International，2000）.
[5] Babu，Suresh Chandra，and Ashok Gulati（ed.）. *Economic Reforms and Food Security: The Impact of Trade and Technology in South Asia*（International Food

Policy Research Institute, 2005).

[6] Beck, Ulrich. *World Risk Society*(Polity Press, 2000).

[7] Bello, Walden. *Deglobalization: Ideas for a New World Economy*(Revised edition, Zed Books, 2004).

[8] Bermann, George A., and Petros C.Mavroidis (eds.). *Trade and Human Health and Safety*(Cambridge University Press, 2006).

[9] Bossche, Peter van den. *The Law and Policy of the World Trade Organization: Text, Cases and Materials*(2nd ed., Cambridge University Press, 2008).

[10] Brummer, Alex. *The Crunch: The Scandal of Northern Rock and the Escalating Credit Crisis*(Random House Business Books, 2008).

[11] Buckley, R. *International Financial System: Policy and Regulation* (Kluwer Law International, 2008).

[12] Búrca, Gráinne De, and Joanne Scott (eds.). *The EU and the WTO: Legal and Constitutional Issues*(Hart Publishing, 2001).

[13] Button, Catherine. *The Power to Protect: Trade, Health and Uncertainty in the WTO* (Hart Publishing, 2004).

[14] Cooper, George. *The Origin of Financial Crises: Central Banks, Credit Bubbles and the Efficient Market Fallacy*(Harriman House Publishing, 2008).

[15] Chen,An. *The Voice from China: An CHEN on International Economic Law*(Springer, 2013).

[16] Chow, Daniel C. K., and Thomas J. Schoenbaum. *International Business Transactions: Problems, Cases, and Materials*(Aspen Publishers, 2005).

[17] Chowdhury, Subrata Roy, Erik M. G. Denters and Paul J. I. M. de Waart. *The Right to Development in International Law*(Martinus Nijhoff Publishers, 1992).

[18] Coffey, Peter, Robert J. Riley. *Reform of the International Institutions: The IMF, World Bank and the WTO*(Edward Elgar Publishing Ltd, 2006).

[19] Dalhuisen, Jan. *Dalhuisen on Transnational and Comparative Commercial, Financial and Trade Law*(3rd ed., Hart Publishers, 2007).

[20] Dijck, Pitou van, and Gerrit Faber (eds.). *Developing Countries and the Doha Development Agenda of the WTO*(Routledge, 2006).

[21] Ferrell, O. C., and John Fraedrich. *Business Ethics* (Houghton Mifflin Company, 1991) .

[22] Fieldhouse, D. K. *The West and the Third World* (Blackwell Publishing, 1999) .

[23] Foster, John Bellamy, and Fred Magdoff. *The Great Financial Crisis: Causes and Consequences* (Monthly Review Press, 2009) .

[24] Franck, Thomas M. *Fairness in International Law and Institutions* (Oxford University Press, 1995) .

[25] Friedland, John H. *The Law and Structure of the International Financial System Regulation in the United States, EEC and Japan* (Greenwood Press, 1994) .

[26] Friedland, John H. *Reforming the Law and Structure of the International Financial System* (Greenwood Press, 2004) .

[27] Frote, Rainer, and Thilo Marauhn (ed.) . *The Regulation of International Financial Markets: Perspectives for Reform* (Cambridge University Press, 2006) .

[28] Giddens, Anthony. *Runaway World: How Globalization Reshaping Our Lives* (Routledge, 2000) .

[29] Gilpin, Robert. *U.S. Power and the Multinational Corporation* (Basic Books, 1975) .

[30] Goode, Sir Roy, and Louise Gullifer. *Goode on Legal Problems of Credit and Security* (4th ed., Sweet & Maxwell, 2008) .

[31] Grote, Rainer, Thilo Marauhn, and Rainer Grote (eds.) . *The Regulation of International Financial Markets* (Cambridge University Press, 2008) .

[32] Hoffman, W. Michael, and Jennifer Mills Moore. *Business Ethics* (McGraw-Hill, 1990) .

[33] Hudec, Rober E. *Developing Countries in the GATT Legal System* (Trade Policy Research Center, 1987) .

[34] Hurrell, Andrew. *On Global Order: Power, Values, and the Constitution of International Society* (Oxford University Press, 2007) .

[35] Jackson, John H. *The Jurisprudence of GATT and the WTO: Insights on Treaty Law and Economic Relations* (Cambridge University Press, 2000) .

[36] Joerges, C. and E.-U. Petersmann (eds.) . *Constitutionalism, Multilevel Trade Governance and Social Regulation* (Hart Publishers, 2006) .

[37] R. Kariyawasam. *International Economic Law and the Digital Divide: A New Silk Road?* (Edward Elgar Publishing Limited, 2007).

[38] Keohane, Robert O., and Joseph S. Nye. *Power and Interdependence* (3rd ed., Longman, 2000).

[39] Kern, A., D. Rahul, and E. John. *Global Governance of Financial Systems: The International Regulation of Systemic Risk* (Oxford University Press, 2006).

[40] Hoekman, B. and M. Kostecki. *The Political Economy of the World Trading System: The WTO and Beyond* (2nd ed., Oxford University Press, 2001).

[41] Karmakar, Suparna, Rajiv Kumar, and Bibek Debroy (eds.). *India's Liberalisation Experience: Hostage to the WTO?* (SAGE Publications, 2007).

[42] Kindleberger. *The World in Depression* (University of Carllifornia Press, 1973).

[43] Krugman, Paul, and Maurice Obstfeld. *International Economics: Theory and Policy* (8th ed., Addison-Wesley, 2007).

[44] Krugman, P. *The Return of Depression Economics and the Crisis of 2008* (W. W. Norton & Co., 2008).

[45] Lastra, Rosa Maria. *Legal Foundations of International Monetary Stability* (Oxford University Press, 2006).

[46] Lester, Simon, and Bryan Mercurio et al. *World Trade Law Text, Materials and Commentary* (Hart Publishing, 2008).

[47] Lo, Vai Io, and Xiaowen Tian. *Law and Investment in China: The Legal and Business Environments after WTO Accession* (Routledge, 2005).

[48] Lowenfeld, Andreas F. *International Economic Law* (2nd ed., Oxford University Press, 2008).

[49] Mankiw, N. Gregory. *Principles of Economics*, (6th ed., South-Western, Cengage Learning, 2009).

[50] McKnight, Andrew. *The Law of International Finance* (Oxford University Press, 2008).

[51] Mo, John Shijian. *International Commercial Law* (3rd ed., Butterworths, 2003).

[52] Mises, Ludwig von. *The Free and Prosperous Commonwealth: An Exposition of the Ideas of Classical Liberalism* (Princeton, Van Nostrand, 1962).

[53] Murdock, K. and J. Stiglitz. *Addressing Moral Hazard in Banking: Deposit Rate Controls versus Capital Requirements* (Stanford University, 1994).

[54] Narlikar, Amrita. *International Trade and Developing Countries: Bargaining coalitions in the GATT & WTO* (Routledge, 2003).

[55] Narlikar, A. *The World Trade Organization: A Very Short Introduction* (Oxford University Press, 2005).

[56] North, Douglass C.. and Robert Paul Thomas, *The Rise of the Western World: A New Economic History* (Cambridge University Press, 1973).

[57] Norton, Joseph Jude and Mads Andenas (eds.). *Emerging Financial Markets and the Role of International Financial Organizations* (Kluwer Law International, 1996).

[58] Norton, Joseph J. and Mads Andenas (eds.). *International Monetary and Financial Law upon Entering the New Millennium* (British Institute of International & Comparative Law, 2003).

[59] Odell, John S. (ed.). *Negotiating Trade: Developing Countries in the WTO and NAFTA* (Cambridge University Press, 2006).

[60] Ottensmeyer, Edward J. and Gerald D.McCarthy. *Ethics in the workplace* (McGraw–Hill, 1996).

[61] Panourgias, L. E. *Banking Regulation and World Trade Law* (Hart Publishing, 2006).

[62] Petersmann, E.–U. *Time for Integrating Human Rights Into The Law of Worldwide Organizations*, Jean Monnet Working Paper, 7/1 (2001), New York University School of Law.

[63] Petersmann, E.–U. (ed.). *Reforming the World Trading System: Legitimacy, Efficiency, and Democratic Governance* (Oxford University Press, 2005).

[64] Philip, R., M. Iain and G. Carol (ed.). *The WTO and International Trade Regulation* (Cameron May, 1998).

[65] Per Pinstrup–Andersen and Rajul Panya–Lorch. *The Unfinished Agenda: Perspectives on Overcoming Hunger, Poverty, and Environmental Degradation* (International Food Policy Research Institute, 2001).

[66] Qureshi, Asif H. *The World Trade Organization, Implementing International Trade*

Norms(Manchester University Press, 1996).

[67] Qureshi, A. H.. and Andreas R. Ziegler, *International Economic Law* (2nd ed., Sweet & Maxwell, 2007).

[68] Ramli, Intan Murnira. *Development and the Rule of Law in the WTO: The Case for Developing Countries and Their Use of Dispute Settlement Procedures* (Cameron May, 2008).

[69] Read, C. *Global Financial Meltdown: How We Can Avoid the Next Economic Crisis* (Palgrave Macmillan, 2008).

[70] Rendell, Robert S. *International Financial Law*(Prentice-Hall, 1983).

[71] Rosegrant, Mark W., Ximing Cai, Sarah A. Cline, *World Water and Food to 2025: Dealing with Scarcity*(International Food Policy Research Institute, 2002).

[72] Pease, Kelly-Kate S. *International Organizations: Perspectives on Governance in the Twenty-First Century*(3rd ed., Pearson Prentice Hall, 2008).

[73] Salvatore, Dominick. *International Economics* (9th ed., John Wiley & Sons, 2007).

[74] Samuelson, Paul A. and Willian D. Nordhaus, *Economics* (19th ed., McGraw-Hill, 2010).

[75] Savona, Paolo (ed.). *The New Architecture of the International Monetary System* (Springer, 2000).

[76] Scholte, Jan Aart. *Globalization: A Critical Introduction* (2nd ed., Palgrave Macmillan, 2005).

[77] Shiller, R. *The Subprime Solution: How Today's Global Financial Crisis Happened, and What to Do about It*(Princeton University Press, 2008).

[78] Soros, George. *The New Paradigm for Financial Markets: The Credit Crisis of 2008 and What it Means*(Public Affairs, 2008).

[79] Tarullo, Daniel K. *Banking on Basel: The Future of International Financial Regulation* (The Peterson Institute for International Economics, 2008).

[80] Tomer, B. *International Governance in the WTO: Judicial Boundaries and Political Capitulation*(Cameron May, 2004).

[81] Verhoosel, Gaëtan. *National Treatment and WTO Dispute Settlement: Adjudicating*

the Boundaries of Regulatory Autonomy(Hart Publishing，2002) .

[82] Wallerstein，Immanuel. *The Modern World-System* (vol. I，Academic Press，1974) .

[83] Wallerstein. *The Politics of the World-economy：The States，the Movements，and the Civilizations*(Cambridge University Press，1984) .

[84] Wallerstein. *The Capitalist World-economy*(Cambridge University Press，1989) .

[85] Wallerstein. *Geopolitics and Geoculture：Essays on the changing World-System* (Cambridge University press，1991) .

[86] Weiler，J. H. H. (ed.) . *The EU，the WTO and the NAFTA：Towards a Common Law of International Trade*? (Oxford University Press，2000) .

[87] Wiener，Jarrod. *Globalization and the Harmonization of Law* (Pinter，a Cassell Imprint，1999) .

[88] Wolf，Martin. *Fixing Global Finance*(Yale University Press，2009) .

[89] Wood，Philip R. *The Law and Practice of International Finance* (Sweet & Maxwell，2007) .

[90] Wood，P. hilip R. *Comparative Financial Law*(Sweet & Maxwell，1995) .

[91] Zandi，Mark. *Financial Shock：A 360 Degree Look at the Subprime Mortgage Implosion，and How to Avoid the Next Financial Crisis* (Financial Times/ Prentice Hall，2008) .

（五）英文论文

[1] Andorno，Roberto. "The Invaluable Role of Soft Law in the Development of Universal Norms in Bioethics"，paper at a Workshop jointly organized by the German Ministry of Foreign Affairs and the German UNESCO Commission，Berlin，15 February 2007，Available at：*http：//www.unesco.de/1507.html.*

[2] Arrowsmith，Sue. "Reviewing the GPA：The Role and Development of the Plurilateral Agreement after Doha"，5 *Journal of International Economic Law* 761 (2002) .

[3] Bartels，Lorand. "The Separation of Powers in the WTO：How to Avoid Judicial Activism"，53 *International and Comparative Law Quarterly* 861 (2004) .

[4] Boyle, Alan. "Some Reflections on the Relationship of Treaties and Soft Law", 48 *International and Comparative Law Quarterly* 901 (1999).

[5] Busch, Marc L., and Krzysztof J. Pelc. "Does the WTO Need a Permanent Body of Panelists?", 12 *Journal of International Economic Law* 579 (2009).

[6] Cai, Congyan. "New Great Powers and International Law in the 21st Century", 24 *European Journal of International Law* 755–795 (2013).

[7] Seung Wha Chang. "WTO for Trade and Development Post-Doha", 10 *Journal of International Economic Law* 553 (2007).

[8] Chinkin, C. M. "The Challenge of Soft Law: Development and Change in International Law", 38 *International and Comparative Law Quarterly* 850 (1989).

[9] Clarke, Donald C. "China's Legal System and the WTO: Prospects for Compliance", 2 *Global Studies Law Review* 97 (2003).

[10] Coppens, Dominic. "Trade and Aid: Partners or Rivals in Development Policy?", 10 *Journal of International Economic Law* 413 (2007).

[11] Cox, Robert W. "Ideologies and the New International Economic Order: Reflections on Some Recent Literature", 33 *International Organization* 257 (1979).

[12] Cross, Karen Halverson, and King Cotton. "Developing Countries and the 'Peace Clause': The WTO's US Cotton Subsidies Decision", 9 *Journal of International Economic Law* 149 (2006).

[13] Fabri, Hélène Ruiz. "Is There a Case-Legally and Politically-for Direct Effect of WTO Obligations?", 25 *European Journal of International Law* 151~173 (2014).

[14] Guerrieri, Paolo and Denise Dimon. "The United States and The European Union: Cooperative or Competitive Strategies?", 20 *The International Trade Journal* 85 (2006).

[15] Handl, G. "The Legal Mandate of Multilateral Development Banks as Agents for Change toward Sustainable Development", 92 *American Journal of International Law* 642 (1998).

[16] Hellmann, T. F., K. Murdock, and J. Stiglitz. "Liberalization, Moral Hazard in Banking and Prudential Regulation: Are Capital Requirements Enough?", 90 *American Economic Review* 147 (2001).

[17] Hillgenberg, Hartmut. "A Fresh Look at Soft Law", 10 *European Journal of International Law* 499 (1999).

[18] Ho, Daniel E. "Compliance with International Soft Law: Why do Countries Implement the Basle Accord? ", 5 *Journal of International Economic Law* 647 (2002).

[19] Hoekman, Bernard. "Operationalizing the Concept of Policy Space in the WTO: Beyond Special and Differential Treatment", 8 *Journal of International Economic Law* 405 (2005).

[20] Ismail, Faizel. "A Development Perspective on the WTO July 2004 General Council Decision", 8 *Journal of International Economic Law* 377 (2005).

[21] Jackson, John H. "Global economics and international economic law", 1 *Journal of International Economic Law* 1 (1998).

[22] Jackson, John H. "What's Needed for the GATT after the Uruguay Round", 86 *Am. Soc'y Int'l L.* 69 (1992).

[23] Killion, M. Ulric. "Post-WTO China and Independent Judicial Review", 26 *Houston Journal of International Law* 507 (2004).

[24] Krasner, Stephen D. "State Power and the Structure of International Trade," 28 *World Politics* 317 (1976).

[25] Lacarte-Muró, J. and P Gappah. "Developing countries and the WTO legal and dispute settlement system: a view from the bench", 3 *Journal of International Economic Law* 395 (2000).

[26] Lang, Andrew and Joanne Scott. "The Hidden World of WTO Governance", 20 *The European Journal of International Law* 575~614 (2009).

[27] Levit, Janet Koven. "The Dynamics of International Trade Finance Regulation: The Arrangement on Officially Supported Export Credits", 45 *Harvard International Law Journal* 65 (2004).

[28] Lindert, Peter, and Jeffrey Williamson. "Does Globalization Make the World More Unequal? " *NBER Working Paper* (October, 2001).

[29] Malanczuk, Peter. "State-state and investor-state dispute settlement in the OECD draft multilateral investment agreement", 3 *Journal of International Economic Law* 418 (2000).

[30] Mayeda, Graham. "Developing Disharmony? The SPS and TBT Agreements and the Impact of Harmonization on Developing Countries", 7 *Journal of International Economic Law* 737 (2004).

[31] McRae, Donald. "Developing Countries and 'The Future of the WTO' " 8 *Journal of International Economic Law* 603 (2005).

[32] Moss, K. "The Consequences of the WTO Appellate Body Decision in EC—Tariff Preferences for the African Growth Opportunity Act and Sub-Saharan Africa", 38 *N.Y.U. J. Int'L L. & Pol.* 665 (2006).

[33] Murdock, K. and J. Stiglitz. "The effect of financial repression in an economy with positive real rates", Background paper for World Bank (1993), Policy Research Department, Washington D.C. 1993.

[34] Murphy, Craig N. "What the Third World Wants: An Interpretation of the Development and Meaning of the New International Economic Order Ideology", 27 *International Studies Quarterly* 55 (1983).

[35] Ochieng, Cosmas Milton Obote. "The EU-ACP Economic Partnership Agreements and the 'Development Question': Constraints and Opportunities Posed by Article XXIV and Special and Differential Treatment Provisions of the WTO", 10 *Journal of International Economic Law* 363 (2007).

[36] Ortino, M. "The Role and Functioning of Mutual Recognition in the European Market of Financial Services", 56 *ICLQ* 309 (2007).

[37] Pauwelyn, J. "New Trade Politics for the 21st Century", 11 *Journal of International Economic Law* 559 (2008).

[38] Kelly, J. Patrick. "Judicial Activism at the World Trade Organization: Developing Principles of Self-Restraint", 22 *Northwestern Journal of International Law & Business* 353 (2002).

[39] Petersmann, Ernst-Ulrich. "Human rights and international economic law in the 21st century. The need to clarify their interrelationships", 4 *Journal of International Economic Law* 3 (2001).

[40] Petersmann, E.-U. "Introduction", 8 *Journal of International Economic Law* 347 (2005).

[41] Petersmann, E.-U. "Human Rights, International Economic Law and Constitutional Justice", 19 *European Journal of International Law* 769 (2008).

[42] Ruggie, John Gerald. "International Regimes, Transactions, and Change: Embedded Liberalism in the Postwar Economic Order", 36 *International Organization* 379 (1982).

[43] Salazar-Xirinachs, J. M. "The trade-labor nexus: developing countries' perspectives", 3 *Journal of International Economic Law* 377 (2000).

[44] Scherer, F. M. and Jayashree Watal. "Post-TRIPS Options for Access to Patented Medicines in Developing Nations", 5 *Journal of International Economic Law* 913 (2002).

[45] Siegel, D. E. "Legal Aspects of the IMF/WTO Relationship: The Fund's Articles of Agreement and the WTO Agreements", 96 *American Journal of International Law* 561 (2002).

[46] Singer, H. W. "The New International Economic Order: An Overview", 16 *The Journal of Modern African Studies* 539 (1978).

[47] Subramanian, A. and J Watal. "Can TRIPS serve as an enforcement device for developing countries in the WTO? " 3 *Journal of International Economic Law* 403 (2000).

[48] Sutherland, Peter. "The Doha Development Agenda: Political Challenges to the World Trading System—A Cosmopolitan Perspective", 8 *Journal of International Economic Law* 363 (2005).

[49] Vidigal, Geraldo. "From Bilateral to Multilateral Law-making: Legislation, Practice, Evolution and the Future of *inter se* Agreements in the WTO", 24 *European Journal of International Law* 1027~1053 (2013).

[50] William, Jeffrey G. "Globalization and Inequality: Past and Present", 12 *World Bank Research Observer* 117 (1997).

[51] Winters, Alan, et al. "Trade Liberalization and Poverty: The Evidence So Far", 42 *Journal of Economic Literature* 72 (2004).

[52] Zeng, Huaqun. "Balance, Sustainable Development, and Integration: Innovative Path for BIT Practice", 17 *Journal of International Economic Law* 299~332 (2014).

[53] Zimmermann, Claus D. "The Concept of Monetary Sovereignty Revisited", 24 *European Journal of International Law* 797~818 (2013).

索　　引

G

H

J

K

后　　记

中国正在走向世界舞台的中心，不仅作为人口地域经济大国，更作为文化和法治大国。从这个意义上讲，中国热情期待、坚定维护和积极建设国际法治。

40年来，中国参与国际法体系的建设与发展，在很大程度上起始于经济领域。1974年，邓小平作为中国代表团团长参加特别联大，阐述了中国关于三个世界划分的思想、说明了和平共处五项原则并支持国际经济新秩序，开启了中国在国际法律规范的构建中发出声音、表达立场的大门。40年来，中国取得了很多令人瞩目的成就，当然也还有诸多不足。在这个意义上，检讨国际经济法的理想目标，分析中国在国际经济治理结构中应有的地位和作用，就变得十分重要。

本书就是这样一个努力。笔者力图以发展为立足点，对于国际经济法治问题进行较为系统和周密的分析。笔者认为，国际经济法治包括国际经济良法和全球经济善治两个方面，要求规范价值设定符合人本主义、可持续发展、和谐共进的社会目标，也要求规范清晰明确、稳定权威。国际经济立法的过程需要公开透明、民主高效、科学严谨，同时也要有诚实善意的守法、严格有效的执法、公正便捷的司法。国际法治落实的关键在于国家如何行为，不同主体、不同环节有不同的推进方式，但是最主要的主体是国家，最核心的方面是在规范的订立和遵守阶段。未来国际经济法治的方向与步调，应当是方向明确、步调稳定、强调渐进。

笔者在本书中还进一步提出，当前的国际经济秩序中，最值得关注的是两个方面：自由问题和发展问题。既要承认自由主义的积极意义，又要洞悉其局限性，通过汲取人类文明的优秀成果，结合中国与世界的现实，在跨文化交流和创新的基础上探索世界和谐发展的新范式。同时也必须看到，迄今为止的国际经济自由化存在发展理念上的误区，从而导致了发展不平等、与社会福利相割裂、不可持续和充满风险的结果。究其根源，是自由主义忽视整体、忽视结果平等与社会和谐、假想完全竞争的市场而造成的。由于国际经济自由化具有优势互补、提高整体效率的正面功能，所以，明智的选择是在认识到自由主义局限的基础上坚持国际经济自由化，并在制度上进行补正。补正的途径包括构建市场竞争的透明度、实现环境成本的内部化、正视竞争主体的差别性、实行政府资源的再分配，从而达到更为公正和稳定的结果。在发展问题上，国际经济新秩序作为发展中国家20世纪60—70年代提出的对世界经济格局除旧布新的主张，有着鲜明的进步意义。但是，由于国际经济、政治力量的对比和世界风云的变化，这一主张未能成功，甚至有退出历史舞台的趋势。因此继之而起的可持续发展观念作为起源于环境领域、具备多重指标的世界状态主张，成为当前和以后相当长时间内国际经济法的价值目标之一。

从未来发展的角度看，国际经济秩序法治化的关键在于两个因素：伦理观念的培育和法律制度的构建。前者取决于国家利益观念的训导，后者则在于世界各国，特别是发展中国家以民主的方式进行充分协商、合作，必要的时候，展现出色的国际谈判技巧。中国作为发展中大国，应当既尊重国际秩序的现实，也考虑全球可持续发展的方向，更考虑中国自身的利益需求，扩大与各国的共识，这样才能在国际经济法治的多边共识之下形成法治体系与法治秩序。

与以往的研究一样，本书的创作植根于吉林大学法学院、公共外交学院积极而宁静的学术氛围以及吉林大学便利的跨学科沟通条件。在进行研究的时候，我偶尔会将一些观点在一些学术会议上进行阐述，或者在校内外做学术讲座，在场的专家或同学提出了一些很有趣的问题或者进行了有启发性的评论，在此我对这些智慧的凝聚和表达，致以敬意。

我对国际经济秩序、国际经济法治的兴趣虽然有很长时间，但是正式在本专题下的研究起于2007年。当时在吉林大学理论经济学博士后流动站跟随谢地教授所进行的研讨就是对于国际经济秩序的思考，而这一思考随着接踵而至的全球金融危机而得以深化，特别是有机会认真考量自由主义和保护主义的关系。在研究的过程中，得到了谢地教授的点拨和指导，感恩之情，铭记于心。吉林大学经济学院的杜莉教授、王倩教授、丁一兵教授也在很多方面，尤其是国际金融领域，给了我很多重要的帮助。

本书的撰写过程，还得到了吉林大学法学院2008、2009级国际法硕士生刘文文、马晓东、唐蓓蓓、徐锐、张坤、隽薪、崔悦的支持，本书的很多章节都是和他们一起讨论而形成的，他们为每一个专题收集了资料，并提出一些非常有益的建议。书稿形成之后，吉林大学国际法专业的博士生马文飞同学非常认真地帮助我进行了全书的校对，在校对的过程中还提出了一些很有价值的问题。对于这些同学的帮助，谨致以深深的感谢。在对文稿进行字句调整的阶段，拙荆孙璐副研究员慨然参与，积极承担一些文稿校订和修改工作，热心帮助，铭感于心。

最需要隆重致谢的是我的老师车丕照教授。1999 年我硕士研究生毕业以后，经常会把一些学习过程中撰写的小文发给车老师，还会在填写一些表格的时候请车老师帮我做推荐人，这些杂事，车老师几乎有求必应，从不推托。甚至有一次在酷暑之中给我寄了一份申请书推荐信的快递，在快递的信封上看到老师熟悉的字体，感动、鼓舞、惭愧之情油然而生。还有数本书稿，也都请车老师作序，包括本书，车老师的序言是鼓励、是鞭策、是指引。当前，车老师还在深入思考着国际经济秩序与中国立场的问题，一如既往，这些思考启迪和引导着我继续学习与思考。车老师作为研究者，高山仰止，景行行止；作为优秀的教师，谆谆传道，全心授业，谒然解惑。这些都值得我一直学习下去。

本书一定存在诸多考虑不周、表述不足甚至理解偏差和信息错误之处，敬请专家和读者指正，不吝赐教。

何志鹏

二零一五年六月十八日